托克维尔传

启真馆 出品

启真·思想家

Alexis de
Tocqueville

Prophet of Democracy
in the Age of Revolution

托克维尔传
革命时代的民主先知

［英］休·布罗根　著

盛仁杰　董子云　译

ZHEJIANG UNIVERSITY PRESS
浙江大学出版社

1. 亚历克西·德·托克维尔（时年 16 或者 17 岁）坐在其父埃尔韦·德·托克维尔身后的桌子旁，1822 年。

2. 托克维尔的母亲。铭文翻译过来的意思是:"1794 年 7 月于自由港监狱,由当时也在狱中的莫希永夫人所作肖像。"

3. 少年托克维尔的画像;无名画家;有可能出自同时为埃尔韦·德·托克维尔绘制肖像画的画家之手。

4. 玛丽·莫特利，约 1830 年。

5. 在美国之行的最初几个月里，古斯塔夫·德·博蒙画了多幅草图，其中有几幅加工成了油画。这幅草图准确地把握住了奥内达湖的风貌。说明文字意为："奥内达湖岸边南湾村风景（从法国人岛上看）。"画面近处的两个戴帽子的人物也许意指托克维尔和博蒙。

6. 古斯塔夫·德·博蒙，"美国政府监视下，印第安人（巧克陶族）背井离乡渡过密西西比河……"落款日期1831年12月24日。

7. 古斯塔夫·德·博蒙草绘的亚历克西·德·托克维尔，作画时间为他们出发去萨吉诺的 1831 年 7 月 23 日。博蒙似乎打算过以这幅草图为基础作一幅画。他的笔记较难辨认，但还是能读出一些信息：托克维尔戴着一顶草帽，穿着灰色夹克，骑的是枣红色马，带着一个印第安烟斗。

8. 亚历克西·德·托克维尔作为国民议会和制宪委员会一员。这幅画像是最广为人知的。

9. 泰奥多尔·夏塞里奥的托克维尔肖像。他是托克维尔的朋友，托克维尔曾帮他获得了在审计院创作一幅壁画的工作。

10. 奥诺雷·杜米埃所绘的外交部长托克维尔的漫画。说明文字写着："接替德鲁安·德·吕伊斯先生。希望他手中常攥着的夹鼻眼镜能让他清晰地看懂外交事务。"

11. 着大使服装的古斯塔夫·德·博蒙，1849 年。

12.亚历克西·德·托克维尔时代托克维尔城堡北边的照片。

13.蒙弗勒里别墅，夏纳，1859年。古斯塔夫·德·博蒙作。

谨以此书纪念
我的父亲、导师和勉励者
丹尼斯·布罗根爵士
（1900—1974）

目　录

第一卷：青年托克维尔

第一章　贵族阶级（1773—1794）........... 3

第二章　保皇党人（1794—1814）........... 18

第三章　情感教育（1814—1829）........... 34

第四章　初露峥嵘（1824—1827）........... 56

第五章　见习法官（1827—1830）........... 67

第六章　七月革命（1829—1830）........... 88

第七章　风云骤变（1830—1831）........... 109

第八章　海外之旅（1831）........... 125

第九章　共和研究（1831—1832）........... 150

第十章　书写监狱（1832）........... 179

第十一章　两书之间（1833）........... 196

第十二章　书写美国（1833—1834）........... 210

第十三章　声名鹊起（1835—1836）........... 234

第十四章　步入政坛（1835—1839）........... 258

第十五章　书写民主（1839—1840）........... 281

第二卷：托克维尔先生

第十六章　议员生涯（1839—1847）........... *309*

第十七章　二月革命（1848）........... *335*

第十八章　六月起义（1848）........... *353*

第十九章　书写回忆（1848—1851）........... *380*

第二十章　十二月份（1851—1852）........... *409*

第二十一章　书写历史（1852—1855）........... *427*

第二十二章　书写革命（1855—1856）........... *452*

第二十三章　退隐城堡（1856—1858）........... *476*

第二十四章　戛纳辞世（1858—1859）........... *504*

尾声........... *521*

注释........... *525*

参考文献........... *575*

致谢........... *583*

索引........... *587*

托克维尔时代的法国

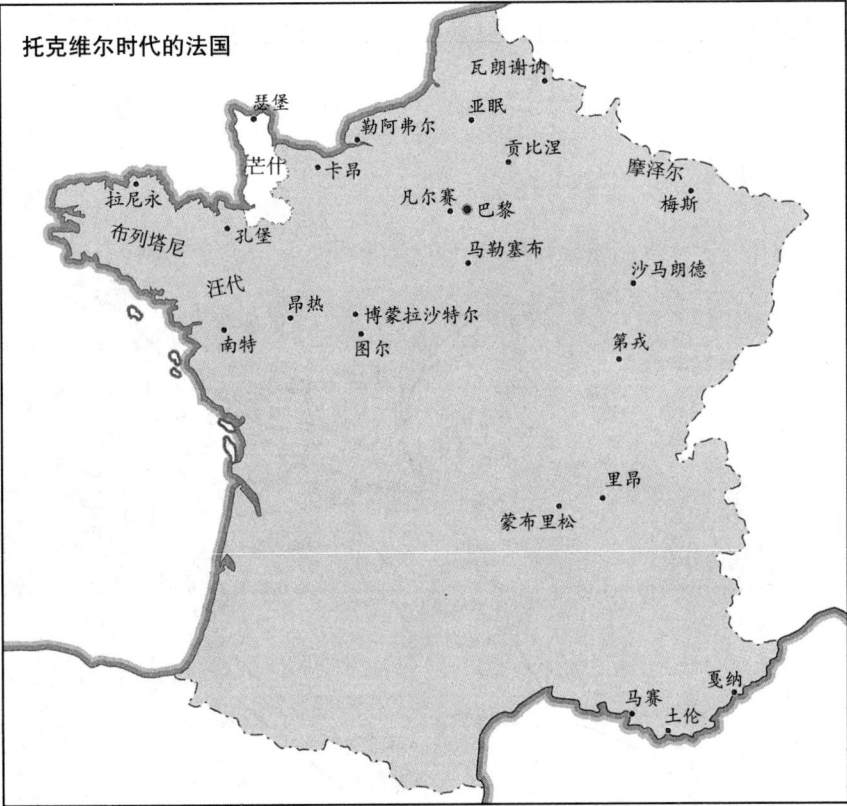

瑟堡
芒什
勒阿弗尔
卡昂
瓦朗谢讷
亚眠
贡比涅
拉尼永
孔堡
凡尔赛 巴黎
摩泽尔
梅斯
布列塔尼
汪代
马勒塞布
沙马朗德
昂热
博蒙拉沙特尔
图尔
南特
第戎
里昂
蒙布里松
马赛
土伦
夏纳

芒什省（科唐坦半岛）

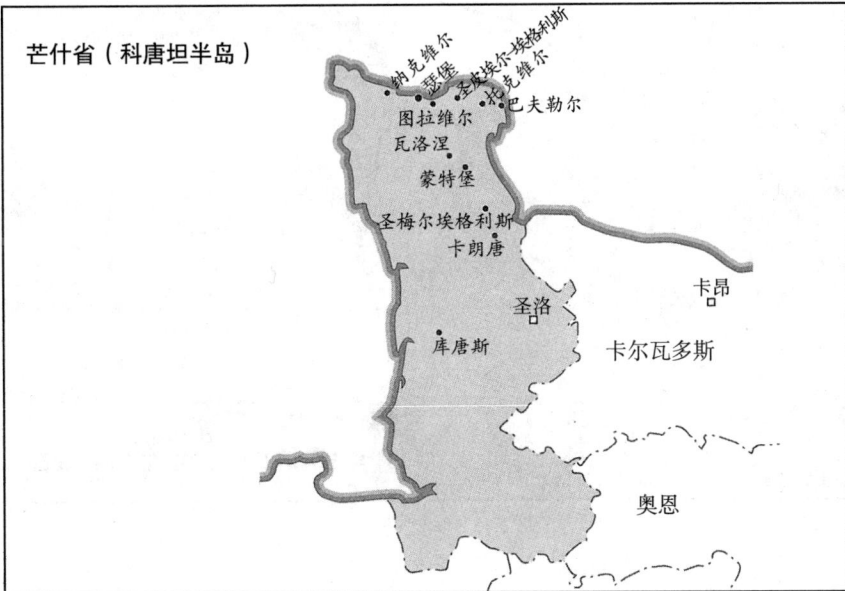

纳克维尔
瑟堡
圣皮埃尔-埃格利斯
托克维尔
巴夫勒尔
图拉维尔
瓦洛涅
蒙特堡
圣梅尔埃格利斯
卡朗唐
圣洛
卡昂
库唐斯
卡尔瓦多斯
奥恩

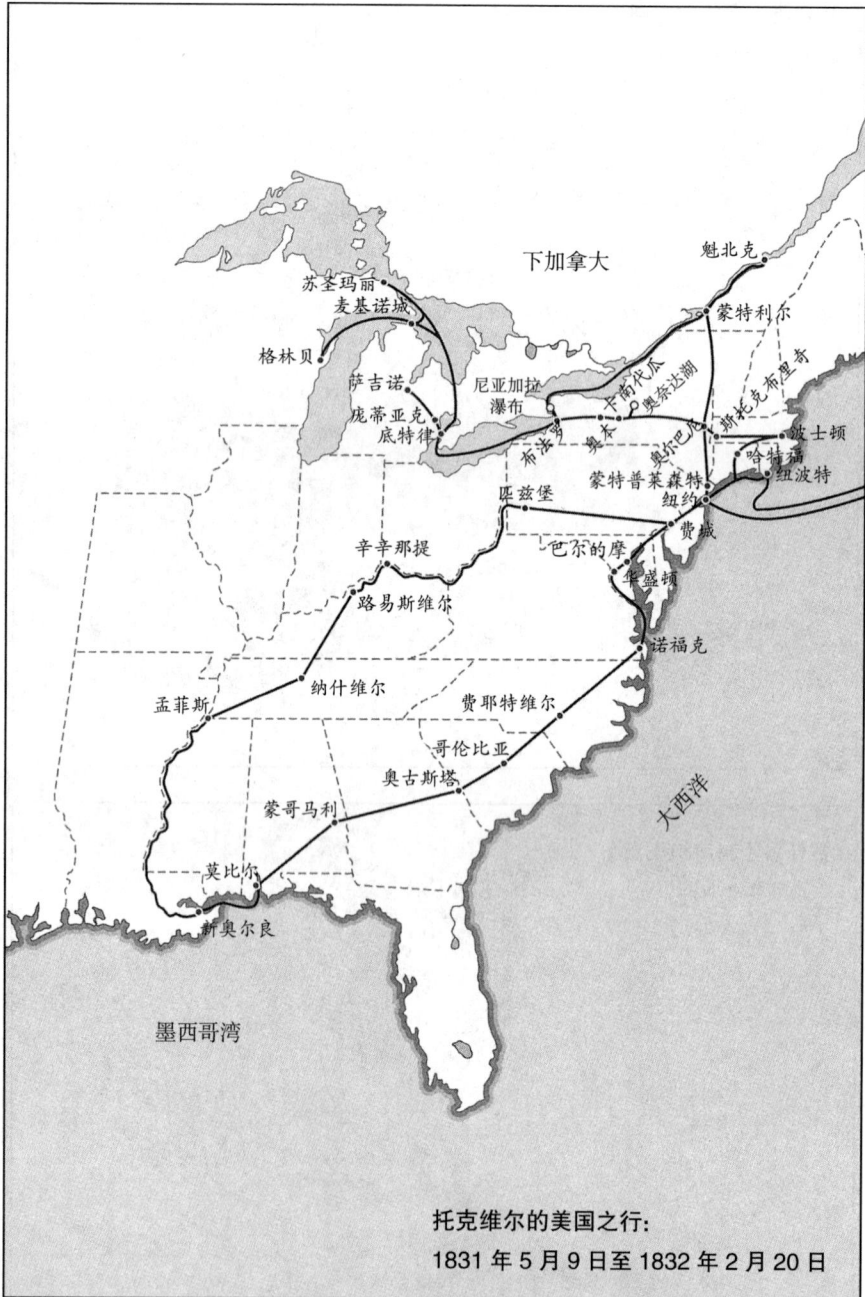

下加拿大

魁北克

苏圣玛丽

麦基诺城

格林贝

萨吉诺

庞蒂亚克

底特律

尼亚加拉瀑布

蒙特利尔

纽托克布里奇

波士顿

哈特福

纽波特

奥尔巴尼

斯托克布里奇

下南代瓦

奥农达湖

布法罗

奥本

蒙特普莱森特

纽约

匹兹堡

费城

辛辛那提

巴尔的摩

路易斯维尔

华盛顿

诺福克

纳什维尔

孟菲斯

费耶特维尔

哥伦比亚

奥古斯塔

蒙哥马利

莫比尔

新奥尔良

墨西哥湾

大西洋

托克维尔的美国之行：
1831 年 5 月 9 日至 1832 年 2 月 20 日

第一卷

青年托克维尔

第一章 贵族阶级（1773—1794）

对法国人而言，头衔不算什么，财富亦然。他们看重的是血统。

伊莱尔·贝洛克（Hilaire Belloc）

如果说托克维尔一生中最重要的事情发生在他出生前，这并不自相矛盾：法国大革命，的确影响了发生在他身上的几乎每一件事。

但是在变革的动乱之外，存在着另一个法国——我们仍然用革命术语"旧制度"或"旧秩序"来指称的法国。这对塑造托克维尔而言，有着同样重要的作用。托克维尔的家庭，父系和母系分别是佩剑贵族与穿袍贵族，在那个逝去的世界中是非常高贵的，无论有多么遥不可及，他对他们的成就都怀有适度的骄傲之情。所以，晚年时，他因为确知祖先之一曾追随诺曼底最伟大的英雄——"充满活力的私生子威廉"（"William Bastard de graunt vigour"）——在 1066 年前往征服英国而感到欣喜。[1] 早些年，当他的妻子在一个破烂不堪的碗橱里发现一堆古老的羊皮纸手稿时，他也同样很高兴，这些似乎显示了克勒雷尔（Clérels）（家族最初的名字）至少从 1425 年起就已经是贵族了。[2] 然而，没有什么比这些文件的命运更能精确地描述大革命在法国造成的一个主要变化；因为几乎可以确信，玛丽·德·托克维尔（Marie de Tocqueville）所发现的是证明这个家族是古老贵族的珍贵档案，当其地位受到质疑时可用以使用。而在新法国，这些契据只不过是古文物学家的兴趣而已。

然而，克勒雷尔是一个地地道道的贵族世家，是真正的诺曼人，甚至早于他们在 17 世纪中期获得托克维尔的庄园宅邸。托克维尔坐落在科唐坦半岛（Cotentin）*，在瑟堡以东几英里处，靠近大海。在 18 世纪中期，第二代托克维尔伯爵贝尔纳（Bernard）（1730—1776）和他的妻子卡特琳（Catherine）居住于此，

---

* 在英语中以瑟堡半岛而为人熟知。

他们是亚历克西的祖父母。他的故事源于他们，因为在随后的百年中，他们社会的和个人的一些特点，在其子孙身上都有所体现。

贝尔纳是一个军人，他很敬业——他拥有一套便携的军事藏书，有 51 卷书，从 1741 年版的《军事法典》（Code militaire）到在他死前四年出版的《论新式炮兵》（La Nouvelle Artillerie）。[3] 他的职业生涯堪垂典范，并受封为圣路易骑士团（Chevalier of the military order of Saint-Louis）的一员。他虽是幼子，但当同样作为军人的哥哥在七年战争中被杀，且他的侄子死于校园的一场操场事故的情况下，他继承了托克维尔的房屋与庄园。贝尔纳从未期待过自己有足够的钱成婚，但现在这却成为了他的责任，如果他不希望家族逐渐消失的话。一个朋友告诉他，艾蒂安·德·达马斯－克吕伯爵（Comte Étienne de Damas-Crux）有好几个未曾婚嫁的姐妹。这是可行的：达马斯乃是一个大家族，它拥有大量地产与宫廷宠幸，跟托克维尔家族一样，它有在军队中为国王效力的责任与特权。贝尔纳被接受了，他与达马斯－克吕的卡特琳·安托瓦妮特（Catherine Antoinette）结为夫妇。他的家族有"良好的"婚姻史，但这次比往常都要更好：它标志着一场家族大兴起的开端。据推测，卡特琳的嫁妆帮助了贝尔纳重建庄园的决定，使其得以扩建并呈现出一种高雅而现代的面貌：花园前门的山形墙上装饰着托克维尔与达马斯－克吕的纹章。从这时起，这座乡间别墅变为了真正的城堡。[4]

3　　对于托克维尔家族的随后两代人而言，与达马斯家族的联姻意义重大，无论是好的方面还是坏的方面，但是它并不完全符合期待。[5] 巨大的转变即将来临，尽管从科唐坦半岛的角度看，可能并不明显。在那儿，外省贵族的生活仍然因循着长久以来的传统。在上个世纪，一些家族得到了太阳王的邀请前往凡尔赛，在那里（通过提供必要的证据）成为了宫廷贵族（noblesse de Cour），并且加入到为额外津贴的长期竞争中，路易十四通过这种手段使大领主们（grands）变得温顺，且在政治上显得虚弱无力，但托克维尔家族不在其列。跟他们的邻居一样，他们一如既往——做纯朴的诺曼乡绅，当他们不参与国王的战争时，就把时间花在农耕上或者从农民身上压榨钱财。托克维尔家族长期以来处于诺曼贵族——血统贵族的中间等级，是教区的庇护者（gentilshommes seigneurs de paroisse），同时也是土地所有者。他们享有所属等级的相应特权，其中包括免除国税（taille）和盐税（gabelle），有权在任何涉及他们的案件中绕过低级法院，第一时间到达高级皇家法庭。只有贵族能够在公共场合佩剑，并在其豪宅上设置城垛。他们在公共集会中比他人更重要，并且在他们出席的每个教区教堂中，拥有特别崇高的座位——亚历克西最终继承了在托克维尔的席位，这是在大革命中保存下来的少数特权之一。作为贵族，他们可以要求免于（除非在非常时期）任何形式的兵役，无论是肉体上还是经济上，但是托克维尔家族的军人传统让他们拒绝这么做。首先，他们拥有许多"封建权益"（feudal dues），使他们能够向其邻人收取土地和商业税：在农奴制时代，这些权益或许有功能合理性，但是在 18 世纪，它仅仅是（贵族的）收入来源，正如托克维尔在其《旧制度与大革命》中，站在农民的角度所愤慨直言的那样。他们另外的一些特权，与其说是好处，毋宁认为是麻烦。他们拥有打猎的独占权，并且在追踪猎物时可以践踏农民的庄稼。在托克维尔城堡的一个圆塔内（总共有三个），贝尔纳伯爵豢养了 3000 只鸽子，这是另一个长期导致农民怨恨的原因，因为鸟儿会影响收成（在那个时代饥荒太频繁了）。虽然贝尔纳很喜欢鸽肉饼，但除非是故意冷酷地炫耀其权利和地位，否则很难解释他为什么要这样张扬。然而，他与其祖先一样，似乎是一个对其农民负责任的领主——他的孙子不是那么可信地说道："好几个世纪以来，我们都跟他们生活在一起，做他们的保护者和朋友。"[6] 但是托克维尔家族没有与其下层混同起来。这没有必要。在 18 世纪，法国外省的社交与精神生活是充满活力和变化多端的。每一个地方首府似乎都渴望成为小巴黎：科唐坦的首府瓦洛涅（Valognes），以被视为小凡尔赛而自豪。托克维尔家族在那里有一幢连栋别墅，他们每个冬天都要过去，远离他们庄园里的烂泥以及城堡的潮湿寒冷，去享受跟他们地位同等之人的聚会。

　　40 年后，当托克维尔出生之时，这种贵族生活几乎消失殆尽。但仍足以留下永久的印记，尤其是他对乡下人的态度。"当我与一位贵族（gentilhomme）谈话时，也许我们观念不同，也许他的所有观点、愿望和想法都与我相反，我仍然可以立刻感到我们属于同一个团体，我们说同样的语言，我们可以互相理解。我可能更喜欢某位资本家（bourgeois），但他于我只是外人。"[7] 最为重要的是，终其天年，托克维尔都是一个贵族，除非认识到这一点，否则便不能理解他。

　　托克维尔从未能摆脱对这一逝去世界的某种怀念。在其关于旧制度的第一份出版物中，他写道：

　　　　任何人想要描绘一幅关于贵族秩序的精确图画，都不得不诉诸各种各样的等级，区分佩剑贵族和穿袍贵族、宫廷贵族和乡村贵族、最古老的家族和最新近的家族；他将会发现在这个小社会中有着跟大社会一样多的细微差别和阶层划分，虽然它只是大社会的一小部分。然而，他也会发觉有着一系列相同的精神指引着整个团体；作为一个整体，它遵守一系列确定的规则，根据某些隐性的风俗习惯来管理自身，而且所有其成员都有着某些相同的观念。[8]

5   但是到了 18 世纪中期，这个等级的纽带行将崩裂。根据古老的传统，法兰西王国的人民被分为三个等级，但是这种区分不再有意义。教会（第一等级）的地位遭到启蒙哲学家的严厉攻击。在一个人口由 2000 万迅速增长到 3000 万的国家，只有几十万贵族（第二等级）拥有特权显得越来越不恰当。正如托克维尔提及的那样，贵族们毫不团结。大贵族——最为富有、教育最好、联系最密——利用法国的物质进步扩张其自身利益；他们纷纷涌入高级金融与工业投资领域，急切地与富有平民家庭（平民，第三等级）联姻，这反过来使平民很容易变成贵族；欧洲文明拥有的无限可能性吸引并鼓动了他们，大贵族开始热切盼望社会与政治改革，而非感到恐惧：如果这些大贵族能在新的统治阶级显贵 * 中，与人数多得多的第三等级领导者相融合的话，他们甚至准备在原则上牺牲其特权——幸亏发生了法国大革命，否则这种野心就实现了。但在贵族阶级的另一头是农村的小地主、乡绅（hobereaux），除了封建权益以及经营不善的土地产出之外——常常不如农民的小农场，这些家族无以为生：他们缺乏教育，偏狭粗野，挣扎着保住其贵族地位，但经常失败。他们跟巴黎沙龙里优雅的女士和绅士越来越没有共同点。

如果说，托克维尔家族将向何种方向发展曾有过疑问的话，那么与达马斯家族的联姻最终将此确定下来。

贝尔纳与卡特琳并非特别世俗——从英语语境来说这个词。除了军事藏书之外，城堡内还有 84 卷宗教信仰的典籍。托克维尔家族的生活方式充满了天主教气息，这在他们自己看来很正常。他们虔信耶稣会（Jesuit），而不是詹森派（Jansenist）的传统 †（虽然在接下来的一个世纪中，亚历克西·德·托克维尔高度

6   赞扬了一位伟大的詹森主义作家，布莱兹·帕斯卡尔 [Blaise Pascal]）。1772 年在

---

* 法语是 Notables。在日常英语中没有合适的同义词，因此不得不用"notable"。

† 詹森派是法国教会的教派之一，它以上帝恩赐之名义反对教会统治集团与王权的正统联合。路易十四认为詹森派并不比雨格诺派和共和派更好。

母亲家中，卡特琳产下其子，她对此事的描述体现出他们的宗教品质。

> ［她写道］此子一诞生，我的丈夫就将他献给了上帝。他［她的丈夫］满怀着虔诚与信仰出席了洗礼仪式。有些人告诉我，世上没有什么比他此时的眼神更令人感动和更有教化了。当他回到我身边时，他告诉我，他被深深地感动了，他虔诚地请求上帝，如果这个孩子是害群之马的话，就让他离开这个世界……他经常对我说，必须每天都向上帝奉献这个小宝贝，时刻准备着为上帝牺牲，因为他在属于我们之前，就已经是上帝的了。[9]

如此虔诚的一个人不会是启蒙哲人（philosophes）的追随者；但是他接受了卢梭（Rousseau）关于教育孩子的一些观点（他拥有一些关于教育的书籍）。无论在何种天气下，他只给其幼子穿着一件亚麻衬衣，没有鞋袜，他认为这可以让孩子变得坚强勇敢。不久之后，孩子就身患重病，但是在其可能病危之前，父亲就先去世了，他告诫儿子在任何时候都要热爱和尊重母亲，即使活到50岁也要听取母亲的劝告。

这个男孩名叫埃尔韦·路易·弗朗索瓦·博纳旺蒂尔（Hervé Louis François Bonaventure）；他通常被叫作埃尔韦（尽管他的命名日宴会是在圣路易日，但后来他与妻子路易丝［Louise］同名）。在其父亲死后的几年，他特别开心：他热爱托克维尔及其乡村环境；我们未听说他有何玩伴。在8岁那年，他被送往巴黎阿尔古初中（Collège d'Harcourt），虔诚的贵族喜欢这所学校：它的费用极高。[10] 不幸的是，埃尔韦被交由一个残酷且不信教的神父负责。他给男孩很少的食物，并且当孩子忍不住要去偷苹果时，就会遭到鞭打。他总是那么野蛮，以至于埃尔韦天天提心吊胆；男孩变得胆怯而鬼祟。后来有一天，他的一位舅父在老师的书架上发现了伏尔泰（Voltaire）和卢梭的作品。这是很严重的：老师很快被解雇了，神父路易·勒叙厄尔（Abbé Louis Le Sueur）继任，他在第一次见面时就赢得了男孩的心，因为他给了埃尔韦一大块面包，男孩立刻就狼吞虎咽起来。勒叙厄尔是一个有着纯洁宗教信仰的人，他睿智、优雅而有教养，然而是其大爱无疆让埃尔韦·德·托克维尔终身虔诚，之后埃尔韦的儿子们也是如此。不久之后，神父就成为了这个学生的精神之父。这倒也不错，因为埃尔韦的母亲在他十三岁时罹患致命的天花。他不准许进入母亲的卧室，担心被感染；但是他站在门的另一侧，听着她临死的悲泣。"49 年后，这些声音仍然在我心中回响。"尽管做了各种预防措施，他还是得病了，但好在只是轻微感染，因此他平安无事。他感到非常孤独：他的姑母、叔伯和祖母都不能填补其空虚。甚至背道而驰：他很害羞，他的一位姑母认为他是一个傻子，总是戏弄他。这也使他只能依靠神父的关爱。*

几乎就是在大革命爆发的非常时期，他离开了学校。

如同每个法国人那样，他要面对即刻的、不可逃避的痛苦选择。他发觉，不论是家族的传统，还是时代的骚乱经历，对于他做出一个体面又安全的决定都没有太多帮助。

> 我总是听说，我的祖母，一个非常虔诚的妇女，［亚历克西·德·托克维尔在 19 世纪 50 年代时说过］敦促其儿子在个人生活上要力行美德之后，从来不会忘记补充——"然后，我的孩子，千万不要忘了，一个人首先归属于他的国家；可以为之奉献一切；并且上帝要求他在任何情况下，都要为服务国家与国王而准备贡献他的时间、财富和生命。"[11]

显然，这是卡特琳·德·托克维尔的心声，而且这也是她的所有直系后裔的生活信条，但是这不适用于 1789 年。因为，当巴士底狱（Bastille）被攻陷后，其达马斯家族的大部分成员以"快乐移民"（émigration joyeuse）的荒诞名义离开法国，前往布鲁塞尔（Brussels），他们顺理成章地召唤年轻的埃尔韦加入他们：早先，在其舅父夏尔（Charles）担任上校的韦克辛军团（Vexin regiment）中，他们不是为他预留了一个职位吗？但是埃尔韦已经成长为一个热诚甚至自负的年轻人，他对大贵族的轻浮与无德感到厌恶，他认为这是国王政府倒台的原因。此外，在他看来，这个职位的优点乃是明确地允许他留在巴黎，继续他的学业。他不同意移民，认为这只不过是一时兴起，是对国王和国家的背叛。他对一个自由、改革政府的出现仍心存希望。他好几回寄宿在拉法耶特将军（General de La Fayette）的儿子家里，那个人也是卢梭教育法的受害者，因此他在形体与精神上都变得虚弱；但是埃尔韦认为"两个世界的英雄"†或许会得到权力并睿智地运用它，因此

---

* Abbé 是对神父的通俗称谓；与英语中的 Father 类似。
† 指拉法耶特，他曾支持北美独立战争，也曾参加法国大革命，因此人们称之为"两个世界的英雄"。——译者注

他留在了原地。拉法耶特夫人开始开导他。她不认同他丈夫在大革命中的热情：有一次，当她为那些身无分文的"巴士底狱征服者们"（在 7 月 14 日猛攻监狱之群众的领导者）收集捐献时，她轻蔑地把她的收集袋推到埃尔韦面前，说道，"我承认我看起来像个傻瓜"。

他待在巴黎，直到 1791 年王室逃到瓦雷纳（Varennes），他的舅父路易·德·达马斯（Louis de Damas）也不光彩地加入逃亡；最终埃尔韦去了布鲁塞尔（Brussels）。达马斯家族为他在流亡军团中安排了一个职位，但是事情正如他担心的那样糟糕：艰难时刻理应节约使用的钱财，却被用在了"无谓的奢华"上，因为流亡者们确信，他们胜利返回法国只是个把月的问题；有很多充满希望的谣言，每一个都信以为真。埃尔韦不相信这些幻想，并认为停留毫无意义。他返回巴黎并应征入伍，成为了国王卫队（King's Guard）的一名普通战士。"我想要向国王证明，我的忠诚没有因个人的抱负而玷污。"但是后来国民议会迫使路易十六解散了卫队。

1792 年 8 月 10 日，埃尔韦见证了进攻杜伊勒里宫（Tuileries）的胜利。跟其他很多人一样，他未能拯救国王，但有幸不受伤也不受怀疑地返回家中（他把自己的军刀和枪支藏在了勒叙厄尔神父的房间里）。当他经过路易十五广场时（很快成为了大革命的据点），他看到那里堆满了瑞士卫兵被斩首的尸体："妇女和孩子剥去了尸体的衣服，并互相打斗起来，为拿到从受害者身上扯下的破烂衣服，他们的脚浸在血液中。愤怒和贪婪比杀人者更加可怕。"那个晚上，黑暗恶臭的烟云笼罩着城市：革命者把尸体堆积起来火化。埃尔韦的当务之急是拯救勒叙厄尔。他打算把神父送出巴黎，到其家族所在的皮卡迪（Picardy），翌日自己也去往那里。这样，他们躲过了九月大屠杀。六个月后，埃尔韦结婚了。

在某种程度上，这件事是那些即使在绝望时期仍想保持正常生活之人的一次尝试。路易丝·勒佩勒捷·德·罗桑博（Louise Le Peletier de Rosanbo，1771—1836）是三姐妹中的二姐；埃尔韦在一个派对上与她相识，他对她的认识除了外表美丽之外，一无所知，她对他也知之甚少。[12] 他们的家庭出身都很好，在和平年代本该是小康甚至是富裕的。他们将喜结良缘，因此惯常的婚事商量开始了。这完全是依据风俗——一种让亚历克西·德·托克维尔几乎强烈反对的风俗。他认为成功的婚姻极为重要，因此谴责法国男女在互相没有本质了解的情况下结婚。他是否这样看待其父母？他抱怨道，在法国，选择一个妻子不比选择一双手套来得认真。[13]

9

他告诫他的侄子于贝尔（Hubert），即便他不能对未来妻子本人有所了解，也要竭尽全力了解她的家庭："好树难有恶果。"[14] 如果一切如常的话，这条格言本不会给埃尔韦带来麻烦，因为罗桑博小姐乃是克雷蒂安－纪尧姆·拉穆瓦尼翁·德·马勒塞布（Chrétien-Guillaume Lamoignon de Malesherbes）的外孙女。

现在，我们接触到亚历克西·德·托克维尔的母系血亲：这甚至可能比他的父系家族更为重要。拉穆瓦尼翁家族（the Lamoignon）乃是穿袍贵族中最显赫的一支。直到高等法院（*parlements*）在大革命中废除之前，马勒塞布是间接税法院的院长（First President of the Cour des Aides），这个机构管理着税法。然而从年轻时起，他就是法国政府的眼中钉，当时因为他是拉穆瓦尼翁家族的一员，且他的父亲是财政大臣，他就被指定为出版业的主管——也就是出版审查官。身处其位，他促进了出版自由，保护启蒙哲人（他自己就是），在教会企图压制《百科全书》（*Encyclopédie*）后，他仍然保证它继续出版，并且如此巧妙地帮助让－雅克·卢梭，以至于他一直受到这个偏执狂天才的尊敬。1771 年，路易十五废除了旧法庭，并将其成员流放回其庄园，作为院长的马勒塞布是高等法院中反对此举措的领袖之一。他并不介怀：失势意味着他可以献身于其真正的热情所在——植物学。但是 1774 年路易十六登基时，他不仅重开了高等法院，而且任命马勒塞布为大臣，与此同时，马勒塞布的朋友杜尔哥（Turgot）被封为财政大臣。两人都不够谄媚，难以在凡尔赛取得成功：他们很快就被废黜。然而此时，马勒塞布认为自己享有在任何时候、任何他认为紧急的事务上，向国王递交奏折的资格。他建议废止国王密札（*letters de cachet*）和贵族的税收特权；他主张宽容新教徒，并将犹太人视为公民。他希望王室能坚决地裁剪奢侈花销，督促召开国民议会（National Assembly），而且正好在三级会议（Estates-General）召开之前，建议国王牢记查理一世的命运并设法避免（后来路易公开宣称，他后悔没有听取建议）。1788 到 1789 年间，他草拟过几份陈情书（*cahiers de doléances*）* （可以推测是贵族的）[15]，有朝一日亚历克西·德·托克维尔会在其《旧制度与大革命》中分析其中的一些陈情书。托克维尔并没有提及他的外祖父与此有何关联，但相当多地引用了马勒塞布对路易十五的一条抗议："陛下，您君权神授；但是您不能否认，您同样从臣民的自愿服从中获得权力。在法国，神圣不可侵犯的权力归属国民；您的大臣绝不

---

* 陈情书。组成三级会议的每个等级的每个选区都会草拟这样的陈情书。

敢否认这一点……不会的，陛下，虽然有人不遗余力，但还没有人说服您，法国
国民与受奴役的民族没有区别。"[16] 托克维尔认为，马勒塞布表述并形塑了大革命
前的舆论风气。

11

　　尽管在刚开始的时候，马勒塞布极力赞同眼下之事，但他既婉拒了 1787 年
在显贵会议（Assembly of Notables）任职，又谢绝了 1789 年的三级会议。此时此
刻，他满足于享受个人生活。1787 年，他的大外孙女嫁给了年轻的让 - 巴蒂斯特
（Jean-Baptiste），他是夏多布里昂伯爵（comte de Chateaubriand），一个布列塔尼家
族（Breton family）的领袖，地位与诺曼的托克维尔家族一样崇高。这次联姻让伯
爵的年轻兄弟加入到马勒塞布的圈子：弗朗索瓦 - 勒内·德·夏多布里昂（François-
René de Chateaubriand），他注定会成为那个时代法国最伟大的作家，并最终对亚历
克西·德·托克维尔产生最重要的影响。他受到热烈欢迎，在其回忆录中，他总是
提到马勒塞布及其家族：

　　　　马勒塞布先生有三个女儿，罗桑博夫人（Rosanbo）、奥奈夫人（Aunay）
　　和蒙特布瓦谢夫人（Montboissier）：罗桑博夫人最为得宠，因为她认同他的
　　观点。[她和她的丈夫]罗桑博院长也有三个女儿，夏多布里昂夫人、奥奈
　　夫人和托克维尔夫人，还有一个儿子[路易]，他完美的基督教精神掩盖了
　　他的聪明智慧。马勒塞布先生很享受与他三代子孙的天伦之乐。在大革命开
　　始的时候，有好多次我见到他到罗桑博夫人那儿，对政治又激动又烦恼，他
　　扔掉自己的假发，躺在我嫂子的地毯上，任由自己身处一群哭喊的婴儿之
　　中……他是一个科学、正直而勇敢的人，他和我讨论孔多塞（Condorcet）
　　时说道，"这个人曾经是我的朋友；现在，我毫不犹豫地想要像杀条狗似的
　　杀了他。"[17]

　　（因为大革命会要了马勒塞布和孔多塞两人的命，所以这段文字似乎是不
祥的。）

　　然而，马勒塞布是一个很和蔼的人，他似乎注意到弗朗索瓦 - 勒内是一个非
常与众不同的人。他将这个孩子保护在其羽翼之下。他们都对大革命感到幻灭和
警醒。夏多布里昂一直想去美洲；现在，他认识到自己是一个作家，他比以往更
想去美洲：他想真实地体验未知的土地和高贵的野蛮人，从而为作品注入力量。

12

但他不指望亲戚（那些将不得不支付旅行费用之人）支援这个计划，所以他宣称自己将靠双脚去探索西北走廊——"一个如此不切实际的计划"，乔治·D. 佩因特（George D. Painter）说道，"在那个进取的年代，它只能吸引最坚强的人。"[18]马勒塞布热情满满："如果我还年轻，我会与你同行……但是到了我这个年纪，必须叶落归根。"这个计划是天方夜谭：除开其他一切不说，西北走廊根本不存在，马勒塞布作为一个地理学者理应知道。但是夏多布里昂，这个身无分文的孩子，社会秩序在他周围崩塌，他的脑中满是善良的农民、红皮肤的印第安人，以及在无边的孤独中与自然相融的宗教团体，他有着去别处追求财富的一切动力，无论如何所有年轻人都喜欢旅行。他的旅程，不是地理学意义上的，而是一次自我发现。另一方面，对马勒塞布这个哲学家和植物学家而言，一个新国家的诱惑是无穷的。"别忘了一有机会就给我写信……你不懂植物学是多么遗憾啊。"夏多布里昂在1791年1月前往美洲。[19]

他刚好在1年后返回，无穷的冒险经历给予他巨大的文学资本，在几年时间里，他以之开创了浪漫主义时代（西北走廊仍然未有人烟）。夏多布里昂一回来，其家族就让他与一个年轻女子成婚，他从未见过她，也从来没有特别喜欢她，但据说很富有（并不正确）。他很快把她留在巴黎，自己加入到移民大军中（"没有一个待在家里的保皇派，不被视为懦夫"）——埃尔韦·德·托克维尔或多或少正在疏远它。马勒塞布完全支持这次新的冒险，并敦促弗朗索瓦－勒内带上自己的哥哥，他照办了，这对让·巴蒂斯特而言是致命的。[20]

马勒塞布很快就直面其命运。君主制倒台，国王被审判；前治安法官和大臣自愿做国王的首席顾问。马勒塞布告诉大会主席："我主人的顾问委员会召唤过我两次，有一次该工作成为每个人所追求的目标：而当该工作因在大众面前审判而变得危险时，我也同样应当为他效劳。"路易十六欣然接受，当他们为国王的辩护磋商并谈论过去时，随之而来的是两人生命中最感人至深的篇章。路易还有其他两名有能力又忠诚的顾问，但路易将马勒塞布视为自己的老朋友，是最后一个离开自己的人。起初，马勒塞布以为他能为国王赢得无罪辩护或者至少保全其性命，他由衷地高兴而乐观，但是在审判的最后阶段，他知道这种希望是徒然的。当尝试为大会致闭幕词时，他涕泪横流。"罗伯斯庇尔（Robespierre）站起来说道，他原谅马勒塞布为路易所流的眼泪"，但是国王必须死。[21]

行刑之后，马勒塞布感到自己成了众矢之的。"罗伯斯庇尔的眼线到处盯着我，"他说道，"……那个人肯定厌恨我，因为他希望正义地通过（决议）。"[22]* 马勒塞布及其家族离开巴黎，回到他们在奥尔良省的（Orléannais）马勒塞布庄园。就在那时，埃尔韦·德·托克维尔出现，并娶了路易丝·德·罗桑博（Louise de Rosanbo）。

"1793 年 1 月 30 日，我来到马勒塞布；当我从马车上下来的时候，我看到马勒塞布先生站在列柱廊之下。这是我第一次会见这个受人尊敬的老者，他向我张开双臂，就好像我已经是他的子孙一般，此后，最亲密的信任和他所激发的尊重在我心中融合起来。"如同夏多布里昂那样，埃尔韦完全被马勒塞布慷慨的魅力所折服：他们都是缺少父爱的男孩，马勒塞布的和蔼与关心是难以抵挡的。埃尔韦曾是孤独、焦虑和害羞的，他突然发现拥有了一个自己的、生气勃勃的大家庭。他爱上了马勒塞布家族的每一个人，包括他的未婚妻。求爱的过程并非一帆风顺。路易丝·德·罗桑博美丽依旧，埃尔韦开始发现她的魅力；但是在屈膝之前，他认为他们应当就婚姻意味着什么有一次私人的坦诚对话。这是非传统的，如果埃尔韦提到性问题的话，则尤其如此；罗桑博小姐的反应如此冷淡，以至于埃尔韦犹豫是否最好取消这个对话；但是第二次谈话（毫无疑问，这位年轻小姐的母亲劝告过她）进行得顺利得多。一切看起来都很好。"信心迅速增长，很快随之而来的是一份炽热又温柔的感情。"1793 年 3 月 12 日，他们在当地神甫的主持下较为秘密地结婚了。神甫是一个已经躲藏起来的顽固牧师（即拒绝接受由国民议会建立的"合宪"教会之人）。 14

"婚礼的第二天，我和我的妻子拜访了马勒塞布镇；在那里，她受到精神焦虑的痛苦折磨†。我从未看到过类似之事，我极度震惊。我以为她会死去。她的父母让我放宽心，但事实是，从这时开始，她的精神焦虑已经有变得更糟糕的倾向，而且这在她和我的生活中都留下了阴影，但是他们以前从未提醒过我。"

最起码，罗桑博家族责无旁贷。埃尔韦虽然缺乏自信且无经验，但他不是一个在责任面前退缩的男人，而且在任何这样的负担之下，他都有振作起来的能力和品性。他从未指责过妻子。她令他极为不满，无论如何，他至少本应该获得睁着眼睛步入陷阱的机会。但除了在自己的回忆录中提及此事外，他似乎从未抱

---

* 为了对罗伯斯庇尔公平合理，应该说在毁掉马勒塞布这件事上，并没有他插手的证据。同样也没有他试图阻止这件事的证据。

† 确切地说，并不清楚这指的是什么。

怨过。

当时，在马勒塞布家族的陪伴下，他自我安慰。让－巴蒂斯特·德·夏多布里昂从流亡中返回，照顾妻子阿琳（Aline）及其两位幼子路易斯（Louise）和克里斯蒂安（Christian）；罗桑博最年幼的女儿苏珊·吉耶梅特（Suzanne Guillemette），她刚刚嫁给了她的嫡亲表兄夏尔·勒佩勒捷·德·奥奈（Charles Le Peletier d'Aunay）；还有罗桑博夫妇和他们十五岁的儿子路易斯。马勒塞布最小的女儿，玛丽·蒙特布瓦谢（Marie Montboissier）已经移居瑞士，她从那儿给姐妹们寄来轻率的书信。这些保皇派似乎对已经发生的事情熟视无睹，没有认识到其危险的本质和程度。整个家族都不相信雅各宾派会试图杀了马勒塞布，尽管他自己很清楚这一点，但马勒塞布认为雅各宾派不会针对家族的其他人。他决心留在法国，万一玛丽·安托瓦妮特（Marie-Antoinette）或者王妹伊丽莎白夫人（Madame Elisabeth）被审判，他能够帮助他们；此外，他想要证明对路易十六的光辉记忆（他在死后比生前更受人尊敬），他认为如果移民的话，就不能克成其事。1793年夏天，他甚至返回巴黎几个星期，直到收到安全总委员会（Committee of General Security）让他不要露面的秘密警告为止。他对此心领神会。[23]

15

春、夏、秋：无论如何，家族是幸福快乐的。"我们的生活是令人愉快的"，埃尔韦如是写道。

> 每晚九点，每个人都聚集到沙龙。马勒塞布先生将会光临，找我们其中的一人秉烛夜谈。每次交谈，他都会解开对谈者的外套和背心的纽扣。[我们不知他如何对待女士。]午夜，他和衣睡下，休息几个小时；每当他在半夜想到一个主意时，就起床把它记录下来，因为这个习惯，他始终穿着衣服。在这种时刻，他从未想到要穿衣服，有好几次严重受寒。

他们无忧无虑直到冬天，但最终当局搜查了罗桑博在巴黎的宅邸，发现了一份可追溯至1790年的手稿，后来成为巴黎高等法院院长的罗桑博与其法官同僚们在手稿中，正式抗议对巴黎高等法院的废止，正如他们在路易十五时期，抗议对它的废止一样，连带搜到的还有一些牵连证据，比如王室赐给罗桑博先祖的一座路易十四半身像。还有一大堆泄密的通信：例如，有60封来自弗朗索瓦－勒内·德·夏多布里昂的信。革命法庭的领袖富基耶·坦维尔（Fouquier Tinville），亲自详细检查了所有证据，随后签发了一张逮捕罗桑博的传票。[24]

　　12 月 17 日，当城堡的门房面带惊慌地进来时，我们正围坐在桌子旁［埃尔韦·德·托克维尔说］，他用非同寻常的口气说道："公民罗桑博，外面有几个来自巴黎的公民要见您。"我们都面容失色。罗桑博先生立刻离开了房间，当确知他不能回来后，我们焦虑到了极点。

　　第二天一早，巴黎人（两个来自邦迪区［Bondy Section］的工人）把他作为危害"唯一且不可分割之共和国"的安全的阴谋者关入监狱。两天后，马勒塞布的家人和剩下的人也步其后尘。房子遭到搜查，更多泄密信被发现（尤其是蒙特布瓦谢夫人的那些），尽管没有什么直接牵连到马勒塞布、夏多布里昂和托克维尔。*这些都不影响对他们的逮捕。所有人都被监禁起来。埃尔韦："我从未见过监狱。当我不得不匍匐着爬过只有三英寸的牢门，听到身后锁门的声音，我不知如何表达这种感受。"

　　无套裤汉们（*sans-culottes*）对这些逮捕感到高兴；但马勒塞布的人民并非如此。据传，12 月 20 日，犯人们被带走时，一些村民追赶着关押他们的四轮马车，高喊愤怒的抗议并企图解救他们。至少有一点是肯定的，市镇官员们把旧贵族是好公民的证据发往巴黎，并且连续三天把副本放在市长办公室展示，且没有引起任何反对。"我们证明，公民克雷蒂安－纪尧姆·德·拉穆瓦尼翁（Citizen Chrétien-Guillaume de Lamoignon）始终都表明自己是人民权利最热心的保护者……"但这无济于事。[25]

　　恐怖统治全面展开：战争必须取胜，大革命必须保住，合法但不公正的死刑判决乃是手段之一。它可以延期，但最终不可避免。1794 年 4 月 20 日，罗桑博被处死；作为他的妻子，罗桑博夫人在 21 日被处死，因为曾是流亡者且与流亡者们通信，让－巴蒂斯特·德·夏多布里昂也在同一天被处死；尽管从未逃亡，夏多布里昂夫人也一样被处死；还有马勒塞布自己。他死得其所。他的手被捆绑着，当他从法庭被带往双轮车时失足跌倒在门口。"不祥的预兆，"他说道，"罗马人再也

16

* 据埃尔韦所言，让城堡中的那些贵族最为不安的是，闯入者用"你"（tutoyer）来称呼他们，即便对女士也如此。嫌犯们没有相应地用"你"回答，这转而招致了怨恨。

不能前行。"[26]

当让－巴蒂斯特被带往革命法庭时，埃尔韦提请照顾他的孩子们——他们一直被保护在马勒塞布的一个农民家庭。让－巴蒂斯特乐意答应，但是他这位表弟肯定担心过，自己是否能活着去忠人之事。6月时，大会通过了恶名昭彰的牧月二十二日法令，它剥夺了被告人的一切司法保护，用诺曼·汉普森（Norman Hampson）的话说，"这跟官方清理监狱别无二致。"[27] 幸运的是，关押托克维尔家族的自由港（Port-Libre）监狱［原文如此］，没有即刻选择重演九月大屠杀（September Massacres）的必然结果。囚犯们被一小批一小批地处死，而不是大规模的。每天下午都会有一个残酷的小仪式：一个狱卒会走近五六个犯人说道："公民们，办公室传唤你们。"有时候，他补充道，"你不需要带任何东西。"紧接着是令人心碎的永别场面。为了避免见到这些（然而他非常悲伤），埃尔韦会在那个时候习惯性地打个盹。某天醒来之时，他发现自己的头发因这场变故而全白了。他时年21岁，正如他在回忆录中所言，即使撇开断头台的持续威胁不说，他的责任相当沉重：他不得不照顾17岁的内弟路易·德·罗桑博，还有两个年轻女人，他的妻子及她幸存的妹妹奥奈夫人；他们的健康在悲伤与害怕中日益衰落。

他们关押的条件恶化。囚犯不能再自己准备食物并单独进食，他们不得不用同一张桌子吃一样的食物，那些食物虽然确实是无毒的，但是很糟糕（我们监狱的厨师是个老实人）。没有人敢抱怨，唯恐间谍打报告说有人企图散布不满；他们甚至不得不假装喜欢这些食物，以证明其爱国心："有一天，这些无耻的流氓之一，因为我们没有好胃口，而恶笑着斥责我们。"这种道德施虐，在"至上崇拜节"（Feast of the Supreme Being）中到达了顶点（1794年6月8日）。死刑处决一如既往地进行，但当日幸免的犯人们被赶到监狱的公共休息室，参加爱国音乐会，男人们在一边，女人们在另一边。曾经是法国大剧院（Théâtre Français）悲剧作家的拉里夫（Larive）被迫朗诵相应的诗句，"有完美声音"的贝西小姐（Mlle de Béthsy）被迫唱《马赛曲》（Marseillaise）：

> 进军，进军，让不洁之血
> 灌溉我们的壕沟！

这对苏珊·德·奥奈（Suzanne d'Aunay）而言太过分了：她的歇斯底里症又犯

了，开始哭喊起来，"哦！这些怪兽！这些怪兽！"这可能会把他们都送上断头台。埃尔韦冲出来把她抱在怀里，压住她的叫声，好在没有狱卒注意到。

几天后，埃尔韦受诱骗而向监狱看守行贿，随后他发觉了这件事，他可能因此被送到热月十二日的绞刑台；但是九日下午（7 月 27 日），当他向窗外张望时，看到一个跛子被宪兵押入监狱。那是库东（Couthon），是罗伯斯庇尔最亲密的伙伴之一。街头报童的叫卖公布了罗伯斯庇尔之被捕。之后消息传来，说罗伯斯庇尔已经获救，并被带到了市政厅（Hôtel de Ville）。自由港的囚犯们整日整夜地焦急等待。对他们而言，一切都愉快结束了。托克维尔家族本要等到 10 月才能被释放，但是在 20 日——也就是他们被捕以来的第十个月——他们被释放了；勒叙厄尔神父在门口欢迎他们。"天空多么晴朗！空气多么新鲜！视野多么开阔！"他们租了一辆小马车，全天在巴黎周围奔驰，"以感受他们的自由"。[28] 但是按照埃尔韦后来的记载，悲伤仍然减弱了他们的愉悦："9 个人进入了这悲惨的牢狱，只有 4 个人活着出来。我们的父母*，我们的朋友不在了，除了一个 21 岁的年轻男子外，两个家族的幸存者无人可以依靠，但他对世界一无所知，他唯有不幸的经历。"† 但不管怎么说，他活下来了，而且是自由的。

---

*　注意埃尔韦·德·托克维尔多么完全地认同他妻子的家族。
†　对于降临在马勒塞布家族、他自己的家族和家庭的苦难，埃尔韦说得多少有点轻描淡写。同罗桑博家族、夏多布里昂家族和马勒塞布本人一样，马勒塞布的妹妹塞诺藏夫人（Mme de Senozan）（她的信件，表明她与流亡者积极地策划阴谋，这加速了检查和逮捕），在马勒塞布死后三个星期也被处死了。马勒塞布的两位秘书被斩决了；只有他的男侍幸免了。

第二章　保皇党人（1794—1814）

一个贝亚恩（*béarnais*）的游吟诗人

双目满含着眼泪

对他山中的同伴歌唱

副歌中满是惊恐：

路易，纳瓦尔的亨利之子

成为了巴黎的囚犯。[*]

　　释放出狱为危险画上了句号，但不是苦难的终结。最后一批囚犯刚一释放，国民公会就命令所有贵族离开巴黎。[1]托克维尔家族在圣芒代（Saint-Mandé）找到了庇护所，刚好位于巴黎城外，他们在那里度过了最惊恐的 1794 年至 1795 年的冬天，那是大革命中最寒冷、最饥饿、最致命的一个冬天。在巴黎，紧随着饥荒的是痢疾的流行。在圣芒代，"托克维尔夫人因严重发烧而处于病危之中"。在冬末时，国民公会变得温和起来，允许贵族们返回巴黎；托克维尔家族在罗桑博府邸住了一段时间，那里一切方便携带的东西都已被偷尽。面包的供应依然很紧张，他们经常不得不用米糕代替，但埃尔韦讽刺地发现餐厅里有大量的肉，大革命的
获利者曾在这里挥霍所得。在 1796 年的夏天，托克维尔最终回到马勒塞布，那里也几乎被扫荡一空。

　　埃尔韦在获释后，没有浪费任何时间。一场家庭会议确认了他作为夏多布里昂家两个男孩（他们曾由其老保姆保护）的监护人的职责。尽管这件事不能一蹴而就，但他开始着手工作，恢复夏多布里昂庄园的收益。拯救他自己的地产倒不是那么困难，因为他从未流亡，也没有被革命法庭判刑，但至少也险遭不测。大

---

　　[*]　这是亚历克西·德·托克维尔的母亲所唱的歌。见后文，第 25 页。（本书原注所指页码均为原书页码，即本书页边码。——译者注）

革命期间，农民们把托克维尔那个可恨的鸽塔付之一炬，杀掉了所有鸽子，但并未理会城堡。然而，其中一些人对其土地投去了贪婪的目光。他们到当地行政机关，要求获得购满土地或者部分土地的权利：即使托克维尔伯爵不是一个流亡者，虽然他本应该是，但无论如何，他的名字都会轻而易举地登上被剥夺公权者的名单，可以没收其财产。幸运的是，埃尔韦的忠实管家，成功地挫败了这种主张。

到目前为止，埃尔韦都是以一个有真正实践能力的形象出现，是完全靠得住的。即便达马斯家族（有些出乎其意料）也开始承认这一点。1802 年，他作为其表妹伊丽莎白－夏洛特·德·达马斯（Elizabeth-Charlotte de Damas）的陪护去了德国，那时她需要获得仍在流亡的父亲艾蒂安伯爵（Comte Étienne）对其婚姻的允可（这没能实现：他说服她嫁给别人）。埃尔韦还挽救了马勒塞布的遗产，保护了蒙特布瓦谢夫人的权利。1800 年左右，他和路易·罗桑博成功地接近了第一执政的妻子波拿巴夫人（Mme Bonaparte），使蒙特布瓦谢夫人的流亡宣判得以撤销。（30 年后他仍然充满感情地回忆约瑟芬 [Josephine]："她虽已红颜不再，但是她有着举世无双的仁慈，这让她在王座上光彩夺目……"）而且他跟那些对罗桑博庄园有大额索赔权的众多债权人成功地达成了协议。[2]

这对他有直接影响。他的妻子是罗桑博的主要继承人，夏多布里昂家的两个男孩也是继承人，他们被视如己出般地抚养长大。这个家庭需要一个稳定的家，更重要的是 1797 年托克维尔夫人产下儿子伊波利特（Hippolyte）（她的丈夫在其回忆录中骄傲地告诉我们，她以母乳哺育他）。1800 年，第二个儿子爱德华（Édouard）出生了。马勒塞布现在是路易·德·夏多布里昂的财产，可能为此缘故（路易有朝一日想要得到它）或者因为它离巴黎不够近，埃尔韦决定搬家。（当然托克维尔更是一个父亲，无论如何，看到与英国之间战火重燃，离港口太近乃是危险的）。不管怎样，1802 年，托克维尔家在塞纳河畔韦尔讷伊（Verneuil-sur-Seine）城堡定居下来，这曾是塞诺藏夫人（Mme de Senozan）的财产，她是马勒塞布先生死于断头台的妹妹。起初是以租赁的形式，但 1807 年，最终分配拉穆瓦尼翁的地产时，这幢白色的大房子及其公园成为了托克维尔的财产。

在那个时候，伯爵和伯爵夫人还在巴黎的维勒·勒维克路（Ville-l'Évêque）987 号装修了一套房子，热月十一日（1805 年 7 月 29 日）下午两点时，托克维尔夫人在那里生下了她的第三个也是最后一个儿子，亚历克西－夏尔－亨利·克勒雷尔（Alexis-Charles-Henri Clérel）*。托克维尔夫人对又生了一个儿子感到沮丧：她非常想要一个女孩。但是埃尔韦说婴儿的面相个性鲜明且具有表现力，他肯定会成为一个伟人："我开玩笑一样补充道，他有朝一日会成为皇帝。"他完全没有告诉我们，这是否让孩子的母亲感到振奋。

在接下来的一个冬天里，托克维尔夫人的健康发生了"一次重大的转变"（*un tour convulsif*），三个月都毫无好转。医生说，冬天时待在温暖的环境中对她很关键，因此 1806 年 11 月，全家（包括年轻的夏多布里昂，不情愿地离开了他们的学校和朋友）迁往意大利。但是在阿尔卑斯山，爱德华首次遭遇哮喘的危险，这折磨了他一辈子，但在都灵（Turin），（晚些时候）埃尔韦被示警，鉴于持续不断的战争，他的目的地那不勒斯（Naples）很危险。所以他退居到了尼斯（Nice），在那里托克维尔夫人的健康大为好转，夏多布里昂家的两个虔诚青年，对被带往歌剧院感到震惊。较小的克里斯蒂安（Christian），自始至终闭着眼睛坐在包厢的后面。

22　　1807 年 5 月，在轻松的旅程之后，他们返回韦尔讷伊的家中。生活开始恢复一些往日的快乐。如果第一共和国得以延续，埃尔韦本可能准备为国效力；但是他不能也不愿抛弃波旁王朝，转而服从波拿巴的新王朝。他贡献自己的力量，而非增加自己的财产。在拿破仑一世的帝国下，小团体在法国各地建立起来，托克维尔成为了其中之一；这是些非暴力的、暗中反对当权者的团体。作为这些社团的成员，他们认同构建社团的理想，忠于组织社团的个人，但是导致社团形成的环境，不利于任何特殊活动。插手公共事务，会有引起新灾难的风险。在波拿巴主义者的统治下，与领导人最微小的意愿保持一致已是司空见惯。有些人赞扬皇帝的天才，并且认可法国自大革命以来所取得的一切成就，但试图在保持自己原则的情况下与拿破仑合作，他们总是会陷入麻烦。比如弗朗索瓦—勒内·德·夏多布里昂，拿破仑的妹妹埃莉萨（Elisa）把他从被剥夺公权的流亡者名单上勾除，他在 1800 年回到法国，赢得了作家的声名。他把自己的第二版《基督教真谛》（*Génie du Christianisme*）献给了第一执政，并最终赢得了一个外交职位。但 1804 年，对昂吉安公爵（duc d' Enghien）的绑架和谋杀让他感到厌烦：他辞职了，重新回到亲戚们的私人生活中。斯塔尔夫人（Mme de Staël）、教皇庇护七世

---

* "托克维尔"的名字没有出现在出生证上；父亲简单地签名为"克勒雷尔"。革命的正统观念没有完全消亡。连署人之一乃是勒叙厄尔神父。

（Pius VII）、俄国的亚历山大一世（Alexander I of Russia）和荷兰的路易（Louis of Holland）——这只是名单上的其他一些显赫名字，这些人即使在穷途末路之时，也不会付出彻底投降的代价。但积极抵抗的代价非常高昂。很多人认为，保持沉默、等待时机才是最审慎的选择。这样某些事情就得以保护。塔列朗（Talleyrand）如此推断。埃尔韦·德·托克维尔也大体这么认为。

然而 1810 年，他成了韦尔讷伊的市长（maire）（和"mayor"是同一个词，但是和英国的官职不同，因为法国的市镇和英国的市镇不同），这需要起誓忠于帝国政权。他对此行动的解释很重要。他承认，对家族的忠诚和对"路易十六守卫者"的怀念，迫使他和波旁以外的任何政府保持距离；但是担任市长将庇护他免遭嫉妒的阴谋和恶意的农民，并给了他获得任免权的机会，这对他人和他自己都有用。换句话说，埃尔韦想要提升并巩固自己的地方影响力。安德烈·雅尔丹（André Jardin）于此察觉到了"几近封建式"的贵族义务：他的表现，就好像市镇是他私人庄园的延伸，而且他需要被提醒，在市长缺席期间（这很频繁：托克维尔家在巴黎过冬）应该由他的副官而不是他的管家管理韦尔讷伊。不管怎样，他看到并抓住了自己的机会：他之所以得到这个职位，是因为政权总是缺少合适的人来填充它所创造的职位。虽然埃尔韦从未承认（他为自己总是效忠于同一主人——法国真正的国王——感到骄傲），但事实上却是支援帝国的第一步。"当时皇帝的声望到达了顶点"；并没有大事即将发生的预兆。[3]

埃尔韦年近 40；他能力出众，但至今尚未在公共生活中发挥出来。作为市长，他至少能够严格（或许是过于严格了）管控其下属。他的精力与能力需要用武之地，有朝一日亚历克西亦会如此，他觉得自己继承了其父之风：

> 这种不安的头脑，这种强烈的急躁，这种对于剧烈的、反复的刺激的需求，让我们的父亲几乎变得幼稚。这种性情在某些时刻能发挥出巨大的能量。但是更为经常地，它会没来由地折磨人，徒劳地骚动，并且让拥有这种性情的人十分不快。这也是我的常态，我看得很明白……[4]

想要清楚地理解这篇文字并不容易。托克维尔描述的像是他自己。当青春不再时，像父亲这般不得不经历的生活，将使他痛苦难当：在第二帝国时期，亚历克西痛苦地抱怨远为宽松的限制。但是埃尔韦的生活、作品或者画像，显示出他是一个欢快、精明、充满活力与自信的人，我们一点都看不出他像他儿子所评论的那样，——总的来说，是一个轻松自在的人。在其回忆录中，他表现得热心、24　敏感，且总是反讽的。另一方面，亚历克西写信给他的哥哥爱德华时，不太可能对其父亲做出面目全非的描述，因为埃尔韦就在此地。或许认为所有人都有许多不一致之处，并且听之任之，才是明智之举；或许事实是，父子二人共有的焦躁不安，表现得有所不同。它给予埃尔韦能量，这有时让他那些缺乏活力的孩子们觉得难以忍受；但是它折磨着亚历克西，他的性情在其他方面看起来更接近于他的母亲。

埃尔韦能够并确实认为自己很幸运。他享受"城堡中的美好生活"，虽然没有什么值得记录的事。路易·德·罗桑博和他的夫人住在附近，两家经常互访。他把学习法律作为市长之职的一部分，几年后就得到了好处。但是他的大部分时间用在了教育孩子上，以及经营自己的土地，还有打猎，"我对此极感兴趣"。(在这个方面，他的儿子们跟他很像)他剩下的时间用于享受社交生活——他有时候觉得太多了些。韦尔讷伊太靠近巴黎，他有很多亲戚、朋友和熟人，以至于他跟他的家人很少有独处的时间。但那时，访客都是令人愉快的。事实上，在战事发生不利的转变之前，生活中唯一的阴云就是他妻子的身体一直不好。

牢狱之灾与恐怖统治下的经历，显然无助于托克维尔夫人的疾病。雅尔丹把她形容为反复无常、缺乏耐心，甚至奢靡浪费的，根本上总是很忧郁，"这对那些在恐怖统治下逃过一劫的人来说，实属正常。这个家庭的氛围在亚历克西·德·托克维尔年幼时，肯定因此而非常阴暗。"勒迪耶(Rédier)更富有同情心，但说她总是乖戾而不满，而且一直受到偏头痛的折磨。勒叙厄尔神父提到她脾气暴躁。但是在给她的信中，亚历克西的语气总是充满尊敬的爱戴，而且他的小表弟路易·凯尔戈莱(Louis de Kergorlay)似乎真诚地喜欢她：他长大后经常拜访托克维尔夫人，他告诉亚历克西，撇开她的苦恼不谈，他被她表现出的友好而感动；他认为她很可爱。[5]她仍然是一个朦胧的形象。她想要一个女儿的愿望，使她觉得自己很不幸，她的近亲家庭成员都是男子：她一生中超过 20 年的时间用于抚养 5
25　个男孩；到 1800 年，她的母亲和两个姐妹都过世了。保存下来的唯一一封她写给亚历克西的信是生动而深情的(或许它因此才被保留下来)，虽然其内容主要是关于她因为一场暴风雨而变得有多么虚弱。他写给她的信有一定的数量——甚至还有他从美国写来表达乡愁的信。从美国寄来的信件注定要在家族中被传阅和高声朗诵，然而那些写给他父亲、兄弟甚至嫂子的信，总是有着对每个通信者特别的笔触。所有他能找到并与母亲交谈的话题就是她的健康，每次他写这些时都小心翼翼。在一封恰在她死后所写的信中，他写道，她忍受了超过20年的折磨。[6] 悲哀地说，她给儿子的唯一非物质遗产似乎就是自己的犹豫不决和虚弱多病，然而他发觉父亲乃是最好的伙伴和最可靠的朋友。当埃尔韦过世时，亚历克西写道：

> 他是多么友好而温柔；就连外国人也注意到，这些品质毫无保留地、如母亲般温柔地对儿子们表现出来；他坚持不懈地关心我们的事情，但是从不干涉。这种情感，反而随着身体的不断虚弱，在这几年中稳定地增长，变得更为明显，我从未在其他任何人身上见过。他一直都是个好心人；但是随着年龄的增长，他变成了最和蔼的人。[7]

这似乎恰好暗示了，如果家庭的氛围确实很晦暗，那么托克维尔夫人因此失去了很多。然而她在其儿子有记录的早期记忆中，处于中心的位置。

> 那些日子历历在目，有一个晚上，在我父亲的城堡中，某次家庭庆祝把我们大量的近亲集合起来。仆人们离开了，我们围坐在火堆旁。拥有甜美而深情嗓音的母亲，开始唱起一首熟悉的保皇派之歌，诉说路易十六的悲伤和死亡。当她唱完时，我们都泪流满面；不是为了我们自己的不幸，甚至不是为了我们失去的亲人——他们死在内战的战场和绞刑台上，而是为了一个人的命运——他15年前就死了，我们其中一些为之哭泣之人从未见过他。但是这个人曾是我们的国王。[8]

从某些方面说，这是一件重要的轶事。托克维尔精确地知道事情发生的时间：国王死后15年，也就是1808年，那个时候亚历克西很可能才三岁零几个月大。如果他对时间那么确定，这个故事证明了他的早熟；不过即便他记错了一两年，毫无疑问这段时间对他影响至深。堂表兄弟们围坐在炉火旁——托克维尔、罗桑博和夏多布里昂——对哀悼国王之死有着各自的原因。这表明了他们的家族有多么失落和痛苦；路易十六的殉难，使其悲伤显得有意义而庄重。在20出头时，

26

托克维尔打算放弃这种家族信条，但是他从未能完全割断其忠诚，他提及波旁王朝时便已充分地说明——即便对其绝望之时，也与他提及奥尔良王朝时如此不同，更不必说波拿巴王朝了；当他在《旧制度与大革命》中提到路易时（他甚至赞同弑君的巴尔巴鲁（Barbaroux），即恶事与好事一样，都有其殉道者），他相当谨慎，甚至敏感。他没有说，也不想让我们觉得，他的家族已经忘记了自己及其等级所经历的苦难。国王之死与其贵族的消亡紧密地纠缠在一起，并为他们之间的反叛传统画上了句号，即当贵族们觉得合适时，他们可以毫无约束地、不顾轻重地反对和阻挠王室的政策。韦尔讷伊房间里的每个成年人都知道因何而遭到残酷地迫害，非因举动和思想，而仅仅因身份和贵族。圣茹斯特（Saint-Just）的恶语——"没有统治者是无辜的"[9]——已经被放大到他们身上，如同 20 世纪的死亡集中营和劳改营中的幸存者那样，受到心理创伤的幸存者从未能摆脱噩梦。这对他们自身和对法国的代价是巨大的。将近 200 年来，法国的保守党确信左翼分子实质上都是刺客；*左翼分子相信所有的保皇派都是叛国者。所有事件都被解释来加强他们的信念，而他们导入"政治体"（body politic）†的虚弱，与 1848 年、1870—1871 年和 1940 年（只提最糟糕的）的灾难有莫大关联。这是最早的也是最沉重的意识形态的锁链，托克维尔将以毕生之力试图打破它。

27

在幼年时期，他并没有任何此类想法。"跟我一起长大的那些人，他们只想着消遣娱乐。他们从未谈及政治，我相信他们也很少想到政治。"[10] 更确切地说，只有当仆人们退出房间，聪明的小男孩们入睡时，政治才会被谈及：拿破仑一世治下的法国是一个警察国家。除此之外，大家族从未在政治事务上达成一致。如果说勒佩勒捷·德·罗桑博（Le Peletier de Rosanbo）是为高等法院而死，那么已经成为雅各宾派领袖的勒佩勒捷·德·圣法尔若（Le Peletier de Saint-Fargeau）（从前的侯爵），则是因为在国民公会投票支持处死路易十六，而在国王临刑的前一天被刺死。雅各宾派尊之为为大革命而死的首位烈士。他的遗孀为了弥补他的变节，在其余生作为保皇派的情报员在法国四处奔走。[11] 他的女儿悲伤于其父亲曾是一个弑君者，更甚于他被谋杀，然而他的兄弟却在巴贝夫（Babeuf）被处决后，收养了巴伯夫的孩子们。费利克斯·勒佩勒捷·德·奥奈（Félix Le Peletier d'Aunay）做

---

* 有过这样一个保守党人对我保证，由于我在巴士底广场附近的餐厅用餐，我曾拿自己的性命在冒险。令人费解的反讽是，他是恐怖分子贝特朗·巴雷尔（Bertrand Barère）的直系后裔。

† 政治体是一种政治理论，将国家政治比喻为人的身体。——译者注

了拿破仑政府的公务员；一个远房表亲，年轻的莫莱伯爵（Comte Molé）也是如此。年轻的亚历克西显然不记得这些分歧。

> 文学是交流的固定主题之一。每一本有优点的新书都会被高声朗读，会专心致志地仔细研究与批评，我们现在想来真是浪费时间。我想起当初每个人对跟德利尔（Delille）*有关的事情多么地欣喜若狂，如今我对此不屑一顾。每一座乡间豪宅都有自己的剧院，而且其剧团常常备有极好的演员。我记得父亲在一阵短暂的外出后，回到家中的一个大派对。我们打扮起来接待父亲，以此自娱自乐。夏多布里昂是一个老妪……每个小插曲对于一首小诗来说都是重要的。[12]

在这个群体中，亚历克西并非唯一流芳百世之人，夏多布里昂亦然。1807年，这个伟大的作家在韦尔讷伊附近的狼谷（Vallée-aux-Loups）买了一所房子，在那里他忍受与妻子同住又在宫廷失宠的痛苦（他从未能长期摆脱水深火热）。这很有可能是他生命中最快乐的时光：无论如何，在其计划中本该如此。他最近进行了一次大肆宣传的、去往耶路撒冷的朝圣之旅，进入圣城的那天正是他的生日，因此比耶稣·基督更好。在他的花园里，他种植从东方带回的异国树木（马勒塞布本会很高兴），期待在年老时享受树荫的阴凉。他著述颇丰，将自己表述为过着隐士的生活："我或许是一个侠客，但是我有着僧侣般久坐不动的喜好：自从我定居于此，我怀疑自己走出寓所的范围不超过三次。"[13]这是不准确的：1811年，当他又一次引起拿破仑的忿怒时，他在韦尔讷伊避难。他们的第一次不和发生在1807年，当时夏多布里昂的杂志《法国信使》（*Mercure de France*）被禁，因为它如同新的塔西佗（Tacitus）威胁到了新的尼禄（Nero）†：这就是这位作家迁往狼谷的原因。1809年，夏多布里昂的一个流亡者表弟阿尔芒（Armand），因为将波旁亲王的信带入法国而被枪毙：弗朗索瓦－勒内请求宽恕的努力徒劳无功。随

---

* 德利尔神父，是法兰西学术院的成员，是一个激烈的保皇派。他建议把后来成为《墓畔回忆录》中的几页文字变成诗歌，这曾令夏多布里昂感到震惊。埃尔韦一生都在赞美德利尔：见其 *Louis XVI*, p. 243n。

† 它显示了拿破仑一世时期欧洲状况的大量信息，当年轻的基佐第一次到瑞士拜访斯塔尔夫人，并被问及巴黎的新闻时，他仅仅依靠背诵夏多布里昂的几段有煽动性的文字，就轻易地让她着迷了（Guizot, *Mémoires*, Vol I, 11–2）。

后，拿破仑做出了和解的姿态，他迫使"语言文学"所（前法兰西学院）将夏多布里昂选为成员，但是修改了他计划在授职仪式上的演讲：结果夏多布里昂拒绝接受这个席位，直到波旁王朝复辟。*拿破仑做出了可怕的威胁，丰塔纳侯爵夫人（marquise de Fontanes）说服他† 不再提它；但是夏多布里昂认为，住在韦尔讷伊不如住在狼谷那么显眼。他和夏多布里昂夫人在那里住了几个月。埃尔韦·德·托克维尔回忆道：

> 29　当别人打牌或交谈时，他坐在房间的角落，看起来沉思而安静，跟身边的一切隔绝开来。就这样，他为接下来所写的悲剧［*Moïse*《摩西》］构思了长篇大论［*tirades entière*］。剩下的时间，他总是处于快乐的心情之中……‡

在写作其回忆录时，埃尔韦对这位著名的男性亲属的态度变得极其反讽。埃尔韦对他做出了公正的评价，夏多布里昂在流亡归来后，是天真而羞怯的，对自己的文字力量信心不足。在《基督教真谛》迅速卖出 16 版后，情况很快就恢复了正常。"他笔下的文字深深地触动灵魂。"作者似乎了解心灵中最脆弱的那根弦；只要他愿意，他就能感动每一个人。但是埃尔韦发现无论夏多布里昂怎样被提醒，都没有时间去学校看他的外甥们。"夏多布里昂夫人显然不是很善解人意。"但埃尔韦与夏多布里昂是朋友——1812 年，迪拉斯公爵夫人（duchesse de Duras）（一位虔诚的女士，夏多布里昂夫人以"那些夫人们"嘲弄她）忽然想到一个计划，随后由雷卡米耶夫人（Mme Récamier）重提，即以出售公司股份的形式来偿还夏多布里昂的债务，该公司的财产由他下一本书的版权构成——以上这些想法并未让埃尔韦停止认购股份。这没有解决夏多布里昂的财政问题（没有什么可以），但是他没有预见到这一点。[14]

奇怪的是，一直沉迷于自我的弗朗索瓦－勒内，是已知的唯一一个记录了对托克维尔童年印象的人。这是一种特别的情感流露：

---

* 夏多布里昂的前任玛丽－约瑟夫·谢尼埃，除去别的不谈，他还曾是一个弑君者。夏多布里昂对此事的谴责，让皇帝感到不悦。"当我坐在康巴塞雷斯（Cambacérès）身旁跟他们吃饭的时候，那些学者怎么敢空谈弑君者，受过加冕的我，应该更加痛恨他们"（Clément, *Chateaubriand*, 234）。

† 指拿破仑。——译者注

‡ 勒迪耶（第 33 页）评论："关于夏多布里昂的快乐，有很多的资料。"

托克维尔先生是我哥哥的连襟，也是我的两个孤侄的监护人，居住在曾经属于塞诺藏夫人的城堡：这种绞刑台下的遗产随处可见。在那里，我看到我的两个侄儿跟托克维尔家的三个表兄弟生活在一起，在他们之中，亚历克西引人注目，他未来是《论美国的民主》（*De la démocratie en Amerique*）的作者。他在韦尔讷伊受宠的程度，比我当年在贡堡（Combourg）尤甚。他是不是最后一个在襁褓中默默无闻，但将来我会见证的成名之人？亚历克西·德·托克维尔探索了美国的城市，而我探索了美国的荒原。[15]

这段话很容易被忽视，但这是不明智的。夏多布里昂是一个语焉不详的人，但他确信观察到托克维尔被宠溺娇惯（*gâté*）。他是自我中心的，但除非在盛怒之下，否则心肠并不坏：我们或许可以相信他。此外，安德烈·雅尔丹也感到托克维尔受到宠溺，而这解释了他成年后的某些性格特征。[16]

亚历克西比他的伙伴们小得多。他的表弟路易·德·凯尔戈莱（Louis de Kergorlay）（1804—1880）与他年纪相仿，而且在冬季时，凯尔戈莱与托克维尔住在巴黎的同一条街道（七区的圣多米尼克街 [rue Saint-Dominique, seventh *arrondissement*]），在夏季时，他住在瓦兹省（Oise）的福瑟斯（Fosseuse）城堡，离韦尔讷伊不远。凯尔戈莱将会成为托克维尔青少年时最亲密的伙伴，但那是在将来。与此同时，亚历克西（我们可以猜想得到）属于家长们愿意纵容的那类孩子：细致、漂亮、聪明而热心。法国贵族对其子女很冷淡的传统——即便不说残酷的话——在 18 世纪已然消亡。最终也是最重要的，我们可以从托克维尔自身得到直接的证据。他对父亲那种无限溺爱的记载已被引用；勒叙厄尔神父在 1831 年的逝世——勒叙厄尔像教其父亲那样教育那些孩子们——引出了一篇相似的悼词，这证明了这样一种印象，即情感已达到了一种令人窒息的程度。男孩们将他昵称为"贝贝"——这显然是对神父（Abbé）一词的揶揄，但这个名字不可能会放在一个可怕的人身上。他教育他们，跟他们一起吃饭，晚上把他们送入被窝并吹熄蜡烛。[17] 他们以绝对的热爱回报他。当亚历克西在美国听到他的死讯之时，他给爱德华写道："我们所失去的是时间、友谊或未来都无法还复的东西，不管那是什么，世上只有少数人能够享有：一个人，他的每一个想法，每一份感情，都只属于我们；他只为了我们而活着。我从未见过或听过一种相似的奉献。"[18] 当命运这样惩罚他时，托克维尔顽强地反抗，而且从未试图掩藏感情。1856 年 6 月，当他

30

父亲逝世时，他也一样。《旧制度与大革命》正处于即将出版的关键时刻；如有可能的话，托克维尔本会暂停出版，以表哀悼。[19] 每一个爱过又失去过的人都会同情这种过度的情感，但必须视之为一系列情况之一，在这些场合中，托克维尔任由未受抑制的本能令自己失去控制。他反抗人类的命运，这其中的一个原因很有可能是他对那太幸福、太安定的童年深表怀念（怀旧之情洋溢在信中），那时他无忧无虑，那时所有小事都成为诗中的大事，那时贝贝教给他对错之间最简单的区别。

31

韦尔讷伊生活的大多数细节已经消失，只能依靠推测。亚历克西喜欢两位哥哥，虽然长大后他开始认为伊波利特顽固甚于敏感；爱德华过于多愁善感。在法国的旧风俗中，新年时会派发礼物给孩子们，大人们会将写满祝福的信寄给朋友们。托克维尔从不会忘记这个传统，虽然偶尔会不记得，比如 1832 年的新年，在新奥尔良（New Orleans）——仍然是法国人占多数的城市，他和古斯塔夫·德·博蒙（Gustave de Beaumont）闯入了一个家庭聚会：

> 新奥尔良沙洲*的伊格尔（Eagle）[艾蒂安·马聚洛（Étienne Mazureau）] 穿着睡衣，坐在角落的一个壁炉边上，在路易斯安那它称为法式壁炉，而在法国称为乡村壁炉，家人围坐在其身旁，致以其最美好的祝福。包括他的子女、孙子女、侄子、堂兄弟姐妹，甚至还有表兄弟姐妹，糖果、玩具和果酱——全家福很完整。留给我们的唯一感动，甚至像书中的任何一位 18 世纪哲学家那样喜极而泣。愉悦之情洋溢在脸上，每一颗心灵都如此和谐。在新年这一天，我们是如此要好的朋友。
>
> 至于我们两个，我们站着，就好像被此情此景惊得目瞪口呆。最后，灯光亮起来，甚至照在我们身上。现在我们理解了那些黑仆的惊讶，那些我们视之为粗鄙之人的好黑人。在新年这天递交一封介绍信！这多么得不合适！
>
> 啊，此时此地正是欢乐时光，比之即将到来的元旦，我本会更快地忘却自己的名字！[20]

从这篇文字中，我们必然能了解许多关于托克维尔的早年生活。

---

* 新奥尔良沙洲，加利福利亚一处未被承认为自治组织的社区。——译者注

重大事件突然摧毁了田园生活。

1812 年时，拿破仑一世的统治严重削弱，马莱将军（General Malet）险些成功的阴谋清楚地表明了这点，他试图趁皇帝在俄国时占领巴黎。拿破仑正在过分地考验其国人。这场无休止的战争，引起了骇人的伤亡、严苛的税收、经济的崩溃，还有更让人痛恨的征兵，任何人都一无所获，远超人们所能承受：每个人都渴望和平。这种思想状态的结果之一，就是保皇主义的复兴；被称为信仰骑士团（Chevaliers de la Foi）的组织建立起来，表面上是遍布全国的天主教慈善机构，但事实上是一个为波旁谋利的秘密组织，抓住每一个起事的机会。[21] 夏多布里昂可能就是成员之一，但似乎埃尔韦·德·托克维尔不是。[22] 尽管在必要的时候埃尔韦也是英勇的，但他的生涯中贯穿着明显的审慎。随后，战事失利开始了。1812 年，从莫斯科撤退；1813 年，莱比锡（Leipzig）的各国大战；冬天，敌人已兵临法国城下。只要拿破仑尚未因性格中的骄傲自大和军事天才的自信遮蔽了双眼，或许就不是他的终结。他的敌人一次又一次地向他提出宽宏大量的条件；他一次又一次地将他们一脚踢开，想要在另一场战役中孤注一掷，而不愿看到——即便是胜利，此刻也不能带来多少好处，对抗他的军队如此庞大，而他的资源如此微少。奥地利人在弗朗什－孔泰（Franche-Comté），俄国人在洛林（Lorraine），威灵顿（Wellington）已经跨越比利牛斯山（Pyrenees）进入加斯科尼（Gascony）。拿破仑并未妥协。可怕的征兵仍在继续。

这给韦尔讷伊市长造成了困难。他虽然官衔低微，但无论如何也是拿破仑统治机构的一部分，其目标是努力征得税收和士兵。埃尔韦伯爵不认同任何一个目标；他似乎赞成夏多布里昂，后者在其著名的小册子《波拿巴与波旁》（De Buonaparte et des Bourbons）中，公然抨击征兵是惨无人道的："每一代法国人就像森林中的树木一样，被有计划地砍掉：每年有八万年轻人被屠杀。"埃尔韦尽其所能地阻碍其进程。"征兵的告示如同死亡的宣判，我愿意牺牲我自己，以拯救市镇中的年轻人。法律豁免已婚男子，我就运用自己的权力，用各种手段鼓励结婚。当情况过于紧急之时，我有时会在公布结婚预告的同一天主持婚礼，这种热情多过谨慎的做法，让我在救助那些信赖我之关心的年轻一代时，受到严厉的惩罚。"他并不是唯一的：比如在保皇的旺代省（Vendée），抵抗如此激烈，当权者放弃了强制征兵的企图。[23]

亚历克西·德·托克维尔正值八九岁年纪。详述这个时期是有价值的，因为这解释了他终生坚持不懈地反对军事独裁和波拿巴王朝的原因。如果不是在那时，那就是在之后，他将会学到父亲的手段；如果不是在 1814 年，那么在不久之后，他将会读到夏多布里昂。当医疗船沿着塞纳河把伤兵带往诺曼底（Normandy）时，随之带来了斑疹伤寒，让沿河村庄死亡惨重，托克维尔几无可能不注意到市长的激烈反应。埃尔韦在韦尔讷伊的每一间房熏醋消毒，焚烧病人躺过的草垫，这些措施看来很有效，因为只有两人死去，其中之一是托克维尔家的厨子，他轻率地端汤给病人。

　　法国——接受了执政府和帝国，将之视为从大革命及其战争的骚乱、恐惧和力竭中脱身的机会——正再次骚动不安起来。即便之前总是温驯的立法会议（Corps Législatif），也要求和平、自由和政治权利，因为这种鲁莽的做法，其掌控者在 1813 年 12 月 31 日草率地予以解散。厌倦了远方炮火声的夏多布里昂，大胆地离开狼谷，来到里沃利街（rue de Rivoli），随身带着秘密写作但尚未完成的《波拿巴与波旁》。*巴黎意识到一些最根本的东西正在改变。最受欢迎的回忆录作家布瓦涅伯爵夫人（comtesse de Boigne），或许最能将气氛表达出来：

> 　　我记得沙托维厄先生（M. de Châteauvieux）……离开巴黎已有两年，在 1814 年初回来了。他到市里后第一个拜访的就是我。正如他后来所言，在那里听到的言谈如此具有敌意，以至于他的主要想法就是逃离。整晚他只梦见了地牢与万塞讷（Vincennes），尽管他已经下定决心再也不想看到如此粗鲁的社会，但第二天他继续四处走访，震惊于到处都是同样的态度和同样的言论自由，即便在中产阶级与商店中也是。我们不对这个情况感到惊讶，因为改变是渐进而全面的。即便在警务大臣桌边，这也显而易见，普拉特神父（Abbé de Pradt）说是时候将那一位流亡者召回法国了，而且这是普遍共识。沙托维厄先生目瞪口呆……[24]

　　难民们开始涌入巴黎。塞纳河上布满了士兵的尸体。3 月 12 日，威灵顿军队的分遣队占领了波尔多（Bordeaux）；市长立刻戴上了波旁的白色帽子，那天下午，

---

　　* 或者说他是这么认为的，但不管他白天何时外出，他通常会把文件放在写字台上的杂物之中。夏多布里昂夫人承担着照管它的责任。晚上，夏多布里昂把它藏在自己的枕头下。

路易十六的侄子昂古莱姆公爵（duc d'Angoulême）进入巴黎，这助长了疯狂的热情。* 这是王朝复辟的一个至关重要的时期：没有任何地方的归国王室受到真正的欢迎，而盟军统帅实际上软禁着阿图瓦伯爵（comte d'Artois）——昂古莱姆的父亲。正当最后一次协商——最后一次想跟拿破仑和谈的认真尝试——因为皇帝的固执而崩盘之时，公爵胜利的消息传到巴黎和北方：3 月 19 日会议破裂。卡斯尔雷（Castlereagh）和梅特涅（Metternich）现在看到波旁王室的复辟是不可避免的，拿破仑即将无望，而除了沙皇之外没有人支持贝纳多特（Bernadotte）的野心。事情以极快的速度发展。3 月 28 日，拿破仑的政治判断在此刻似乎完全抛弃了他，他开始执行一次漂亮的军事调度，其唯一的麻烦是将巴黎拱手让与入侵者。拿破仑忘记了大革命期间反复验证的定律（这直到 1871 年才失效），巴黎之主即法国之主。盟军进军了，29 日玛丽·路易丝（Marie Louise）遵照其丈夫的命令（另一次灾难性的误判），和整个帝国政府一起撤退到卢瓦尔省（Loire）：埃尔韦·德·托克维尔看到她的队伍从杜伊勒里宫出发。第二天，即 30 日，夏多布里昂完成了自己的宣传册，而盟军以 9000 人伤亡的代价，打开了一条通往市郊的道路。法国的军官们要求和谈。

　　这正是信仰骑士团（Chevaliers de la Foi）一直在等待的时刻。3 月 31 日早晨，他们中的年轻人举行了一次示威游行：他们在街上游行时，戴着白色帽子，高喊"国王万岁！"但是其数量不多，而且没有人加入进来。布瓦涅夫人看到他们五次路过她的窗口，但是数量并未增加。这完全无关紧要。早晨 11 点钟，盟军统帅进入巴黎，受到人民的热烈欢迎。他们举止得体。沙皇受邀游览城市，并在旺多姆（Vendôme）广场看到了树有拿破仑雕像的立柱。他只说了一句，"如果我被放到那么高的地方，我怕自己会晕眩。"骑士团的一些人似乎认为这是一种暗示：几天后，他们用绳子拉到了雕像。布瓦涅夫人不赞成：她认为该举动是极其愚蠢且没有必要的。跟夏多布里昂一样，毫无疑问也跟成千上万的其他巴黎人一样，她将对拿破仑的愤怒，跟对征服者的爱国主义忿恨区别开来。将近 400 年没有外国军队进入巴黎了。[25]

　　就在当日，埃尔韦·德·托克维尔用两辆马车带着他的妻子、最小的儿子和一

35

---

　　* 这种热情主要归功于威灵顿把军队约束在手，而苏尔特（Soult）统率的帝国军队在农村烧杀抢掠，正如它曾在西班牙、葡萄牙、俄罗斯等地所作的那样。

些仆人，从韦尔讷伊前往巴黎：他大概再也不能忍受远离活动的中心。他们不顾关于哥萨克军队（Cossacks）和法国撤退军队的警告，以迂回的方式在当晚安全到达圣多米尼克街。勒叙厄尔和两个较长的男孩留在家中。埃尔韦可能想为保皇事业做些什么，这如同置身于刀刃之上。4月1日，保皇派控制了报刊，巴黎贴满了夏多布里昂之著作即将出版的公告。所指的就是那本秘密宣传册，它在4月4日出版，正是在（根据作者的意思）赶走沙皇、支持路易十八之时，如果真是如此的话，就解释了为何国王后来说，《波拿巴》对他而言比一支军队更有价值；[26]但路易是一个伪善的大师。或许这个宣传册真正的重要性在于其大受欢迎，是1789年以来最为轰动的，因为它让法国人视复辟为合法。在那一天，夫人们及其他贵族女士都准备好将宣传册遍传巴黎，托克维尔夫人很可能位列其中。

在此时，一个孩子的声音清晰而突然地在喧闹声中响起。亚历克西·德·托克维尔对正在发生之事感到非常兴奋，即便他不能完全理解它们，但是他想念韦尔讷伊和那里的所有人，在不到三周内写了四封信，说道：

36

> ［四月初］。早上好，亲爱的小贝贝，我很爱你。我很高兴将要再次见到你，还有我的哥哥们，我全心全意亲吻他们。我正在此地同妈妈一起度过愉快的时光，我们身体都很好。再见，小贝贝，我亲吻你的鼻尖。记得代我向保姆问好。亚历克西。

> 巴黎，4月4日，早上好，小贝贝，愿你一切都好。你为什么不跟我们一起来？你会如何高喊"国王万岁！"我必须告诉你一些事，昨天妈妈在早餐后外出访客，把我留下来，直到5点半之后才回来；然后我们吃了晚餐。而且你知道吗，晚餐后她说她将再次外出，去把我的哥哥们带回来。
>
> 再见。我希望你早日归来。在我等待之时，我全心全意亲吻你。当你见到阿兰（Alain）时，对他说，我祝他过得愉快。亚历克西。

阿兰可能是韦尔讷伊的园丁。

> ［巴黎，］4月9日。亲爱的小贝贝，我祝你过得开心，我将要告诉你一些事情。是这样的，三天前爸爸给伊波利特和爱德华买了一匹斑点灰底

马……妈妈从前天开始患上了偏头痛。他们把水蛭放在她的肩膀下面。

旺多姆广场立柱上的雕像刚刚被敲倒了，他们在原位插上了带百合花的白旗。

再见，请告诉我，阿兰有没有把我们开垦的那块豌豆地种好。试试吧，赶紧来。拥抱你，亲吻你。亚历克西。

巴黎，4月22日。我亲爱的贝贝，请告诉我，他们是否放入了小木棍，以支撑我的豌豆。

我一定会给你一个惊喜，我已经完成了自己的练习，我已让爱德华转交给你。

再见，小贝贝，我全心全意地亲吻你，以及路易和奥古斯特（Auguste）。转达我致以阿兰的最美好祝福。[27]

就这样，亚历克西·德·托克维尔经历了他的第一次革命。

第三章　情感教育（1814—1829）

　　一个人如果没有一丝肉欲，尤其在年轻之时，那他将一事无成。在你这个年纪，如果我已经知道将会在另一边找到自己所追求的东西，我本会时刻准备好翻越巴黎圣母院（*Notre-Dame*）的高塔。

亚历克西·德·托克维尔致亚历克西·斯托菲尔（Alexis Stoffels），

1856 年 1 月 4 日 [1]

　　事情现在已然势不可挡。4 月 6 日，拿破仑在枫丹白露（Fontainebleau）退位；12 日，阿图瓦伯爵以摄政王的身份进入巴黎，受到万众欢呼；埃尔韦和伊波利特·德·托克维尔（后者毫无疑问骑着那匹斑点灰底马）处于其仪式性的骑兵护卫队中。在 3 月 30 日战役牺牲者的埋首之处，阿图瓦检阅他们；战争损坏了附近的房屋，它们现在没有门、窗甚或居住者；埃尔韦认为这对归国的王室来说是忧伤之象。另一方面，他发现他们受到妇女们最为热情的欢迎。"第一次复辟乃是妇女们的反革命。罗伯斯庇尔被杀，因为国家再也不能忍受绞刑台上的流血。拿破仑失败，因为国家厌倦了战争中的流血。"——妇女们尤其如此。[2]

　　4 月 23 日，临时政府与盟军签订了停战协议，5 月 3 日国王路易十八到来，发布了著名的《圣旺宣言》（Declaration of Saint-Ouen），他授予臣民关于其权利的《宪章》（Charter）和政府的新秩序。路易十八或许像他兄弟那般受到欢迎，只是少些谵妄。6 月 4 日，在一场联席会议中，《宪章》被递交给参议院和立法会议，并在又一股热潮之中得到批准。这或许是亨利四世以来波旁王朝最伟大的时刻；也无疑是是复辟王朝最伟大的时刻。[3]

　　国王有一项最为复杂的任务，就是维系在拿破仑一世治下给予自己支持的那些人——新贵族、行政官、两院成员——还要奖励纯*保皇派，他们总是忠于其正

---

　　* Purs 在这里意味"不妥协的"。

统君主，为君主的事业鞠躬尽瘁。（波旁王朝还希望安抚军队，但事实证明，那注定超出其所能。）政府必须尽可能地保持其连贯性，以减少对法国人民生活的扰乱，他们已经是侵略、战败、失业和动乱的受害者了。但是势不两立的反对者必须被清除，而在政府之内，一个由可靠支持者组成的骨干队伍必须建立起来。而职位申请的浪潮，向王公与阁僚涌来；他们很难在应对那么多请求者的同时，始终牢记自己的长期目标。

马勒塞布的后人做得非常好。不管是国王还是昂古莱姆公爵夫人——路易十六的妹妹，都自发地铭记先王的辩护人（公爵夫人与埃尔韦有着千丝万缕的亲缘关系，比如达马斯家族，这并无妨碍。关于公爵夫人，当时有一句难以翻译的双关语："她的屋子装饰着绫罗绸缎，住的也都是才子佳人"[sa maison était meublée en damas et doublée de même] *）[4]。因此路易·德·罗桑博成了法国的贵族，这意味着他将会进入取代了帝国参议院（imperial Senate）的贵族院（Chamber of Peers）。伊波利特和爱德华·德·托克维尔授职于国王卫队（the King's Guard）（一个新的、更确切地说是重生的骑兵队，就如同第一次复辟中的许多东西那样，反映出路易十八深深地渴望尽可能多地恢复旧制度）；† 而 6 月 18 日，埃尔韦伯爵授命为曼恩－卢瓦尔省（Maine-et-Loire）的省长。他有些失望：他希望像罗桑博那样受封为贵族，但是大臣们认为，这样做对一个家族而言太过了。考虑到他在高级行政管理方面缺乏经验，又不只是简单的移民失败，而且在此之后没有为保皇派做任何事，他也不是在 1789 年后完全未曾变节之人，他理应认为自己是幸运的。

然而，他的态度是坦率的。一个职衔相同之人弗雷尼伊男爵（baron de Frénilly）评论道，"所有那些在波拿巴治下低调从事但忠心不变之人，现在都渴望管辖一方。"人生已经过半，但是他仍未有机会公开证明自己；他是一个身体强壮且信心满满的人（在步入客厅之前，他仍然会觉得害羞，但 1793 年时一个害羞年轻人的形象只是记忆罢了）。他觉得，学习国内法对于更大的省长的行政管理职责而言是一种极好的训练。无论如何，这是实现其抱负，效忠国王、国家和自己的机会，一个可能再也得不到的机会。他会牢牢地把握住，他很快将全家定居到

39

---

* Damas 既是指锦缎，也是家族名，一语双关。——译者注

† 鉴于爱德华只有 14 岁，这肯定只是名义上的任命，就像他父亲在 25 年前那样，这允许他继续自己的学业。

昂热（Angers），曼恩－卢瓦尔省的行政中心。这成了他们此后 13 年的生活方式，尽管并非一成不变。

在他们离开巴黎之前，国王私人邀请马勒塞布家族到杜伊勒里宫。这对最年轻的成员来说必然是极有教益的经历。"我永远不会忘记，"他父亲说道，"路易十八出来接待我们的情景；我们看到一个肥硕的身躯步履蹒跚地从国王的书房里走出来；其肥胖因其小巧又高贵的头颅而尤为突出，但其容貌神情是非常做作的；国王将手放在胸口向我们走来，他的眼睛看向天空。他以最饱含深情的方式向我们说了一些极为客套的话。很显然，他曾排练过其表演。对于他表现出的特别友好，我们以感激之情退出会面，并且确信国王会成为一个出色的演员。"

在曼恩－卢瓦尔省，埃尔韦伯爵发觉自己面临着一个始终令复辟政府感到头疼的政治问题。他的辖区本质上只是旧日安茹省（Anjou）的缩小而已，而安茹省被鲜明地分割为西部保皇派和东部帝国派。埃尔韦有责任不偏不倚地管理，但是他首先要让自己的权威得到承认，而保皇派的领袖们，每个人都是当地一霸，都极不愿意承认他。他们的保皇主义，自从 1789 年起，与其说是支持波旁王朝，不如说总是反巴黎、反革命的。*为了迎合他们，这位省长指出自己出身法国西部庄园（*bocage*）——从瑟堡到卢瓦尔河（Loire）下游，那满是小树木、小田地、乱篱墙和荒僻农田的乡村——那曾是 1793 和 1794 年反革命者的主要舞台。这激怒了东边的人，他们已经对这个明显的保皇派起疑心，他们向巴黎抱怨。一时间，这两个派别差点互殴起来。能在多大程度上解决问题不得而知，因为拿破仑从厄尔巴岛（Elba）的回归让争吵变得毫无意义；但它似乎足以解释埃尔韦偏好行政胜于政治。[5]

在拿破仑各种各样可耻的举动中，百日王朝的冒险可以说是最为自私的。除了军队之外，几乎没有人再需要他。当痛苦地学会如何运行君主立宪制时，法国慢慢稳定了下来。盟军对战败的敌人非常宽容：没有索求赔偿，很多大革命中兼并的领土留给了法国人，也允许把填满了整个卢浮宫的战利品留给法国人。在维也纳会议（Congress of Vienna）上，塔列朗成功地重申法国作为列强之一的地位，使反对它的联盟分崩离析。由于拿破仑的逃脱，所有这些都被危及或者破灭。法国不得不再一次忍受战争的可怕失败。波旁王朝的声誉遭受了不可挽回的打击，

---

* 波旁任命的、图卢兹的新省长所遇的此类麻烦更加严重。

因为他们无耻地弃国家于不顾，仅仅作为威灵顿公爵的依附者而回来。所有这些，令皇帝感到开心。这件事的唯一好处乃是皇帝终于消失，以及军队不再作为一种独立的政治力量。

据埃尔韦·德·托克维尔所言，当拿破仑东山再起的消息抵达昂热时，他已经预见到了很多结果。对他而言，绝不是毫无疑问的默许，而是看到了扮演英雄的良机。昂热有西边的保皇派为后盾，将会是抵抗拿破仑的绝好中心。枪炮和士兵能快速而活跃地从雷恩（Rennes）和南特（Nantes）运来，而旺代省（Vendée）*能够成为波旁的堡垒：埃尔韦甚至希望国王到那里避难。这种策略不能打败拿破仑，但它能使波旁的事业得以延续，在皇帝再次对抗全欧洲时，削弱皇帝，当盟军再次胜利之时（埃尔韦认为必然会这样），使法国能从他们那里得到一些尊重和仁慈。理论上很充分，但是这位省长很快就发现这是难以操作的。当波拿巴加紧前往巴黎时，波旁的臣仆们看起来毫无紧急意识。埃尔韦处处遭遇怠惰、愚蠢和（他开始怀疑）背叛。[6]当路易·德·罗桑博和奥尔格朗代伯爵（comte d'Orglandes）（路易·德·夏多布里昂的岳父）出面加入抵抗时，他感到很尴尬：根本就没有抵抗。很快那里便一无所有：必须离开昂热，寻找一个避难所。埃尔韦选择了拉尼永（Lannion），它靠近布列塔尼（Brittany）的北部港口：1810年，他曾经和托克维尔夫人（她在那里有巨额财产）拜访过那里，对此地的社会和谐印象深刻。†但时过境迁：小镇现在极具革命性——那里三色旗随处飘扬，而乡下的全体居民因为征兵的威胁而成了疯狂的保皇派。所幸市长盖马尔凯先生（M.Guermarquer）是托克维尔地区的政府代表，而他的女婿是副省长。这些都是有所助益的，但是埃尔韦伯爵认为最好还是离开：因为一个原因——他没有将自己视为保皇派的游击队员。他和家人来到卡昂（Caen），那里的气氛没那么狂热，也易于从水路逃走，去跟在根特（Ghent）的路易十八会合。该计划很快就在掌控之中，但在实施之前，一天早晨，埃尔韦和罗桑博看到一辆公共马车到来，身材娇小的老太太圣法尔若夫人（Mme de Saint Fargeau）从里面翻滚而出，她带来了滑铁卢（Waterloo）的消息。怀着难以形容的心情（不管怎样，他没有描述），埃尔韦立刻出发，前往巴黎。

42

---

* 埃尔韦用这种方式将整个法国西部庄园包含进来，而不仅仅是旺代省的范围。
† 正是在这次旅程中，伯爵夫人唯一一次到访托克维尔城堡。

他正好赶上国王归来和政府重建。他厌恶地得知，自己将不会被派遣回曼恩和卢瓦尔省。对自己的影响力充满信心的夏多布里昂（他曾忠心地追随国王流亡），允诺埃尔韦出任塞纳－瓦兹省（Seine-et-Oise）的长官，韦尔讷伊就在其辖下，但结果夏多布里昂没有成为大臣，而埃尔韦伯爵被派往瓦兹省（Oise）（1815年7月13日）。或许为此缘故，埃尔韦现在舍弃了韦尔讷伊城堡。如果他将不在那里生活的话，那么维修它就太昂贵了。

此后不久，他被调往科多尔省（Côte-d'or）（1816年1月31日），之后又到了摩泽尔省（Moselle）（1817年2月19日）。

这种频繁的调动，在复辟王朝治下并不少见，尽管埃尔韦伯爵从不喜欢如此。这反映了行政机构与中央政府之间存在一定的矛盾：跟其他省长一样，只要大臣们愿意，无论托克维尔是否有过错，他就会被调走。[7] 重复安德烈·雅尔丹（Andé Jardin）对埃尔韦职业生涯的称赞是毫无意义的。然而，这件事有一个方面值得注意。在跟随其丈夫到昂热、拉穆瓦尼翁、博韦（Beauvais）和第戎（Dijon）之后，可以这么说，托克维尔夫人罢工了。她的身体终于崩溃。她的疾病中肯定有一种神经过敏或歇斯底里的因素，但对病人而言精神折磨跟肉体是一样真实的。无论如何，当埃尔韦被派往摩泽尔省时，托克维尔夫人拒绝跟他同去梅斯。[8] 她连续几个月在第戎卧病不起，只是在10月时离开那里，前往巴黎。这为亚历克西·德·托克维尔人生中的第一次危机埋下了伏笔。

1817年7月，他12岁，是时候接受高于勒叙厄尔神父之所能的教育了。梅斯就是跨出这一步的绝好之处。

43　　　梅斯坐落在风光优美的田野之中，

　　　　河流波浪起伏，丰富多产，

　　　　山坡树木茂密，葡萄似火，

　　　　大教堂里满是典籍，

　　　　在那里，风儿透过笛子歌唱，

　　　　它得到来自缪特的回响，

　　　　这乃是上帝的高亢之音！

（La Mute，通常被称为 La Muette，是大教堂的大钟。）甚至今日，在三场大战和德国的长期占领之后；今日，当极为吵闹的机动车道在优美的田野中穿过之时，魏尔兰（Verlaine）的诗歌也仍然活灵活现。哥特式的大教堂，如同城市中的其他建筑那样，以蜜色的若蒙石（Jaumont stone）建成，其尖塔仍然矗立在摩泽尔河边的山脊上，河流流淌在六个独立的河道中，苍鹭和小男孩在那里抓鱼。18世纪，城镇已经扩展到在河谷中形成的小岛之上，地方政府坐落在最小的岛上，其规模几乎如宫殿般的宏伟：其前身乃是三个主教辖区（梅斯、图勒[Toul]、凡尔登[Verdun]）的省长官邸，尽管它在1805年经历火灾，但到了1817年它又变得很宜居了（托克维尔夫人可能不这么认为）。官邸后面奔流着摩泽尔河；屋前能饱览大教堂的美景；在其东边，乃是一个大花园，由高墙和河流同外界隔离开来；西边有一个豪华的剧院。在转角处，穿过桥梁，有一座同样豪华的建筑，其前身是女修道院，现在已经变为了公学（当时是罗亚尔初中[Collège Royale]，现在是法贝尔公学[Lycée Fabert]）：如果亚历克西在那里入学，就非常方便。穿过河流的主河道就是旧城。它之前主要由教会主导，但是大革命改变了一切：另一所前女修道院安置了一所炮兵军官学校。此地满是建筑和历史遗迹，还有法国市镇惯有的喧喧嚷嚷。

这些都不足以影响托克维尔夫人当前的计划：她迁居到圣多米尼克街（rue Saint-Dominique），亚历克西在那里陪伴她。在此之前，他似乎已经在公学上课：他向贝贝报告自己的进步；[9]但这种尝试并不算成功。或许是男孩的健康有损；或 44 许他父亲认为，将亚历克西确定地安置在梅斯的学校是轻率鲁莽的，如果埃尔韦伯爵再次被调职，亚历克西或许不得不突然转校（结果是，梅斯的任职长达六年，是这位省长的任职中历时最久的）。或许是伯爵夫人坚持让孩子陪她留在巴黎。无论出于何种原因，在接下来的两年半里，亚历克西只能同一个患有慢性疾病之人和一个花甲之年的神父居住在一起（勒叙厄尔现在还担负起作为伯爵夫人之家庭牧师的责任）。这很难有助于亚历克西的智力成长，不过他跟表弟路易·德·凯尔戈莱的友谊，让他不至于变成一个笨蛋。

在家庭中，有一个在年龄和品位上跟自己如此接近之人，他无疑是幸运的。这是伴随他一生的财富，这反映出他交朋友不只是从他们身上获得快乐。他索取的同时也有付出，这种思想和人格的优点，使得他成为朋友关系中的主导者：他们要看他的脸色。然而在年轻时，（他们的关系）似乎还能保持一种平衡。

在著名的无双议会（Chambre Introuvable）中，凯尔戈莱的父亲是具有主导权的极端派的领袖（也就是一个极端的保皇派），该机构在百日王朝之后旋即建立（最终，路易十八认为它过犹不及而解散了它）。跟大多数的极端派分子不同，他甚至得到对手的尊重：基佐在其回忆录中提到他，认为他是所有代表中最值得尊敬的人之一。[10] 他跟埃尔韦·德·托克维尔（也是极端派）是同一类人，然而在政治上更加顽固。通过拉穆瓦尼翁家族，他的妻子跟托克维尔家族联系到了一起：后来的事情将表明，她拥有其家族的勇气与风度。亚历克西称她为"我亲爱的表亲"，但是对他而言，她更像是一个阿姨，甚至是一个代职母亲。他喜欢凯尔戈莱一家，大多数节日都在他们家的城堡度过。在那里，他可以游泳，学习射击，获得乡绅所应具备的一切其他技能和品位；在那里，他和路易·德·凯尔戈莱可以探索和讨论向他们敞开的世界，分享他们的想法和感受。如果托克维尔从凯尔戈莱那里获得了一个小秘密，他绝对会守口如瓶。

45　　勒叙厄尔并不完全赞同。可能他意识到一个对手。两人惺惺相惜可能暗示着某种危险；无论如何，1821 年，当亚历克西最终决定进入梅斯的公学时，这位年迈的神父寄给他一封满含建议和警示的信：

> 我亲爱的孩子，你的爸爸一定告诫过你，在跟所有伙伴们相处时应该正直以待，但是你不应该建立任何特殊的友谊。我比任何人都清楚那样的危险，尤其是世风日下的今天。受到这种风气影响的年轻人，他们可能金玉其外败絮其中。[11]

贝贝不需要担心：对托克维尔的诱惑与之完全相反。他给凯尔戈莱写信的语气，虽然饱含友爱之情，但是没有激情。而凯尔戈莱是否一样倒很难说。亚历克西从未爱上过他，但不清楚他是否从未爱上过亚历克西：从他的语气来判断，他所想的远比他所公开承认的要多。但那时，他的青春气质比他的朋友更为神经过敏和自我折磨。这是一种独特的关系，托克维尔长期表现为头脑更为冷静的一方。它对彼此的价值，只有因循他们的人生进程才能领会；托克维尔坦率地陈述，年少时的这段友谊对自己意味着什么：

> ［友谊］不能在每个年龄段都产生；然而一旦产生，我不认为岁月会让它弱化，甚至让它改变性质，首先，懂得其全部价值的人，会不停地为之耕耘，

确保其必要的支柱没有弱化，那就是无论事情大小，都互有信心。[12]

托克维尔喜欢给最亲密的朋友这种承诺，但是我们不必怀疑他的真诚：他是一个热心肠的年轻人。

在埃尔韦居住于梅斯的岁月中，对亚历克西的教育并不是勒叙厄尔唯一的当务之急。他的核心任务是保持托克维尔家庭的团结。这不容易。伊波利特和爱德华正式开启了自己的军旅生涯（但是爱德华仍身患哮喘，在 1822 年时他不得不辞去自己的军官职务）。孤身一人在梅斯的埃尔韦伯爵，投身工作，但是很想念自己的家庭；他的派对因为没有女主人主持，而遭到梅斯女士们的批评。托克维尔夫人变得如此令人厌烦，以至于虽然神父尽力让她开心，但是背着她，他也不避讳坦率直言。1821 年 8 月，他对爱德华写道：

> 我们的圣路易节（St Louis' Day）过得单调乏味。克里斯蒂安（Christian）[德·夏多布里昂]在这里，对我而言太幸运了。我们两个献给你妈妈一个玫瑰花环，一个桃金娘花环；并非仅仅如此；她坚持旧有习俗，如果献花环不附带几首诗的话，她就会对鲜花散发出的浓重气味感到厌恶。所以不得不像以前一样编造诗歌。克里斯蒂安幸运地写出了一首四行诗，而我写了一段长篇演讲，是关于可怜的人类在病痛折磨之下的耐心。你当然知道，药片吞咽之前要涂糖衣，我做的就是这件事。药片在她喉咙口卡住了一会儿，但是圣路易让它咽了下去……对于一个在最小的刺激下也会情绪失控，而且发最小的脾气也会打破窗户的妇女而言，我向她赞美耐心实在是太草率了。善良的龙桑神父（Abbé Ronsin）的到来，让她接受了我的寓意，这比其他一切都有用，他无疑是来为她做同一种布道……[13]

随着亚历克西的成长，当他逃离这样一个家庭而到凯尔戈莱身边时，他可能得到解脱，但是他仍然喜欢贝贝，而当 1820 年他的父亲命令他居住到梅斯时，他对于要离开这位旧时的导师而深感悲伤。勒叙厄尔试图安慰他：

> 我希望，跟爱你的父亲也是你所爱的父亲居住在一起的快乐，乃是一种完美无缺的快乐。为了有所安慰，我们必须告诉对方，天意可能会让我们比

46

盼望中更早地相聚……我的朋友，请仔细想想我们分开的目的。尽你所能，好好地利用当下，以放下过去。这是确保你有一个美好未来的唯一方式。最重要的是，将上帝放在你的工作和你的一切想法之前……[14]

显然，尽管埃尔韦欢迎他来辖区作陪，但是让亚历克西回到梅斯的主要原因是接受合适的教育。"你已经在梅斯发现了一个比我更好的师父，"在听闻公学的一位老师将要成为亚历克西的导师之后，勒叙厄尔写道："……那段时间……虽然我怀有最好的愿望，但是我已经浪费了你生命中最好的年华。上帝赋予你的天才差点儿仍然被埋没，法国差点儿失去一位睿智的法官或者一位杰出的雄辩家或者一位著名的外交家。"[15]这封信中有两点最为突出：这个男孩非凡的天赋已经很明显，而眼下神父认为托克维尔父子俩背井离乡也没什么可安慰的。神父正试图唤醒他的雄心壮志。

然而，又过了18个月，直到1821年11月，他才进入公学，当时他已经16岁。他延迟入学必然是有原因的——可能是认为他过于敏感，过于幼小，或者只是在学业上准备不足——但这么做可能是不幸的。这对他的社交能力毫无帮助。他似乎是一个孤独的孩子：在他青少年时代早期，他唯一的朋友只有贝贝，还有不总是能见到的凯尔戈莱和爱德华。但当他最终成为公学的学生时，他很快就交上了朋友（后来他充满感情地称之为"我在修辞班里的老朋友"），其中之一叫欧仁·斯托菲尔（Eugène Stoffels），来自一个并不显赫的中产阶级家庭，在亚历克西心中，他很快就变得几乎跟凯尔戈莱那样亲近：他是唯一一个（除了家人之外）让托克维尔用"你"（tutoyer）来称呼的人。在班级里，他和托克维尔一起坐在一张粗制的长椅上，一起学习怎样措词造句和怎样啃咬指甲。[16]但是他的学校生活并没有持续很久（少于两年）*，不足以让他习惯中产阶级的礼仪和中产阶级的同伴。这严重地限制了他——当他成为一个政治家，并不得不在人群中摩肩接踵之时，虽然他需要他们的善意回应，但他认为他们是粗鄙而庸俗的。

与此同时，他将遇到人生中一个决定性的时刻；事实上，有几个。比如，他在学识上的才华变得越来越明显——在公学的第一年结束时，他轻松地赢得了一堆奖励——凯尔戈莱和勒叙厄尔开始为他的未来争吵。凯尔戈莱已经在军队中就

---

* 无论如何，法贝尔公学以他为荣。它最新的建筑（2004年）以他的名字命名，以示纪念。

职，他将观点表达在一系列语气生动的信件中，并希望托克维尔加入他，必须要说，其一以贯之的优雅是现代英国的十八岁青年所难以企及的。神父和托克维尔的父母认为这些想法是荒谬的。勒叙厄尔竭尽全力阻止这件事；当弟弟在学业上有所成之后，我们发现神父在 1822 年 9 月写信给爱德华：

> 我的小爱德华，你必须劝阻他不要成为一个军人。你比我们中的任何一个人都更清楚这个职业的缺点，而且我确信，在这一点上他会听从他的哥哥们甚于他的父亲。是那个疯狂小子路易·凯尔戈莱将这种想法植入他的脑中。他们将再次在一起，而我十分想请路路先生（M. Loulou 就是路易）让我们清静些，管好他自己的事情。[17]

几天之后，神父叙述了托克维尔夫人送给亚历克西一块金表，以表扬他的成绩（"亚历克西正在传播喜讯"），他又说道，"他的天赋刚刚崭露就如此出类拔萃，将这样的天赋埋葬在钢盔之下简直是耻辱！"贝贝对这位前学生的获奖论文尤其印象深刻，《论希腊艺术的进步》（*Discours sur le progres des arts dans la Grèce*）（现已遗失）。当亚历克西决定了文官生涯之后，神父肯定如释重负，亚历克西不顾所有堂兄弟的游说，也不顾一个诺曼乡亲反对他选择法律："先生，记住你的家族始终是佩剑贵族（*noblesse de l'épée*），"圣皮埃尔－埃格利斯的布朗日夫人（Mme de Blangy of Saint-Pierre-Église）说道。[18]（她有意忘记了亚历克西的母系家族。）

神父可能很高兴，但是他还不知道，托克维尔在过去的两年里挣扎于其他的两个问题，这对他而言，似乎跟他的职业生涯一样重要，其结果大大不同于勒叙厄尔本来所希望的。

在梅斯的几年中，埃尔韦和亚历克西·德·托克维尔互相建立起一种新关系，在这种关系中，互相尊重与认同跟简单的感情一样重要。1822 年，这位省长让人画了一张自己的肖像，亚历克西也出现在这幅作品中，坐在他父亲身后，看起来在做笔记或者听写（考虑到这个年轻人已然字迹潦草的书写——勒叙厄尔神父总是批评他这一点——这真是一份难以置信的工作）。这幅图描绘出一种快乐相伴的场面，虽然勒叙厄尔对它有所反对，其中还抱怨这幅画让亚历克西看起来像一个白黑混血儿。但即便这幅肖像画基本上是真实的，它也并未展现全部的真相。这位省长是个大忙人，当要处理自己的事务时——这些事情从修改选举到

49

修建桥梁再到充当警察局长，他总是把儿子独个儿留在家中；在复辟王朝下，省长们获得了空前绝后的自治权责。这一年的大多数时间里，老师们让亚历克西适应于学习，这个男孩很可能去过巴黎看望母亲，去瓦兹省见过凯尔戈莱；但是在1821 年的暑假里 *，他只有一个人，他在辖区内四处游荡，很自然地找到了摆满父亲藏书的书房。35 年后，他写信给虔诚的索菲·斯威特切尼夫人（Mme Sophie Swetchine）：

> 我是否曾经告诉过你，我年轻时的一件事，这件事在我的一生中留下深刻的印记？在我童年时代过后的几年里，我退缩到一种孤独的状态，并且沉迷于一种不知餍足的好奇心之中，除了一个巨大书房中的藏书外，没有什么能让我感到满意，我的脑中塞满了各种各样乱七八糟的概念和想法，在我晚年常常再现。直到那时，我的生活都是在充满信仰的家庭中度过，这种信仰甚至未让怀疑拂过我的灵魂。现在怀疑来了，更确切地说，以闻所未闻的力量冲击着我，不仅仅是怀疑这个或那个命题，而是怀疑一切事物。突然之间，我感到一种如同经历地震的人们所说的感觉，他们脚下的地面，周围的墙体，头顶的天花板，手中的物体，还有眼前的所有自然景象都在晃动。我被最黑暗的忧郁征服了，被一种从未有过的对生活的极度厌恶所包围，被眼前世界的道路中所看到的痛苦和恐怖所冲击。强烈的情感将我从这种绝望的状态中驱赶出来；它们让我从对思想废墟的冥想中，转移到感官生活上来；但是一次又一次地，这种青春年少时（那时我十六岁）的印象再次控制了我；我的思想世界又一次摇摇欲坠，而且我又一次在强劲的浪潮中迷失和绝望，它动摇或者说入侵了我作为信念与行为基准的一切真理……[19]

没有理由质疑这种自述的真诚性与准确性。它确实动摇了托克维尔曾说过的一切关于其宗教与哲学的观点。比如，亚历克西在 1831 年从美国写信给欧仁的兄弟夏尔·斯托菲尔（Charles Stoffels），夏尔也受折磨于亚历克西那样的思想焦虑：

---

* 亚历克西很确定此事发生的时间。他 16 岁的生日是在 1821 年 7 月 29 日；他在 11 月进入罗亚尔初中；在 1821—1822 年的大多数时间里，他都忙于学业，不必提那些将会被提及的分心之事。这段时期似乎最有可能是 1821 年夏末；有一个原因，无论这一堆必读书目写得多么才华横溢，也需要时间或者空闲去遍读。

当我最初开始思考的时候，我以为世界满是已被证明了的真理；我只需要努力看清楚它们而已。但当我让自己去思考它们的时候，我除了不可逃避的疑问之外，一无所觉。我亲爱的夏尔，我无法向你说清楚，这种发现让我处在一种多么恐怖的状态。那是我生命中最苦闷的时期；我只能将自己比作一个头晕眼花之人，认为脚下的地板在晃动，看到四周的墙在移动；甚至今天，想到这些我仍心有余悸。[20]

毋庸置疑，那就是几十年后他向斯威特切尼夫人所描述的那个时刻。

如果不从整体上仔细思考他的宗教观点，且对这种危机予以特别研究的话，想要理解托克维尔或者他的思想是不可能的。原因之一是，它例证了困扰他终生的问题，他在其中找到了自我：他身陷于两个世界之间，在他出生的世界中不能安眠，又不能自信地进入那无情地出现在他面前的世界中。这种进退两难的情况，折磨着大部分与他同时代的人。如果它只是思想问题的话，他或许已经予以解决，但它或许也主要是亚历克西内心最深处的情感问题。无论当时还是现在，它都不可等闲视之。[21]

"如果要求我为人类的痛苦分类，我会将它们排序如下：1.病痛。2.死亡。3.怀疑。"当他在美国时，他好几次写下这样的笔记，[22] 但是不知他想要讨论哪一个：他更像是一个斯多葛派（stoic），虽然很害怕疾病缠身或不可避免之事，但不会浪费时间去哀伤或抱怨。他在面对怀疑时也很勇敢。人所能知的甚少（他曾读过笛卡尔），但是如果为此而绝望的话，就等于对存在绝望，因为不确定乃是人类属性中的不变法则之一。这不是精神麻痹和软弱无为的一个理由。"当我不得不做一个决定时，我会十分重视赞成和反对的意见，设定最可企及的目标，并且依此行事，就好像从未有过任何不安，而不会因不能获得完全的确信而绝望。"我们绝不能从生活中期待太多，也不能太少。生活是"分配给我们的一个重要任务，将它尽可能地执行好是我们的责任。"这种想法安慰了他，并且让他强大，让他能够忍受困难、沉闷以及现代的粗俗。在关于同一个主题而写给另一个朋友——埃内斯特·德·沙布罗尔（Ernest de Chabrol）的信中，托克维尔承认，虽然其他人乐于生活在不确定性的永久暗光之中，但它让他感到疲惫和沮丧。但是总体而言，他那对抗怀疑、去生活、去行动的决心，让他的生命变得坚强。[23]

51

45

但如果这些是成熟期的托克维尔用以安慰自己的座右铭的话，那么他还有几年才能够摆脱最初的苦难。我们一定不能忘记那个在书房里的男孩。必须仔细考察其思想危机的性质和结果。

安德烈·雅尔丹丝毫不怀疑，勒叙厄尔神父让自己的这个学生接触宗教作品和信条，即便不是詹森主义者的，至少也是使人倾向詹森主义的。但在19世纪早期，这有多重要，还不得而知。17世纪关于恩宠论（the doctrine of grace）的大战，18世纪在詹森主义者和耶稣会士、国王与高等法院之间的斗争（这些是后来法国大革命的背景）都是过去的事情，只因为它们最终激发圣伯夫（Saint-Beuve）写出自己的杰作《波尔－罗亚尔史》（Port-Royal）才引人瞩目。但正如雅尔丹所指出，詹森主义者悲观的道德，他们对于原罪的坚持（盎格鲁－撒克逊人将会注意到它与福音派教会极其相似）仍然在流行，而且很有可能对托克维尔产生了终生的影响。更能确定的是，勒叙厄尔承担起自己的职责，只是出于对王座和圣坛的单纯信仰和忠诚，托克维尔周围的几乎一切事物也都在强化这种信仰和忠诚，直到在梅斯的那个夏天为止。[24]

在他写给斯威特切尼夫人的信中，托克维尔说自己（将注意力）转到了书房，因为他着迷于那不可满足的好奇心。他已到青春期，他的思想苏醒了，他开始发现孩童时期的单纯虔诚并不恰当，没有人会对此感到惊讶：走向成年之时，他一定会开始自我思考。毫不奇怪，一个萌芽时期的作家会受到书中的词句所迫（或许是笛卡尔，或者是伏尔泰和卢梭），要第一次面对信仰或不信仰这个重大问题。天平那么快就倒向不信仰一方，说明他已经有所怀疑了；或者最起码，他感到有必要让自己致力于思考宗教的基础，就像他在给夏尔·斯托菲尔的信中所说的那样。他从勒叙厄尔那里学到的信条不能有效地抵抗批判主义。如果他以前阅读过帕斯卡尔（最终成为他最喜爱的作家），或者接触过拉梅耐（Lammenais）所描绘的复辟时期的天主教复兴，再加上他坚信由基督教生活、历史和永远正确的教皇所揭示的人类理性之不完整和上帝之智慧，他可能会坚持得久一些，但也不会太久。

勒叙厄尔担心亚历克西可能在学校读到坏书（"像吞毒药一般"）或者交上坏朋友，他很敏锐，但无济于事。[25] 托克维尔无法保住思想的纯洁：他即将进入拉梅耐指责为"无神论的温床和地狱的前庭"的公学之一，他在那里不可避免地跟伙伴们讨论信仰问题（还有政治，雅尔丹暗示道）。[*26] 但在此之前，信仰就已经损毁了。

我们绝不能夸大托克维尔的怀疑所到达的程度：他变成了一个自然神论者，但不是无神论者，他坚信上帝的存在与智慧，以及来世观念，理由很奇特，也许来自笛卡尔的信徒，即上帝不会如此不公正地将错误的理念植入人的心中。[27] 他所反对的是基督教组织的全副武装，尤其是天主教会的教条与权威：它们可能对穷人和蠢人有用，但对他没用。1821 年以后，直到弥留之际他才再次领用圣餐，他这样做的动机在当时受到极大争议。[28†] 需要解释的是，摆脱废弃的心里包袱，并没有让他解脱，反而极度痛苦；需要探讨的是关于宗教在人类生活与社会中所处的地位，亚历克西的最终观点是什么。这两个主题紧密缠绕。

梅斯岁月的 12 年之后，在他的第一部伟大作品中，托克维尔讨论了宗教在现代民主中的地位，他组织了一篇考虑细致、情真意切的文章，根据斯威特切尼的信件，必须关照他的个人经历去解读。他说，宗教永远是人类生活的一部分。

> 短暂的 60 年不会封禁人类的想象；他的内心永远不会满足于此生仅拥有不完整的快乐。人类会同时经历对存在的厌恶之情和对生存的巨大渴望，这在生物中是一独一无二的：他轻视生活又恐惧死亡。这种自相矛盾的本能让他的灵魂不停地走向对来世的思考，而正是宗教将他带往那里。那样，宗教只是一种特别的希望，而且对人类的心灵来说，宗教和希望本身一样合乎常情。

不管如何导致的不信仰都是反常的，是一种意外："信仰本身就是人类永恒的状态。"他悲哀地承认，现今也存在不信仰。"我将称之为负面教条的东西"无声地消磨着信仰。有些人似乎由于健忘，使得自己最渴望的目标从身边溜走。一种看不见的思潮使人着迷，他们缺少勇气与之抗争，当后悔自己的屈从时，他们放弃所热爱的信仰，跟随导致其绝望的怀疑。"但停止将宗教作为真理去接受时，这些怀疑论者觉得宗教还是有用的。从人性方面思考宗教信仰时，他承认宗教的道

---

* 据丹尼斯·布罗根所言，一个男孩要在公学践行信仰与宗教纯洁，比之在汤姆·布朗（Tom Brown）的橄榄球队需要更多的勇气（*The French Nation*, London, 1957, 31）。

† 见后文，第 24 章，第 637-8 页。

德帝国与法律影响。他明白宗教是如何让人类相安无事并视死如归。因此，他对已失去的信仰感到遗憾，由于失去了明知其价值的信仰，他害怕从那些仍然拥有信仰的人手中把它夺走。[29]

54 　　托克维尔的痛苦处境无法言明。他的痛苦，很可能是其所处时代、文化和等级中的一种：整个西方都有感于此——我们可能会想起马修·阿诺德（Matthew Arnold）的"多佛海滩"（Dover Beach）。哲学、历史和科学结合起来摧毁一切，包括那些口耳相传的传说，基督教的基本典籍，甚至还有那些长期以来赋予生存以意义及安慰的早于基督教的信仰。它的丧失乃是一种出于愤怒、恐惧和背叛的苦恼——至少也是出于悲伤和焦虑——如同正在扰乱今日伊斯兰世界的东西那样。因为在传统信仰丧失的背后，埋有更深的可能性：发现地狱、荒唐，以及宇宙对我们苦难的无知无觉，这看起来是如此的残忍：

> ……茶杯内的裂缝，打开了
> 一条通向死亡之地的道路。

　　对托克维尔而言，似乎还有特殊的情感加深他的痛苦。

　　无论对其母亲怀有何种感情（这不能过分强调，因为任何观点必然主要来自推测），他可能因为批判了她生命中最为重要的宗教而心怀内疚，如果这种批判是一种背叛行为的话，他就越内疚（他肯定不喜欢她的生活方式：在1822年的假期，他从巴黎寄信给欧仁·斯托菲尔抱怨道"自从我来到这里，就过着一种单调、平静的生活，这不符合我的性格和品位……"）[30]。我们知道他爱勒叙厄尔，这位神父发现托克维尔的叛教时，感到深深的不安。他父亲可能没那么震惊——有理由相信，他几乎不会对幼子所担忧之事感到震惊——尽管埃尔韦不是特别虔诚（他的回忆录里从未提到过个人的宗教信仰，他父母为他的祷告似乎也被抛弃了：究竟是谁拥有这些危险的书？），但他小心翼翼地履行复辟王朝省长的公职。另一方面，他不喜欢复辟王朝带有侵略性的宗教政策，这可能被概述为通过积极劝服和所谓圣会活动的手段，试图重建教会在旧制度下的地位，圣会兼有压力集团

55 和半神秘组织的性质——事实上是一种天主教共济会（Catholic Freemasonry）（路易·德·罗桑博是其成员）。圣会的活动不断地激怒省长：良好的常识让他害怕激起天主教狂热的后果，而且他不喜欢被迫出现在传教士队伍中（有一次他装病以

逃避出席这样的活动）。[31] 这是与亚历克西相同的一面；但是埃尔韦，对自己和儿子充满雄心，很可能害怕脱离教会所带来的世俗后果。将会有一场猛烈的反教权活动，这是 1830 年革命的原因之一——亚历克西曾断言这是主要原因。[32] 与此同时，宗教乃是一个政治问题；背离天主教教义很可能被视为不忠诚（虽然结果是亚历克西得以自由地安排自己的政治事业）。要不是他儿子难以自制地成为一个自然神论者，而且终生对教会夺回特权地位的企图表现出明显的敌意（然而，亚历克西对法律界的类似努力表示认同），这种考虑很可能对省长有重要影响。

但是这些都没有触及问题的核心，那就是托克维尔的强烈痛苦。正如他对斯威特切尼夫人所言，他的痛苦在一生中时时重现，且正如他的全部故事所显示的那样，他总是容易感到焦虑和失落。我们正在面对一种心理模式，而且必须要找到一个原因。其背景是法国大革命的可怕剧变，这很有可能使头脑倾向于焦虑、怀疑一切事情，发现所有确信的东西都很脆弱。或许应该提及失去韦尔讷伊这件事。这是托克维尔所知的唯一家园，他在将近 9 岁时失去了它。接下来的一年，他在法国四处游荡，随后他的父母就分居了。失去其母亲的信仰，就好像割断了连接他与过去的最后一根绳子。他曾经是一个活泼大家庭的小宠儿；到 1821 年的时候，他可能感到没有人真正需要他，可能是由于他自己的错误——由于抛弃基督教信仰又加深了这个错误。如果是这样，他很可能感到内疚。

那么多都只是推测；毋庸置疑的是，这段时期很重要，不仅因为宗教对托克维尔是很重要的，而且它开启了一种特别的模式。他生命中的主题之一，就是无论过程有多么痛苦，都要不断地用他那睿智、敏感的头脑作斗争，以摆脱其成长经历中的心灵束缚，并且要直面新时代的真相。他同教会与信仰问题的斗争，与他后来同政治与历史问题的斗争是一样的。这种戏剧性的东西将会成为其所有杰作的特点。

与此同时，他是一个男孩，而且是痛苦的——但仅仅是间歇性的。他说，"强烈的情感"将他从绝望中挽救回来，不料竟会将他投入到其他磨难之中。他尝试着逛了一个妓院，在那里他深感自我厌恶。[33] 不确信的传闻说，安德烈·雅尔丹在托克维尔的档案馆里发现了一张该时期的婴儿出生证，由托克维尔跟省长的一个女仆所生，而且我们知道他在大花园里建了一座避暑小屋供自己使用。雅尔丹毫

56

不怀疑其用途*，而且含蓄地嘲笑勒叙厄尔神父，说他不懂得亚历克西已经年长到不适合幼稚的游戏，现在想要一座独居之所。[34] 如果他取悦过很多女子，她们其中的一个怀孕并不奇怪。他善于与女孩相处也不难理解。他又矮又瘦，甚至在他发育完全之后也是如此，他的肩膀又窄又斜，胸也很窄，但是他有趋于卷曲的、厚实的波浪形黑发，一张开朗的面容，一双脉脉多情的棕色眼睛。青少年时代，他脸上总是带着光彩与微笑；事实上，甚至在他成年后的严肃肖像中也隐藏着笑容。他口才出众，精力充沛，做事果决，而且有贵族风度。认为他有吸引力毫不奇怪，但是他可能变得暴躁而执拗。1823 年，他卷入了一桩荣誉攸关的决斗事件。5 月 16 日，凯尔戈莱震惊地给他写信道："你仅仅用四个词告诉我，你可能不得不去决斗！如果是对最亲密朋友之外的人说这么简洁的话，那是一种真正的斯巴达式的克制。但你怎么会认为我能平静地接受这个消息？你让我深感担忧，我心急火燎地想知道实际情况如何。立刻写信给我。"[35] 只有这些。我们不知道决斗的起因，也不知道发生的时间，甚至不知道是否真的发生过。省长要么阻止了它，要么掩盖了它：雅尔丹暗示，他谨慎地保密儿子在这件事以及其他事情中的失检言行，不让其他家人得知。[36] 托克维尔的（决斗）对手好像是昂里翁（Henrion）家的某人，他是埃尔韦伯爵的被保护人。欧仁·斯托菲尔断言，错全在托克维尔；除此之外，事情的一切都模糊不清。

起因或许是一个女孩，因为托克维尔现已第一次深深地坠入爱河。这位年轻的小姐名叫罗莎莉·马利耶（Rosalie Malye）。女孩比他大 10 个月，家中还有一个姐妹，她的父亲是一名退休军官，受聘为梅斯的档案管理员——因此，他本来最适合做这位未来历史学家的岳父。然而，这桩婚事不具有任何可能性。托克维尔的父母会认为这是一桩可怕的门不当户不对的婚姻——马利耶小姐出身不好又不富有——而且这对恋人太过年轻。不幸的是，他们之间的信件都遗失了，而且托克维尔就此事写给凯尔戈莱和斯托菲尔的信件大部分也丢失了。总的来说，埃尔韦伯爵很可能仅仅将此事视为儿子近日的挫伤。1822 年夏，他极不情愿地被任命为索姆省（Somme）的省长，他不得不把家庭从梅斯迁往亚眠（Amiens）；他也许希望这能够让亚历克西脱离罗莎莉。如果是这样的话，那他就要失望了。

---

* 大约在同一年，在维莱莱科特雷（Villers-Cotterets）（埃纳省 [Aisne]），一个年轻女子说服自己的母亲，让她睡在他们的避暑小屋里。后来她秘密地向自己的爱人——18 岁的亚历山大·仲马（Alexandre Dumas）——承认此事。

与此同时，托克维尔正向凯尔戈莱吐露两个最重要的问题，宗教与性。根据凯尔戈莱这边的通信来判断（1824 年之前的都幸存下来），曾几何时，他们会为当代青年的不虔诚和不道德摇头叹息；[37] 但是现在，托克维尔在宣布决斗的那封信中放弃了伪装。在回信中，凯尔戈莱表现得过于圆滑，没有正面谈及无信仰的问题，但是他对托克维尔任由自己受到那些轻率无知之人的影响，表达了震惊之情，凯尔戈莱所指的可能就是亚历克西的同学。至于另外一个问题：

> 我也想谈谈你的性情。但是我觉得在这一点上，我们非常不同。我看到你激起热情之快如同火药，而重要的是都不用给你火柴。而我就很不一样。这种感觉是隐秘、困惑和惯常的，从不让我清闲，有任何事物——也就是说，这个或那个女人——让它兴奋时，它就不受约束地撩拨我。与你相比，我欲念更少而爱念更多。我"爱"，出于这个词的真正意义，而不是爱任何一个人；我只是感到这种需要。但是，因为比你有更多的灵魂投入和更少的身体欲念，我更加难以愉悦；我在等待那个适合自己的女子，就像犹太人在等待弥赛亚（Messiah）。上帝保佑，我不必等得太久。[38]

58

从这段记录中，我们可以推测关于这两个年轻人的很多东西。

现在是时候明确地决定托克维尔的职业生涯了：他需要何种职业训练？凯尔戈莱的影响足以让他坚持学数学，这是进入军事院校圣西尔（Saint-Cyr）所必需的，但是其他影响占了上风，或者说托克维尔自己也这么认为，正如神父曾经提出的那样，将他置于钢盔之下乃是浪费。他同样拒绝了像父亲那样从事行政职业。几年之后，在写给侄儿于贝尔（Hubert）的一封信中，他试图解释对该职业的厌恶；对于频繁地迁往新省以适应大臣们的政治便利，他父亲感到愤慨，他可能受到这种影响："在法国，行政官员很少出于全国的总体利益进行管理，而几乎总是为了当前政府的特殊利益；如果任何人没有准备好不停地为其他利益而牺牲某种利益，就没有晋升的希望。复辟王朝如此，七月王朝的政府亦如此，而且如果有可能的话，在我们当前的政权之下更会如此。"[*] 他选定法律和执法官，

---

[*]　这很像《旧制度与大革命》的作者说的话：亚历克西当时正在写这本书。那本著作的读者，会记得它对"公共管理"——地方行政长官以及参政院官员的一贯反对语气。

"在公民的所有职业中……这是唯一一个让人有用武之地，与此同时又保持真我的。"[39] 对罗桑博和马勒塞布的后裔而言，这不算巨大的牺牲。1823 年秋，他开始学习法律。

这意味着与母亲一起生活在巴黎；或许，在第二年夏天，离开此地，去他父亲所在的亚眠会是一种解脱。但是他绝没有忘记梅斯。在前一年，他写信给欧仁·斯托菲尔说："梅斯和那里的一些人会长期地萦绕在我的记忆中，可能超出我之所愿……告诉我关于梅斯的一些事，那里发生了什么，人们正在谈论什么；你知道，我是相当爱打听的。"当然，这意味着他想要知道罗莎莉的消息，然而斯托菲尔眼下领会了多少不得而知：那个年轻人的回答，主要关注的是他自己在一场舞会上发生的恋爱剧痛，那是由接替埃尔韦·德·托克维尔的省长所举办的舞会。[40] 但到了 1824 年 4 月，斯托菲尔完全明白了，他拜访罗莎莉，意在谈论她的那位爱慕者，并在之后向托克维尔报告。[41] 而凯尔戈莱的信件无可争议的证明了，在超过几年的时间里，这对恋人都把彼此看得相当重要；托克维尔去过梅斯不止一次，而罗莎莉至少来过巴黎一次。这次来访，他自身的性羞涩，可能还有他对亚历克西的复杂感情，让凯尔戈莱陷入了真正的痛苦：

[1825 年 6 月 2 日] 昨天，当我们离开格勒内勒街（rue de Grenelle）时，我明显感到你对我的冷淡，我知道那是由于我对那几位小姐*表现出的难以忽视的荒唐和冷漠造成的。如果你认为我自始至终没有感到非常尴尬，那你就大错特错了……像我这样，整个幼年时期都被迫远离正常的感情，并且与所有人隔离开来的人，总是会缺少对此类事情的老练圆滑……他们大概以为我是无忧无虑之人——因为不会感到尴尬，所以能在没有兄弟陪伴的情况下进行这样的拜访。但这恰恰使我感到愤怒，因为到目前为止，她是我见过的唯一一个既亲切又真诚的女人，我不可能对她的目光无动于衷。对我而言，她就是如此，而对在国内外从未见过此类事的人而言，就更是如此。我把这些都写下来，尽管你什么都没说，但我很肯定你注意到了我冷淡的行为举止，而且我们彼此吐露过千言万语，没有什么不能说的；我的全部想法就是——即便无法表达我的感受，也不应该向你隐瞒……再见。我爱你和你

---

* 想必罗莎莉和她的妹妹艾米丽住在格勒内勒街的一所房子里。

的所有。

[1825年6月4日]你的信来的恰是时候，因为我又去见了罗莎莉一整天，她的眼神，她的寥寥数语，以及她的手势，让我最终明白了，是一种怎样强烈的欲望，才会拥有这样一个目标。在街角的转弯处，我们刚见面时，我的问候让她微笑却又让她尴尬，而如果那时你站在她的面前，你本会看到，她 60 拉着你的胳膊以挑衅我，就好像告诉我，你是她的，再也不是我的……在那一刻，你的命运在我看来是如此幸福，在看到眼前的景象时，我会非常失落地回家，或许我永远也不会遇到这种好事。

幸运的是，思量再三，凯尔戈莱并没有失去理智。在罗莎莉返回梅斯后，托克维尔给他的朋友看了她的一封信，在凯尔戈莱看来，这证明了她对托克维尔的爱如同托克维尔爱她那般；如果托克维尔跟她回梅斯，她绝不会拒绝；但是随后呢？这两位年轻男子理所当然地认为结婚是毫无可能的，所以凯尔戈莱用尽雄辩之才、对托克维尔及其感情的了解，以说服托克维尔其他事情也是毫无可能的：是时候分手了。

要么依靠良心，要么依靠你的选择所带来的好处，来引导你做出决定；如果由良心来引导你，它不会让你陷入任何怀疑。如果你仅仅考虑罗莎莉和你自己的利益，那么不再见面所带来的坏处肯定是最少的。如果你去梅斯，我确信你将会毁了她；她将终生失去快乐和荣誉。她只会变得更不高兴，而你，你会很内疚。如果你不去梅斯，你会痛苦一段时间，她也一样；但是，正如她所言，你的良心会支持你，而她的生命不会在耻辱中结束。你再次见她而给她带来的耻辱，谁知道会让她怎样呢？

之后有一段有滑稽限定语的声明：

对你而言，如果有何残存的幸福希望，那么朋友只是我想让你放弃的东西；然而，如果有一个朋友能成为安慰的话，相信我就是。从这一刻起，我答应做任何能减轻你痛苦的事，只要它本身不是罪恶的，也不会阻碍我的

事业……[42]

托克维尔确实没有去梅斯。所以众神为了取乐，就把凯尔戈莱送去那里。

61 因为他将要成为一名炮兵军官，在巴黎综合理工学院（École Polytechnique）毕业后，他进了梅斯的炮兵学校，1826 年 12 月到达那里。他很快就与斯托菲尔变得亲近，而且成为了托克维尔和罗莎莉的穿针引线之人。因此，原本可能结束之事（罗莎莉与凯尔戈莱第一次见面时，她抱怨到，自从托克维尔上次离开梅斯后，她只收到过两封来自他的信）；反而复活了。[43] 几个月后，罗莎莉幸福地结婚了，但这没有让她的爱人打消念头，就其等级的传统而言，相比于受人尊敬的年轻处女，他可能将已婚妇女视为更为合法的猎物。无论如何，他借助凯尔戈莱和斯托菲尔的帮助，用情书包围了她。她的妹妹艾米丽相助私通，让事情变得更加可笑的是，凯尔戈莱爱上了艾米丽（Amélie），或者他这么认为（他发现自己非常乐于关注漂亮的年轻女子）。罗莎莉有时会回信。这些信件已经遗失，她和托克维尔想要从通信中获得些什么不得而知，而且她的性格是一个迷——即便是凯尔戈莱，他掩护了一页又一页给托克维尔的信，也承认对她感到困惑。可以肯定的是，她喜欢收信，甚至当她成为了贝尔然夫人（Mme Bergin）之后，也不阻止托克维尔，他不得不把柠檬汁当作隐形墨水来写信。她的丈夫拦截过其中一封信，虽然他很疑心，但是他没有猜到柠檬汁这套把戏。在这一点上，我们想起的如果不是《危险关系》（*Les Liaisons dangereuses*）的话，那一定是《包法利夫人》（*Madame Bovary*），悲哀又明显的是，凯尔戈莱和斯托菲尔在无意之中开始成为了一对皮条客。思来想去，唯一的借口是他们还非常年轻。1829 年，凯尔戈莱毕业离开了梅斯，而这件事终于结束了。它最明显的结果是巩固了斯托菲尔与凯尔戈莱之间的友谊。凯尔戈莱在 1828 年写信给托克维尔，认为斯托菲尔有着超强的判断力，"还有读出他人言外之意的本领"。[44] 他担心斯托菲尔的健康，所描述的病症可能是肺结核的征兆，那最终夺去了他的生命。

托克维尔方面也仍然跟罗莎莉一样神秘，但是他的坚定不移是惊人的：在持

62 续恶化的前景下，他仍坚持讨好她长达 6 年。他的两个朋友都很重视他，否则他们不会在他的事情上那么积极。他们的奉献深化了他对友情的信念："我亲爱的朋友，在这个世界上显然只有友情意味着一切。我越是尝试其他的感情，就越是肯定。我仍然不能想象，一个人怎能在没有一个朋友的情形下生活……这种人不可

能有大成就。"[45] 而且有可能，在他无法跟初恋完满的情况下，他决心今后不让任何事和任何人打败他。

1836 年，当他和新婚妻子重访梅斯时，他对罗莎莉仍然记忆犹新。事实上，他如此之感伤，唯有热情好客的斯托菲尔与亲切可人的妻子，才让他能在这个小镇待得下去。

> 这个地方见证过那么多的激情，现已逝去，还有那么多的风暴，现已平静，当我故地重游，我感觉非常奇怪。我的感受与自己的想象不同。我没有为时光流逝感到遗憾，但是震惊于人类心灵的虚弱，它认为牢牢掌握的东西却消逝得那么快，震惊于光阴似箭，震惊于人的易变与不专，还有生活的空洞与虚无。这些想法，还有成千上百无法记起但充满脑海的思绪，让梅斯变得令人窒息。所以我非常希望离开。但是一个早晨，非常早，我到省长那里，告辞去游赏花园。13 年后再见之时，我无法向你传达我的印象，那个地方如此完好地保留在我的记忆中，以至于我立刻察觉到了这些年里发生的每一处细微变化。在你眼中，看起来没有任何不同，但是对我而言，时间已令其千疮百孔；而且每一处都让我陷入深深的忧郁之中。[46]

他得知艾米丽刚刚在怀孕期间死去，他给罗莎莉写了最后一封短信以表达同情，无论在亚历克西的妻子还是罗莎莉的丈夫读来，这封信都是无虞的。事实如此。

第四章　初露峥嵘（1824—1827）

爱德华正在抄录自己的《瑞士游记》（*Travels in Switzerland*）。该工作将在两周内完成。家里有一个作家难道不是很光荣吗？

勒叙厄尔神父致亚历克西·德·托克维尔，

1823 年 1 月 1 日[1]

1824 年夏的某一天，托克维尔给凯尔戈莱写了一封热情洋溢的信，关于一个伟大的新计划：他们两个应该一起到英国短暂旅行，然后回来。

我们将沿泰晤士河而上，航行在河两侧的船只之间，阅尽英国的繁华富庶。我们将在伦敦住两天。威廉姆斯（Williams）*向我保证说，按照他给我们的详细指点，这两天足够我们饱览伦敦；到第三天我们就回到法国。这是个美妙的方案，但遗憾的是它很难兑现。[2]

身处 21 世纪，想要理解两个年轻人短期英国之旅的想法有何不可行是有点困难的。古斯塔夫·德·博蒙评论道："这个计划有一大堆困难，包括：（1）他们不知道如何取得护照。（2）他们没有钱。（3）他们没有想到该如何取得父母的同意，或者在不同意的情况下怎么做。"[3] 或许旅行的花费是最关键的问题：父母不反对在法国境内的旅行，事实上凯尔戈莱夫人积极地支持。但是托克维尔在考虑如何在他父亲眼皮底下糊弄过去，以及如何取得护照的问题上，乐观得有些天真。凯尔戈莱是否有一本护照？托克维尔能否以凯尔戈莱仆人的身份通过？或者他是否应该借用威廉姆斯的（"威廉姆斯跟我一样高，模样也一样"）？

---

* 身份不明。

一旦我们到了英国，就不再需要护照了；困难在于出入法国。我们有可能被捕……不过人总要冒点险。坦白地说，没有什么比跟你一起旅行、看看那些地地道道的英国人——人们总是跟我们说他们很强壮很富足——更让我满意的了。

他们将会看到大海，"在我童年所见过的景象中，那是最令人印象深刻和兴奋的……我很好奇它对于今日之我又是如何。"他做了最节省的预算（"在前往梅斯的那次小旅行中，我知道要喂养一匹马，每天至少要 30 苏"），结论是英国之旅将花费 298 法郎（即，12 基尼）。[4]

在一封丢失的信中，凯尔戈莱提出了一些疑虑。回信中，托克维尔承认它们有道理（"你说，我会发觉一个英国人要过关很难，你是完全正确的；我会发觉一个仆人要过关也不容易"）。他在想如何从父亲那里得到帮助"对他，你不得不隐瞒一切，或者诚实坦白地交代一切。这是他的性格。如果我不这么做，他会立刻知道我在干什么，并因为不坦白而［批评？］我。"他敦促凯尔戈莱在巴黎买一份最新的伦敦指南："只要你确信是好的，就算是英语的也买一份；我会尽力去着手翻译。"（这是说明托克维尔正在学英语的第一个明确标志）。而且他再次诉说了喜欢在泰晤士河上坐蒸汽船旅行："这段路程长于［去多佛（Dover）］，那将会有更多冒险的机会……陆地整个儿地在视线中消失会是多么令人激动啊！"

托克维尔这个旅行者——大胆、精力充沛、充满热情，焦虑于因无知和准备不足而浪费时间——开始登上舞台；甚至可以看到博蒙后来对他的评价，"当他想要做某事时，你无法想象他会如何不遗余力地向他人巧妙证明，并说服自己这是世界上最合理的想法。"[5] 但在这件事上并非如此；该计划不得不放弃。他转而去了梅斯。

接下来的两年（即，直到 1826 年）他在巴黎学习法律，跟他母亲一起住在圣多米尼克街 77 号，位于"贵族区"圣日耳曼区（Saint-Germain）的西面。他把时间分为学习和同罗莎莉之事两部分，尽管他的学业也引导他参加了一个学生辩论社团，在那里讨论时政和时事。这是这座城市历史上一段惊心动魄的时期：路易十八死去，一场反教权（或者更准确地说，一场反耶稣会）的骚动爆发，而且浪漫派和古典派之间的战争也爆发了。但是法律课程相当无聊，托克维尔转向自己旧时在梅斯的修辞学老师穆然（Mougin），寻求思想启发方面的建议。穆然非常赞同托克维尔投身于法律；它不是一门惬意的学问，但"在干旱的、可能满布荆棘的土地上耕种，会殊途同归；而征服一项困难，亦有其乐趣"。话虽如此，但穆然深知托克维尔的问题，而且赞同他对英语诗歌的一些说法。穆然继续道：

> 语言的精神与其思考的方式和谐相融，如同民族的性格乃是其道德和政治习惯的产物。长期以来，英国人性格的塑造，基于其政府的形式，多元的追求，甚至其地理位置和法律，这些把外国人驱走，为这些海洋之王塑造了一个同质且**本土**的民族。在我看来，没有一个人能……写出或说出跟英国人一样的语言。

这些话，虽然明显地带有浪漫主义的色彩，但若非它们首次表明托克维尔遇到了自己最终会从事的研究，也就没什么关注价值。随后，穆然给了他另一个帮助，即推荐他开始参加各种各样的公开讲座，主要关于文学与历史——"在你所有的学习中，历史是最为必要也是最为艰难的。"[6] 忙于应付法律学习的托克维尔，现在不知是否有时间来采纳这个建议。他于 1826 年 8 月 29 日毕业，成功地答辩了两篇论文，一篇用拉丁语，一篇用法语。在复辟王朝日益反动的统治之下，没有人期望他展示出哪怕最微小的创造力，他也没有这么做：我不能评判拉丁语写的论文，但是法语写的那篇简直是极端枯燥，是他写过的仅有的糟糕东西；但至少它证明他学习很努力。[7] 博蒙备注道，他就这样结束了出色的学业，他常常遗憾于是否曾经开始过；"之后他踏上了自己的旅程。"[8]

两年前，他就非常渴望看看世界，这种想法似乎在此期间变得更加强烈，如果有什么区别的话，那么他正在经历的意大利和西西里之旅令它更加强烈。毫无疑问，作为对他成功的奖励，他父亲支付了这次旅行；失业的爱德华现在已是一个经验丰富的旅行家，作为陪伴和带队老师跟他一起去（必须要牢记，那个时候出国旅行比之今日的司空见惯要困难得多）。兄弟俩关系和睦，而他们六个月的相依相伴增强了他们的友谊，尽管回来之后，亚历克西不得不坦白道，"我常常不尊敬你。在我们的小争吵中，你几乎总是在对的那边。事情就是这样，当时自己不肯承认，但是后来再看就非常清楚。"[9] 亚历克西坚持写旅行日记，可能是以爱德华为榜样。它保存到 1861 年，古斯塔夫·德·博蒙从中摘录出版；但像其他很多东西那样，它自此就消失了。[10]

在档案中，或许没有其他空缺如此令人惋惜。从能够看到的材料中，梗概出托克维尔年轻时性格和观念的发展是有可能的（虽然不无推测）；但其作家身份却隐而未现。

他成为了其所处时代最杰出的法国作家之一，但是他的作品惊人得一致。即便在其信件和公开谈话中，也基本上是一个关注历史、政治和社会的政治评论家的口吻；在出版物的写作中，他所关注的也都是这些。在讨论《论美国的民主》的第二部分时，圣伯夫评论道，虽然托克维尔在读书时始终挖掘其内在并仔细思考，但是他没有足够多的闲读。对纳索·西尼尔的讲话中，托克维尔自己承认了这种观察。他说，除拉辛（Racine）之外，唯一值得阅读的法语诗歌只有谐趣诗。"尽管 30 年前拉马丁（Lamartine）让我快乐，但我认为现在不能读他。"他说自己不阅读悲伤结局的小说："为什么一个人要自愿让自己陷入一种痛苦的情绪呢？"在童年时代，他的家人曾高声朗读理查森（Richardson）[*]和菲尔丁（Fielding）[†]，而且亚历克西为《查尔斯·格兰迪森爵士》（*Sir Charles Grandison*）里的克莱门蒂娜小姐（Lady Clementina）哭泣过，但在其成年后的阅读中，他提及的唯一一位小说家是乔治·桑（George Sand），虽然他欣赏她的风格，但他蔑视此人，因为"她的情节及其角色如此夸张和做作，而且她的道德是如此堕落。"在青少年的某一阶段，他读过司各特（Scott），像 19 世纪 20 年代的每个人那样折服于他的魅力。在其生命的最后阶段，他阅读《包法利夫人》，据博蒙所言，托克维尔认为它有趣、多才，是不道德的化身。[11]

我们多少受制于自己的品味和环境，而且迟早会知道它们的允禁。但我们中的很多人喜欢在浴室里戏水。[‡]托克维尔很少这样。他生活在法国文学、艺术和音乐最伟大的时代之一，但或许除了艺术之外，似乎不能从中分享很多。

我们几乎不知道对托克维尔有（所谓的）教育意义的阅读。安德烈·雅尔丹提到贺拉斯（Horace）、拉辛、西塞罗（Cicero）、德摩斯梯尼（Demosthenes）和昆体良（Quintillian）（他可能会加上塔西佗），在他父亲的书房里，还有 18 世纪的旅行作家和诸如伏尔泰（Voltaire）、孟德斯鸠（Montesquieu）和卢梭这样的作家。[12]除了少许的在校论文，我们对他的早期写作一无所知。然而生来就是作家

_____

* 塞缪尔·理查森（1689—1761），18 世纪英国作家。——译者注
† 亨利·菲尔丁（1707—1754），18 世纪英国小说家和戏剧家。——译者注
‡ 比喻说法。——译者注

的托克维尔是笔杆的奴隶，忍不住写写画画，他在青少年时代就像一个急切的模仿者。那么，所期待找到的试写作品——关于征服者威廉的叙事诗（不完整的），司各特式的小说（未完成的），《图拉维尔的情人们》（*The Lovers of Tourlaville*），关于其旁系女先祖的科尔内耶（Corneille）式的悲剧，圣女贞德（Jeanne d'Arc），预计九卷本的世界史，西塞罗传记，甚至家中其他成员能脱口而出的谐趣诗——这些在哪里呢？即便曾经有过此类东西，它们也已经完全遗失了。

68　　他很可能是一个晚熟的孩子，尽管其最早的信件所留下的印象并非如此：并没有其幼年早熟的轶事，而且似乎在入学之前他还未崭露头角。他很可能并不想成为一个作家，而当他成为作家之时，其周围之人（除了其直系亲属和最亲密的朋友）是不赞成的，"人们认为我是一个可怜的怪物，事业无着，写作以打发时间，这显然是一种差强人意的消遣，因为无论如何，写一本坏书总比去逛妓院强。"[13] 其家庭传统要求他为国王效力，而他的父亲跟其他很多人一样，认为复辟王朝已经像恢复了合法君主那样恢复了贵族，大革命夺去了贵族不公正的特权，然而贵族保留了其最重要的优点：富有，有教养，参与政府。埃尔韦伯爵希望，未来贵族由它对国家的责任来定义，并通过承担这份责任，来证明它在社会中卓越地位的合理性。佩剑贵族和穿袍贵族的传统都要现代化。（尽管伯爵不会承认，但确实是拿破仑一世的观点：英国贵族乃是公认的榜样。）那么，托克维尔家的孩子们的未来似乎是不成问题的：如我们所见，伊波利特和爱德华应该成为军人，而一旦亚历克西的特殊天赋得到认可，他就要为政治生涯接受培训。他不想成为一个行政官员，但是政治领导的主意和雄辩之术（他在公学的一篇论文就以辩论术为主题，而另一篇用拉丁文写的是对德摩斯梯尼的赞颂）吸引了他。不幸的是，在复辟王朝的法律下，他没有资格在 30 岁之前参加选举，也不能在 40 岁之前进入众议院。而在这个还非常遥远的时期之前，他所做的一切研究、写作和工作，都将是为他那特别的命运做准备。

　　在一定程度上，这番解释无疑是有根据的；但没有一个天赋异禀的年轻人会将自己限制在这样一个框架内。正如将要展示的那样，夏多布里昂对托克维尔的影响是显著的，而且这驱使托克维尔去试验。托克维尔是其所处时代之人，这意味着他虽然更喜欢古典主义，但会不能自制地成为一个浪漫派。一旦古典主义不

69　再普遍地当作权威来接受（它怎么可能是呢？在这个时代，如同其名字一样荒唐的内波米塞娜·勒梅西埃（Népomucéne Lemercier），为写作完美的悲剧制定了 26

条规则，这些全都来源于《阿达莉》[Athalie][*]），¹⁴也就成了供作者表达自我的众多选择之一——简言之，成了浪漫主义的一种形式。在其成熟作品中，托克维尔按照孟德斯鸠、帕斯卡尔和卢梭的传统来写作；但是在《西西里游记》（Voyage en Sicile）中——如果不说是幼稚的，至少也是稚嫩的——我们可以瞥见他正在探索文学的可能性，而且肯定会遗憾于这些惊鸿一瞥将会是我们所能得到的全部。

博蒙说《游记》的手稿乃是350页的四开本，因此我们得到的只是他所写的一小部分。托克维尔在封面上写着"非常平庸"，由此可见他对自己的作品是个严厉的批判者，但是他没有毁了它，博蒙也没有（它还可能会出现），博蒙评价道，即便托克维尔自己的评价是公正的，"在一个伟大作家的首次尝试中，去研究他的精神方向，他的笨拙，他的错误，他的退却，还有曲折的小道——他以之找到回归正确道路的途径，仍将是饶有趣味的。"¹⁵确实如此，即便留给我们的只是只言片语——这也远胜于平庸。

这本《游记》写于西西里，是对兄弟俩旅行的完整叙述，更是一种文学练习，但毋庸置疑，也是为了其家庭娱乐。遗憾的是，这些只言片语没有告诉我们这两个旅行者是如何、何时、何地达到意大利的；我们第一次见到他们是1827年1月，在罗马。据博蒙说，直到那时，这本日记还只是寻常之物：一个年轻人认真叙述自己所参观的宫殿和博物馆，以及所观察的画作和浮雕。在罗马，他放弃了这种流水账，尝试在一些更为奇特的事物上练手：他在凡西诺广场（Campo Vaccino）（古罗马广场 [the Forum]）中睡着了，并梦见了古代罗马，"她的英雄们，她的光辉，她的力量，最重要的是她的自由"；古代的所有伟大事件和伟大人物展现在他面前，"从一马当先的布鲁特斯（Brutus）到即将到来的奥古斯都（Augustus）"。随后，一队拾级而上朱庇特神殿（the Capitol）的光脚僧侣突然将他唤醒，此时一个牧牛人正摇着铃铛召唤自己的牲畜。"我站起来并慢慢地走向住处，不时回头看看，对自己说，'可怜的人类，你们究竟是什么？'"¹⁶

这段话可能会吓到英国读者，但它不是抄袭：这完全没有可能，因为在生命中最后几周，托克维尔才第一次阅读吉本（Gibbon）的《自传》（Autobiography）。¹⁷托克维尔和吉本的游玩之所，对去教皇之罗马城（papal Rome）的游客而言，乃是常去甚至熟稔的地方（而且极为相似的事情发生在身处维罗纳（Verona）圆形剧

70

---

[*]《阿达莉》：拉辛创作于1691的剧作。——译者注

场的海涅（Heine）身上，或者海涅自己这么说）；但是吉本使之有了重要性，因为它给了他写作罗马史的想法。* 相反地，托克维尔是平庸又自负的，这些问题并没有通过致凯尔戈莱信中所留存的片段得到粉饰，在信中他明显地偷引了夏多布里昂关于同一事物的著名文章。† 他只是以一段尖酸刻薄的话挽回声誉，在废墟上建起的现代建筑，让罗马看起来像一个涂脂抹粉的老人。[18]

　　这篇有关罗马的文字，其本身并无意义，但它具体体现了整部《西西里游记》的文学样式，如同我们已拥有了它。正如博蒙所指出，这位年轻的作者正在试图找寻自我的话语。大多数时候，他以一种平淡乏味的、多愁善感的、18世纪古典主义的陈词滥调来写作；他也努力内化夏多布里昂式的崇高，但只获得部分成功；不经意间把天赋用于观察和分析外国社会的形成时，他得到了真正属于自己的话语。在这个过程中，其人格的一些重要方面显露出来，这些在他还是年轻恋人时并未展现。

　　从三年之后写给爱德华的一封信中而不是从日记中，我们得知托克维尔达到那不勒斯（Naples）时有多么地喜欢那里："在我的旅行中，没有其他地方像那不勒斯的天空和海岸那样，给我甜蜜和舒适的感觉。记忆犹新，如果我不能再来一次，我会苦恼地死去。"[19]‡ 他爬上了维苏威火山（Vesuvius）。但是我们得到的《游记》只是从他们离开那不勒斯，前往西西里（Sicily）开始。他抓住机会表明曾读过塔西佗——拿破仑治下的法国反对派最喜爱的历史学家：他凝视着卡普里岛（Capri）的可怕岩石，认为它们正适合提比略（Tiberius）这样的猛禽栖息。随后一场风暴爆发。三年前，在筹划英国之旅时，托克维尔描写了对大海的渴望；现在他的热情要接受残酷的考验。巨浪掀起，浪花覆盖在甲板上。电闪雷鸣。托克维尔总是认为夜间风暴和风暴过后的平静是宏伟壮观的："但是那些没有经历过这类远洋奇观的人，错过了大自然所能呈现的最可怕场景……我们身边的海浪因为一种我未知的能量沸腾起来。"一些可怜的乘客开始唱起了圣歌，让他大为感动："哲学家对自己的系统中本来如此确信，而当面对此种神之全能的可怕表现时，不

---

* 为什么朱庇特神庙的斜坡上没有吉本的雕像？

† 一年之后，夏多布里昂本人以法国大使的身份去往罗马；在回忆录中，他写了一段关于侄子克里斯蒂安的、并非故意令人痛苦的叙述，克里斯蒂安作为军官服役之后，以耶稣会新成员的身份去了罗马。想来托克维尔兄弟在游览罗马期间，很高兴有这位表兄弟的陪伴。

‡ 或许这就是他1850年再去的原因，当时他可能很担心自己将面临死亡。他的妻子也很担心。

再那么确信的究竟是什么？"船只倒向了其船梁末端，海浪灌进了客舱，乘客们尖叫，狗儿狂吠，但是船安然无恙。大雨倾盆，黑夜无尽；凌晨时分，托克维尔高兴地认为危险已经结束，快乐地伸头出舱，但是水手们正警惕地凝视着西边，那里一场新的风暴正在迅速形成，像是要把他们径直吹到下风岸。托克维尔沿着手柄在甲板上匍匐前进（"原本没有活物可以前进一步而不立刻掉进海里的"），询问船长他们是否真的身处危险；船长只回答道，"确实如此"。托克维尔爬回船舱，但是在他到达那里之前，一个老水手用套筒抓住了他，咬牙切齿地说"是你催促出发，才让我们离开了港口。现在任何一刻你都将见到，那对你和我们意味着什么。"托克维尔认为这是不公平的，因为此前他和爱德华搭乘时，有人向他们保证除了"一场暴风"外没什么可担心的。他回到哥哥身边，并试图为海难做准备。一个水手从旁经过，为炼狱中的灵魂收集救济品。

> 这让人思考那个我们生来信仰又引导我们原初思想的宗教；我们简短地祈祷，随后坐在了船舱的门边。我将手臂环抱在胸前，让自己重新检视迄今已度过的短暂年华。我坦率的承认，在那一刻，当我相信自己即将面对最终审判的时刻，人存在的目的跟我在这一刻之前所做的判断完全不同。之前我认为非常重要的事情，此刻变得极其渺小……最糟糕的是我想到了那些将要永别的亲人们。当我想象他们只能通过公共渠道得知海难的消息时，我感到眼泪正在刺痛自己的双眼，我赶紧让自己忙于思考其他事情，从而不浪费我认为马上就用得到的力气。　　72

所幸船在第二次风暴中存活下来，虽然她已经远离航道，而且因为相反的风向，让他们停靠在了奥利韦里（Oliveri）而不是巴勒莫（Palermo），那是巴勒莫以东150公里的小地方。那时是3月12日。他们对绿草坪、花灌木、龙舌兰和无花果树感到高兴（"我们在冬天已离开意大利"），但是他们很快就注意到整个村庄没有一块玻璃窗。第二天，他们出发去巴勒莫，由一个战士保护，他手中持枪，腰中佩剑，骑着一匹健马，还有三个光脚农民 ，他们的任务是保持驴车前行。看起来旅游者远远不止兄弟俩：有些人有座位，但其他人不得不危险地坐在行李上面。

博蒙没有保存对巴勒莫的任何评论，除了人们相信，如果拿破仑曾征服西西里，他本会把佩莱格里诺山（Monte Pelligrino）扔进海里："没有什么东西更能体现拿破仑所拥有的加诸其同时代人的超自然力量。"他们在3月17日离开，穿过岛上一处又一处的古址：塞杰斯塔（Segesta）、塞利努斯（Selinus）和阿格里真托（Agrigentum）。在每个景点，托克维尔都记录了关于古典历史和古典建筑的合理想法。然而是现代西西里激励他成为自我，或更确切地说他即将成为之人：

> 西西里没有村庄，只有市镇，而且还不少。在行走了8到10里格之后，穿过一个几乎空空荡荡的乡村，没有公路或喧哗的街道远远地做预告，突然进入一个有两万人口的市镇，真是令人惊讶。乡村里少有的勤劳与幸福全退到这些市镇，就如同热量在一个瘫痪的身体里一点一点地向心脏退却。事情独特状态的起因并不难发觉。西西里仅有的大地主是贵族和全体僧侣……贵族们将税收挥霍在巴勒莫和那不勒斯，除了租金之外，他们根本不关心西西里的地产。我们得知，他们中的很多人甚至从来没有去过自己的土地。至于僧侣们，他们天生是非常循规蹈矩的一类人，泰然地吃光惯例收入，而不想想怎样使其增加。然而，那些在土地上只有极少或没有份额、收获却没有销路的人们，逐渐地放弃了地产。

一两天后，他又一度沉迷于政治经济学，想要找到关于大地产和农民小农场的真相：哪一种有利于更大的繁荣？他得到了一个非常不满意的结论，即前者适合北方，而后者适合南方："如果我是英国国王，我会喜欢大地产，如果我是西西里的首领，我会竭尽所能鼓励小地产；但我谁都不是，我很快回到自己的日记中来。"由于一两年前法国议会对土地所有权的激烈辩论，他可能已经注意到这个问题（它会长期地占据他的思考）；他正在摸索着走向我们今天在社会科学中称为课题的东西；但是这些文章中最突出的乃是自由主义。他像一个1789年之人那样写作，对处于最糟糕状态的旧制度样本做出反应；鉴于其真实身份，回想起来这或许能视为法国复辟君主制的恶兆。

接下来，他登上埃特纳火山（Etna）。托克维尔用尽全力完成了一种真正的夏多布里昂式的宣泄，但他不得不让爱德华和自己先登顶再说：

> 我们穿过由反复滚落的火山灰形成的最新山丘，因此坡度非常陡。在像

屋顶那样陡峭的移动沙土上，我们每走一步都难免深深地陷下去，而且总是要退回一英寻*多的距离。游览维苏威火山（Vesuvius）之时，我已经体会过同样不舒服的道路。但是这里更不舒服：在如此高海拔的呼吸，又增加了在这种道路上前行的困难。我们当时站在卡塔尼亚（Catania）之上约1700英寻（超过10000英尺）的高度。空气稀薄，然而并不纯净。火山的喷发物让空气充满了硫化蒸汽。我们不得不每10或15步就停下。这时，我们瘫倒在火山灰上，有几秒钟觉得胸口受到异常的重击。我头痛得好像被铁帽子箍紧了一样。爱德华承认，他不确定是否能登顶。

74

要记得爱德华是哮喘病人。然而他最终登上了山顶，可能是百折不挠的小兄弟鼓舞了他；他们一起看到太阳在西西里上空升起。

　　我们正在进行一次被迫的停歇，导游鼓着掌，用一种我现在犹能听到的声音大喊，"出太阳了，出太阳了！"我们立刻转向东方；天空中层云密布；然而，太阳像一个又红又烫的铁制磨盘，不顾一切的阻挠带来了光明，在希腊的海面上露出半个身子。一道微红浅紫的阴影洒在海浪之上，映红了我们面前绵延起伏的卡拉布里亚（Calabria）山脉。这种景象一生只能见到一次，是大自然最极致的美景之一，让你自陷其中，以人之渺小之感征服你。在这种壮丽的景色中混杂着一些哀愁和一些奇怪的忧郁。这颗巨大的恒星喷薄而出，没有一丝犹豫的光芒。他似乎是拽着自己而不是爬着到达了天空的高度。我们对自己说，世界末日那天它也将这样升起。

随后，他唤醒布鲁托（Pluto）、普洛塞尔皮娜（Proserpine）、刻瑞斯（Ceres）、潘神（Pan）等等——"就像学院轻易提供"的一份神话名单，由此破坏了一切，他几近吟诗般地总结道，"神明与英雄的大地！可怜的西西里！你灿烂的梦想此刻在哪里？"他无法组织一段连贯的语言，无论是否意识到这一点，这明显地表明他正在违反常规地写作；然而，他还要过几年才会放弃浪漫狂想曲的尝试（古典主义的众神消失地快得多）。

---

* 英寻：英美长度单位，1英寻等于6英尺，约合1.83米。——译者注

离开埃特纳火山后，他去了斯特龙博利岛（Stromboli）（他去的第三座火山），并满怀乡愁；随后是最后一次文学试验，一场想象中的西西里贵族唐·安布罗西奥（Don Ambrosio）与那不勒斯的唐·卡洛（Don Carlo）的对话，这段对话残酷地描述了两类人的政治与道德弱点。

75　　　　唐·卡洛（苦笑着）：那好吧，如果我们的枷锁让你们感到如此沉重，为什么你们不打破它？为什么警钟不在你们的土地上响起？你们正在等什么？你们在集结吗，你们在进军吗？不！你们永远不会认定那种压迫太过分了，而且你们总会将复仇推迟到明天，乃至你们的新一代也是如此。但假如你们敢于举起起义的大旗，那不勒斯将会多么轻易地粉碎你们的虚弱无能！回想一下；记起 1820 年。* 你们的战船和战士们在哪里？你们的年轻人讨厌军人之职。没有西西里人参军。

　　　　唐·安布罗西奥（用一种拘束而变调的声音）：确实如此；所有这些都很正确：隐瞒这些有何好处呢？可是，我们并非生而为奴……

　　（这些话第一次发表于 1861 年，是加里波第（Garibaldi）在马尔萨拉（Marsala）登陆的后一年。）

　　这段对话极为成功。托克维尔再未这么做过，似乎是个遗憾（虽然，他对爱尔兰的一些叙述与之极为类似）。整体而言，《西西里游记》满是收获与希望：应该有一个现代英语的译本。这显示出托克维尔在思想上正迅速成熟，这恰到好处：因为 1827 年 4 月 6 日，甚至尚未从意大利返家之时，他就被任命为凡尔赛（Versailles）法院的见习法官。

---

　　* 1820 年，一场突然的叛乱迫使两西西里的费迪南德一世向臣民们颁布了一部宪法，但是奥地利军队迅速到来，让他得以撤回这种让步。

第五章　见习法官（1827—1830）

他想着自己，也想着整个地球，

想着奇妙的人和天上的星星，

真不明白它们都是怎样形成的；

他又想着地震和历代的战争，

究竟月亮的圆周是有多少里，

用气球怎么探索无际的苍穹，

他在这些事情上费尽了脑筋，

接着又想起了朱丽亚的黑眼睛。

拜伦勋爵，《唐璜》（*Don Juan*）

这正是他父亲的所作所为。

1826 年 6 月，埃尔韦伯爵实现了夙愿：他受命为塞纳－瓦兹省的省长，凡尔赛是其政府所在地。1815 年，夏多布里昂曾自以为是地允诺他这个职位，1823 年，夏多布里昂成为维莱尔（Villèle）*内阁的外交大臣，埃尔韦再次心怀极高的希望；但如同他之后的苦涩评论，他理应意识到夏多布里昂先生只会考虑自己，而不会考虑他人。[1] 随后，夏多布里昂很快加入了反对派，埃尔韦仍追随着维莱尔；塞纳－瓦兹省的省长可能是他迟到的奖励。该省位于诺曼底和巴黎之间，让埃尔韦易于跟自己的庄园和妻子（虽然她仍然拒绝居住在辖区）保持联系，还在韦尔讷伊的时候，他就很清楚这点。另一方面，对一个阿图瓦伯爵的长期追随者来说这是 77 个合适的职位，因为阿图瓦现在已是国王查理十世，他夏天居住在圣克卢（Saint-Cloud），要求这位省长到那里尽忠。凡尔赛的城堡荒废不堪使用，但是国王一次又一次地前往游览，在大特里亚农宫（Grand Trianon）公共饮宴。[2] 这位省长不得不

---

* 一译维莱勒。——译者注

出席；这还不是全部。埃尔韦被指定为寝宫的男侍，而且在他的回忆录中略带讽刺地叙述了在资源极为匮乏的年代，这位波旁王朝的末代国王对路易十四的模仿：

> 我的职务一点也不繁重。其责任是陪同国王接见民众。在他回来后，我们短暂地在客厅会合。国王对我们每个人都说了些客套话。王太子和公主们正式地向他行鞠躬礼和屈膝礼，随后告退。他自行回到住处，我在晚上 8 点前都是自由的，之后我必须随时听候差遣。我的任务就是这些。

> 我的特权在于，如果我愿意，我可以在首席餐厅领班的服务下，享用丰盛的早餐和非常棒的正餐，之后留下来陪国王打牌，这是一种非常无聊的奖励。

> 国王每晚都要打惠斯特桥牌（whist），只有此时他才不顾及惯有之优雅。他会责骂自己的同伴甚至对手。王太子先生*会玩一种国际象棋的游戏，随后在 9 点时告退。不参加这种或那种派对的我辈中人就玩埃卡泰牌（écarté）。太子妃做自己的挂毯，等到她玩纸牌时才放下画布。气氛冰冷如霜。尊重阻碍了任何放松，而代之以厌倦。晚会会在 10 点半时结束。[3]

这位省长脱离自由港的牢狱之灾已有很长一段时间了；无论如何，他可能更喜欢省议会的会议，正如安德烈·雅尔丹所言，这也是一种家庭重聚，因为他将会在那里遇到自己的亲戚，路易·德·罗桑博、莫莱伯爵（Comte Molé）和费利克斯·勒佩勒捷·德·奥奈，这些人在塞纳－瓦兹省都有庄园。议会分化为为自由派78 和保守派，从 1827 年起，奥奈就作为塞纳－瓦兹省的代表参加众议院，而且是反对派的领袖；但是他们都一致赞美省长。[4] 没有人反对埃尔韦的小儿子就职见习法官，并成为凡尔赛辖区的居民。没有引发利益冲突。这个 21 岁的年轻人足以胜任治安法官之职，而且他是马勒塞布先生的外曾孙。穿袍贵族像佩剑贵族那样重新聚集在波旁王朝之下。恢复旧高等法院绝无可能，但如果只接受出身良好的候选人担任法官职位，则新法国的法院能很好地取而代之。在创造一个"奉献贵族"的名义下，一切都合情合理。[5] 这样做，是对珍贵的大革命原则——一切职业都应

---

* 查理十世的长子，熟称昂古莱姆公爵。

该平等地向有才能之人开放——的再次否认。

　　没有理由说明，亚历克西·德·托克维尔认为父亲的计划有何不妥。这是开启他职业生涯的极好方式。包括凡尔赛在内的法国法庭都由两个办公室组成，一个是听审并审判案件，另一个是调查案件，如有必要则作为检察院起诉。见习法官是检察院中最低的职位——不领薪的年轻绅士们学习本事，他们做多做少似乎都随其所愿。托克维尔充满雄心壮志，决心尽力学习和工作。

　　亚历克西在1827年6月履职，跟初次工作之人怀有同样的心情。他告诉爱德华，这并非他16岁时所想象的生活，但他的同事热情友好，而这份工作虽然本身很无聊，但作为一种挑战是有趣的。"虽然我知道有时候极度无聊，甚至令人厌恶，我还是非常希望看到你跟我一样忙碌。"（爱德华仍然没有找到任何工作。）两个礼拜后，他给凯尔戈莱写了一封更为详细且非常坦诚的信：

　　　　在此之前，我认为自己相当精于法律，但是我实在是自欺欺人。对于法律，我就像那些刚离开学校的人对于科学一样。我脑中充满了不成形的材料，仅此而已。当我要运用它时，我迷失了，而我的不足让自己很失望；到目前为止，我是我们这些人中最低能的一个，虽然与别人无二的虚荣心悄声 79 说，如果我工作得跟别人那么久，我将会跟他们一样优秀，但我仍然感到崩溃。通常说来，如我每天所想，我渴望出类拔萃，所以生活得极为痛苦……我发现要习惯在公共场合发言很困难：我寻思言辞，将自己的论述切割得过于简短。除我之外的其他人，理由不足但讲得很好；这让我处于不可遏制的愤怒之中。似乎在我看来，我比他们优越，但当我想要做成某事时，我知道自己不如他们。另一方面……我并不感到厌倦；你无法想象认真思考一个法律问题是什么样子的。最终，这项工作迫使我认为它是有趣的。因此，法律虽然在理论上让我厌倦，但是在实践中并非如此。我竭尽所能，以找出答案或办法；我感到头脑活跃，各方面都在提高，结果我由衷地感到恋爱般的幸福。我的同事们看起来大致都是一本正经的人，但他们比我起初所想要丰富得多。几乎所有人都跟我有着令人愉快的朋友和同事关系……在近距离的考察中，我发觉有一两个确实值得尊敬的年轻人，他们满腔信心与正直。这种发现，让我得以克服对法律思维和习惯上的天生厌恶之情。总的来说，**亲爱的朋友**，我开始觉得自己将会懂得并欣赏本职工作的精神……

他唯一的焦虑是自己可能沦为一个微不足道的法律苦工。[6]

如果这种事真有可能发生，那么值得尊敬的年轻人古斯塔夫·德·博蒙（1802—1866）把他从这种命运中拯救出来。托克维尔不得不克服自己羞涩以及轻蔑的态度——他曾以此弥补自己的局促不安，但是一年半后他将会开启一段"生来就熟悉的友谊，我不知道原因"，而且几乎没有嫌隙地持续到人生尽头。[7]安德烈·雅尔丹已经列举了他们所有合得来的方面。他们的背景几乎完全相同。博蒙来自一个庞大的贵族家庭——几乎是一个宗族——它遍布于法国西部庄园（bocage）；他父亲居住在萨尔特省（Sarthe）的博蒙拉沙特尔（Beaumont-la-Chartre）庄园；他的叔叔阿尔芒（Armand）是一位省长，他们两个都是绝对的极端派保皇分子。古斯塔夫比托克维尔大三岁，但重要的是，他也是家中的幼子，有两个哥哥。大约 1824 年左右，他开始法律生涯，并迅速提升。他已经是上奥布河畔巴尔（Bar-sur-Aube）的代理检察长，1826 年时转到凡尔赛担任同一职位；这是带薪的。据雅尔丹说，博蒙很快就被视为凡尔赛检查院的后起之秀，但是他没有让自己的成功冲昏头脑。博蒙是托克维尔的顶头上司，他建议他们在案件准备上同等分工，这立刻赢得了这位新人的喜爱。这种信任和体贴，是博蒙极度友好的典型表现；他是一个优秀的演讲者，一个友好的搭档，而且非常睿智；一个十足的农村人，有些许农民的狡黠（雅尔丹说），但没有影响其完美的诚实。[8]在任何情况下，托克维尔都理应认为他是一个极好的同事。

但远远不止这些。部分是因为相异相吸：博蒙具有轻松自处之人的乐观坚定，而托克维尔自知秉性无常，总是受到自我怀疑的折磨，很自然地会对博蒙感兴趣。另一方面，博蒙发现托克维尔思想睿智，自己难以媲美；一个娇小、热心、神经过敏又沉默寡言之人，然而一旦他的兴趣或感情被吸引，他就全心奉上。在其"评论"中，博蒙回忆了托克维尔给同事留下的印象：

亚历克西·德·托克维尔有几次作为公诉人出现在凡尔赛的巡回法院，他严肃的话语、认真的思维转换，成熟的判断和出色的学识，立刻让他脱颖而出。他没有大胜过群众，但从未败给过精英；没有人怀疑他有辉煌的未来，不止一位巡回法院的院长预测他命运亨通。在这些预测中，我要补充一句，他们提及马勒塞布而非孟德斯鸠。[9]

他似乎从未嫉妒过这颗冉冉上升的新星，这是博蒙优秀品质的标志；也许他是一个追随者而不是领导者；但是分析绝不是到此为止。事实是，也许两位朋友的性格不同，但他们同样才识出色。他们拥有同样的兴趣，同样的关注，同样的品位和同样的抱负；他们的能力也非常相似；他们在所有方面都是和谐的。或许不了解这种思想契合之人，无法真正理解它有多么珍贵，尤其是在青年时期；但是托克维尔尽其所能来启发我们。1830年5月8日，托克维尔致信博蒙，当时他们相识将近3年：

> 事实是，在这个世界上，我只相信你一个人的判断。凯尔戈莱是一个善于判断之人，但他与我们职业不同。唯有你既拥有聪明睿智又拥有适当经验。**我亲爱的朋友**，我仔细考虑时认为，对在茫茫人海中相互发现、相互交往的好运，我们未怀有足够的感激。对我而言尤其幸运；并非我假装谦虚，而说自己不如你，尽管在某些方面我确实这么认为，但我只是想说，你比我这样一个性格如此冷漠寡言之人，拥有更多引起赞美和注意的机会。你已经结交了一些好朋友，迟早你将会遇到一个人，你会像爱我这样去爱他；但是我身处谨慎又干枯的灵魂之中，这些人身着着黑色法袍，如果你我从未偶遇，我不知道去哪里找寻第二个你。

（此处，托克维尔对自己有失公允。终其一生，他都善于结交朋友，而在凡尔赛的这几年速度最为惊人，他在身边聚集了一群志趣相投的年轻人）

> 无论如何，不管事情是怎么发生的，木已成舟，我们在这里会合，我终生都很明确这一点。同样的研究，同样的计划，同样的地点，让我们聚到一起，很有可能我们终生都会如此。这是一种多么珍贵无价的际遇！[10]

又一次典型的强烈情感的坦率声明；以及对自己在陌生人中拘谨生硬的承认。二者都会再现。

1827年秋，埃尔韦·德·托克维尔受命为贵族院成员。他的家庭对这个荣誉并没有特别高兴。11月23日，亚历克西将此消息写信告诉凯尔戈莱："目睹我父亲成为贵族。4年前，他确实很渴望，也为此请求。今日，当他不再请求也不再渴

望时，却被扫除到新封贵族之中。这就是现实。在他们着手施行之前，他就明确

82 反对这项措施，他从未改变过自己的想法，我确信他是正确的。"在现阶段，贵族院作为宪政中唯一的贵族因素，托克维尔希望它能受到重视，如果当前政府能随心所欲地予以填充，而且能将贵族头衔授予来自众议院的受信赖的普通议员，以作为对他们的奖励，那么重视贵族院是不可能的。而且亚历克西对那些极端保皇派感到愤怒，在最近的大选中，他们倾向于投票给自由派而不是维莱尔内阁的支持者。这令他疯狂：这只会帮助这种人——如果他们有机会的话，不仅会赶维莱尔下台，而且会把所有保皇派像苍蝇那样压碎。[11]

这封写给凯尔戈莱的信，是现存的托克维尔谈论政治的第一封信，在某些方面是有趣的。有一点，这是他第一次使用贵族（aristocratic）这个词。这显示出，他至少还不是一个民主主义者——就政党而言，甚至还不是自由主义者。跟他的父亲一样，他很可能是一个内阁派，不仅因为维莱尔将埃尔韦指派到他最喜欢的管辖地，而且维莱尔是复辟时期的所有首相中最能干，也是任期最长的。在维莱尔治下，法国一片繁荣；在 20 年代早期，维莱尔挫败了大量执行不善的共和派阴谋；1823 年，夏多布里昂远征西班牙，让费迪南德七世（Ferdinand VII）重登王位，证明法国再次成为了一个不可忽视的国家（尽管费迪南德是最为声名败坏的附庸政府）；维莱尔通过一些明智的措施，解决了数个争端，最值得注意的是对前流亡者充公财产的补偿，该问题曾困扰并动摇复辟王朝的稳定。但是到 1827年，他树敌过多：傲慢且极端主义与日俱增的极端派，认为他过于温和；无论是 1827 年的选举，还是贵族的册封都无助于他；1828 年 1 月 4 日，他辞职了。新封贵族埃尔韦·德·托克维尔，拥有大多数极端派所明显缺少的良好意识和判断力，他决定在贵族院中跟随温和派投票。[12]

作为一个贵族，埃尔韦伯爵不得继续担任省长之职：因此，他在 1828 年 1 月离开了凡尔赛。这增进了亚历克西和博蒙的友谊。他们一起定居在凡尔赛安茹街（rue d'Anjou）66 号：一条安静、灰色、高贵的街道，在圣路易大教堂附近，离皇

83 家公园只有几分钟的步行距离。这是托克维尔第一次住在属于自己的房子里，而且他认为这段经历是令人高兴的。他经常去巴黎看望重新同居的父母（这段时间，他的很多信都是在那里写就），但是成为房主提高了其成熟和独立的意识。实际上，他没有经济独立，因为没有薪水，毫无疑问总是超支津贴。有一次，他父亲想要支付他的裁缝账单，亚力克西写信给博蒙说："我想尽快把账单给他；如你所

知，一个人决不能让这种父性的冲动冷却下来。"[13] 但是他正第一次体会独立自主，并且很享受。

至少有一次，独立自主带来了对判断的真正考验。1829 年夏，当托克维尔在诺曼底的时候，房东写信给博蒙，愤怒地抱怨他们的仆人马德莱娜（Madeleine）——一个极为精打细算地经营其房产之人，往往趁他们外出时招待男男女女，让这幢房子变得臭名昭著，不比妓院好。博蒙想要立刻解雇她，但他不在当地，便乐于将此事留给即将返回的托克维尔来处理。托克维尔回来了，发现抱怨比他想象得还糟糕：马德莱娜曾准许一些"贱民"进入屋内，他们偷盗银勺和银叉。她的某位情人喝掉了大量的美酒。据一个邻居杰拉德老妈（la mère Gérard）说，马德莱娜与士兵和娼妓们一起上街，在外面待到很晚（尤其当她的雇主外出时），而且有一次见到她爬着梯子到自己卧室窗口，估计当时前门锁着，她不想惊动托克维尔和博蒙（并引起他们的怀疑）。两到三周后她的雇佣期结束时，她必须离开；或者更快。

这段插曲读来像龚古尔（Goncourt）日记中的一些内容。它今日的意义在于反映了托克维尔的性格。他像一个经验丰富的治安法官那样详查证据，访问目击者；他为马德莱娜感到可惜，她被抓了现行并努力表示要改过自新；而且他责怪博蒙和自己任由事情发展到这一步。在未来，他们应该竭尽所能维持家中的秩序，或者像从前那样一个仆人也不要，"我必须承认，（没有仆人伺候）真是一件痛苦的事"。他们的下一个管家，不但一定要丑——像马德莱娜那样，而且要年迈；丑陋的年轻女人是最最坏的，因为她们想让自己像漂亮女人那样活着，而只有最卑贱的男人才会接受她们。[14]

检察院教给他的绝不仅仅是如何调查女仆的底细。在凡尔赛的这段时间里，他准备了关于 60 个案例的报告；任何有能力的学者都能从这种技术训练中受益。他学会了如何弄清并应用法律，而不是满足于浅显的研究；最终，他遗憾于只完成了一份五千字的报告，因为"一场非常严重的疾病让我们不能恰如其分地研究[这个问题]。"[15] 不仅如此，这项工作让其政治和历史教育得以继续。他像杜米埃（Daumier）那样，意识到大法官的弱点：他们会敷衍诉讼当事人，拿当事人寻开心，在辩方律师发言时轻蔑地耸耸肩膀，或者在诉讼程序只剩下宣读指控时，微笑着表示赞成检察官（几年后——美国之旅后——他认为去除法官们的长袍及官场威仪，会有利于审判）。[16] 他所调查的一些案例，是关于前流亡者或其家人，因

84

大革命期间损失财产的赔偿所引起的诉讼案件，虽然托克维尔同情这些索赔者，但是他不得不承认，无论是法律还是律师都不能消解这30年的事件；大革命是每个人不得不去适应的事实。它的影响在某些案例中能够减轻，但不能推翻。[17] 其成长经历使托克维尔并不熟悉这种想法。

这些发现的深刻影响，或许能从他个人研究的进程中推测出来。正如前文所言，穆然先生建议他阅读历史。[18]（这条建议显示出穆然伟大的洞察力，但是我们必须要记住，在浪漫主义时代，历史是人人感兴趣的）。托克维尔接受了这条建议，开始阅读阿道夫·梯也尔（Adolphe Thiers）的《大革命史》（*Histoire de la Révolution*），1823至1828年间，这部著作以多卷本的形式出版。作者的名字对他而言微不足道（梯也尔作为一个自由的新闻工作者，刚开始为人所知），但主题是吸引人的，到目前为止，除回忆录外，本书不是按编年史写的。20岁的托克维尔对自己的发现全然没有准备。10年或11年后，他写信给一个朋友：

85　　　　　　未改少年之初心，我感到激动；此外，家庭传统依旧是我想象力的原初动力。因此《大革命史》显得特别可怕，并引起了我对作者的强烈敌意。我将梯也尔先生视为最堕落和最危险之人……[19]

这是又一次与启蒙哲人的相遇，只有这一次他延缓了思想上的妥协。但不会耽误更久。像托克维尔那么敏锐又诚实的人，不可能无限期地拖延，更何况其职业工作正在同一方向上推动着他。梯也尔把令人沮丧的观念植入他的脑中，大革命不只是共济会会员（Freemasons）和奥尔良公爵（duc d'Orléans）险恶阴谋的结果；它是由贵族的自私和王室的无能引起的；大革命的成果在本质上是有价值且有必要的；甚至国民公会可能是无罪的；简言之，正如克列孟梭（Clemenceau）在50年后所言，对大革命只能完全接受或者完全不接受。托克维尔从来不认同；他将余生致力于寻找一种不同的解释；但是梯也尔迫使他第一次意识到，争论并不像他从小相信的那样是一边倒的，而且只有拥有最佳论据和资料的那一派才能获胜。*我们不知道这种启示多么迅速地开始影响其政治原则；但是如我们所见，当他前

---

* 并不是说他曾原谅梯也尔。托克维尔将梯也尔视为宣扬盲从历史必然性的民主时代作家之一（见 OCI ii 91-2），托克维尔也批评《大革命史》，因为它跟拉马丁的《吉伦特党人史》（*Girodins*）一起助导了1848年革命（OX VII 94-5）。

往西西里时，他已经（或许不知不觉地）是一个 1789 年之人。1828 年，梯也尔出版了前两卷的修订本，托克维尔购下它们并开始冷静地做笔记。他观察到 1787—1788 年时政治处于如此混乱的状态，以致大革命既迫近又必须。他着重区分了大革命的根本原因和偶然情况，他将原因认定为贵族和牧师的过时特权。"因此一场革命在所难免。这是显然的。"他列举了偶然情况，包括跟"美利坚共和国"*的联系，并开始编撰一份大事纲要。

他在极短的时间内有了长足的进步。几年后，他在给一位亲戚的信中记录道，从现在开始他认为平等主义的胜利——他称之为民主——是不可避免的，因为这是受命于天的：通往《论美国的民主》（*De la démocratie en Amérique*）的道路正在打开；而关于梯也尔的笔记，显示出他正在开启的思想路径，这令他最终写成《旧制度与大革命》（*L'Ancien Régime et la Révolution*）。它们也显示出，他毫不怀疑法国在几个月内又将有另一场革命。[20]

1828 年可谓是复辟王朝最后一个正常年份，在全体托克维尔成员看来，任何革命的预感都是牵强附会的。由让－巴蒂斯特·德·马蒂尼亚克（Jean-Baptiste de Martignac）领导的新内阁，在议会中是虚弱的，但是它的温和让大部分法国人都能接受它；如果国王能够给予支持的话，它很有可能会变强大，但他只是容忍它；他甚至不让马蒂尼亚克做议长。然而，并没有引起焦虑的直接原因，埃尔韦伯爵平静地做好自己的政治职责，当他不做省长时，他的政治责任改变了，而不是消除了。如安德烈·雅尔丹提出的那样，在家庭传统中，他仍然是国王的忠实封臣；[21]他现在的任务就是最大化自己在当地的影响力，并为国王派的利益发挥这种影响力。结果，他开始比之前更关注科唐坦，他的主要地产在那里。他在贵族院中为瑟堡说话，并且更为频繁地访问那里。他的儿子伊波利特最近娶了埃米莉·埃夫拉尔·德·贝利斯莱·德·圣雷米（Émilie Evrard de Belisle de Saint-Rémy），她是来自库唐斯（Coutances）的一个贵族家庭的女儿，虽然伊波利特的军事职责，让这对年轻的夫妻大部分时间远离诺曼底，但他们还是在那里度过了 1828 年的秋天。放假时，亚历克西也去那里跟他们作伴。他已经写信给凯尔戈莱，表示自己正感到不耐烦："我似乎感到，我可以怀着更甚以往的喜悦之情，进行一场长期而冒险的旅行。"另一方面，他承认，在这样一场远足之后，他会希望再次安定

---

* 在他成长的这个阶段，托克维尔认为美国的榜样是完全不适合法国的。

87　下来。"我需要活动，我需要安定——这就是我六七年来摇摆不定的两种选择。"[22]
或许诺曼底能满足两种冲动。再者，虽然托克维尔夫人和她的新媳妇已经关系不
佳，但是亚历克西希望还能跟伊波利特和埃米莉做朋友。亚历克西跟他们一起住
在圣雷米（Saint-Rémy）和瓦洛涅（Valognes）附近的圣布莱兹（Saint-Blaise），他
可能在那里遇到了埃米莉的波拿巴派的兄长阿尔芒（Armand）——布里克维尔
伯爵（de Bricqueville），此人是瑟堡的议员代表；最后，他在伊波利特的陪同下
回到了托克维尔。这或许是他第一次游览托克维尔。10 月 6 日，他在那里给博
蒙写了一封长信——或许是他所写过最长的信。在详述了自己的旅程后，他继
续写道：

> 我终于到了托克维尔，在家族古老的废墟上。我能看到三英里外的港口，
> 威廉就是从这儿出发征服了英国。我的四周都是诺曼人，他们的名字出现在
> 征服者的名单上。我必须承认，所有这些"满足了我的虚荣心"，有时会激起
> 幼稚的热情，我很快会为此惭愧。[23]

（他尚未觉得，有朝一日自己对托克维尔及其周边的热爱将会发展成一种激
情。）他开始向博蒙诉说学习英国史的结果。他刚刚读完了约翰·林加德（John
Lingard）的《英国史》（*History of England*）译本，或者是已出版的那部分：最后
一卷直到 1830 年才问世。他有很多话要说——大概有 10000 字。

他和博蒙已就一起学习达成一致，但是他们计划怎么做或到底读了什么还不
清楚。他们显然是不成系统的，但是他们为什么要这样？——他们并不是在读取
学位。如果他们经常互相写读书报告的话，那么关于林加德的信是唯一幸存的一
封。但是它读起来像是自发的。托克维尔充满了热情与想法，而且他显然非常确
信博蒙将会如自己所料地回信。由此，这封信就成了对其友谊最初的且令人印象
深刻的证明。

托克维尔对英国的兴趣由来已久——英国，这个古老的敌人，在战争时打败
88　法国，在和平时又超过它；穆然先生鼓励他串联着学习法国史和英国史。[24] 他尚未
学会喜欢岛国人民，当他读到林加德对爱德华三世的叙述时，其血液因着爱国主
义的盛怒而沸腾了，"爱德华三世在法国发动了一场毁灭性的战争，他想要统治法
国"。当他读到苏格兰人、撒克逊人、丹麦人和诺曼人的野蛮入侵时——"接二连

三的革命，除此之外我们的历史就是笑话"，他甚至有一点幸灾乐祸。但是他不允许这种感受妨碍自己的分析。他想要知道，在英国成功的地方，为什么法国会失败，并且毫不怀疑林加德所确证的每一页回答。由于她的自由，英国曾是而且已经变得强大；法国已经衰落，确切地说不是因为独裁，而是因为紊乱的社会和政治系统使得自由难以生长。[25]

　　紧贴托克维尔每一页的大纲是无益的。约翰·林加德是一个天主教教士，他诚实的学术让新教偏执狂们震惊；但佯称其观点和资料在今日有任何重要性的话，那将是荒唐的。他既不是吉本也不是麦考莱（Macaulay），而根据他的风格，托克维尔称之为一个难以相处的人。此外，托克维尔正在手头没有这本书的情况下写作：他似乎已经把它寄回巴黎。[26]毫无疑问，这解释了他概要中的一些奇怪之处，但是无论如何，在他正在写作的主题上，他完全是一个新手。整体而言，他所写的关于林加德的信，作为对英国史的讨论，读起来像是一篇有大学生之才华但过于冗长的论文。

　　如果把它当作一份关于托克维尔思想发展的材料，那么令人印象深刻得多。自从《西西里游记》以来，他已经变得成熟。他已经找到自己的主题和风格——经典的法国风格，其中无可辩驳的格言占了相当重要的部分。"历史学家有强烈的欲望，断言决定性的事件。"这跟一些英国作家并非完全不同——英国人的风格更加沉重，塞缪尔·约翰逊（Samuel Johnson）就有此绝活（"哪里有写作小说的悠闲，哪里就有小悲伤"）——但是在法语写作中，则更为迅捷，更为清楚，也远为常见。语言对于其信徒而言是很严谨的。托克维尔已经意识到这点，而且再未舍弃：若不是他的年轻活跃和愉悦随性，这封关于林加德的信就像是二三十年后写成的。写作这个时期的弗朗索瓦兹·梅洛尼奥夫人（Françoise Mélonio）（不是这份材料），暗指托克维尔的早熟。[27]她的意思很清楚，但早熟似乎不是正确的用词。 89
许许多多的天才在23岁时就一鸣惊人了。成年男子突然间血气方刚，摆脱了监护和自我怀疑，拜伦（Byron）、雨果（Hugo）、毕加索（Picasso）纷纷出场。24岁时，皮特（Pitt）已是首相；25岁时，波拿巴占领了土伦（Toulon）。托克维尔的时代已经到来（即便他尚未完全摆脱自我怀疑）；必须多说一句，几乎正是博蒙的激励让托克维尔展翅高飞。

　　大多数托克维尔式主题的出现更为引人注目，然而其风格的兴起尚不易察觉。他长篇大论地比较了法国与英国的国王、贵族与平民之间的斗争，并强调了他们的区别，在末尾指出他们殊途同归："毕竟，一种合理的平等乃是唯一符合人类本性的状态，因为所有国家都指向这个目标，尽管它们的出发点如此不同，并且因循着如此多样化的道路。"[28] 平等！——他一直关注的三者之一；而在关于林加德的信中，读者不难找到其他二者——革命与自由。

他还不能将自己的领悟系统化；事实上他毫不犹豫地摆出问题并提出设想，而不是得出完满的结论；但是他的政治关注与观点，给予其方法以某种一致性。整体而言，他对法国现状的横向观察显然极少，但想要完全避开这些却超出人之所能。托克维尔肯定跟朋友、家人有过活跃辩论，但都没留存下来；但我们或许能听到一些回响。他仍然坚持这个珍爱的神话，即贵族是也应该是法国自由的真正保卫者。在此信条中，安德烈·雅尔丹发现了孟德斯鸠、布兰维尔（Boulainvillers）和奥古斯丁·梯也里（Augustin Thierry）*的影响，以前穿袍贵族曾珍视这个信条，但生活的实际开始反驳这一点。到 1828 年为止，当下最重要的问题，显然是那些归国流亡者能否成功地在法国政府和社会中建立起永久优势地位，而自由并不在他们的计划之中。托克维尔仍然没有意识到一场决定性的危机正在临近，但是他的直觉似乎正在对抗他的意识。他看到金雀花王朝（Plantagenets）丢失了诺曼底，"它并未让约翰的暴行消失，在过去、现在和未来，这都是统治的铁律，即权力减弱之时，刚愎自用就会增长。"他指出，起初时"大宪章"（Magna Carta）完全不如其现代信徒所想，"两院；内阁责任制；表决的税收，以及成千上万的事情"，它只是为贵族的利益而拟定的。但它给出了反抗的明确形式。"那就是一场革命所需。大宪章自此成为一种标准，许多人以此抗议示威，但对他们而言其细节不明了也不重要。"亨利三世是个非常正派的国王，但是他如此无能，以至于国家陷入了革命。[29] 像托克维尔这种思维活跃的年轻人，在写另一些类似的事情时，怎么会不想到查理十世对议会的侵犯，关于 1814 年宪章的斗争以及路易十六的失败？道格拉斯·约翰逊（Douglas Johnson）教授不这么认为。他写道："那些在索邦（Sorbonne）为基佐（François Guizot）鼓掌，或者在贝桑松（Besançon）为阿米蒂·蒂埃里（Amédée Thierry）击节，又或者是后来为米什莱（Michelet）鼓掌的一大群年轻人，为他们的自由观点，也为他们的雄辩与博学而热情洋溢。19

---

* 孟德斯鸠的影响在一篇关于决斗的论文中看得很清楚，当年秋天，托克维尔把它提交给凡尔赛检察院，他在其中把实践决斗与骄傲的感情联系起来，"在我们君主制国家，这如此珍贵"（OXC XVI 63）.

世纪的法国绝不可能抛下政治。每一种思想形式都充满了政治意味。关于克洛维（Clovis）雄心壮志的评论，关于查理曼的政府（Charlemagne）……都被用以影射当代事件。"[30]

至少我们可以说，历史作为一个学科已为自己正名。那个冬天（1828—1829年），托克维尔和博蒙开始研读经济学家 J.B. 萨伊（J. B. Say）[*]（他们似乎并未深入）；而且他们正在学习英语。但春天，他们开始去听弗朗索瓦·基佐在索邦的著名历史学演讲，托克维尔教育中的另一个时代开启了。

一场听起来像是严重的流行性感冒，但可能是麻疹的病，让托克维尔卧床不起，当他开始参加基佐的法国文明史课程时，课已过半程了（博蒙去得要早些）；[31] 但即便那个时候，他也不是每次课都去。然而，无论我们把他视为未来的作家或者是未来的政治家，该经历的重要性都不会言过其实。

有一点，基佐对托克维尔来说是一种新的社交和思想典范。"1789 之激情令人振奋，并使之再也不愿堕落，我正是这些人中的一个，"这位老手在其回忆录中说道，而且他很有可能在 1829 年说过同样的话。[32] 1787 年，他出生于尼姆（Nîmes），成长为最严紧教派的新教徒，在旧制度下本来很少有事业机会。大革命确实改变了所有这些，但 1794 年 4 月，他的父亲斩首于断头台（与马勒塞布同月）。基佐被带往狱中与父亲永别。这个家庭的所有财产被剥夺，在几年之后迁往暂时附属于法国的日内瓦（Geneva）。基佐永远不能忘记南部（Midi）[†]，但是他再也不能忍受在那里生活。在日内瓦，他接受了极好的教育，在学其他知识时，也学习了英语和德语。1806 年，他带着一封介绍信到巴黎，但是未带分文。他找到了一份文字记者的工作，并且在极短的时间内在思想中心巴黎站住了脚：甚至暂时跟夏多布里昂也成了朋友（政治很快让他们分道扬镳）。1812 年，他受聘为索邦的历史学教授；1814 年第一次复辟时，他成为了内政部秘书长（Secretary-General of the Ministry of the Interior），这要感谢他的朋友鲁瓦耶-科拉尔（Royer-Collard），科拉尔是很快被称之为空论派——最早的自由主义者——的领袖。在百日王朝期间，基佐站在波旁一边；之后，尽管他还太年轻不能成为下议员，但他能力卓越昭彰，使他在复辟王朝的自由主义阶段发挥了巨大的政治影响。随着维莱尔的掌权，一

91

* 萨伊（1767—1832），法国政治经济学家。——译者注
† Midi-Pyrénées，南部-比利牛斯大区。——译者注

切都改变了：1822 年，禁止基佐和他的几个同事作任何演讲；最高行政法院解聘了他。他转而全职做历史研究，兼职做记者，但作为政治组织者，他也表现出杰出才能：他是"天助自助者"社团的主要推动者，在 1827 年的议会选举中，该社图策划了自由派的第一次伟大胜利，当时他们获得了 180 个席位，之前只有 50 个。其结果是维莱尔的倒台和马蒂尼亚克的组阁，后者即刻取消了基佐演讲的禁令。简言之，托克维尔和博蒙去听的不只是一个教授，而是政党领袖。

92

基佐是有着杰出才能的演说家和教师。作为一个演讲者，他为了行文明晰可以牺牲一切。除非是附带的事实，否则迷人的故事、玩笑和突发的想法都不能中断他简洁流畅的阐述。最重要的是，他想被理解，被记住。正如托克维尔保存的笔记所充分证明的那样，他几乎完美地取得成功。讲台上的基佐是无法抗拒的。他以一种洪亮的声音清晰地演讲，用他那阴沉双眼的力量征服听众的骚动不安。他甚至打扮成所演讲的角色：他总是穿着的黑色高筒袜，让他看起来像是严厉的加尔文教徒（Calvinist）的正直化身。难怪他的听众都目不转睛。[33]

在某种程度上，他的演讲传授了基本信息。就像很多同代人那样，托克维尔折服于中世纪历史的魅力，但他的无知之处仍然极多。因此我们发现他在 1829 年夏写信给博蒙，谈到基佐前一年的演讲——他并未听讲*，但正在阅读，"[它们已经] 给了我一些关于 4 世纪的相当宽广的洞见，我对该时代一无所知。"[34]24 次讲座涵盖 14 个世纪，基佐只能讲清楚历史的梗概；他经常提醒听众，自己省略了大量内容；但是他不可能忽略所有的事情，而且正如每一位经验丰富的演讲者所知，学生听众总是如饥似渴地将史实记下来。就像托克维尔仔细地列举了查理曼的 53 次战争（"18 次对阵萨克森人"）。[35]

也可以将这些讲座作为政治寓言。基佐很清楚这一点，但是作为一位严谨的博学者，他尽可能规避这种趋向。他少数提及 19 世纪的内容之一，是将拿破仑的成败与查理曼作比较，除了那些为查理曼抱不平之人外，没有人会反对。托克维

93

尔对政治文章并不感兴趣，尽管他肯定注意到基佐对封建制度和中世纪的描述，跟极端派黄金时代的神话非常不相容，即当时在慈善教会的精神关怀下，国王、

---

* 安德烈·雅尔丹和拉里·西登托普都申明托克维尔在 1828 年开始参加基佐的讲座（关于欧洲文明史）。他们没有给出权威证明，我完全没有发现这种申明的可靠性，而我所引用的信件（1829 年 8 月 30 日）似乎确证，亚历克西·德·托克维尔第一次听基佐的讲座是在 1829。

贵族和农民和谐地生活在一起。他仔细地誊写了演讲稿：

> 简言之，中世纪是法国的英雄时代，是诗歌与浪漫的时代，是真正幻想中的王国，当时人们生活中的幻想远超我们所想。另一方面，先生们，中世纪所激起的仇恨更容易解释：平民在那个年代的生活是如此艰难，他们如此饱受创伤，又千辛万苦地从自己深陷的困境中解脱出来，以至于有一种深深的本能令其记忆痛苦难当……先生们，法国大革命无非就是对中世纪遗留下来的观念、习惯和法律之仇恨的爆发。

在这篇文章的末尾，基佐抛出了格言警句。"一个对过去没有记忆的民族，就像一个成年人失去了对其年少时的所有回忆。"这个想法也被忠实地记录下来。[36]

在基佐的讲座中，最吸引托克维尔的是其雄心、深刻与视野。它们无限地引人联想——或者，如他本会说的那样，满是思想母体。这是他所需要的灵感；它们向他展示了他自己的未来道路。它们不只是编年史，如同梯也尔和林加德的作品那样。"我并不是正在写［原文如此］所谓正确的历史，而是关于法国文明的发展。""在我看来，文明史有两个目的：融合社会史和人类思想史，同时追寻事件与观念的发展。"历史不能只是一种狭窄的专门研究，它必须是广泛全面的："它必须通过事件、习俗、观点、法律、不朽著作，以追寻［人类的］精神进步，它必须屈尊自检，甚至屈尊衡量人类所易受的外来影响。"[37] 这种观察在今日毫不令人吃惊，但是在那个年代它们是高度原创的。正是通过基佐，托克维尔意识到自己必须研究的不是事件（*faits*）而是其意义。

基佐对"封建主义"的分析令人印象深刻。这个词（法语 *féodalité*）即便不是大革命的新造词，那也是 18 世纪的，它注定会长期成为马克思主义压制思想的陈词滥调，不加分析地受到滥用。基佐完全摒弃了这种用法。他将封建主义的本质视为一种土地占有制度，并且仔细地描述了它是如何运行的。由此开始，他继续讨论劳动力，市镇以及朝廷的兴起；在结尾，就社会的运作方式，他已经描绘出一幅完整而清晰的草图，而他给出的时间段（大致从于格·卡佩 [Hugues Capet] 到腓力四世 [Philippe le Bel]）似乎是不言而喻的，从 14 世纪初以来，封建主义（他说）仅仅是已经转型社会中的一个废弃因素。托克维尔从基佐处学到了运用档案资料有多重要，以及该怎么做，如何以历史观点解释（依据社会力量，

94

而不是神的意愿）*，如何将机构组织相互联系起来，并将其与作为整体的社会相联系。最终，他将会看到基佐的方法既可用于过去，也可以用于当下———一个人可以是政治科学家或社会学家，同时也是历史学家。其结果将会在《论美国的民主》中展现出来。

但不是现在。他还未发现自己的研究主题。1829 年 10 月，在一封写给博蒙的信中，他吐露了关于很多问题的想法，他悲叹自己的无知。毋庸置疑，他比博蒙知道更多的历史事件：

> 但是对其发生的原因，在过去两个世纪中，人们对那些推动过他们的人给予何种支持，革命在其末期将国民置于何种境况，即革命使他们留在何处，他们的社会等级、风俗习惯、本能、现有资源，对这些资源的分割与部署，我对所有这些都很无知，在我看来，所有其他研究都只能对这些起到介绍的作用。

或许他们会开始对地理学产生兴趣。[38]

关于林加德的信表明，另一项研究跟以往的同样重要。在第一页，我们了解到，1828 年托克维尔去科唐坦的动机之一是追求 X 小姐（因为他谨慎地称呼她——她的匿名从未被破解），一位来自瓦洛涅的年轻女士；他以最为法国式的心理风格来分析对她的感觉：

> 我的定期看望使 X 小姐收获颇丰，而我也感到从未比此刻更爱她。但是有一点我们要互相理解。你要承认，一见钟情而非日久生情根本谈不上成熟的爱情，而只是真正的友谊。M.——因为她的基督教名字也是以 M. 开头——明显具有最为坦率和诚恳的性格，在我所见过的女人中，她最能免于狭隘的欲望。她自然而然地活泼迷人，拥有善良之心，使你不由自主地爱上她。她完全初心未改，且风格独特。此外，她长得花容月貌，对此我长期以来不能确定，但我现在可以确定了，因为我的哥哥［伊波利特］也这么说。最后一点会令你发笑，但是审视你自身，我亲爱的哲学家，在人的内心深处是否

---

* 在《论美国的民主》第一卷的《导言》中提到的天意，乃是一种糟糕（过时的）但并不费解的倒退。

会偶然地无法确证……我没有恋爱……但我正想能够告诉她，我爱另一个人，并请求她为我在其爱情中保留一个位置，事实上我开始认真地渴求她的爱情。[39]

与此同时，他以另一位来自瓦洛涅的女子安慰自己："我要去睡了，你知道在哪里，说出来并非难事，但不值得冒这个险。"[40]

那是 1828 年，正是用柠檬汁给罗莎莉·马利耶写信的那一年，而凯尔戈莱仍然忠实地从梅斯传送关于她的消息（留存的最后一天是 11 月 1 日）。但是无论发觉放手有多么困难，托克维尔很明了此事不会有未来，而这样一个性欲高涨的年轻人在其他地方寻欢作乐也并不奇怪。接下来的两年，他一仍其旧：1830 年 5 月的一封信表明，他和博蒙跟一对姐妹纠缠在一起，阿梅莉（Amélie）和西多妮·德·奥蒙（Sidonie d'Aumont），她们寄宿在凡尔赛城堡。[41] 我们没有再听闻 X 小姐。另一位名字中以 M 开头的其他年轻女子究竟是谁，仍存有疑问。

最有可能的猜测是玛丽·莫特利。这个故事是这样发生的，因为她是他在安茹街的邻居，所以她认识托克维尔（从美国寄来的信中写到她时，他狡黠地称她为"邻居"）。[42]

自从宫廷消失之后，凡尔赛就成了一个无聊的小镇，而托克维尔——至少当他独自一人在那里的时候——小小地利用了它一番：他对博蒙写道：

> 我在这里无聊得要死：长夜无尽，我在邻居家的森林里四处游荡，直到黑夜降临。之后我回家，脱下大衣，以便换好衣服去参加社交。随后，当我身着衬衣之时，我就忍不住上床睡觉。这就是我的生活。剩下的时候，我像魔鬼一样在检察院工作。[43]

当博蒙在家时，一切都更有活力，而巴黎总是近在咫尺；托克维尔并不总是一个隐士；但他的世界不是莫特利小姐的。

她是一位英国女子。塞拉·勒叙厄尔（Sheila Le Sueur）确证她在 1799 年 8 月 20 日左右生于朴茨茅斯（Portsmouth）。莫特利一家是十足的海军家庭：她父亲是戈斯波特（Gosport）海军医院的财务主管，她有位叔叔是海军上将，而她的三个哥哥全都是皇家海军的官员。她应该有三个姐妹。[44]《曼斯菲尔德庄园》（*Mansfield*

96

Park）的读者将明白所发生之事。4 岁那年，她像小说中的范妮·普莱斯（Fanny Price）那样，移交给其富有的姑母抚养：减轻了她父母的养育负担。但是这位姑母不是准男爵夫人。她叫伊丽莎白·贝拉姆（Elizabeth Belam），是一个寡妇，她的丈夫制造并售卖"药剂和药方"，而且显然生意兴隆。贝拉姆生于1769年，收养玛丽时还相当年轻。她似乎是一个很好的养母：她跟玛丽可能偶尔吵架，但是她们互相热爱。

她们为何以及何时迁往法国？她们不可能在拿破仑倒台以前这样做，之后大量的英国人涌向大陆以表庆祝，他们已经十年或更久未见大陆了。大多数人以旅游者的身份过来，但是越来越多的人以各种各样的理由定居下来：博·布吕梅尔（Beau Brummell）逃到滨海布洛涅（Boulogne-sur-Mer）以躲避其债主。贝拉姆夫人不像有严重的财政问题；然而，她可能有省钱的想法，而且众所周知，生活
97 在法国比生活在英国要便宜。凡尔赛又众所周知地比巴黎便宜。廷臣和政府官员的撤离让房子空出来，由此英国和爱尔兰的中等收入者住进来，势利的同胞嘲笑他们不如上流社会，然而法国人欢迎一切合得来的伙伴。诗人汤姆·摩尔（Tom Moore）用"凡尔赛英国人"这个词来作为二流人物的缩写，尽管他自己也是躲避债主之人。无论如何，1828 年贝拉姆夫人和她的侄女定居在凡尔赛，玛丽已经会说一口流利的法语。[45]

她很漂亮，否则托克维尔可能从不会注意到她。勒迪耶（Rédier）不客气地保留着一个传闻，即她拥有一口又丑又长的黄牙，但是1831 年康迪德·布莱兹（Candide Blaize）为她作的画像并非如此。毫无疑问，这位艺术家认为在有必要的地方应该讨好他的模特，但是他所画的脸太个性鲜明，令人不得不信：首先，它比仅有的另一幅1849 年肖像要生动精致得多。[46] 在画中，莫特利小姐打扮得十分迷人，她厚实而光泽的乌黑卷发上时尚地别着一根玳瑁簪，她的脸蛋以珍珠耳环勾出框架，她穿着带有花边的丝质泡沫状女装。她腰肢纤细（这或许是画家的自由发挥）。尽管有一丝焦虑，但她看起来耐心、温和，似乎她不喜欢坐着，当这种折磨结束时她会很高兴；但是她杏眼有神、樱唇紧闭：这是一位有勇气和智慧的女士。整体印象而言，这是一位不容轻视的女士，奇怪的是，她又是略带忧伤之人。

托克维尔需要女人，绝不仅仅因为性；或许更准确地说，对他而言，性不仅仅是热切的肉体之欢。他需要母性的关怀。他不断地对自己的天赋、健康和世俗

前途感到焦虑，他需要柔情和安慰。他同样需要谅解和耐心：他对自己的缺点很清楚。他需要伴侣。或许他对凯尔戈莱和博蒙流露出的热爱之情，部分是试图从男人那儿得到一些女人尚未给予他的东西；很显然，一个不了解其雄心壮志、思想生活和政治关注的女子，不可能永久地与他和睦相处。在较小但还是很大程度上，他需要一个需要他的人：一个他能够珍爱和保护的人。在玛丽·莫特利身上，他找到了全部。

　　即便对他而言，她也并不完美。她有些忧心忡忡，可能是因为她江湖医术的 98
背景。尽管她享受愉快的交谈，但她既不幽默也不机智。她很记仇。但在大多数情况下，这种性格特点无关紧要。

　　我们不知道起初是什么让她对托克维尔感兴趣；事实上，我们对他们的求爱过程一无所知。唯一确定的是，他们的关系在 1830 年夏天牢固地建立起来，但更令人好奇的是，那段时间（如他给博蒙所写的那样）托克维尔本该穿过凡尔赛的集市，徘徊于西多妮·德·奥蒙（Sidonie d'Aumont）身边，对她眉目传情，竭尽所能地赢得一次约会。或许他想到玛丽——他这样称呼她（而笔者也将从此时起这样称呼）——已经搬家到圣克卢，不能轻易地观察自己的一举一动——包括与卡昂的一个无名女子有过短暂的暧昧关系。他总是一个放纵的或者我们是否应该说自私的情人，这让玛丽极为不满；但是那并没有消除他对这位"正式情人"的永久承诺。[47]

　　他的所有朋友都对事情的发展没有丝毫怀疑，但是有许多谜团。当托克维尔在美国时（1831—1832），他给玛丽寄的信，表面上是寄给他的朋友欧内斯特·德·沙布罗尔的；其原因可能是还得瞒着贝拉姆夫人。作为一个受人尊敬的英国妇女，她只有在托克维尔提出郑重的婚约时才会认可他，但无论他跟玛丽期盼什么，他都还不能做任何此类事情。他在经济上仍然完全依赖于父亲，即便伯爵和伯爵夫人知道她的存在（他们很可能知道——埃尔韦伯爵在凡尔赛的社交网络是很发达的），玛丽也显然不符合他们的标准。她是英国人、新教徒和中产阶级：勒迪耶甚至表示，如果亚历克西与她结婚，他将剧烈地颠覆自己的等级偏见（指的是整个法国贵族大家庭）。[48] 后革命时代的贵族，感到自己正千钧一发地死守着身份认同。法律不再承认第二等级；杜伊勒里宫里衰落的王权，再也不会重建凡尔赛的统治集团；财富和社会地位——甚至贵族头衔——现在也为银行家和波拿巴派所享有；旧贵族只能通过坚持出身的重要性来维护自己。除非她很富有（像 99

爱德华·德·托克维尔的妻子那样），否则新娘必须是旧贵族，而玛丽·莫特利两者都不是。或许还要过几年，托克维尔才敢于向其父母提及这桩婚姻的可能性。甚至不能确定这个时候他是否跟玛丽同床共枕。她可能踌躇过；此外，凡尔赛乃是典型的法国小镇，正如理查德·科布（Richard Cobb）所反复强调的那样，它是封闭的、极善观察的、邻里等级森严的。[49] 作为一个外国人，贝拉姆夫人可能还没有完全融入到流言蜚语和暗中侦查的社会网络，但要对她隐瞒一桩性私通也是困难的（我们或许还记得托克维尔的可怜仆人马德莱娜）。而且会有怀孕的可能：对他们所有人而言，这种结果是毁灭性的。

如果托克维尔和玛丽确实在一开始就忍住性爱，那么这能帮助我们理解他为何继续追求别的女人。但无论事实如何，他爱玛丽，并且坚定地忠诚（即便不是持续不断地）于她；还有其他一些事。对跟出身相同的男人所要迎娶的那类年轻女子，他感到厌倦，甚至厌恶。一个贵族的年轻小姐，成长于深宅内院，而且仅仅由修女来教育——如果可以用教育这个词的话，认真地受训于正确举止的枯燥无聊之中，随后进入"那个圈子"，她的家庭为之宣扬"高贵年轻小姐"的名声；有时鼓励她招摇地表示虔诚。婚后她展露出真我本色，要么执拗轻浮，只为享乐而活，要么是固执地虔诚与驯服。任何一种情形不是托克维尔所渴求的那种妻子。凯尔戈莱同样强调这一点：1837 年，对德国的一次访问中，他对德国女士那种虚伪的一本正经感到厌恶，她们受折磨于喉咙痛时，说"感到脖子疼"，而如果怀孕了，则说自己正在"怀胎"。他归结为新教的原因，并问托克维尔英国和美国的女人是否不那么糟糕？虽然这时托克维尔已经跟玛丽结婚，但他对此看法给出委婉的认同。他说英国有太多虚伪的美德，所以事实上，跟英国女人上床做爱比其他任何目的都容易得多（他是如何知道的？），但与此同时，伦敦的妇女比之巴黎具有更多真正的美德和自尊。[50] 因为他持这种观点，也难怪他娶了一个英国女子，难怪他反对包办婚姻，难怪他的女性朋友名单上——比如斯威特切尼夫人、安瑟洛夫人（Mme Ancelot）、格罗特夫人（Mrs Grote）、蔡尔德夫人（Mrs Child）、莫尔夫人（Mme Mohl）——在家庭成员和男性朋友之妻外，与他同龄的法国女子一个也没有。1848 年革命期间，他在一个派对上认识了乔治·桑（George Sand），出乎意料地与她相处愉快，但是桑夫人一点都不像法国的典型女子。[51] 他与老一辈的女人很合得来——雷卡米耶夫人（Mme Récamier）、凯尔戈莱夫人（Mme de Kergorlay）、迪诺夫人（Mme de Dino）——但她们后继无人。与凯尔戈莱不同，他从未陷入厌女症，但是很难否认他对法国女子的态度，将会孤立自己于本国；而在他父母看来，他是个最难管教的儿子。

他对玛丽的爱是一生中最激烈和最深沉的感情。随着时间的流逝，他们的关系成长并改变，但引用婚后几年他写给玛丽的一封信，或许是不亚于其他的好点子：它在每一方面都深入问题的中心。

显然，玛丽对自己是否是一个成功的妻子，曾感到怀疑。

> ……我必须责备你吗？因为什么呢？因为你给了我这辈子唯一的真正快乐，一种生存的伟大热情，并且忍受我暴躁、专横的脾气而没有怨言，以你的甜美温柔来安抚我？在我看来，这些是我唯一要抱怨的事。**亲爱的**，你已经为我做了更多，我将留着这些到最后再提起。你改变了我的人生，或许没有你的话，我本会迷失于原来的道路。正是你，第一个向我展示了全部的高贵、大方，我还要加一句，真爱的美德。我发誓，我相信对你的爱让我成为一个更好的人。我更爱那些美德，因为我爱你非为其他任何理由。当我想起你的时候，我感到自己的灵魂在升华；我希望你为我骄傲，并且每天向你证明，你选择我没有错。最后，我从未比想起你之时，更愿意思考上帝，更确信来世生活的真实性……在这些问题上，**毫无疑问**你是这个世界上唯一了解我心底想法之人；唯有你看到我的本性，我的希望，我的疑惑。如果有朝一日我成为一名基督教徒，我想我会将此归功于你……我对你的爱是十六岁的少年所难以企及的，但当我想起你的时候，却能感受到通常只有那个年纪的情人们才有的激情澎湃、高尚天性和诚实坦白……[52]

这是一份婚约，有朝一日会成为一场婚姻；与此同时，它已是雄心壮志的动力*。

总结这一章，到 1830 年为止，托克维尔已经在宗教、历史和爱情上抛弃了自己的家庭传统。

还剩下政治。

---

* 这里的雄心壮志，或许指的是他不顾父母的门户之见，敢于决定自己的婚姻。——译者注

第六章　七月革命（1829—1830）

意大利人接着说，他祖父在他风华正茂的年青时代，有一次曾感到自己极其幸福。那时正好巴黎发生七月革命。当时他慷慨陈词，说巴黎的三天就功绩而言，与上帝创造世界的六天，足可并驾齐驱，所有的人都将充分认识这一点。这时，汉斯·卡斯托普尔（Hans Castorp）不由自主地用手捶起桌子来，从心底里惊叹不已。

托马斯·曼《魔山》（Thomas Mann, *The Magic Mountain*）

1829 年 5 月 2 日，圣日耳曼昂莱（Saint-Germain-en-Laye）发生了一场公众骚乱。一些三十岁左右的年轻工人在镇子外的一个酒店喝酒，这些酒店是该地区著名的特色，他们返回时在城门口遭到盘问："口令"？他们正处于欢乐的情绪中：那是春天的一个夜晚，是星期一（或许他们还在过星期天）；其中两三个人甚至还穿着化装舞会服装。无论如何，一个声音叫喊着回答，"拿破仑的军队！皇帝万岁！"他们进入了圣日耳曼，在另一家酒店再次寻欢，并最终到达了教堂广场。

其中一人拿着一长条桦树枝，成为了团队的中心，他们绕着他跳舞，高喊道"皇帝万岁，打倒查理十世，共和国万岁，"而且，他们中有人说道，"8 磅的面包要24 个苏！"*他们寻路去另一家酒店，喝了更多的酒，随后想到需要徽章。因此他们把一条红蓝相间的手帕和一条白色的手帕系到桦树枝上，看！——一个三色徽章。到晚上 10 点时他们准备回家，街道再次安静下来。但是当局不可能忽视这样一件令人震惊的事情。20 个人被逮捕，而托克维尔和一个同事，从凡尔赛被调派去调查这件事。他的报告尽可能温和：他说了一切可以弱化这桩事的东西，尽管他不得不报告其中一个被捕之人说"他不喜欢查理十世远甚于拿破仑，如果他支持后者，他完全有权高喊皇帝万岁，现在已有出版和言论之自由。"但是法庭的

---

* 原文为法文：Le pain à 24 sous les huit livres！——译者注

判决是严厉的：最后 20 人中的 17 人判定有罪，押送监狱，关押 5 天到 6 个月不等。[1]

管中窥豹，已可见七月革命的端倪：复辟的波旁王朝未能在巴黎及其直接腹地赢得劳动人民任何的坚定支持；人民怀念三色的年代，无论是共和国还是（他们更喜欢）帝国；艰难时代的危险威胁——一场从 1827 年开始、直到 1832 年才有所缓和的危机，与此同时，面包的价格是 21 苏买一条 4 磅的；[2] 惶惶不安的政权有着愚蠢的刚愎自用。

显然，托克维尔对刑罚政策的问题并不很感兴趣；针对夜晚的狂欢，监禁乃是一种荒唐而残忍的惩罚，这可能对他有所打击，也可能没有。但他肯定非常关注紧随而来的、截然不同于极端派笨手笨脚的表现：解散马蒂尼亚克内阁，在 8 月 8 日代之以波利尼亚克（Polignac）。第二天，托克维尔写信给正在意大利度蜜月的哥哥爱德华：

> 他们似乎想要以跟现在的议会（即下议院）合作为开始；但是他们几乎不可能有共同基础；要是选举法保留原样，那么他们召集另一个议会也不起作用。他们正是如此，也就是说，交托给一种政变体制，一种通过宣言来统治的体制；问题介于王室权力和民众权力之间，一场短兵相接的战斗，在我看来，这是一场赌博，人民仅仅押上了当下，然而王权同时押上了当下与未来。如果这届内阁倒台了，王室会因其倒台而损失惨重，因为内阁是由王室自己组建的。胜利者想要一些保障，这会进一步削弱已然衰落不堪的政权。上帝保佑波旁家族对已做之事永不后悔！[3]

104

这种预测，一年之内都若合符节，如果几乎没有人说过同样的话，那么它将成为托克维尔日渐成熟之能力的更为令人印象深刻的证据。在讨论新内阁的回忆录中，基佐耸着肩膀评论道，"它的提议是什么？它将会做什么？没有人知道，波利尼亚克先生和国王自己跟大众一样一无所知。但是查理十世在杜伊勒里宫里举起了反革命的大旗。"[4] "宫廷怀着古老的仇怨，"《辩论报》说，"流亡移民怀着偏见、教士怀着对自由的痛恨再一次出现，所有人将自身置于法国与国王之间。""科布伦茨（Coblenz），滑铁卢（Waterloo），1815 年——这些是内阁的三条原则。"[5] 这种见解使该杂志的编辑路易－弗朗索瓦·贝尔坦（Louis-François Bertin），获判六个月的监禁。曾经欢欣鼓舞于驻罗马（Rome）大使职位的夏多布里昂（梵蒂冈［Vatican］已经有所抱怨），预见到灾难，辞去了自己的职务。在跟波利尼亚克永别式的会面后，夏多布里昂总结道，这位新任大臣泰然自若的信心，"使他显然适合成为扼杀一个帝国的哑巴"。[6]多事之秋即将到来，法国在等待国王采取预料中的下一步行动。

查理一度想让埃尔韦伯爵做海军大臣。此事并无结果，但是作为预防措施，托克维尔让他父亲承诺在政治上保持低调，直到看清局势。[7]这是个极好的忠告，但不知道经验丰富的伯爵是否用得到；但是很高兴看到父亲与儿子互相关照。接下来的这一年，他们依旧如此。

与此同时，年轻人还要思考自己的职业生涯。托克维尔喜欢检察院的工作和朋友，但是他现在已经当了两年多的见习法官了；他工作努力，业务出色，并赢得了高度赞扬。他开始强烈地感到自己有资格晋升并领薪，这十分合情合理。他的父亲也这么认为（或许是不想再多花任何裁缝钱）。此外，博蒙显然会即刻晋升——有谁能比托克维尔更适合继任他在凡尔赛的代理检察长一职？埃尔韦伯爵开始四下活动。舅姥爷达马斯美言了一句。有两位温和派人士留在内阁，幸运的是，其中一人库瓦西耶先生（M. de Courvoisier）是司法大臣。不幸的是，另一位沙布罗尔伯爵（comte de Chabrol）是财政大臣，也有一个有希望的侄孙欧内斯特（Ernest）。托克维尔伯爵拜访了库瓦西耶先生；他们交换了政治意见，埃尔韦伯爵提出了自己的请求。但是这位大臣认为，支持其同事比再次答谢马勒塞布的后人更为重要；年轻的沙布罗尔获得了这份工作。[8]

亚历克西在秋天获知消息，当时他正在跟凯尔戈莱在瑞士徒步旅行。这令他不高兴。他向博蒙倾诉自己的想法，这封信成为了思想上的情书，因为托克维尔对于朋友将要离开安茹街（显然他之前从未想到过）比自己的职业生涯暂时受阻更为不高兴。"我亲爱的朋友，对刚发生的事，请允许我不对你表示祝贺，……我们现在关系亲密，我以为一生都会如此……你为我所做之事，令我无法忘怀：从一开始，你就以一种让我不能忘记的方式对待我，哪怕我想要忘记；是你推动了我的职业生涯：如果我不能进步，这不是你的错。因此我们总是形同一人。但是，我亲爱的博蒙，我们真正的友谊，这种每时每刻的亲密，这种无间的相互信任，简而言之，组成我们生活之魅力的一切——所有这些都将结束了。"现在博蒙真正地走向了世界；托克维尔既失去了朋友也失去了晋升，不得不妥善处理租房，博蒙不在这里时他总是心生厌倦；他不得不一个人去散步，一个人去工作；甚至将没有一个人能分担他的抱怨。这真糟糕。但是他们必须跟命运抗争，尽可能地互相多见面，每周在巴黎共进一餐，并继续一起读基佐。托克维尔曾给小沙布罗尔写信，他们认识已经几年了（他也是一个省长——巴黎省长的儿子，他们相差无几），询问他是否愿意接替博蒙住到安茹街；沙布罗尔是一个非常好的伙伴，可能有助于托克维尔的工作和学习。[9]　　106

正如这份慷慨大方所表明，托克维尔内心的年轻热情，使他很快能克服失去博蒙的焦虑，而事实上他们几乎还是一如既往地频繁见面，沙布罗尔成了他们这个组织中让人愉快的第三位成员：事实上，他很快就成了密友之一。但托克维尔职业生涯的真正考验并不能轻易忽视或克服。他从瑞士写信给博蒙的三周后，又从加里（Gary）给他写了一封信，他跟伊波利特和埃米莉一起住在那里。他寄来的不是什么好消息。我们对他的瑞士（Swiss）之旅几乎一无所知，除了他不顾对母亲的保证（"我们想要去攀爬高谷，但是那里大雪满布"[10]），但很有可能他把事情做得过分了。无论如何，跟凯尔戈莱分开后，他在 10 月 21 日到了加里，但是因为"消化不良"和发烧而病倒了，需要放血治疗（"如果见到我的家人，千万别提我的热烧"）。到 25 日，他身体好转，尽管他的胃还有些不舒服，而且他担心患上流行性感冒，因为风从他卧室的门下吹进来，壁炉又很熏人。（这似乎跟写给母亲信中的陈述自相矛盾，除了埃米莉的卧室有壁炉外，整座房子只有他避难的厨房才有炉火，他在那里写作，阅读那些从伊波利特的靴子和马勒里所找到的书，跟厨师讨论道德问题——还有宗教、政治和烹饪。）[11]

> 我的身体似乎在这几年中未见好转，而重体力活似乎比以往更让我精疲力竭。我担心这种多病的体质，因为自己的生活方式而变得更糟，可能让自己变成一个废人。此外——这一切都是难以理解的——我为害怕而害怕。博蒙，那就是无论别人怎么说，我的精神生命——并非肉体的——太过专注于身体状况，并极大地夸大身体的虚弱。我震惊于自己的想象多么纠结于胃痛，以及它是如何夺走对研究的一切喜爱，对未来的一切希望，一切的雄心壮志，换句话说就是生活本身，我之所以告诉你，**我亲爱的朋友**，是因为我们已经亲密无间，坦诚相对。比之其他一切，我更为担心的是这种道德衰弱，它那　107
> 么轻易地弱化我唯一真正重视的人类品质，那就是活力。[12]

这是第一封清楚地表明托克维尔终生缠病的信件，而且有必要问问他遇到了什么麻烦。在前科学术语中，可以说他继承了母亲的虚弱体质，但这什么都没解释。自少年时代以来就折磨他的"胃炎"，在今天很有可能被称之为机能性消化不良；它会使亚历克西在恼人的胃痛中卧病几日，而病痛的缓解将变得越来越难。他自己将此疾病归结为不规律的作息和不适合的食物；但这也是精神压力与消化不良互相作用的病例。其思想状态和身体状态的关联总是很明显。他天生反复无常（医学术语是循环性精神病患），是一个情绪剧烈波动之人：或许这是他消化不良的病源。他充满热切的活力，似乎早就生活在紧张之中——依靠纯粹的意志迫使自己前进。这些特点无一能帮助他找到身体和心理上的安定。他对自己要求过多：正如他在1839年写给欧仁·斯托菲尔，"太多的活动让我精疲力尽，而休息会杀死我。"[13] 然而，似乎他的问题主要是生理上的而不是心理上的，而当他成年后问题变得更加糟糕。正如乔治·皮尔森所评价，他的生命变成了一场跟疾病长期不停的无声抗争。1829年，他偶尔变得惊恐和忧郁，这毫不奇怪。但是皮尔森也说道，"他那未曾减弱又难以遏制的精力，只会促使他尝试在狂热的活动中忘记身体的折磨。"[14]

生活远不只是疾病。他收到了博蒙写给他的一封信（现已遗失），他的朋友在信中表示，托克维尔在10月4日信中所说的一些事情伤害了他的感情；现在托克维尔倾诉了安慰，并开始讨论未来的计划。这些乃是意义重大的转向。托克维尔现在必定将信仰转变为"天生我材必有用"（如今我们称之为机会均等），他再也不害怕竞争：他知道，比之沙布罗尔，自己是一个更好的演说家。但是他不像博蒙那样雄辩。当有时间整理思绪时，他能辩论得很好，但是他并不擅长即兴表演，他最多只是一个冷淡的演说家。"我或许能够在政治话题中触动我的听众，因为政治激情如此强烈地触动我，当我感受到它们时，确实觉得自己是一个完全不同的人；但是在生活中的普通场合，事情并非都是如此，我发誓。"此外，虽然他没有对博蒙说这些，但是他承认自己的职业生涯受阻，而它何时会再次启动不得而知。在这种情况下，尽管他不能确定一个主题，但他提起跟博蒙一起写作历史作品的可能性也并不奇怪。

与此同时，托克维尔回归到凡尔赛的生活与工作，回归到基佐的讲座中。托克维尔对这些的态度似乎有些微改变：他现在不只是为了历史学和政治学的通识教育，而更多地作为学术训练，无论如何，他更为勤奋地参加讲座。基佐自身的地位已经改变了。他的年龄（40岁）已经足以进入众议院，1830年1月，在卡尔瓦多斯省（Calvados）他通过递补选举进入众议院。当他到索邦作下一次演讲时，他的听众们，包括托克维尔，不约而同地起立欢呼。基佐让示威平静下来——他说，政治在学术的讲堂中是没有位置的——但是这件事，像递补选举那样，表明了大势所趋。[15]

　　没有什么能让1830年革命势在必行——没有，除了国王及其宠臣的盲目愚蠢。二者都服膺于虚幻的浪漫主义，这将是1830年后的正统主义的一大特色。[16]波利尼亚克在拿破仑治下的监狱中度过了十年，这让他对法国的现实更加不了解。他做了五年的法国驻伦敦大使，也没什么进步：正如基佐所言，他居住在英国，但没有理解英国，就跟没理解法国一样。"他认为，宪章能调和旧贵族的政治优势和旧王权的至上权威。"[17]这是他的信条，但是他没有实现这些的计划：他是迟钝的。他的主人——就是一个傻瓜——很重视他，因为波利尼亚克甚或比查理十世本人还要反动。查理乃是国王，他应该对整个法国负责，但是他表现得仅仅是一个政党的领袖。他公开表示忠于宪章，但就像波利尼亚克那样，把宪章解读为重建路易十五的王权。国王确信，他本人、他的支持者和他们的权力，受到正在兴起的自由派力量的致命威胁。如果他仅仅是一个保守主义者，他本不会犯错，因为正如七月王朝的历史所表明的那样，基佐、卡齐米尔·佩里耶（Casimir Périer）、鲁瓦耶－科拉尔及剩下的人也完全是保守主义者。有政治家风度的国王本该让他们组成一个政府，相信他们绝无危害，而且几年之后会把支持失位给极端保皇派，正如他们在1824年所为。但查理十世不是一个政治家。他不能接受19世纪。1830年初，摆在国家面前的问题是，他将多大程度上试图执行那不切实际的幻想。

　　春天到来了。爱德华和亚历山德里娜仍然在意大利，在其请求下，亚历克西着手让他们保持对政局的了解。其结果是在3月至5月之间写成的五封系列信，它们显示出托克维尔日益敏锐的政治观察力。

　　在3月18日的第一封信中，他陈述了问题的一个不争事实："我承认，我不能预见将会发生什么。国王和内阁面对的是众议院中团结而强力的多数，而贵族院似乎不愿意卷入到争吵之中。"就贵族院而言，在他们致国王的演说中，夏多布里昂以一场激烈攻击大臣们的演讲开启了辩论。他所说的一些观点是很好的，但总体而言，他表现出如此过度的自负和难耐的虚浮，以至于没有人满意。"没有激起任何人提议将演讲稿付梓，让这位显贵（指夏多布里昂）受到极大的侮辱。"在众

109

议院，事情甚至更糟糕。在尽可能长地推迟了会议之后，3月2日，国王以一场托克维尔称之为"傲慢"的演说做出回应，在此过程中，他的帽子掉了下来，站在他身边的奥尔良公爵（duc d'Orléans）将它捡起。看到这一幕的观众认为是一个预兆，但国王的实际话语可能更有意义："我不想去预测，失策的部署是否会阻碍我的政府的道路，我会从维持公共安全的决心中，从法国人民善于判断的支持中，从他们一贯示以其国王的热爱中，聚集力量来克服它们。"尽管查理十世脑中可能存有登基时以及最近在外省巡游期间，其臣民们给予的热烈欢迎，但是这些话从路易十六的兄弟嘴里说出来，还是显得荒唐可笑。无论他指的是什么，他威胁说如有必要会使用武力对抗议会，这深深地激怒了议员代表们；他们迅速地以221票对181票选举鲁瓦耶－科拉尔为下议院主席，3月18日，他们发表了致国王的演讲，它文雅但坚定地重申了议会制政体的原则，申明对《宪章》的自由主义解释：

> ［1814年宪章］要求您的政府做出一种永久默认，以人民的意愿作为管理日常公共事务时不可或缺的基础。陛下，我们的忠心与忠诚，迫使我们向您指出，这种默认并不存在。对法兰西人民的情感与意愿的无端猜忌，乃是您现在治理国家的基本态度；这让您的臣民感到痛苦，因为它侮辱了他们；这让他们感到焦虑，因为这威胁到他们的自由。

这份演说转而激怒了查理十世；在他得到它的第二天，议会就休会了；不久之后，一场大选将会召开。[18]

一个星期后，托克维尔又写了一封信，更详细地说明了正在发生的事情。很多辩论不对公众开放，但是他有极好的人脉，因此他能报告说波利尼亚克在辩论中"受人同情"；新的保皇派代表——皮埃尔－安托万·贝里耶（Pierre-Antoine Berryer）——令人钦佩。鉴于他所谓的呈文中的激烈措辞，哪怕仅以40票的优势通过，但托克维尔认为这件事极其重要。人们正在说：

> 即将上台的新内阁已经唤醒了沉寂中的国家，一种蔑视国家的态度控制着内阁，而国王必须在国家和那些中伤它的人中间选一个……国王以最极端的傲慢接收了这份呈文。他说，他曾希望获得两院的支持，但是众议院已经

拒绝了他，因此明天他将会通过他的大臣们公布自己的想法。如你所见，所有这些都是路易十四的风格，但是恐怕路易十四时代的法国人已经跟他一起死去了。[19]

托克维尔将集会风暴部分地归咎于完全不受控制的报纸，极端派的报纸甚至 111 比自由派的还多。"每天都会有一篇报纸文章或者一份小宣传册，敦促国王废止宪章，通过谕令来统治……如果政府屈从这样的建议，我真不知道将会发生什么。总而言之，现在是非常时刻。"[20] 国王正在耍两面派；他希望通过采取这样一种冒险的手段，迫使争吵的两派支持者能够在他身后联合起来，而大臣们大胆断言他们将会赢得选举。托克维尔不这么认为，虽然他期待团结的保皇派做得比 1827 年好；但是"我不相信，从一个极度恼怒内阁的民族中，能够形成一个支持它的多数代表团。"[21]

为了挑起法国和阿尔及利亚总督（Dey of Algiers）之间酝酿多年的争斗，一场浩大的军事远征正在准备，由马歇尔·德·布尔蒙将军（Marshal de Bourmont）统帅。大臣们希望战争的胜利能在选举中帮助他们，而确实所有人都支持战争胜利。而托克维尔更关心的是，伊波利特加入布尔蒙军队的失望尝试（他拖延太久：就连王太子都帮不了他），以及凯尔戈莱正随着先头部队进军："我们都很担心他，因为每个人都说登陆将会很困难。"[22]

在不断激昂的热情下，凯尔戈莱正在开始人生大冒险，他不停地写信给托克维尔来描述它，这一切以现代的眼光看来，就是对军事安全的惊人漠视，而且他对插手阿尔及利亚之于法、阿两国之意义，同样欠考虑。他感到参军正在让自己重获新生；甚至让他对女人更有信心。[23] 托克维尔的回信遗失了，但是目前他似乎对阿尔及利亚并不是很感兴趣；在他写给爱德华和亚历山德里娜的信中，他所关注的事务是非常政治的，而且不仅因为那是爱德华所需。除了家庭的一些琐事外（伯爵和伯爵夫人已经前往韦尔讷伊街，贝贝身体健康，并且在杜伊勒里宫公园按时锻炼），他只专注于这些危机。他的评论总是明晰而睿智，而且绝非自相矛盾；但它们似乎体现出一定的张力。他所说的很多话似乎体现了他父亲的态度（也 112 有可能是爱德华的），但他似乎知道那是站不住脚的：他在努力找寻自己的立场，但还未成功。他还未自视为自由派。

议会一直休会到 9 月 1 日，起初每个人都认为获得了喘息之机：平静当道，股票大涨。3 月 24 日，托克维尔认为在爱德华返回法国之前不会发生什么。[24]12
天后，他非常真诚地感谢哥哥所写的关于那不勒斯宪法的长信：1827 年时，他和
爱德华在意大利住了那么久，怎么会（他问道）不研究这个重要的问题？法国的
内阁正在持续右倾：沙布罗尔和库瓦西耶看来处于辞职的边缘。"国王只谈论军队，
大臣们讨论稳定，明智的保皇派担心未来，最大多数的狂人们则兴高采烈。在他
们之中，除了武装政变和通过法令来改变选举法，其他一概不谈……身处其间的
法国人民显得非常镇定。"法庭弹压两党记者，惹了两方不快，而在此过程中，法
庭确立了对所有宪法外行为的抵制权。"在我看来，法官们只是在履行其职责。"
（在所有这些信中，托克维尔显示出对自己职业的自豪）。托克维尔担心内阁的未
来，因为其成员平庸无能（"至于其领袖，只有一种评价"），其对手人多势众，其
大多数朋友若即若离，其大多数热情支持者过度自信："它就像一个永恒的科布伦
次。"最明显的保皇派只是一小撮，因此他们以一种若非可悲便是可笑的方式，将
所有的时间用来跟其他所有人争吵。除了争论即将到来之胜利的战利品外，他们
似乎自认为无事可做。每天早上，维莱尔派的报纸和波利尼亚克派的报纸互相攻
击，这让自由派嘲笑不已。六位省长因为支持宪政而被免职，因其在 1827 年选举
舞弊中所扮演的角色而臭名昭彰的两人，还有四个蠢蛋取而代之，后者中有瑟堡的
副省长。天知道一切会如何结束，但此刻一切事情看起来都既可悲又可怕。[25]

三周后，他利用在法庭上无聊的半个小时潦草地写了另一封信：现在他认为
终究不会有一场选举，因为即便现有议会如此难以管治，但当保皇派仍然那么分
裂而无能时，解散它是轻率的："这种状态下的政党要获胜，将是前所未有且不可
思议的。"[26] 但是到了 5 月 6 日，他的口气变得更为忧郁。在爱德华的最近一封信
中，托克维尔发现他们对时局持有相同的态度：他们看到了弊病而没有看到治愈
之法。至少，托克维尔此时非常清楚弊病的本质。

事实上，我们陷入了一个恶性循环。如果它坚持合法性，我不知道内阁
该如何存续……它的领袖过于自负又极其平庸，不能鼓舞任何一人之信心。
保皇派是不稳定的，分裂的，没有激情的，且仍然很糟糕，却不担心未来，
因为他们认为怒火只是瞄准了波旁家族而不是王权本身，而一场革命不会有
什么问题［这里托克维尔可能仅仅指的是一场向自由派内阁转变的革命］。因
此，如果内阁遵循宪章制定的规则，那么它极可能难以存续。如果国王放弃

内阁，将会遭到抵制，而且王权将会极大地削弱。

然而，这仍将是最为安全的办法，因为废除宪章的话，毫无疑问会把国王从王座上赶下来。至少这是我所确信的。譬如，**我亲爱的朋友**，让我们残忍地想想，如果他罔顾法律，那他将面临如何的困境。什么会支持他？当然不会是公共舆论；几乎没有人会赞成这个措施，我甚至可能会说，这会让整个国家联合起来对抗试图这么做的人。法院会支持他吗？有朝一日国王宣布以政令来统治时，法院将会拒绝运用这些政令；我了解法院，我能对此负责。

因此，这就有必要求助于军队，让战士们始终枕戈待旦。"但是，我们是否确定他们会长期喜欢这个角色？最终，这是决定性的考虑：查理十世，一个72岁的国王，在性格上如此随和慈祥，不是一个能冷酷地接受这种结果或者坚定地遵照这种计划之人。"

托克维尔似乎想起了雾月十八日，他知道查理不是波拿巴。不同于拿破仑，114
查理十世没有那些勇敢或聪明到足以成事的大臣们供他驱使——没有塔列朗，没有西哀士（Siéyès）。* 因此，政变将会有何结果？

可能是统治家族的倒台，而肯定的是王室权威的极度衰落，这本是毫无意义的妥协。在法国，没有人愿意被政令统治，这一点要牢记。这不符合任何人的利益。司法部将会丧失其重要性，贵族失去其社会地位，大多数智能之士失去其希望，较低的等级失去其权利，大多数官员失去其晋升的机会。有什么能跟这种集体的决心相对抗？[27]

作为对1830年革命的解释，这些评论非常精彩，简直料事如神，但并非始终若合符节。在预见巴黎人民将要扮演的角色——实际上是英雄的角色，这让革命与众不同——这件事上，托克维尔并不比任何人出色。他几乎仅仅关注精英们的抱怨和焦虑——包括自由派、银行家、官员、记者等等，国王几乎蓄意地远离这些人。要解释另一种疏忽更难。几年之后，在写给一个英国人拉德纳勋爵（Lord Radnor）的信中，托克维尔断言道，复辟时期激起的宗教仇恨乃是波旁王朝覆灭

---

* 1830年，塔列朗站在另一边，为梯也尔的《国民报》筹措资金。

的根本原因。"只依靠自己的话，高高在上的君主们本会难以生存；但与神职人员联合起来，并且暴露在教士的政治权力所激起的旺盛敌意之下，君主们终归会失败。"[28] 或许事后他有所夸大，但正如《红与黑》（*Le Rouge et le Noir*）的所有读者所感受到的那样，几近神话的圣会、耶稣会、天主教布道所和保皇派主教的不得人心并非错觉。1830 年时，托克维尔可能认为宗教事务与自己的论点并不紧密相关，虽然不考虑它的话，不能充分地解释查理十世的顽固愚昧；或者他可能不想伤害那些虔诚亲戚们的感情。

115　　事情顺其自然地发展：当波利尼亚克根据《宪章》第 14 条，开始讨论宣布紧急状态时，沙布罗尔和库瓦西耶意料之中地辞职了；选举在 6 月 27 日和 7 月 3 日展开（后者采用当时流行的双轨制，这给了富有地主每人两票）；托克维尔每周六去听基佐讲课，以此打发时间。

即便是对讲课者而言，此时也不可能忽视其演讲中的政治潜台词。比如，5 月 1 日，基佐的主题是法国王权的兴起。他说，在圣路易（St Louis）统治时期（忽视了极端派的怀旧与神话制造）国王并非绝对专制；国王并未假装为政权或上帝意志的化身（毋庸置疑，每个人在这一点上都会记起路易十四最著名的言论）。变化发生于腓力四世统治时期。"先生们，我意识到，在人类事务中，很多人仍然只见到业已存在的必然之事的结果，而不见其他，这在不知不觉中将人们裹挟向他们所未知的结局。然而在我看来，即便形势对人起作用，但人总是对形势具有更大的影响。"腓力也是如此，"一个最完全意义上的暴君"。正是他开启了法国王权的滥用；但即便是在他所处的年代，也有抵抗。在其统治末期，贵族们开始形成各种团体，成功地抵制了其王权的扩张。在很长一段时间内，向绝对主义的发展受到了阻碍。[29]

这是极其敏感的话题，而在这个月剩下的时间里，基佐讲了更多此类的东西（他在 5 月 29 日做了最后一场讲座）。托克维尔没有错过任何一个暗示。但是相比于历史分析的方法与内容，他或许不由自主地仍较少关注讲座中的政治。正在点燃的乃是其思想。基佐的惯常做法是阐明一个一般命题（比如，通过其温驯的律师们，腓力四世开始插手法国国王以前从不关心的各类事务。）；从他所掌握的档案中，给出两三个关于事实的无可辩驳的证明；之后，以一种更具挑战的形式重申该命题："先生们，我们拥有那种监管狂热的最早例证，这总是法国君主制最鲜明的特色。"《旧制度与大革命》的任何一个读者都会认出这种学说。5 月 8 日，

基佐开始详述第三等级的兴起，"一经诞生，它便一刻未停地成长。诞生时很虚 116
弱，但它最终毁灭了周围的一切。它处于社会权力的最底层，但是所有阶级都最
终迷失在其中，它将它们都吸收进来，它成为了全体国民。"起初，在与王权的联
合中，第三等级逐渐地削弱并摧毁了封建贵族，支持专制主义"这样，至少所有
人在一人之下都是平等的。"（托克维尔在其笔记中，为这句话加了下划线。）之
后，第三等级它又转而反对君主制，如果没有第三等级的支持，君主制会被轻易
地摧毁。再之后，它改良了"我们所处时代"的君主制。第三等级的兴起是无与
伦比的——在亚洲或罗马的历史上没有任何类似的事情；某种意义上，它是法国
人独有的。第三等级必须不能跟资产阶级混淆起来，也就是中世纪市镇的居民们。
在中世纪晚期，第三等级跨越了一大步，而在同一个时期，市镇失去了其政治自
治。而当市镇正在衰落之时，小贵族封地正在兼并到大贵族之下——公爵领地、
郡县等等——这些转而由国王掌控。集权化的潮流已经启动。理论上说，市镇可
以通过联合来自救，但是：

> 先生们，联邦政府是所有形式中最困难的。人民大众只有变得非常聪明，
> 才能够理解并服从于它，而除了那些文明程度已经很高的国家，很少有国家
> 能运行联邦制。没有什么政治制度要求更多的真实启蒙，更热衷于公共利益，
> 更少的总是盲目的利己主义，这种利己主义是社会和个人的通常动力。

无论如何，基佐反思了荷兰（Holland）、比利时（Belgium）和意大利（Italy）
的历史，但没有怎么思考市镇自治。它的消失对法国来说是好事。集权对于创建
民族国家曾是必要的，"向着同一个目标努力，受到同一种理念的推动，受到同一
种激情的震动，简言之，像单一个体克服同样困难那般前进。"[30]
　　确实，这乃是一个值得思考的问题。这是对托克维尔已经培养起来的政治信
仰的正面挑战。甚至基佐附带的或仅用作说明的评论也是引人注目的：比如，随
着时间的逝去，一些词语如何保持原样，但意义发生改变——罗马共和制跟美国 117
共和制之间的差异，跟美国共和制和代议制君主制的差异同样之多。在评论某些
法国中世纪市镇存在奴隶制，而有些市镇不存在时，他说，想要了解这件事的重
要性，人们就该看看当代美国的事态。"每个人都知道合众国的北方和南方各省
的精神和理念［不同］……后者的理念、习惯相较于前者要贵族化得多，然而两

者都生活在同样的风俗和生活方式中。"他说道，中世纪的市镇由一种民主精神来主导——"也就是由提升社会地位的愿望，由追求平等的品位，由骚乱与嫉妒所主导……但不足以导致两种态度的存在［另一种是贵族的］……也有必要探索它们在制度和事实上的轨迹。"如果这些都还不够，托克维尔不得不思考统摄基佐所有观察的最重要发现，即在几百年的历史中有一种齐平的趋势，并且它仍在继续。如果基佐是正确的，那么一个复兴的贵族阶级在国王之下治理法国的想法是无望的；还有什么其他选择吗？[31]

托克维尔从未全盘接受基佐的信条，但是他同意大部分，并且看到，无论如何它们都需要有逻辑的、博学的——法国人会说，科学的——讨论。他带着这种想法并心想着政治局势，跟博蒙一起去拜访基佐，很像现代的研究生找导师帮忙寻找研究主题。基佐非常亲切地接待了他们，但是"以明显的矫揉造作"闭口不谈他们的研究，"毫无疑问，这是为了让我们明白他不仅仅是一个教授。"因此，他们讨论了政治问题，基佐确信自由派将会赢得即将来临的选举（事实确实如此，以更大的多数）而且国王将会邀请他们组织政府，他们将会这样做，放弃他们更为激进的支持者。[32]托克维尔颇为失望地离开了，大约就在此时（即 6 月份）他写下了一篇尖锐的小论文，《真理，1830 年》，其主要目的是发泄他对议会政客的情绪。托克维尔仍然真诚地坚持 1814 年的《宪章》，但是他现在认为很少有其他人这么做。所有的自由派公开表明，最大程度地忠于已被他们流放两次的国王，而且很有可能准备再次驱逐他；他们也公开表示忠于《宪章》；他们在说谎，每个人都知道他们在说谎。在政治上取得成功的唯一方式，尤其在多事之秋，就是选择你的党派并忠于它（我们也许要补充，这是托克维尔从未真正接受的一个教训）。他嘲讽地总结道，真诚乃是私人的而不是公共的美德。[33]

然而他开始接触自由派，正如对基佐的拜访所暗示的那样。他结识了 E.-E. 福雷斯捷－布安维利耶（E.E.Forestier-Boinvilliers），他是拉法耶特的律师和追随者。布安维利耶是一个密谋老手，却像凯尔戈莱那样轻率。他的热情让托克维尔印象深刻，我们也可以认为他受其蒙蔽：这个忠诚的共和主义者，将会接受路易－菲利普（Louis-Philippe）并为路易－拿破仑（Louis-Napoleon）效劳，后者让他成为帝国参议员。托克维尔认为他是"一个充满激情之人，能胜任所有费力和费钱的事情；我发现他的智慧不及他的气魄……整体而言他似乎受其热情的支配多于其思想。"他和托克维尔显然没有很多共同之处，但他们都很年轻，对虚伪和诡计感到不适应；此外，布安维利耶想要让托克维尔转变为共和主义者。因此，他自夸参加了十五年来的每一次共和党密谋，当其党派真的想要摆脱《宪章》还有波旁王朝时，他因他们曾为《宪章》摇旗呐喊而感到羞愧；但这是一种令人遗憾的必需——如果议会多数知道共和主义者将去往何方，就绝不会追随。有一个"通讯记者"的全国性网络，它由自助会集中管理。"他还对我说，我不知道国民为何如此不喜欢波旁王朝。总而言之，他们是相当正派之人，他们已经给了我们前所未有的自由。我认为，那是因为他们是由外国人强加给我们的。一个伟大的民族从不原谅他的君主这样做。"托克维尔没有改变政治信仰，但是像同基佐的谈话那样，他觉得布安维利耶的大多数言论有道理。[34]

选举让埃尔韦伯爵回到诺曼底，他既是选举人，又是芒什省（科唐坦的另一个名字）选举团的主席。他将托克维尔带在身边，他们一同从事选举活动：可能到现在托克维尔才发现，作为一个贵族，他在该省不受欢迎（正如他将在1848年所回忆的那样）。* 6月29日，他在一封生动有趣的信中向母亲描述了自己的所作所为。写给伯爵夫人的信总是很欢快，但是没有理由怀疑托克维尔高涨的热情，因为他和他的父亲花了两天在乡间骑行，向农民们拉选票，之后居住在伊波利特的纳克维尔（Nacqueville）城堡，埃米莉正积极地计划各种装修。那个夏天，在法国北部全境爆发的农村骚乱引起了很大焦虑：甚至托克维尔地区的老神甫都在会客厅内佩带枪支。但是，这个时刻托克维尔担心的只有凯尔戈莱。[35] 他不需要紧张：7月2日，一封寄到凡尔赛的信愉快地描述了凯尔戈莱在6月19日的第一次战斗，他甚至未受一点轻伤：

> 当我们的榴弹炮一开始发射，敌人们就将所有火力集中到我们这儿。我们连队中很快有六人负伤，其中一个是致命伤。子弹嗖嗖地从我们的头顶飞过，我不知道这是否就是所谓的**枪林弹雨**还是稀松平常。那天晚上，在与同僚军官的交谈中，我得知那已经很严重了。遭到攻击正如一切骇人之事般让我心惊胆战：表现平平。我不时地想要逃避，但是这种感觉很快就消失了……我向你保证，相比被炮弹或者子弹打，我更害怕被马刀、战斧或者刺刀砍，因为面对它们，你必须采取行动躲避，我不认为自己的剑术优于常人。这一

---

* Nassau Senior, *Journal*, 26 May 1848.

发现，消除了我对以冷兵器为特色之战争的所有偏好。[36]

7 月 8 日，他写信来宣告阿尔及尔的陷落，讨论在阿尔及利亚建立法国殖民地的好处。7 月 26 日，这封信寄到凡尔赛，那天正好是 1830 年革命爆发的日子。[37]

选举的结果对极端保皇派来说是灾难性的，让国王除了解散波利尼亚克内阁并交给自由派之外，没有其他明智的选择。但是他不这么认为；他认为反而是时候一劳永逸地维护其王室权力，并发动已经谣传了一个月的政变了。他是返国的流亡者之一，对这些人，塔列朗准确地说道，他们什么也没学到，什么也没忘记。他是前革命时代国王的专业变种：他讨厌让出权力，就像老人（他也是）讨厌失去性交能力。因此，也难怪他想将新法国的自由制度减弱到仅仅充个门面，像另一个愚蠢的国王尼古拉斯二世（Nicholas II）那样，逐渐清空 1905 年俄国宪法的意义，这带来了更为灾难性的后果。接着，作为极端保皇派的领袖，查理不可能考虑跟其他派别分享权力。他既是国王又是党魁，其动机不可分割地混合起来。无论如何，1830 年 6 月 25 日星期日，他说："我考虑得越多，则越确信我不可能那样做，"他签署了著名的敕令，这四条敕令直接而且几乎是立刻导致了其君主制的倒台。[38]

这些敕令，分而言之，第一条，是解散新近选出但尚未召开之贵族院；第二条，将人数已经很少的选民再缩减 75%，甚至进一步向富人倾斜，并且通过各种手段，仍然倾向于拥有大地产的富人，而不是市民、工商业者或者金融家等；第三条，在九月召开新的选举；最后一条，最具爆炸性的，废除出版自由——未来，少于 20 页的期刊或者宣传册不能未经授权而出版，这种可能被随时随地撤回的授权，必须每三个月延长其有效期。这条敕令补充了已然非常严苛的 1826 年出版法，那部法律对视作危险的书籍予以镇压。这些敕令发表于官方报纸《箴言报》（Moniteur）之时，将会附带着一份冗长的官方文件，几乎专门用以辱骂反对派报纸，这些报纸曾发表过反对国王的无礼言论以赢得大选："我们不再满意代议制政府的平庸状况……一种动荡的民主正倾向于让自身取代法定的权威。"因此，国王只有动用《宪章》第 14 条及其紧急权力才是正确的；这样做意味着，《宪章》及其制度不仅得以存活，而且强化了。正如大卫·平克尼（David Pinkney）所评论，"大臣们采用了政变制造者的通常手段，依据宪法批准违宪行为。"所有这些文件

将会出版在 7 月 26 日星期一的《箴言报》上。当一位大臣问及报纸的编辑是如何 121
看待这些的时候，他回答道，"上帝保佑国王和法国！先生，我 57 岁了，我见证
了大革命的每一天，我完全被吓坏了。"但是警务总监以自己的脑袋起誓巴黎不会
动乱。[39]

这些敕令有意破坏大革命中一些最为重要的成果。1830 年 7 月完全像是 1789
年的重演；这就像是路易十六与三级会议的冲突，导致人们在网球场宣誓、创建
国民议会的和攻占巴士底狱。这一次，大臣们没料到此类果决而成功的反抗，而
且完全没有应对的准备。他们所能想到的就是将这些敕令秘密地保留到最后一分
钟。他们甚至没有预先示警马尔蒙（Marmont）元帅，他们依赖他保持巴黎的秩
序：他从荷兰大使那里借来一份《箴言报》才知道这个消息。这些法令在周一早
晨已经妇孺皆知。周日及周日晚上，亚历克西·德·托克维尔在韦尔讷伊街陪伴
父母，当《箴言报》出版之时，他已经动身去凡尔赛了。随着新闻传播，这条出
版敕令的影响立刻显而易见：除了政治争论的万马齐喑，它还让大量的新闻工作
者和印刷工人失业，时事艰难。成群结队的工人和学生开始聚集在街头，尤其在
巴黎王宫周围；他们高喊："宪章万岁！打到大臣们！"自由派的抗议来得完全令
人措手不及：很多新当选的代表还未从其选区的选举中返回巴黎。其领袖们不知
该怎么办，而且很害怕政府。《宪章报》（Constitutionnel）和《辩论报》决定不要
冒险，放弃了第二天的发行。但是激进分子聚集在《国民报》（Le National）的办
公室门口，提出由梯也尔所写的抗议，以反对敕令的违法。它立刻被印刷出来，
并四处散布于巴黎。晚上，在警察包围了王宫（Palais-Royal）里的一家印刷店后，
大众们变得骚乱，砸碎了财政大臣的窗户，当波利尼亚克去往办公室时，他们用
石头砸这位议会主席的马车。警务总监向内政大臣报告说，首都到处平安无事。
"给我的报告中，没有记录什么值得注意的事件。"在交易所，政府的股票下跌了 122
四个百分点（在周二，将会下跌八个百分点）。[40]

国王一整天都在朗布依埃（Rambouillet）狩猎，就像路易十六在 1789 年 7 月
14 日那样。

布瓦涅夫人不那么沾沾自喜。她正雇佣 30 个工人改装她的房子，周二早上
（7 月 27 日）他们告诉她，动乱正开始蔓延至整个巴黎。她已经对他们的智慧、
礼貌和技能印象深刻；现在，"他们关于这些致命敕令之危险的观点，更让我感到
震惊，他们知道其影响范围及可能的结果。如果我们的统治者能够有一半的深谋

远虑和小心谨慎，查理十世仍旧会安宁地住在杜伊勒里宫里。"*第二天，也就是周三，她的工人们一个也没有过来。[41]

因为动乱确实正在扩散。周一，在市政厅召开的雇主会议决定停止其业务，以抗议那些敕令，因为敕令同其他事情一起，乃是对他们这种有政治抱负之人的直接打击。因此，周二的巴黎街头，满是没有工作的人们：其中很多人的生活接近贫困线，即便人们尚未感到焦虑，但至少很愤怒；人们又热又渴（一整周都持续高温），无所事事：制造事端的时机已经成熟。他们之中有很多印刷工，因为警务总监禁止任何报纸在没有授权的情况下发行，而尚未有报纸获得授权。并非所有的期刊都遵守这个禁令（《时间报》[Le Temps] 和《国民报》就没有），但无论那天是否在工作，所有印刷工都有理由焦虑。城市的墙头刷上了梯也尔抗议的文章。警察因为抓捕那些挑战新规范的出版社而引起了麻烦：在《时间报》的办公室门口有一个街垒和一场混战。人群开始成群地在街道乱转，撕扯王室纹章；还有些人抢夺了枪支商店。上午，国王相当警觉地派遣马尔蒙去维持秩序，但是当元帅到达杜伊勒里宫时发现，作为陆军大臣的波利尼亚克，完全没有集结军队，而召集一支军队需要几个小时。与此同时，一个由 30 位新任代表召开的会议，任命基佐起草另一份抗议书。几乎在同一时刻，第一桩命案发生了：一位示威者在王宫被警察枪杀了。随后，当马尔蒙的人夺取了诸如新桥（Pont-Neuf）和路易十六广场这类战略要地时，那里的伤亡更加惨重。交易所的卫兵室被付之一炬。然而，夜幕降临时，似乎要归于平静，马尔蒙给在圣克卢的国王送去了宽慰的消息。他所不知的是，12 个革命委员会正在巴黎各区建立起来。[42]

7 月 28 日，星期三，乃是决定性的一天。黎明时分，四分之一的人起义了。工人们、前国民护卫队、学生们和复员军人们在街道上进军，伐倒树木作为街垒（1830 年的革命性创新），挥舞着三色旗高喊："打到波旁王朝！共和国万岁！皇帝万岁！"这完全是 1789 年的重演，但这一次王室的军队比之前更为不利。1827 年，查理十世任性地解除了国民自卫军，即民兵组织，但是其成员们仍然保留着武器和制服，现在国民护卫队正在重建——但不是为了保卫国王。常年的战争使许多法国人得到军事训练，包括成千上万的巴黎人。正如凯尔戈莱所见，理工学院（The École Polytechnique）满是年轻的中产阶级自由派，而且他们也接受军事科学

---

* 她写于 1832 年。

的训练。巴黎有很多兵工厂和枪支商店：如果巴士底狱还在的话，这一次也没有必要洗劫它。巴黎的妇女坐在门阶上为起义者制造子弹；成群的男人们挨家挨户借武器（据布瓦涅夫人所言，这些武器之后又被小心翼翼地送回去）。[43] 不乏有决定性作用的目标。政府不再像在凡尔赛那般遥远：其官员都在巴黎的中心，十分靠近革命地区。最终，查理十世的军队除了人数太少而难以执行任务之外，甚至比路易十六的军队还要不可靠：他们表现出与叛军交好的明显倾向，甚至有叛变的倾向。在这种情况下，民众做事就很容易。

马尔蒙的人很快便不得不放弃街道，撤退到卢浮宫（the Louvre）和杜伊勒里宫。民众夺取了兵工厂（Arsenal），拉沙比崔里（La Salpetrière）的军火商店、市政厅和巴黎圣母院（Notre-Dame），巴黎综合工科学校的学生迅速地在那里举起了三色旗；在圣克卢，焦虑不安的朝臣们能够通过望远镜看到它在空中飘扬（他们也能听到枪声）。法兰西银行遭到猛攻。巴黎圣母院的大钟不断地鸣响。这一天结束时，马尔蒙损失了2500个人——"被杀的、受伤的、被俘的，更多是叛变的"。[44] 增援部队从巴黎之外调集，但是其忠诚还不及已经投入战斗的士兵，他们是愤怒的，因为无论国王还是王太子都没有加入他们。在火炮的轰鸣声中，国王反而玩着平日晚间的扑克游戏。

大臣们的无能一仍其旧。他们鼓励查理拒绝一切让步，波利尼亚克拒绝会见带着基佐请愿书的自由派领袖。结果是，自由派慢慢汇集自己的勇气、智慧和信念，开始明白波旁王朝大势已去。但是，谁或者什么，将会取代他们呢？银行家拉菲特（Lafitte）是第一个提到奥尔良公爵之人；但是，其他的自由派代表，还是担心波利尼亚克会取胜，除了发布基佐的抗议外，他们什么也不同意；由于代表们未能表现出任何领导才能，巴黎人民正变得愤怒而没有耐心。[45]

星期三晚上，叛乱者仍然在建造街垒（最后有4000个）。星期四一早（7月29日），马尔蒙派遣他的部队保卫卢浮宫和杜伊勒里宫：其中很多是瑞士卫兵，他们不安地记起1792年的大屠杀。从宫殿窗口射出的子弹暂时延阻了叛乱者，但是波旁王室的处境一直在恶化。飘扬着三色旗的邮车将消息带到外省，这阻碍了对巴黎卫戍的有效增援。在圣克卢，国王的部分支持者们竭尽全力地敦促他撤销敕令，将大臣们免职，但是当马尔蒙被驱逐出杜伊勒里宫的消息传来时，国王仍然没有这么做。最终，在下午四点时，波利尼亚克宣布组建一个新内阁，请求撤回那些敕令，但为时已晚。塔列朗亲王从他的窗口望见王家军队突然撤离杜伊勒里宫花园，他早就拿出手表并观察着，"五点二十。波旁王朝的正支停止统治。"[46]在市政厅，拉法耶特将军取代了塞纳省（Seine）的省长（沙布罗尔伯爵，托克维尔室友的父亲），他现在是重建的国民自卫军的指挥官，也是巴黎最受欢迎之人，而所谓的市政委员会，乃是由自由派的代表们所指定的一个临时政府。在幕后，强大的压力在引诱奥尔良公爵继任王位——或者，我们可以说，拾起他那把很快会出名的绿伞。第二天，布瓦涅夫人的工人们回到了她的身边，并且"以一种英雄般的直爽"把他们在起义中的功绩告诉她。巴黎张贴了全新的海报，以"查理十世再也不能回到巴黎。他导致了人民鲜血四溅"为开头。（这份公告由梯也尔起草，由 1871 来看，这件事是一个太过苦涩而不能深思的反讽。）"创建一个共和国会将我们置于可怕的分裂；它将让我们卷入欧洲。奥尔良公爵曾是奉献于革命事业的亲王……他将从法国人民手中取得自己的王冠。"[47]那天晚上，过去四天一直紧张地躲藏在郊区的公爵，回到了巴黎的王宫，第二天去往市政厅接受王国摄政一职——这是登基的过渡步骤。他裹着三色旗和拉法耶特一起出现在阳台，受到雷鸣般掌声的欢呼。8 月 1 日，他们在巴黎的王宫再次会面，进行了一场非常重要的对话——不仅对法国很重要，对亚历克西·德·托克维尔的故事也很重要——必须把它全文记录下来：

> 拉法耶特：您知道，我是一个共和主义者，我将美国的宪政制度视为迄今为止最为完美的。
>
> 奥尔良：我跟您想的一样；在美国*度过两年，不这么想是不可能的；但是在法国的状况下，在目前的民意下，您是否认为接受这样一种宪政制度对我们而言是合适的？
>
> 拉法耶特：不，今天的法国人民所必须的，乃是一种深得人心的且处于共和制度中——彻底的共和——的王权。
>
> 奥尔良：这正是我所想。[48]

十天之后，一切都已经解决了：议会召开，《宪章》修正（不是很彻底），奥尔良已经登基，是为国王路易·菲利普一世（King Louis-Philippe I）。8 月 16 日，

---

* 1796—1798 年，奥尔良以大革命避难者的身份居住在美国。

查理十世及其家族成员从瑟堡出海，开始永久的流亡。

那么托克维尔呢？在七月革命中，他只有一些惊鸿一瞥的片段，但是它们合在一起就是一个故事。当赦令的消息在周一（7月26日）到达凡尔赛时，他公开在检察院前谴责它们，认为它们是违法的，不该也不会强制施行。对于他的首次政治行为我们不能了解更多，这令人遗憾，但它足够引人注目，令他的父亲在听闻时感到惊恐。周二早晨，埃尔韦写了一张匆忙的便条给亚历克西："无论你如何看待这些措施，我希望你表达意见时能有所节制和克制。你会很容易意识到，两边都会非常恼火，而已经采取这种决定的政府，将不得不毁掉所有反对派。"（伯爵还不相信波旁王朝会倒台。）"年轻人，尤其是那些才华横溢而引人嫉妒的年轻人，最要紧的就是小心谨慎，才不会作茧自缚。其他的，我们在周四好好谈谈。*亲切地拥抱你。*"但周四时，托克维尔给玛丽写了一张匆忙的保证条后（"我们确信，从现在起的一周后，平静会重返巴黎"），不得不护送他的父母从韦尔讷伊街到圣日耳曼莱昂，他们在那里跟爱德华的亲家一起避难。即便只是为了托克维尔夫人的紧张不安着想，这是一个明智的预防措施：那天，在巴比伦街（[rue de Babylone]）附近的瑞士卫兵兵营受到了攻击；但这可能不是一段轻松的行程，因为革命的斗争正在向西边推进，而巴黎和圣克卢的城墙之间的区域布满了军队。在凡尔赛也有麻烦：人们从皇家护卫营的兵营中夺取武器，入侵市政府。当地的国民自卫军匆忙重建，托克维尔也应征入伍。他不想袖手旁观而任由保皇派被杀，也不想自己被杀。但是他在巴黎所见证的事件，已经如此激进地改变了他的政治观点。星期五（7月30日），他写信给玛丽说，波旁家族的人没有一个站出来领导或者鼓励正在浴血奋战的士兵们，他们是懦夫，"不值得成千上万的人流血护卫他们"。第二天的黎明时分（星期六，7月31日），他正在凡尔赛的外大道站岗，看到王室成员从身边经过，这是他们漫长撤退中的第一步。一列悲哀的马车排成纵队，让他想起了葬礼，他看到它们时泪如雨下："因为我感到，即便到最后，我对查理十世还有残余的、世袭的感情。"

> 我们是凡夫俗子，即便当往日辉煌中的阴影逝去时
> 我们也必定会感到悲伤。

他返回国民自卫军的司令部，上交了自己的枪支和弹药，向一位检察院的同

127

事呼喊道:"没什么可做之事了,一切都结束了……我刚看到王室的灵车经过,国王,法国王族,大臣们……你会相信吗,皇家马车的铭牌用几层淤泥来掩盖。"*
他深受震动,但是他最终做出了决定:正如他二十年后所写的那样,"国王倒台了,因为他侵犯了我珍视的那些权利,我希望我的祖国因为他的离开,使得自由得以重建而不是摧毁。"他决定宣誓效忠路易-菲利普。[49]

---

* 为了公正地对待查理十世,似乎有必要说明一下,这些预防措施并非没有意义的:在他到达瑟堡之前,他必须经过一些非常敌对的乡村,有一晚,铭牌从他的马车上被撕扯下来。

第七章 风云骤变（1830—1831）

听从你自己的想法，不做任何人的仆役。此外，我们身处可悲的乱世，不必急于选边站队。

亚历克西·德·托克维尔致博蒙，

1829 年 10 月 4 日[1]

1830 年 1 月的法国，很少有人特别地渴望，亦没有人料到波旁王朝的即刻覆灭；而到了 7 月末，很少有人渴望或料到波旁王朝还能延续。波旁甚至令其最忠实的支持者感到厌恶和失望。

尽管国王最终经由圣洛（他在那里听说路易－菲利普已经登基）和瓦洛涅到达瑟堡——径直穿过托克维尔家族的地盘，但在失势的国王走向流亡的忧郁之路上，似乎并没有托克维尔家的人随行。路易·德·罗桑博陪伴着自己的妻子——贝里公爵夫人（duchesse de Berry）的侍女之一，据布瓦涅夫人说（但她是一个恶毒的奥尔良派），他得到了来自公爵夫人自作多情的求爱。陆军上校路易·德·夏多布里昂，骑着一匹小马——他能找到的唯一坐骑——一路陪着国王到瑟堡，路易的军队已经背叛了他和波旁的事业。[2] 他的叔父弗朗索瓦－勒内留在巴黎，在贵族院做自己的最后一次政治演讲，以支持波尔多公爵（duc de Bordeaux），查理已经逊位给这位孙子。埃尔韦·德·托克维尔甚至没有出席这个会议。

埃尔韦在回忆录中说明，他不再信任国王及王太子的判断和领导：在他看来，他们本该留在巴黎附近，并揭露革命者的虚张声势。他支持波尔多公爵，但明白大势已定。他看不起贵族院（"当高卢人占领罗马时，参议院没有向布伦努斯（Brennus）献出皇冠"）；他相信为捍卫原则而被打败，本该是正确的，在政治上也是有利的。事情并未好转，在接受路易－菲利普为国王的同一场议会会议中，由查理十世册封的所有贵族被除名——毫无疑问，埃尔韦也是其中之一。他认定自己的政治生涯已经终结了。他一直支持波旁王朝的正支，并从他们手中获得了大量的荣誉和利益。他感到支持其取代者没有诱惑力：他想要始终得到朋友们的尊重。此外，他见证了那么多的革命和那么多的社会剧变，"大事件如此频繁地扰乱我的生活，让我的灵魂疲倦不已。经历那么多失意的希望、人生的变化和幻想的破灭之后，我感到需要从人类激情的虚伪表演中，安歇到家人的幸福怀抱里。"他的儿子们将是他的安慰，他的孙辈们是他的希望（他没有提到他的妻子）。在与一些更杰出之人的比较中，他认为自己是幸运的。*

他的儿子们不同程度地受到灾难的影响。爱德华过着富裕乡绅的生活，遭难最少。伊波利特并没有像自己的很多同事那样即刻辞去军队职务；他宣誓效忠路易－菲利普，因为似乎这场革命很可能会引起一场欧洲战争，而他不想背弃自己的祖国；但到了1831年1月，紧急状态结束，他也辞职了。

亚历克西受伤最严重。他遭到了双重打击，既因为是法国人，又因为是职业
130 生涯岌岌可危的法官。在巴黎见证的街斗深深地震动了他。7月30日，他写信给玛丽·莫特利，描述情况有多么可怕，"看到法国人互相砍杀取乐，听到所有愤怒而绝望的喊叫都用着同一种语言，而那些可怜的、不幸的士兵们生死相搏，为一个绝非其本人的意见和一个早就该死的人付出生命……我们应该为活着感到羞耻！"他也为做一个旁观者而感到羞耻；在那些面对武装民众的队伍中，他应该走在前列。巴黎的流血事件和喧嚣的警报声纠缠着他。他将永远不会忘记这些经历；在之后的岁月中，它将形塑他的很多思想，但眼下（一旦斗争停止）他最关心的是革命的短期和长期政治后果。[3]

托克维尔为波旁王朝流下了悲伤的眼泪，但也可能仅仅是愤怒的眼泪。查理十世，由于其顽固的愚昧，不仅丢失了王位，毁灭了自己的王朝，而且还摧毁了19世纪法国获得政治稳定的最佳机会。宪政问题不是国家面临的唯一问题，但如果查理十世是一个聪明人的话，法国人本可以幸免这个问题；之后他们本可以全身心地节省力量，使社会现代化——简而言之，可以准备好应对接下来130年的挑战。然而，理应成为法国文明史上最辉煌的时代，却打上了漫长的政治虚弱的印记，以早期或真正的内战以及跟德国的三次战争为特征，前者（使法国）相比于其他列强变得虚弱，而后者每一次都是灾难性的，它们最终差一点毁灭了这个伟大的民族。查理十世不应该为这种事态承受所有的指责，但是他的倒台——完

---

* 这段话是从埃尔韦的《回忆录》中摘录下来的。

全是其自己的责任——开启了一个新的动荡时代，托克维尔注定要一生挣扎于其中。不谈别的，七月危机唤醒了巴黎人民对革命的喜好；因为每次动荡都不可避免地以失望告终（对此，人们会指责任何事和任何人，而不会是其不切实际的预期），所以其主要成果就是让重蹈覆辙成为可能。

1830 年，托克维尔对此洞若观火：正如博蒙所评价，他已经具备比其他人明白得更快、更深入的天分。七月的热情一刻都没有误导他；他主要担心的是，如此可疑地登上王位的路易-菲利普，要么会转向军事冒险，让国内外之人都害怕他，要么温顺地屈服于每一个欺凌弱小者（比如沙皇），为其篡权赢得原谅。[4]（在这个过程中，路易-拿破仑证明了其中一种忧虑的正确性，而路易-菲利普则证明了另一种。）如果他完全知道将会发生什么，他本会如同自己的很多贵族伙伴那样（并如同 1851 年之后的博蒙），感到绝望并转而务农。事实上，尽管困难重重，但他希望看到自由的重生，并且在看到君主立宪制的最后机会时，支持新的政权。

这需要一些解释。回过头看，很难相信一个由拉法耶特将军领导的共和国，其自由和宪政可能还不如由路易-菲利普领导的君主国。百日王朝以来，法国历史的趋向是朝向某种共和制的；1848 年，托克维尔本人变成了某种共和主义分子。但这些想法离题了。如我们所见，拉法耶特本人并不相信在 1830 年的条件下能够建立一个共和国，或至少不是一个永久的共和国。欧洲舆论把法兰西共和国跟战争和侵略联系起来，这并非没有道理。事实证明，要引导沙皇尼古拉斯一世（the Tsar, Nicolas I）接受路易-菲利普已经相当困难了；如果面对的是一个共和国，他很可能会恢复神圣同盟，试图再次重建波旁王朝，促成一场欧洲战争。此外，1830 年，共和主义只是少数法国人的信条。如果能找到一位合适的、成熟的波拿巴，尽管同样会引起欧洲的惊恐，但帝国的重建本会受到欢迎；但因为拿破仑二世只是在维也纳的一个将死的年轻人，波拿巴分子不得不让步。如果有可能的话，很多波拿巴分子会乐于运作复辟王朝；如果复辟失败，他们就拥护路易-菲利普，在某种意义上他不是查理十世而是拿破仑的继任者。在 1848 年之前，对奥尔良派而言，波拿巴主义不会是一个可行的选择，路易-拿破仑在 1836 和 1840 年的政变失败证明了这点（路易-拿破仑乃是皇帝幸存的子侄中最年长的）。重建波旁王朝甚至需要更长时间。1830 年，托克维尔正确地感到自己要么选择奥尔良主义，要么放弃政治。他唯一的错误在于，他没有预见奥尔良派会那么快失去人心，而

132 共和主义作为立即可行的唯一选择，将会获得巨大的力量。

他不安地意识到，个人的利益跟爱国主义指向同一个方向。他的法官生涯在波旁王朝时期毫无进展；而在路易－菲利普时期似乎也不会有好转，但是如果他宣誓效忠的话，至少能保住自己的工作。这给了他某些立场，正如他很快就会发现，这也是某种机遇；但是他支持新君主的决定，即便不是热情的，也是真诚的；宣誓效忠乃是他影响时局的唯一手段，无论多么微不足道。而且他不得不立马行动。现任内政大臣的基佐，正在无情地清洗行政和司法队伍；凡尔赛已经有了一位新的省长。托克维尔及其同事们在 8 月 16 日宣誓。[5] 他立刻写信给玛丽：

> 我的良心绝对是清白的，然而我深深地不安，我将这几日视为人生中最不幸的日子。玛丽，自从我踏入社会以来，这是第一次，当我不赞成那些我所钦佩之人时，不得不避免与之同处。哦！……这种想法将我撕成碎片；与生俱来的骄傲在反抗我，我尚未失职，甚至我已经为国家做了应做之事，法国只有从正在起势的统治之中，才能找到避免无政府的办法。但我是否履行了对自己、对家庭、对那些曾经为此事业——我不再为之效力，正如一切都背弃了它——而死之人？我不是个孩子，玛丽，我并不是要表达一些琐碎的悲伤，但是我很明显地感觉到刚刚受到的打击，我的感受甚于言表。我正在跟自己斗争，一种令人恐惧的全新感受。[6]

当他说出那些关键的话语时，他的嗓音变得高亢，他感到心脏剧烈地跳动，就像要爆破一般。

我们必须尊重这一刻的痛苦。正如托克维尔所深知，在自己宣誓的时候，他既是明智的又是爱国的，而波旁显然不值得他为之放弃所有前途。他对这场危机做出的强烈的情感反应是很典型的：我们将看到他以同样的方式应对后来的事件，并在事情过后平静下来。但说实话，并不能说这一次他反应过激。他正在与其成133 长中所相信、所依据的一切事物做关键、公开的决裂，如果他不觉得自己像个叛徒，那真是奇怪之事。如果不是周末的家庭会议强化了他的决心，他也许不会及时这样做。处境几乎相同的博蒙（作为巴黎检察院的一员，可能已经宣誓效忠了），也加入到讨论中来。埃尔韦伯爵是一位令人尊敬的父亲，无论儿子们选择做什么（伊波利特的道路也备受争议），他不仅支持他们，而且对他们的决定将会产生何种结果给出建议，并以自己存留的影响去帮助他们。埃尔韦去了陆军部，以确保他们接受了伊波利特的誓言，并且跟爱德华和博蒙一起，敦促亚历克西跟同事们采取一致的行动。

两天后，当亚历克西写信给伊波利特时，亚历克西已经冷静下来（也可能他尚未准备好对哥哥像对玛丽那样坦诚）。他现在说道，很多人会认为他是为了自私的理由而背弃自己的原则，这种想法侮辱了他的骄傲。他不确定还会在地方治安法庭待多久，它跟军队一样，已经做出了令人蒙羞的宣誓。如果他有其他能够从事的工作，他将会辞职；事实上，他认为自己会一直会待到被解雇为止，就像要是波利尼亚克胜利的话，他本会因为反对敕令，而必然被波利尼亚克内阁解雇。该想法是一个小小的安慰。[7]

他痛苦过，也行动过，而他的情况仍然极度令人担忧。凯尔戈莱处于同样的困境之中。8 月期间从阿尔及利亚，以及 9 月初从归国的船上给托克维尔写信时，凯尔戈莱还远不确定自己的道路。他并不想完全放弃自己的军旅生涯，跟伊波利特一样，他感到祖国很快就会需要自己。他可能宣誓也可能不宣誓，他希望去巴黎之时能跟托克维尔讨论这个问题（他将会休病假，可能是在远征中得了痢疾）。他的情况因为父亲变得更加复杂，他父亲是由路易十八册封的贵族，本来能留在议会中，但却辞职了。他公开表现出倾向于波旁王朝的立场，宣称他们是被非法废黜的，这意味着只要愿意的话，路易、路易之子及其继承人在法律上也能进入议会；但路易不会那么做，并且感到既然已经以贵族身份拒绝宣誓，那么在逻辑上也不能再以军官身份宣誓。10 月 7 日，他给上校递交了辞职信。

就我们所知，托克维尔和凯尔戈莱接受了各自的不同决定，而没有唇枪舌剑的争吵。他们圈子里的另一个年轻人就不那么机智了。欧仁·斯托菲尔告诉昂里翁——托克维尔以前的对手——亚历克西与伊波利特已经宣誓了，但是昂里翁假装不相信此事。他写信给托克维尔，赞美路易·德·罗桑博，后者已经公布了一封信，表明对倒台王朝之忠心：

> 说话的是马勒塞布真正的孙子*，他却诅咒马勒塞布曾不幸地保卫过的哲学，且他只听从让人以英雄方式而死的宗教。当一个人有幸成为罗桑博先生

---

* 指的是路易·德·罗桑博。——译者注

的外甥，他不应该投机地站在控制局势的政党一边。亲爱的亚历克西，我确信你已经为了自己的良心而牺牲了自己的职位，伊波利特已经辞职，你的父亲安于僭夺头衔，这让他向欧洲表明自己乃是一个忠诚的［封臣？］。

他担心，哪怕一时一刻认为另一种选择是可行的，都会侮辱亚历克西。

托克维尔异常愤怒。他回信说，昂里翁像学校的门房似地教训他。"我想你是知道的，尽管我乐于接受朋友们的建议，但是我从来没有习惯让自己的行动屈从于他们的控制。"昂里翁怎么敢含沙射影地说他曾行事卑鄙？

> 我的意见自从得以表明以来就是显而易见的。颁布敕令的那天，我在法庭的会议上宣布，从今以后抵制对我而言是合法的，而且我将会在小圈子内予以抵制。当运动过于激烈以致要推翻王朝时，我并未隐瞒对那种过激的反对。我说过，如果内战爆发，我将会为之战斗。但是当事态稳定下来后，我仍然相信，正如我一直所相信的那样，我艰巨的责任不只是对一个人或者一个家庭，而是对这个国家。拯救法国，在目前的情况看来，对我而言就是支持新国王。因此我允诺支持他，且不讳言我做这些并非为了他的利益……

135

> 最后，为了你将来不再为我的外祖父［原文如此］浪费口才，我要告诉你，且不管是对还是错，我深信他在我的处境下，一定会做跟我同样的事，正如我之推测所希望的那样，我会在他的处境下跟他表现得一样。

在他写给玛丽的信中，托克维尔改变了口吻，逐字逐句地表达这种雷霆之怒。当昂里翁来韦尔讷伊街拜访，希望重归于好时，他吃了闭门羹。[8]

这种愤怒的爆发可能已经排解了托克维尔的情绪，但是这场争吵再次表明，他多么得异于平常。在凡尔赛的生活也变得尴尬：精英社会在那里分裂成两个阵营，正统派和奥尔良派，想要跟两者都友好相处是不可能的，甚至跟其中之一都很难：正统派视托克维尔为叛徒，而奥尔良派视之为趋炎附势者而轻视他。[9]

他的职业前景空前糟糕。人脉宽广的家族网络现在比无用还糟：这让他成为了政府怀疑的对象。在这个非常时期，他的远方表亲马克桑斯·德·达马斯（Maxence de Damas）乃是效命于波尔多公爵（duc de Bordeaux）的总督。如博蒙所言，"如果复辟王朝的省长之子接受七月王朝政府的晋升——复辟政府并没有给马勒塞布的外孙这种晋升，他会得到怎样的机会？"[10] 他还远未表示支持，以至于十月份时他被迫进行第二次宣誓。此外，总体的政治前景很不确定。正如帕梅拉·皮尔比姆（Pamela Pilbeam）在她的所有作品中强调的那样，七月革命并没有随着路易－菲利普政府的建立而终结；法国直到 1834—1835 年才会再次真正地安定下来，如果那时可以这么说的话。可能有一场战争，可能有一场复辟，也可能有一场共和主义者的政变。托克维尔看不清自己的道路。唯一变得清楚的是，消失一阵将会是好事，躲避敌意的监视和任何不可避免的不悦选择。在八月末时，他已经下定决心：自己将会开始一场去美国的旅行。

从很多方面来衡量，这是他一生中最为重要的决定，但是它的起源却模糊得令人郁闷（这可以提醒我们，一个人的生命中有多少东西常常隐藏起来，不被观察者发现）。

托克维尔知道美洲已久。在孩童时期，他已经读过一部多愁善感的小说《奥奈达湖之旅》（*Voyage au Lac Oneide*），它讲述了一对法国贵族夫妇的感人故事，他们为了躲避大革命，避难到了易洛魁人（Iroquois）领地的奥奈达湖的一个小岛上，而且从此快乐地生活在那里，像某种卢梭式的狂想曲。这个故事对托克维尔有着超乎寻常的影响。首先，他信以为真，尽管它跟历史差得比较远：比如，这个故事所讲述的贵族并不是一个难民，并且在这个小岛上仅仅住了两年；他去那里之前有两个孩子，他最后回归法国，继承了一笔财富。托克维尔自己也不明白为何会被这个传说打动："我不知道这种影响能对我起作用，到底是因为作者的才智，还是冒险的绝对魅力，亦或是年龄的作用；但是对奥奈达湖上的这对法国恋人的记忆却从未消失。"[11] 他第一次阅读这本书，或许是在青少年时期的某个孤独时刻——感到比往常更受误解，他细细品味跟他的罗莎莉私奔去森林避难所的主意，他们在那里可以创造一个新的伊甸园。最终，他与博蒙分享了这个梦想，并且它成了他们之间的暗语："除了奥奈达的湖畔，世上没有快乐之所。"[12] 但这种幻想，或许除了让美国成为他心中的避难所之外，跟他 1830 年的决定毫无关联。

进一步推测是可行的。来自美国的新闻极少，但是法国报纸上还有一些。例如，1828 年选举安德鲁·杰克逊将军（General Andrew Jackson）为总统引起了许多恐慌的评论，声称美国将陷入谣言四布与野蛮暴虐。正如勒内·雷蒙（René Rémond）在一本令人钦佩的专著中所表明的那样，复辟王朝之下的法国，总是对美国兴趣浓厚，因为它既是一个新的政治实验也是一种新的社会类型。[13] 不幸的

是，雷蒙也表示在总体上这只是少数人关心之事，是不相关联的群体所关心的问
137　题，但托克维尔两者都不是。托克维尔的家人和朋友中没有一人表现出对美国的
特殊兴趣，也没有任何理由去培养一人，只有唯一的例外。

　　这唯一的例外是强大的：夏多布里昂。"了解在托克维尔与博蒙出发前，他们
读过哪些关于美国的东西本会很有趣，"安德烈·雅尔丹感叹道；但至少，托克维
尔读过夏多布里昂是确定的（托克维尔自己还加上了费尼莫尔·库珀 [Fenimore
Cooper] 的名字）。[14] 在托克维尔城堡的档案馆中，安托万·勒迪耶（Antoine
Rédier）曾经发现一篇文章的草稿，是托克维尔在法学学生时代所写，但从未公
开，它对夏多布里昂发表于 1825 年 10 月《辩论报》的关于美国的观点展开争
论。夏多布里昂歌颂美国的民主制，并将它作为法国的典范。不幸的是，这份草
稿——托克维尔关于美国的最早文章——如同许许多多经由勒迪耶之手的文章那
样，已经遗失了。勒迪耶想过将其发表，但又决定不那么做，以尊重这位作者的
意愿，因为在晚些时候，托克维尔一如既往地在这份手稿上写道"太平庸了"，但
是这个细节不及托克维尔对这位著名表亲的批评理由有趣。[15]

　　托克维尔显然以一个坚定的君主主义者和法国民族主义者的身份写作。他宣
称，夏多布里昂的观点如同那些迷失了道路的天才，将天赐的才能埋葬在其同胞
和国家的废墟中。托克维尔说，夏多布里昂认为法国能从其所谓的"美洲共和国"
那里有所学习，这是完全错误的："我在美洲仅仅看到一个共和国，那就是美利坚
合众国。唯一值得这位天才做的任务，就是向我们展示我们与美国人的区别，而
不是以那些虚幻的相似之处来欺骗我们。"这个观点由未来《论美国的民主》的作
者说出来，足以引人注目，还必须补充一句，托克维尔在很久以后才背弃这个观
点：在美国待的第一个星期里，他再三坚称美国的情况与法国是如此不同，将它
作为政治典范毫无意义。

　　托克维尔对夏多布里昂的态度，至少在他年轻时，总是有一种厌恶的倾向
在其中；或许他对弗朗索瓦·勒内做作的性格感到反感，或者厌恶他对埃尔韦伯
爵的态度；但是亚历克西对语言和思想过于敏感，从而难以抵抗这位魔法师的魔
138　法。正如勒内·雷蒙所断言，尽管夏多布里昂是最不严谨系统的，但是到目前为
止，在关于美国的阐释者中，他乃是 1835 年前最具影响力的法国人。[16] 托克维尔
对美国的轻描淡写，比如《荒野两周》（"Quinze jours au désert"），很大程度上是
夏多布里昂式的练习，这种痕迹即便在《论美国的民主》中也能发现。在复辟王

朝的最后几年里，夏多布里昂在攻击政敌维莱尔之余，发表了《那切兹人》（*Les Natchez*）（1826）和《美洲游记》（*Voyage en Amérique*）（1827）。如果托克维尔读了《美洲游记》，这几乎是肯定的，他发现有几页关于美国当下及未来前景的文字，它们很可能会引发他思考：

> 一个代议制共和国在美国的建立，是世界历史上最伟大的政治事件之一：如同我在其他地方说过的，这件事证明了有两种可实践的自由：其一，属于国家的儿童时期，它是风俗与美德的女儿；古希腊和古罗马拥有它，美洲的未开化之人也一样；另一种诞生于民族的老年时代，是启蒙与理性的女儿；在美利坚合众国，这种自由已经取代了印第安人的自由；那片乐土在不到三个世纪中，几乎不费吹灰之力地从一种自由过度到另一种，而其挣扎努力也没有超过八年时间。[17]

对一个已然致力于开明自由之理想的年轻人来说，这里有一个似乎值得探究的现象；而这份对《美洲游记》的总结——在现代版本里只有八页——充满了其他暗示性的想法。夏多布里昂给出了关于公路、铁路和邮政服务的评论，这些似乎不仅早于米歇尔·舍瓦利耶（Michel Chevalier），也早于乔治·R. 泰勒（George R. Taylor）；而在某一点上，他显然早于 F.J. 特纳（F. J. Turner）著名的边疆理论："[对于其自由] 美国还有一个保障措施：他们的人口只占据了其领土的十八分之一。美国仍然生活在荒凉之中；在很长一段时间里，荒野将会是她的生活方式，自由则是她的智慧。"[18] 夏多布里昂三十五年没有涉足美国了，但是他尽其所能地了解新信息，其结果是对一个变动社会的梗概，人们向西挺进，其人口迅速增长，并献身于共和主义（"讨论各个州的制度是无意义的：知道它们都是自由的就足够了"）和完全的宗教自由，而宗教自由似乎助长了基督教：每一个公民都属于这个或那个教派，而天主教信仰在西部各州取得相当大的进展。在美国，那里是自由的最后领地；但是它能存活下来吗？联邦能够持续吗？各州已经在为奴隶制问题争吵不休了。[19]

今天，《论美国的民主》的读者也许能够从夏多布里昂简短的沉思中，看到托克维尔这部杰作的萌芽；这个年轻人也许已经想到，这正是他所需要的主题，以运用从基佐那里学到的技巧和理论。就算托克维尔阅读过《美洲游记》，我们或许也仍然会被这种巧合之事所触动。或许夏多布里昂仅仅是与时俱进。更早一些，在《阿达拉》（*Atala*）及他的其他一些关于美国的著名作品中，他就像费尼莫尔·库珀那样（他的小说在复辟时期的法国极为流行），散布了勒内·雷蒙所谓的"原始主义者的幻想"[20]——一种美洲而非美国的幻想，在那里高贵的土著人和无畏的边远居民与自然界的河流、森林和黑黝黝的处女地和谐相处。托克维尔无法抵抗这种幻想的魅力，但是他的理智倾向于一个相当不同的方向，这让他成为了所处时代的伟人。

尽管在某种程度上，夏多布里昂的著作让托克维尔对美国的兴趣迅速增长，但很有可能是夏多布里昂的个人影响与垂范激起了火花，促成了这个突然的决定，不仅要去美国旅行，而且要尽快成行。1830 年，"显贵"（noble peer）极受公众关注。在七月危机的某个时刻，夏多布里昂得到大众的认可，并且作为反对派的领袖和出版自由的支持者，得意洋洋地进入卢森堡宫，贵族院坐落在那里。倘若他愿意，他可以成为新政权的领导人物。他没有做出这样的选择。8 月 7 日，他在前文已经提及的演讲中反对王位的转让。他以逻辑、激情和机智展开争论，同时反对共和制和他所谓的"选举君主制"；但即便那是他所做过的最佳演讲之一，而且引起了轩然大波，他的事业还是失败了，而且他明白这点。贵族们为路易 - 菲利普投票，89 票对 10 票（14 个懦夫弃权了）。

这场演讲标志着夏多布里昂政治生涯的终结。尽管这场演讲并非基于浪漫的忠诚，但它没有让他的亲戚们失望。"我不相信君权神授，但是我相信革命以及事实的力量。"在多个实践层面上，夏多布里昂主张波旁王朝的事业，并预测了奥尔良派实验的失败。他的演讲是一份真正的预言书。"代议制共和制毫无疑问将是世界的未来状态，但是它的时代还未到来。"他不喜欢选举制君主制，部分是因为那些诱使拉法耶特支持它的理由：除了名字，它完全是共和制，君权被民主的法律或者派别的争斗彻底压倒。即便是七月起义者宣称的自由，比如出版自由，在奥尔良王朝并不比在波旁王朝更有保障：新的挑战会兴起，使旧日的压迫成为必需。重大事件很快会证明最初的自信与热情是错误的。[21]

法国史的一种新史观正在出现，至少是对基佐之理念的修正；托克维尔将会会在临死的那些日子里反思这些问题，他必然对此印象深刻。夏多布里昂辞去了其贵族头衔和行政法院的职位，并且宣布放弃所有的官职薪金（除了其朋友们劝他保留的法兰西学术院的薪金），当亚历克西思考这些事时，他很可能因直觉而深受感动，从而认同这位远方表舅。如果确实如此，他本会容易地想起夏多布里昂年轻时的故事：在大革命最初的日子里，他摇摆于自由主义与忠诚之间，对自己的生涯迷茫不定，在马勒塞布的鼓励下，以一场北美之旅设法解决自己的困境，试验是成功的：它最终为夏多布里昂赢得了巨大的声望。作为面对同样困境的下一代，为什么托克维尔不能尝试同样的解决办法呢？

　　虽然不无价值，但这大部分只是猜测。至少我们知道，当托克维尔一有了这个念头，他就把它告诉博蒙，他希望博蒙做他的旅行伴侣。博蒙欣然接受了这个想法。[22] 他的处境甚至比托克维尔更加糟糕，不仅因为他的父母是正统主义者，而且拉法耶特是他的远亲——就像所有极端派那样，拉法耶特是新政府的怀疑对象，新政府以最快的速度耍尽手腕，使拉法耶特失去国民自卫军指挥官之职。个人而言，博蒙受到奥尔良派的大力支持，但他知道这无法持久。美国计划本身就具有吸引力：在博蒙与托克维尔共享的教育事业中，它是另外一个计划，也是到目前为止最为大胆的计划，博蒙赞同托克维尔源于七月事件的信念，即法国正在成为一个民主国家。这个独有的伟大国家（指美国），在明显地保留了自由的情况下，已经接受了平等，即便其经验不能完全地甚至部分地用于他处，但研究它的制度是很有意义的。这场旅行可能会推动他们长期存在的，但目前尚无成效的协作梦想。木已成舟：将会是美国，越快越好。

　　他们的家庭没有制造困难，同意支付这次旅行。玛丽·莫特利也没有制造困难。她可能只是认为自己没有资格阻止这场冒险，但更有可能，她认可它对托克维尔的重要性。那个夏天，他怀着爱意向她说明这些（而大约就在那个时候，布莱兹画了他们的肖像）。8 月 20 日，他写信给她：

　　　　玛丽，你知道我今天早晨的第一个想法是什么吗？我感到今天对我而言是快乐的一天，因为今天是你的生日。哦，我将永远不会忘记 8 月 20 日！……我将时常记得，玛丽，就在这一天她出生了，她将表现出自己是一位多么温柔的伴侣，对折磨个人生活的所有悲伤和所有烦恼而言，她是如此甜美的一个安慰。哦，我将至少为一件事而永远感激上帝，我确信，那就是他让你诞生在这个世界上。[23]

　　在那个秋天的司法假期中，他拜访了莱默尼（Le Ménil）——他舅舅罗桑博在科唐坦的庄园，他以如下这种方式写信给她，以显示他们变得多么亲近，以及他多么希望她能更加亲近：

> 踏上这次旅行我感到很高兴。我最为在意的家庭成员们同意这个伟大的计划，而我的母亲，我原本担心由于自己长期的沉默而令她不悦，但相反地她以一种令人动容的慈爱接待我……我上午工作，下午去打猎。最重要的是，我享受那种美妙的自由，如你所知，我将自由置于一切之上。我轻松愉快地让自己难得糊涂，随心所欲地或说话或沉默，在客厅里打盹，没有任何人会指责。除去不穿长裤做事和在林间生活外，我不能感到更无拘无束。玛丽，我希望你能见见这座城堡的主人，哪怕只是一个小时。我确信你会尊敬他。他是美德的化身，其美德不张扬也不傲慢……如果你见到他对邻里扶危济困，或者与孙辈共享天伦，见到他总是身处于家人和仆人近乎宗教般的热爱之中，我相信你会为此感动。对我而言，我舅舅一直是赞成宗教的最确凿理由。[24]

142

这肯定是玛丽可以信赖的爱意。她甘心让自己在没有他的情况下度过一年。欧内斯特·德·沙布罗尔同意做他们之间的联络人，在托克维尔不在的日子里给予她精神支持。（同托克维尔与博蒙一样，他已宣誓效忠，并继续在凡尔赛生活和工作。）[25]

正如博蒙所说，即便托克维尔的法官生涯对他而言再也没有意义，[26] 但由于托克维尔与博蒙都不想辞职，所以他们将不得不说服上级领导批准他们休假，但除非能证明他们所提及的旅行乃是公用事业的一项任务，否则这是不可能的。幸运的或不幸的是，完美的理由触手可及。

作为治安法官，他们必然对法国的监狱制度有所了解，而 1828 年或 1829 年，托克维尔读了一本关于刑事改革的英文著作。[27] 他和博蒙知道由夏尔·卢卡（Charles Lucas）所写的《欧洲和美国的监狱制度》（*Du système pénitentiaire en Europe et aux États-Unis*），这部著作在 1827 年技惊四座，由法兰西人文院（the Académie des Sciences Morales et Politiques）授予了蒙蒂永奖章（Monthyon prize）。在其典范建筑巴士底狱被攻克之前，监狱改革就是一个重要议题，1791 年，托克维尔的败家子表亲勒佩勒捷·德·圣法尔若（Le Peletier de Saint-Fargeau）提出了一个议案，当它被国民议会通过后，成为了随后所有刑事立法的基础。昂古莱姆公爵在复辟王朝时期资助过一个监狱改革协会。1830年，在经济不景气的压力之下，犯罪率——犯罪、罪犯和累犯的数量——都在增长，而于11月受命接替基佐的内政大臣蒙塔利韦（Montalivet）*清楚地意识到这个问题。（1810年，时任大臣的蒙塔利韦之父着手进行了最近一次刑法典的修订。）七月革命给予所有政治改革以轻微但可感知的推动力，这些改革并没有立刻消失。托克维尔和博蒙正确地感到，如果他们提议对公认为世界上最好的美国新监狱进行实情调查，以作第一手的研究，他们将会获得官方批准的绝好机会。而这样一个任务会给他们在美国带来很多方便。他们认真地着手准备给大臣的研究报告。

他们的做法本身是面面俱到的，托克维尔将会把它应用于此后的写作计划。司法的工作经历让他们明白充分准备摘要的重要性。法国监狱有好几种类型：8月份，托克维尔抓住机会考察了凡尔赛的一个拘留所（*maison d'arrêt*），或者说还押监狱（remand prison），9月26日，他和博蒙一起调查了附近的普瓦西（Poissy）的国家中央监狱，它是刑期超过一年的犯人用以服刑的监狱之一†。他们急切地阅读所有能得到的关于犯罪和刑罚的资料，这让他们得以得到一个有说服力的理由，认为法国的监狱面临危机。他们阅读能找到的关于美国监狱的一切，包括波士顿监狱规则协会最新发布的报告，他们一起写就了一份《监狱制度笔记》（Note on the Penitentiary System），包括对监狱现状的有力谴责和对已提出之任务的证明——看看"监狱经典之所"的美国是如何处理这些事情的。[28]十月底报告已经完成，并且他们立刻将它呈送给蒙塔利韦；它是如此的有效，尤其在得到菲利克斯·勒佩勒捷·德·奥奈（Félix Le Peletier d'Aunay）支持的情况下，菲利克斯仍然是塞纳-瓦兹省的代表（表亲之间的社会资源并没有完全耗竭），1831年2月6日，他们得到前去旅行的正式批准，还有十八个月的休假；但是他们将不得不一切自费。

很想继续谈谈《监狱制度笔记》。它包含了对刑罚学原则的一种清晰解释，托克维尔已经接受了这些原则，并且一直成为其信徒。[29]不过这些在随后的章节中能更方便地剖析；这里只有一点需要解释清楚。

---

　　*　蒙塔利韦伯爵（1801—1880）、拿破仑一世的官员之子卡米耶，是路易-菲利普最为信任的谏言者之一，在19世纪30年代，他是半永久性地内政大臣；但是在19世纪40年代，他拒绝加入基佐内阁，认为它整个儿都太反动了。

　　†　有必要指出，无论在1830年还是以后的日子里，这两位年轻的改革者都没有调查关押政治犯的圣佩拉吉（Saint-Pélagie）监狱；在他们的作品中也从未提及。

托克维尔并不是其家族中第一个造访普瓦西之人：他的父亲在任塞纳－瓦兹省的省长期间也做了同样的事，正如托克维尔的报告所说，他对自己的发现感到震惊。无人看管的公共厕所臭气熏天；工坊里始终窗户紧闭；监狱医生的无能臭名远扬；犯人的夏衣做得很劣质，而且里面有寄生虫和"有毒的瘴气"；食物是可怕的："我尝了尝面包，发觉它又潮又糙还是半生不熟的，含有比规定多的黑麦。"更重要的是，商人极为过度地使用犯人们，他们的劳动成果已经承包给了商人。这位省长对监禁的目的一言不发；他只是认为，国家不应该由于忽视而侮辱甚至杀死囚犯（1827 年普瓦西的死亡率高得异乎寻常）。埃尔韦·德·托克维尔未曾忘记被监禁是什么模样。[30]

他的儿子——在职业上是一个检察官，而且直到多年后才会被关进监狱（届时的关押时间太短，因而不会对他有何作用）——本不该有相差甚远的反应。在三年之中，监狱或许有某些改变，*但即便如此，也不能解释托克维尔与博蒙看到犯人们在大半个星期天的所作所为时的震惊之情：

> 有些人在吸烟斗，其他人在玩跳棋；我们听到大笑声和高叫声；大部分人正在吃饭；在一个嚼干面包的犯人旁边，有个犯人正在沙拉盘里**切割一只鸡**；葡萄酒如急流般溢出，每个人的脸上都显出愤世嫉俗的欢乐。它可以当作撒旦用于招待朋友的盛宴。[31]

145 在别的地方，只要人们愿意，就能发现恋母冲突的证据：

> 在法国，我们随处可以见到一种严格和谨慎的慈善事业，它们非常关心囚犯们的物资。我们刚才引用过的大臣报告，继续详尽地论述提供给囚犯的汤水质量，在冬季保持宿舍温暖的烟囱管，还有给囚犯御寒的鞋子：毫无疑问这些是重要的细节，但真的是慈善组织而不是政治家该关心的问题吗？

托克维尔和博蒙就是带着这种态度前往美国。他们将不会让慈善事业影响自己的

---

* 佩罗特夫人并不那么认为："……改变的不是监狱，而是对其观察的性质改变了。囚犯不再是'不幸的'，他们现在是'有罪的'。监狱制度的严苛时代已经到来了。"（OCIV 10）

监狱调查。他们想要彻底做政治家式的观察者。

对托克维尔而言，无论是当时还是今后，监狱改革从来都只是一个次要问题，自始至终是一种手段。从 1830 至 1831 年，他清楚地明白要做什么。对于去美国是否是明智之举，夏尔·斯托菲尔清楚地表达了怀疑，因此托克维尔在给两位哥哥的信中做出了解释：

> ［8 月 26 日。］当我被迫放弃职业生涯，当没有什么要求我留在法国，我已经决定要逃离私人生活的懒散，再过几年旅行者无法安宁的生活。我长期以来渴望出游北美。我应该去哪里看看，一个伟大的共和国是什么样的。

> ［10 月 4 日。］假设一下，在没有停止当治安法官、没有失去领薪权利的情况下，我去了美国；15 个月转瞬即逝。与此同时，在法国，政党正在显露原形；我能够看清楚哪一个政党与国家的安定和伟大不相容；我将会带着清晰而确定的主意回来，能自由地承诺任何人。只有这趟旅行能让人从芸芸众生中脱颖而出。

> ［2 月 21 日。］仅仅是一场旅行的话，那么没有什么能比我们想要进行的这场旅行更令人愉快的了。作为公务人员，我们将有权利查询任何事情，准入所有最好的社交圈。此外，这并不只是看看大城镇和美丽河流的事情。我们去那里的目的是考察细节，以及尽量科学地考察那个巨大的美国社会的整体，每个人都在谈论它，但没有人清楚。如果我们的冒险留有足够的时间，我们会用以组合一部佳作，至少是一部新作的素材——此种类型的作品从未发表。[3233]

出发在即，他开始紧张地怀疑所做之事的正确性，但是正如他对博蒙信中所言——博蒙正南下萨尔特跟家人告别——"当我思考我们所担心的危险有多不可能［海难？印第安人？］""再考虑到我们在法国的微妙处境，我们在国内毫无用武之地，在我看来，我们应该为这个决定鼓掌，唯一的遗憾是我们没有更快地执行。"[34]

这段话中的敏锐判断力比其展现出的雄心壮志更加明显，而托克维尔目标的

146

精确性超越了二者。在没有同任何一个美国人交谈*或者驻足美国土地的情况下，他已经开始瞥见并草构即将诞生的杰作；而他同样自信满满——正如皮尔森所指出，无论是他还是博蒙，都未曾表示计划中的这部作品可能超出其能力范围。[35]最后，显然监狱调查确实不是托克维尔的首要任务。

1831 年的 2、3 月份，几乎都用在了为这个伟大旅行的忙碌准备上。托克维尔去购物。在一堆东西中，他还买了五双靴子和鞋子：或许，就像特罗洛普夫人（Mrs Trollope）在辛辛那提（Cincinnati）准备其"集市"那样，他低估了美国文明的进展。[36]他和博蒙奔走于巴黎，索要介绍信：他们最终争取到 70 封，尽管其中最伟大的人物拉法耶特躲开了他们：每次拜访，他都不在家。我们不知道所有写信者的名单。夏多布里昂不太可能是其中之一：他跟美国的联系太过久远，用处不大。[37]新任监狱检察官夏尔·卢卡（Charles Lucas）给他们寄去一封语气相当冷静的官方信件，关于他们应该调查什么写了一长串建议，他们会忽略其中的大部分，但其中一条预见了托克维尔的主要任务之一："对这件事的研究和记录很重要，那就是以改善监狱为宗旨之组织的精神发展。这种精神在法国不存在，但它是政府的必要辅助；必须在法国形成和普及这种精神。"[38]或许因为他们已经不信任卢卡斯，托克维尔和博蒙发表了自己关于监狱的《笔记》：这是一个有用的广告，在他们走后将会帮助其朋友们保护自己的利益，也许已经帮助他们引出了一些介绍信。勒叙厄尔神父知道自己命不久矣，可能再也见不到亚历克西，给了他一本祈祷小书和最后一封忠告信：他从未放弃让这个学生接受宗教的希望。在最后一次警告他反对启蒙哲人之后，他写道："再次说永别了。我把你和你的好伴侣交托给了上帝的仁慈。我的期望，我的祈祷和我的祝福将会跟随着你，到任何地方。"[39]尽管托克维尔怀疑的堡垒仍然没有动摇，但他极为感动。

随后该是出发的时候了。3 月 29 日，在跟凯尔戈莱深情告别之后，他们在托克维尔父亲和兄弟的陪同下，离开巴黎前往勒阿弗尔（Le Havre）。他们在 4 月 2 日登船。他们的船勒阿弗尔号错过了潮汐，撞到了沙坝：他们不得不下船，整个下午在海边徘徊。不好的征兆，但并非如此。晚上，他们再次登船，午夜后不久，托克维尔登上甲板，发现风帆满扬的船只正在急速驰往海峡，顺风习习助力。[40]

---

* 托克维尔死后，年迈的贾里德·斯帕克斯写道，1828 年曾在巴黎会见过托克维尔；但这条陈述完全没有任何证明，而且其基本上是不太可能的。

第八章　海外之旅（1831）

像尤利西斯（Ulysse）一样，有一场了不起的旅行之人是幸福的。

乔基姆·杜·贝莱（Joachim du Bellay）

　　正如他自己所预料，托克维尔因为晕船而睡了两天，此时东风将勒阿弗尔号送出了海峡，进入大西洋。第三天，他感到好多了，而第四天，则完全恢复了。他发现同船乘客并非如此，感到很得意：在第六天之前，还没有一个人熬出来。唯一的例外是博蒙，他完全没有晕船；"理所当然，"他的朋友叹道。[1]整体来说，这场他们乐于其中的海上旅行，有着合理预期中的良好开端。首先，按照当时的标准是相当迅速的：他们于 5 月 1 日在美国登陆，在海上度过了 38 天。其他的船只一般要花整整两个月甚至更长的时间。勒阿弗尔号——一艘美国船，尽管有着法语名字——既结实又快速：托克维尔庆幸勒阿弗尔号不会发生翻船的危险，西西里之旅的船只差一点就翻了，尽管他们有时候会遇到同样糟糕的天气：有一场风暴整整吹了 36 个小时。在船上，是谈不上隐私的：当托克维尔和博蒙上床睡觉时，其他乘客正在吃晚餐，他们总是在锅碗瓢盆的碰撞声中和用餐者的眼皮底下入睡。正餐时间相当热闹，因为桌上餐盘纷飞，瓶杯俱碎，还始终有肉汤顺脖流下的危险。我们的旅行者们乐观地克服一切不便。他们只有一点严肃的抱怨，尽管食物很好，烹饪也很美味，但是航程最后一天的供给相当少，船长显然错算了自己的需求。

　　他们与同伴相处和谐，部分是因为原则（"在海上，如果你们不想打架，你们必须成为好朋友"），部分是因为天生友善和情绪高昂。他们偶尔思念家乡，而且在剩余的旅程中时不时会如此；尽管相思之苦很严重（托克维尔非常思念玛丽），却是断断续续的。其所有家信的主旋律就是一种确定无疑的热情。所以他们很容易就喜欢上其他乘客；事实上，有时候他们似乎已经成为了甲板旅客的生命和灵魂。博蒙是一位热情洋溢的音乐家，他随身带着长笛，有一次为船上的年轻人们

（包括托克维尔）演奏了一曲，以便他们能跳方阵舞。另一天，人们发现一个木桶漂浮在海面上，它立刻成为了射击练习的目标：托克维尔虽然是近视，但成为了射中它的冠军神枪手。一天晚上，他跨坐在船首桅杆，享受在波光粼粼的浪涛上狂飙、俯冲的感觉，"一种更加美丽、更加宏伟的景象，难以言表"。[2]

爱德华兹小姐（Miss Edwards），是一个魅力十足的年轻美国人，给他们上英语课，因为他们很快发现自己的英语比想象中要差许多。他们与查尔斯·帕尔默（Charles Palmer）成为了特别亲密的朋友，他是一位下院议员（辉格党 [Whig] 成员，拥有著名的波尔多 [Bordeaux] 葡萄园），出自纽约富裕的舍默霍恩家族（Schermerhorn）：这些新认识的朋友对考察监狱的任务很感兴趣，他们在纽约将对托克维尔和博蒙大有助益。托克维尔写下了关于美国的第一份笔记：据舍默霍恩先生说，那里的人只追求财富，此外概不关心，而且他认为犯罪在增多。他还对美国商船队做出一些令人惊奇的评论。[3] 毫无疑问，船上生活的极度无聊乃是这种友善的原因之一：据托克维尔说，大多数乘客就像在蒸馏器中，一点一滴地蒸馏自己的百无聊赖。托克维尔和博蒙却免于这种抱怨。他们有活可干。每天早上五点后，他们就迅速起床，并一直阅读到吃早饭，就像在凡尔赛那样。他们翻译了一本关于美国监狱的英文书，阅读美国史，研究让-巴蒂斯特·赛伊（Jean-Baptiste Say）的《政治经济学概论》（*Cour d'économie politique*）。在他们工作时，博蒙对他的这位朋友的评价越来越高："托克维尔确实是一个出类拔萃之人；他因崇高的思想和高贵的灵魂而伟大。我越是了解他，就越敬爱他。"[4] 他们对创作一本有价值的书越来越有信心。

但他们甫一登陆就感到其计划困难重重，纵然这种感觉还不是那么明显。由于逆风和食物短缺，勒阿弗尔号先是在 5 月 9 日下午停靠在罗得岛州（Rhode Island）的纽波特（Newport），而不是纽约。第二天，托克维尔和博蒙厌倦了航行的反复无常，改坐一艘巨大的蒸汽船总统号，将他们沿着长岛海湾（Long Island Sound）送往曼哈顿（Manhattan）。虽然懂得素描的博蒙创作了一幅教堂尖塔的精美小画，但他们并没有在纽波特停留很久；但他认为是时候写信告诉母亲，这里的女人非常丑陋，美国人完全是一个商业民族："单单在纽波特这座小镇，就有四五家银行。联邦的所有小镇都一样。"[5] 他尚不懂得不要妄下结论。

托克维尔对总统号的吨位和速度印象深刻，但对当时砍伐一空的康涅狄格州（Connecticut）河岸却印象不深。然而一大早，他们进入东河（East River），虽然那个年代还没有摩天大楼，但他像所有从海上靠近纽约的人那样高兴：

> 我们在看到这座小镇的郊区时，赞赏地欢呼起来。请想象秩序井然的河岸，河岸的斜坡上满是草坪、鲜花和树木；除此之外，还有无数的乡村小屋，不比巧克力盒［雅致小屋 bonbonnieres］大，但是建造精良。如果你可以的话，请进一步想象，海面上满是船只，你沿着海峡进入纽约。[6]

他想或许能给他嫂嫂埃米莉弄一份"巧克力盒"的图纸：她或许想在纳克维尔的庄园里建一幢。

中午时分，他们到达了曼哈顿南端的巴特里（Battery），有些困难地在百老汇（Broadway）66 号找到了一处合适的寄宿公寓：巧合的是，帕尔默先生也住在那里。下午四点时，他们筋疲力尽地上床睡觉，一直睡到第二天早上八点钟；随后，愉快的时光开始了。

纽约人受宠若惊地从早报上得知，法国政府为了改善本国监狱制度，而派遣一个官方代表团来考察他们著名的监狱制度。当时美国人的性格是一种人之常情的自负（托克维尔马上就发现了这点）和焦虑的混合。美国人对赞扬和批评有着同样的敏感，而批评一直都是英国人加诸美国人的，英国人一直在暗示（如果能用这个词的话）前殖民地的居民，唉，只不过是微不足道的乡下人："谁会读一本美国的书？"悉尼·史密斯（Sydney Smith）问道。因此，托克维尔和博蒙的到来受到了极其热烈的欢迎。舍默霍恩先生及其家人担保访问者的良好品德，并尽可能地提供帮助，尤其在邀请晚宴一事上。帕尔默先生也一样热情。他们现在很感动，而博蒙预见到他们很快将不得不把热情的来访者拒之门外。出乎其意料的是（这是一件他们未曾想过的事），纽约有一个会热情地接待他们的开明社会；托克维尔试图劝说自己，这是了解这个国家的一种良好途径。然而，他还没有为舞会、晚会和晚间派对做好准备：他写信给哥哥爱德华，迫切需要长筒丝袜，领结和两打羔皮手套——这是晚会装束中必不可少的（美国的东西制作粗糙且太贵了）。[7]

他们试图保持头脑清醒，但这是一场可怕的斗争。其危险不是他们会变得自负且相信自己的公众关注度，而是他们的成名会妨碍到严肃的观察与思考。头两个星期，他们在写往家里的信中倾诉自己的想法，而且笔迹潦草，而在保存下来

151

152 的信件中，*很明显地看出他们完全迷失了。其中一个问题是，美国比他们预料中的还不像法国；另一个问题是，这种区别常常出现在意外的地方。比如令人震惊的是，无论公民还是公职官员，似乎都对基于等级的顺从一无所知：在纽约的第三天，他们被引见给州长伊诺斯·思鲁普（Enos Throop），他跟他们住在同一幢寄宿公寓里，他认为在会客厅接见外国人很正常；他对他们说，他会跟任何一个人握手。[8]（但无人告诉他们，思鲁普先生是来市里参加坦慕尼协会（Tammany Hall）的年度宴会，或者他是奥尔巴尼摄政团†（Albany Regency）的成员：这些引人遐想的名字此刻对他们毫无意义。）一个波士顿人写信给安德鲁·杰克逊（Andrew Jackson）总统，送给他一个美国制造的龟甲梳：报纸发表了这封信，它简单地以"亲爱的先生"开头，这让托克维尔很震惊。[9]美国国民的虚荣心同样令人惊惶。为了尽量使其印象有些意义，他们在信件中写满了少有证据且没有经验的轻率概括（那是托克维尔从未完全摆脱的特点）。他们说道，美国的新教徒清楚地了解宗教教条的"必要性"。美国的女人都很纯洁，部分是因为美国的男人太忙了而没时间做爱。整体而言，美国人是令人讨厌的粗俗，但他们都受过良好的教育并且很勤劳：这里没有懒散的"上流社会"（托克维尔用了这个英语词）。美国并不知道政党。美食处于起步阶段；精美的艺术也是。[10]

在记录纽约生活之事时，他们做得好一些。一天晚上，他们发现一个开着的教堂，除了几个祷告者外，没什么人。进入塔楼的门也开着，因此他们爬了上去：

> 几经周折，我们最终到达了顶部，领略到一幅美丽的景色：那是一个建筑在岛上的、有着24万居民的城镇，一面朝向大洋，另一面则是巨大的河流，能看到河面上有很多舰船和驳船。港口的规模巨大。公共建筑很少，而且不惹人注意。[11]

153 有一天，市长、市议员以及似乎纽约的每一个公职人员都出现了，驾着五辆马车带领他们参观城市的监狱、济贫院、聋哑庇护所和疯人院，路上还提供宴饮。在宴会上，博蒙非常警觉，以免自己被迫为拉法耶特干杯，拉法耶特是两个世界

---

* 除了一些片段外，托克维尔的一本笔记和博蒙的所有笔记都丢失了；托克维尔写给玛丽和凯尔戈莱的大部分信件肯定也是如此。

† 一个由民主党政客组成的规模虽小但势力强大的团体。——译者注

的英雄，他年轻的远亲（指博蒙）视之为危险的革命党人（博蒙没料到自己有朝一日会跟拉法耶特的孙女结婚）。[12] 托克维尔想到要干杯就觉得极为痛苦，因为在场的每个人（大约有 24 名官员）都想跟这两位法国人喝一杯：

> 我们好像被一群猎狗追赶的野兔……但是喝第三杯时，我决定之后滴酒不沾，而我完全成功地撑到了餐会的最后一刻，但这只是对法国而言，在美国这仅仅是第一幕的结束；大部分餐盘被撤走，摆上点燃的蜡烛，盛着雪茄的干净盘子呈送到你面前。我们每个人拿了一根，* 派对笼罩在烟雾弥漫之中，干杯又开始了，肌肉放松下来，我们让自己尽情享乐。

当亚历克西想到这两位贵宾（指他们自己）在法国多么微不足道时，他忍俊不禁。但是名声有其缺点。甚至连宴会上的女士们都认为，在进行随意的漫谈之前，对窗帘和门锁做出合适的评价也是他们的责任。[13]

这对他们到美国的目的帮助不大。时间会证明，他们已为解释美国做了良好的准备（他们的英语进步迅速），但起初他们并不清楚这一点。他们不知道从何处着手，就拼命抓住任何线索——比如，由舍默霍恩先生最早置于其头脑的概念，即美国人只不过是一个商业民族。托克维尔向其父亲抱怨道，报纸上关于棉花价格的报导远远多于重大政治问题。他选择的是最为糟糕的一个例子。虽然他自己并没有看到，棉花价格本身就是一个重大的政治问题。[14] 棉花无疑是美国最大的出口产品，支撑其繁荣并为其赢得贷款和硬通货币，通过再投资，资助了工业革命，这有朝一日会让美国成为世界上最强大的政权。与此同时，棉花维持着种植园奴隶制的统治，就在三十年后，它会让美国陷入内战。棉花嘲弄了美国对自由与民主的主张，而纽约的商人之中本就会人对托克维尔坚持这一点，托克维尔也会见了他们：比如塔潘（Tappan）兄弟，是复兴的废奴主义运动中的银行家。† 棉花，就关税问题激发了一场激烈的政治斗争，对两党制的建立起到了作用。

托克维尔在美国收到的第一封凯尔戈莱的信件中，凯氏的评论体现出其智慧，即想了解一个地方，你一定要在其中生活至少两个月。[15] 然而，在美国的前

154

---

* 托克维尔这时候还没有烟草过敏，这个病让他在中年时备受折磨。

† 最终，托克维尔和博蒙在波士顿遇到了塔潘兄弟中的两位。

两周半时间里，托克维尔坚持自己的刻板印象，摆足了架子。他甚至不承认他对法国也有思维定式。也许可以说，他当下所做概括的言外之意是在暗示：在法国，所有人都晚上通奸，白天政治革命，而没有人关心钱财。如果有人指出这一点，他会很生气，但是它隐含在他的话语中——他，这个巴尔扎克（Balzac）的同胞！他和博蒙正面临着屈从某种偏见的危险，即英国作家——特罗洛普夫人（Mrs Trollope）、巴兹尔·霍尔（Basil Hall）、查尔斯·狄更斯（Charles Dickens）——笔下的美国，这会大大妨碍他们的观察。

考察监狱的任务让他们免于肤浅。这项任务要求他们做系统的观察，对他们更大的考察而言，这是一项非常好的训练；而且这让他们始终坚定地关注美国现状。他们在一个公共图书馆花了好几个早晨整理各类数据，这对两种考察都有帮助，[16]5 月 26 日，他们出发去逆哈德孙河（Hudson）而上三十英里的辛-辛（Sing-Sing），参观那里的著名监狱。这场旅行持续了十天，事实证明是极为有用的。不仅仅让他们对美国的一所著名监狱做了彻底的研究，而且逃离了在纽约令其不堪重负的无休无止的社交活动，有时间系统性地思考。他们处于度假般的心情之中。哈得孙湾极其美丽，偏远而宁静；虽然可能过于文明开化了：托克维尔多么希望自己是第一批到达这里的欧洲人，那时海岸覆还盖着原始森林。他们寄宿过的美国家庭都如出一辙的友好而好客。他们白天参观监狱，晚上在河边休闲，直到天凉才回到屋中（到目前为止，他们已经发现美国夏天的炎热和潮湿有多么可怕）。托克维尔借此机会给博蒙上游泳课：要是古斯塔夫从汽船上掉到一条危险的美国河流，这也完全没有用，他无法自救。博蒙写了一张假文凭给托克维尔，祝贺他在礼仪上的进步：他现在对待老妪跟对待年轻女子一样有礼貌，而在那些无貌无技又无才的女子演奏钢琴时，他也愿意逢场作戏。博蒙证实了这一切，随后听凭其一生中反复出现的情感冲动而补充道："既然我是在发放证书，那么我还要证明已经说过的话，亚历克西是世上最好的朋友；他现在是我的朋友，我很高兴能拥有他。"[17]

他们最为实际的问题是监狱。在阅读巴兹尔·霍尔的作品和大量的文档后，他们做好了充分的准备。他们的发现未出所料：一座可怕的监狱，管理者可以随意使用皮鞭，把一种艰苦劳作和绝对沉默的管理制度加诸犯人。两位政府特派员对此实验印象深刻：900 个最顽固的恶棍仅仅由 30 个人管控；犯人受到信任地使用工具，比如十字镐，这些很容易变为武器，但他们工作时甚至连锁链都没有

（他们的劳动包括从采石场采集石头，并用之建造自己的监狱）。但是托克维尔不相信这个实验现在就已成功了。它只持续了几年，随时可能突然爆发，就像同样很好的一种美国机器——蒸汽船。他注意到护卫们的忧虑感——"他们的眼神从未停止移动。"而且他并不能确信，辛辛监狱对于囚犯的道德改造起到作用，这是到目前为止他所关心的主要问题。在他们见到"奥本制度"（"the Auburn system"）中的其他例子之前，他和博蒙保留了判断，它是以纽约州西部的奥本监狱命名的，是该制度最初运用之所在。[18] 他们不久之后就会去那里。 156

　　辛辛监狱给了他们一个做出判断的最好机会，这是极为必要的：此时他们离开法国已经整整两个月了。托克维尔在自己的笔记本和寄给父亲的信中都抓住了机会；尽管无法证实，但或许正是在他和博蒙的对话中，托克维尔完成了澄清想法的艰苦工作。这对朋友 24 小时待在一起，着迷于他们看到的一切，分享着同样的特别兴趣，而且（以目前我们所能判断来看）总是得出同样的结论。他们记下的仅仅是讨论的结果。

　　以此看来，其论文表明他们正在慢慢地认真处理其任务的范围。托克维尔写信给自己的父亲：

> 　　自从到美国以后，我们只有一个想法：那就是理解这个我们正在出访的国家。为了这么做，我们被迫先天地解构社会，研究构成法国社会的内部因素，这样我们才能询问有用的问题而不忽视任何东西。这种极困难又很诱人的研究，展示给我们隐藏在杂乱无章中的大量细节（这种分析失败了），并启发了大量本不会发现的问题。我们的劳动已经产生了一系列问题，我们不停地追询其答案。清楚地了解我们想要发现什么后，我们最简单的交谈都变得有意义，而且我们确信，任何社会阶层的人都能教给我们一些东西。[19]

托克维尔正在成为名副其实的社会学家，而他在此简述的方法，将始终运用于美国的余下旅程。

　　在他们回纽约的途中，这种方法首次得以运用。他们在哈得孙河岸的别墅中，礼节性地拜访了利文斯顿家族（研究未能确定是哪个利文斯顿家族）的某一成员，当他们等待顺流而下的汽船时，托克维尔问了一个来源于其观察的问题："在我看来，美国社会的缺点之一就是学术活动的普遍缺乏。"利文斯顿先生非常同意，并 157

且将此不足归咎于后革命时代的继承法，它通过废除限定继承权和长子继承权正毁灭上层阶级，尤其是他所属的哈得孙河流域的乡绅。托克维尔很熟悉这个想法，他在巴兹尔·霍尔那里已经听说过了，后者的想法也许就是从同一位利文斯顿先生处得来；[20] 因为托克维尔清楚地知道，长子继承权对 1789 年之前的法国贵族有多么重要，所以这很吸引他，并且有朝一日会写入《论美国的民主》；但目前更重要的是记录这个事实，即在他与美国人的全面交谈中，这是他首次感到信心十足地予以详细记录的对话，第二天他早早起床，把它记录在案。[21]

他们在纽约城度过了三个多星期，将工作时间主要用于收容所，那是年轻罪犯的一个拘留中心，晚上就拜访上流社会。这好坏兼有，要是他们知道这点就好了。他们的年轻、魅力、重要任务，尤其是他们的贵族地位，*使得他们受到纽约旧精英——荷兰裔纽约人（Knickerbocker families）——的热烈欢迎，因此他们受邀参加宴饮派对，郊游野餐，以及露天举行的晚间婚礼，在那里托克维尔为萤火虫而高兴，而博蒙对蒸汽船发明者罗伯特·富尔顿（Robert Fulton）的美丽女儿殷勤有加。[22] 在充满趣味的家信中，这些活动为之提供了大量材料（对宴会上他称之为猫叫般音乐 [*musique miaulante*] 的表演，托克维尔用了大量的文字加以谴责：可惜对它是什么，由谁创作，他未给出任何暗示）[23] 但这些活动正危险地误导着学习美国的两位好学生。彼得·舍默霍恩（Peter Schermerhorn）及其朋友们是联邦党人，也就是美国第一个保守党的遗存，联邦党在 1812 年战争后已经瓦解并消失。他们已经放弃争夺原生态的政治权力和 19 世纪初的喧嚣美国；正如 D.W. 布罗甘（D.W.Brogan）曾经指出，事实上他们是国内流亡者，就像 1830 年后托克维尔和博蒙在法国的亲戚朋友。他们存留下来并激烈地表达反民主的意见，两位政府特派员急切征求并仔细记录这些意见——比如，有观点认为共和主义是美国政府唯一可能的形式，但它绝不会在一个伟大的欧洲国家实现，譬如法国。这与托克维尔和博蒙的偏见一致，就像利文斯顿先生关于继承法的评论一样，而他们还未能见到伟大的联邦党人律师詹姆斯·肯特（James Kent）的观点，这些观点作为杰克逊时期美国的指南，其偏颇程度就跟凯尔戈莱伯爵或博蒙父亲本会对路易－菲利普时期法国的观点一样。

---

* 美国人对贵族称号的前置词如此印象深刻，且如此不了解法语语用法，以至于他们直到第二次世界大战之后，还一直地将亚历克西·德·托克维尔称为"德·托克维尔"；甚至今日，这种用法也还未完全消失。

他们的一项失误完全是自己造成的。当计划旅行时，他们决定不在性方面跟女人扯上关系（出于礼貌甚或跳舞时的殷勤奉承是另一回事）。这对他俩都不容易，但是他们对自己遵守誓言感到高兴：托克维尔写信给爱德华，"你能相信吗，我亲爱的朋友，自从到达美国，我们已经习惯于清苦的美德。没有一点儿动摇。僧侣们——我应该说，好僧侣们——最多也就这样。"他们打算在剩下的旅途中继续保持这个原则，因为美国的已婚妇女如此坚贞，要是他们犯错的话，其惩罚乃是彻底的毁灭，而勾引年轻女孩所引起的麻烦则更不值得；无论怎样，工作的压力使得两位政府特派员不像往常那样容易犯错。[24] 将会看到托克维尔在这里重申自己的观点，即美国男人太忙而没时间谈情说爱；而最佳的评论来自雅尔丹和皮尔逊，对于像僧侣般生活的决心，他们评论道"这或许让他们对美国民情的研究出现一个空白"。[25] 确实如此：即便托克维尔和博蒙跟一个美国女人有过认真的对话，这种记录也没有存留。雅尔丹和皮尔逊还指出，杰克逊时期的美国，城市中卖淫很普遍，包括纽约，这使得托克维尔对美国妇女之贞洁，以及美国男人之性冷淡的坚定信念都显得更加奇怪（但托克维尔显然只考虑自己所属阶层的妇女）。

通读托克维尔旅行中对此问题的其他观察并证明其错误并非难事，但是其1831 年 6 月的信件和笔记，给人留下更加洞见不凡的印象。或许他得出的特定观点本身都不是原创的，但是他把它们融合成某种全新的、含义丰富的东西，离开纽约城的那天，他写信给凯尔戈莱时，他已经发现并且知道自己已经发现，其著作的主题将会是什么：

159

> 我们正在走向无限的民主，我并不是说这是件好事，我在这个国家的所见让我意见相反，我确信它不会适合法国；但是不可抗拒的力量在驱策我们。停止这种运动所做的努力，最多只能带来短暂的停留。[26]

这是宏大的托克维尔式学说；而它的奇特性仅仅在于，托克维尔是在再次思考废除长子继承权和限定继承权的时候发现了它。

6 月 30 日，他跟博蒙离开纽约，他们在那里度过了将近七个星期（除了去辛辛监狱的短程旅行）。这段经历是对美国的精彩导论，但甚至连凯尔戈莱或许都觉得时间够长了；是时候动身了。俗语说纽约不是美国，这从未成真，这从来都是错误的，但是这座城市仅仅是国家的一部分，想要了解其在合众国中的地位，必须要探索内陆。此外，作为监狱研究的一个地点，两位政府特派员已经穷尽了纽约的资源；现在他们要去奥本，是最早也是最著名的美国监狱。他们并不匆忙：他们打算欣赏哈得孙的美景，顺便看看萨拉托加温泉疗养所（the spa of Saratoga Springs），在那里他们的一些机灵朋友扬言要加入，他们随后去奥尔巴尼（Albany）研究州政府。结果这些计划都未尽如人意。他们完全错过了萨拉托加，因为他们在扬克斯（Yonkers）度过了愉快的一天（在那里托克维尔拔枪射鸟，而博蒙素描写生），而在一个叫做科尔韦尔（Colwells 或 Colwell's）[27] 的小地方度过了另一天，晚间他们登上了一艘汽船，他们发现它正在追逐另一艘去奥尔巴尼的汽船，中途不会停歇，甚至连他们很想去看看的西点（West Point）也不停。他们在奥尔巴尼受到了一如往常的热烈欢迎，并且受邀为嘉宾，参加一场盛大的国庆游行；他们得到了想要的一切官方资料（托克维尔告诉他父亲说，他将不得不买一个行李箱将文件带回家），但是他们在研究中困惑于不可思议之事，即州政府几乎不存在。他们有几封给当地国会众议员丘吉尔·C.康布勒朗（Churchill C. Cambreleng）的介绍信，尽管没有对话记录，但他们不可能没有意识到，在众议院中他是杰克逊政府的主要支持者。博蒙发现他"自信而务实"，他把他们介绍给在奥尔巴尼的州务卿阿扎赖亚·C.弗拉格（Azariah C. Flagg）。* 或许是跟康布勒朗的相遇，让他们首次意识到在这个奇怪的国家有一个活跃的国家政府；而且他们已经亲眼见到了纽约市强有力的市政管理。但尽管弗拉格先生竭尽全力，他们还是没看到国家和市镇两者之间有任何东西。州长思鲁普（Governor Throop）的薪酬太低，以至于他不得不花半年时间经营农场；† 在剩下六个月中，他似乎也不能大有作为，他们很快会得知，有能力之人都不愿进入州政府，因为很容易有其他致富手段。[28]

从学术研究的角度来看，这是一次不幸的访问。《论美国的民主》的弱点之一就是对政党重视不足，而如果托克维尔意识到在奥尔巴尼将有一个重大发现，那么这个弱点本可以避免。所谓的奥尔巴尼摄政正处于其高潮。摄政的名字是用来嘲笑以马丁·范布伦（Martin Van Buren）为首的政治派别，它主宰了纽约政治二十多年。不仅仅如此，而且在选举安德鲁·杰克逊为美国总统的计划中，范

---

* 弗拉格本人是纽约州的州务卿。——译者注
† 这一点是托克维尔所说。他似乎没意识到思鲁普还是一个成功的律师。

布伦成功地运用了其影响力和组织技巧，在此过程中，他与杰克逊合作创立了很快变成民主党的政党。几乎自宪法批准以来，美国社会正在孕育大规模的政党政治；在政党政治诞生之初，范布伦是主要缔造者之一，而在旅程中托克维尔会见了几个人——思鲁普、康布勒朗、弗拉格，最后是杰克逊本人——要是他碰巧问了正确的问题，这些人本可以告诉他正在发生之事。由于他蒙蔽于法国和精英主义的先入之见，而其纽约朋友之言又强化了这种偏见，使得托克维尔没有这么 161 做：政党政治已经终结，取而代之的是一种庸俗的权力之争。[29] 因此，他错过了当时美国正在创造的普遍重要的改革之一。

两位政府特派员继续尽力做好美国景象的见证者和记录者。出乎其意料的是，他们对国庆典礼的印象极为深刻。"我想让你对此壮观场面有个准确的概念，"托克维尔写给沙布罗尔道：

> 在典礼上，粗俗甚至滑稽的细节与高贵的主题相融合，并成功地触动人心。军队在头排游行：是这个国家的国民自卫军，那是一个对军事精神完全无知的国家；你可以想象，每个诚实的公民都让自己看起来像一只大白鹅：军队的装束真的很可笑。随后是几辆四轮马车，载着退伍老兵，他们在独立战争中服役过，并见证了美国的胜利。将这些正在唤醒记忆之伟大事件的见证者与庆典联系起来，真是一个极好的主意。

随后，工人及其行业协会走过，所有游行者聚集在一个教堂，那里已经搭建好一个平台。

> 按照法国人的想法，我期待州长或者市政官员将会坐在那里。相反，他们拉起了行业的横幅和县的旗帜，这些曾在革命战争其间用过，而在它中间，都是我先前提过的老军官。[30]

博蒙滑稽地强调，两个非常显眼的游客（"托克维尔和我"）行进在队伍的最前面，在州长和高级行政官员之间。他继续道：

> 这种场景一点也不辉煌；就壮观而言，它根本不能跟我们政治或宗教的

庄严相提并论。但其简约之中有一种伟大……我们看到写着"屠夫协会"、"法律学徒协会"等旗帜，没有什么比之更惹人发笑的了。*但如果你不去想这些，那么在一个将繁荣归因于商业与工业的民族之中，还有什么能比这些徽章更自然的呢？

他讲述了教堂中的演讲以及对《独立宣言》的诵读，但令他最为印象深刻的是该程序的第一个步骤是祈祷："我提到这一点，因为它是这个国家的特点，如果没有宗教的帮助将一事无成。我不认为事情会因此而变糟。"他对整个游行都印象深刻，比之在法国见过的任何典礼尤甚。[31]

两位政府特派员十分看重宗教。前一天（7月3日）他们见了震颤派教徒（Sharkers），其最古老的定居点就在附近。他们看到的仪式对其而言实在是太奇怪了，而他们都给家里写了长信描述它，不幸的是太长了，无法详尽引用。震颤派教徒们跳舞、布道，两个小时后，男人和女人一起围成一个圈：

> 当他们伸出前臂摇晃双手时，就把手肘收拢，因此他们看起来就像被训练着用后腿走路的小狗。做好准备后，他们以一种比之前任何时候都要哀伤的声音吟诵，开始绕着房间旋转，这个活动要持续实足一刻钟……你看到了吗，亲爱的妈妈，当人类的灵魂独处时将会怎样的失常？我们跟一个年轻的美国新教徒在一起，当我们出去时，他对我们说："再多两次这样的表演，我将会变成一个天主教徒。"[32]

这是迄今美国新教造成的最强大挑战，而托克维尔没有给予同等的认同，这表现在蔑视新教音乐等事情之中，可能包括著名的震颤派颂诗（"转啊转，我们会高兴，一直转啊转，我们会醒来"）。事实上，托克维尔一生都在天主教国家度过，直到来美国之前，他都没有意识到自己是一个多么深刻的天主教徒，以及那意味着什么。冲击是巨大的，因为在此之前，他对新教的知识几乎都是理论上的。

在纽约，他去了新教教堂，恐惧地发现祈祷者们只是处理道德问题，而不说

教义。他愉快地听说并热切地相信，天主教会迅速遍及整个美国，事实上确实如

---

* 想到了《纽伦堡的名歌手》（*Die Meistersinger*）的最后一幕。

此；但他不那么高兴地发现一位论派（Unitarianism）也在强势推进。一位论者是
有神论者，就像他自己那样，但他的信条有强烈的天主教色彩；对他而言，一位
论者除了是伪装的无神论者且悲哀地不动感情之外，别无其他。至少他们是合乎
逻辑的。但他完全看不到一般新教的逻辑，并且对此感受颇深，使得他确信新教
将会灭绝，而这样一来就是为无信仰和天主教的最后决战准备战场。[33] 另一方面，
让他和博蒙印象极为深刻的是，美国的共和主义者将宗教视为民主与自由的基本
保障。

7 月 4 日晚上，他们离开奥尔巴尼，两天后到达锡拉丘兹（Syracuse）。这是
他们在美国的第一次全程陆路旅行，满是艰难的道路、糟糕的旅馆和颠簸的车辆。
他们记下不适，但随后连不适都没有了：他们在森林里迷路了，树木从两边将道
路围住，这是他们第一次经历这种情况：

> 我想，我曾经在一封信里抱怨说，美国再也没有森林了；我现在必须公
> 开道歉。不仅仅因为我们在美国见到了无穷无尽的森林，而是整个国家就是
> 一片广袤的森林，他们只是在中间开辟了一块空地。如果你爬上教堂的塔楼，
> 你满眼看到的都是树梢在风中摇摆，就如同大海的波浪；一切都证明了这是
> 一个新国家。在这个国家，他们所谓的开垦，就是从离地三英尺的地方砍倒
> 一棵树［并不清楚托克维尔脑中的英语词汇是什么］。一旦这个工作完成，你
> 就可以在旁边耕地、播种。其结果是，在最好的庄稼地里，你会看到成百上
> 千古树的枯干遮盖着土地……但即便这个国家是新的，每一步观察都会发现，
> 定居在此的民族却是古老的。当你经过荒野中一条可怕的道路到达一间小屋，
> 你会惊奇地发现一种比任何法国乡村都先进的文明。农民的服装是齐整的；
> 他的小屋非常干净；通常你会看到他身边报纸，而他首先想到的就是跟你谈
> 论政治。[34]

这是一篇精彩的文章，拿它跟巴兹尔·霍尔两年前出版书中的一篇文章相比较，　164
丝毫都不逊色，我们知道托克维尔读过那本书：

> ……一个英国人会幻想自己在斯特劳德（Stroud）的河谷中。但有所区
> 别：在皮鞭的再次挥舞声中……他再次身处文明社会另一尽头的森林深处，

鸿蒙初开，在十乘十二英尺的烟熏小木屋中，满是脸上脏兮兮的孩子，他们围坐在一个外表强壮的妇女身边，她在为一个劳累的伐木工烧煮食物，后者坐在门边，正高兴地阅读《纽约民主杂志》(*Democratic Journal of New York*)，它讲述了坎宁先生 (Mr Canning) 反抗英国极端托利党人 (Ultra Tories) 的运动。

不会出现剽窃的问题：托克维尔是写信给他的母亲。我们可以好好猜想一下发生了什么。托克维尔读了霍尔的书，后者提醒他应该注意什么。(同样的事可能发生在他跟利文斯顿先生的对话中。) 重要的是，什么是霍尔注意了而托克维尔没有注意的，以及两个人矛盾的态度。霍尔不是一个才思敏捷的作家，但他是一个能干的绘图员，他随身带了一个投影描绘器，好好利用它来写生；他有一双画家的眼镜。博蒙也是如此。结果他们对美国的报道比之托克维尔，包含了某些更加吸引人的细节。托克维尔显然观察敏锐，但是相比于他人，他往往更热衷分析甚于叙述。

他有意识地把写给家里的信作为写书的笔记。不管发现什么有趣或重要的东西，他都会将它写在信里，无论是他自己还是从他人出得知，甚至从巴兹尔·霍尔处得知，他可能意识到霍尔在美国极不受欢迎。*霍尔的托利党观点，更不用说画家对卑劣细节的关注，激怒了他的美国读者和以前的主人，后者感到自己遭受了背叛。因此，当他赞扬霍尔时，托克维尔在他认为有问题的地方谨慎地纠正霍尔：例如，他看到小木屋很干净，居民很体面；他煞费苦心地这么说。霍尔认为
165 森林中的居民乃是文明的渣滓，而托克维尔却认为他们体现了文明的胜利，在这点上，托克维尔几无争议地显示出卓越的洞察力。这是其才华能力的早期例证，在欧洲人对前内战时期美国的评论中，正是这种能力将会让《论美国的民主》如此与众不同。

7月6日，他和博蒙到达锡拉丘兹。他们在那里有重要的事情——会见奥本和辛辛监狱的前长官伊拉姆·林德斯 (Elam Lynds)——并一如既往地认真做好此事；骑行前往北边的奥奈达湖 (Lake Oneida) 只需数小时，托克维尔不可能不去游览这个神圣的地方。因此，他们迂回着从锡拉丘兹到奥本 (从7月7日开始)。

---

* 返回欧洲后，亚历克西当面会见了霍尔。最终，霍尔发表了一篇对《论美国的民主》充满敬意的评论。

森林、湖泊和岛屿都未辜负托克维尔最浪漫的期望，但是因为他仍然处于幻想之中，即难民的故事是历史而不是小说，所以他只看到了想要看到的，而不是真正在他眼前的：那是一处荒废的爱情庇护所，而不是一处失败的农庄住宅——两年之后这个移民家庭放弃了这里，前往奥尔巴尼附近一处有利可图的商品菜园：

> 两点，离开锡拉丘兹。马背岭、伞、枪、猎物袋……六点时，到达布鲁尔顿城堡（Fort Brewerton）。在四周转了转。森林永远和人类斗争。打了几只鸟。欣赏了奥奈达湖。它向东一直延伸，消失在长着低矮树木的山丘之间。看不到一座房子或一处空地。只有寂寞单调的景色。我们住在一个令人厌恶的小旅馆里。在早晨六点钟离开。我们陷入了无尽的丛林之中，道路难寻。惬意的凉爽。美妙的景色，难以形容。令人惊讶的植被。各种各样巨大的树木。丛林、草地、花卉和灌木。美国笼罩在自己的光辉之中。[35]

此刻，他们抵达了湖边一个渔民的小木屋，"法国人岛"（Frenchman's Island）（至今仍这么称呼）尽收眼底。除了一个老妇之外，没有人在家。她是托克维尔在美国遇到的第一个普通人，小人物，也是跟托克维尔交谈的第一个女人，或者无论如何，那是第一个他认为其评论值得记录的女人。她礼貌地回答他的问题，但无意中消除了他的误解（她在此之前从未遇到过一个游客，不能理解为何他对"法国人岛"那么感兴趣）。确曾有个法国人住在这儿——三十一或者三十五年以前——在她之前。是的，他有过一个妻子——但是她在那里死去了（这不正确）。这对托克维尔和博蒙而言，足够了。他们借了一艘船，划到了那个岛上，在那里度过了几小时愉快的探索时光，徒劳地寻找他们"不幸同胞"的避难所的痕迹，比如那位流亡夫人的墓穴。他们所能发现的最有意义的东西是一棵半死的苹果树和一条乱长的葡萄藤。他们把名字写在一棵松树的树干上，随后离开了；当晚，托克维尔在他的笔记本上写道，"这次远足更加强烈的触动和吸引我，这不仅是相比于来美国之后，也是相比于我首次旅行以来的所见所闻而言。"[36] 之后，就像其《西西里游记》那样，他把自己粗糙的笔记整理成了精致的旅行笔记。在风格上它有些多愁善感，而且仅带来精神上的兴趣："看到巨大森林屏障后面的荒芜破败，我未尝没有遗憾，多年来森林为两位流亡者抵御欧洲人的子弹和野蛮人的弓箭，但它未能使其小屋躲避死神的隐形进攻。"[37]

166

第二天，他们抵达奥本，立刻回归到自己的事务中。在锡拉丘兹跟伊拉姆·林德斯的会面让他们印象深刻。坦率地说，林德斯是一个性虐暴徒，从关于二战美国海军陆战队的影片和小说中，以及从近年来关塔那摩和阿布格莱布（Guantanamo and Abu Ghraib）监狱的暴行中，人们已经非常熟悉这种类型的美国人了。他是奥本监狱制度的实际缔造者，1817 年监狱建立之后，该制度经过不断摸索而出现。他因为明目张胆的残酷行为，三次从奥本和辛辛监狱的管理层中赶下台来。[38] 当托克维尔和博蒙跟他见面时，他正债务缠身，并经营着一家五金电器店。他们有点小心提防他，因为他们知道他有敌人，并且必然知道个中原因。托克维尔惯常地察觉到，他相貌普通，言语粗俗，不会拼写。托克维尔认为，林德斯有一种明显的专横特点。但他的智慧和精力征服了两位政府特派员（甚至他们最终在《监狱制度》[Système pénitentiaire] 中发表了他们之间的谈话）。[39] 此外，林德斯告诉了他们想要听的内容：即该监狱制度能适用于任何地方，包括法国；大量施加鞭刑，最终成为了维持纪律的最人道方式（"无情与公正都是必要的"）；囚犯是懦夫，一个坚决的看守者能够建立起不可抵制的权威；对囚犯和社会而言，监狱劳动是或者可以是有价值的，它所能赚到的钱，足以对监狱制度的花销做出重要贡献。此外，对于监狱能多大程度地改造人格并减少累犯，林德斯虽然有所保留，但明显有切实的期待；他对理论家和纯粹的慈善家嗤之以鼻。事实上，林德斯是奥本制度的完全代表，他的哲学理念是"刑法的最终目的和设计，是通过刑罚的恐惧来预防犯罪；罪犯的改造是次要考虑"[40]。在奥本制度下，晚上隔离犯人，并且在绝对沉默中鞭打他们去干活，而在辛辛监狱，则白天那么做，以此达到这些目的。托克维尔和博蒙并没有准备完全放弃在狱中把犯人改造为诚实公民的所有希望，但很容易明白林德斯对他们影响颇大的原因。[41]

他们来到奥本，决心彻底地测试他的想法。通过询问梳子店、切石店、道具店、制鞋店、箍桶店、编制店和铁匠店的管理者，他们做得非常成功。结果正如托克维尔对沙布罗尔所言，他们最终断定监狱制度在法国是切实可行的——"但不要说出去；我们还未打定主意。"[42] 这样，他们在考察监狱的任务中完成了重要的一步。他们接下来的经历，在其政治研究中，会是一件同等重要的事情。他们向西行，去拜访卡南代瓜（Canandaigua）的约翰·斯潘塞（John Spencer）。

斯潘塞是他们到目前为止遇到的最为意气相投的美国人。他是他们都渴望成为的那一类人：纽约西区最著名的律师，显赫的政治家（最终他供职于泰勒总统

[President Tyler] 的内阁，先做陆军部长，再做财政部长）和杰出的法学作家。他住在美丽湖边一幢舒适的房子里，他还有一对同样美丽的拥有蓝色眼睛的女儿。这一次，托克维尔和博蒙感受到了修行决心的压力。"我们的美德仍然完美无缺，"托克维尔告诉沙布罗尔，"但我们正在厚颜无耻地注视着女人们，这跟监狱制度的代表身份极不相符。"博蒙更是迷上了玛丽·斯潘塞（Mary Spencer），并毫不隐瞒家人，他告诉母亲，斯潘塞小姐有着"白里透红的肌肤，你有时能在英国女人身上看到，但在法国几乎不可能"；但他急忙补充说，他们即将离开卡南代瓜且不会再回来，以使母亲安心。早晨，与主人的长时间对话，对他们有着更为深远的影响。他们谈及美国的州立法，两院制而不是一院制的功用，美国律师，美国出版自由，宗教宽容，济贫法，教育与普选。在所有这些问题上，斯潘塞头脑清醒且消息灵通，而且他的影响在《论美国的民主》中印记深刻（他将会是这本书的首位美国出版商）。他甚至能在美国与法国的国情上，提出富有成效的比较。托克维尔感到很高兴。[43]

　　7月19日，他们离开卡南代瓜，准备去往布法罗（Buffalo），尼亚加拉瀑布（Niagara Falls）周边，经由安大略湖（Lake Ontario）去加拿大。正如他们所见，这是一场常规旅行。[44]事实上他们采取这条路线，意味着他们感到有必要从监狱和政治任务中得到休息：他们打算玩乐一场。在纽约州，他们越是往西行，就越意识到自己有一个体验并学习伟大历史运动的好机会，这与他们将会遇到的其他事情一样有趣。美洲（使用雷蒙先生 [M.Rémond] 的有效区分）正在某种程度上使美国黯然失色。

　　1812年战争后，成百上千来自新格兰地区（New England）的移民从涌入并穿过"焦土之地"（Burned-Over District）。托克维尔与博蒙那么睿智，不会不注意到正在他们身边发生的伟大运动，而且他们想要理解它。此外，这直接关系到他们最关注之事中的两项：印第安人与荒原。如同所有欧洲人那样，他们着迷于印第安人这个概念，兴奋地想要一睹为快。当他们真看到印第安人时，这是令其震惊的。就在他们到达锡拉丘兹之前，他们见到了一群曾经高傲的奥奈达族人在烂泥中乞讨；而当他们到达布法罗时，他们看到一个年轻的印第安男子烂醉地躺在路中央，他的妻子正愤怒地踢打他，试图把他叫醒，如果叫不醒的话，就当作惩罚。托克维尔和博蒙担心他可能醉死或者被晒死，但是没有人——无论是印第安人还是美国人——会为他做任何事情，他们如此厌恶地任由他自生自灭。"我想我从未如此失望过，"托克维尔第二天写道（他现在正开始写某种日记一样的东西）。"我心中满是夏多布里昂先生和库珀的回忆，而在美国的原住民中，我渴望看到这样的野蛮人，他们脸上仍然留有高尚美德的标记，正是这些美德引发了自由精神。"他想要看到在狩猎和战争中成长的身体，它不会因裸露而失去什么。然而，他们的身体是丑陋的、肮脏的和醉酒的。[45]

第二天，两位政府特派员在布法罗四处闲逛（"精美的小店，法国的商品"），稍稍改善了他们对印第安人的第一印象："他们中的一些人看起来像我们的农民——然而有一层野性的色彩——一种西西里岛人（Sicilian）的色彩。无法忍受任何一个印第安女人。"[46] 他们的好奇心恢复了。他们最初的计划是从布法罗到尼亚加拉，但他们渴望去野性难驯的西部，自从他们离开奥尔巴尼后，这种渴望就已经消退了；而现在，在布法罗码头，他们找到了一艘前往底特律的小蒸汽船，俄亥俄号。顺从于一种冲动——之前只有他们自己知道但他人不知，他们预定了这艘船的一段路程：有人告诉他们，这只需要一到两天。

这是一段不舒服的旅程。没有人知道他们是谁，因此这是他们到美国以来，第一次无异于他人之待遇，更不用说敬重。全程都在下雨，伊利湖（Lake Erie）如此巨大而湍急，以至于托克维尔再次晕船了。旅途花费的时间比承诺的多了一倍（"与船长发生争吵"），但最终天朗气清，他们于7月22日下午到达底特律。穿过河流东部的束狭河段，附近就是加拿大的海岸和莫尔登堡（Fort Malden）殖民地，在托克维尔看来，就像是一个诺曼底的村庄。岸边站着一个英国士兵，"身着一套在滑铁卢战场上声名显赫的制服"——那是一个苏格兰高地人，穿着包括苏格兰方格呢短裙在内的一整套制服。水面上，在船的左边有一只桦皮独木舟，有两个裸身的印第安人在舟上钓鱼：他们的皮肤着画艳丽，而且他们戴着鼻环。[47]

托克维尔对野蛮人和文明人之间的这种对比很着迷，但是他尚不能理解其悲剧的象征意义。印第安人和高地人（Highlander）是曾经存在的鬼界的看门人，理查德·怀特（Richard White）教我们这样称呼中沙洲（Middle Ground）。[48] 从北美独立战争爆发到新奥尔良（New Orleans）战役的四十年长期战争中，它的命运已然确定；就像其广袤的森林一般，它被宣告死刑，并等待着扬基（Yankee）先锋来执行判决；但在某一刻，人们仍然可以发现它，而托克维尔正是在这一刻到达。

170

底特律是佩伊当欧河谷*的中心，前殖民地新法兰西的的偏僻乡村;将近两个世纪，该地区一直处在帝国、部落和村庄的血腥争斗中，目的是控制海狸皮的贸易；在那里，民族融合而文化改变了彼此;"高山"（Onontio）†的势力范围，印第安人这样称呼魁北克的法国统治者（他们自称为他的孩子）。接下来的三个星期，托克维尔和博蒙将会访问该地区的一些最重要地方：萨吉诺（Saginaw）、苏圣玛丽（Sault Sainte-Marie）、麦基诺（Michilimackinac）、格林贝（Green Bay）；他们深入探索过去，但从未忘记自己很快就将返回现实，现实的中沙洲在劫难逃。

"我们渴望去看看完全未开化的地区，"博蒙说道，"抵达文明最遥远的边缘。我们认为在那里能找到一些完全原始的印第安部落。"他尚未意识到中沙洲的影响既是时间上的也是地域上的，现在已经触及且改造了北美几乎所有的民族，显然包括所有他会遇到的民族。"除此之外，我们想要看看那些新来者是如何在这片荒凉的土地上定居下来的。"[49]对他们而言（对我们也是），他们的渴望是完全合理的，但是他们又一次发现，在新拓居地的边缘，没有人会认可浪漫派旅行者的良好感觉。"你们想看看那些森林？它们就在你们面前。"为了取得更多有用的信息，他们去土地管理所，装作未来的移民，或者至少是土地投资者。[50]这样做毫不起疑：那个夏天，超过 5000 名开拓者已经从底特律穿过，大多数向西前往流入密歇根湖（Lake Michigan）的圣约瑟河（St Joseph river）。他们中极少甚至没有人向北去；因此托克维尔和博蒙将会去北方。他们决定以萨吉诺为目标，它在底特律西北偏北 80 英里处，7 月 23 日他们出发，租了两匹马，在其装备之中又增加了非常必要的蚊帐和一个罗盘。（博蒙为托克维尔画了一张精神奕奕的素描，后者骑在马上，戴着大草帽，含着一个印第安烟斗——可能是北印第安人的长杆旱烟袋。）[51]

他们将离开一周。他们中途停留在庞蒂亚克（Pontiac）和弗林特河（Flint River）（现在的弗林特市），在萨吉诺住了两晚，并原路返回。在那期间，他们见到了大量荒凉且潮湿的森林；大量的移民、印第安人和大草原；但是这样一种单调的陈述，并未说明这场旅行对托克维尔的意义。想了解其意义的话，我们必须看看他自己的描述，《荒野两周》，‡他开始尽快地从粗糙的笔记中整理出来。它是不完整的，并且从来没有最终修订过，但它是其浪漫主义的最强烈表达，也是

---

*　佩伊当欧河谷（pays d'en haut），五大湖地区上半部地区。——译者注

†　Onontio 意为 Great Mountain。——译者注

‡　标题只是一个愿望。托克维尔对这次旅行的记述不超过一个礼拜。

其写作能力持续进步的有力证明。就像《奥奈达湖之旅》那样，它跟《西西里游记》是同一类东西，但是一切浮夸的东西都没有了，材料组织得更加紧凑，而且最重要的是其谋篇布局更严密而简洁。当它在托克维尔死后发表时，圣伯夫对其评论中有一点认为，它是对夏多布里昂式风格的纠正，"它把最早由夏多布里昂所描绘的东西，以精彩的散文呈现给我们，具有一种诗歌般大胆而崇高的笔触"，[52]这是完全正确的：托克维尔本人感到夏多布里昂对美国森林的描绘是错误的，想要纠正他；[53] 但是今天，读者可能更迷惑于托克维尔试图升华的程度。

他的中心思想是描述并探索他在旅行途中所遇到的三种社会群体——印第安人、商人和移民，这完全符合他的思想特点，他以精确、细致及天生观察者的安静气质来做这些；但文章的显著特点，是旅行者随着森林探险的不断深入而产生的惊叹。这像是一个梦幻般的故事，关于旅行之夜的许多描述更是如此。第二天，一个印第安人平白出现，并沿着他们的脚步行走，很轻松地跟上马匹的速度，而且从来不说话，有时候会灿烂地微笑。他究竟在做什么？他携带着一把好枪；最终森林中一位迷路的移民向他们解释说，枪可能是英国人给他的，用以对付美国人，这个印第安人可能正从一年一度的庆典上返回，他在那里得到了这件礼物，就像他们在布法罗见到的那个醉酒的易洛魁人（这样，或许可以判断，中沙洲的习俗仍然维持着）。夜幕降临，"宁静但寒冷"。托克维尔和博蒙暂时失散了，因为托克维尔情不自禁地在溪流边逗留了几分钟，以享受寂静的夜间森林中那种"崇高的恐怖"。现在，他们来到一间伐木小屋，那里有一头锁着的熊而不是狗；当他们向主人讨要马匹的草料时，他走了出来，在月光下开始割草。第二天，当浅浅的足迹陷入更加寂静和纷杂的森林时，托克维尔感到敬畏，就像他在平静的大西洋中部所感受到的那样。当正午的阳光照射下来，他听到森林深处传来一声长长的叹息，一阵遥远、漫长而悲伤的哭泣，那是垂死之风的最后挣扎。随后，他周围的一切事物都陷入如此深切的沉默和如此彻底的沉静，以至于他不得不用自己最喜欢的一个词语来形容：他的灵魂被"一种宗教般的恐惧"刺穿。在他们描述到达萨吉诺的情景时，这种如梦似幻的感觉显得更加明显。大约午夜时分，他们从森林来到了一片昏暗的大草原。他们从弗林特河带来的印第安向导，用一种野性的嚎叫通知他们，答复从远处传来；5 分钟后，他们发现自己站在河岸上。现在，宁静被一种轻微的噪声打破了，一艘独木舟停在他们脚边，似乎由另一个印第安人划桨；但是当托克维尔踏上独木舟时，船主警告他要小心点——他不仅仅说法语，而且带有诺曼口音。托克维尔简直不敢相信自己的耳朵，独木舟在水面上向后移动着（托克维尔那匹疲惫的马在后面游泳），当冥府渡神开始唱歌时，气氛显得更加诡异：

> 在巴黎和圣丹尼（Saint-Denis）之间
> 曾有一个姑娘……

船夫是一个混血儿：托克维尔首次遇到了佩伊当欧河谷的孩子。当他等待博蒙时，满月东升，河面波光粼粼，当黑色独木舟再次到达时，他已经看不到它的桨叶：它使人联想到一条正要捕捉留猎物的密西西比（Mississippi）短吻鳄。[54]

这件事令人激动万分，将被珍视为终生的记忆。7月31日，他们返回底特律，此时距离令其背井离乡的革命已经整整一年，这个想法让他们感到压抑。他们记起街斗的喧嚣和烟雾；这让森林显得比以往更加寂静而凄惨。他们情不自禁地想要探索更多。他们发现一艘舒适的蒸汽船苏必利尔号（Superior），将出发去密歇根湖，而且它还有两个座位可供他们乘坐。通过匆忙参观当地的一处监狱，他们的良心得以安抚，在那里他们没有发现任何有趣的东西，他们预定了两个船位，开始了另一场短途旅行。这一次持续了将近两周。

苏必利尔号很巨大，搭载着200名乘客。或许可以认为，到目前为止，尽管新兴技术如此迅速地带着他们穿梭在广袤的美洲大地上，但博蒙和托克维尔对它还只是漫不经心，然而当搭载着他们的苏必利尔号成为第一艘到达上湖区大门——苏圣玛丽和麦基诺——的蒸汽船时，这种态度将不复存在。印第安人看到这艘船时吓呆了，他们的独木舟蜂拥而至。博蒙同情道："即便对一个欧洲人而言，这些大蒸汽船也无疑是现代工业的一大奇迹。"[55] 这两位法国人发现自己的伴侣有些混杂，但他们的魅力和礼貌掩盖了他们的矜持：同伴们认为他们是令人愉快的，尤其是对女士们而言，但博蒙认为那些女士们毫不迷人。克莱门斯小姐（Miss Clemens）已经四十岁了，年纪太大，汤姆森小姐（Miss Thomson）太愚蠢，麦库姆小姐（Miss Macomb）由她的叔叔看护，后者不怎么喜欢他俩。然而，当苏必利尔号到苏圣玛丽时，托克维尔、博蒙和女士们坐着一条独木舟在苏必利尔湖冒险。晚上，当船上的乐队奏乐时，每个人都在甲板上跳舞。在这种情况下，博蒙平生第二次听"马赛曲"（Marseillaise）——第一次在七月危机时。奇怪的是，

174 他拿出笛子，吹奏由罗西尼（Rossini）定调的变奏曲，以繁星满布的美丽夜空、广袤静谧的森林和岸边印第安营地的篝火为背景。[56]

　　可见，苏必利尔号上的气氛与萨吉诺不同，但是仍然有很多进行严肃研究的机会。一个天主教牧师米隆神父（Father Mullon），正要前往驳击麦基诺的长老会教徒（"所有的教派都痛恨天主教，但唯有长老会教徒是最极端的一群人"），他在由自己改宗的印第安人之中倾诉其骄傲，然而他对两位特派员上得最重要的一课，乃是其坚持完全政教分离的价值观。他承认，欧洲的天主教教徒不这么认为，但是他说，当他们来到美国，他们会很快改变想法。牧师与政治的关联越少，宗教观念的力量就越强大。这与他们在美国所遇到的每个牧师所说如出一辙，而当博蒙回想起法国王权与教权结合的灾难性后果时，他倾向于同意这些牧师们。[57]

　　两位朋友越来越深入地探察印第安国度，每一次港口的停靠都让他们更了解当地人。他们对印第安人的尊重、喜爱和同情与日俱增。在圣克莱尔（Sainte-Claire）河边的格拉希厄特堡（Fort Gratiot），托克维尔见证了一场战舞，而且深受震惊："英俊的男人。跳舞以消遣时间，并赚到一些钱。我们给了他一先令［原文如此］*……触目惊心。竟沦落至此"；但几天后，他就跟齐佩瓦族（Chippewa）的一位首领相处愉快了，后者非常羡慕托克维尔的防水枪："加拿大人的祖先［也就是法国人］都是伟大的战士！"反过来，托克维尔对族长头发上戴的两根羽毛也很羡慕：当有人微笑着告诉他，是因为杀了两个苏族人（Sioux）而赢得此物时，他恳求能否得到其中一根，以展示于伟大的战士之国，这个请求立刻得到强有力的握手同意。[58]托克维尔和博蒙遗憾地放弃了要涉足欧洲文明尚未触及之地的想法，尽管他们渴望地得到了遥远西部的快乐狩猎场的传闻，在那里印第安人仍

175 然使用弓箭，并有着非常丰富的猎物，还有密西西比河边的普雷里申（Prairie du Chien），"一块被视为中立的领土，不同的民族在那里和平相处"（中沙洲的最后遗迹）。虽然各部落似乎没有预见自己的毁灭，但这是不可避免的。[59]其他一些事情同样无可避免。托克维尔写信给他的父亲：

　　　　我们正在旅行的这片辽阔区域，没有任何奇异的景观，只有覆盖着森林的大片土地。这片湖上没有一艘船，它的岸边没有任何人类活动过的踪迹，

---

* 美国人花了半个世纪或更久的时间来习惯使用新的美元和美分。

无尽的森林围绕着它，我向你保证，所有这些不仅仅是诗歌中的雄伟壮丽。这是我生平见过最为非同寻常的景象。这片目前除森林之外别无他物的土地，将会成为这个世界上最富有最强大的国家之一。虽然不是先知，但我也能这么说。大自然已万事俱备……所欠缺的只有文明开化之人；而他们已近在咫尺。[60]

这是一个具有远见的时刻，但是托克维尔再次受惑于令人分心之事。在他和博蒙所了解的关于佩伊当欧河谷的迷人细节中，有一个故事——即便在最遥远的荒野，印第安人仍然会主动用"*Bonjour*"跟欧洲人打招呼。[61] 这一点，以及他们正在遇到的前法兰西帝国在北美的所有其他遗迹，让这两位朋友感到震惊。这是相当出乎意料之事。自从1763年《巴黎条约》将加拿大割让给英国后，宗主国法国人已经不了解，也不想了解他们已经放弃的殖民地人民。托克维尔和博蒙无异于他人。但自从抵达萨吉诺之后，他们已经见证了加拿大低地处曾经繁荣的法国市镇——他们开始感觉到其影响力依然如故。他们变得更加迫不及待地想去那里。

首先，他们必须经由底特律返回布法罗，8月17日，他们在布法罗得到了一些信件；随后，他们怀着略微受损的热情，再次立刻动身前往尼亚加拉。托克维尔回信给母亲，向她保证，他非常高兴能经常听到她的消息；写信让她很劳累，因此"得知它们耗费您那么多的精力，您的来信对我而言倍感亲切。"但是在布法罗，他们还发现了欧洲的报纸，从那里得知法国的内战或许即将爆发，或至少是一场在旺代的支持波旁王朝的叛乱；似乎那件事本身还不是最糟糕，还有一种个人的焦虑，比如凯尔戈莱和伊波利特·德·托克维尔这样性急的年轻人，会不会做出什么冒失的事情。[62] 当那么多朋友可能会在国内遇到麻烦时，托克维尔对自己还在美国欣赏瀑布感到不安和羞愧。但这也反过来证明，尼亚加拉是一道多么壮丽的瀑布！他们在晚间到达尼亚加拉，虽然什么都看不见，但是他们在几英里之外就已经能听到轰鸣声。第二天，天朗气清，他们前去观赏瀑布，托克维尔说，他们无法用言语表达，这跟其他人倾尽溢美之词是异曲同工的。托克维尔说道，这个瀑布胜于欧洲人对它的一切描述。这是对夏多布里昂的另一个打击：博蒙明确弃用了弗朗索瓦-勒内的描述，因为他除了坚称大瀑布"泄洪如巨柱"之外，其他描述都不够充分。马蹄形瀑布上空的水雾所形成的大彩虹格外吸

176

引托克维尔，在晚上的月光之下更是如此。他站在峡谷旁边的山峰上，水流在他四周咆哮，他的浪漫主义情怀达到最高点："没有什么能比肩这里看到的壮观景象"，或许只有在瀑布后令人生畏的探险，那时就好像整条河流都砸到他的头上。但是他独特的观察角度并没有辜负他。他对凡尔赛检察院的另一个同事达尔马西（Dalmassy）写道，如果他想要看看尼亚加拉大瀑布的壮美，就要抓紧了：十年之内，美国人就会在它的脚下建造一个锯木厂。* 对博蒙而言，他因为克莱门小姐的自作多情而回到现实，她是他们在苏必利尔号上的伴侣：她紧跟他的脚步，直到他被迫以真正粗鲁的方式，徒劳地企图摆脱她。他认为应该称她为"尼亚加拉的精神病人"。[63]

他们去加拿大的旅程，度过了十天左右。这次旅行是最后一次，也是最违背其初衷的一次，无论是监狱制度还是政治方面。最终，它对《旧制度与大革命》的贡献也未超过一个注释，[64] 而且它完全不需要长篇地按时间记述；但是它生动地阐明了托克维尔和博蒙性格的某一方面。他们高兴地发现，在新世界法国人尽管受到外国人的束缚，但他们做得很好；而且他们尽其所能地寻找证据证明，加拿大人很快会成功地起来反抗英国统治。到目前为止，他们是经验丰富的观察者，他们在信件和笔记中对加拿大的描述满是活力与兴趣；但是留下的最深刻印象是他们已经爱上了这个国家，而且尽力看清能最好地支持其爱恋的一切事物。

要理解他们爱恋的原因并不困难。蒙特利尔（Montreal）和魁北克（Quebec）之间的地区，比之他们在北美看到的其他各处都更像欧洲，尤其是法国。荒原的一切痕迹都已经消失了；在他们坐蒸汽船前往圣劳伦斯（St Lawrence）的码头，托克维尔和博蒙赞美那取代了荒原的农垦土地、教堂钟塔和稠密人口。蒙特利尔看起来很像法国外省的一个城镇，每个人都说法语。这样一块繁荣的殖民地处于英国的统治之下，自然让人感到愤怒；博蒙向他父亲谴责"可耻的 1763 年条约"。人们都如此迷人，比之大革命以来的宗主国法国人要快乐，比之悲观、焦躁和贪财的美国人更是如此：博蒙说得那么夸张，就好像直到来到加拿大，他才听到北美有人欢笑。

托克维尔倾向于得出这样的结论，即国民的性格是遗传的，或者至少，比之

---

* 事实上，尼亚加拉大瀑布今日主要用于水利发电；晚上瀑布会截断，白天放流（以取悦游客），但流量大大减少了。

其政治制度与自然地理，更多的源于其血缘传统。加拿大人称自己的国家为新法国，但它真的是旧法国，去除了其缺点的旧制度法国，而且没有经历过革命。跟美国一样，平等原则在加拿大推行，而且人民抱怨残存的封建税，但这些是如此的微不足道！神职人员是开明的、虔诚的、民主的，而且仍然拥有法国人的性格——"快乐、活跃、嘲弄，喜爱荣耀与名誉……"农民与法国的一模一样——他们为独立自主感到自豪，憎恨封建主义的记忆。他们衣食自给自足；每个村庄都是一个家庭，而且没有不检的性行为。他们的宗教远较法国崇高——街上没有圣母玛利亚（Virgin）的雕像，教堂里没有还愿物："在这里，天主教既没有激发新教徒的仇恨也没有讽刺，"托克维尔说道。"就我目前所想，我承认这比美国的新教主义更有精神上的满足。这里，本堂神甫确实是其信徒的导师；这里，没有大多数美国牧师的工业宗教。"事实上，如果神父不是像加拿大那样，那么神父就毫无用处。[65]

这是两位年轻贵族的乌托邦，似乎表明了他们心中的理想并不是完全虚幻的，并且唤醒了他们所有热切的爱国情怀（一直只不过是表面上的）。但就其任务而言，他们已经在浪费时间，托克维尔很快会收到来自勒佩勒捷·德·奥奈的一封信，警告他如果不想被剥夺假期的话，就要更频繁地向其上级汇报。[66]事实证明，他们已经在北美度过了一半的时间，而他们大概已经有两个月没有认真地做关于监狱的研究了，更不用说调查美国的民主。可以肯定的是，他们一直计划着在加拿大之行后，前往新英格兰；在9月2日向南行时，他们正极端无视自己的任务，尽管他们可能并没有立刻意识到这点。9月3日，他们在尚普兰湖（Lake Champlain）游玩，9月5日返回奥尔巴尼，他们是7月4日从这里离开的。他们的朝圣之旅中最紧张、最重要的阶段即将开启。

178

第九章　共和研究（1831—1832）

先生，当一个外国人发表其作品时，他应该警惕犯错和人们——碰巧他身处其中——错误的热情。

塞缪尔·约翰逊（Samuel Johnson），1773

9月9日，他们到达波士顿，发现有一袋信正等着他们；当托克维尔整理好自己的那份时，他忧虑地发现没有一封是来自勒叙厄尔神父的。他很快在家人的来信中验证了自己的担忧。贝贝过世了。在写给爱德华的一封充满感情的信中，托克维尔倾诉了悲伤之情。该信上文已经引用过了。* "昨晚，我把他当作圣徒，向他祷告。"托克维尔因为满含泪水而看不清自己写了什么。[1] 他的悲伤一定激起了尊敬与同情，但值得注意的是，这位精明而诙谐之牧师的人格，在托克维尔对他的哀歌之中并看不到，对托克维尔而言，神父主要是爱与信任的根源，也是表面上不加批评之温柔的根源，哀悼者如此需要并极其珍视这些。奇怪的是，他并没有立刻告诉博蒙发生了什么事。博蒙除了热心的同情，本不会再有其他；但如果告诉博蒙，托克维尔将不得不面对自己的内疚。"对我而言，能让自己在他身边并接受他最后的祝福，本会是最大的安慰，"他对母亲写道；[2] 但是在托克维尔离开法国之前，他就知道贝贝的身体急剧恶化。他还是远航了。没有人曾拒绝给予托克维尔这种安慰，即在勒叙厄尔临终之际照看他：是他自己让它成为泡影。尽管这件事让美国研究的乐趣大不如前，他也不允许失落让自己改变计划："我转向工作，我对它的兴趣很像囚犯对枯燥的工作一般。"[3]

在剩下的美国之旅中，尽管其悲伤的程度递减，但总是萦绕于心；工作帮助他恢复并分散了注意力，他发觉这就是自己现在的处境。好些年以后，他写信给美国的一个朋友，如果自己不得不生活在美国，他会选择波士顿，因为那里有那

---

* 见前文，第30页。

么多文明而友好的人；而且很容易明白他对那个小镇那么情有独钟的原因。刚从荒野过来，托克维尔与博蒙对马萨诸塞州（Massachusetts）有着对加拿大同样的喜欢。对博蒙而言，马萨诸塞州也是一片古老的土地："我把所有两百年以上的地区称之为古老……在马萨诸塞的土地上，你看不到树桩或者用作住宅的伐木小屋。"几天之后，托克维尔写道：

> 波士顿是一座漂亮的城市，如画一般得坐落于水面围绕的山丘上。到目前为止，我们所见到的居民们，与纽约的截然不同。至少从我们已知晓的来看，我认为他们的社会是最好的，几乎像极了欧洲的上流社会。奢华而精致。几乎所有女人都有一口流利的法语，我们目前遇到过的所有男人都曾去过欧洲。他们的礼仪高贵，谈吐睿智；人们感觉不到商业习惯和商人外表，而这些让纽约的社会如此庸俗。在波士顿，已经拥有了一批人，他们不需要做事，而是追求思想的乐趣。他们中的一些是作家……

确实，他们的写作大多关于宗教事务，但托克维尔原谅了他们。他第一次在美国有宾至如归的感觉。[4]

当波士顿人一发现那两位著名的法国特派员到来时，托克维尔与博蒙就受到了一如既往的热烈欢迎。熟悉的流程又恢复了：不外出就餐时，他们就跳舞。他们继续监狱调查："我们无疑将成为整个世界的监狱研究专家，"博蒙自夸道。[5] 但在他们波士顿的经历中，最重要的是与当地睿智的政治学者每天一到两次的对话。到目前为止，他们对民主的研究在某种程度上是主观而随意的。现在，在那么多睿智讨论的促进下，研究变得具有体系。

他们所遇之人中最有用的是贾里德·斯帕克斯（Jared Sparks），他曾做过《北美评论》（*North American Review*）的编辑，未来哈佛大学的校长（身处其位时，他将授予托克维尔荣誉学位），乔治·华盛顿文献的第一编辑和出版商。作为一个历史学家，他被称为美国的基佐——他们年纪相当——只有一点，他不想进入政界，而且放弃了成为众议院议员的机会。9月17日，他向托克维尔展示了自己关于华盛顿文献的大量收藏。精美整齐的笔迹和成百上千的签名让托克维尔感到震惊，其中的每一份都可能是其他任何一份的摹本。向他展示的档案是商业资料，涉及军事管理和华盛顿的私人事务；它们能让书记员赢得赞扬。这样一个胸怀天下的人为何会屈尊就驾这些小事？两天后，斯帕克斯——他如果不是一个参与者，则会是一个最聪明的观察者——给出了自己对安德鲁·杰克逊的看法。他说大多数受过高等教育的人认为将军不适合做总统，但是杰克逊将会连任，因为人们改变自己的想法总是很慢：他们经年累月地被教导，认为杰克逊是一个伟大的人，而在 1832 年选举之前，没有时间重新教育民众。托克维尔又一次陷入联邦主义者之中：他记下所告知之事而不做评论，但他过于轻信这些了。[6]

麻烦的是，尽管开启了很多新话题，但波士顿人都倾向于说同样的事情。因此，9 月 29 日，与斯帕克斯的第三次谈话开始了，幸运也出奇的是，在日记的残存片段中我们有博蒙的记述，也有托克维尔的。斯帕克斯法语流利，而两位特派员似乎鼓励他知无不言，言无不尽。对话覆盖面很广：新英格兰镇民大会，斯帕克斯出生地康涅狄格州（Connecticut）的民主，杰克逊和亨利·克莱（Henry Clay）之间的竞争，美国报纸，地方分权……很多话题被引出，而斯帕克斯对这些问题的观点，最终将原原本本地重现于《论美国的民主》中，尽管未加署名。但他并不是第一个阐述这些话题的人；相反，这更像是托克维尔和博蒙利用这个特别聪明且消息灵通的朋友，来检测他们已知的观点。因而，斯帕克斯坚持"起点"的重要性：新英格兰将其自由归功于她最初建立的情况，归功于她的殖民地历史。"我们作为共和主义者和宗教狂热者来到这里……那些想要仿效我们的人，应该意识到我们是史无前例的。"托克维尔立刻将这个观点告诉亚历山大·埃弗里特（Alexander Everett），他是一位前驻西班牙宫廷的美国公使，尽管埃弗里特略表异议，但他立刻表示赞同："一个民族的起点是一件无边无际之事。其结果之好坏的范围所及永远令人惊讶。"他以从英国继承而来的债务监禁的做法为例，它只能逐渐地在各州予以废除。斯帕克斯也无意中说起这种评论，即多数总是正确，在美国乃是教条；他几乎是捎带着补充道，"有时候多数会压迫少数。幸运的是，我们的州长具有否决权，最重要的是，法官有权拒绝应用违宪的法律，这是对抗民主的激情与错误的保障。"罗桑博主席的外孙完全不会反对这个意见，尤其因为他正准备探究美国法律制度的政治方面，特别是陪审团制度（它或许最终会成为他作品中最原创的部分）。悲剧的是，托克维尔越是认真地对待斯帕克斯的看法，他就越趋向夸大"多数权力之滥用"的危险，但斯帕克斯的想法理应淡化这种危险，当《论美国的民主》出版时，斯帕克斯感到很沮丧。他几乎没有其他可抱怨的：托克维尔如此不遗余力地利用他（特别是劝说他写了一篇有价值的论文《关于"马萨诸塞州的市政治理"）），几乎要冠以他合作作者的名义。尽管如此，他的随意评论成为了逐渐形成托克维尔最严重错误的根源。[7]

托克维尔感到，想要放弃那些业已形成的观念是很困难的。因此，他坚持源于利文斯顿关于继承法的观点。他仍然认为这些法律解释了美国民主的出现和文明的衰落。在波士顿，博蒙开始理解真相：后革命时期的继承法更加民主，有平等的意味，在法国比之美国尤甚。在仍然是君主国的法国，限定继承权与长子继承权已经被废除，以确保家庭的利益：每个继承人都享有相同的权利。立遗嘱者只能在严格的限定之内订立遗嘱。1826 年，极端派尝试在一定程度上恢复长子继承权，这导致了查理十世统治期间首批严重冲突之一。这个事件很可能塑造了托克维尔的观点，该事例中的观点是其等级的绝对典型。另一方面看，在共和的美国，立遗嘱者可以随心所欲：限定继承权与长子继承权已经被废除，以保证个体财产持有人的利益。不幸的是，博蒙从未对此发现有所作为，而托克维尔从未承认这点。[8]

在波士顿待了一周后，他发现自己被迫考虑思想的甚或是逻辑的难题，如果他的政治研究想要取得成功，就必须要解决这些困难。首先——哪怕不是最重要的——就是美国的民主乃是一种成功这件事。它与他在欧洲认为一切理所当然之事都相抵触，但它是行之有效的。

> 一种令人难以置信的**外在**平等在美国盛行。所有阶级不停地混合，而且丝毫没有其不同社会地位的迹象。每个人都能相互握手。在卡南代瓜，我看到一个地方检察官跟一个囚犯握手……我认为不存在任何职业，其本身会贬低从业者。你时常会在报纸上读到对一个人的赞美，"在这样的地方，他经营着一家体面的酒馆"。白人仆人明显自视与主人是平等的。他们亲密地互相聊天。登上蒸汽船，我们马上想给乘务员小费。人们阻止我们这样做，因为这是在羞辱他。我已经在酒馆看到，一旦每个人都服务到位了，服务员就会挨着我们坐在桌边……

就算当刽子手，也不会被视为可耻。伟人也不会引发骚动。在席间，当他们跟美利坚合众国的前任总统约翰·昆西·亚当斯（John Quincy Adams）见面时，作为一个尊贵的客人他得到非常礼貌地接待，但仅仅如此。大多数出席者只称呼他为先生，虽然少数人称他为"总统先生"；无论怎样，这跟凡尔赛或圣克卢都大相径庭。女人似乎能成功应对没有私人女仆和没有成堆行李的情况，欧洲的女士们视之为旅行必须。[9]而支持这个非常平等的社会的政治制度，或者由这个非常平等的社会所支持的政治制度，同样是让人惊奇的。在奥尔巴尼，托克维尔失败了，但在波士顿，他牢固地掌握了美国政府运作的方法。他跟现任哈佛大学校长乔塞亚·昆西（Josiah Quincy）谈话，*他除了强调起点之外——他还说到，马萨诸塞州现在就跟革命前一样自由："我们将国王替换成人民的名字。除此之外，我们没有任何改变"——还强调了地方政府的重要性，作为其结果，就是中央权威的弱化："马萨诸塞州是小共和国的集合，这些小共和国自行任命地方治安法官，管理自己的事务。"州立法只处理州一级的事务。托克维尔对此印象非常深刻，他认为政府缺席的一个最好结果是个体主动和自力更生的发展。当一个美国人计划一些公共福利（"学校、医院、道路"）时，他只能依靠自己的能力，并总是成功。比之政府行为，其结果可能不那么令人满意，"但是总和起来，所有这些个人行为的总体结果远远超出官方行为之所能"，而其道德和政治利益足以抵消任何不足。这让人印象极为深刻，让托克维尔写下"一个好政府最关心的事，是让人们一点一滴地适应没有政府"（这像美国的一句著名格言"最好的政府就是管得最少的政府"）。到 9 月末，他感到是时候告诉自己，有两大社会原则主导着美国社会，而在解释支配它的法律和习惯时，这两条总是很有必要：

> 1.多数会在某些问题上犯错，但总体而言它总是正确的，而且没有超过它的道德力量。
>
> 2.每个个体，私人、社团、镇区或者州†，是其自身利益的唯一合法裁判，只要它不损害他人的利益，任何人都无权干涉。
>
> 我想我绝不能忽视这条笔记。

他从未忽视。[10]

但是同一天，他又写道："一个完全民主的政府是一架如此危险的机器，即便

---

* 令人好奇的一点是，托克维尔访问波士顿时，他从未觉得应当访问哈佛大学；事实上，他从来没有访问过美国的任何一所大学，甚至耶鲁大学也没有。

† 一种法语用法：这里（而且在很多其他地方）托克维尔指的是美国意义的"State"。

在美国，有必要采取一系列措施对抗民主的错误与激情。"他列出了两院制议会，州长否决权和司法独立，作为一些预防措施；他似乎在详述斯帕克斯告诉他的那些，或者他认为斯帕克斯告诉他的那些。但是他还未发现也永远不会发现，从州到联邦，美国宪法主要依靠选举来控制多数，必要时将他们变为少数；毫无疑问，部分原因是在游历选举圣地的九个月过程中，他竟然做到了一场选举都没看过。他也没有明白，至少从 1789 年起，宪法制定者主要关心的问题是利用多数来制衡暴虐的少数。他们并非（现在也没有）总是成功，但那无法辩解托克维尔无视特殊利益之危险。[11]

即使他的评论有争议，但它们包含了很多真理，而且在逻辑上似乎没有理由认为它们不能适用于法国。难点在于起点问题。思考政府越小越好的美国制度时，或者记起夏多布里昂的《美洲游记》时，托克维尔写道：

> 几乎没有民族不需要政府。除了在文明的两个极端，事情的这种状态从未持续过。野蛮人只要满足其生理所需，只依靠他自己。而文明之人要做同样的事情，他必须拥有那样的社会条件，在该社会中，其理智使其清楚地感觉到什么是对他有益的，而且其激情不会阻止他做这件事。

186

法国人两个条件都不具备，因此没有走美式民主的希望。托克维尔知道这点，如果他尚未知道，则他的波士顿朋友本会告诉他。比如《美国百科全书》（*Encyclopaedia Americana*）的编辑、德国移民弗朗西斯·利伯（Francis Lieber），他说欧洲人最大的错误，就是认为只要开一个制宪议会就能建立起一个共和国。人民必须在骨子里有共和主义——看看美国！"到处都是共和，街上跟国会中一样多。"托克维尔不能否认这点；而州参议员和监狱检察员弗朗西斯·C. 格雷（Francis C. Gray）强调，民主的态度很早就在生活中形成了："我们之中，任何一个十五岁的男孩都担任过一百次陪审员。我觉得比之你们大多数的代表，波士顿最卑微的公民都有着更多真正的参政前景，且更习惯于政治辩论。"但托克维尔不能完全接受一种坚称其祖国希望渺茫的理论。毕竟，他的对话者之一，佐治亚州（Georgia）的克莱先生（Mr Clay）* 认为，所有国家甚至欧洲列强，有朝一日也许

---

* 尽管身份不明，但不要跟肯塔基州（Kentucky）的亨利·克莱混淆。

会变成民主的。这让托克维尔感到震惊，当克莱先生认为新教是必要前提时，也可能让他感到震惊；但是不考虑那点，或许克莱是正确的？有人告诉托克维尔，一个共和的民族必须是"坚定的，信教的，且非常开明的"。也必须是富裕的。这些是否都超出了法国的能力范围？"在美国，一个自由的社会已经创造出自由的制度；在法国，自由的政治制度将不得不创造出一个自由的社会。在不忘记起点的情况下，这是需要我们努力奋斗的结果。"这只不过是正确地弄清该问题，而不是因为难以解决而预先摈弃它。[12]

但是在他访问波士顿期间，另一个问题开始搅扰，它对美国共和制的前途有截然不同的看法。"在马萨诸塞州，黑人有公民的权利。他们能在选举中投票……但是偏见还是如此强烈，以至于他们的孩子不能上学。"[13]

奴隶制是美国的一个大问题，这在欧洲不是秘密：正如我们所见，基佐和夏多布里昂都提到了它，而英国人——无论是通过外交运动，还是通过国内的反奴隶制鼓动，以反对奴隶贸易——始终报道该问题。之前该问题从未成为托克维尔与博蒙旅行中的关注点，这很可能是偶然。现在，在即将成为废奴主义中心的波士顿（威廉·劳埃德·加里森 [William Lloyd Garrison] 刚开始出版《解放者》[Liberator]），他们不可能错过这个极为痛苦复杂的主题。席间，托克维尔坐在约翰·昆西·亚当斯旁边，他认真聆听这位前总统用流利而优雅的法语，滔滔不绝地讲奴隶制及其对南方社会的后果。

> 在那里，白人组成了一个阶级，它具有与贵族阶级一样的激情与偏见，但毫无疑问，白人之间的平等，没有其他地方更甚于南方。这里，我们在法律面前拥有完全的平等，但是在日常生活中，它完全用不到。*那里有上流阶级和工人阶级。在南方，每个白人都是同样的特权主体，他们的天命是让黑人工作，而自己不工作。你无法想象，以工作为耻的想法已经多么牢固地占据了南方人的头脑……他们自身沉迷于体育、狩猎、赛马。他们是体力充沛、勇敢而尊贵的；在那里，所谓"荣誉问题"远远重于其他任何地方；决斗很频繁。

---

* 该评论与托克维尔的亲自观察正好相反；但当时托克维尔的观点，乃是来自等级森严之社会的贵族的观点，跟亚当斯的观点差别极大。虽然两人相矛盾，但都是正确的。

托克维尔认为，这一切对联邦的未来有不祥的影响，虽然亚当斯先生拒绝对此发表意见（这不是一个对前国家元首提出的好问题）；托克维尔还记录了某些言论，它们表明亚当斯并不完全相信种族平等："黑人们总是滥用其女主人的善良。他们知道，施加肉体惩罚并非惯例。"[14]

之后是一位种植园主克莱先生。他是托克维尔认识的第一个南方人："我几乎未曾遇到更加和蔼可亲且教育良好之人。"他认为解放会到来，随后是两个种族的分离。白人与黑人永远不会融合成一个民族。"此外，这个外国种族的引入，是美国独有的大灾难。"[15] 这是另一个需要思考的大主题：博蒙对它特别着迷。

波士顿之旅结束了。这是非常有价值的：托克维尔比之前更清楚自己的书可能会是怎样；而且他似乎开始明白，这不是一部能够合作的作品。但是他能完成它吗？他担心家人对自己的旅程期望过高。这次旅行已经给予他经验，以及有朝一日可能会对他有实际作用的、关于政治问题的想法。但他远未确信自己能写一些关于美国的东西。"描绘这样一个广阔且变动的社会，将是一项极为巨大的任务。"然而，他仍然勤勉地收集材料。[16]

与此同时，考察监狱的任务重新引起托克维尔的注意。在波士顿期间，他和博蒙并没有完全忽视它。他们参观了查尔斯敦（Charlestown）的奥本式监狱，以及令人印象深刻的针对少年犯的"改造所"（House of Reformation）。他们听从了奥奈给他们的提醒，并详尽地报告给巴黎——事实上，这最后的预防措施比以往都更为必要，因为当局似乎想要削减他们的假期。博蒙再次得到晋升，而且检察院迫切地需要他，而且对于了解美国的监狱制度而言，十八个月远超所需。此外，虽然司法大臣*（Garde des Sceaux）不知道两位特派员究竟在忙些什么，但对人性的最基本认识必然已经提出怀疑，即他们花了太多的时间在享乐方面。从现在起，托克维尔和博蒙感到自己正在等待一项处决的宣判；它最终将严重破坏他们的计划，如果它没有完全难倒他们，他们将不得不更努力地做任务，尽管（至少）博蒙对它极为厌烦。[17] 因此，10 月 3 日，他们迫使自己离开波士顿，经由康涅狄格州的哈特福德（Hartford）和纽约前往费城（Philadelphia）。他们在哈特福德住了几天，访问了韦瑟斯菲尔德（Wethersfield）监狱——根据奥本设计的另一个新监

188

189

---

*　法国的司法大臣亦持有掌玺大臣的头衔。——译者注

狱，并且对它有一种非常乐观的印象，因为他们没察觉到，其表面之下正在酝酿由奥本制度所引发的另一项可耻行为：管理者挪用供给囚犯的资金和食物，因此囚犯们处于半饥饿的状态。[18] 在纽约，他们放下了一半的行李。现在，因为他们自身的努力和美国人的热情，他们正随身带着一个小型图书馆。继续如此没有意义，因为在他们回国前，可以把这些存局待取（但无论去哪里，他们都在此期间继续收集材料）。10 月 12 日，他们到达费城。

那里正热切地等候他们；事实上，为了帮助他们，一个小委员会已经建立起来。因为费城是对监狱改革最上心的美国城市。建立城市的贵格会教徒不再统治它，但他们仍然是占据主导地位的社会团体，且其威望和有宗教倾向的良心的结合，使他们成为非常有效的煽动者。他们拥抱和平，向奴隶制宣战，他们努力追求理性的梦想和有效的刑罚学。他们改革的第一项努力乃是胡桃街监狱（Walnut Street prison），在 1790 年以奥本模式彻底革新过的一处旧有机构。这并未满足需要（当托克维尔和博蒙到达时，胡桃街监狱已经成为政党分肥制的玩物），[19] 因此 1829 年时他们开设了东州教养所（Eastern State Penitentiary）（熟称为樱桃山监狱），在这座监狱中，其建筑本身及所采取的管理制度，最完整地体现出监狱哲学的无情逻辑。其他的所有监禁目标——刑罚、预防、威慑——都遭到抛弃：[20] 犯人一旦进入樱桃山，其看守人的唯一关心的事就是其道德改造。因为囚犯之间相互败坏，或至少在允许见面的情况下，会互相阻碍改造，现在每个人都是在一个特别设计的房间内单独监禁，只有很小的活动场地，除了监狱牧师外无人可以谈话，通过日常劳动防止精神错乱。贵格派有信心（在个人的内心之光中，贵格派的信仰是无限的），在这种情况下，即便是最铁石心肠的灵魂，都会软化、悔改和改造，有利于其自身及社会的持久利益。

190　　毫不奇怪，当托克维尔与博蒙抵达费城时，对自己受到如此关注感到不知所措，很快贵格派就确信，他们已经说服两位特派员同意他们的思考方式。[21] 他们错了：尤其是博蒙，他发现樱桃山实验昂贵得难以承受，至少是对法国而言，那里目前至少有 32000 个犯人；他们都不确定该监狱制度（无论是奥本还是贵格模式）真的能引导犯人忏悔。但是今天，（研究）他们接触樱桃山监狱的极大兴趣，在于托克维尔在这种情况下进行其研究的方式。他和博蒙突然意识到（肯定应该在之前就已经意识到）研究监狱——在这里是樱桃山——跟犯人交谈将是一个好主意。他们允许在典狱官不在场的情况下跟犯人单独见面；为了不吓到犯人们，他们进一步决定每次面谈只由他俩中一人进行，最终托克维尔一个人包揽了全部——显然是因为博蒙极端厌倦这个任务。因此，在两周中的大部分时间里，托克维尔每天去收集自认为是无价的证词。他总共见了63个犯人。[22]

这本该是调查的最精彩部分；但它并不是，这就说明了托克维尔的很多问题。当他驾轻就熟时，他关于每个犯人的笔记变得极其公事公办，几乎是千篇一律的：

15号——这个犯人28岁；他被认定犯有过失杀人罪；他在监狱里将近两年时间；他身体很健康；他在房间内学会了织工的活计。他说，自己的孤独在刚开始似乎是难以忍受的；但后来已经习以为常了。

1号——这个犯人是第一个关进这个监狱的，是个黑人。他已经在监狱里生活了两年多。他身体很好。

这个人工作热情：他一个星期做十双鞋子。他的内心似乎很平静，他的性格很好。他似乎将进监狱这件事，看作上帝之祝福的一个信号。整体而言，他的想法很虔诚。他为我们朗读《福音书》（Gospel）里耶稣的寓言故事，他已经明白其中的意义，这大大地触动了他，他出生于一个堕落的、受压迫的人种，除了冷漠和敌意之外，他从未在同胞那里感受过其他。[23]

这是大多数受访者的情况，从他们那里，托克维尔能安慰性地推断犯人的身心健康看起来不错，只要没有绝望，他们就乐于接受某行业的工作机会，他们知道如何让人听着好像很虔诚。但所有这些，并没有超出樱桃山的管理者所能够并确实告诉他的，或许除了证明在费城当犯人比在辛辛要好之外，别无其他。或许可以绝对确定的是，如果托克维尔问不同的问题，他能够得到更多有启发的答案。"35号——这个犯人80多岁了。当我们进入他的房间时，他正专心阅读《圣经》。"[24] 没有更多的记录了，托克维尔怎么会忘了问，为什么他这么大年纪了还会成为囚犯呢，以及看守人把他关起来想要得到怎样的结果呢？（如果问了的话，他肯定会写下答案。）

65号——这个犯人30岁，没有家庭，犯了伪造罪；在监狱里待了七个月；感觉特别好。这个犯人沉默寡言；他抱怨因单独监禁所导致的罪恶，他说只有劳动才能减轻这种罪恶。他似乎很少关心宗教思想。[25]

最重要的是，那里有 00 号犯人（托克维尔把这个编号给了某几个犯人，这是其中一个），"40 岁；因在公共干道上持械抢劫而获罪"，不用太多鼓励，他就倾诉了自己一生的故事：当他还是个男孩时，怎样从家庭农场出走，到了费城；他如何因流浪而关押了一个月；在狱中，他如何结交了麻木不仁的小流氓，并成为其中之一；他如何因抢劫而最终被判刑九年，关进胡桃街监狱（因为表现良好减刑至七年）；他出狱后，刚开始如何成功地尝试做一个老实谋生的零售商，而且结婚了；但他的犯罪记录是如何让他失去了自己的工作。他如何生病；如何在绝望和愤怒中再次转向抢劫；如何又要在樱桃山监狱关押十年。

192　　　　托克维尔：你未来的计划是什么？

　　00：坦率地说，我不想因为自己的所作所为责备自己，或者成为一个善良的基督徒；但是我决心不再偷盗，而且我看到成功的可能性。当九年之后我从这里出去，世界上没有人会认识我；没有人知道我曾锒铛入狱；我不会结识任何危险之人。我将会自由而平稳地生活。我认为这是这个监狱的最大优势……[26]

托克维尔小心翼翼地把 00 号的叙述记录下来，它仍然是其所有工作成果中最悲哀、最动人的一页；但他似乎并不想从其他犯人口中得出其生活故事。然而，或许他们本已从 00 号的故事中证实易于察觉的教训：即至少在美国的城市中，人们很容易走上犯罪道路，且骑虎难下，而残忍的长期徒刑，除了威慑之外毫无用处：第一次让 00 号放弃犯罪的原因，使他观察到——即便最聪明的罪犯，也难以长期逃避追捕和惩罚。康涅狄格州的一位律师告诉托克维尔，犯罪率随着经济繁荣而上升，他对此感到震惊（"这条评论需要证实"）[27]，他快要发现，犯罪的起源与性质，远比热情的改革者所设想的要复杂得多，但他沉迷于比较奥本与樱桃山，错过了这关键的经验。

这要部分地归因于其个人训练，它没有令托克维尔盲目地只听从罪犯的观点。无论他们去哪里，他和博蒙都找寻"那些有教养的人"，如果不跟这些人建立起紧密联系，他们就会不知所措。他们用这个词时，所指的不仅仅是受过教育或开明之人。他们指的是"上流社会"——"那些有生活来源且受过良好教育之人。"[28]
他们把这些幸运的人与自己国家的上层阶级视为同类。更糟的是，在上层阶级之
中，他们感到跟律师们最合得来——有时托克维尔日记的读者必定会留下这种印
象，即他们是在跟杰出的律师们交谈。由此，他们放弃了国外旅行的一项主要优
势，尤其是到美国的旅行，即摆脱其自身社会身份的负担与困境的机会。在法国　193
他们注定是贵族，在美国他们本可以成为任何自己所愿之人，但他们没有欣然接
受这种自由，而是抓住每个机会坚持其原来的社会地位，因为没有贵族身份的话，
他们会感到失落。对他俩而言，这都不仅仅是私人怪癖。其教养和法国的近代历
史，让他们必然持有这种态度。

其研究中的损失是巨大的。当他频繁地注意到美国跟法国的区别时，或者当
他在临回国之际认为，真的需要两年才能理解美国时，托克维尔有时候也会隐约
地意识到这点。[29] 或许如果能待得久一些，他就能够有所突破。事实上，他能跟
大多数美国人轻松交谈。就无可避免之事指责他是徒劳的，但这样评论或许是公
正的，即一个如此相信民主正在到来，且美国会由"多数"（即男性成年白人）统
治之人，本该寻找更多的民主人士。但他未能做到这点，他将要构建的某些最典
型的理论框架，是建筑在并不牢靠的基础之上，且从中得到的推论也是无效的。

换句话说：当托克维尔和博蒙在西部追寻其幻想时，他们有重大发现。他们
几乎是参与式的观察者（我们要记得，他们曾一度假装土地投资商），他们所获得
的睿智之见，还是丰富了他们的作品。即便是在加拿大，他们想在那里煽动反对
英王威廉四世的言论，这种想法使其误入歧途，但他们所学甚多，误学甚少。但
是在新英格兰（New England）和宾夕法尼亚州（Pennsylvania），偏见的樊篱再次
将他们禁闭起来，且严重阻碍了他们的研究。研究监狱的任务必然会让他们不断
地接触和依赖精英和专家，从而强化了这种倾向。

然而，每当托克维尔在其研究中发现一个缺点，他总是急于纠正它。比如，
走访波士顿给了他重要的机会。如果他的任务是告诉欧洲人，民主在美国是怎
样运作的，那么他必须彻底研究美国的政府机器并发表成果：正如贾里德·斯帕
克斯告诉他的那样，该主题没有一本现成的书，这是一个额外的诱因。[30] 托克维
尔决定去填补这个空白，并竭尽全力这么做；但是他很快发现自己需要帮助。因　194
此，他求助于斯帕克斯、参议员格雷（Senator Gray）和其他人。然而关于政治机
器的少量信息是不够的；如果其作品要如他所愿般的有价值，就需要比较研究：

他将不得不说明美国政府如何不同于法国——但是思量再三，他跟博蒙意识到自己对本国的政府管理也是可悲的无知。因此，他又求助于沙布罗尔、布罗塞维尔（Blosseville），而其中最重要的是向埃尔韦·德托克维尔寻求该重要问题的启示：

> 亲爱的爸爸，您会对我有极大的帮助，这不会花费您很多时间，而现在您正在享受自己的休闲时光。[这是否是一句非常得体的话？]对我而言，要判断美国，没有什么比了解法国更为有用。但这正是我所欠缺的。我知道，大体上法国政府插手几乎所有事情；"集权"这个词已经成百上千次地在我耳边响起——但没有任何解释。我从没有时间或者机会研究覆盖法国的庞大行政机器。我亲爱的爸爸，您通过思考和实践而获得了这方面的各种知识。您看过大大小小事情中的行政操作，我认为您对此极为熟悉，您可以轻而易举地我提供我所需要的材料……我亲爱的爸爸，如果您能够向我解构"集权"这个词，您将对我的现在和将来都有很大帮助。[31]

埃尔韦出色地予以答复：他对这个问题真的很有兴趣，因为他曾参加过1828年的官方讨论，当时马蒂尼亚克内阁未能通过一部谨慎下放权力的法律。[32]他给儿子寄了一篇短论文，他坚持认为法国政府的首要原则是集权：

> 王室执行总监护，覆盖所有行政分支机构。王室提名、指导、批准、禁止……没有王室的话，国家各方面的紧密联系就会很快被[众多的？]小共和国所取代……在一个列强环伺的王国，一个团结的中心乃是必要的。[33]

195　　跟亚历克西所了解的美国共和国之间的比较呼之欲出，这确实给了他在余生中反思的问题。

监狱与政党：以此作为开始，他们在费城的生活跟在波士顿很像。他们发现城市干净而便捷，但是过于几何形而不美观：托克维尔看不起给街道编号而不是起名的做法："只有一个想象力冻结的民族，才会想出这么一套系统来。"[34]他主动从对美国州级和地方政府的研究中转移出来，而研究同样重要的美国法律制度问题，尤其是陪审团，他以专业的眼光和严谨予以研究。但费城让他面临一个基本的难题，而博蒙更是如此，迄今他们对它的了解仅限于道听途说。这个城市的黑人相当多，虽然奴隶制已经废除了 50 年，但无论两位特派员走到哪里，他们都能看到强制执行严格的种族隔离。"一位见多识广且富有才能的贵格会教徒"约翰·杰伊·史密斯（John Jay Smith），确信非洲裔美国人的健全人格和同等能力——"黑牛和白牛是同一物种"——并且以他做主日学校老师的经历来坚称，非洲裔美国人的孩子在学校里跟白人小孩做得同样甚至更出色。然而，虽然法律给予了他们同等的公民权利，但他们不允许在宾夕法尼亚州投票。

> 托克维尔：在这样的案件中，法治的结果是什么？
> 史密斯：对我们而言，除非有公意的支持，否则法律什么都不是。

对话自然而然地转到奴隶制及其前景。史密斯先生认为，在成为自由人的道路上，奴隶应该被提升为农奴，"但是我确信南方的美国人，像所有的独裁者那样，永远不会同意放弃他们最微小的权利；他们会等待，直到权利被夺走。"[35]

第二天，博蒙写信给嫂子："这真是咄咄怪事，贵族的骄傲竟然存在于自由人之中，而他们的政府建立在绝对平等的原则之上。这里，白色是贵族的专利，而黑色是奴隶的标志。"但这不会持续下去。"对黑人的无视正在日益减少，当他们完全启蒙时，人们肯定会害怕，黑人将会采取暴力，以报复加诸他们的蔑视。"[36] 196

这种评论很快得到了验证：10 月 28 日，他们旅行到巴尔的摩（Baltimore），第一次进入一个蓄奴州（马里兰州）。当晚，他们去了一场盛大的公共舞会，它以赛马为开幕式；作为贵宾，两位特派员不必支付 5 美元的入场费，但是托克维尔在其笔记本上写道，"在法国，主办方几乎不敢收取那么高昂的公共活动入场费；人们会认为，富人们自傲地与其他所有人区分开来。"或许，托克维尔比他自认为的更像一个雅各宾派（Jacobin）。第二天，他们去看了赛马，看到马里兰州社会的又一大壮观景象："一个黑人竟敢跟几个白人一起进入围栏，他被其中的一个白人用拐棍击打，这并没有让群众感到惊讶，那个黑人自己也没有惊讶。"[37]

对托克维尔而言，这不是非洲裔美国人在马里兰州受不公正待遇的唯一证明。富于同情的拉特罗布先生（Mr Latrobe），他是著名建筑家（其作品包括在弗吉尼亚州（Virginia）里奇蒙德（Richmond）所建造的监狱）之子，也是殖民运动的领袖——致力于让解放的非洲裔美国人去利比里亚（Liberia）定居，他评论道，州立法想要让他们无法忍受马里兰州："不必讳言，白人和黑人正处于一种战争状态。他们永远不会融合。其中之一必须给另一方让路。"前一天，托克维尔写道："法律赋予奴隶主以权力。只要奴隶主能支付运行成本，他就能随其所愿的关押奴隶。"[38]

但是最让两位特派员震惊的是他们在巴尔的摩的济贫院见到的疯狂奴隶：

在巴尔的摩，有一个著名的奴隶贩子，据我所知，黑人闻之色变。我正在描述的这个黑人，觉得自己看到这个奴隶贩子不分昼夜地、如影随形地跟着他，将他撕扯地血肉模糊。当我们进他的牢房时，他正裹着毛毯躺在地板上，这是他唯一的服装。他的眼睛在眼眶内打转，他脸上的表情兼具一种恐惧和愤怒。不时拉开自己的毛毯，用手支撑着起来，哭喊道："出去，出去，不要靠近我！"这是一种可怕的景象。这个人是我见过的最英俊的黑人之一，他正处于壮年。[39]

197

因此，当他们在 11 月 6 日左右返回费城时，博蒙显然做了一个重要的决定（这再明显不过了，因为他那么多的文章都消失不见了）。虽然他们还没告诉司法大臣，但监狱任务大体上完成了。托克维尔继续研究政治和行政管理，以前总有朋友的帮助，但是现在基本上是独立进行。可能在他们前往巴尔的摩时，他们已经放弃了通力合作写一部关于美国作品的想法：这已成为了一种不便。但博蒙还是有创作的抱负，而发现美国的种族歧视，已经给了他一个全新的主题。此外，他和托克维尔已经意识到，美国的场景过于庞大，很难在一部作品中描述完整。他们从现在开始分工。托克维尔将解决美国政府问题，而博蒙写美国社会——特别是种族关系。这两个类别并不是完全没关联的：《论美国的民主》中最有价值的一章，将会讨论种族关系问题，因为托克维尔跟博蒙一样，震惊于奴隶制的恐怖，它们如此之近地潜藏在巴尔的摩社会光鲜的外表之下。但是他成功道路上的又一个障碍被清除了。[40]

在费城，他们做出了更多的决定。9 月 2 日，司法大臣给博蒙写了一封信，缩短他的假期，让他们在方便的时候回法国。"他的信很和蔼可亲"，并让博蒙自行定夺；然而，大臣的要求如此迫切，博蒙感到如不尽力遵行的话，将是很不得体的。托克维尔同意了，他们计划在 1832 年 4 月 1 日离开。但是该决定的理由不止这么一个。凯尔戈莱夫人写信说，横扫亚洲一年之久的霍乱大流行，现在已经威胁法国和巴黎。因此，托克维尔和博蒙感到，比之他们的官场生涯，他们更加担心家人、朋友和爱人的命运。托克维尔对沙布罗尔写道：

> 如果霍乱到了法国，玛丽必须离开我们国家。我向你坦言，看到她离开， 198
> 或许是永别，将会是一种可怕的悲伤，因为我对她的爱溢于言表。但对我而
> 言，她的生命更加珍贵；她体弱多病；跟我一样，她长期以来有急性肠痛；
> 她比其他女人更加脆弱，想到这点让我绝望。所以出发点是好的；采取您认
> 为最合适的措施来劝导她。请理解，对我而言，这不是喜悦或者虚荣之事，
> 而是一种真正的、莫大的关怀，是一种填满我心的深刻感情。

毫不奇怪，他和博蒙三思之后决定将归期提前：现在他们计划在 2 月 16 日出
发。而且他们费尽周折把几瓶白千层油寄回家，据说是一种有效治疗霍乱的东方
药物（但是托克维尔不相信它，现代医药也不相信它）。[41]

他们觉得自己应该在这场危机中跟家人在一起，但是在研究尚未完成时离开
美国是没有理性的。所以他们坚持着近期计划，虽然从现在开始，他们将生活在
焦虑的阴影中，越来越满心期盼归程。他们早就决定应该去华盛顿，参加 1 月的
国会会议开幕式，看看运作中的联邦政府。在此之前，他们将广泛游历南方，即
便只是为了博蒙对种族和奴隶制的新兴趣。他们将拜访詹姆斯·麦迪逊（James
Madison），他们会去查尔斯顿（Charleston），因为他们现在清楚地意识到关税问
题，以及南卡罗来纳州（South Carolina）和华盛顿（Washington）之间迫在眉睫的
冲突的政治重要性。目前为止，合乎情理；不太容易理解也没有解释的是，为什
么他们不坐沿海轮船从费城到查尔斯顿。或许，他们想到不得不在奴隶制王国的
中心待一整个月或更久的时间，就觉得难以忍受。又或许，他们觉得不能不看看
密西西比河就离开美国。无论如何，他们决定经由匹兹堡（Pittsburgh）、俄亥俄河
（Ohio river）、密西西比河、新奥尔良到查尔斯顿，并从查尔斯顿越野前往萨凡纳
（Savannah）和他们的目的地。"这将是一次巨大的旅行，"托克维尔沾沾自喜地向
欧仁·斯托菲尔写道，"超过 1500 法国里格。"但即便这段旅程，他们都未指望它 199
会满足其进行一次有益旅行的渴望。他们认为在最终回到法国之前，可以从纽约
坐船到利物浦（Liverpool），花三个月时间去了解不列颠（Britain）：托克维尔对
英国的好奇心由来已久，而他向母亲解释美国之魅力的最好方式，就是说"美国
与英国一样，是人所能游览的最有趣、最有益的国家"[42]。

在 10 月 24 日的同一封信中，托克维尔赞美了宾夕法尼亚瀑布："美国光彩
照人。"但是一个月后，当他们出发去匹兹堡时，事情完全不一样了。博蒙说这
是他经历过的最糟糕旅行之一：道路险恶，马车更糟。当他们抵达阿勒格尼山脉
（Alleghenies）时，他们受困于一场可怕的严寒。"接下来的旅程，我们在一场未曾
停歇的暴风雪中前行，这种情况已经久未见了，尤其在这个季节。"在路上走了三
天，他们抵达"美国的伯明翰"（Birmingham）匹兹堡，但如果他们想赶上下一趟
到辛辛那提（Cincinnati）的蒸汽船，他们就没有时间四处转转，也没时间参观那
里重要的监狱。11 月 25 日，他们登上"独立纪念号"（Fourth of July），非常清楚
此刻自己正沿着俄亥俄河顺流而下，就像 40 年前夏多布里昂（在一条独木舟上）
所为。但夏多布里昂是在夏季。托克维尔站在甲板上，欣赏群山，但哀叹它们覆
盖着冰雪。冬天已经困住了他。一个星期后他本会逃往温暖的南方，他以此安慰
自己。[43] 那个夜晚他遭遇了沉船。

将近午夜时，独立号撞上了伯灵顿沙洲（Burlington Bar）——俄亥俄河上一
处臭名昭著的礁石，它略高于惠林（Wheeling）。在蒸汽和水流推动下，船开得太
快了，它失事的撞击声传出一英里之远。水倒灌进来。"我从未听过一种更讨厌的
声音，"托克维尔将对沙布罗尔说道。昏暗的河流宽约一英里，且满是浮冰；水灌
满了船舱；托克维尔和博蒙放弃了求生，挥手永别。（即便那个时候，他们也对美
国人的自控能力印象深刻：没有一个女人尖叫。）但是后来水位没有再上升；船体
如此有力地刺穿自身，它就像定在了岩石上，岩石成了堵住洞口的塞子。另一艘
蒸汽船经过，救起了船员和乘客，而失事之船只能放弃，它最终带着所有货物沉
到了河底。12 月 1 日，他们最终到达辛辛那提。[44]

托克维尔关于辛辛那提和俄亥俄的大量笔记档案，需要认真解读。到达后只
用了一天多点的时间，他就开始全面概括这个州，但很快不得不撤回或修改它们。
他访问了四个律师和一个医生，其中除一人之外，他把剩下的人都导向了反民主
的评论，甚至包括萨蒙·P. 蔡司（Salmon P. Chase），他注定会成为林肯（Lincoln）
的财政部长（后来是美国的大法官）。麦克莱恩法官（Mr Justice McLean）是一个
例外，他反而被导向批评当下的反美国第二银行* 运动："特权和垄断观念往往导

200

---

* 原文是 Bank of the United States，从历史时期来看，应该是 Second Bank of the United States（1816—1836）。——
译者注

致本能的仇恨，党徒们正在利用这点为己谋私。"[45] 甚至比托克维尔还要年轻的蔡司（他出生于 1808 年），在托克维尔引导下对民主在俄亥俄州的发展程度表示不满。选民仍然做着不好的决定，尤其在乡镇。名实不副的人靠谄媚赢得选举，而优秀的候选人永远不屑于这么做。据说那些名实不副之人请选民们喝酒！[46] 在所有采访中，无论受访人是否知道，他们都正在回应托克维尔对民主政府可行性的忧思，或许是托克维尔引导他们说出本意之外的更多东西。正如唐纳德·拉特克利夫（Donald Ratcliffe）对该时期俄亥俄州的政治研究所言，他们中的三个（包括蔡司）来自新英格兰，且具有联邦党人的背景，更不必说他们本土的强烈自尊；因此他们并不能完全代表俄亥俄；但是作为务实之人，他们都接受了民主的持久性和可行性：问题不是与民主作斗争，而是赢得民主选举。"无论如何，"蔡司说道，"是才智之士的权势在统治我们。"麦克莱恩强调联邦制度的优越性，它是一种在中央和地方之间的分权方式。甚至表达了最严正怀疑的沃克先生（Mr Walker）（"一位极为杰出的年轻律师"），对其地区和国家的未来都充满信心，德雷克医生（Dr Drake）也一样（辛辛那提的主治内科医生）。[47] 托克维尔本人并没怎么做新一项研究或继续一项旧研究，比如验证一个非常重要的结论，甚至在到达辛辛那提之前他就已做出该结论。当他还在船上时，他就在一本笔记本上写道：

> 美国毫无争议地证明了一件事，我现在对此还心存怀疑：那就是，中产阶级能够治理一个国家。我不知道，他们是否能够带着气节，从真正困难的政治局面中摆脱出来。但他们能够应付日常社会事务。别看他们激情琐碎，教育不足，粗俗卑鄙，但他们确实能提供务实的智慧，这就足够了。[48]

他已经越过了一个分水岭。

　　一旦理解了这一点，事情就变得很明了，他在辛辛那提真正的当务之急乃是另外两个问题：西进运动和奴隶制。就前者而言，他已然发现了这个问题，并且在五大湖（Great Lakes）旅游期间就开始研究它。他在费城的最后几天，遇到了乔尔·波因塞特（Joel Poinsett），有人如实地告诉托克维尔，乔尔是一个非同寻常的人。* 波

　　＊　乔尔·波因塞特（1779—1851），一个南卡罗来纳人，曾是美国驻墨西哥公使，也将在范布伦总统手下当战争部长。他是安德鲁·杰克逊的亲近同僚，并在所在州带头反对"否认原则"。无论好坏，正是他将一品红（poinsettia）引入美国。

因塞特对密西西比河之旅致以热烈欢迎（只有在肯塔基州和田纳西州（Tennessee），你才能判断南方人的性格），接着又肯定了托克维尔在密歇根州（Michigan）对西进运动所做的评论。这里有另一组要通过询问来检验的假设，因此托克维尔关于俄亥俄州的笔记满是这个主题。至于奴隶制问题，他听取了被调查者的意见。他已经从约翰·昆西·亚当斯那里得知，在南方人们视工作为耻辱；现在，他发现在辛辛那提完全没有游手好闲者，没有有闲阶级；沃克先生说，他认识的人中没有一个不拥有职业并为之工作；他也确信，尽管肯塔基州的历史要比俄亥俄州长 20 年，但前者远远落后于后者。"对于两者的区别，唯一已知的原因是肯塔基州建立了奴隶制，而俄亥俄州没有。在那里，工作被轻视，在这里，工作被尊重。那里，休闲慵懒；这里，无止境的喧嚣忙乱。"* 托克维尔听取了他所有的话，详尽地记在自己的本子上，总结道："人不是生而为奴的；或许主人比奴隶更好地证明了这条真理。"[49]

12 月 4 日，托克维尔和博蒙离开辛辛那提。他们坐了一条蒸汽船到路易斯维尔（Louisville），博蒙兴高采烈地给兄长朱尔（Jules）写了一封信，生动地描述船上的生活。但是两天后，托克维尔写信给沙布罗尔：

> 显然，水路旅行不适合我们。虽然我们处于巴勒莫的纬度上，而且现在还只是 12 月 6 日，寒冷的情况就已经很严重，今天早晨俄亥俄河冻住了……我写信之时，我们正煞费苦心地在冰上寻找出路；感谢水流与蒸汽动力，我们仍然在前进，但我们担心对船施加的压力，会让她运行异常。我要补充一句，如果有人把头伸到外面，耳朵就会冻住：这是一种俄国式的寒冷。在这块土地上，没有人记得曾经历过同样的严寒。

起初，博蒙怀疑这种说法："只去过一次的旅客总是会这么说"；但是 1831—1832 年的冬季，确实是美国五十年来最为寒冷的。在距离路易斯维尔 25 英里的韦斯特波特（Westport），船长放弃了挣扎，让乘客们上岸。托克维尔和博蒙不得不租了一辆手推车装行李，雇佣了一个壮汉推着它，在去路易斯维尔的路上，他们一直在深及膝盖的雪地上跋涉，他们在晚上九点钟到达。第二天，他们发现路易斯维

---

* 这里，我们看到了自由土地思想的萌芽（Eric Foner, *Free Soil, Free Labor, Free Men*, New York, 1970），这激化了导致美国内战的区际矛盾，导致了美国内战。需要补充的是，沃克先生夸大了俄亥俄州和肯塔基州的区别，这严重地误导了托克维尔。

尔以下的河段跟上游一样不能通行。[50]

他们拒绝被困，有人告诉他们孟菲斯（Memphis）以下的密西西比河从来不会冰冻，"我们没有犹豫。"12月9日，他们登上了一辆前往田纳西州纳什维尔（Nashville）的马车，他们翌日到达。[51] 坎伯兰河（Cumberland）冻住了，但是只要他们能够到达孟菲斯就没事了。因此，12月11日，他们就出发横穿田野。这是他们所有旅途中最艰难的。没有了驿站马车，他们不得不乘坐博蒙所谓的敞篷大型游览车。道路极端狭窄，有时是密林中的险峻道路（"美国根本就是一个大森林"）；大游览车的两边不停地撞击树干，然后就瘫痪了。他们抱怨，有人用一种真正的美国方式告诉他们，"继续抱怨：前几天，我们旅客中的一个摔坏了一条胳膊，另一个摔坏了一条腿。"他们每天前行不超过十个小时。他们的旅伴之一询问他们，法国是否没有非常糟糕的道路？"不，先生，"正放松情绪的博蒙说道，"你们美国的道路这么好，难道不是吗？"但是这次反唇相讥似乎并未击中要害。[52]

最糟糕的是，严寒超出了托克维尔的承受范围。他一直在颤抖，没有食欲，头疼不已，他无法再前行。大约在纳什维尔和孟菲斯的半路上（约摸着说，100英里），他们被迫在沙桥（Sandy Bridge）的一座小伐木屋里避难：有三个床位可以租给旅客。要不是博蒙在大壁炉里点起了大火，那里极度地寒冷：这座破败的小屋里，冷气从缝隙中涌入——博蒙给自己倒了一杯水，但是在他能喝之前已经冻住了。他把托克维尔放到床上，并把能找到的各种被子、毯子放到他身上，但是他的朋友只是慢慢地开始回暖。博蒙似乎一夜未睡，以保证火不熄灭，他看着月光从墙壁的缝隙中照射进来，担心第二天将发生之事：30英里之内没有医生。小旅馆的老板完全不能提供帮助。

幸运的是，第二天（12月14日）托克维尔感到好一点了，博蒙艰难地哄他吃了一些炖兔子肉，"就像来自永恒灯塔（*beacon*）[原文如此]的一次改变"。两天后，托克维尔有了点力气，在16号的时候，或多或少已经恢复了——但仍旧虚弱，可至少有了胃口。第二天，前往孟菲斯的驿站马车经过，两位旅人终于得以离开沙桥；但是当他们经历了另一段艰辛的旅程到达孟菲斯之时，他们发现密西西比河终究还是冻住了，暂停航船。他们在孟菲斯待了一个星期。他们觉得这个地方很无聊，但在森林中打猎以自娱：一些奇卡索印第安人（Chickasaw Indians）加入了他们。托克维尔猎获了两只鹦鹉。在最近一座用以避难的伐木小屋中，他们发现了莎士比亚（Shakerspeare）和弥尔顿（Milton）的书；托克维尔阅读了《亨利五世》(*Henry V*),后来他称之为"那古老的封建戏剧"。[53]

204 　　12月24日(托克维尔完全没有提及圣诞节),一艘从南方来的蒸汽船途经路易斯维尔。她停在了孟菲斯,那些被困住的游客——除了托克维尔和博蒙之外还有15个人——尽其所能地劝告船长,北方的所有河面都冻住了,为了他自身的利益,他应该返回新奥尔良。他们本不会成功;但是突然之间,从森林里走出一支悲伤而奇怪的队伍。鼓声大作,马鸣狗叫,最终一支庞大的印第安队伍出现了——儿子扶着老人,母亲背着孩子——在前往孟菲斯的流亡之路上。这些是乔克托族人(Choctaw),是臭名昭著的1830年《印第安人迁移法案》(Indian Removal Act)的受害者。该法案宣判西南的五个文明部落——克里克(Creeks)、切罗基(Cherokee)、乔克托、奇卡索(Chickasaw)、塞米诺尔(Seminole)——失去其土地,令其迁移到印第安人保留地(Indian Territory),就是现在的俄克拉荷马州东部。托克维尔和博蒙带着同情和义愤凝视着他们。事实上,当托克维尔向母亲描述这件事的时候,他像极了伏尔泰。他说,美国人已经发现,一平方英里土地所能养活的文明人比野蛮人多十倍,所以只要文明人能够定居的地方,野蛮人就应该让路:"看看逻辑是多么奇妙的事。"因此,乔克托族将不得不放弃自己可能已经生活了一千年的土地,在获赠丰富礼物("玻璃瓶装的白兰地、玻璃项链、耳环和镜子")和受迫于暴力威胁的情况下,他们不得不长途跋涉300英里,甚至不能等到春天再动身。托克维尔确信,用不了一个世纪,他们将会灭绝。[54]

　　押送他们的政府人员给了蒸汽船船长一个很好的价钱,让他载着乔克托族顺流而下,到达阿色州岸边设定好的登陆地点,因此托克维尔和博蒙最终免费去田纳西州。他们看到了印第安人登船的可怜景象:狗嚎叫着不肯上船,直到主人把它们硬拽上去。托克维尔找到一位说英语的老人。为什么乔克托人要离开他们的土地,他问道。"为了自由,"这是他们能够从他那里得到的唯一答案。[55]

　　即使现在,他们的旅途也不是一帆风顺的。12月26日晚,路易斯维尔号撞

205 到了一座沙堤,在那里又困住了两天,我们的乘客非常愤怒,然而领航员冷静地告诉他们对此无可奈何,这不是他的错,因为密西西比河的沙洲永远不会在同一地方停留超过一年——就像法国人。他们不得不忍气吞声,但这让托克维尔不喜欢这条河流。这条河名不副实,他给母亲写信道:"它只不过是一股巨大的黄色洪流……在地平线上,一座山也看不到,只有树木,更多的树木,还是树木;芦苇

和爬行动物；深深的沉寂；没有人类的踪迹，甚至连印第安营地的烟火也没有。"他的浪漫主义处于低潮。乔克托人在阿肯色州登陆。在旅行的最后一天，托克维尔和博蒙跟一位旅伴有一场关于印第安人的有趣的长对话，那个人恰恰是萨姆·休斯顿（Sam Houston），未来圣哈辛托（San Jacinto）战场的胜利者，德克萨斯共和国*（republic of Texas）的总统。可能在路易斯维尔号加燃料期间，他们参观了路易斯安那州（Louisiana）的一处糖料种植场。随后，在新年的那一天，他们看到前方船帆林立。他们已经抵达了新奥尔良。[56]

现在距离他们离开费城已经超过一个月了；他们比原定计划至少晚了两周。在野外待了那么久，他们的时间观念有点混乱：前文已叙，他们不得体地在新年那天拜访艾蒂安·马聚洛。† 显然，如果他们要及时去往华盛顿赶上国会会议的话，就必须做出一些艰难的决定，随后要赶在二月初将包裹海运至法国。他们发现一旦到达新奥尔良，就很难让自己忍痛离开：他们计划在那里住一夜，但是最终度过了三晚。这对他们的行程毫无帮助。他们在 1 月 4 日离开，并在当日到达莫比尔（Mobile）：毫无疑问，他们坐的是沿海蒸汽船。在莫比尔，他们做了最后一次盘算。即便是最乐观地估计时间和距离，也不能自欺欺人。他们不得不放弃查尔斯顿。虽然已经计划好了，但是他们将不得不放弃在弗吉尼亚种植园拜访詹姆斯·麦迪逊（后代人必定视之为他们整个旅程中最重大的损失）。他们必须尽可能直接、快速地到华盛顿，这意味着要穿过阿拉巴马州、佐治亚州和北卡罗来纳州到达海边，届时他们可以再走水路，坐蒸汽船到华盛顿，再到切萨皮克湾（Chesapeake Bay）。无论如何，这都将是一场艰难的旅行，正如 G.W. 皮尔逊所言，它将更加糟糕，因为自从离开费城以来，他们尚未摆脱一直困扰自己的厄运。[57] 托克维尔对沙布罗尔写道：

206

> 四轮马车坏掉了，而且翻车了，桥梁被冲毁，河水泛滥［肯定有一场突然的解冻］，驿站没有房间了……事实上，要游遍这个我们刚走过的幅员辽阔的国家，而且要在这么短的时间内又是在冬天，几乎是不可行的。但我们是正确的，因为我们成功了。

---

* 德克萨斯共和国是北美的一个独立主权国家，存在于 1836 年 3 月 2 日至 1846 年 2 月 19 日。——译者注
† 见前文，第 31 页。

而且他的健康状况已经能应付这种重负；事实上，他对亚历山德里娜自夸过这点：

> 要是我写过一本医药方面的书，我保证它不同于每天出版的平常之作。我将坚称并证明，要想身体好，首先不要吃玉米和猪肉，少吃广采，或者干脆禁食，见机行事，这些都是必要的；到地板上铺床，和衣睡觉；在一周之中，从严寒到炎热，从炎热到严寒地旅行；努力工作，风餐露宿：最重要的是，完全不要琢磨事情。[58]

事实上，当四轮马车在阿拉巴马州糟糕的道路上颠簸着缓慢前行时，不琢磨是不可能的。托克维尔发觉自己正在回忆九个月以来的所见所闻；结论涌现，无论是在困难重重的马车上，还是任何停下来过夜的路边酒馆，他都会在笔记本上记录下来。这是他旅行中的思想高峰。

比如，"陪审团"（他既指大的也指小的）。他坚持己见，认为陪审团乃是"人民主权原则最直接的应用"。他的思想转向法国，现在他们越来越频繁地想到法国，他补充道，无论哪里，一个人民之外的权力意图良好地建立起陪审团制度（他想到的是复辟王朝）*，它就是在自取灭亡。或许一种贵族制能顺利地使用陪审团制度（他肯定想到了英国）；而且它会成为暴君手中的强大武器。当波拿巴让陪审团依附于王权时，他很清楚自己在做什么。认为波拿巴曾是一切自由的敌人，这种想法是错误的。其伟大而开明的智慧，已使他明了大度地培养公民自由对其统治的好处。然而与此同时他憎恨政治自由。那恰恰是一个雄心勃勃、才能出众的天才的憎恶，而不是一个宗族领袖的盲目反感（这里，或许托克维尔正想着查理十世，但更可能想到拿破仑的惯有声名——他显然担当着波拿巴家族的领袖）。[59]

自由。就"自由"和"共和"两词的含义，托克维尔开始记下美国经历所教会他的东西。这么做的时候，他不仅仅触及了自己即将出版的名作的实质和内核，还触及到了他对法国近代史和其所处时代的态度的核心。

---

* 托克维尔大量地重述了自己最早写于 10 月 11 日关于复辟王朝和陪审团的思考（OC V I 181-2）。在其中，他指出了复辟王朝的致命错误，即试图将人民主权原则跟君权神授结合起来。

如果我们的保皇党人能够看到一个秩序井然的共和国的内部进程，它对既得利益集团的深刻尊重，这些利益集团凌驾于民众的权力，宗教般的法律，那里人人得享的真实而有效的自由，多数的真正权力，万物轻松而自然的进步，他们将明白，自己把没有真正相似性的不同制度混淆于一个标签之下。在共和党人方面，他们将感到，我们所谓的共和只是一个不可归类的怪物，一个浑身是血和泥的［手稿中缺了一个词］，紧抓着古典之名与政见争执的碎片。如果我感到专制之手重压于我，那么它究竟是戴着皇室面具还是身着保民官长袍，又与我何干？当丹东绞死不幸的囚犯，他们的唯一罪行就是不像他那样思考，那是自由吗？当罗伯斯庇尔随后送丹东上断头台，因为丹东胆敢与之为敌，毫无疑问这是正义，但这是自由吗？当国会中多数排斥少数，当省长滥用权力剥夺公民的财产、孩子和生命，当思想可以定罪，当在家中壁炉边的圣所说出某个想法会招致死亡，这是自由吗？

他接着谈了督政府（Directory）和波拿巴，总结道："在法国，我们看到各种形式下的无政府主义和独裁专制，但没有类似于共和政体的。"他立刻补充道：

> 如果我曾写过关于美国的什么东西，那么专门写一章用以分析无政府主 208
> 义与真正的共和主义之间的区别是极为重要的，由此也能显示出自由的伟大
> 原则得以实践之所，前文所言只是这一章的草稿……
> 那一章由于其创新性，可能会非常有趣。[60]

这段文字是非常重要的，一方面是因为它阐明了托克维尔对历史和意识形态问题的终生态度与观点的核心，这些问题将成为他所有作品的内容；另一方面是因为它显示了美国之旅对其观点的影响。它已经使他变得激进。由于他考察过美国制度，他对它怀有深刻的敬意；在原则上，他已经成为一个共和主义者，虽然他仍然清醒地意识到美国与法国之间的区别，但他已领悟到，美国范例该如何构成法国政治批判的基本内容。他对法国革命性过去（其家人及其他众人的遭遇，使他对这段历史了然于胸）的清晰概述，清楚地解释了他那么害怕陷入专制独裁或者无政府状态的原因——这发生在不久前："既得利益集团"已经被摧毁了（此处，托克维尔明确地将自己归为有产阶级）。最后，这段话清楚地指出，他说的自

由是什么，以及他为什么热爱它——其主调乃是他对法治的崇拜；当然它也表明，托克维尔知道自己不得不说之言，将会在法国令人震惊，而且很可能使他一鸣惊人。

这部杰作正在他的脑海中成形，但是这距离他着手写作还有很长一段时间。这段旅程尚未结束，而且仍然得出新经验。1 月 13 日，可能是在南卡罗来纳的哥伦比亚（Columbia），除了那位不同寻常的波因塞特先生，还有谁该在马车上？想起在费城的最后几天，他们很清楚地记得他，他们为能在马车上做伴而彼此感到很高兴。他没有对他们讲太多的近期活动：作为一位著名的联邦主义者，他未能让南卡罗来纳州议会支持安德鲁·杰克逊连任，现在他正要去华盛顿向总统报告，就重要的关税问题争取折中方案。[61] 他很乐意回答法国人的问题，在抵达华盛顿前他们一直滔滔不绝地谈话，其主题涉及否认原则（nullification）*、墨西哥（Mexico）、印第安人、银行、道路、监狱和美国的总统制。最后一个主题是托克维尔尚未研究过的，而在他到达联邦首都之后，他肯定会研究它。不幸的是，波因塞特让他起步于一个糟糕的开头，他告诉托克维尔总统没有权力（对一个杰克逊主义者是很奇怪的），是国会在统治国家。[62]

1 月 18 日，他们到达华盛顿，数年之后托克维尔记得那天天气极热；但那天晚上波托马克河（Potomac）结冰了。[63] 然而，冬天没有再次对他们造成严重不便。他们拜访了法国公使塞吕里耶男爵（Baron Sérurier），受到了热烈欢迎。塞吕里耶是一个资深的外交官，在拿破仑统治时期，他作为公使来到美国，但在百日王朝期间，他并不怎么支持拿破仑；复辟之后，波旁王朝解除了他的公职，路易 - 菲利普令他官复原职，并册封他为法国贵族。因此他是一个典型的奥尔良主义者。他也是一个真诚的爱国者，他一听到托克维尔和博蒙的任务，就给予支持：他给在美国的所有法国领事写信，让他们对这项"令人尊敬的使命"给予一切帮助；而现在，当他已经跟他们会面之时，这两个人年轻人一如既往的良好印象吸引了他，并让他很高兴。他们正是应该跟美国互相见面的那类法国年轻人。[64] 他们到达的第二天，他就带他们去白宫会见了美国总统。

到现在，托克维尔开始理解政党政治在美国的活力和能量，（得益于乔尔·波因塞特这类知情人）并意识到当前对关税问题的斗争，这让南北不和，可能会决

---

* 州对联邦法令的拒绝执行或承认。——译者注

定联邦的未来。但是他没有理解政党竞争在运作宪政体制时所扮演的关键角色，而且他仍然不怎么理解总统在其中的功能、权力和影响。在这两个问题上，政党领袖和专横的统治者安德鲁·杰克逊，本可能对他大有启发，但错过了机会——考虑到他们会面的情形，如果可以说存在过这种机会的话。不仅仅因为有人教导两位访问者要看轻杰克逊——无论是作为一个将军还是作为一个政治家（"以前他主要作为一个好斗者和争吵者为人所知，"博蒙说道），甚至也不是因为杰克逊尚未完全着手伟大的运动——对抗美国第二银行和否认原则运动——这在其所处年代留下了不可磨灭的印记，且极大地增加了总统的权威。接待尊贵的来访者是其日程的一部分；他会给他们半个小时，为他们提供茶点，并与之告别。因此，托克维尔和博蒙可能进入白宫，但不太可能看到美国政治和政府的内部运作。他们对杰克逊印象不深，一个 66 岁精力充沛之人，他只是说了些老生常谈，但是他们对会面本身印象非常深刻。美国仍然能让他们吃惊：

> 美国总统所住的官殿，在巴黎只是一座不错的私人宅邸；它的内部装潢很有品位，但很简约；接待访客的沙龙完全不如我们公使的豪华；他的门口没有警卫，即便他有侍臣的话，他们的服务也并不勤勉，因为我们进入房间时只有他一个人，虽然那天他准备好接待公众，但我们访问的全程中也只有两到三个人进来……他给了我们每人一杯马德拉葡萄酒（Madeira），我们为此而感谢他，就像第一个访客那样称其为"先生"。

看到杰克逊跟每个人握手，托克维尔感到震惊。在杜伊勒里宫，这一切还早得很。[65]

像很多在 19 世纪早期访问华盛顿的人那样，托克维尔任由自己反讽这里失败的标榜。他告诉他的父亲：

> 如果有人想判断人类预测未来的能力，他必须访问华盛顿……今天［它］乃是一片贫瘠的、晒枯的平原，那里散落着两三座宏伟建筑，还有组成这个市镇的五六个村庄。你至少得是亚历山大（Alexander）或者彼得大帝（Peter the Great），否则你不该与建设帝国首都之事扯上关系。

尽管如此，他在那里很享受。他们一如往昔地受到了新老朋友的热烈欢迎。

211   此时，华盛顿拥有整个联邦最重要的人物。对我们来说，问题不再是从他们那里获得未知主题的建议，而是在与他们的对话中，重新审视我们已知的几乎所有事情。我们正在解决拿不准的问题。

托克维尔向爱德华承认，他对南方只有肤浅的印象，而且（正如我提过的）还需要两年时间，才能形成一幅关于美国的完整而精确的图画；他仍然认为，自己在美国度过的时间有用而愉快，没有浪费；至少他已经积累了材料，谈了很多，想了很多。他审慎地希望在返回法国后能写出一本有用的书。[66]

这种回国后的期望，此刻主导着他所写、所想的一切。博蒙在整个旅行中或多或少有点思乡，他不断地要求从家人处收到更长且更频繁地的信件，当他们做不到时，他还会指责他们。现在他的一个想法是，他们应该都聚到博蒙拉沙特尔（Beaumont-la-Chartre）欢迎他回来。托克维尔的展望要复杂得多。他仍然严重怀疑七月王朝的稳定性：他已经听到了关于里昂（Lyon）起义的消息；奇怪的是，这让他认为"风……开始从保皇主义一边强劲吹来"。*但是他说道，关于法国政治，他写得就像一个无知之人。其处境变动不定，使人难以预测他回国后的所作所为。他是否应该辞职，就像他经常想做的那样，或者再次尝试晋升？"至少，我看得很清楚，我不会继续身着候补法官的长袍"[†]——除非获得新头衔，否则他就不回凡尔赛。他对沙布罗尔写道：

> 那件事解决了（但不要像任何人提起）。如果我不那么做的话，我想我会让自己变得荒唐可笑。当我说在凡尔赛人们再也见不到我，我显然说过头了。我到巴黎两天之后，就可能去凡尔赛。我会隐姓埋名地进行这次拜访，而且
212 我不会处理政治或司法事务。我希望能在您的公寓中留宿一晚。或许这对我没多大用，但样子必须做好。您明白我那么快就来拜访您的主要原因，要是否认这点，我就是个大骗子；但是我希望您明白，我返回凡尔赛所期待的快

---

* 他指的是正统主义；他忘记了，或者他由衷地不信，奥尔良派同时也是保皇派。

† 奥尔良派已经用这个头衔替代了"*juge auditeur*"。

乐，会因为也能见到您而成倍增加。[67]

他和博蒙已经放弃了经由利物浦返回的主意。甚至在他到达华盛顿之前，托克维尔就听说了霍乱已经传到英国的谣言；他写信给沙布罗尔

> 我从她的信件中得知，您的邻居非常恐慌。**我亲爱的朋友**，运用您的一切影响力，让她冷静下来。在流行病期间，极端的恐惧有时会让人更易感染。此外，无论霍乱的传播速度多快，我真切地希望自己能比它更早到法国。如果事情真的发生了，而玛丽还在那里，我必须要为此负责，我会恢复她惯有的平静。[68]

在华盛顿，谣言得以证实：霍乱已经到了桑德兰（Sunderland）（二月份将会到伦敦）。"我们可不想跟霍乱碰面，"博蒙说道，他们也不想在抵达法国时被检疫局拘留。因此，他们想从纽约直接到勒阿弗尔，费了些周折找到一艘船后，他们预定了一段旅程，这艘勒阿弗尔号，就是将近一年前把他们带到美国的同一艘船。由于故障他们延后了十天才出发，托克维尔对此有点失望，而迫不及待回法国的想法，减弱了他对美国和美国人的兴趣，他的失望之情也就愈甚：回国之后，他对博蒙说，在美国的最后一个月，他似乎已经陷入愚蠢弱智。他从纽约写信给乔尔·波因塞特：

> 相比在美国，我们在法国生活得更久。迄今为止，我们在您的同胞身上获得的友好款待，几乎让我们忘记自己远离故土。我们仍然得到同样的友善，并对此怀有同样的的感激之情，但这再也不够了，我们第一次觉得，在这里我们只不过是外国人。

另一件烦心事，是他有必要让家人安心，他不会因赤道风而发生海难。他对此危险嗤之以鼻： 213

> 我们在蒸汽船上所遇的危险要比这大一百倍，但是你们从来没担心过。然而，在我们到美国的前六个星期中，有三十艘蒸汽船炸毁了或者失事了。

其中一艘，我们刚离开它三个小时就爆炸了；另一次，我们的船像坚果壳一样裂开在岩石上。

相比而言，大西洋是无害的。"我见多了风浪和水手，不用担心。"他和博蒙一直忙到了最后，需要写告别信，还有感谢信——感谢贾里德·斯帕克斯等人一直给他们提供大量的材料。[69]

勒阿弗尔号在 2 月 20 号出发。美国永远地留在他们身后，但他俩都未写下自己的思考和感受。

第十章　书写监狱（1832）

我本会抢劫，我，一个可怜的人；

但没有：不如伸出一个乞丐之手。

通常，我会得到一个苹果。

在路边熟睡。

然而有二十次

我因为国王的命令被关进牢房。

他抢走了我唯一的好处。

因为我是个流浪汉，太阳是我的。[*]

让－皮埃尔·德·贝朗热（Jean-Pierre de Béranger）

　　本该是一场胜利十足的回归。不管多么困苦危险，他们已经完成了所有目标，且几乎完成了监狱研究。有各种各样的零碎材料要整理；否则没什么能阻碍他们迅速写出报告，从而作为刑法学的主要权威和有潜力的政治家而受人赏识。事实证明就是如此。家人们高兴地欢迎他们回来，玛丽·莫特利也是，毫无疑问还有忠实的沙布罗尔。但是在其他很多方面，他们感到自己很困惑、阻塞和失望。

　　他们几乎立刻得到了将发生之事的暗示。他们何时到达勒阿弗尔并不清楚，但他们可能是在3月24日回到巴黎。他们要求立刻跟内政大臣会面，但甚至没人理会他们的请求。在不耐烦地等待了一周后，博蒙离开巴黎，前往博蒙拉沙特尔，他在信件中说了很多关于家庭团聚的事情。

　　他的合作者沮丧地待在巴黎。托克维尔在紧张中度过了一年，始终迫使自己进行天才的努力，现在性情在反叛。或许能从他在美国的最后一周的记录中，看

---

　　* 原文为法文：J'aurais pu voler, moi, pauvre homme;/ Mais non: mieux vaut tendre la main./ Au plus, J'ai dérobé la pommme/ Qui mûrit au bord du chemin./ Vingt fois pourtant on me verrouille/ Dans les cachots de par le roi./ De mon seul bien on me dépouille./ Vieux vagabond, le soleil est à moi. ——译者注

出即将发生之事的征兆。关于其回家的旅程，他跟博蒙只字未提。皮尔逊直截了当地写道，"他们突然如此疲惫。"[1]托克维尔当然如此，他那反复无常的脾气，使得他在自行恢复精力期间急不可耐。他跌坐在父亲给他的巨大扶手椅上，他的眼睛半闭着，他说正等待着那种监狱制度之才思的显现；但它并没有。[2]夏尔·斯托菲尔前来拜访，并在随后告诉自己的兄弟，托克维尔正在遭受怨气的折磨。托克维尔承认厌倦，同意自己闷闷不乐，并有一种道德的疲惫感，"我想，它是怨气的组成部分"。他将此归因于工作的突然改变。他很高兴又一次回家，但是他不知道在一年的风风火火之后，如何应对懒惰。"甚至在我的身体从疲劳中恢复过来之前，我就厌倦了平静。"在四月末，他就是这样告诉欧仁·斯托菲尔的；他补充了一句，那就是自己还没死。这当然是一个玩笑。[3]

因为霍乱几乎跟托克维尔和博蒙一起到达了海峡沿岸。3 月 15 日，它在加莱出现，十天后在巴黎出现；到该月末，仅仅在首都，就有 90 个人因为这个痛苦而肮脏的疾病死去。[4]跟其他所有国家的人一样，法国人对大流行病准备不足。专业医学完全不懂正发生之事（霍乱芽胞杆菌直到 1833 年才得到鉴定）[5]，所以政府当局无法制定有效的卫生措施：他们所能做的，就是在林荫大道的排水沟里喷洒氯化物。[6]*大流行病的政治和医学后果都是灾难性的。人们不理会这是一场世界范围爆发的疾病，富人指责穷人脏乱的生活方式，而穷人说富人在饮用水中下毒来消灭他们。已经因为七月革命加剧的阶级仇恨变本加厉了：阶级战争开始成为真正的可能。奥尔良王朝，早已失去了其最初而短暂的热烈支持，开始感到自己不可能得到新的支持者，以使自己看起来是一个国家的而不是派系的政权。这将极大地挫伤托克维尔的政治抱负。

他没有预见这点，而托克维尔对正降临在巴黎的恐怖的整体规模，了解得似乎也有点慢。博蒙已经开始在乡下起草监狱报告，因为他不知道托克维尔何时感到能胜任此事，但是博蒙需要帮助，他寄出了监狱问题的一份长清单，托克维尔在 4 月 4 日讨论了这些问题。他抱怨自己还处于一种愚笨的状态，而且博蒙的问题过于笼统不好回答；随后他给出了一份与表哥勒佩勒捷·德·奥奈的愉快聊天记录，他是他们的支持者，勒佩勒捷给出了大量的建议，大部分是好的；但回头

---

* 托克维尔倾向于夸大近年来法国监狱在物质条件方面的改善，他本可能注意到这个事实——霍乱让当局对监狱采取了紧急措施，从而增强这种看法，但无论如何，政府确实这么做了。更暖的衣服和更好的食物提供给犯人，内墙刷成白色，宿舍是通风的，大方地把消毒剂喷洒在浴室和厕所（Chevalier, *Le Choléra*, 16）。

来看，这封信中真正重要的段落是开篇和附言。他从 4 月 4 日开始写，安慰博蒙（对斯托菲尔也一样）自己还没死，虽然昨天以来，有五十个新的霍乱病例在他所在的圣托马斯－德·阿奎那街区爆发；附言写于 4 月 6 日，写于圣日耳曼昂莱，他已到那里为其父母安排了一处避难所，跟奥利维耶（Ollivier）家住一起，就像 1830 年所做的那样。在这两天，巴黎的上层阶级突然恐慌起来，因为他们突然意识到自己并不比其他任何人安全。政府首脑卡齐米尔·佩里耶（Casimir Périer），在探访医院的病患时感染了霍乱：他在五月时死去。莫莱伯爵的独女尚普拉特赫夫人（Mme de Champlatreux），还有托克维尔的另一个表亲肖夫兰侯爵（marquis de Chauvelin）*，都感染了疾病，几乎立时毙命；而贵族街区中心圣托马斯－德·阿奎那是城市中死亡率最高的地方之一。人们开始逃离市镇。托克维尔力劝博蒙眼下切莫返回巴黎。[7]

一旦在圣日耳曼安置好，托克维尔家就感到安全了。但是在收到亚历克西的信之前，博蒙就已经动身前往巴黎。他提前寄了一封短信，预先告知自己要过来。所以托克维尔写了另一封信，在封皮上焦虑地说明，"恳求旅馆的门卫，等到博蒙先生一来，就把信交给他"，他坚持不让博蒙在巴黎过夜，而是立刻到圣日耳曼。除去其他的一些因素，这也是一个写监狱报告的好地方。埃尔韦·托克维尔也补充了一条同样意思的友好附言。博蒙似乎没有太在意这些请求：4 月 12 日，他再次试图在巴黎跟公共工程大臣会面。他仍然没有成功：这位大臣（阿尔古伯爵 [comte d' Argout]）身患霍乱重病，无法接见他。[8]

目前所能判断的是（缺少史料），此后两位合作者可能在圣日耳曼开始工作，托克维尔在那里一直住到了 5 月份；但是两人都有各自的麻烦。他们离开法国一年了，本来希望在自己回来的时候，事情能够在政治上予以解决，但这并未如愿。2 月时，几个年轻又鲁莽的正统主义者设计了一个荒唐的阴谋，想在杜伊勒里宫的一场舞会上绑架甚至谋杀王室成员（他们试图将夏多布里昂纳入这个计划，后者徒劳地反对它）；这个阴谋失败了，但另一个阴谋立刻诞生了。凯尔戈莱也卷入其中。在冬季时，凯尔戈莱与其父亲已经离开法国（从托克维尔写给凯尔戈莱夫人的信中明显可知，托克维尔大概了解个中缘由）[9]，4 月末时，一切都

217

---

* 英国读者可能很想听到，当奥希兹女男爵（Baroness Orczy）在其"红花侠"（Scarlet Pimpernel）故事中需要一个恶棍时，过分地误用了肖夫兰侯爵的名字和历史。

变得非常公开了。贝里公爵夫人（duchesse de Berry）自视为法国的合法摄政者（因为查理十世已经退位了，路易－菲利普是一个篡位者，而他的儿子"亨利五世"是个未成年人），她租用了一艘撒丁（Sardinian）的蒸汽船卡洛·阿尔贝托号（*Carlo Alberto*），在普罗旺斯（Provence）登陆，希望以正统主义的名义在马赛（Marseilles）起事。（这像是对百日王朝的拙劣模仿。）但是人民并未被鼓动；所以，她并未听从更为明智的顾问的建议——返回意大利，而是隐姓埋名地穿越法国，在旺代发动起义。凯尔戈莱家是她最初成员中的一部分，但是在马赛的惨败之后，他们待在卡洛·阿尔贝托号上，打算前往西班牙。4月29日，因为燃煤的匮乏，他们被迫停泊在土伦（Toulon），在那里立刻被捕。

凯尔戈莱是个年轻的傻瓜（"那个傻瓜凯尔戈莱"，佩罗夫人 [Mme Perrot] 说）[10]，但是托克维尔不会让他身处困境，坐视不理。事情一安排好，他就担当凯尔戈莱伯爵夫人及其女儿的护卫者，前往凯尔戈莱父子被囚禁的马赛，她们急匆匆地赶往囚禁之所。这并不碍事：在南方时，他能参观土伦的苦役犯监狱（徒刑监狱）。他跟博蒙都很清楚，如果他们想要得出令人信服的观点，则他们对法国监狱的了解还远远不够。事实上博蒙建议，在视察土伦之后，托克维尔应该在日内瓦（Geneva）跟他会面，从而他们能一起参观瑞士的监狱。

5月17日，几位旅人到达马赛，托克维尔立刻前往监狱，要求作为凯尔戈莱的表兄探监。这是一次痛苦的经历。当他坐着等待时，他想到上次见到这位朋友时，还是自己刚动身前往美国的时候，尽管当时他担心过未来可能发生的不幸，但他从来没有想到他们再次见面会在监狱里。路易在见到亚历克西时的喜悦，让托克维尔的忧郁一扫而空，虽然允许他们交谈半个小时，但是他们不可能在狱吏在场时谈任何重要的事。两天后，托克维尔再次探监。[11]

虽然托克维尔很担心贝里公爵夫人在法国西部庄园的活动（谣言满天飞）会将事态复杂化，但好在一切似乎进展顺利。他认定现在是时候前往土伦，视察苦役监狱了。5月20日，他到达那里，第二天他阅读了刚刚到达海岸但已是一周前的《箴言报》，古斯塔夫·德·博蒙已经被解除了在巴黎担任代理检察长的职位。[12]

尽管托克维尔必定已经知道博蒙陷入了麻烦，但这个消息还是来得太突然了。在困扰整个七月王朝的难堪丑闻中，这件事乃是其中之首。有人发现最后一代孔代亲王（prince de Condé）吊死（用两根围巾）在自己的房间里，虽然人们认为他可能是自杀，或者是在尝试性刺激时发生意外，很多人认为是他的情妇——弗歇尔男爵夫人（baronne de Feuchères）索菲·道斯（Sophie Dawes），一个英国的女冒险家——谋杀了他。当路易十八发现她嫁给弗歇尔男爵是一场骗局时，路易十八将她拒绝在宫廷之外；在查理十世统治时，她因威胁孔代将大笔财富留给奥马勒公爵（duc d'Aumale）——路易 - 菲利普的次子（她自己也分到一杯羹），作为回报，宫廷再次接纳了她。之后发生了七月革命：孔代开始打算流亡，并改变自己的遗嘱；索菲·道斯感到自己对他的掌控正在松弛，路易 - 菲利普看到尚蒂伊（Chantilly）的大城堡正在脱离他的掌握。亲王在 1830 年 8 月 26—27 日晚上死去。法庭在判决书中认定是自杀，但是公众舆论的怀疑反应是可以理解的。在国王昭然若揭的支持下，弗歇尔夫人对罗昂（Rohan）家族提起一桩诽谤的刑事诉讼，罗昂家认为遗嘱被夺走了，要不然本该是他们的遗产，但他们过于直言不讳了（最终路易·德·罗昂被罚款，并监禁三个月）。在本案中，博蒙受命担任检察官，他因拒绝这么做，而立刻被免职了。[13]

托克维尔愤怒了。迫使博蒙与索菲·道斯公开合作的企图，就像是粗鲁地让他在正统派眼中永远名誉扫地，而正统派中大部分是他的亲朋好友。博蒙徒劳地争辩道，自己仍然在休假，且无论如何，在专业上他不了解其缺席期间已准备好的案件；他的真正理由是，虽然他接受了七月王朝，但不想参与到它卑鄙的阴谋诡计中。他的态度是含蓄地责备国王本人。他不得不离开。他的朋友对总检察官写道：

此刻我在土伦调查苦役监狱以及市镇中的其他监狱，今天，我才从 4 月 16 日的《箴言报》中，听到这条刺耳的——我该说——极端不公的决定，司 220 法大臣先生已就此支持博蒙。

由于这种免职方式，我与此人长久而亲密的友谊被摧毁了，我分享他的原则，同意他的行为，我认为这是我的责任——自愿地分担其命运，并跟着他一起放弃工作，在该岗位上，无论是问心无愧还是履行工作，都无法确保一个人不受不应得的耻辱。

总检察官先生，我荣幸地请求您，把我在凡尔赛法庭做候补法官的辞呈提交给司法大臣先生。[14]

即便托克维尔为此牺牲得不多，但这是对友情的另一次极好证明（然而博蒙已经失去了一个非常有前途的职业）。[15] 正如托克维尔告诉沙布罗尔的那样，他已经不想继续做候补法官：晋升或者辞职是他的计划，或许仅仅因为脾气发作，才让他没有在此前做任何相关之事。无论如何，他还在休假，还有监狱报告要完成。但他并不打算带着这种荣誉辞职，而且他的愤慨相当真诚。对曾经似乎是如此光明的前景而言，它是一个遗憾的结局，它很可能再次让他后悔 1830 年宣誓的痛苦决定，宣誓的决定对他没有好处，除了———一个重要的例外———让出访美国成为可能。

无论如何，这个插曲驱散了托克维尔最后一丝倦怠。他关于土伦苦役监狱的报告，其本身是干脆利落的。当此之际，他是一个经验相当丰富的监狱调查员，这体现在他的字里行间。从美国回来之后，土伦是他参观的第一所监狱，而且他很清楚自己想要了解什么，且如何获得这些东西。该苦役监狱的残暴是臭名昭著的，他常常在脑中酝酿它与辛辛监狱的比较。根据那个标准，它是非常失败的：完全不想去改造犯人，犯人之间互相堕落（医院病房的一百个病人中，有二十六个人因性病感染而住院，他们是相互感染此病的，这是"最伤风败俗之恶行的可耻后果"），监狱看守惧怕犯人们："管理者对我承认，自从七月革命以来，犯人们的独立精神获得发展，当局被迫对很多轻微的虐待睁一只眼闭一只眼，以避免严重的罪恶。"另一方面，土伦更适用法国的中央监狱（*maisons centrales*）。规训更好。劳动更健康，鞭刑比地牢（刑罚室）更正常合理。一个苦役监狱的建造和运作比一个中央监狱要便宜，惯犯更少，这就是它所激发的有益恐惧（"只有两种方式会影响人的意志：劝说与恐吓"）。公认为现代慈善的"假慈善"极大地弱化了中央监狱的统治，使得它们仅仅成为了堕落的学校。至少，苦役监狱没有使其囚犯变得更坏。（这种评论跟托克维尔的一些其他评论并不一致。）然而，托克维尔对改革有各种建议。比如，他认为如果能建立起合适的车间（或许他此时想到的是奥本监狱），可能会停止使用脚镣，这将会消除监狱最可怕的方面，"深深感动"那些让人鄙视的慈善家，减轻监狱不应得的不良声誉。[16]

在起草了这份文件之后，托克维尔在 5 月 25 日返回马赛，他发现凯尔戈莱的处境变糟了，如预见的那样，毫无疑问是因为贝里公爵夫人的活动。不允许探监凯尔戈莱，甚至连其母亲也不能，托克维尔当然也不能。这导致了冲突不断的一天，因为托克维尔被来回打发于马赛的警察局长和行政长官之间。他得不偿失：他跟美国的伟人们有如此长久又如此平等的交往，不会再容忍法国小吏的胡说八道。托克维尔对地方法官、艾克斯法庭的庭长说，他自己也曾是一个地方法官，他知道只有在最为特殊的情况下，才会单独监禁犯人，如果一个官员忽视了这个规则，就要冒着承担责任的危险；但即便是那种威胁也没有动摇帕塔耶先生（M. Pataille），当用尽谎言、遁词和疲软的客套话时，他就是拒绝再见托克维尔。某种程度上可能会同情他。他知道路易·德·凯尔戈莱直接或间接地卷入到以暴力颠覆法国政府的阴谋中；必须关押着他直到审判，必须阻止他有叛国通信。帕塔耶怎么能确定这个专横的访问者并不是另一个同谋者呢？所以托克维尔最终放弃了，他将其遭遇之事冷静而细致地写下来，供凯尔戈莱夫人参考。她继续为探监而努力，她把自己所受委屈和托克维尔遭拒的愤怒陈述，发表在《南方公报》（*Gazette du Midi*）上，那是一份极其正统主义的报纸；但是托克维尔在 5 月 21 日离开马赛，前往日内瓦。[17]

　　他采取了一条有些休闲而迂回的路线，路经加普（Gap）、格勒诺布尔（Grenoble）和里昂；他可能会沿着 1815 年拿破仑的路线以自娱自乐，他闲庭信步，因为博蒙计划要到 6 月 1 日才到日内瓦。博蒙已经写信给托克维尔，虽然抱怨了政府的忘恩负义，但平静地接受了自己的解职；但是他并不讳言，这件事让他在经济上再次依赖自己的父亲，可能这就是他最终没有去日内瓦的原因。托克维尔的精神低落，而且他的行动变得更迟缓。他的另一个朋友布洛斯维尔（Blosseville）出版了一本关于在澳大利亚的英国流放地的著作；托克维尔对流放之事并无好感，5 月 31 日在盖普，他为那本书写了一篇严厉的评论，仅作己用。从法国西部传来痛苦的消息。6 月 3 日，他从里昂给玛丽写了一封信：

> 保皇派［还是那种奇怪用语］*也许将有一些短暂的成功，但我仍然对你预测，他们会彻底失败。有多少忠诚而高贵的血液会流淌！在报纸上，我已经看到一个我所认识的年轻、勇敢男子的名字。他刚刚可怜地被杀。请向我解释，为什么在每个时代，荣誉和无能会相伴而行？有谁比你们的詹姆斯二世党人更勇敢，更忠诚，与此同时也更笨拙、更不幸？我们法国的保皇派正因循着同样的步伐。

他继续前往日内瓦，并又写了关于日内瓦和洛桑（Lausanne）监狱的简明有力的

---

　　* 当时有正统派和奥尔良派的区别，不存在笼统的保皇派说法。——译者注

报告。犯人们的处境要舒服得多，他说：在日内瓦，他们甚至每个月都洗澡。管理者已经忘记了，"真正慈善事业的目的不是让囚犯高兴，而是让他们变得更好。"日内瓦监狱就像一个糖果盒——一年前，他用同一个词语形容长岛（Long Island）的房子：可能是洛桑的监狱给他这种印象，一座良好的拱廊建筑，坐落在大湖边

223 的高地上（"豪华异常"）。但他很高兴地发现，基督教是这两所监狱规训中的重要部分。随后在 6 月 7 日，他听说巴黎爆发了一场严重的、革命性的骚乱，他立刻起身回家。[18]

奥尔良派的政权受到来自两面的激烈攻击，主要是因为霍乱的流行。贝里公爵夫人希望——大流行病所引起的灾难，以及从 1828 年开始的长期经济萧条——将会成为她在西部的征兵官。巴黎的起义更危险，它紧随着波拿巴分子拉马克将军（general Lamarque）因霍乱之死。秘密社团的年轻共和主义阴谋分子们（无论左派还是右派，荣誉与无能都相伴而行）将葬礼转变为游行，又让游行变转为推翻王权的企图。但是政府准备充分，国王显示出出众的个人勇气，这激励了国民自卫军；6 月 6 日，起义被粉碎了。这曾是一个相当危险的事件，在霍乱最为严重的街区，街垒造得最为厚实。[19]

托克维尔到达圣日耳曼时，悲剧之事已经结束了。警报解除，他得以专注地一边写监狱报告，一边应付凯尔戈莱之事。后人不太清楚他做了什么，因为尽管他给凯尔戈莱写信，但凯尔戈莱没有保留任何一封，而玛丽只保存着两封 7 月时写给她的信的片段。但是我们知道，托克维尔和博蒙单独或合作地继续做自己的研究，8 月在巴黎，他们至少参观了四座监狱和一座收容所。从《监狱制度》这本书来看，很明显整个夏天他俩都非常努力地写报告，想要尽快完成它。[20]

麻烦已经够多了，但凯尔戈莱还火上浇油。他着手写了大量信件，想到什么就写什么，满是感人的声明（"我全心全意地爱你，更胜以往，我需要你，我只需要你，如果我们在一起，我会非常高兴……"），但也满是急促的要求，其中最重要的要求涉及到这个犯人*所写的一本小册子，它证明对卡洛·阿尔贝托号及

224 其乘客的扣押是非法的，作者对它感到满意。他要求——这肯定是极为艰巨的任务——托克维尔散发千册左右的复印本（"你在上一封信中告诉我，你愿意通过某些方式帮助我；我知道，我之所请并非你之所想，但是……"）给各种各样的书商

---

* 指凯尔戈莱。——译者注

和正统主义杂志，以及在法国的一些最臭名昭著的正统主义阴谋者，包括一个年轻人——企图在路易－菲利普步行穿过旺多姆广场时用其马车把他撞到。* 其他要求并不是那么麻烦；托克维尔似乎毫无怨言地一一做到。[21]

他就这样度过了夏天和初秋。十月份，监狱报告被送往内政大臣处，还有六卷对开本印刷和手写的档案作为证明文件，这是托克维尔和博蒙在美国积累的所有大量档案材料，还记得他们曾不得不买一个箱子来装这些东西。（不幸的是，这些珍贵的档案以及原始报告早已丢失了。）这两位作者一直希望其报告在呈递之余能够发表，几周之后它出版了。在书店它并未成为一本畅销书（正如佩罗夫人所言），但是像托克维尔和博蒙所希望的那样，它在政治圈和学术圈得到了很高的赏识。它到处受到好评，而且获得了法兰西人文院的蒙蒂永奖章。（刚开始）几乎没有异议，在颂扬"我们年轻而勇敢之同胞的作品"中，宪法委员会（*Constitutionnel*）或许具有代表性。他们已经扬名立万。[22]

《论美国的监狱制度及其对法国的应用》确实是一部出色的作品，至今仍然是刑法学的经典。且不论别的，仅因它对监狱研究中的调查和评估设定了新标准，它依旧配享荣誉。在已出版的关于杰克逊时期美国的作品中，它也是最有价值的文献之一，所有试图理解那个时期美国史之人都应该读读这本书。然而，在这些方面对该著作的任何详述，都超出了一本传记的范围。评论必须限定在，关于托克维尔，这本著作能告诉我们什么。

所有旅行笔记的读者，都不会惊讶于这本著作中的任何东西。《监狱制度》的 225核心，乃是比较辛辛、奥本和樱桃山三个监狱（频繁涉及其他的美国监狱），并思考它们的例子如何适用于法国的监狱制度。从 1831 年 5 月到 1832 年 8 月，由托克维尔与博蒙所写的现存信件、日记笔记和备忘录中，这些主题不断出现。令人眼前一亮的乃是其清晰性、简洁性和条理性，大量材料由此精简为文字作品。最重要的是，《监狱制度》是一本流畅易懂的书。大部分要归功于博蒙。

托克维尔是第一个这么说的。尽管——或者因为——《论美国的民主》出版后，托克维尔变得非常有名，他总是渴望尽其所能，提升博蒙作为一个可贵作家的名望。当他即将出版《论美国的民主》第二部分时（1840 年），他打算将《荒

---

* 收件人不包括夏多布里昂和贝里耶，或许由于贝里公爵夫人的冒险，他们也刚刚被逮捕和囚禁，虽然政府很清楚他们强烈地反对这件事（他们很快被释放）。

野两周》付梓作为其附录；但是"根据他惯常所为"，他首先向博蒙大声朗读；博蒙满怀敬意地聆听着并评论道，这令其小说《玛丽》（Marie）中所描写的段落黯然失色。托克维尔受够了：他把手稿放好，在有生之年从未发表（然而，博蒙确保它出现在自己所编辑的《托克维尔全集》的第一卷中）。[23] 当他为博蒙奋力争取法兰西人文院的候选人资格时，他对历史学家也是学院秘书弗朗索瓦·米涅（François Mignet）写道：

> 我亲爱的同事……您知道博蒙先生的请求，但是有一个细节或许您并不知道。博蒙先生与我合作出版的、关于美国监狱的第一部作品，是由博蒙先生努力整合的。我只是提供了自己的评论和一些笔记。我从未对朋友们隐瞒这个事实，即在这本——我现在或许会自夸其成功——著作上，虽然我们联名出现，但可以这么说，博蒙先生是唯一的作者。我很高兴自己有机会公开这些事实……[24]

这些事进一步说明了托克维尔作为朋友的贡献，但就《监狱制度》而言，那些材料表明他大大低估了自己的贡献。据佩罗夫人说，他在出版的文本中负责约三分之一，包括非常重要的"字母表笔记"和"数据笔记"。[25] 然而，因为这本书的结构，在称呼博蒙为"作者"时，托克维尔是真诚的，他对其朋友也是这般真诚。该书近一半由附录和后记组成，在其写作中托克维尔占据了很大甚至主要的部分；但是其正文，由前言和三部分组成——分别是关于美国的监狱制度、它之于法国的可适用性以及美国的庇护所，则完全是博蒙写的。托克维尔的贡献不止于此：在处理凯尔戈莱事件的间隔期间，正如我们所见，他将 1832 年夏天用于参观监狱，仔细检查这本书的每一页，给出评论和建议，博蒙频繁地予以采纳，虽然有时会有所修改（就这样，他重写，删节，并加进一种典型托克维尔式的对拿破仑的愤怒）。[26] 比任何这些考虑都更为根本的是，他们在美国逗留期间，托克维尔和博蒙已经对几乎所有事情达成一致，而在监狱问题上，他们所思所言形同一人。很难说是谁先形成的哪个想法，而且这完全无所谓。《监狱制度》最重要的意义乃是一本真正的合作作品。

这也是一部难以公正对待的作品。其优点虽然是不可否认的，但从某种意义上讲似乎是无足轻重的。监狱任务，无论多么费力且有价值，就其性质而言是相当有限的。两位特派员的工作是研究美国的监狱制度，并报告其可能的适用性。监狱的目标是挽救每个犯人的品行，使他（或者——在很少的案例中——她）出狱之后像一个守法公民般言行得体："走吧，不要再犯罪。"托克维尔—博蒙的研究相当彻底、明智而认真，谦虚来说他们的结论众多而敏锐。但两位观察者受困于经费的忧虑：在任何一位大臣的预算中，能找到钱在法国建立起合适数量的监狱吗，而其运行开支要如何满足？（他们对美国监狱的数量印象深刻，事实上它们能从犯人的劳动中盈利，但他们有适当理由觉得，这反映出这些条件——尤其是自由劳动力的高成本——在法国并不存在。）他们关注的核心是累犯率，且正如 227 法国政府的忠仆那样，他们因为缺少美国的官方数据而受到非议：他们不得不一次又一次地根据监狱登记本来编制自己的表格。最后，他们不管拉姆·林德斯等人根深蒂固的怀疑，对罪犯改造的可能性持适度的乐观。但一个改造过的犯人，就其本质而言，是一个之前被定过罪的人。因此，监狱充其量只能对犯罪率有适度影响，而对导致犯罪的因素毫无影响，犯罪首先是一种社会现象。

托克维尔和博蒙很清楚地意识到这种局限，不准备有太多主张。尽管有各种预防措施，但他们对几个更大问题的观点，在其对监狱的讨论中不可避免地变得清晰起来，而且影响了他们的结论。随着康涅狄格州变得越来越繁荣，其犯罪率也会升高，正如我们所见，托克维尔听闻此事非常震惊。* 托克维尔和博蒙深入研究该评论；事实上，他们论述犯罪原因的那几页，在这种语境下，乃是其《监狱制度》中最精彩的部分。[27] 他们承认是"制度、习惯、政治情况，影响了自由人的道德；监狱只对犯人的道德产生作用。"但甚至在这种构想中，他们暴露了自己对"原罪"与"罪"两种概念的根深蒂固的困惑。在其一次又一次的写作中，他们似乎认为刑罚的目的曾是而且应该是灵魂的再生，使之恢复到"原始的纯洁"，而不仅仅是行为的改变。他们一度认为，社会的唯一权利和权益，不是要求一个前犯理应拯救自己的灵魂，而是要求他遵守法律；但这种评论的暗示却无处可寻。[28] 远为明显的是，两位作者用了很多页来强调，犯人们——定义为社会的害群之马——除非严格地分隔，并在沉默的管理下关押，否则就会互相腐蚀堕落；从来没想过犯人们会互相安慰。任何形式的和缓对待都会受到最大的质疑：人们承认，波士顿收容所的威尔斯先生（Mr Wells）跟年轻的少年犯相处和谐，他以纯熟的技巧管 228

---

* 见前文，第192页。

理他们，但他的成功归因于其自身的出众品质，而非制度。[29] 通常来说，托克维尔和博蒙不赞成他俩视之为纵容犯人的做法。托克维尔关于洗浴的观点已经说过了，[*] 而他对衣食的态度同样坚定。他和博蒙都会强烈谴责"建造建筑纪念物的狂热"，而不单单谴责功利主义监狱，不管他们是在何处看到这些东西。[30] 他们不同意最重要的功利主义者边沁（Bentham）的信念，即一座设计良好的建筑能有助于监狱的改造工作，比如，让犯人们适时地看看哥特式建筑并感到恐惧。托克维尔视所有音乐为不必要而摒弃之，而边沁认为好音乐能让监狱教堂的礼拜仪式更加愉悦，因此是有益的——但另一方面，边沁自己是个音乐家。[31]（我们很好奇长笛演奏家博蒙是怎么想的。）只有在极少数情况下，托克维尔和博蒙才会同情犯人的困境，比如他们发现在费城出狱的犯人什么都得不到，只有几个硬币帮助他们重启新生："对我们而言，这个制度实在是太严苛了。"他们指出"对释放的囚犯而言，最危险的时刻就是他们离开监狱的时候……"[32†]

他们认为自己是很人道而开明的人，但至少在托克维尔从费城寄往巴黎的报告中，恰好体现出来他仁慈的局限，该报告描述了一个单独监禁之犯人的条件，托克维尔对他进行了访谈。托克维尔说，这个人身体好、穿得好、吃得好、睡得好；"然而，他非常不开心；施加于其身的全部精神惩罚，让他的灵魂充满了恐惧，比之鞭子与链条所造成的恐惧要深得多。一个开明而人道的社会应该希望这样惩治罪犯，难道不是吗［我的强调］？"[33]

米歇尔·福柯（Michel Foucault）的作品对这类事情——远不止托克维尔的刑罚哲学，提出严厉控诉。《规训与惩罚》（*Discipline and Punish*）的所有读者都会注意到，福柯恰如其分地将作为监狱改革者的托克维尔与博蒙置于自己所描述的运动中；他声称，这是一个重塑世界的运动，从而使"监狱像工厂、学校、兵营、医院，所有这些又都像监狱"[34]。他从 17、18 世纪财产新观念的兴起中找到了这项运动的起源，这种新观念使贵族、农民、资产阶级（包括大资产阶级和小资产阶级）合并为一个新的阶级，决心捍卫自己的利益，反对那些它仅仅视为流浪汉和罪犯之人："乞丐、流浪者、贫民，还有所有出狱的犯人，"托克维尔和博蒙说道，"其与日俱增的数量，威胁到公民个人的安全，甚至国家政权的稳定……"[35]

---

[*] 见前文，第 222 页。

[†] 这句话引人注目地预示了《旧制度与大革命》中的一句名言："一个坏政府最为危险的时刻，就是它开始改革之时。"（OC II i 223）

据福柯所言，必要的改革乃是一连串行政官员的特别关注，这包括旧制度的高等法院法官、制宪议会的立法议员、拿破仑政权的官员到复辟王朝和七月王朝的行政人员。所有这些人都是律师，在法国，该职业的成员从未停止尝试维持或重建自身为特权等级，就如它曾在旧制度下一样。无论其权利、责任或者能力如何，他们毫无疑问要通过法律和法庭来规范和维护社会。"我们相信，社会有权利为其存续及现有秩序的好处做一切必要之事……"托克维尔和博蒙就是这样想事情的（所以可能对犯人们做任何事情，犯人们的倾向都是堕落的，本性都是邪恶的）。[36] 福柯引用卢梭：

> 每一个罪犯，由于攻击社会权利，因其罪行而成为了国家的反对者和叛徒；由于违反国家的法律，他不再是国家的一员；他甚至会对国家发动战争。在这种情况下，维护政权与罪犯本人是不相容的，不是你死就是我亡；在处死罪人时，我们所杀的公民没有所杀的敌人那么多。[37]

这一段雄辩之辞来自《社会契约论》（*The Social Contract*），但也很可能出自罗伯斯庇尔或者波拿巴或者托克维尔的远亲勒佩勒捷·德·圣法尔若；除了改革者们很快会更愿意用徒刑而不是死刑作为大多数犯罪的惩罚手段，这段话表达出从前革命时期到第二帝国及以后的改革者们的主导信念。

就我们的目的而言，圣法尔若是关键人物，因为是他在制宪议会前提出法律，这条法律首次使启蒙哲人的刑罚提议成为一项公共政策问题。圣法尔若第一个提议地牢（"手脚带上镣铐、黑暗、孤独、面包和水"）、牢房和劳动制度。[38] 接下来在议会或者议会之外的讨论，只是就圣法尔若的主题讨论了变化形式和具体内容，而 1789 年以陈情书反对国家监狱之存在的抗议，则被人遗忘了。[39] 拿破仑政权将很多没收的法国修道院改造为监狱，这件事可能被视为其制度的讽刺性评论，而单独监狱的概念正起源于该制度，而且拿破仑政权将控制犯罪的企图视为一场国内战争，对等于法国不断参与的国际战争——"国内战争"这个比喻的好处在于剥夺了罪犯的人格，而且它始终在后来的历史中保持影响，不只是在法国。"设计出一个庞大的监狱结构，它的不同层级精确地对应于行政集权的每个层级。"[40] 虽然复辟王朝和七月王朝的大部分统治精英——比如埃尔韦·德·托克维尔——亲身接触到监狱的真实情况（可能比之历史上的任何其他政权有更高的比例，直到布尔什维克（Bolsheviks）控制俄罗斯），但复辟王朝和七月王朝继承了拿破仑的规划及其附带的问题——该规划正是古斯塔夫·德·博蒙和亚历克西·德·托克维尔所参与的。

　　因为家庭背景、教育和训练，他们完全符合主流正统，而且他们的美国之旅很自然地强化了其原有观念（无论怎么形成的），因为美国尤其是贵格派的监狱学说，亦步亦趋地依据欧洲而形成，而欧洲的监狱学说是由（例如）约翰·霍华德（John Howard）和杰里米·边沁阐释得来。[41] 新颖之处在于其适用，而非监狱理论本身。托克维尔与博蒙接受主流观点，这或许并非完全不可避免，这些观点总是存在争议。[42] 制宪议会中的一位代表表达了对监禁新风尚的反对，他反对道，

231　　"一切可能发生的罪行都施以同样的惩罚方式；人们不妨看看一个医生对所有疾病都采取同一种治疗措施。"意大利思想家西斯蒙德·德·西斯蒙第（Sismonde de Sismondi）向日内瓦委员会谴责托克维尔所坚持的沉默管理："通过剥夺人区别于动物的特权——语言能力，以试图改造犯人，这是荒唐的。"对此托克维尔和博蒙不得不承认。拉法耶特宣布自己乃是单独监禁的强烈反对者。"那种惩罚"，他说道，"对改造罪恶毫无用处。我在奥莫茨（Olmutz）被单独监禁了好多年，我因为发动了一场革命而被投进监狱；在狱中，我只想发起一场新的革命。"查尔斯·狄更斯（Charles Dickens）参观樱桃山监狱比托克维尔晚了 11 年，对囚犯的访问取得了更大的效果，他谴责单独监禁为酷刑和折磨，譬如没有人有权利折磨其同类，声称那些仁慈的贵格派不明白自己的所作所为。[43] 但是如我们所见，托克维尔和博蒙有着非常不同的看法。

　　他们希望永远不要表现得多愁善感。现在应该很清楚了，对他们而言，"慈善家"是一种蔑称：它代表一个爱管闲事者，他更关心囚犯的舒适和快乐，而不是救赎。以做囚犯改造者为职业的慈善家是最糟糕的。查尔斯·卢卡斯（Charles Lucas）尤其成为他们所厌恶之人，因为他不承认，惩罚的主要目的是为社会树立有用的道德榜样，而不是改造囚犯。考虑到托克维尔本人多么强调个人救赎，这种指责似乎是虚伪的，但是他绝不可能公正地对待卢卡斯。私下里，托克维尔从未试图掩饰其蔑视：在费城写给沙布罗尔的信中，他幸灾乐祸地说博蒙—托克维尔任务的成功会把卢卡斯气得又嫉妒又焦虑："对我们而言，对监狱制度的研究像是生活的餐前小点；对他而言呢，这是生意；他以慈善为生，如同以不动产为生那样；他每年从中获得大量租金，当看到别人也涉足相同领域时，他感到害怕。"[44] 从这

些评论以及其他类似言论中，很难原谅托克维尔令人讨厌的绅士架子。但是他对于对待犯人的态度，比之慈善家们更接近于那个时代正在发展的观点。

事实上，《监狱制度》是其所处时代的一项成功，这并不奇怪，因为时代写 232 就了它，还有它的缺陷及一切。从该书较近版本所摘录和收入的评论来判断，读者们主要会对作者谨慎的经验主义及其对事实与材料的生动展示，留下深刻印象。毕竟，这是议会蓝皮书的时代：《诺曼底公报》（Gazette de Normandie）骄傲地指出作者之一是"我省之子"，还断言这本书使海峡对岸那些大惊小怪的"议会调查"黯然失色。托克维尔的数据统计特别吸引人：正如路易·舍瓦利耶（Louis Chevalier）很久之前告诉我们的，19 世纪早期着迷于这种新艺术，它像变魔术那样，让之前仅仅是对社会的臆想变得坚实起来。评论家还煞费苦心地称赞作者的风格和表达。"人们首先看到的是以公正而冷静的智慧观察到的事实，并以一种适合主题的简明风格，坦率地呈现出来"（《国民报》）。其中有几个人称赞该书的纲要：《法国邮报》（Courrier de France）说，博蒙先生和托克维尔先生并不在"监狱制度偏执狂"之列，那些人认为监狱制度是对所有罪恶的救治；他们恰如其分地批评了那些无知的人道主义者，那些人只关心物质条件，让热爱人类变成了一种职业。《新法兰西》（La France nouvelle）评论两位作者说，他们唤醒了社会应对罪犯负起的责任，但不属于那些"言过其实的慈善家"之流，那些人谴责社会培养犯罪，又一味地支持刑罚的受害者。[45]

无论好坏，这本书是一种成功；然而西塞罗的一条警句涌上心头。他说，小加图（Cato）在元老院（Senat）发言，"就好像他正生活在柏拉图的共和国而不是罗慕路斯（Romulus）的污水池。"凯尔戈莱看过这本书后也持几乎相同的观点："做得好，非常好，如果你们的读者都是真正可敬的公民，随之而来的会是努力学习的意愿和公共福利……但是你们四分之三的读者将不会喜欢缺少欺骗或者才华或者不论你们怎么叫它，也就是那些以每日新闻的粗言俗语刺激厌腻和疲倦之头脑的东西。"[46] 博蒙和托克维尔煞费苦心地写了一份能被任何法国政党或政府的学 233 者和理智之人所接受的报告（尽管一两处提到"一个自由国家"，表明了他们心之所在）。[47] 他们尝试一种社会科学的冷静语气，且在很大程度上做到了。考虑到其一生之中法国的政治和社会状态，尽管它让两位作者名声大噪，他们表明自己不仅有学术才能还有政治才能，但这对法国的监狱和囚犯作用不大。他们意图务实的焦虑，体现在对当下事态的所有评论中：

　　我们从未设想，法国会突然之间着手一项对监狱制度的全面改革，拆除古老的机构，并立刻建造新的。而要转瞬之间完成一座监狱，巨额资金是另一方面的问题。但对我们的监狱制度，人们可以合情合理地要求逐步改革……[48]

　　他们不号召激进改革，因为他们知道这难以做到，甚至可能是不受欢迎的："一种制度只有保证多数人的利益，它才能在政治上取得成功；如果只能让一小部分人受益，它就会失败"——比如忏悔的犯人。他们承认，即便是改革最基本的（在他们眼中）元素，即在每个监狱配备一位积极热心的牧师，或许在法国都是不可能的：哪怕法国天主教的牧师对刑罚改革充满热情——更何况他们并非如此，法国的反教权主义也会深深地怀疑任何看起来正在增强教会影响的事情。[49]博蒙和托克维尔关于法国国情的论述，是其书中最明智和最现实的，而且可能会提升他们在读者中的影响——除了监狱的管理者，那些人认为托克维尔和博蒙是很不公平的。中央监狱的总监拉维尔·德·米尔蒙（Laville de Miremont）拿出一本小册子，维护托克维尔和博蒙所抨击的法国监狱制度的每个方面；他由此宣告了一场论战，这两位朋友会在整个七月王朝期间卷入其中，甚至让他们逐步改革的希望化为乌有。[50]

　　鉴于此，后人可能会认为忽略《监狱制度》并无不妥，因为它只不过是一场被遗忘之辩论的灰烬罢了。这是不公平的：博蒙和托克维尔试图解决的问题仍然很鲜活。今天，任何一个该书的读者都会被迫思考美国和欧洲监狱的现状，结果并不令人欢欣鼓舞。但最终，令这样一位读者最为印象深刻的，就是可能被称为潜台词的东西。比如，博蒙和托克维尔小心翼翼地解释美国联邦制，以及它如何形成监狱制度。这能精确地衡量出他们在美国学到多少东西，因为在他们刚到纽约的时候，他们显然想要寻找一种集权的监狱管理——由身在华盛顿的部长用法国的方式运行，而通过塞吕里耶男爵（Baron Sèrurier）的一封信才让他们步入正轨。[51]反过来，博蒙和托克维尔不仅让读者们知道联邦制——他们所正确理解的联邦制乃是分权的典型，而且他们还讨论了联邦制的优缺点，此外他们还指出在州与州之间有某种良性竞争，因此他们争相建造最好的监狱。* 他们还强调了美国

234

---

* 现在，他们争相建造最差的监狱。

的自由结社原则（依循他们鄙视的查尔斯·卢卡斯所给出的提示）：[52] 在纽约，良好的庇护所并不是由州政府建造的，而是公民个人为此目而成立的委员会建造的。他们进一步指出，商业公司形式的社团乃是美国经济发展的动力；在政治上，它们是"少数人成功抵抗多数人压迫"的手段，而在社会生活中，社团是娱乐、教育、科学、宗教和节欲的方法。博蒙和托克维尔还发现，有必要讨论：种族、奴隶制和蓄奴州；公众意见的角色；出版；政教分离；学校制度；美国宗教。《监狱制度》的细心读者还能学到很多，关于美国社会和政府是如何形成的，以及他们在 19 世纪 30 年代是如何运作的；而且也将透露出接下来两部作品所谓的预告片——博蒙的《玛丽，或美国的奴隶制》（*Marie, ou l'esclavage aux Étatas-Unis*）和托克维尔的《论美国的民主》。事实上，可以把《监狱制度》归类为对运作中的杰克逊式民主的一个案例研究；它留待托克维尔去详细地阐述整体制度及其原则。

第十一章 两书之间（1833）

　　"我要介绍两位才智之士相互认识，"里奥·亨特夫人（Mrs. Leo Hunter）说道，"匹克威克先生（Mr. Pickwick），我非常荣幸将您介绍给斯茅套克伯爵（Count Smorltork）。"她又急忙对匹克威克先生耳语道——"这个著名的外国人——正在为自己关于英国的伟大作品收集材料——嗯！——斯茅套克伯爵，这是匹克威克先生。"匹克威克先生对伯爵致以伟人应得的敬意，而伯爵抽出了一套便笺本。

查尔斯·狄更斯，1836

　　托克维尔没有立刻坐下来工作，甚或还要过几个月。在写出《监狱制度》一书后，毫无疑问他需要休息；而且凯尔戈莱之事也该有个了结。12月时，路易及其狱友被转送至卢瓦尔省的省会蒙布里松（Montbrison），3月份他们将在那里接受审讯。与此同时，政治环境正在迅速转变。奥尔良政府不费吹灰之力地残酷镇压了贝里公爵夫人在西边的虚弱起义；每个人都希望她由此而离开法国。然而，她却躲藏了起来，最终，政府感到除了追踪并逮捕她之外别无选择；11月，新近上任又精力充沛的内政大臣梯也尔在南特（Nantes）将她抓到，囚禁在吉伦特省（Gironde）的布莱（Blaye），但是政府对于接下来要拿她怎么办不知所措。如果审判她的话，会让她成为一个正统主义的烈士，而且无论如何她是王后的外甥女；但是如果把她关在监狱里不加审讯的话，同样是煽动性的，因为这不合法。如果将她发配流放，当她发动一场无论多么不值一提的叛乱，而且那么多的追随者们跟着尝试的话，那明显不合适，还会激怒自由派。正统派充分利用了奥尔良派的困境。夏多布里昂想起了自己的兄弟和马勒塞布——"路易十六的辩护者，在同一天，同一时刻，因为同样的原因，死在同一座断头台上"，如果审判她的话，他公开表示自愿地担任她的律师，并发表了一个小册子——《女俘贝里公爵夫人回忆录》，这让他自己也受审（他罪名不成立）。托克维尔家族也迅速地成为了公众关注的焦点：埃尔韦伯爵给两院递交了陈情书，要求释放公爵夫人，伊波利特发表了一本正统派小册子《致诺曼底人信札》（*Letters aux Normands*）。更让人惊讶的是，亚历克西以一个律师的立场，给正统主义的最重要刊物《每日新闻》（*La Quotidienne*）写了一封信，论证逮捕贝里公爵夫人的违法性。博蒙也同样这么做了。这两位前地方法官对七月王朝没有爱意，而且毫无疑问地相信自己所说的话；托克维尔可能随着家庭感情走；但最好把这件事看作是一个证明，即虽然他的头脑已经放弃了波旁王朝，但是他的心却很难做到。然而，这是一种轻率的行为：女公爵夫人暂时还是正统派最伟大的女英雄，而公开支持她只能有一种意思。凯尔戈莱明白这点：虽然他认为托克维尔的辩护缺乏热情，但重要的是把自己跟那些憎路易－菲利普的无耻政府之人联系起来。

但是陷入正统主义而引起的问题变得没有意义，因为 2 月时，作为法国合法摄政者的那位女烈士——真国王的母亲也是其父的贞洁遗孀，不知怎么的怀孕了：在她看来，这并不重要，而且也没有试图长久保密（她是整个欧洲历史上最愚蠢的公爵夫人）。由此她让正统派变得荒唐可笑。[*] 流亡的查理十世抛弃了她，当布瓦涅夫人询问夏多布里昂（他之前写了"致玛丽－卡罗琳［Marie-Caroline］[†]的母爱之德的赞歌"）认为这个孩子的父亲是谁的时候，他只回答说，"你认为有谁能说出连她本人都不知道的答案呢？"[1] 公爵夫人含糊其辞地称这个婴儿为"旺代的孩子"，一个愤怒的正统派女士评价道，"在某种意义上，她是正确的"。正统派不再过问她的事情，但是这并不能消除这个事实，即她如同一支重要的政治力量般，几乎暂时摧毁了正统派。虽然正统派让自己成为政府的无尽烦恼，但 40 年内他们都不会再有掌权的机会。政府化险为夷。孩子一出生，公爵夫人就再次被流放：孩子是个女孩，公爵夫人尽快把她转交给养母；不久孩子就死了。

所有这些都意味着，即便认定凯尔戈莱有罪，几乎肯定会在审讯之后释放他：连主犯都释放了，惩罚从犯就太过了。但是凯尔戈莱力求万全。10 月，托克维尔自愿担任他的律师，路易对此感到高兴：他们似乎是战场上的战友一般，"它将实现我们儿时的一些梦想。"但是法律策略迫使他拒绝这一支援；最终托克维尔只是作为品德信誉见证人出庭。即便如此，也需要细致准备：托克维尔被告知，

237

---

[*] 荒谬之处并不都在一处。当卡洛·阿尔贝托号被扣押时，在船上找到一个黑乎乎男孩。地方当局确认他是伪装的波尔多公爵（duc de Bordeaux），这个可怜的孩子被用力地擦拭，把颜色洗掉（Jardin, 189）。

[†] 贝里公爵夫人的姓名，出嫁前为波旁－西西里的玛丽·卡罗琳。——译者注

一定要带着自己的律师法袍和执照去蒙布里松，只有如此他才能跟另一名律师进入为他们准备的审讯室；在审讯的前两天，凯尔戈莱焦虑地敦促自己的朋友说一些关于其父亲——凯尔戈莱伯爵——有力度的话。[2]

审讯在 1833 年 3 月 9 日进行。托克维尔全程参加了。他的陈述很奇怪。它跟案件的事实无关，只是一篇对凯尔戈莱及其父亲的长篇颂词，说他们是自由的爱者和光荣的灵魂，他们的家是古代美德的庇护所。他强调了凯尔戈莱在军队中的典范行为和爱国之情，并动人地指出了他们忠诚的友谊。无论我们今天如何看待他的表现，它都很契合陪审团——有地乡绅、地方律师和内科医生——的口味，他们中的部分或者全部可能都是正统派。或许无论如何，他们都会无罪释放被告人——在政治审判中，七月王朝总是发现很难得到"罪证"——但是托克维尔的演讲无伤大雅。他说道，今天看到凯尔戈莱要受到羞辱惩罚的威胁，他认为有必要声称，其朋友从未在其心目中如此高大，从未如此贴近他们年轻时的誓言——"我从未对我们之间神圣的友谊感到那么骄傲。"该是采取折中主义的时候了，但是托克维尔又一次不顾一切地跟正统主义联合，而且是极端的正统主义。[3]

然而，这次演讲是值得注意的，因为它以一篇讨论陪审团之权利与义务的专题论文开始，这明显体现出托克维尔从美国带回的对那种制度的热情，而且因为陪审团对凯尔戈莱伯爵的评论，表明了路易之不幸的真正性质。他的父亲在一开始就投入对七月王朝的反对（1830 年 11 月，他因为在《日报》上煽动性地发表了从巴黎议会辞职的演讲，而受到了审讯和判决），并且他把自己的儿子也牵连进来。要不是父亲的影响，凯尔戈莱似乎本不会从军队中辞职，或者跟贝里公爵夫人扯上关系；而从他在狱中写给托克维尔的信来看，他担心其父亲尤甚自己。孝顺之心是难能可贵的。希望凯尔戈莱先生会因为自己以这种方式毁了儿子的事业，而至少有好几天彻夜难眠。

在父亲这方面，托克维尔是幸运者，但是他有自己家庭方面的当务之急。材料很缺乏（在 1833 年 3 月到 7 月间的材料没有留存下来，毫无疑问是因为除了欧仁·斯托菲尔之外的日常联系人现在都住在巴黎或者附近）；但即便最严谨地解读材料，也必定会发现现在托克维尔和玛丽·莫特利之间的关系，发生了决定性的转变，该转变阐明了最重要方面的一些问题，但仍然留给他一大堆困难。

美国之旅丝毫没有减弱他的眷恋；反而强化了，或者说让托克维尔更加意识到这点。他写信给沙布罗尔时，到美国还不到一个月："我从未像此刻再也见不到她时这般爱她。到目前为止，离开反而让我更加爱她。事实上，我从未想过我会那么依赖她……她是否有时也会想起我？"每个邮递员都带来她的信件；收取这些信件成为了他在美国最开心的事；他把这点告诉她，然而他又请求沙布罗尔再对她说一遍。如我们所见，他担心她可能会患上霍乱。尽管他给玛丽写信的频率也许远甚于他人，但是他从美国寄给她本人的信一封也没有留存下来，不过我们可以肯定它们充满了真挚的深爱；到底有多么真挚，或许可以从这件事推测出来，即对于自己各种危险经历的故事，他在安全回家前都瞒着家人，而从一封写给沙布罗尔的信中，我们知道他始终让玛丽知道这些。大概他知道她比母亲更加焦虑；但是或许他也感到，她有资格知道一切。如我们所见，他一回到巴黎，就飞向了她的怀抱。[4]

当托克维尔还在美国时，一个表兄（也许是路易·德·夏多布里昂）曾经写信给他，提议一场包办婚姻，让他娶一位高贵而嫁妆丰厚的年轻女士。他拒绝了这个提婚，显然不是因为现有的誓言*，而是因为托克维尔从未见过L.小姐（Mlle de L.），而且不知道他们能否彼此相爱。至于她的财富（他说道），他活得越久就越清楚地觉得，钱对他而言不是特别重要：如果能拥有一种家庭幸福，他能够轻松地安于一份中等收入。正如我们所见，这就是他对包办婚姻的一贯态度，但是他甚至都没有暗示过有玛丽这么个人，而最根本的是路易·德·夏多布里昂提出婚约，这两件事表明，在托克维尔前往美国之前，玛丽的重要性还不为托克维尔的家人所知（他自己都不完全明了），这当然与其他的证据是一致的，即尚未有真正的婚约。然而似乎明显的是，当托克维尔返回巴黎时，他决定结婚，并很快克服了第一个困难——玛丽自身的犹豫。1832年夏天，他写给她的信，就如同一个人写给第二个自己那样，他确信是写给一个对自己的思想和行为感兴趣的人，简而言之，他确信会永久结合之人。但是一场真正的婚礼远未到来。贝拉姆夫人那儿还有麻烦。在美国之旅之前，托克维尔和玛丽是否是恋人还不得而知，但当他回国后，他们肯定是恋人了，1832年春天，这件事或许在姑母和侄女之间掀起了"大风暴"，在很久以后的信中，托克维尔间接提到这件事。但托克维尔自己家没什么动静。伯爵和伯爵夫人可能已经很清楚地意识到，玛丽是其儿子生命中永恒的伴

240

---

* 跟玛丽·莫特利的感情。——译者注

侣，但她始终是个新教徒、英国人，且不富有。*托克维尔至少能够信任自己的朋友们。当然沙布罗尔从一开始就知道这件事；现在，在狱中的凯尔戈莱，以托克维尔的异想天开为灵感来源，创作了一页令人震惊的厌女文，但他同意玛丽必定是一个与众不同的女人，并催促托克维尔随时写信来谈谈她。[5]

接着发生了什么事，相关资料极少。直到1833年春——如果是那时候的话，托克维尔才开始一种新的生活方式，这一直持续到他1835年的婚礼：白天，他正式跟父母住在维尔纳伊街，晚间，即便不是整夜，他与玛丽一起度过。这很不如人意，但是毫无疑问，他父母尚未心甘情愿地同意这桩婚事，而且根据波旁王朝修订的《民法典》，在30岁之前，他不能没有父母的同意而结婚。他还是完全依靠父亲获得收入。根据同一部《民法典》，他不能被剥夺继承权：著名的《继承法》保证他在家庭财产的分配上，有着跟兄弟们同样的权利；但是这对他当前的困难而言，影响甚微。在可能解释其安排的原因中，另一个唯一的可见因素是，勒叙厄尔神父的过世及两位兄长的成家，使得一直体弱多病的托克维尔夫人需要亚历克西的陪伴。[6]没有争吵，也没有强迫或反抗的尝试；但出现了僵局。

一个争议已经解决：1833年夏初，托克维尔跟贝拉姆夫人相处极为融洽，并尽力维持这种关系。这具有双重的重要性：我们对玛丽与其在英国的家庭关系知之甚少，但明显他们还保持着紧密关系，要是贝拉姆夫人不赞成的话，那本可能在托克维尔与莫特利父母之间制造困难。最近唯一的问题出在凯尔戈莱身上，他或许对狱中的痛苦折磨心有余悸（可以这么说）。无论如何，他感到如此茫然，以至于开始学习德语，既是为了职业，也渺茫地希望它能促成某些事；他允许父母僭越管理在福瑟斯的家族庄园；而且他痛苦地告诉托克维尔，他不赞成这桩婚姻——理由不得而知。他的态度让托克维尔感到恼怒和痛苦，但一尘未变：它最多只是给他们的友谊投上短暂的阴影，而且显然他并未重新考虑玛丽。[7]

它也没有影响托克维尔的总体愿景。那个夏天，他情绪高涨，或许因为他还未开始写作自己的下一本书。相反，他前往英国旅行，他在那里住了五个星期（他直到秋天才开始写作）。[8]

再次旅行的决定，引起了许多学者不必要的困惑。[9]除了革命的1830年之外，

241

---

* 不过她并不穷。安德烈·雅尔丹指出，在她结婚时，她每年有8000—10000法郎的收入，也就是800英镑（Jardin, 49）。

托克维尔从 1826 年起的每一年都出国旅行。这减轻了他自知的烦躁不安。他写信给表亲碧西鄂夫人（Mme de Pisieux），解释了这场特别旅行的动机，请求她给斯图亚特·德·罗思赛女士（Lady Stuart de Rothesay）写一封推荐信，后者是前任英国驻法国大使（1815 至 1830 年）的夫人：

> 我已经跟她的丈夫熟识；我和博蒙先生最近出版的作品让我们有了接触；但您也一定会认为，我拿着《监狱制度》作为拜帖，出现在一位女士的闺房中是不合适的……我也希望去往英国，能让自己从我国目前寂然无趣的现状中逃离一阵。我希望在我们的邻居那里不会那么无趣。而且，我听说他们正在开启一场革命，如果我想目睹真实情况话，我必须加快步伐。因此我急着赶往英国，就像赶一幕大戏最后的夜场演出。[10]

他在 7 月 15 日离开巴黎，从容不迫地前往瑟堡，途中在托克维尔城堡住了几夜：他在那里跟邻居们相处融洽，预见哪天作为下议院候选人时，他需要他们的选票。（几乎在同时，玛丽和贝拉姆夫人前往上诺曼底的埃特勒塔（Étretat in Upper Normandy），去海滨度假。）他在瑟堡徘徊了一到两天，寻找前往南安普顿的船只。8 月 5 日，一个驾快艇的英国人把他带到了根西岛（Guernsey），第二天，他从那里坐蒸汽船前往韦茅斯（Weymouth），"一个美丽的小地方"。8 月 7 日，他坐四轮马车前往南安普顿（Southampton），途经的农村让他印象深刻，更多的是因其炫目财富而非自然风光："无非是公园、乡间宅邸、扈从、男仆、马匹。他们说，普遍的富裕掩藏了贫困，但至少对一个外乡者来说，它掩藏的极好。"南安普顿，尽管只是一个小镇，商店可以媲美巴黎……然而，在他国的学习已然开启。[11]

他去英国时，带着一连串的先入之见，有些有用，有些误导。[12] 法国或者还有美国的报纸，报导了围绕"议会选举法修正案"的斗争以及随之而来的骚乱、公共会议、罢工、纵火，这让他确信英国正处于另一个 1789 年的边缘，正如他给碧西鄂的信中所言。只是在这点上他略有些过时了：一年之前，当"改革法案"的斗争达到顶点时，英国的很多有识之士担心革命近在眼前，但是一旦法案变成了法律，事情就安定下来。他也确信，英国迄今还是一种纯粹的贵族政体：他在笔记中如此着重地专注于这个观点，让人以为他的下一部书会是《论英国的贵族》（De l'aristocratie en Angleterre）。他没有忘了美国——事实上，英国之旅似乎让他重新有了写作该主题的热情：他确信，对古老国家的观察，将会对新国家有借鉴作用。但这种兴趣绝不是他到英国的全部原因。他所感到的兴奋之情，犹如 20 世纪的年轻人第一次到美国时的感觉一样。虽然作为复辟时代之特点的亲英之风已经过气了，并且很快就转变成了仇英，但英国在法国的影响力仍然是无可估量的。并不仅仅因为这个国家发起并维持了反法联盟，并最终打败了拿破仑，而且其王朝的历史和制度似乎对法国大有借鉴：路易－菲利普被推上王位，很大程度上是希望他成为另一个威廉三世（William Ⅲ）。正是英国的机器发明和新经济组织，转变着人类生活的基本条件，并创造着规模惊人的新财富：不久法国就将创造"工业革命"这个词。它也是席卷欧洲的浪漫主义的主要根源之一，无论其成长经历如何，托克维尔都极易受浪漫主义的影响。西西里对他而言是希腊神话的土地；美国则是费尼莫尔·库珀和夏多布里昂的土地；不列颠则是沃尔特·司各特（Walter Scott）。那也是玛丽·莫特利的家乡。总而言之，难怪托克维尔是一个热切的来访者。

　　他在 8 月 10 日到达伦敦，并待到了 26 号。从头到尾，这个城市都让他感到惊惶不安。他对博蒙说道，它如此巨大，以至于他感到自己微不足道，如同丰收时节的一只小昆虫。空气中总是烟雾弥漫，"但并不下雨，他们说这很不正常"，因此他能到处走动，那也挺好的："我从未到过一个消费如此高昂的城市。"就他的目的而言，他来的并不是时候："圈里人"正前往乡村，而尽管他有推荐信，那些还留在这里的大人物并不像他所希望的那样接见他。或许碧西鄂夫人的工作做得过于认真详细了；无论如何，托克维尔抱怨道，那些贵族始终只把他当作一个优雅的巴黎人，而他们只会跟他谈论舞会和晚会，但这些在冬季之前都不会出现。让他深感惊讶的是，正是《监狱制度》为他开启了大门。托克维尔非常高兴地发现，他本可以把它当作最好的通行证——政治家和学者们阅读并赞扬此书，并乐于会见其中一位作者，尽其所愿的帮助他。[13]

　　8 月 13 日，有人带着他前去参观上议院的一场辩论。它证实了他所有的第一印象。贵族们在一个悬挂着猩红色帘子的大房间内见面，要么环坐在桌边，要么懒散地坐在加衬垫的长椅上。大约有五十人出席，穿着便装（除了主教之外），其中很多人穿着骑行服和靴子（我们必须记住，在巴黎贵族们穿着制服）。很多人戴着帽子。没有仪式，但一堂和气，"一种贵族的气息"。托克维尔被迷住了，但是大法官布鲁厄姆出场时（Lord Chancellor Broughham）戴着巨大扑粉假发，使其法国人的理智感到大为惊奇。书记员们也都戴着假发。随后威灵顿公爵（Duke of Wellington）起立开始辩论。托克维尔激动地发抖。在他下面站着的是战胜过法国和拿破仑的奇男子。毫无疑问，他将会说一些非比寻常的话。

可悲的是，公爵并不是一个能言善道者（正如他的追随者所熟知）。他几乎不能把话说完。他紧张得就像站在老师面前背课文的孩子。

> 这位滑铁卢的英雄不知道究竟如何放置手脚，也不知道如何平衡他那修长的身躯。他不停地戴上又摘下自己的帽子，左右焦躁不安，扣上又解开自己马裤上的扣子，就好像他可能在那里找到话语，显然这些话语不能轻松地浮现于脑海……

随后大法官开口，虽然他未做长篇演讲，但立刻展现出一位一流演说家的风采。[14]托克维尔很享受这个夜晚，但异乎寻常的是，在他对当晚的描述中，几乎没有提到辩论的主题，尽管它是议会曾通过的最重要议案之一：在大英帝国废止奴隶制的法案，它将在8月29日变成法律。在他人生的这个阶段（并且我们或许要加上，在法国议会政体的这个阶段），托克维尔对立法的真正工作并不理解，显然也不感兴趣。他只是渴望那些激动人心且生动传奇的事情。虽然改革法案已经极大地提升了下议院的权力和重要性，但他没有费心去参观。他对下议院兴趣索然，如同他在华盛顿时对众议院一般。

两天后，他前往学习选举程序，这是他在美国显然未做成的事情。伦敦市有一场递补选举，托克维尔出席了市政厅里的最后投票。他下午到达，不得不穿过街上拥挤的人群，他们挥舞着用潦草字迹写着标语的标牌："肯布尔（Kemble）万岁"（肯布尔是托利党的候选人），"克劳福德（Crawford）与改革。"有些克劳福德的标牌写着"爱尔兰《济贫法》！""在英国涨工资！"托克维尔嗤之以鼻地无视这些强烈要求，认为它们是对公众激情的巨大引诱。他数了数，市政厅前有五十块挥舞着的标牌，并且看到周围的所有墙面上贴着相似的标语。在市政厅内，他发现一群人，他们跟投票场所的封建威严形成荒诞对比。大多数出席者显然属于最低等级："他们脸上甚至带着那种——只有在大城市之人中，才会偶然看到的——堕落特点……简言之，它是一种既非常骚乱又令人厌恶的景象。"欢呼声、嘘声和喝倒彩声一直伴随着选举进程，直到四点宣布克劳福德为胜者方止。雷鸣般的欢呼声响起，因为这群人是辉格派。克劳福德发言，在托克维尔看来其方式与其听众一样粗俗，听众不停地打断他："它类似于他们与他之间的一种谈话。"肯布尔发言了，他勇敢地违抗那群人并重申自己的原则。"我情不自禁地想到了北美的野蛮人，他们以边火焚边羞辱敌人为乐。"随后克劳福德和辉格党们前往一家酒馆庆祝，余众四散。尽管有很多警察，但是没有看到士兵。[15]

托克维尔并未对他所谓的"这出选举闹剧"留下深刻印象。他赞扬了肯布尔在对手面前表现出的"男子气概"，但总体而言，"这场英国式自由的狂欢闹剧"让他满是厌恶，而不是害怕；事实上，他推测这种事情通过让中产阶级感受到民主的可怕，而有助于维护贵族制，就好像古代的斯巴达人利用喝醉的奴隶，让公民们感到酒的可怕。几天后，一位激进的下院议员布尔沃先生*（Mr Bulwer）带他前往一场公共集会，该集会声援放逐瑞士的波兰造反者（两年前，他跟博蒙在波士顿参加过类似的集会）。在这个集会中，托克维尔对一个叫做达菲（Duffy）的人印象尤其深刻，一个比威灵顿公爵优秀得多的演说家："我们看见一个演说家。"在疯狂的欢呼声中，达菲谴责对波兰人的纯粹慈善援助，要求采取军事援助。
246 "我的一生中，极少像今晚这样，如此着迷于这个平民的演讲，"托克维尔写道。"……在他身上，我看到了革命先驱的身影，他们致力于在不久的将来改变英国的面貌。"达菲对主持会议的勋爵致以恭敬的措辞，又有什么关系呢？他宣称自己是"工业的最底下等级中的一名工人"，并博得了欢呼。"当人们对自己的卑微感到如此满意与自豪时，就请那些位于其上的人们颤抖吧。"[16]

这两件事表明托克维尔多么坚定地坚持自己的先入之见，也表明美国之旅并没怎么增加他的社会同情心。他不能欣赏群众，而至于达菲，他确实是一个预兆，但并非革命之预兆。在法国人的思维中，托克维尔本应该思考这有多么奇怪，即一场在英国的公共集会，能在一个良好的或者好战的理由下联合上层、中层和工人阶级。

事实上，尽管托克维尔向父亲吹嘘自己更喜欢单独旅行，并且再也不会结伴长途旅行，但是他还是想念博蒙。在英国，有太多的东西要发现、要思考，他感到很难决定专注于何物，他需要博蒙的建议："试着让我的脑子动起来；您知道那才是关键。让我自己来的话，我就会消磨时间，并止步不前，直到我看清楚想要

---

* 大概是下院议员与流行小说家爱德华·利顿－布尔沃（Edward Lytton-Bulwer）；后来的第一代利顿勋爵。

达到的目标……因此我需要您的务实态度给我以动力。"博蒙很乐意帮助他。他本想伴随托克维尔（不清楚为何没有），尽管未能同行，但他很好地利用了邮件：

> 尝试将注意力放在道路、运河和铁路上。在建成一条运河或者一条铁路中，政府扮演了何种角色？私人企业又扮演了何种角色？在这种工程中，政府授权是否是必需的？它是否真的拒绝过？或者这种授权申请仅仅是一种形式？

诸如此类，写满了一页。

博蒙的建议是否对他朋友有一丝作用值得怀疑。博蒙满脑子都是开办新杂志的计划，跟乡下的邻居安德烈－米歇尔·盖里（André-Michel Guerry）一起研究政 247
治和经济问题，那个人刚巧是法国杰出的统计学家。托克维尔自然包括在内：博蒙的计划是，他们该把蒙蒂永奖的奖金投资到该项目中去，并希望托克维尔能在伦敦找一些投稿人。虽然在完成关于美国的书之前，托克维尔不能许诺亲自为其撰稿，但他很愿意尝试（该言论是我们所知的该书可能已经开写的唯一暗示）。[17]

他继续着自己的英国考察。在周日，8月18日，他成了自己所谓的"监狱晚餐"的贵宾，用餐者之一是理查德·惠特利（Richard Whately），他是都柏林（Dublin）的大主教，也是一个政治经济学家、监狱改革家，而且托克维尔听说他是上院主教中唯一的辉格党人。"他对我非常有礼，但是我既不能习惯于他的奇装异服［毫无疑问，是扑粉假发和圣公会的上等细麻布衣袖］，也不习惯看着他由妻子和几位又高又美的女儿们陪伴，他不是我概念中的主教。"但或许这次相遇，让托克维尔得以将自己介绍给惠特利的亲密朋友，著名的经济学家纳索·西尼尔*，他和埃德温·查德威克（Edwin Chadwick）正努力地准备着他们关于《济贫法》（Poor Law）改革的著名报告。或许托克维尔想着为博蒙的杂志招到一位投稿人。无论如何，有一天，他闯入西尼尔所在的林肯酒店（Lincoln's Inn）的房间，这样声明，"我是亚历克西·德·托克维尔，我过来认识您。"两人一见如故，一场终生的友谊就此开启。很遗憾，直到第二年才开始留下记录。[18]

---

* 纳索·威廉·西尼尔（Nassau William Senior，1790—1864）是一个乡村牧师的儿子。受训为律师，多年来他在办理不动产等让与事务方面做得很成功，但他以经济学家和政府顾问成名。

托克维尔跟布尔沃先生和约翰·鲍宁（一位主要的功利主义学者）有过富有启发的长对话，按照惯有的方式，他开始做笔记，关于宗教（他指的是英国国教，他认为它像1789年的法国教会般岌岌可危）、贵族和分权等主题。至于最后一个问题，鲍宁告诉他"英国是一个地方分权的国家"，而最不同寻常的是，托克维尔感到该原则运用得太过分了，尤其在执法层面上。然而，他对自己指出，一个联邦政府比一个单一政府更能适应社会多样性："这是为关于美国之书所作的笔记"。但眼下他对贵族的观察更为深入，不仅对他自己的思考也对后来的作者留下了更为深远的影响。由于他们（英国贵族）安于那些足够富裕的较低等级成为贵族，而区别于其他所有贵族。每个人都可以希望提升至享有贵族特权，因此特权本身并不被憎恶而是被尊重，每个人都在促使贵族阶级受到珍视。英国的贵族制建立在财富而非出身之上，"在其他贵族制屈从于平民或国王时，单凭这点不同，就使它能存活下来。"托克维尔并不认为这种事态会持续很久：经济萧条太严重了。然而，贵族的观念与本能更加根深蒂固。"我所遇到的英国人中，尚未有人意识到可能会通过一个分割财产的继承法，财富不平等显得如此自然，且已经变得习以为常。"[19]

在伦敦呆了两周之后，是时候去看看乡村了。托克维尔的推荐信之一让他获得邀请，去拜访拉德纳伯爵（Earl of Radnor）的乡村宅邸——索尔兹伯里（Salisbury）附近的朗福德城堡（Longford Castle）。这很吸引人：拉德纳是一个忠诚的辉格派，在年幼时曾见证了1789年大革命的早期阶段；而且托克维尔非常渴望看看，一个英国大贵族是如何在其庄园生活的。8月26日，他离开伦敦，在如约到朗福德之前，他计划漫游四处风光，或至少看看哥特式建筑，以消遣时间。[20]

第一站是牛津（Oxford）。他坐着四轮马车旅行，坐在车顶上，背靠着铁护栏，脚悬挂在半空中：对惯常的英式舒适而言（它总是让托克维尔热情洋溢），这是一个例外。能离开伦敦，再看到太阳，让人感到轻松：他认为一定是弥尔顿在这个城市的长期居留，才给了诗人"漆黑"的概念。至于牛津，他一见钟情：它那哥特式的规划和建筑，让它成为了欧洲最别具一格的城市。他在月光下漫步于小巷，想到了庞培（Pompeii），因为这个城市似乎将庞培挖掘出来，让他看到中世纪市镇曾今的模样——如同维克多·雨果（Victor Hugo）在《巴黎圣母院》（*Notre-Dame de Paris*）中所描写的市镇。他对作为教育或学术机构的大学印象不深。他与王后学院（Queen's College）的学者们一同用餐，对供给他吃喝的食物数量感到震惊："你知道那太夸张了，不适合我。"他觉得自己因为彻夜不安，而没有睡好。学者们依靠他们所取代的僧侣的税收过活，就好像自己是僧侣般地狼吞虎咽："只是这种滥用的名义改变了而已。"[21] 那还不是全部。课程集中于希腊语和拉丁语，要是在这些 14 世纪的研究之上增加一些 19 世纪的东西，托克维尔大概会赞成，但是科学几乎不为人知，现代语言也完全不教。学院似乎只是为了学者们的利益而存在，其中很多人拿着自己的那份税收而完全不教学。"像极了旧制度下的修道院，其领袖甚至常常不是牧师。"只有 1500 名本科生分布在 22 所学院，他们生活奢侈，而且每年有六个月的休假！该制度的最大受益者是贵族的幼子们。创办人的意愿是事情处于这种状态的唯一理由；托克维尔不友好地问道，但是在这种情况下，那些学者们可以不坚信天主教吗？"通过一种典型英国式的折中办法，事情确然如此，即僧侣们正在被驱逐，但学者们被禁止结婚。"[22] 简而言之，牛津充分解释了，为何托克维尔认为英国是一个处于崩溃边缘的贵族社会。

现在，他是一个敏锐且训练有素的观察家；好在其下一站沃里克（Warwick）完全不是一个会激起他鄙视的地方。在酒馆吃好晚餐后，他出门去看城堡，浪漫主义的钦羡之情征服了他："在法国，我们没有任何能这般回忆起封建时代的东西，那些个世纪有自由和压迫，大恶和大善，热情和精力，只要这世界上还有诗歌，它们就将活在人们的想象中。"他投入到对城堡的细致描述之中，毫无疑问玛丽会对此感兴趣，但是没必要引用。他离开时还是很兴奋，尽管夜幕降临，他仍决定租一匹马，去参观凯尼尔沃思（Kenilworth）城堡的废墟，它在几英里之外。

　　试想意大利的一个夜晚：微风不起；万里无云，圆月高悬；还有我胯下 250 热情、快疾的骏马，整个骑士时代萦绕在我的脑海，青春余焰仍然在我血液中跳动；而你将意识到，我如此轻快地驰过，仿佛已经腾空而起。

当他到达凯尼尔沃思时，每个人都已入睡，但是他的呼喊最终将一位年轻的女士引向了窗口（"就月光与眼力所及而言，她非常漂亮"），她指引他去往城堡的道路。他以一种夏多布里昂式的高度兴奋在废墟中漫步（"实际上，难道我不是在死神的地盘吗？"），他坐在石头上，唤起埃米·罗布萨特（Amy Robsart）的灵魂，"那是沃尔特·司各特天才的美好创造"。他似乎听到了，她从为她准备的悬崖上摔下来时，最后之呼喊的回声，要不是他的骏马踢打着系绳的篱笆，他本可能会在肯尼沃思待一晚上。他边思考着小说的奇异力量，边慢跑回沃里克。*天开始下雨了。[23]

他从沃里克出发，经由巴斯（Bath），在 8 月 31 日到达朗福德。他再次兴高采烈："我曾见过并住过几个最好的法国城堡，但这座城堡在融合生活雅致细节的艺术方面，绝对超过了所有那些。"他的卧室跟舞厅一样大，而且如果他愿意的话，在提供给他的四五个浴室中最小的那个浴室里，他本可以轻而易举地淹死自己。[24]

除了所有这些舒适之外，虽然朗福德城堡是都铎式的，并非托克维尔最喜欢的哥特式，但在建筑上跟沃里克一样引入注目。9 月 1 日，打野鸡的节期开始了，而且我们或许可以设想他带着猎枪外出了（他急切地盼望这件乐事，只可惜猎狐的节期尚未开始）。拉德纳勋爵是一个盛情的主人，但是此刻托克维尔重现了惯有的专注。当他跟西尼尔在一起的时候，几乎不可能不谈《济贫法》，在 9 月 3 日，担任治安官的拉德纳勋爵必须去索尔兹伯里参加小治安裁判法庭。勋爵把客人也带上了。长期以来，托克维尔与博蒙知道刑罚政策与贫困问题的联系；现在，观察到《旧济贫法》冠冕堂皇地滥权，托克维尔意识到自己无意中发现了另一个主要的社会问题，结果是这个问题将会在未来的几年中缠住他。这一次，主要是老年人和年轻人、单身或已婚母亲要求公共帮助的方式让他感到困惑，他们甚至在没有道德（相对于法律）权利，甚或没有经济需求的情况下要求帮助。一些年轻人抱怨乡村教区委员会既不给他们工作也没有慈善；拉德纳勋爵咆哮着对托克维尔说，他认识他们，他们都是小混混，时刻准备着在酒馆里花光工资，因为他们知道教区有义务帮助他们。他说，年轻女子并不担心非婚生子，因为她们总是能够指认富人为孩子的父亲，如若不成，还能依靠《济贫法》。该法律正在使道德堕落。托克维尔认定，需要谈谈禁止调查父系的法国法律：它让年轻女子照看好自己，这是很有必要的，因为没有什么能阻止年轻男子尝试勾引（请相信我的话）。他不停地追问拉德纳勋爵这个问题，还有其他一些问题，包括他通常的战马、继承法问题（"根据你们现有的继承法，对幼子有何影响？"）。[25]

是时候回家了，他很想念玛丽；但正如他用略显奇怪的英语写给贝拉姆夫人

---

* 司各特逝世还不到一年。有必要补充的是，无论是在现实中还是小说中，埃米·罗布萨特（Amy Robsart）都是死在库姆纳（Cumnor）而非肯尼沃思，是从楼梯上摔下来（或是被推下来）。

时所言，他的旅行是一场巨大的成功。"总体而言这个国家非常美丽，居民们在接待外国人时非常友善而殷勤……我从未被称为法国狗（chien de français）。您明白我必定充满感激，我的确如此。"[26] 他在 9 月 7 日返回伦敦，当天他写了一篇重要的文章，《对英国的最后印象》。他试图从这场旅行中提炼出一些经验，值得仔细阅读。[27] 大部分是重述已经形成的观点，或者略微的详加阐述（比如，关于开放的精英阶层和贫困——"英国的贫困情况是最为糟糕的苦难"），但大部分最有趣的评论乃是其结论，即他认为最终不会有暴力革命。（这可能会让读者记起他在美国的时候，他最终确信自己的观点，即中产阶级能够管理一个国家。）他承认自己 252 已经改变了主意，并努力克服问题，即他为什么会改变，他现在是如何想的。他最重要的观点是，英国人是一个习惯于自由的民族。一个世纪以来，他们享有出版自由，并且已经通过辩论而彻底地考查了所有的、哪怕是最极端的观点。他们不满现状，又厌恶过去，但他们不会轻率从事。他将这种思想状况与 1789 年的法国做对比，从而引发一系列思考，这些届时会在《旧制度与大革命》中留下深刻印记。但是他并未动摇自己的观点，即英国贵族的政治权势注定要失败，但即使仅仅因为英国人都是势利眼，则其衰落也将很漫长："整个英国社会仍然沿着贵族的道路前进，而且已经养成习惯，这种习惯只有一场暴力革命或者新法律缓慢而持久的压力才能够摧毁。"[28]*

该论文完美地阐释了托克维尔敏锐的智慧，也极好地证明了他能够从极少的证据中推导出多少东西。要是能具体而微的话，那么对博蒙的评论杂志而言，它本会是一篇好文章。但现在，另一个国家最终收回了他的注意力。9 月 7 日，托克维尔离开了英国，他一回到巴黎，就开始全力写关于美国的书。

---

* 这些观察是托克维尔风俗理论的典范。它是适合英国自由之模式的经验，正如它适合美国自由之模式。当马克思突然大声对恩格斯说，英国正受苦于一种资本主义的贵族阶级、一种资本主义的无产阶级和一种资本主义的资产阶级，他也承认同样的事实。

第十二章　书写美国（1833—1834）

　　我承认，我在美国所见远超美国；我在那里寻找民主本身的形象，其倾向，其特点，其偏见，其激情；我想要理解它，哪怕由此而至少知道，关于民主我们该希望或恐惧什么。*

亚历克西·德·托克维尔，《论美国的民主》[1]

"我一到这里，就疯狂地投身于书写美国，" 11 月 1 日，在巴黎的托克维尔对在萨尔特省（Sarthe）的博蒙写道。

　　虽然随着时间的流逝，才思似乎快要终结，但是它仍然存续着。我认为自己的工作对其是有益的，尽管对身体健康而言并非如此，它因为我思想的高度集中而受到折磨；因为我几乎不想其他任何事，甚至上厕所的时候也是。我的思想得以扩散和推广。这是好是坏？我等待您来告诉我。我希望明年元旦时能完成体系，我很想在写第二卷之前出版第一卷。[2]

几年后，博蒙提起托克维尔生活的这段时期，认为它几乎是田园诗般的：

　　他免于一切工作职责，虽未结婚，但已经跟未来的妻子处于热恋中，他的头脑很平静，他的心灵很满足，他所处的那种境况，就是一个人免于所有的义务，这在人生中如此稀少，而且如此短暂……只见见他想见的家人和社团，他充分地享有思想独立。[3]

---

　　* 原文为法文：J'avoue que dans l'Amérique j'ai vu plus que l'Amérique ; J'y ai cherché une image de la démocratie elle-même, de ses penchants, de son caratère, de ses préjugés, de ses passions; j'ai voulu la connaître, ne fût-ce que pour savoir du moins ce nous devions espérer ou craindre d'elle. ——译者注

刚才所引用的这封信，并不十分符合这幅愉快的画面。博蒙没有充分考虑他朋友的性格和脾气，以及它们是如何让他理解自己的处境。托克维尔可能感觉到，为了自己的自由，他付出的代价是一度光明的职业前景；他尚未成婚，是因为他未获准许；而他刚刚度过了二十八岁的生日，那个可怕的时刻让人意识到自己要奔三了。

他有强烈的政治雄心，但是对当时的三个主要党派——正统派、奥尔良派和共和派，感到非常的格格不入。他在《监狱制度》一书上的成功，让他确信自己的能力，但是这本书还不够让他们大名远扬。他另一本关于美国的书计划了那么久，现在必然要写作，必然会是一部杰作，也必然会是他的倾诉：在书中，他将会激烈向这个世界倾吐自己的坚定信念。他已经拖延太久了。他去英国的旅行并不是浪费时间，但是当他返回后，他发现博蒙已经在写他自己的第二本书，小说《玛丽》——虽然很慢，但至少在写。而题目本身——美国——正越来越不停地重现于脑海。鉴于其性情，难怪他开始疯狂地工作。

终其一生，他需要独处和宁静来从事严肃的工作。因此，现在每个早晨他都离开父母在维尔纳伊大街的住所（虽然那个时候，如同现在一般，人们认为那是巴黎一条安静的街道），登上附近被博蒙称为"神秘阁楼"的地方——一个阁楼的房间，很少有人知道这个秘密，11月中旬时，他写信给凯尔戈莱：

> 我的生活像僧侣一样有规律。从早晨到晚餐，我都在进行**脑力劳动**，晚 255
> 上我到玛丽那里。*在极度的愉悦中，我重新发现了细致甜美的亲密关系，并
> 进行我从未厌倦的炉边长谈。第二天，生活又同样开始……

他的生活并不完全自由潇洒：博蒙仍然希望创办杂志，而凯尔戈莱想让他对在阿尔及利亚的一项投资感兴趣，但总体而言，他无拘无束。博蒙在11月底回到巴黎，之后他们交流了各自作品的进度和问题；除此之外，托克维尔可能完全没有访客。在这种情况下，《论美国的民主》进展神速。[4]

托克维尔有大量的论文和书籍需要整理和消化；詹姆斯·施莱弗（James Schleifer）认为，他可能在前往英国之前就开始了这些必要的工作，但是没有资料

---

* 现在，她似乎已经从凡尔赛搬到巴黎市中心。三年之后，在结婚之时，她给出的地址是贝勒·沙斯街，距维尔纳伊街不远。

可以确定或反驳这一点。[5] 施莱弗博士非常清晰地表述了托克维尔如何精简待用之材料，并开始为其著作谋篇布局。比如，早先他想将阐述分为三个部分：政治社会、公民社会和宗教社会。不久后，他决定放弃第三部分，虽然在整部《论美国的民主》中——无论是 1835 年的两卷还是 1840 年的两卷——宗教都将大量地出现。但是他以一种粗线条的方式，坚持政治与公民社会的区别（"从未完全满意"，施莱弗博士合乎情理地说道[6]），它们也相应地成为了第一卷与第二卷各自的主题。然而，他发现还需要更多的研究，并雇佣了两个年轻的美国人——西奥多·塞奇威克三世（Theodore Sedgwick Ⅲ）和弗朗西斯·J. 利皮特（Francis J. Lippitt），替自己寻找、阅读并总结书籍和观点。大多数的基础性工作由利皮特完成，他友好地描述过托克维尔当时的样子：

256

> 他貌不惊人。身材瘦弱，身高不足 5 英尺 6 英寸……他的脸庞和表情，显然丝毫没有显示出他有超出常人的才识。他的态度安静而严肃，但有些冷峻。

他没有告诉利皮特自己要做什么。[7]

他对塞奇威克更加友善，他认为塞奇威克是一个有价值的学术启发者：他们成为了贴心朋友，而且终生未变。塞奇威克坚持写日记，而且是第一个完好地记录托克维尔对话之人：

> ［1834 年］1 月 4 日，星期六，约莫 12 点时，拜见了托克维尔先生，他说法国的行政管理很混乱，而等级法院（Ordre Justiciaire）是整个行政系统中最出色的部分，他指的是高级行政管理——他说所有行政系统都是在拿破仑时期建立起来的，在本质上与代议制和自由秩序是不一致的……去公使馆找寻托克维尔所需的一些关于印第安人的书籍……

> 1834 年 1 月 20 日，星期一……托克维尔约 11 点半过来[*]，待到了 1 点钟——部分地讨论了他要出版的关于我国的著作，部分地讨论了法国——

---

[*] 现在，托克维尔修道士般的生活规律似乎有所缓和。

他说，就宗教精神而言——巴黎之外的法国，在某些方面具有深刻的宗教性，巴黎是一个例外——在巴黎，中产阶级、珠宝商、商人和国民自卫军毫无宗教原则，而上层阶级是最为反宗教的——这些人现在则普遍相反——他说国家的风俗在 50 年内已经完全改变——（也有人对美国做过相同的评论）前革命时代之人的圆滑得体，转变为资产阶级的轻率无礼。[8]

书的进度非常之快。依靠工作手稿和信件的各种指示，施莱弗博士认为托克维尔在 1834 年 11 月开始写初稿，1835 年 8 月中旬时似乎已经准备好交给抄写员。[9] 257 《论美国的民主》篇幅不是很长，但是细致而复杂，覆盖了非常多的话题，托克维尔能如此迅速地完成，很让人吃惊：或许他为检察院准备法律档案的训练帮助了他。当他选定一列可写的章节，他的写作方法就是把它们写在页面的右栏，并空出相同大小的左栏。他将各种重新考虑的东西统统写在左栏，在两栏都会划掉要丢弃的句子和段落，有时候将更多的修改内容以小纸片插入或粘在其中——全都用他那笔恼人的字写成。他的抄写员是如何在这份字迹潦草又拼凑而成的东西中，成功地整理出一份正确又连贯的手稿，仍然是个谜团：大概他们是专业的。托克维尔本人是如何将所有这些整理好，同样令人困惑。1834 年 7 月 5 日，他写信给博蒙："这第二部分 [也就是后来的第二卷] 让我头晕。似乎一切都有待去做或者必须重做一遍。我目前拥有的只是一个不完整的梗概，有时候我三页手稿中能保存下来的不到一页。"然而他正在跟出版商夏尔·戈瑟兰（Charles Gosselin）商量，而我们从他的下一封信（7 月 14 日）中得知，关于如何在出版社夸耀自己的著作，他已经从维尔日妮·安瑟洛（Virginie Ancelot）那里获得建议（他从美国回来后就参加了她的沙龙）。* 安瑟洛夫人在文学界人脉宽广：她和她的丈夫为剧院写过轻喜剧（轻松歌舞剧）。在其回忆录中，她告诉我们，托克维尔在其著作出版前，给她念过一些"片段"——大概是在 1834 年夏天。托克维尔可能在寻求确信，但是他对自己的能力很有信心，这表现在他 7 月 31 日写给夏尔·斯托菲尔的一封愉快的信件中。斯托菲尔想要改进自己的文笔，而热烈赞同的托克维尔毫不犹豫地给出建议：

---

* 维尔日妮·沙尔东（1792—1875）嫁给了 J.A. 安瑟洛（他成为了法兰西学术院的成员）。她出版了题名为《巴黎沙龙》（*Un salon de Paris*）的回忆录。

258　　　我对自己的语言风格一点都不满意；然而，我大量地学习，并长期地思考他人的风格，我确信自己此刻所告诉你的：无论你喜欢哪个时代的伟大法国作家，他们都有一定思想风格的转变，他们每个人都有引起读者注意的独特风格。我认为我们生而具有这种个人特征；或至少我承认，我没有看到获取它的任何其他途径，因为如果你试图模仿一个作家的特征，你就会陷入画家所谓的**模仿画**，然而，如果你不试图模仿任何人，你就变得暗淡无光。

他说，所有伟大的法国作家——从路易十四时代到斯塔尔夫人和夏多布里昂先生——的潜在特征就是具有良好的判断力。要定义写作中的良好判断力，需要花费很长时间，但至少它是：

　　　　以最简单的顺序和最容易掌握的方式，将观点谨慎地表达出来……谨慎地以其真实含义来遣词造句，并尽可能用它们最精确和最确定的意思，只有这样，读者才能总是清楚地理解，你想要在他面前展现出一个怎样的画面或目的。

尽管他并不总能达到自己的准则，但一个对自己正在完成的计划有严重疑虑之人，是说不出这样的话的。8 月中旬，托克维尔如期前往萨尔特，把自己的手稿给博蒙看。[10]

根据重新思考，也根据博蒙和其他亲朋给出的批评意见，他进行了修正和校订；有一种印象不容反驳，即《论美国的民主》是文思喷涌而出，而非冷静思考而成，对已出版作品的仔细审视，强化了这种印象。

初读之下，没有什么需要改进，没有什么需要解释。它将你裹挟而去。它的规划在导言中明白地表现出来，而作者的雄辩、睿智和想象力，让读者迅速地读到结论的最后一词。在整体上，其风格符合托克维尔的原则，其结构看起来简单明了，在其四百多页的文字中，几乎每一页都有一个新观点。它亦有冗长乏味的部分，但是总体上它尽可能的生动，每个对法国、民主、现代历史或者美国有特别兴趣的人都能愉快地阅读它，并受益匪浅。

但是第二遍——或者第三遍阅读，表明那种令人炫目的第一印象有些误导。
259　比如其结构，并非大象无形般的简明。1840 年《民主》的框架非常清晰且有逻辑；

相反，1835 年的《民主》似乎是草率组合而成的。它由四个不同的部分组成（不包括尾注），根据以下的顺序写作：第一卷，写美国的政治制度（《托克维尔全集》的版本有 157 页）；第二卷的一至九章，写美国的政治社会（155 页）；第二卷的第十章，关于"没有民主的美国人是什么"[11]（100 页）；到最后才写成的《导言》（14 页）。我们可以说，托克维尔的计划是在第一卷中做政治科学家，在第二卷中做社会学家，这个计划不仅仅是符合逻辑的，也几乎是不可避免的（50 年后詹姆斯·布莱斯（James Bryce）写《美利坚共和国》[*American Commonwealth*] 时做得很像）。但托克维尔不能与计划真正地保持一致。第一卷是非常连贯的。他以关于北美地理的一章开始（这章有夏多布里昂式的一些优美词句）[12]，有三章写"盎格鲁－美利坚人"的历史——他们的起点；然后它突然开始生硬地描述他们的政治和宪法制度。人民主权原则被认为是美国政府和社会的基本原则（这个想法在整本书中反复出现），而杰瑞德·斯帕克斯对新英格兰乡镇制度的描述是详尽、恰当的。一份关于州政府简洁却充分的记述，引导出一篇关于集权的论文，这第一次呈现出典型的托克维尔学说；很好地描述出美国法院的政治地位。接下来，托克维尔分析了联邦政府。怪事开始出现。他对总统制的描述并不令人满意（在今天看来可能是奇怪的，该制度在当时过于新奇，欧洲人不能轻易理解），但是他用了好几页来分析它。在这个问题上，他几乎完全不谈国会（在别处谈得也不多），[*]尽管乔尔·波因塞特已经告诉他，这是该国最为重要的政治机构，[†]而我需要补充，这也是理解整个政治体系的关键。这个疏漏完全是外行，因为一些评论表明，托克维尔很担心自己所谓"立法暴政"的可能性。[13]对联邦司法，尤其是最高法院的精彩论述，并不能充分地予以补偿。在关于政党及其组织这点上，本书并没有说什么实质性的东西，尽管对制度的运作而言，这些在当时跟现在都很重要；而且尽管对新英格兰的乡村政府描述颇多，但关于美国城市及其管辖问题却毫无涉及，这些问题的增长跟城市本身一样迅速。

　　其中的一些缺点，可以归因为不可避免的无知（托克维尔清楚地意识到，他不可能在十个月内观察一切东西），但更多的是由于他神经质地拒绝仔细规划著作。当越来越深地陷入自己的著作，他就越来越多地靠突发奇想来写作，而且缺

260

---

　　[*] 几年前，有人请我写一篇关于《托克维尔论国会》的文章。这个提议未能实现，那也无妨，因为很难找到可以说的东西。

　　[†] 见前文，第 209 页。

少修订。到深冬时，他已经完成了第一卷，还想着也许能将它单独出版。[14] 但他几乎还没开始解释自己最关心的东西，因此找了一个简单但真诚的借口（"一种最高权力，即人民的权力，统辖着所有制度，又超越所有技术细节，它能够随意地摧毁或调整它们"）[15]，在某种程度上从头开始写书，用九章的篇幅专门写人民主权及其结果。然而这些在主题上联系松散的篇章，几乎都是独立的论文。其中之一，第五章（"美国的民主政府"）本身就分裂为 15 篇小短文，诸如关于普选权和公共官员的薪俸等问题。具体而言它们都吸引人，但是从总体效果来看有点混乱。或许应该记住，托克维尔还是一个很欠缺经验的作者。《监狱制度》的主体架构是由博蒙写的，托克维尔的贡献主要在于注解，无论它们如何丰富了文本，但已经严重地破坏了博蒙简单而有条理的设计。

一个更加深刻的事实是，《论美国的民主》是作者关于美国的最后笔记。在这本书中，托克维尔继续写作在其旅行中逐渐关注的思考和论辩。如果当初这么选择的话，他能够写成一部非常清楚的关于美国政府的教科书，或者他能将其笔记写成一部极好的旅游指南。但他想要做的是，在一打或更多他觉得最为重要的问题上，建立起自己的观点；他想要知道自己对民主和美国真正的想法，并劝说尽可能多的读者认同他。因此，毫不奇怪他写成的书是独具一格的：那是它具有吸引力的重要原因；如果不得不归类的话，它肯定算作一本政治小册子。它本可能需要托克维尔花费数百页的篇幅和数年的思考，才能锤炼出这样的要旨，却是他自己的要旨。正是这一点，而不是他对未来幸运或不幸的猜测，为他赢得先知之名。

解释清楚那个要旨——它同时包含了分析和行动纲领——正是第二卷前几章的意图所在，是托克维尔的核心成就。其编写方式，让他很难连贯地总结它们。正如托克维尔根据在美国的记录和其在法国的适用性评价了美国的监狱制度，他在这里探讨了美国民主的本质及其适用。然而多亏了博蒙，在《监狱制度》中，通过连贯的结构表现出连贯的研究，而在《民主》中，托克维尔不停地徘徊于优点和缺点之间，让其读者感到困惑，因为他如此着重地强调每一点，而从不试图协调自己的文章。有时候（尤其当写缺点时），他十分激动地夸大言辞。当他以其所谓的美国多数之全能为开端，展开论述时，这点尤其明显。法国大革命的历史及其在雅各宾派专政时的高潮，解释了为何他那么关心立法暴政的威胁，因为正是通过革命的国民公会，雅各宾派登上权力宝座，并施行其专政。立法暴政看来是一个真正的威胁，早在 1799 年以及雾月政变——或许更早之时，就已经成为法国人最关心的问题。托克维尔无可避免地要讨论它。但是立法机构中的多数不同于选举中选民的多数，更别提一个公民社会的永久多数。不幸的是，即便托克维尔曾经知道这些区别的话，他也很快忘记了，并从描述"多数"的全能，毫不停歇地转移到分析在美国"多数人暴政"的可能性，随后不知不觉地陷入到讨论，就好像它是一个既成且永久的事实。[16] 他做出了几个响亮的自由主义断言（"对我而言，全能就其本身而言是糟糕而危险的……只有上帝能够全知全能而无危险，因为他总是具有与其权力相等的智慧与公正"），但是他也无意中说出了著名但荒谬的格言，"我不知道有哪个国家，相比于美国而言，在总体上盛行更少的心灵独立和更少的真正言论自由。"[17] 渴望谴责美国社会从众性之人，无论多么频繁地引用过该陈述，它都是荒唐的。把杰逊时代的论战拿来跟梅特涅的"冰川时代"作比较，或者跟路易-菲利普的出版法作比较，其荒唐很快就一清二楚了；而且托克维尔本人再三地反驳这段及其他段落的主旨，在本书将近末尾处最为明显，针对任何关于多数原则的重大焦虑，他都漫不经心地表示不屑：

262

> 所谓美国的共和就是多数人的和平统治。多数，一旦有时间发现并组织自身，就会是权力的一个来源。但它不是全能的。在其之上，在道德世界中，还有人道、正义和理性；在政治世界，有既得利益。多数接受这两种限制，而如果它碰巧要违背它们的话，那是因为它有激情，就像任何一个人的激情那样，而且因为它能像人一样，明知正确之念却行错误之事。[18]

他对美国民主的总体描述，既是热情洋溢的，也是深入睿智的；考虑到他关于美国陪审团、美国宗教、美国律师、美国教育、美国地方政府和政党等所说的那些话，（以我之见）无法想象他真认为这样一个成熟的自由民族——有数百年的经验为其后盾（正如他喜欢强调的）——正处于某种暴政的危险之中。* 倒不如说，他视某些形式的美式民主为有别于独裁统治（"独夫的奴役"）的唯一选择，也是保存自由的唯一手段。[19] 可是他非常小心地为在法国追求民主而辩护，那是因为——正如他在推荐监狱制度时——他想要劝服其读者，而非令其惊叹。他清楚地意识

263

---

* 或许该申明需要限定。当托克维尔讨论种族和奴隶时，他毫不犹豫地用"暴政"这个词来形容美国人对待印第安人和奴隶的方式（OC I I 332-52），而且他这么做是正确的。但是他从未试图将种族暴政跟自己的多数暴政理论联系起来：这留给了博蒙的小说《玛丽》。见后文，第273页。

到自己前进道路上的巨大困难，他不想因招致夸张或乌托邦的指责，而增加这种困难。尽管如此，他脑中有一种乌托邦（他已经确信它是可实践的），它看起来很像美国。对那些想要史诗般光荣之人，民主并不合适：

> 但是，将人们的智力与道德活动导向生活之物质必需，并运用它们产生幸福，如果你认为这是对你有用的；如果你觉得，对人而言，理性比之天才更有利可图；如果你的目标并非产生英雄的美德，而是和平的习惯；如果你宁愿看到恶习而非犯罪，且以更少的伟大事迹，换取更少的暴行；如果，与其进入一个杰出的社会，你宁可生活在一个繁荣的社会；如果最终，以你之所见，政府的主要目标并不是将整个民族提升至其最伟大的能力与荣耀，而是为每一个组成它的个人谋得最大可能的幸福和最少的痛苦；那么，就让地位平等，并建立一个民主的政府吧。[20]

那么，为什么托克维尔还要用好几页的篇幅，来急于诋毁美国的民主呢？对其文本的仔细审读提供了答案。在赞扬美国的文章中，字里行间都是信息与具体细节；因其可行性与知识性而具有说服力。谴责多数暴政的文章与谴责类似棘手问题的文章，是以相当不同的方式写作的。它们自称在理论上与"民主"（众所周知，托克维尔从未满意地定义过这个词）[21] 和"欧洲"有关；但法国才是真正的当务之急，而托克维尔的雄辩更多地用在政治修辞而非政治科学上，因为他所试图影响的，乃是那些他期望成为自己最重要读者之人的观点。

我们已经看到，他从美国回来后，尤其是从检察院辞职后，托克维尔复归了某种正统主义。即便《监狱制度》也跟这一点是一致的：监狱改革不只是某个政党的事情，复辟期间的波旁王朝也进行过。并不是说托克维尔重新发现了自己对这个失势王朝的忠诚：他希望法国有一个稳定的政府，而进行第三次复辟的企图只会是破坏性的。或许最好把他形容为正统主义的同路人。对家庭和朋友的忠诚当然是一个动机，而优雅有礼可能是另一个动机：他生活在正统主义者之间，当他们的抗议合情合理之时，他很可能感到不得不支持这些抗议。1834 年，他对七月王朝如此厌恶，以至于他说，一旦手握机会，路易-菲利普将会变成一个比拿破仑尤甚的暴君（或许他受到这件事情的影响，即以塔列朗为首的很多前帝国派分子，已经加入到新政府中来）。[22] 他能够合理地声称，自己的资格已经重新恢复：他有权发表意见，当许多自由主义的正统派人士，徒劳地希望将自由制度与波旁正支统治相结合时，他就越有权发表。托克维尔所写的许多东西都是针对他们的偏见和焦虑。当他认真对待这些时，他也希望自己激进的新观点得到认真对待。*

　　一旦接受以上这条假设，它就能解释其他许多东西——比如，事实上他关于民主之危险的文章并未旁征博引。他不需要很仔细地定义自己的术语，因为其正统派读者会根据自身的认识去理解这些词的含义。他能够也确实在从未指明拿破仑·波拿巴的情况下，谴责了今日所谓的独裁（他也没提查理十世，以及他1830年7月的失败政变）。毫无疑问，托克维尔清楚地知道存留着得人心的波拿巴主义及其与共和主义的战略联盟，但是拿破仑和拿破仑二世都死了，而拿破仑三世（当时只是路易·拿破仑亲王，是一个流犯）看起来没有太大威胁。即便如此，文笔的老练圆滑是必要的（尤其是害怕冒犯左派）。托克维尔仅仅对阴谋者——不论是正统派还是共和派——暗示自己的蔑视，把他们的暴力活动跟美国政党的和平运动做对比，在其论证的高潮部分，他还谴责了那些假设亨利四世和路易十四王朝能够重建之人，认为他们是盲目的。[23] 事实上，托克维尔非常渴望说服其读者中的这个派别，他通过未说的和已经说的，也通过谋篇布局的方式，费尽心思地琢磨本书的主旨。或许，他希望自由派和共和派的读者们，将会对他关于美国民主的描述印象深刻，也对他以之纠正法谬误的方式印象深刻，从而使他们忽略他苦心孤诣表达的疑虑——他们确实如此。

　　他知道自己所冒的风险。在"论美国的民主政府"这章的开头，他评论道："我正在进入一个战区。这一章的每一个词，很可能会以各种方式使分裂祖国的那些政党感到不安。"无论如何，"我都会言我之所想"；[24] 但是他不得不使用文字游戏，使别人接受自己的思想。一个无党人士别无他法。但今日的核心问题，就是解读他暗藏的要旨。

　　或许，关注在第二卷中始终蜿蜒前进又紧密联系的两条论证，就足以理解他一直坚持的东西。

　　第一条论证是非常具体的，而且已为人熟知。其主题是美国。托克维尔谨慎

265

---

　　* 可以想见，托克维尔用以支持商业民主的轻蔑论点，乃是有意诱骗其上层阶级读者，使他们接受西哀士（Sieyès）发表于《第三等级是什么？》（*Qu'est-ce le Tiers État?*）的最著名政治观点，但甚至不能表明托克维尔在1835年前读过西哀士的书。

地从一个话题谈到另一个话题，在这个过程中评价美国政府的表现；总是睿智而有教益的，有时他都会震惊于自己的洞察力。于是，在对政党的讨论中，他确切地指出一个非常重要的问题。在一个幅员辽阔的国家，有一种让各个地区（美国人称它们为 sections）分裂为几个独立国家的趋势："如果内战爆发，那会是敌对民族而非派系之间的冲突。"[25] 在总体原则上相互抵牾的国家大党都抵制这种趋势。此处，托克维尔似乎直接预言了美国下一代将要发生的事，当时紧随着杰克逊政党制度的失败，在几年之内又将发生美利坚合众国和所谓美利坚联盟国（Confederate States）之间的战争。在第三章，他跟前人一样充分有力地辩护出版自由，精彩地解释了其在美国的运作，从而将问题说清楚，以作为法国的指导："在美国，这是政治科学的公理，即唯一减弱报纸影响力的办法就是增加其数量。"他很困惑，没有法国政府曾理解这一点。[26] 第四章是对结社自由的辩护，再次以美国的实践为例。他承认，理论上在一个不习惯自由的国家，这种自由可能导致不幸的结果，*但是它从未在美国产生类似的结果，因为美国人从不知任何其他制度：当他们从英国移民过来时，就把结社自由的权利带了过来；"今天，行使该权利已经成了他们的习惯和风俗"。[27] 文章就这样一路写下来。托克维尔有诸多保留，但是他的主旨在第六章的标题中表露出来："美国社会从其民主政府中所得的真正优势是什么。"

可以看到，到目前为止，托克维尔所讨论的问题是严肃又有趣的；其答案合情合理，以至于今日看来平平无奇。令人尴尬的是，在某种程度上，他同时也讨论一些愚蠢的问题。这就是第二条论证。

其愚蠢可笑，更多的是因为托克维尔的语言和逻辑，而不是其潜在意图。他正确地认识到，法国与美国之间的清晰比较将会发人省醒，对其目的而言确实是必须的。在很多页中，他只进行了一项比较。比如试图计算出美国政府是否比法国花钱更多，这一点都不愚蠢。不幸的是，他似乎常常认为自己的任务是比较"民主制"与"贵族制"，他对两个词都不加定义——因为如果他曾尝试的话，他就需要决定法国是何种类型，而它并不是真正的贵族制，肯定也不是民主制，那么意识形态之比较的整个基础将会崩塌（非常遗憾，托克维尔没有准备系

---

* 该时代的所有法国政府都害怕革命俱乐部的复兴，比如盛行于 1789 年到 1794 年间的雅各宾派（Jacobins）和激进派（Cordeliers）。在第二共和国时期，托克维尔本人支持镇压这种俱乐部。

统地使用"寡头政治"这个词）。询问在制定外交政策或控制腐败或进行国家管理方面，民主制和贵族制何者更好会更加简单。他的推理变得越来越先验，越来越少经验主义。在忽略红衣主教黎塞留（Cardinal de Richelieu）、财政总监富凯（Superintendent Fouquet）和罗伯特·沃尔波尔爵士（Sir Robert Walpole）这些人物的情况下，他在国家诚信问题上做出了对法国和贵族制有利的判断：腐败的美国政客只不过是粗俗的，而且他们玷污了人民的道德，然而"在大贵族的腐化中，有某种贵族的优雅———一种高贵的气质，它总是不具有传染扩散性"[28]。塔列朗先生一定满意或愉快地阅读过这篇文章。托克维尔也断定，贵族制或者君主制在制定外交政策方面优于民主制："一个贵族团体就如同一个永生的果敢有识的政治家。"这段话吸引了约翰·昆西·亚当斯的眼球，他给作者写了一份严正抗议："此刻，美国的第八任总统正安静地坐在办公室里———虽然历任总统的政治信条如同其五官特征各有不同，但是调节国家运作处于正轨的政策基点就像奥地利（Austrian）或者俄国君主制一样确定和稳定。我提及它们，因为它们是过去半个世纪中，仅有的制度丝毫未变的欧洲国家。即便是它们，如果考虑皇帝约瑟夫二世（Emperors Joseph 2）或者保罗（Paul）之统治，它们的稳定性也不能跟美国相提并论。"[29]

267

让人感到好奇的是，这条指责竟然还要亚当斯来挑明。托克维尔对美国外交史有大量的了解；事实上，在这特别一章的结尾，他引用了乔治·华盛顿（George Washington）的告别演说；他熟识爱德华·利文斯顿（Edawrd Livingston），1833—1835年安德鲁·杰克逊政府驻法国的全权公使（Minister Plenipotentiary），也是前国务卿（Secretary of State）。在《论美国的民主》中，利文斯顿是唯一一位被提及名字的消息提供者。因此托克维尔肯定已经知道，美国实施的外交政策———从本杰明·富兰克林（Benjamin Franklin）到杰克逊的那些———都是连贯、明智且成功的。他看到了这个进退两难的困境，并以这种想法予以解决，即让人民免于卷入法国大革命之冲动的乔治·华盛顿，实际上是一位贵族。他不顾历史记录地坚持认为，在重大外交决策中，民主制从未能保证守口如瓶或坚持运用耐心。他没有给出任何贵族制优越表现的例子，如果他回顾18世纪的法国历史，本也很难找出一个例证。[30]

托克维尔所知与所言之间的断裂是如此奇怪，需要予以解释。

268

不能认为他是虚伪的。作为一个贵族，在任何细微之处，很容易让自己屈从于所属等级的本能，并对共和国中一切可能出错之事表示不满。在情急之下写成的文章，很可能比冷静思考所写成的要过分——但是一旦采取某种立场，他从不会由此退出。只要不离笼统和抽象，那么他所说的一切都具有合理性。即便如此，也不能总是因阶级偏见而原谅他。比如，他回归到集权的主题上来，坚持认为在错误者的手中（一种暴虐的多数），集权对自由会是致命的，虽然他强调在美国还未出现过此类威胁。[31] 事实上，他热情地赞扬美国联邦制和地方自治，而且他关于地方分权的信条，可能是其观点中最为鲜明的部分。但是，其今日的读者应该牢记，在1830年以后的正统主义贵族中，反对中央集权成了某种口头禅。他们失去了巴黎和宫廷，但是仍保有重要的地方影响力——尤其在西部，在那里他们是最强大的——因此对他们而言，尽可能地反对行政集权是很自然的事情。信仰强国家政府的埃尔韦·德·托克维尔是落后于时代的。他的儿子并非如此，他可能也受到了美国"州权"呼声的影响。

至少，中央集权曾是且正是一个真正的问题。多数的暴政则不然。托克维尔可以尽情地推论，但是当需要证明时，他就彷徨不前了。最终，他只能以此为例——1812年战争期间巴尔的摩动用私刑的暴民、费城的种族偏见，以及这种指责，即非正统作家并不总能得到应有之销量和评论。[32] 他没有询问自己，暴乱、种族主义和实利主义是否在欧洲从未发生，当他开始罗列各种各样规避"压迫的多数"的策略时，他并未指出每一条都已经在美国运转自如。

然而，无论托克维尔对那些危言耸听者做出多少让步（让步太多而削弱了其著作的说服力），他的中心立场没有受到影响。他想要劝服自己的同胞们，民主——可能就像美国那样——是值得一试的，其他所有选择都只会更糟糕。历史基本上证明他是对的（到目前为止），而20世纪后期的法国，在尝试了几乎所有其他制度之后，接受了一种托克维尔式的共和。法国几乎用了一又四分之一个世纪才接受这个观点，这个事实表明托克维尔给自己设定的任务有多么艰巨。其无党派的立场，可能为他赢得读者，而非追随者。要接受他的论证，本要求正统派放弃其存在的理由、对波旁王朝的忠诚和对旧制度的记忆。共和派本需要放弃阶级战争和革命专政的信念，并接受七月王朝是一种党派间的合理妥协。至于奥尔良派，他们能从接受托克维尔的观点中受益最多，但他们既胆怯又偏狭于其阶级态度，无法做到这点。伺机而动的波拿巴派，乃是"恺撒"（Caesar）之党派；托克维尔自己与他们划清界限。反对波拿巴主义是他自始至终未曾改变的政治原则。

今天，将《民主》作为一本小册子来读，它是光彩夺目的，主要因为其良好的判断力和准确性；但是它作为一本分析的、政治的、历史的、社会学的著作，更令人印象深刻。

在托克维尔的美国发现中，作为概念的"起点"最为重要。对其反思越多，他就越能理解其深远含义。第一个到达新英格兰的美国人（他从未太多关注弗吉尼亚的建立）是信教的共和党人，一切其他之事都滥觞于此。但是"起点"只有依靠其他情况的强化，才能那么有效：依靠时间——在150年左右的时间里，实验得以展开——也依靠经验。托克维尔开始强调一个民族的政府实践经验：我们看到他把这个观点运用于英国社会。历史塑造了社会，而社会也形成了历史：这些力量的交互作用制造了国家。今天看来，这个观点来老生常谈，在例如司各特的小说还有基佐的演讲中，可以将浪漫主义时代的全部思想，视为向这一观点靠近；但是托克维尔是第一个将其内化为自身思想之人，并由此写出一部杰作。

他辨别出三种起作用的力量：外部环境、司法制度和风俗（*les moeur*），其中风俗是最为重要的。他清楚地意识到自己正在赋予这个词一种崭新而大大延展的意义。在其美国信件和笔记中，他经常用它来指代性道德，但是当他开始写作《民主》时，他有了更宏大的想法："通过这个词，我明白了人们给社会状态带来的智力与道德趋势。"[33]* 这个新词向托克维尔解释了他自己在美国的所作所为。这使他得以展示其所有研究成果；比如：深入到美国宗教的政治影响。"如果到本书此处，在维持其法律方面，我尚未能让读者意识到，我所赋予美国人的实践经验、习惯和观念——简言之其风俗的重要性，那么我让自己开始写作本书的主要目的已经失败。"[33] 只有非常迟钝的读者才会漏掉这个观点。

不可否认，托克维尔正确地体悟出分析和解释社会的必要步骤，其结果是对美国的描述，它至今仍值得学习，而在当时，这一描述是同类中最好的；但是它将他引向一个深刻的困境，他从未能完全从中逃脱。他越是学习、思考和写作，美国人就越像是一个独特、古怪的民族，甚至不像其最早的祖先英国人。托克维尔并不是简单意义上的美国例外论的信徒：他从未屈从于这种妄想，即社会演进

270

---

* 对英语读者而言，这是一个颇费踌躇的措辞，它包含道德、习惯和风俗。托克维尔使用它时，大概等同于拉丁语的 *mos*，*mores*（它起源于此），这让社会科学家尝试将 *mores* 训诂（有些发音好像以 *bores* 押韵）为英语词。我认为他们并未成功，我将使用 *manners* 这个词——原初精确ъ等同于 *moeurs*——试图像托克维尔扩展 *moeurs* 这个词一样，扩展和恢复 *manners* 这个词的含义；虽然在必要的时候，我将使用法语词代替。

的规律为美国的利益而暂停。但如果，就像其研究所确证的那样，美国的制度和美国的政治体系源于其民族的起点，源于其地理、法律和习俗，法国又如何成功地模仿呢？纵然不是法国例外论的信徒（而托克维尔，就算不是一个狂热的民族主义者，也一直是一个热情的爱国者），这也是一个合理的问题。难怪如我们所见，他只是给出了小心谨慎的建议。"任何人只能冒失地提出意见，"他说道。[34]
他的意见（成为了本章的引言）是——断然不顾他将要在导言中表达的观点——民主与美国的政治制度是不能互换的术语，但是他在美国之所见让他确信，要谨慎而渐进地引进民主制度才具有真正的可能性，通过这样的方式，民主才能成为民族习惯和观念的一部分，换言之成为其风俗，而他将在余生中主张这一点；但他不能自诩，自己所提供的东西甚于一种期望。尽管他会发挥巨大的说服力，使读者热衷于那种期望，但他清楚地意识到最终的成败主要在于一种他不能控制的力量。分裂法国的信念、激情和利益，不可能立刻让步于好听的说理。因此，托克维尔的信条在英国和美国长期得到更多的尊重，但英美并不像法国那般特别需要它（这是它们真实历史和政治的理论解释）。

但是他从未完全放弃希望。法国大革命的过度放纵和拿破仑的独裁统治，清楚地表明前景将会如何：社会的公民同等堕落，降到人道正常水平之下，成为独夫的奴隶，美国展现出另一种选择。

> 引导人民参加政府的管理工作很难，而让他们具备经验及其所缺乏的信念更难，但这是良好管理之所需。我承认民主的意向常变[*]，它的执行者还不精干，它的法制还不完备。但是在民主的统治和独夫的压迫之间确实很快就将没有任何中间道路可走，难道我们该自暴自弃地屈从于后者，而不该倾向于前者吗？而且，假如我们最后必然变得完全平等，那么，让自由把我们拉平不是比让一个暴君把我们拉平更好吗？[35]

---

[*] 托克维尔随意使用"民主"（*démocratie*）一词所造成的困难，某种程度上也是法语本身造成的困难，在这句话中得以体现。他写道："Les volontés de la démocratie sont changeantes."此处，他所说的 *démocratie*，肯定就是别人的 the people，the popular majority，the crowd，the mass or the mob，根据各人之需要各有不同。但 la démocratie 也暗示把"民主"看作一种政府制度。托克维尔理应问过自己，他是否正在观察公意，在何种情况下，他是正确的却并非原创，甚至是微不足道的；或是否正在观察民主政府，在何种情况下，他可能是错误的。相反的，他写得像是将"民主"同时指向两种意思这肯定是误导性的。大众统治和民主政府并不是一件事，而民主政府并非明显地动荡不定。

即便有可能的话，托克维尔也不想把法国人变为盎格鲁－美利坚人。"我的目的是要以美国为例，证明其法律尤其是其风俗能保证一个民主的民族保有自由。"法国的自由将会也应该跟美国的自由不同："我认为，如果自由在每一处采取同样的形式，乃是人类的大不幸。"然而尽可能地多花时间地认真准备，一个民族可能受训为自由，而一旦这样训练，就能够运用它。另一种选择是普遍的暴政，对贵族阶级和资产阶级、富人和穷人都是灾难性的。[36]

第二卷第九章就此结束了，且已然走到托克维尔自问是否需要第十章的地步。他已经尽力清晰、坚定和完整地表达出自己关于民主的要旨。另一方面，"民主"和"美国"在本书中是不分轩轾的，而关于这个国家仍然有很多要谈（他还未用尽其笔记）；此外，他的读者们也正期待他写这些。他决定坚持写下去；但是除去它那精确而限定的标题（"思考美国境内的三个种族的现况及其可能出现的未来"），第十章看起来是另一种大杂烩。现在，托克维尔似乎决意不落下任何东西；他写得就好像表述自己的思考和评论比把它们融合在一起更加重要；他为时有重复表示歉意，但似乎不知道或不关心自己偶尔会自相矛盾，*几乎没有读者会指责他——他关于种族关系、联邦面临的危险、作为商业民族的美国人等话题的评论是如此深刻、广泛又众多。"这些问题，与我的主要论题相关，而不是它的一部分：这些人是民主之外的美国人，而我的主要论题，首先是我所尝试的民主描述。"[37]他转身离去。

1835 年的《民主》通篇都想要向其读者和他自己解释他的企图；这是一个可爱的优点；但是这样做他就原形毕露了。他轻率的写作过程让自己失望，而现在他正误入歧途。"民主之外的美国人……"他将要讨论的这些话题大谬至极——比如，种族关系。毫不夸张地说，自殖民时代以来，种族问题一直都是美国民主的核心难题，而托克维尔所在的年代更是如此。美国是一个蓄奴的共和国，有很多书面论战和学术著作探索过这个矛盾的含义。†在第十章，托克维尔本人用一以贯之的智慧及超出往常的人道研究这个问题：即便在某种程度上，我们必须称之为种族主义的东西玷污了他的分析，这些毫无疑问是学自当权者，但似乎他发现同

273

---

　　* 比如，他敏锐地评价了美国人成为频繁旅行者以及由此而彼此相识的方式，这多亏了蒸汽船：旅行融合了国家（OC I i 402）。但仅仅在几页之前，他把各州写得像是不同的民族，不可能互相融合，而美国人热爱的是所在州，而非联邦（ibid., 384）。

　　† Don E. Fehrenbacher, *The Slaveholding Republic* (Oxford University Press, 2001).

情奴隶比同情罪犯简单得多。*他所犯的错误是没有指出,这是风俗塑造社会和政治之方式的一个极好例证。如果把关于奴隶制的讨论融入到其理论的阐述中,他本能够让两者相得益彰,并且本也能够强化自由主义民主的根据,因为奴隶制问题的唯一解决办法就是解放奴隶并承认他们的同等权利(最终事情就这样痛苦地发生了)。但托克维尔却让自己受缚于一种陈规,而且没有重新检视它。他在阁楼中拼命地潦草书写,没有心情,也认为没有时间(但是他的截止日期都是自己规定的)去调整结构。他或许一遍又一遍地检视过词语、句子和段落;但对其论文的更大修整,从来都只是敷衍了事。

然而这种疏忽并不碍事。如同在早先部分,深入的反复思考让这些大杂烩变得协调一致,并让它跟本书的其余部分必不可少地联系起来。我甚至可能会说,托克维尔找到了另一种证明方式,并且他正第三次动笔这么做。现在,他在书写美国时不得不提自己最喜欢的主题:不管他的题目是什么,都会呈现出这些主题,而且正如我所言,其题目本身是民主的,或者他令其如此。当他想要写作美国的海上贸易时(浪费他在美国旅行期间跟舍默霍恩先生的谈话,本会是一件遗憾之事),他是如何解释其成功的呢?从美国国民性格的角度来看,原因在于:

> 随便找一个美国人,都能发现他强烈的欲望、事业心和冒险精神;而最重要的是他是一个创新者。这种精神体现在他所做的所有事情上;它是他的法律、政治、宗教信条、经济和社会理论、私事的一部分;它随身相伴,到深林深处,也到城市中心。运用于海运贸易的同一种精神,使得美国人比其他所有商人航得更快、成本更低……[38]

这是风俗起作用的另一个例子,这也是托克维尔要谈论它的原因。永远难以预测他接下来要谈什么,但是可以确定他将说什么。因此,当他进一步详细论述某个自己喜欢的主题时,比如自由结社的价值观由个体公民自发地形成,他所选择的例子就是美国的政党(他抓住机会严肃认真地讨论安德鲁·杰克逊的总统经历)。事实上,第十章乍看之下只是事后追加的东西:无论托克维尔是否自觉地意

---

* "如果不给南方的黑人以自由,他们最终会通过暴力取得它;如果给他们以自由,他们很快就会滥用它"(OC I i 379)。

识到这点，它极好地补充了他早先的观点，并且极大地丰富了他对民主的描述。*

　　他写完最后一章，才写第一章。对任何按照托克维尔的写作顺序来阅读的人而言（而且不管之前多频繁地阅读过此书），《导言》像是一场轻微的地震，因为它大多是关于法国和欧洲，在第十章关于美国的细节背后，几乎见不到这些。托克维尔在卷首语中提到美国，之后 10 页中未曾提及（在 14 页中）。他的主题变为宏大的历史转型，他称之为"民主革命"：经历了好几代人的这个转型，从财富来自土地的军事贵族所主导的社会，变成一个在财富和职业上有无限多样性的社会，没有一个等级独享统治权，而是所有人分享平等的地位。†他尤为关心紧随着 1789 年和 1830 年革命后，法国那种破碎且漫无目的的状态。如果说他的大历史构架来自于基佐和（一定程度上）林加德，那么他关于后革命时代法国的观点都是他自己的。他说好秩序已经取代了旧秩序：国王和显贵们再也不能以传统的方式运用权力（关于传统方式，他怀旧地描绘了一幅美好但非历史的图画）。[39] 渴望地回目凝视那后退的海岸以及散落于其上的残骸，已经无济于事；所有的目光都应该盯着眼前的洪水，以及如何渡过它们的问题："一个全新的世界需要一门新的政治科学"。[40] 基督教世界被判处民主，这是上帝的意志；任务必定是确保它的好处，而不是屈从它的坏处，而托克维尔的著作意在指明方法。他始终是精英主义的。然而，从未有那么长的文章认为，法国大革命的部分工作就是创造一个新的统治阶级，即显贵们，他自己就身处其中。他坚定地断言，有教养的阶级必须依据其非凡的知识和判断，而且必须掌控民主的进程并引导它，否则暴力而无知的下层阶级会摧毁社会。时间所剩无几；行动势在必行；但是回报或许是丰厚的：

　　　　我梦想有一个社会，那里的人们视法律为自己的创造，毫无困难地热爱

---

　　* 事实上，第十章唯一的奇怪之处乃是其结论，即当托克维尔预测自由之国美国和奴隶制之国俄国将会主宰世界的未来。这条预测在冷战期间让人印象极为深刻，但 1990 年以来托克维尔的崇拜者再也没有提过这点。应该意识到的是，1835 年，在托克维尔对美国未来的预测中，只有这条才是引人注目地原创；对反动之俄国的力量与威胁的观点，几乎是政界的普遍共识，只有在克里米亚战争期间才消失。

　　† 用托克维尔的法语来说，就是 *égalité des conditions*。这通常被译为"条件平等"，但今天似乎指的是经济平等，这使得它成了误导，如果美国曾经有过的话，托克维尔清楚地知道它再也不能存在于美国。他对该词的使用，等同于凯瑟琳·德波夫人（Lady Catherine de Bourgh）试图吓唬伊丽莎白·本内特（Elizabeth Bennet）时的意思："谁是你的母亲？谁是你的叔叔和阿姨？不要以为我不知道他们的状况。"在语境中，托克维尔所关心之事一目了然，但并不是每个人都记得语境。

276 　　它、遵守它；在那里，政府的权威作为一种必要而非神授而得到尊重，对于政府领袖的热爱是出于冷静而理智的情感而非激情。每个公民都拥有其权利，而且能确信保有它们，一种坚强而互动的信心在阶级之间建立起来，还有一种互利的谦逊，既非骄傲也非谦卑。在学习其真正利益的过程中，人们将会懂得，想要通过社会的祝福而获利，也必须要有所付出。公民间的自由社团将会取代个人显贵的权力，国家将会免于暴政和特许……社会内部的变革将会是稳定而渐进的；如果说比之贵族制社会更少区别的话，那么也将更少贫困；享乐不会那么奢靡，但是幸福更加普遍；学术与科学将会更少，但是无知之人也将更少；激情将更少暴力，而风俗变得更加温和；缺点更多而犯罪更少。[41]

　　他对美国的研究表明，这一切都是完全有可能的。

　　这份声明[*]揭示了关于托克维尔的许多东西。在对旧制度的拒绝中，显示出他政治和历史的现实主义：无论有多少同情，他都不会赞成正统派的反动愿望。在其对策中，这份声明显示出他对七月王朝下法国的希望；[†]这些希望将会大大落空，但即便在路易－菲利普倒台以后，他也没有放弃希望。它违背了其民主信念的底线：即便在美国之旅之后，他仍不能相信由人民主导的纯粹人民政府，会取得成功——他们需要指导。他迎头处理的唯一政治问题是反教权主义：他激动地论辩道，"宗教"（他通常指的是天主教）不需要政治权威的支持，事实上在没有政治权威的支持下显得更好，因为自由和平等是它的真伙伴；而且他也坚持认为，如果共和主义知道其自身利益的话，它会跟宗教结成同盟。[42]此处，托克维尔含蓄地批评了复辟和七月革命；而且在这里我们能看到，美国在其思想印记中有多么深刻：

277 　　他所提到的"男性的、共同的信心"需要评论（在另一段文字中他写为"男性美德"）。他所指的毫不神秘：自从文艺复兴以来，美德乃是传统共和思想的口头禅（昆廷·斯金纳［Quentin Skinner］希望我们称之为新罗马共和主义）。在托克维尔时代，让－雅克·卢梭的《社会契约论》和 J.L. 大卫（J.L.David）的新古典

---

　　[*] 我故意用这个词。托克维尔的《导言》与 1830 年革命的联系，如同《共产党宣言》与 1848 年革命那样。卡尔·马克思是另一位向基佐学习的作家。

　　[†] 在 OC I i 324 上有一段非常相似的话。

时代的做作油画——在这幅画中，庄严的战士们表达了对祖国的忠心——将这个观念展现得淋漓尽致；或者体现在格里诺（Greenough）的乔治·华盛顿半裸雕像上。* 美德这个概念似乎已是这样：在乌托邦中，无论是公民还是政治家，只有并始终在对公共福利的严肃考虑中，或至少当他们集合到会议场所时，他们才会受到鼓舞；对个人和地方利益的所有考虑都会打消。当个人利益掺杂进来时，它必须归入公共利益：对柳克丽霞（Lucretia）的强奸，不是作为侵犯妇女的罪行，而是作为一种暴政的行为受到惩罚——这不是为家族荣誉报仇的问题。布鲁特斯毫不妥协地将儿子们当作阴谋者而宣判其死刑，他因此受人尊敬，而不因其"子不教，父之过"而受责难。这种理想主义之不可行几乎是不言自明的："人性朽木不可雕"——以赛亚·伯林（Isaiah Berlin）的鼓吹已经让康德（Kant）的评论成了口头禅。对托克维尔来说，在写作 1835 年的《民主》及随后几年中，它尚未成为口头禅。他只要求公民及其代表拥有最为神话般的新罗马行为，并无情地谴责一切错误。简而言之，到目前为止他从根本上误解了政治的性质，政治跟人类生活的某一方面，譬如吃、喝、性和贸易那样自然；政治是一个普世过程，经由这种过程，人类适应现实——尤其是其他人的现实——并且让现实适应自己。它很棘手，从未完全成功，且必然是不彻底的。它是乌托邦的反面，或许可以这么评论，是否是乌托邦主义的困难让那么多乌托邦者变成了极权主义者，是否是乌托邦主义的不可能性让那么多其他人士成为民主主义者。1835 年的托克维尔尚未瞥见这点。

不论是在《民主》中，还是在其他什么地方，他都丝毫没有表达对女性美德 278 的政治兴趣。他似乎完全不关心妇女权利的问题，这显然比他同代的伟人，亦是他的朋友约翰·斯图亚特·密尔逊色得多。如往常一样，迟钝的并不只有托克维尔一人：法国妇女直到 1944 年前才有选举权；但即便是 1835 年，他也本可以讨论这个问题。美国正在争论这点，而玛丽·沃斯通克拉夫特（Mary Wollstonecraft）的《妇女的权利》（*Rights of Women*）在 40 年前就已经出版了。托克维尔对这个问题的沉默（及其他没过多久要讨论的问题），充分表明他是其所在年代与地点之人物，而七月王朝所具有的局限，他也同样具有，尽管他经常谴责这些限制。

---

* 另一方面，卡诺瓦（Canova）做的拿破仑裸体雕像只能视为一种玩笑，尽管肯定不是故意这样。

因此，这篇《导言》总结或者暗示了托克维尔的政治原则及其历史视野，而且清楚地表明通过这本书他想要得到什么。他想要创造一种新的自由主义并帮助引导它。他要求不仅在法国的作家中，也在法国的统治精英中得到立足之地。其余生将会是他如何大展宏图的故事。

在一定程度上，他肯定精打细算过；这篇《导言》显然迷住了巴黎的沙龙和学院。在它所提出的问题（"我们在哪里？""我们将要去何方？"）及给出的建议中，它围绕着时代的核心关注而谈。但人们肯定觉得，这篇《导言》不能充分展现出托克维尔所写的这部杰作。《民主》的要旨确实极好地总结于《导言》之中，但是跟这本书的要旨同等重要的是其方法，而它的发现或许比前两者都要重要。在关于美国的书中，《民主》是前无古人的伟大作品。托克维尔不能这样自吹自擂，但是其读者再三这样称赞他；那显然是一种无上的成就。

我们没有直接证据表明，博蒙如何看待 1834 年 8 月托克维尔给他的手稿。因为它归功于他甚多，所以博蒙不太会感到失望。毫无疑问，反过来他也把尚未完成的小说手稿《玛丽，或美国的奴隶制》给他的朋友看，托克维尔认为它很棒：
279　他酝酿或立刻起草了对《玛丽》的赞言，它仍然出现在《民主》的导言中。至于其他，他享受自己的乡下休假，刚开始跟博蒙的妹妹萨尔塞夫人（Mme de Sarcé）一起住在她的加莱昂德（Gallerande）城堡，之后跟家庭的其他成员住在博蒙拉沙特尔。在给玛丽·莫特利的信中，他对自己受到的热情招待唯有赞美，但是在给她和凯尔戈莱的信中，他惊讶于博蒙的家人能在琐碎之事上感到快乐，正是这些琐事使乡村变得完整——"一种土豆的生活"*。他还未意识到，不久之后自己将兴高采烈地退隐乡间，但可以想见土豆对他已有超出意料的吸引力："我喜欢看看田地；在一个偏远祥和的农村，看看晴朗的夏夜；聆听各种各样、间歇悠长的声音和随之而来的安静，我再次感到一种平静直通我那骚动不安之心。"但这只能在假日里做到，他绝不可能生活在篱墙之后，"我更喜欢生活的艰险风暴，而不是这种宁静祥和。"或许他认为，一种自己绝不可能享有的幸福让自己不快："我永远不会快乐，玛丽，这是肯定的。我的内心并不和谐。能力有限，但是欲望无穷；身体虚弱，但是对行动与情感，有一种难以言传的的需要；品位高雅，但是激情

---

* 即一种悠闲的农村生活。——译者注

让我远离它。"像他这样的人，从不能获得持久的幸福；但至少，他对玛丽的爱给了自己一个恒定的基准点。无论头顶星空如何阴云密布，那是他的港湾，他的地平线。"昨晚，我很高心地参加了一个聚会，在一个我喜欢的地方，站在我喜欢的人之间，我的头脑很平静，我的身体也很好；但是我发现少了些什么……是你。"[43]

当他和古斯塔夫一起返回巴黎后，在他写给博蒙父亲的感谢信中，却丝毫没有表露出这种温柔的感情。他在公共交通上一贯倒霉，这次也是：

> 因为未能在旺多姆（Vendôme）的驿站马车买到坐票，我们被迫坐到行李架的车棚上，在行李之间翻来滚去，我们度过了所能想象的最不幸、最寒冷的夜晚。我从未更清楚地意识到自己的身高优势。*我向你保证，人们并不清楚地知道身材矮小的优势。然而身材修长的古斯塔夫，像一面不断晃动的信号旗，我舒服地坐进一个小洞，或许我本来可以安稳地睡觉，但是一个鸡笼突然掉到我的鼻子上，吵醒了一个最美妙的梦。如你所想，我发出一声尖叫，但是篮子里两到三只公鸡也尖叫起来，所以我希望它们能模仿我的自制力，使得笼子最好能安静地掉下来。[44]

回到巴黎后，托克维尔认真地投入到出版事务当中。几周前，他发现了与戈瑟兰打交道时的一些不快。"如果这位戈瑟兰读过我的手稿，那么我拜访的结果让我并不满意；因为我越多地回答他关于本书的问题，我就越看到他按捺不住惊恐之情。"他说，重新考虑的话，他只会印发 500 份，当托克维尔质疑他的时候，他给出了一个典型的出版商解释：如果他印刷了 1000 份，而这本书卖不出去的话，他肯定会损失；然而，如果需要出第二版的话，重印的花费只不过是削减了他的利润而已。[45] 他说到 11 月份出版（结果，这本书到 1 月份才上架）。托克维尔勉强接受了这种安排；到 10 月底前，他都在忙于勘误。

如果说他能相对平静地对待戈瑟兰，可能是因为他有更大的焦虑。他想要试试水，怀着这种想法，他在家族成员中传阅《导言》的复印件（他可能感到博蒙的意见不够客观）。所得到的回复是有启发性的。

---

* 《书信选集》的编辑告诉我们，托克维尔的身高是 1.62 米，也就是 5 英尺 4 英寸。

凯尔戈莱度过了一个极端无聊而空虚的夏天，他抓住了这个有所作为的机会，并热情地做出报告："整体上，也就是你的总体思路，它们的分类和发展，在我看来是不错的，而且融会贯通……在我看来，基本观点是最重要的，无论是其本身，还是你在它们之间所作的联系，既有深度又有创新。"他提出了很多小改进的建议——托克维尔显然接受了其中许多，而且评论道"高贵乃是您风格的特点"（这肯定让凯尔戈莱很高兴）。凯尔戈莱认为不需要收敛任何评论以迁就任何阶级的读者，毫无疑问指的是正统派（这肯定让他安心）。[46] 不幸的是，托克维尔的其他亲戚则少有鼓励。他们是只忠于一人的正统主义者，而托克维尔对民主之效用，以及民主与他们的信仰和利益之兼容性的证明，都未让他们觉得有充分的说服力。一人写道："亚历克西必须要小心，不要攻击倒台的复辟王朝及其不幸的退位国王。不要太猛烈地攻击路易－菲利普，甚或这也是明智的。亚历克西处于事业的起步；如果所有的政府报纸都反对他，可不太好。"[47] 谁写的这个评论不得而知，或许是敏锐地阅读字里行间之意的结果；但是托克维尔可能采纳了这个暗示。在《民主》中，虽然对波旁王朝或奥尔良王朝有大量的含蓄批评，但没有公开的攻击。

或许这段评论是卡米耶·德·奥尔格朗代（Camille d'Orglandes）所写，一位科唐坦家族的成员，因为两次联姻跟托克维尔家族联系起来（路易·德·罗桑博和路易·德·夏多布里昂都娶了奥尔格朗代家的女子）。他一定写了一封关于这篇《导言》的信（现已丢失），托克维尔认为有必要详尽地予以解答。他觉得奥尔格朗代误解了这篇导言，因此他尽可能明显地重申论证：平等已然开始，它不可逆转，因此政治选择处于民主政府（"我指的并不是一个共和国，而是一种社会制度，每个身处其中的人都要或多或少地参与公共事务"）或者（因其现代性而）无限的专制主义之间。在一个像法国这样混乱的国家，其暴政没有限制。"在波拿巴治下，我们已经看到这样一种统治的雏形，如果路易－菲利普不受约束，他会表现得变本加厉。"这两种选择都不吸引人，但是"两害相权取其轻"。要让一个民主政府成功很困难但并不是不可能；他不相信，上帝愿意让地位之平等轻易地将人引向克劳狄或者提比略这样的独裁统治。"这费力不讨好。"

这种对《导言》的重申，本身就具有价值；更为有趣的乃是托克维尔为写作其书所给出的理由：

> 我本性上不是一个爱争论的人：对于一个我不赞成的观点，如果对我而

281

言不重要，或者当我并不完全确信其对立面是正确时，我就闭口不言。正因
如此，我才能长期与周围之人和谐相处，他们最终会非常惊讶地看到，我坚
决地做一些他们认为我从未想过之事。因此思考再三之后，我才决定写作这
本即将要出版的书……［但是］对于那些我正在向您解释的大部分观点而言，
我思考它们已经快十年了。当我发觉这些想法并不如意时，那么在接受它们
之前，我会从该观点的每个点出发，进行反复地琢磨。我唯有前往美国澄清
自己的疑虑。监狱制度只不过是个托辞；我把它作为通行证。在美国，我碰
到了许多无关紧要之事，但是我也发现了其他相当启发理解的事情。我发现
一些事实，我认为其知识是有用的。我并没有怀揣着写作一本书的想法前
去，*而是到了那里才有写书的想法。我认为，每个人都要把自己的思想和潜
力归功于社会。当一个人看到自己的同胞们处于危险之中，有责任去试图援
救他们。

托克维尔不知道自己的书是否会成功，是行善还是为恶（虽然他希望不是后
者）；但是它必须要写。而且他不后悔大胆、明白而坦率地把它写出来："正如我
对你所言，如果我觉得能容易地保持相当的冷静，那么我确曾说过，我总是会用
世界上最清晰的语言——也就是法语的最清晰术语表达自己的想法。这是一个习
惯，当我在公共场合演讲时，我经常想要避免它，但是我从未能成功。"[48]

自信肯定是这封长信的主调。在这件事以前，托克维尔担心正统派的批评，
但是当他真的面对它时，他只是复述了自己的观点，并为自己的风格辩护。其他
读者会怎么说，以及他会如何应对他们的观点，还有待观察。与此同时，在博蒙
的帮助下，他继续致力于勘误。12 月，完成的书稿分发给期刊、作者的朋友和
书店。

---

* 这并不完全准确。或许托克维尔的意思是，他没想过要写这本书。

第十三章　声名鹊起（1835—1836）

> 到目前为止，本书进展顺利。它的成功让我困惑；因为我担心，即便不
> 是失败，至少也会是冷遇，因为其作者小心翼翼地置身于各党派之外。*
>
> 亚历克西·德·托克维尔致欧仁·斯托菲尔，1835 年 2 月 16 日 [1]

　　即将发生之事的第一个信号，来自于《论美国的民主》的印刷工坊。据博蒙说，工人们在他的书中所得的乐趣，让托克维尔非常震惊（我们应该记得，巴黎的印刷工人曾是七月革命的先锋）：所有人，从工长和校对员到打字员，对其工作都表现出非比寻常的细心，似乎对本书的成功充满热情，每个人都根据本人的贡献，为参与这本书的出版感到光荣。[2] 托克维尔认为这是一个良好的预兆；他的出版商也这么认为。这些工人们会如何看待这部关于"民主"——这个迷人又满是疑义的主题——的著作，了解这件事会非常有趣。或许跟很多后来的读者一样，

他们从中找到了自己想要的东西：可能尤其是它证明了民主在某些情况下可以成功。

　　一小群家人与密友——未多到能成为小圈子——如同意料之中那般热情。在正在努力完成的美国小说《玛丽》中，博蒙清楚地表明了自己的观点，包括在其前言里为托克维尔的著作所作的明确吹捧。[3] 在他完成第一卷之前，欧仁·斯托菲尔就从梅斯写来热情的信件，称赞其《导言》是叙述这个时代的特征与罪恶中最为出彩的。在一桩暴打傲慢平民的案件中，凯尔戈莱向托克维尔请求帮助（旧制度的精神仍残存在福瑟斯）†，之后他从乡下写信来，说他发现的唯一毛病就是第一卷有点枯燥；至于剩下的，风格极佳，观点很有分量而且都是原创的，虽然这

---

*　原文为法文：Le livre va jusqu'à présent merveilleusement. Je suis confondu de son succès; car je craignais sinon une chute, du moins un accueil froid, en raison qu'avait pris son auteur de se tenir en dehors de toutes les parties. ——译者注

†　我们对此事所知仅限于此。托克维尔总是会答应凯尔戈莱的所有请求和命令，但是很难想象他答应了这一条。

些观点让凯尔戈莱陷入忧郁之中，但是对其他"一无所知之人"，这些观点的成功将会是持久的。[4]

托克维尔肯定对这些称赞感到高兴，但是他的政治和学术抱负要求更大的成功，受到安瑟洛夫人良好建议的鼓励，他开始运用自己所能想到的一切手段来确保这种成功。理论上《民主》是在1月出版，但是在12月24日《法国邮报》上登载了由莱昂·福谢（Léon Faucher）写的短评："考虑到其主题和创新的重要性，及其引人注目的洞见，这本书似乎注定会取得巨大成功。它会令其读者大开眼界。"福谢堪称首位写下赞成意见的评论家，但是他很快就有了同伴：1835年，热情的评论源源不断。[5] 其中大多数人收到了作者的感谢信。最早的版本被分送给托克维尔最为珍视的英国朋友们——拉德纳勋爵、约翰·鲍林（John Bowring）和纳索·西尼尔。西尼尔热情地感谢这份礼物，而且推荐各种各样的英国期刊，认为可以把书寄给它们。托克维尔立刻采纳了这个建议。[6] 这本书到达美国还需要些时间，但是一些在巴黎的美国人通过家信而引发了对它的兴趣。

然而，像很多书一样，《民主》巨大而即刻的成功，要更多地归功于口口相传，而不是逐步出现的评论。几乎可以说，这些评论是为了回应公共舆论，而不是形成公共舆论。在君主立宪制时代，法国的社会、学术和政治精英在很大程度上是重叠的，那些重要的意见都是在他们的沙龙里形成的。对托克维尔而言，确保在日常聚会中得到顺利欢迎是至关重要的，那里清茶与甜点不断，处于有学识的女主人的稳定指导之下，整个巴黎都会谈及沙龙的结论。如果沙龙认可，其他所有人也会认可，而巴黎乃是欧洲的学术中心，那些言论会很快传播到其他城市和国家。因此托克维尔给皮埃尔－保罗·鲁瓦耶－科拉尔（Pierre-Paul Roye-Collard）寄送了一本赠送本，还有一封得体的信。信中他回忆道，当《监狱制度》出版时，鲁瓦耶－科拉尔曾表示欢迎，尽管托克维尔对卢瓦耶人品学识的倾慕已经有足够的理由，但自己的感激之情认为有必要呈送这本新书。这番奉承，让这位经验丰富的自由主义领袖阅读此书，且变得热情洋溢。他评价为"孟德斯鸠以来所未见"，这句名言迅速地传遍巴黎。[7]（与孟德斯鸠的比较，仍然是评价托克维尔时最稳妥的说法。）很奇怪的是，托克维尔好像没有给基佐寄送这本书，托克维尔应该大大感谢他：或许他认为基佐已经变得过于保守了。然而，他确实给夏多布里昂写了信。

这很艰难，却是必须的。夏多布里昂跟托克维尔家仍然关系淡漠。但对托克维尔而言，这么一个关系紧密之人，并且是一位他归功甚多的作家，忽视他会是一种侮辱；此外，夏多布里昂是那个时代最有影响力的朱丽叶·雷卡米耶（Juliette Récamier）沙龙的明星：他的帮助将会是最有价值的。因此，托克维尔尽快给他寄送了一本《民主》，同时还有一封混合着真诚颂词与拙劣奉承的怪信，这暗示他并不在意这位亲戚的性格和洞察力：

286

当一个人有幸遇到这个时代本国最伟大的作家，那么尽自己的努力向他表达敬意就变成了一种义务，这种敬意本身，往往是最配不上他的，但因为这种感觉在致敬之后才产生，所以致敬的行为也是可以接受的。当家庭纽带也让此人跟同一位作家有关联时，那么此人无论如何都会以爱国之自豪去联结他，在这种必然被视为责任的事情上，即便没有家庭纽带，此人也会感到避免失败的［严重］焦虑。

到目前为止一切都很好。托克维尔现在感到能说出自己的真实想法：

在这部作品中，或许您将会认出您介绍给世人的许多伟大真理之一的发展，但毫无疑问其发展是不充分的——人们现在把这些伟大真理移交出去，因为每个人都感到仅仅一项真理都是十足的负担。先生，没有人像您这样掌握民主的方法。这本书的目的是，揭示在那个和平地将民主作为前行目标且民主将获得最深远发展的国家，由同一种"民主"的统治以及您平静宣扬的方法所产生的结果……你不仅最好地描绘了过去，而且最预言性地预测了未来。身处两场伟大革命的交点，一场正在结束而另一场刚刚开始，您已经阐明了这幅巨大油画的两个方面。没有人像您这样描绘出遍及世界的民主征程……[8]

这封信中最令人瞩目的或许是，对夏多布里昂之美国作品的褒扬，自此以后也能适用于托克维尔本人。而且不论写信人内心想法如何，没有人应该怀疑他根本的真诚。他不仅是偿还恩情，而且承认了自己的写作传统。

在回信中，夏多布里昂没有做出谦虚的否认。他无视托克维尔更离谱的赞美，而是径直指向了自己认为的重点：

最肯定的是，我们正在进入民主时代；民主的观念无所不在。它正在破坏一切王权，摧毁一切贵族。人们可以反抗它；偶然事件延缓其发展。但是不管人们怎么做怎么说，它都将取得决定性的胜利。先生，将读到您的著作，您不能想象我有多么高兴，我多么庆幸我们之间的家庭联系……我已经准备谈起，当我在维尔纳伊见到您时，您还是一个小孩。该轮到您了，您将看到我退化得幼稚可笑；人们会谈论您，而我将被人遗忘。[9]

287

奉承是夏多布里昂最擅长之事，但是他对这位年轻后进的热情是真挚的。他阅读了这本书，向朋友们称赞它，推荐雷卡米耶夫人邀请托克维尔参加她的沙龙。

这可不是一个小忙。夏多布里昂和朱丽叶特·雷卡米耶是彼此最后的爱人：1817 年，斯塔尔夫人逝世，这让他们在一起，而他们再也没分开过。长期以来，雷卡米耶夫人被认为是法国最迷人的女人，现在她致力于助长夏多布里昂的兴趣——首先是政治，然后，1830 年以后，是文学——最重要的是，解除他的烦恼。她不再富有或者年轻，但她还是很迷人，而且专长于社交艺术。虽然她自称过着退隐生活，住在卢森堡（Luxembourg）附近的森林修道院*（Abbaye-aux-Bois）的舒适公寓内，所有巴黎人（当受邀时）都会涌入她的客厅，它的两头分别是斯塔尔夫人的巨幅肖像和路易十六的壁炉架。[10]这里的谈话是全法国最棒的，主要因为雷卡米耶夫人坚持优雅的礼节——她从不允许吵闹的辩论和政治的漫骂。这里的环境非常适合托克维尔。多年后，他试图解释其魅力：

　　她已芳华不再，但我们都是她的情人、她的奴隶。她在其沙龙上表现出的才华、努力和技巧，能够获得并统治一个帝国。她是自命不凡的，如果这算是自命不凡的话，即她能让一打人中的每个人都相信你想要讨好他，虽然在某些时候你常常不想讨好那个人。每个朋友都认为自己更得宠。她几乎一视同仁地管理我们，她让有些人比他人早到五分钟，或晚走五分钟，就好像路易十四赐给朝臣一个**烛台**就能让他乐上天，而对另一个人就靠在他的肩上。她寡言少语，但是知道每个人的**长处**，时不时地说一些让人受用的**妙语**。如果有什么说得特别精彩，她就笑靥如花。您看到，她的关注总是积极而睿智

288

---

* 森林修道院是巴黎一处西多教团的女修院。——译者注

的。可我仍旧怀疑她是否真的喜欢谈话。对她而言，**开沙龙**就像一个游戏，她玩得很好，而且几乎总是成功；但是她必然有时会失败，有些时候因努力而筋疲力尽。她的沙龙，或许是让我们而不是让她更加愉快。[11]

第一次拜访时，他不可能有那么悲观的感知。他受邀前去听讲夏多布里昂朗读尚未出版也尚未完成的《回忆录》。这是托克维尔首次成功之喜悦的高潮。

> 我去了。我看到了一大群对社交活动或稚嫩或娴熟的名人。一个小型的，精心挑选的沙龙：首当其冲的是夏多布里昂，然后是安培（Ampère）、巴朗什（Ballanche）、圣伯夫、诺瓦耶先生（M. de Noailles）和拉瓦尔公爵（duc de Laval）——他在十年前说过："新兵蛋子！我曾和那个女人度过非常令人愉快的时光。"夏多布里昂先生把我介绍给在场的每个人，其方式似乎要让我跟那些不写作之人成为好朋友，而跟那些写作之人成为真敌人。但是所有人都以溢美之词让我眩晕。[12]

开场戏之后，明星表演。夏多布里昂背对着壁炉坐下；他的听众坐在他面前按半圈放好的椅子上：

> 要把我听到的告诉你，则说来话长。首次复辟和百日王朝。一些低级趣味的东西。更多的是激烈的愤怒，对拿破仑掌权之困难的描述很有深度，遍布热情，满耳诗歌，波拿巴从厄尔巴岛返回后向巴黎的进军，只有荷马（Homer）和塔西佗一起才能描述出来，对滑铁卢战役的描述，让每一根弦都紧绷起来，虽然它只有遥远的枪炮轰鸣声。我能说什么？我被感动了，激动不安，真正而深刻地受到惊吓，在表达极度的倾慕中，我除了说自己的感想外，没有做更多。

他兴高采烈地回到家中。

他很快就在森林修道院感到相当自由自在。大约在这个时候，一个到巴黎的德国访客在那里见到他：

　　对面［这位朋友］是一个年轻人，他面容惨淡，有些病态。人们对他表现出明显的尊重和关注。他举止优雅而谦逊，当代法国人似乎不像上一代那么重视这点。"那个年轻人是谁？"我问自己的伙伴，因为他深深地折服了我。"那是托克维尔先生，"他告诉我，"他刚刚出版了一部关于美国民主的名著。那本书非同凡响——它让所有党派感到高兴。自由派和正统派称赞它，而**中庸派**（*juste milieu*）*并不攻击它。但是因为很少有法国人拥有他这样细腻的观察力，所以也很少有人能享有同样的成功。他极其受喜爱和追捧；每一个沙龙都希望他前去。"[13]

但是他并没有给雷卡米耶沙龙的另一位常客留下那么好的印象，那就是屈斯蒂纳侯爵（marquis de Custine），他们 1841 年在那里认识。屈斯蒂纳因为其臭名昭著的同性恋癖而被上流社会所排斥，他嫉妒这位年轻人一夜成名，而且不赞同托克维尔的政见。两年后他出版的《俄国来信》（*Letters from Russia*）取得巨大成功，但他也尚未消减脾气。他说，托克维尔：

　　是一个微不足道的瘦弱男子，仍然很稚嫩：他的风度很迷人，但是他缺少坦诚，他的嘴看起来年迈而难看，他的外表很花哨，倘若我对他的不信任稍有减弱，他那丰富的表情本会迷惑我；但是我看出他口是心非，而且他只相信可以推动其目的的事情。在我看来，他就是这样一位在公众视野中的新明星……[14]

很少有人同意屈斯蒂纳的看法。"每一个沙龙都希望他前去"……他成为了一个非正式的、两周一次的晚餐俱乐部的成员，由皮埃尔－西蒙·巴朗西主持，他是哲学家，也是雷卡米耶夫人的崇拜者。其他所有成员都属于雷卡米耶—夏多布里昂这个圈子：福谢、圣伯夫、安培，还有其他一两个人。托克维尔仍然去安瑟洛夫人那里；他拜访矫揉造作却心地善良的卡斯特拉内夫人（Mme de Castellane），是他表亲莫莱的情妇，当托克维尔在城里时，她总是让自己在两点时空闲下来，以便接待他。他也去拜访名声有些不太好的勒蒂西耶夫人（Mme Le Tissier），斯塔

---

　　*　给那些支持路易－菲利普之人的外号（"快乐的中间派"）。

尔夫人的女儿布罗伊公爵夫人（duchesse de Broglie）；1836年，他拜访了塔列朗的情妇也是外侄女，美丽而聪明的迪诺公爵夫人（duchesse de Dino），由鲁瓦耶－科拉尔把亚历克西介绍给她。这位年迈理论家的认可，同任何一位沙龙女主人一样重要。他派人去请托克维尔，并告诉他《民主》是30年来关于政治学最杰出的著作。托克维尔告诉欧仁·斯托菲尔，科拉尔、夏多布里昂和拉马丁到处称赞它：

> 因此，眼下我出师大捷，我对所发生之事感到很惊讶，对在耳边回响的赞誉，我真的感到头晕。在拿破仑的宫廷中有一个女子，皇帝有一天一拍脑袋封她为公爵夫人。那天晚上，当她进入某个盛大的沙龙，听到有人叫她的新头衔时，她忘了那就是叫她自己，就站在一边，给那位正被提名的女士让路。我向你保证，同样的事情发生在我身上。

他知道自己的局限性，不能相信自己或者自己的书值得这样大惊小怪。[15]

不久以后，他去见出版商，商量第二版的问题。戈瑟兰坚持不读其作者之书的原则，却笑逐颜开地向托克维尔打招呼，并说道，"为什么，似乎您写出了一部杰作！"托克维尔尽力让自己显得务实，但是这让他变得很不自然，而戈瑟兰仍然是最谨小慎微的出版商：他又印刷了两个批次的《民主》，但是都没有比第一次多。然而，他很乐意提高作者的版税，每份从20苏提到25苏（1法郎：一份大约是当时英国货币10便士）。他邀请托克维尔和博蒙跟他共进晚餐，还有他的另外一位成功作家，诗人同时是政治家的拉马丁。[16]

想要了解令《民主》的第一批读者们印象非常深刻的原因（不同于仅仅与作者相识之人），最好看一看书评。托克维尔自认为，其中以约翰·斯图亚特·密尔发表在10月的功利主义期刊《伦敦评论》上的评论写得最好。密尔有几个超越早先评论家的优点。他直接或间接地知道他们说了些什么；作为报纸的主编，他可以有效地给自己想要的足够空间；在那个时候，他似乎已经见过托克维尔了，跟他有长时间的对话，并开始了通信。但是他主要的优点乃是其自身敏锐而认真的理解力。他敏锐，有逻辑，并完全掌握了自己的能力。任何有经验的评论人都会尊重其文章的专业性：他的评论完整而准确地展现出《民主》的主要论题，且拥有着利剑般的才华，几乎要超越托克维尔本人的文笔。密尔是一个天生的普及者；他也很坦诚和公正。密尔为疏忽斟酌托克维尔关于宗教的论证及论三个宗族的一章，而向他道歉；他"既站在哲学政治家，又站在一般读者的立场上"，重新评价了整部作品的研究。在给英国公众的介绍中，托克维尔无法拥有比这更好的，他感激地写道："如果一个作家能够遇到很多像您这样的读者，那么他的职业就太幸福了。"[17]

双方都心知肚明，这种认可并不意味着密尔已经认同托克维尔已说或未说的所有东西；他不接受多数暴政的想法，并在一个尖刻的注脚中指出美国的民主远没有完成："肤色上的贵族，性别上的贵族，保留了其权利。"然而只有在一个方面，能够说密尔误解了托克维尔，但那并不确定。在他的论文中，密尔一以贯之地视《民主》为完全的自由主义，甚至是激进派的著作：他将其作为攻击上议院、托利党和辉格党的武器。而托克维尔并不反对：无论他的长期焦虑是什么，在1835年的情况下，他肯定是民主的伙伴。

以密尔为标准可以看到，在所有法国的评论家中，只有一人在全面性上接近英国人，那就是圣伯夫发表在《时间报》（*Le Temps*）的评论。事实上，在一个方面，他超过了密尔：他指出，尽管托克维尔对美国的民主有信心，但是他对欧洲和法国信心非常不足。他学会了"起点"这个概念，悲观地怀疑是否有必要模仿着，建立起一个自由而公正的社会；旧世界是否曾有可能建立起一个社会，在那里败者、伤者和清教徒能够为追求一种和平且充分的自由而联合起来？圣伯夫是所有评论家中最托克维尔式的。[18]

至于剩下的评论，尽管其讨论的水平是睿智的、热情是高涨的，但只是断断续续地阐述托克维尔的著作。正统派杂志《法国公报》（*Gazette de France*），断然驳回美国之实践可能对正统派事业有用的建议："我们必须承认，在上个世纪，当我们的父辈因钦佩而赞扬英国宪法时，并未受到多少强迫。至少在英国，英国人只绑架水手，只售卖妇女……"该评论人使用完全从《民主》中得出的事实和观点，详细地谴责美国种族的历史。他拿七月王朝跟美国总统制作比较，这对七月王朝大大不利，但是"一个真正的君主国——代议制的、正统的和民族的"（比如波旁王朝）比这二者都更好。这位作家总结其观点道，当法国无仗要打、无强敌可御、无危险之邻时，应该学习美国政府，"当法国人对法律充满尊敬，当已纯洁其道德的基督教使法国人为自由做好准备——到时候我们就不用担心法国有一个共和国，而我们也能够采取美国的制度。"[19]（可见不管他多么反讽地使用风俗，

292

这位评论人都有意无意地如托克维尔般相信风俗的重要性。）另一本保守主义杂志批评美国民主，认为它与等级制度的至高原则相左，并且哀叹美国社会的利己主义。"托克维尔先生为支持美国而写的辩护，似乎在我们看来是有史以来最公正而激烈的反对美国的指责。"[20] 托克维尔通过美国之例证，乐观地试图使自己所属之等级热衷于理智和理性，但这种尝试旋即失败了。

他试图向教会证明宗教自由之价值，也遭到了正统派的忽视或排斥。[21] 一份支持政教分离的新教报纸《传播者》(Le Semeur)，并非如此无知：它视托克维尔为盟友而欢迎他。托克维尔给拉梅耐送去了一本赠送本，后者写信称赞托克维尔对人道的热爱和对人类尊严的尊敬，这种优点今日如此罕见。但是《传播者》几乎没有影响力，而拉梅耐义无反顾地同时跟教会和教皇争吵：两者对托克维尔都没什么大用。[22] 自由派，无论是强烈支持还是勉强顺从七月王朝者，本应该把《民主》作为七月革命的理论根据来欢迎，但是《民主》如此复杂，以至于他们都能找到值得商榷之处。基佐及其僵化的空论派不喜欢这种断言，即未来在于民主，而不是资产阶级的霸权。[23] 顽固的奥尔良派大臣的萨尔旺迪(Salvandy)，否认美国是真正的民主国家——托克维尔被欺骗了，那实在是多数的独裁，它跟任何其他独裁一样糟糕，而且违反自然规律，应该由头脑统治，而不是身体（萨尔旺迪不相信广泛的选举权，更别提普选了）。意大利自由派领袖佩莱格里诺·罗西(Pellegrino Rossi)，也是一位杰出的经济学家，他评论了《民主》，预测平等将会是短暂的：随着时间推进，美国将富者更富、贫者更贫；"对我们而言，托克维尔先生有些夸大了继承法的作用。"莱昂·福谢坚决地否认多数暴政的危险。《两个世界评论》(Revue des deux mondes)的弗朗西斯克·德·科尔塞勒(Francisque de Corcelle)亦是如此，尽管他的评论是在托克维尔眼皮底下写就的；而且他反对托克维尔对未来的担忧，指责他危言耸听且自我矛盾。[24]

即便19世纪30年代的评论家，不过是随心所欲地从所评论的书中借用概念和信息，但显然他们保持了思想独立。但更为引人瞩目的是，将近两个世纪之后，不管他们对托克维尔主旨的回应多么参差不齐，但是他们对这位先驱的反应却是全体一致的："这是经得起分析的著作之一。它由若干章节组成，这些章本身就是一本本书。我们称托克维尔先生为美国的布莱克斯通(Blackstone)；那不是我们所想的全部；我们的笔即将写下一个更伟大的名字"（萨尔旺迪）；"年轻人的想象力与成熟者的耐心观察"（罗西［Rossi］）；"他的思想是公正而崇高的，他的著作能恰如其分地视为值得信赖的历史文献；这既非辩护也非讽刺"（《良知报》[Le Bon Sens]，一份共和主义报纸）；"所有意欲理解这本书的人，或者被要求对时代施加影响的人，都一定要熟悉这本书，包括它的事实和推测。"（约翰·斯图亚特·密尔）一个美国人写道，"外国人所写的书中，绝对没有如此接近我们政治组织的准确轮廓的。"——除了《民主》。《国民报》（曾经是梯也尔的阵地，现在倾向于共和主义）认为，"这本美国民主著作展现出的才华，及其写作上的非凡优点，使其作者跻身［我们］最优秀的人士之间，让他无可争辩地受到尊敬和同胞们的感谢。"《法国回声》（L'Écho Français）清楚地解释这句话的意涵："这样的书将为议会讲坛开辟道路。"[25]

　　因为在那个遥远的年代，一本政治思想的杰作被认为是进入下议院最好的资格。唯一要做的就是确保它的名声广泛地传播开来，多亏外省报纸全文复印了巴黎的期刊杂志，使得扬名之事水到渠成。托克维尔曾期待过这种结果，尤其是在诺曼底和科唐坦，那里是他最有可能的议会前景。他对地方的兴趣正在变得浓厚；或许通过家庭影响力，他已经（1834 年 11 月）被选举为瑟堡学术协会（Académie de Cherbourg）的成员。发布该事件的一份诺曼报纸，认为《民主》是一部杰作，也好意地提及《监狱制度》，这肯定是令人满意的。[26] 不久，托克维尔着手为瑟堡的学术期刊写作关于贫困的论文；这将给他机会整理对英国《济贫法》及其影响的思考。

　　冬天在一大堆活动中度过。博蒙完成了《玛丽》，戈瑟兰将其出版。这是托克维尔人生中的大事件，因为他和博蒙一直坚持认为，他们的著作是互补的。事实上，相对于《民主》的正面，《玛丽》读起来像是它的负面：它并非一部政治或社会解析的著作，但是它充满了托克维尔忽视的细节和生活场景；事实上，读者很可能会遗憾，这两位好友放弃了原本要联合写作的计划：合作的话，他们也许得以写出一部真正全面的关于美国的著作。这已经不可能了：正如我们所见，他俩不同的兴趣将他们分开，而且或许是时候各自面对独立写作的挑战了。博蒙有更多要学习的东西。他将其关于种族和奴隶制的研究写成小说，但又没有遵照小说

＊　大概是孟德斯鸠。

的形式，因而犯下了严重的错误，这是小说的黄金时代：他本可能读过司汤达和巴尔扎克；我们知道他读过司各特和费尼莫尔·库珀。然而，在其为《玛丽》所写的前言中，他以小说的形式来写作一个严肃的话题而道歉：他说，自己只能这么做，因为他既想吸引消遣的读者，也想吸引严肃的读者。[27] 这种对公众的侮辱似乎还不够，他还公开承认自己不是一个小说家，并在接下来的文章中很好地证明了这点。尽管《玛丽》有很多明显的失败（纳索·西尼尔称赞它，但认为它对于冷静的英国品位而言，过于多愁善感了），[28] 还是很值得一读。写一部谴责美国奴隶制的宣传小说，真是个好主意，15 年后《汤姆叔叔的小屋》（*Uncle Tom's Cabin*）将会成功地表明这点，博蒙的这本著作中满是生动的信息——如同《监狱制度》一般，将近一半由附录和注释组成。对那些了解托克维尔和博蒙的美国书信和笔记的人而言，更不用说了解《民主》之人，《玛丽》显得像一位老朋友，充满了令人愉快的熟悉材料和很多新思想。《玛丽》明显跟托克维尔的关注之事有重叠之处，而博蒙用以定义并断言美国之平等现状的长注释，本可用以回应一些 20世纪的托克维尔评论家，比如爱德华·佩森（Edward Pessen），虽然事实上他主要想着的是同时代的英国作家，尤其是托马斯·汉密尔顿（Thomas Hamilton）——其《美国人民与风俗》（*Men and Manners in America*）已在 1833 年出版。[29] 在这点上，事实上整本书，都是博蒙与托克维尔之观点和观察具有高度一致性的补充证据，而关于美国妇女和美国社交性的那些小文章，如此明显地引用自博蒙的笔记，以至于丢失这些笔记似乎也无关紧要。[30] 最重要的是，如果把《玛丽》与托克维尔的《民主》和舍瓦利耶（Chevalier）的《美国书简集》（*Letters sur l'Amérique*）联系起来（这种联系在 1836 年以书的形式出现）——托克维尔对此有些惶恐不安（他厌恶任何竞争的暗示）。[31] 我们肯定同意，读过这三位法国作家的读者，会形成一幅比同时代的英国作家更加全面、公正和准确的关于杰克逊时代美国的图景，296 无论这些英国作家是单个还是集体，都几乎只是补充罢了。

《玛丽》一点都不像《民主》那样一炮而红，但是其优点保证它受到欢迎并被广泛阅读。博蒙和托克维尔各自都觉得完成了目标，而且也同样都觉得在辛苦努力之后要有个假期；因此在 4 月 21 日，大约是他们出发去美国的四年之后，他们又一起出发了——去英国。

从表面判断，休息的需要（托克维尔总是喜欢这种有活力的休息方式）充分解释了这场旅行，但其他因素也必须提及。托克维尔总是一个观察家，而且在

1833年，他肯定觉得只是为研究英国开了个好头；而且因为一些不完全明了的原因，在离开巴黎之前，他跟博蒙决定将调查扩展到爱尔兰。托克维尔并未打算写英国；当戈瑟兰在托克维尔不知情的情况下，告诉《辩论报》（*Journal des débats*）托克维尔要这么做时，他感到很生气。他不想滥用自己突如其来的声名，或者因为发表一些肤浅之作而危及声名；莫莱伯爵对托克维尔之事表现出一种亲戚的友好兴趣，正如托克维尔对他所言，英国比美国要难懂得多；[32] 但是他肯定希望，英国之旅能够帮助自己策划《民主》的第二部，它已然活跃在他的脑海中，而且他曾在第一部中模糊地允诺会出版第二部。[33] 他打算巩固自己的地位，但并不着急。事实上，博蒙很快开始打算写一本关于爱尔兰的书，但不知道是否在前往这个国家之前就有此想法。虽然是托克维尔先出的主意，但博蒙肯定想过要去英国，主要是因为他从未去过。

托克维尔发现，在出发之前，他需要另一个人的同意。玛丽·莫特利在这四年中承受了很多。她允许爱人离开自己而前往美国长期考察。当他写书的时候，她允许托克维尔推迟为他们的未来做出具体计划。现在，他又提出要离开她几个月（结果，超过四个月）。她似乎坚决反对（其证据杂乱无章，但并不含糊）。托克维尔可以走，但他回来时一定要娶她。在他外出期间，她将会接受天主教信仰的教导，放弃新教，加入天主教。

在他内心深处，托克维尔本可能已乐于令自己最终受缚，无论如何，他已经用完了借口：8月份，他就将30岁了，并能合法地自由选择婚姻。但是我们推断，在让步之前，他有焦虑的感觉，而且他在一种忧郁的情绪中前往英国。他一直享受着单身汉的自由，而且他可能不喜欢违逆自己的父母（他的某些忧郁，可能是与父母吵架引起的）。然而，他没的选择：他爱玛丽，而到现在为止，他完全依赖于玛丽对他的爱。他必然知道，这对他俩而言都是正确的决定。[34]

显然，当托克维尔前往伦敦时状态并不好；而那里的天气也没让他感到任何好转。他说道，即便在中午，街道都像极了煤矿的隧道，由一盏孤灯照亮着。伦敦依旧那么费钱——他跟博蒙不得不在摄政街（Regent Street）四处找寻住得起的酒店；而英国的阶级制度立刻令人不悦地闯入。当他联络旧相识并递交其介绍信时，他获得了跟之前一样的接待："接待厅之人傲慢无礼……客厅之人盛情款待，而当我返回接待厅时，那些人就卑躬屈膝。"这些经历以及伦敦烟雾让他进行思考（"没有什么比雾更有利于哲学"）。在跟每个阶级都有所接触后，他对其中的任何

297

一个都不完全喜欢。富人有一种高傲的语气和非凡的举止吸引着他，但是他们的生活方式——"奢靡、浮夸、巨富、矫揉造作"——令他感到相当厌倦。中产阶级的生活简单得多，更加直截了当，但是如此粗俗，使他难以忍受与他们频繁见面。情况既然如此，他算是幸运的，因为如雨点般到来的邀请函，全都来自最显赫的家族，辉格派显贵的精英——不只是拉德诺勋爵，还有霍兰（Holland）、兰斯当（Lansdowne）、布鲁厄姆（Brougham）等勋爵。他们都极度友好，但他说道，如果能出太阳的话，阳光将会比他晚间所参加的盛大沙龙的所有烛光，更让他感到高兴。[35]

　　然而，幸好他也有中产阶级的朋友，五月初他重病之时，正是他们救了他。亨利·里夫（Henry Reeve）（1813—1895）是一个有前途且有进取心的年轻人，似乎在攻读律师资格，但也开启了记者生涯。3月时，他曾在巴黎结识托克维尔；现在他将病人带到了汉普斯特德（Hampstead），里夫及其母亲住在那里，在那里照顾了托克维尔两周，直到康复。

　　很难知道托克维尔的健康状况，或者更准确说是他的病情。正如我们所见，陌生人第一次见他的时候认为他体弱多病，在某种程度上，他确实如此；但是症结何在？他的美国之旅说明他并不是一个虚弱之人，而是一个充满精力并热情生活之人，有着明显的户外活动爱好——游泳、步行、打猎。他在田纳西生病是外部条件所致，虽然必须指出的是，强壮的博蒙毫不受影响。至少有一件事是肯定的：托克维尔终生受折磨于勒叙厄尔神父过去所说的胃病。[36]疼痛是不定期的——他可以几个月都相安无事——但是，当它们真的发作时，是痛苦难忍的。托克维尔自己认为它们是由奢华的生活和过度的刺激所引起，如果真是那样的话，将会有助于解释他在伦敦病倒的原因；但是我们不知道他在那种情况下的症状。里夫带来的医生禁止他参加任何锻炼，但赞同呼吸一下新鲜空气；医生把书借给病人在户外阅读，以缓解这种疗法的痛苦。[37]尽管这种"大烟雾"的可怕气候本可能让任何人生病，但他的肺没有任何不适的征兆。

　　托克维尔拒绝博蒙浪费时间和金钱来看护自己；他让博蒙还住在摄政街，只允许他每两天来汉普斯特德共进晚餐。在这种情况下，与里夫的对话是极大的安慰。虽然这个年轻人是个非常保守的辉格派，但他非常敬佩《民主》，并决定翻译它。他整个夏天都在做这个工作，毫无疑问在作者患病期间，从其建议中获益良多。当托克维尔康复后，他们就成为了挚友。[38]

那时，托克维尔在英国住了将近一个月。无论是否生病，他都好好利用时间。刚开始，他正在进入的宏大社会，在某种程度上限制了他的机会。结果，他逐渐开始全神贯注于阶级与阶级关系："在英国，我观察到人们给予财富的尊重，真是令人惊恐。"他跟博蒙不想装大款，但因为他们是外国人，就情有可原——有个想法比较有趣：这两个人虽然出身世家，但没有仆人、没有车马，可竟然能写出有价值的书。当他们从富人圈里挣脱出来，跟一个城市商人家庭吃饭时，这种势利眼仍然很糟糕：

> 我们的东道主是英镑的伙伴，对钱充满了感情，但我不会向你隐瞒，他们像极了美国人。我们本来是要告诉他们这点，只可惜在整个晚餐时间，他们除了取笑美国人外，什么都没做，他们认为美国人没有礼貌。与此同时，我们的东道主也是极端的托利党，煞费苦心地让我们相信，他们跟贵族没有亲密关系。

在18个月前，他就注意到了同样的事情："他们抱怨大显贵拒人千里的冷漠，可他们所认识的那些大显贵们的唯一想法，就是为自己的目的而利用他们，那事情怎么可能不这样呢？"[39] 托克维尔开始怀疑自己原先的结论，即英国不会爆发革命：所有那些浮夸的财富，虽然产生了那么多奴性，但是否也肯定在引发怨恨？农民是否必然会觊觎乡绅和贵族所垄断的土地？一位贵族妇女评论说，她一辈子被人们以革命相威胁，但革命从未发生过，当时托克维尔也在场，他非常生气（"关于死亡，可能也说过同样的话，"有人回击道）。托克维尔将此评论视为辉格派的典型与局限，弃之如敝履。他们拿英国宪政作赌注已有一个半世纪了，而且并未意识到游戏已经结束：

> 对我而言，大多数英国人很难掌握总体的、未定的思想。他们对当代的事情有良好判断，但是不理解大势所趋和长期结果。对我而言，辉格派比大多数人更多地展现出这种特点。他们比任何其他人都需要幻想……

或许正是这种经历，让托克维尔决定下一部书还是写美国。博蒙可以随其所愿是否写英国。[40]

300　　虽然如此，托克维尔仍然十分关注英国贵族的命运问题。在写给莫莱伯爵的一封值得注意的信中，他总结了自己此刻的观点，他挣扎于英国无法遵照《民主》中所宣称的民主转型方式；[41] 他倾向于阶级战争将会带来地位平等的预测，就像在法国和美国一样；但是他已经不得不考虑英国工业化后的经济条件，但他无奈地预测道，这种区别将会产生相同的结果。[42] 不管要素是什么，阶级战争就是阶级战争。但托克维尔已经不得不放弃自己最为珍视的信念之一，即对土地财产的渴望乃是民主革命时代的基本动力。

　　这一点，他必须感谢纳索·西尼尔。这位经济学家在关于《民主》的信件中已经涉及这个问题："在英国，我不认为穷人的财富都牺牲给了富人……[英国劳动者] 没有地产，因为相比于种田，替另一个人打工赚得更多。"托克维尔积极地为自己的观点辩护，但是西尼尔并没有让步。[43] 他们在 5 月 24 日重新讨论，就像他们之前没有谈过那样。有一位著名的见证者：年轻的加富尔（Cavour）：

　　　　我看到西尼尔先生跟托克维尔先生和博蒙先生在花园里散步，讨论着"财富分配"的重大问题。一件离奇的事是，激进派的英国人支持大所有制，而正统派的法国人却支持小所有制。西尼尔先生认为，小所有者既无保障又不安逸，让他受雇于大所有者要好得多，而且不需要担心运气差或收成差。托克维尔先生从道德和物质层面极好地驳斥了西尼尔先生的观点。

　　　　托克维尔准确地观察到，目前有两种相反且在某种程度上不相兼容的运动正在起作用：一种是政治层面的民主运动，一种是社会层面的贵族运动，也就是说，一方面，在数量不断增加的个人中，重新分配一种普遍且平等的政治权利，另一方面，财富相应比例地日趋集中到少数人手中。这种反常之事如果长期持续，必定会给国家带来严重危险。让政治和社会力量和谐相处很有必要。这是确保稳定的唯一手段。[44]

301　　但事情不会发生。无论托克维尔承认与否（而给莫莱的信显示出他的心虚），英国经济、社会和政治的基本条件正在改变。无论法国的情况如何，英国的农业土地所有权不再是权力、财富和生存的唯一秘钥，理论必须结合事实。

　　事情的背景是托克维尔的《论贫困》（*Mémoire sur le paupérisme*），这本书在他离开法国前刚好完成，并且将由瑟堡学术委员会在当年秋季出版。[45] 最近有一些学者非常重视它，[46] 但是我认为它是托克维尔最差的成果之一。这当然要归咎于他写作的匆忙。大概是他自己选择了这个主题（他已经为《监狱制度》写了一份带有强烈马尔萨斯（Malthusian）色彩的关于"美国贫困"的附录）[47]，但是当他开始写作时，他很快发现，自己跟拉德诺勋爵一起对索尔兹伯里法庭的访问，以及对奥尔本·德·维尔纽夫－巴尔热蒙（Alban de Villeneuve-Bargemont）*作品的阅读，不足以提升自己的研究。因此他向纳索·西尼尔求助，后者把自己 1833 年所写的关于《济贫法》的报告、1834 年的《济贫法修正案》(the Poor Law Amendment Act) 和其他一些相关的出版物寄给他。[48] 但即便是托克维尔也无法在三周内消化这么多材料，随之而生的《论贫困》以方法论的成功掩盖了事实的缺乏。它有三个主要错误。首先，如同他关于监狱的作品，它非常明显地体现出托克维尔在知识和道德同情上的局限。无论多么徒劳无益，他采访了美国的罪犯；但没有证据表明他跟一个穷人有过对话。对他而言，失业仅仅证明了"人，像所有复杂的生物，在本质上是非常懒散的。"[49] 其次，他在所有关于贫困之原因与结果的说法中找到了错误，但没有任何更好的意见。最后，也是对我们目前关注之事最重要的，他对英国济贫史只有最粗浅的知识，而且不理解西尼尔及其同事爱德温·查德威克为其国家设计的《新济贫法》（New Poor Law）。因此，他既不可能接受这套新制度，也不可能对它做出当之无愧的严肃批评。

302

在一到两年中，即便对托克维尔而言，以上某些不足之处也变得很明显：他尝试为瑟堡写第二篇关于贫困的论文，但因为觉得不值得而放弃了。[50] 但是他从未放弃自己的基本态度。他跟其他所有人都看到，传统方式的个人慈善不能应对人口过剩和失业或不充分就业的永久性现代问题；他不相信已提出的任何新方法，不管是《济贫法》（西尼尔）还是工人储蓄银行（维伦纽夫－巴尔日蒙），除非只是作为权宜之计；他的内心沉湎于这种幻想，即创造一个广泛平等的农民—业主社会，有经济保障，由他这类有学识的名人领导这个社会。

这种幻想非常不适合用以回应正在都市化、工业化之世界的问题，但是必须承认，这种想象中的社会跟从大革命中出现的法国农村极其相似——有时称为"深层法兰西"（*La France profonde*），对其保护乃是 20、21 世纪（到目前为止）

---

* Alban de Villeneuve-Bargemont, *Économie politique chrétienne, ou recherché sur la nature et les causes du paupérisme en France et en Europe, et sur les moyens de le soulager et de le prévenir* (Paris, 1834). 维尔纽夫－巴尔热蒙 (Villeneuve-Bargemont, 1784—1850) 是一位正统派慈善家，他在复辟王朝期间担任省长，就像埃尔韦那样。

法国政府政策的首要原则。几乎可以这么讲，托克维尔很早就预见到"共同农业政策"（Common Agricultural Policy）。

但是，托克维尔除了受限于国家经验外，还有其他麻烦事。当托克维尔在1835年访问英国时，他正在认真思考自己的未来。他即将到来的婚姻，最终将迫使父母让他分爨而居，虽然他可能猜想不到母亲即将逝世，而且肯定不知道自己会分得哪块地产（如果他能分到的话），但是他正在重新考虑对"土豆生活"的鄙视态度。他现在已习惯了到哥哥的城堡里，长期而愉快地做客，尤其是爱德华在贡比涅附近的博吉（Baugy）城堡，爱德华对农业经济学持有坚定的基督教观点，这本质上跟托克维尔本人一样，而且可以推定他们互有影响。[51] 拥有一座能跟玛丽共享的乡居宅邸，或许会增加幸福感。这是托克维尔所处时代与等级的方式。管理适当的话，它能确保他的政治生涯有一个坚实的基础。而作为一个民主农村的领袖，他能够维护《论美国的民主》的信条——好处不小。难怪他紧紧抓住这种信念，即英国只是他说宣称的现代发展普遍规律的一个例外——一个有朝一日会回归正轨的例外，即使这意味着另一场血腥革命。

这是他跟西尼尔对话几天后，初识约翰·斯图亚特·密尔时的观点。假如说密尔尚未成名的话，那也正要脱颖而出。4月时，密尔怀着异常激动的心情初次接触《民主》，并给自己在巴黎的代理人写信："你能告诉我关于托克维尔的一切事情吗？他的生平如何？他在法国有着怎样的评价？"他正在开办《伦敦评论》（*London Review*），5月19日，他决定在秋季的第三期杂志上简评《民主》，如我们所见，他确实这么做了。[52] 他似乎仍然不知道托克维尔就在伦敦，但很快就得知了：5月26日，他们共同的朋友引荐彼此。那是两位天赋异禀又截然不同的思想家的会面。密尔无与伦比地条理清晰、逻辑严谨又博学多闻；或许他最重要的品质乃是他那无可挑剔的正直诚实；此外，他有着热心的公共精神。托克维尔在思想上要杂乱得多，但是他有着密尔所缺乏的想象天赋，密尔承认自己的不足，并深深地尊重这种天赋。他们相处得极好，但由托克维尔主导。或许因为西尼尔最终让他看到了《济贫法修订案》的意义，它从乡绅手中取走了对济贫院的控制权，把它交给了指定的伦敦官员，托克维尔已经构思出一个想法，即中央集权制将取代那种完全的，甚至混乱的英国传统地方政府。这是他的幸运猜测之一，像往常一样，他轻率地接受了这种想法。密尔为这种趋势辩护。他说道，英国的地方分权，就像其创造者的英式思维一样，乃是无体系的，他希望新形式的地方政府能完全独立于中央政府。但是托克维尔认为"英式思维"事实上就是贵族思维，并且反问密尔，中央集权难道不是民主这项伟大事业的自然结果吗？密尔说需要时间来斟酌。[53]

对话非常成功，5月29日对话继续展开，下议院议员约翰·罗巴克（John Roebuck）也参与进来。这些英国激进主义者让托克维尔印象非常深刻。跟法国的激进派不同，他们不是革命者，他们尊重法律、财产和宗教（他们之中有很多充满激情的宗教主义者），是受过或多或少教育的绅士，然而法国的激进派贫穷、粗俗、鲁莽，几乎不懂政治科学。[54]这是对旧有偏见的一种新支持。但是他对密尔的喜爱不止于这种考虑。当密尔催促他成为《伦敦评论》的撰稿人时，托克维尔非常高兴，基本上是自愿的，但是托克维尔认为新朋友夸大了自己的优点：

> 我在天性上热爱自由，出于本能和理性而热爱平等。所有人都假装具有这两种激情，但是我认为自己确实拥有，而且我已经做好为其牺牲的准备。这是我所承认的唯一优点。它们合在一起，与其说是拥有任何不同寻常的品质，不如说是避免了某种恶习。

他想要尽可能多地跟密尔见面，并催促他在6月14日共进晚餐，之后托克维尔要回法国两到三天（去参加玛丽加入天主教会的仪式，尽管他没有说明这点）。"在坐上我的马车前，我很想安排两到三个小时跟您在一起。"不久之后，他顺理成章地同意为密尔的杂志写点东西（就是已经提及的关于前革命时代法国的论文）。[55]*

显然，托克维尔出现在布洛涅（Boulogne）出人意料，玛丽在那里参加入天主教的仪式，但这种一时冲动前去的结果却是快乐的。春日的乌云消散：玛丽重新意识到托克维尔是爱着她的，她重新变得幸福而平静。托克维尔也变得平静而快乐；他返回伦敦，决定享受这最后几天。天气好了，而且他一如既往地着迷于奇异的英国景色。先前，他告诉安瑟洛夫人，在一个时尚派对上偶然遇到了拜伦（Byron）的女儿埃达（Ada）；现在，他描述了布鲁厄姆勋爵为其200个好友所举办的宴会：

---

* 见前文，第4页。

夫人，不要认为参加这种宴会的人是为了食物而去。吃饭只是借口；演讲才是这种重大活动的真实意图。在简单的宴饮之后，是一片特别的寂静，一个传令官之类的人站在凳子上，高声要求客人们举起他们的酒杯，随后主人站起来，提议为某人或某事的兴旺干杯，这只是发表关于某人之演说的一个借口；是提起上议院、下议院、地方行政官、军队、报刊、公共学校，简而言之一切东西的借口，这些东西在五分钟前还毫无疑问；那位演讲者结束时，客人们都站起来，默默地干杯，然后把杯子在鼻子下挥动九次，每次都气氛严肃地大喊，他们用尽全身力气呼喊，**好哇**！那是宗教狂热的第一幕表演。随后他们进行第二幕，敲打着桌子；这个动作持续或长或短，取决于宴饮者的热情或劳累。同一种仪式要经历 15 到 20 遍，总是有着同样的沉默，同样的严肃和同样的冷静庄重，这事关国家大事……所有这些，亲爱的夫人，发生在世界上最文明和最聪明的民族身上，距离巴黎只有一百里格。[56]

他继续交朋友：有一位女士，哈丽雅特·格罗特（Harriet Grote），她是历史学家和激进派下院议员乔治·格罗特（George Grote）的活泼妻子，认为他是"一个最有魅力的人。才识渊博，虚怀若谷——举止优雅，面容英俊。在谈话中，他显示出一种坦诚、公正的精神……"[57] 就是因为这种声名，使得他受邀参加国会委员会关于选举腐败的听证，6 月 22 日，他确实出席了。那天，委员会主要关注的是无记名投票，这是一个最受欢迎的激进提议；托克维尔的任务就是解释它是如何在法国运行的，他完成得相当精准而睿智（有趣的是，他承认自己在美国时，并未对无记名投票给予特别关注，事实上，他在美国对选举都没有足够关注）。[58]

这是他访问的高潮，也许因为这个缘故，他在伦敦逗留；无论如何，他跟博蒙两天后启程去爱尔兰。他们去往第一站考文垂（Coventry）的时候，一如既往地栽倒在四轮马车上："我们在驿车的车顶待了 10 个小时，经受了狂风暴雨，这足以让我们在这个世界上最文明国家的中部为美国的荒原感到抱歉。我们不时地怒视着坐在马车里的贵族，但我们没有发动一场革命。"[59] 在接下来的十天，他们在英国中部地区（Midlands）和兰开夏郡（Lancashire）缓慢前行。

它是一场意外发现。这是一个他们从未见过的英国，而且几乎未曾料想到。伯明翰的人民跟伦敦的一样热情好客，但是在其他所有方面都截然不同。他们没有任何形式的休闲："他们辛勤工作，如同今晚就会变富，明天就会死去。"他们很聪明，却是一种美国式的聪明。城镇是一个巨大的贫民窟，跟巴黎近郊的圣安托万（Saint-Antoine）一样。蒸汽与铁锤的噪音从不停息。"虽然每一刻都在产出真金白银，但所有东西都是黝黑的、肮脏的、暗淡的。"[60]6 月 20 日，他们到达曼彻斯特（Manchester），托克维尔认为它是一个更加没有吸引力的工业之都：

> 在伯明翰，几乎每幢房子都仅住着一家人；在曼彻斯特，有一部分人住在潮湿的地下室里，炎热、恶臭、不健康：13 或 15 个人住一屋。在伯明翰这种情况很罕见。在曼彻斯特，有死水潭和铺设糟糕或根本不铺的街道。很少有公共厕所。这种情况在伯明翰几乎不为人知。在曼彻斯特，有一些大资本家，几千个穷工人，几乎没有中产阶级……工人们被一千、两千、三千地聚集到工厂里。在伯明翰，工人们在家或者跟业主一起在小工作坊工作。在曼彻斯特，他们首先招收妇女和儿童。在伯明翰，主要是男工，少有女工。

托克维尔对曼彻斯特感到震惊，他在笔记本上用了好几页来描述"这个新地狱"，这已然恶名昭彰。他将工人的悲惨住处跟他们受迫苦干的鲜亮工地进行了深入对比；将工业城市曼彻斯特，跟更优雅的城市如巴黎作比较（"你根本听不到载着富人们回家或者去消遣的马车的声响"）。正是在这受污染的下水道之中，人类工业之巨河得以兴起并滋润着世界……正是在这里，人类的智慧得以完善，但又变得糊涂，文明产生了奇迹，而文明之人几乎回到野蛮。"[61]7 月 4 日或 5 日，他们到达利物浦，沮丧之情仅仅稍减："一个不错的城市。其贫困情况跟曼彻斯特一样严重，但是被掩藏起来了。五万穷人居住在地下室里。"[62]

托克维尔对黑乡和棉城的看法，跟 19 世纪的所有仁慈之人一样。值得赞扬的 307 是，他感到必须把这种厌恶的印象记载下来。但值得注意的是，他并未让它们转移自己的调查进程。中央集权和地方政府是他想要理解的，也是他主要所问和所写的。他发现很难摆脱第一印象或者放下当务之急，这是他思想的特质。尽管人类的整个未来都处在工业革命之中，但其景象丝毫没有转变他的想法。

（如果他曾见过弗里德里希·恩格斯［Friedrich Engels］的话，本会发生什么？）

在爱尔兰，对于他遇到的人类的下一个苦难之所，他并非那么无动于衷。作为一个复杂现象的英国让他感到困惑，但爱尔兰是另一码事。它是英国的西西里。它是乡村贫困的巨大展览，他断断续续地思考这个主题已有几年。当他们在伦敦的时候，他与博蒙就爱尔兰跟密尔和西尼尔展开过讨论——为了爱尔兰人的利益，西尼尔甚至亲自举行过一场跟约翰·雷文斯（John Revans）的论辩，后者是爱尔兰济贫法委员会的秘书。因此，他们并非那么未经指导，也非未经准备，但是他们没有带着教条来调查。然而，爱尔兰还是让他们感到惊诧，因为它是一个毁于其贵族之手的国家，似乎托克维尔（他本该更清楚地了解）只在西西里设想过这种可能性。

7月6日，他们从利物浦到达都柏林；托克维尔病了一到两天，但是他们很快就辛勤工作。7月11日，他们跟两位有学识的新教徒谈话，后者在分析爱尔兰农业的灾情时，评论道："在这里，贵族制有百害而无一利。"在同一天，他们参加了一场纪念陆军中尉马尔格雷夫勋爵（Lord-Lieutenant, Lord Mulgrave）的宴会。有人提议为"常驻贵族们"干杯，并在欢呼中酒醉。托克维尔指出，一个人只有在爱尔兰住上一段时间，才能理解这些（他在那里已经待了六天）。干杯是为了嘲笑在外的地主们。[63]

这是作为观察家的托克维尔能力变得成熟的好例子。现在他知道如何从每次经历中寻找意义，无论其意义多么轻微难寻。跟在美国的步骤不同，他现在倾听每一位倾诉者——我们看到有新教徒，也有天主教徒——在一个悲惨而分裂的国家，想要形成准确的观点，这是必不可少的。在其访问行将结束时，他不悦地评论道，理解爱尔兰要三个月，而不只是三个礼拜，[64] 而且他肯定没有见到所有事情——比如，他从未去阿尔斯特（Ulster）。但是他抓住了路上出现的每一个机会。他从来没有忽略这个事实，即这是一个危机中的社会，或许今日对托克维尔的最高评价是，虽然他不知道危机会在10年后的大饥荒中到达顶点，但是他提到了会导致那场灾难的大多数因素，对于那些想要理解它的人而言，他的日记仍然是开卷有益的。

爱尔兰是一个天主教国家，这是有所帮助的。与奥索里主教（Bishop of Ossory）的欢快晚宴让他想起了法国：对话是"热情的、肤浅的、琐碎的，经常带着笑话和俏皮话"——一点都不像一场英国宴会。从基尔肯尼（Kilkenny）到科克郡（Cork）的路上，托克维尔跟博蒙发现自己跟两个欢快的醉酒青年同坐一辆四轮马车，后者对每一个见到的路人大声开玩笑，而男人们、女人们也以类似方式笑着反驳，这也让他们想起了法国。[65] 但最有价值的是，作为法国人和天主教徒，他们受到了每一位主教和牧师的欢迎，而且对他们的问题知无不言，言无不尽（虽然任何爱尔兰人似乎都不太小心谨慎）。他们都感到在一起没有拘束。就这样，爱尔兰的所有不幸都展现给了托克维尔和博蒙，他们不禁注意到这幅图画是多么的连贯一致。奥索雷主教告诉他们：

> 去梅奥（Mayo）旅行的话，你将会看到成百上千的人处于饿死的边缘，并不夸张。斯莱戈侯爵（Marquis of Sligo）在梅奥所在郡有 7 万亩土地，他在英国吃喝这些土地的岁入。然而，法律没有强迫他给其同胞们任何过剩的部分。为什么在梅奥有那么多行将饿死之人？因为地主们认为，将所有土地变成牧场符合自己的利益，如果这样做能够多赚一点点钱，他们也会嘲笑任何其他考虑。[66]

最终，托克维尔将自己的笔记整理成一篇令人印象深刻的游记，描述了他跟一个乡村牧师在其所在教区度过的一天。这是其经历的小说化叙述，就像博蒙的《玛丽》，但写得更好；它隐约使人回忆起 1827 年西西里岛人和那不勒斯人的对话：

> 我说道，我能够想象，一个生活在敌对人群中的新教贵族，可能并不准备减轻公共危机，但是在爱尔兰，你们拥有一定数量的天主教大地主。他们没有树立更好的榜样吗？
>
> 完全没有，牧师回答道。天主教和新教用几乎相同的方式压迫人民。从一个天主教徒变成大地主那刻起，他就对人民之所需，带有一种贵族所常有的自私的轻蔑，而且跟其他人一样，他贪婪地抓住每个以穷人为代价而使自己更富裕的机会。[67]

托克维尔试图以同样的方式描绘一位新教牧师的生活，但是始终都只是做一些笔记，没有更进一步。它注定又是一篇《荒野两周》。

然而，已经出版的 77 页爱尔兰日记信息如此丰富——关于不在地主、乡村暴力、学校、不同宗教的敌意、贫困、饥饿等等——使得乍一看令人惊奇，托克维尔竟从未利用过它们。其原因是，如果必须要有一本关于爱尔兰的书，那么博蒙就是胜任这项工作之人。托克维尔仍然对自己接下来的学术冒险犹豫不决，而且还有很多关于美国的话要说。他一如既往地决定不跟朋友竞争。博蒙想起在基尔肯尼的一个晚上，他们有一场很长的对话，比较了英国和爱尔兰的贵族制，随后各自写了一份备忘录。博蒙的那份后来融入自己的作品中；托克维尔那份（名为《贵族制如何既能形成最好的政府之一又能形成最糟的政府之一》（"How Aristocracy can form both one of the Best and one of the Worst of all Governments"））直到他逝世尚未出版，同样的原因也让《荒野两周》未能出版。[68] 对世人而言，没有出版相比可能出版损失更小：托克维尔和博蒙对爱尔兰的观点，如同往常那般完全一样（虽然博蒙因 1837 年的再次访问而丰富了自己的观点），而博蒙的书，无论是风格还是论辩，有些地方读起来都像极了托克维尔。[69]

托克维尔对爱尔兰沉默寡言的第二个原因，是他无法完全将注意力集中到这个主题上。虽然很多材料被毁或者丢失了（尤其是玛丽·莫特利的信件），但显然这段真爱的路程仍然未一帆风顺。从保存下来的信件中，可以清楚地看到托克维尔定期写信给自己的未婚妻，用其旅行的详细记录来取悦她。但至少有一次，他不得不怀着非比寻常的紧张之情写信给她，当时发生了一些事情，让她需要寻求安慰（正如他们共度余生时，她反复做的那样）：

310

> 我最多只能将生活分为两部分：一方面，行动、魅力、名声——外部世界；另一方面，心灵的甜蜜感情，分享所有意见，坚信所有想法——在那里，我只见到你，我除了你谁也看不到。在生活的所有迷人之处，你是我眼中的唯一。唯有你将会成为那幅画面的永恒。玛丽，我再次重申自己以前所说的：我们终生都与彼此紧密相联，至死不渝。[70]

我们不知道是什么让她不悦，但是也许可以猜到。当托克维尔到达都柏林时，给他的信件中有一封是来自凯尔戈莱的，现在也已经遗失了；在他的回信中，托克维尔叙述了布伦之行的成功，但是一语成谶地补充道，"当我到达巴黎的时候，如果你不在，请至少让我找到一封你的信，把我离家后你所了解的我家人和玛丽的情况详细地写上。"托克维尔所担忧的麻烦来自一位新人：另一封给他的信来自爱德华和亚历山德里娜，好几天来，托克维尔都不能强迫自己好好读它。信中满是焦虑的感情，但它以各种理由告诫他不要跟玛丽结婚，其中最主要的似乎是，写信者担心这场婚姻会毁了他们的兄弟之情。亚历克西尽力让自己消除这个想法；他说道，他宁可相信玛丽会让他们结合得更加紧密；但是他补充道，"我还未做出任何决定。"要是玛丽注意到这条言论，她肯定很难高兴得起来；然而，很难相信它是真诚或真实的。[71]

或许凯尔戈莱的信件暗示了，玛丽和托克维尔家族应该在亚历克西不在期间互相认识，但如果是这样的话，没有证据表明他们曾这样做：托克维尔从爱尔兰写给父母的现存信件，完全没有提及玛丽。此外，很明显他一度更加焦虑和忧郁，在参加了那年在都柏林举行的英国科学进步协会（British Association for the Advancement of Science）的年会之后，他与博蒙（前往苏格兰）告别，在 8 月 15 日前往法国。无论是当时还是后来，他都没有心情将自己的爱尔兰研究整理成文。

他缓慢地旅行，部分是因为自己身体不适，部分毫无疑问是因为在巴黎翘首以待之事。托克维尔言辞犀利，但是他并不喜欢争吵，而且他的性子很急。他很担心去瑟堡的路上会晕船，又担心胃病再犯，因此他跟伊波利特在纳克维尔住了两个晚上。他的嫂子埃米莉在一定程度上让他高兴起来，后者答应不论他对玛丽做出何种决定，都会支持他。当他回到巴黎市，他发现表姐玛丽·德·麦克马洪（Marie de Macmahon）——路易·德·罗桑博的女儿，行将死于一种听起来像肺结核的病。但手头还有使他更加全神贯注之事。[72]

我们看到他在巴黎和博吉；随后在 10 月 14 日，他写信给表兄卡米耶·德·奥尔格朗代，宣布自己即将到来的婚礼。这是一封古怪的信，仅仅在婚姻缔结前九天才写：这表明托克维尔仍然害怕家庭纷争，并渴望减小这种可能性。更加奇怪的是，他谈及新娘时所说的直白谎言：他说自己经由一个他在英国认识的家庭而遇到她（换言之，从 1832 年起），她是一个天主教徒（确实是，但有误导性），她来自一个体面的家庭，跟他年龄相仿。他以此假装自己并未缔结一场门不当户不对的婚姻；但这有什么意义呢？如果奥尔格朗代现在还不知道的话，但肯定不久就会发现真相，除非整个托克维尔家族都联合起来圆谎。但是所有这些事情都比不上公布的事实。10 月 23 日，婚约在玛丽位于贝勒·沙斯街（rue de Belle Chasse）的公寓签订。三天后，宗教婚礼仪式在圣托马斯·阿奎那教堂（St Thomas d'Aquin）举行。每个人都在场：整个托克维尔家族，贝拉姆夫人，博蒙和凯尔戈莱。万事俱备，无论见证人的私人想法是什么，也无论事先有什么争端。亚历克西和玛丽在顺风中开启了新生活。[73]

第十四章　步入政坛（1835—1839）

> 我亲爱的朋友，不要以为我对精神生活有着不假思索或者毫无保留的热
> 爱。我一直重视行动高于一切。
>
> 托克维尔致凯尔戈莱，1837 年 10 月 4 日 [1]

刚开始的时候，他们打算住在巴黎近郊圣日耳曼的中心勃艮第大街（rue de Bourgogne）12 号，* 但是当家具都准备停当以后，他们去了爱德华和亚历山德里娜在博吉的家，在那里托克维尔对宾朋满座的热切希望似乎得以实现。这是他和蔼可亲的优点之一，即当他高兴的时候，他喜欢跟朋友们待在一起。他爱博吉以及那里的居民，1 月时，他催促博蒙过来会合："他们让我住在城堡主楼里……在那里，他们向我展示了亚历克西的房间，隔壁是古斯塔夫的房间。"现在，他再次邀请："带一把枪来……没有枪，我们可能不太方便。" [2] 还是单身汉的口吻，但是两周后，当他从巴黎的短促访问中回到博吉时（《监狱制度》的新版本正在准备中），他说自己发现那里有一张舒适温暖的床，并得到了最细心周到的接待。 [3] 凯尔戈莱

如同往常般自悲地给托克维尔写信，但是很高兴从埃尔韦伯爵和博蒙处听说，至关重要的婚后前几周过得很成功：他也希望（事实证明，徒劳无功）玛丽能忘记他的反对，因为现在他除了是一名战败且缴械的搏斗者外，什么都不是。托克维尔寄送了 400 份喜帖；祝贺的回信蜂拥而来，包括一封来自卡米耶·德·奥尔格朗代的和数封来自英国的。托克维尔用一份动人的声明向萨拉·奥斯汀（Sarah Austin）（亨利·里夫的姨妈，也是一位女作家）表示感谢："我多么希望将托克维尔夫人介绍给您。我希望能与她共享两件世上不易兼得之事——一种繁忙的精神生活和一种稳定平静的家庭生活。"他继续道，甚至更加坦诚相待："这就是我的

---

* 托克维尔从婚后到死前，不停地在巴黎搬家；当他不住在宾馆或不跟父亲一起住的时候，他总是住在装修好的租房里。或许有必要指出，1839 年，他从左岸搬到了右岸，而且只回去过一次。

梦想；而为了实现它，我大胆地为自己选择妻子。现在事情已经办妥，很多人认为我做得很明智。但是我不想彻底改变我们的风俗习惯；*通常来说，要经过许多年，婚姻才会变得仅仅是一桩交易［商业协议］。"尽管他为了达到自己的标准而付出了很多，但托克维尔成功了，而且按照自己一贯的信念行事。†他曾做过的事情中，没有比这更民主、更现代和更可敬的了。[4]

简言之，在博吉的蜜月是非常成功的，但是约三周以后，托克维尔开始为无事可做而感到焦虑不安。"我迫不及待地想要定居到自己家并回归到理想状态。"他扬言要经由男仆雅克之手，给那些拖拖拉拉的家具木工写一封"怒气冲冲"的信。[5]一件更严重的事很快让这种烦恼变得无关紧要。托克维尔伯爵夫人几个月来身体日渐衰落。刚开始，托克维尔可能还没意识到这点；无论如何，在他从爱尔兰写给她且留存下来的信件中，（一次）也没有提起过她的疾病。到了 12 月，她的健康状况已经非常明显：卡米尔·德·奥尔格朗代对她那"糟糕的健康"相当担忧，并补充道，埃尔韦伯爵曾认为她在托克维尔婚礼前几天稍好一些；奥尔格朗代底气不足地希望，这种好转能够持续。但是 1836 年 1 月 9 日，她大限将至。在一个月的折磨后，最后一天反而平静；托克维尔向格朗塞夫人（Mme de Grancey）描述了一切，但是相比于提到他舅舅罗桑博的感受，很少提他自己的："不要担心，因为他在那里。他一如既往，感知一切事情，顾及其他所有人，就好像他并未心事重重。其家族的命运已经如此悲惨，我亲爱的表姐！上帝打倒了这个家族！他的父母死于断头台；他三姐妹中的一个亦是如此，随后第二个少年早夭，如今第三个在受苦 20 年之后也要离世……"（而罗桑博刚刚失去他的女儿）托克维尔写信给他的旧同事路易·布希泰（Louis Bouchitté），感谢他的慰问信，并坚定了自己对来世的信念，但是没有谈及其母亲或个人之失落的私事。在写给约翰·密尔的信中，他也几乎一样，密尔的父亲正在垂死之中："我刚刚经历了失去母亲的不幸，我完全能明白这种悲伤的所有苦痛。"但是他没有具体再谈。[6]

进一步讨论托克维尔与其母亲的关系已经没有意义。看起来毫无疑问，他为她的痛苦感到哀恸，也为失去亲人而悲伤；那改变不了早年间形成的印象。在托克维尔写给欧仁·斯托菲尔的信件中，一段令人惊讶的文字清晰地证明我们

314

---

* 显然原文用的是 *Moeurs*（该信现存的只有 19 世纪的译本）。

† 见前文，第 9 页。

多么孤陋寡闻:"玛丽深深地为我母亲感到遗憾,我母亲总是对她很好。"路易斯·德·托克维尔是否最终没有反对她儿子对妻子的选择? [7]

与她的逝世相伴而来的,是对某些家庭财产的分配。亚历克西是主要受益人。人们可能很想看看原因和结果,但是从婚姻契约看,很明显这样一种财产转移,甚至在伯爵夫人死前还未确定。似乎希望亚历克西和玛丽占有图拉维尔的城堡和土地,那就在瑟堡城外;或许他母亲的逝世和葬礼确实耽搁了些事情。[8]尽管如此,4月时,托克维尔动身去视察那个地方。他没有带上玛丽,原因是"一个人不能带着妇女在这个季节出行"——至少在科唐坦不能,那里的路途还是很可怕,"羊肠小道,仅仅能容纳一匹马和他的行李"。图拉维尔,今日已漂亮地重建起来,并精心地维护——它是瑟堡的主要旅游景点之一——本期待会吸引他:它有一段浪漫而不幸的历史,1604 年,年轻的城堡主及其妹妹因乱伦被执行死刑,让这段历史达到高潮。但它几乎是废弃的,领地房屋租给了一个农民。它需要花费 100 万法郎来检修。因此,在长时间的协商后,亚历克西转而得到了其家族起源地的财产——托克维尔的城堡、土地和村庄;1837 年夏天,他开始把它变成自己的家。

他的选择并非完全没有代价。这座城堡是家族祖产的一部分,如果不到万不得已,托克维尔家的人不会想卖掉它来套现:因为一点,土地是最为安全的有效投资。这种态度是其"种姓"——托克维尔特立独行地喜欢用"caste"来称呼——的十足典型。正如弗朗索瓦·弗雷(François Furet)的解释,在托克维尔看来,一个种姓与其说是跟所有外生之人隔离开来的一个团体,倒不如说是因为被剥夺了所有政治权力,而更加强烈地决心保护其补偿特权的一批人。[9]波旁王朝倒台后,正统派贵族从政治机构和社会影响中销声匿迹,退回到他们的城堡,等待着更好的时机,虽然在 50 年中,他们希望至少农民们会一直追随前领主的领导,但这种机会再未出现。幻灭感姗姗来迟,而托克维尔在幻想完全破灭之前死去。并不是说他是波旁王朝的支持者;但他在科唐坦的那几年,尤其他在担任议员和代表期间,其通信一直表明,他正在扮演一个从中能获得深刻个人满足感的角色:即一种迷你王国似的乡村的仁慈领袖。正是对托克维尔领地的占有才使之成为可能,然而他总是拒绝随之而来的伯爵头衔,这是他忠于民主原则的另一个小证明(尽管有很多商人都坚持在他们的账单上写上伯爵先生或者子爵先生)。[10]

一旦安顿下来,托克维尔对自己的城堡产生出一种强烈的个人感情。这是一个仅次于其婚姻的承诺：安德烈·雅尔丹正确地认为，它"可能是他生命中最快乐的激情"。这个地方让他与家族、地方和国家的历史建立起认同感，他很喜欢这种感觉，而且它也很可能增进了他与父亲之间的联系。因为不论时间流转或者农业活动让这里发生何种改变，埃尔韦伯爵非常眷恋自己儿时的情景；当伊波利特觉得厌烦而摒弃此地时，他感到很伤心。埃尔韦伯爵似乎从未考虑要回到那里生活，但是他开始频繁地去亚历克西处做客。而且毫无疑问，他支持亚历克西和玛丽多年以来的重建工作（尤其是起初由玛丽做的那些）。这是一种家族特质：在维尔纳伊的那几年，埃尔韦致力于那里的装修，而今日纳克维尔、图拉维尔和托克维尔的土地，证明了他的儿子们多么以他和他的父亲伯纳德伯爵为榜样。[11]

　　最后，我们肯定记得维尔纳伊的豌豆地。亚历克西·德·托克维尔出生在巴黎，而几乎人生中的每一年都有一段时间住在巴黎；虽然他有很多巴黎人的腔调，但是似乎他从来都不自视为巴黎人。在托克维尔，他重新找回了幼年时在唯一定居的家中所拥有的幸福。他本来很享受跟玛丽定居在勃艮第大街，但一旦她的努力开始让托克维尔变得宜居，就没有争执了。他变成了完全意义上的"托克维尔之人"。[12]

　　很难精确地描述这座城堡在托克维尔时代的样子，或者他在那里做出的所有改变。1828年，他称之为一个旧废墟，他在那里居住九年后还是这么叫它。这个地方的魅力需要慢慢感受，部分是因为其建筑工程。观察他态度的转变十分有趣。1837年6月（很明显，他生病了），他写信给弗朗西斯克·德·科尔塞勒（Francisque de Corcelle）："由于我正在忧心我们未来的客人们，我无数次地发觉我们可怜的城堡越来越丑。它糟糕透顶。"如果科尔塞勒前来，他必须准备好住在一个农场的中央。"鸡、猪、火鸡和鹅都是玩物，它们会吸引你的眼球……"几天后，他承认城堡在夏天是令人愉快的，但是在冬天肯定很可怕；他和玛丽享受一起骑马，很少有邻居打扰他们，宁静对他的工作而言是极好的——他感到多年以来未有之开心。他承认，基于自己在村庄中的地位，他感到心满意足。"我完全没有遇到那种令人厌恶的态度，它几乎在法国各地将上下等级区分开来，并制造出仇富的气氛。相反的，我享有一种足以自夸的尊重，因为那不是基于我的原因，而是出于对我祖母的记忆。"但之后，玛丽开始重建和修补。这件事势在必行，但托克维尔讨厌让自己身处工人中间，"一种可恶的人，嘈杂的、令人痛苦的动物，完全不适合做我这种哲学家的邻居。"他把事情完全丢给妻子，把自己关在一个小房间里，这是她

316

317

留给托克维尔仅有的空间。"你看到我是一个模范丈夫。"但来年夏天，工作还在继续，他从一个房间被赶到另一个房间（"现在我们正关在自己的卧室里"），从来不是其强项的耐心在不断消磨。因为风干木材的供应已经耗尽，工作不得不暂停一段时间，他感到很高兴。[13]

1844 年夏天，亨利·里夫来访，托克维尔城堡与蒂维厄特河谷（Teviotdale）堡寨的相似性，让他感到着迷。他评论道，它可能出于类似的目的而建造："科唐坦，距离怀特岛（Isle of Wight）不超过 18 里格，或许可以视为跟英国有关系的边境地区。"1850 和 1861 年来访的纳索·西尼尔，对这个城堡留下了很好的外形描述：

> 茂盛的攀缘植物覆盖着墙壁，已经爬上了二楼的窗户。小公园有三四十亩地，植被茂密，中间有一条大道穿过……从路口通往房子的门前。在西边，地势升高到一片俯瞰大海的荒芜公用地，拉和峡（Barfleur and La Hogue）的加特维尔（Gatteville）灯塔，一片覆盖着森林和灌木的绿色平原，点缀着 11至 13 世纪样式美丽的教堂塔楼和尖顶。除了大海和科唐坦半岛的岩石海岸，没有宏伟的景观，但是它多姿多彩。我能理解托克维尔住在这座房子和这个乡村的愉悦之情。

西尼尔的卧室，在其中一个圆塔，有六英尺厚的花岗岩墙。他没有提到房子南面花园里的水塘或小湖，但在别的方面，这座城堡似乎看起来跟今日很相似。[14]

这种城堡只有一个缺陷：它很潮湿，即便在夏天也是，对夫妻两人的健康都不好，尤其在冬天。据玛丽说，这最终害死了托克维尔。但是在此之前，他年复一年地对它心满意足。

318　　他有这样一处隐居地也好。毫无疑问，他的写作需要不受打扰的安静，自从他出名之后，在巴黎就难以清净。正是在那里，他完成了答应写给密尔的文章，《1789 年前后法国社会政治状况》（"État social et politique de la France avant et depuis 1789"），结果它成为了《旧制度》的梗概。[15] 但对更加持续的工作而言，他需要乡村的宁静。原先他在博吉找到了这种宁静，一个很像托克维尔的城堡，但最终他成了不速之客。在 1836 年到 1838 年期间，他在那里一住就是几个月：事实上，1838 年春，爱德华和亚历山德里娜放弃了他们的家，前往巴黎，留给亚历克西和玛丽掌管。很难原谅亚历克西的考虑不周。把自己关在角楼房里，继续写《民主》的第二部，这对亚历克西而言当然是很好的；爱德华显然有日常事务；但是玛丽无事可做；她只是一个客人，最终她跟亚历山德里娜相处紧张。托克维尔注意到他所谓的亚历山德里娜的虚弱和懒散，但是他喜欢她那颗充满感情的心。然而毫不奇怪，这两个女人之间打开的裂痕再也没有真正合上过，也许除了亚历克西最后病危期间。玛丽和埃米莉的关系更糟糕。在1838年秋做客纳克维尔之后，托克维尔失望地写信给凯尔戈莱，认为这两个人永远不能和谐相处："她们的优点和缺点似乎完全相反。"此外，埃米莉轻佻奢靡，而且对伊波利特有不良影响，后者本来就很奢侈，财务管理也很糟糕（玛丽是一个出色的财务管理，显然部分是因为她总是要精打细算地生活）。在接下来的二十年里，虽然他们住的很近，但这两对夫妻都没什么来往。托克维尔家族男性成员的血缘关系——父亲和兄弟们之间——坚不可摧，但是亚历山德里娜和埃米莉联合起来，在他们丈夫背后嘲笑玛丽，因为她的英国口音、英国品位和英国人对小狗的喜爱（后来亚历克西也喜欢小狗）。玛丽安静地以自己的方式行事，一旦她对自己的房子掌控到位，她就集中精力照顾丈夫，并跟他的朋友们处理好关系。她跟博蒙及其妻子克莱芒蒂娜（Clémentine）走得非常近，后者是拉法耶特的孙女，他们在1836年6月结婚。[16]

不久以后，在7月，托克维尔带着玛丽开始了为期两月的瑞士之旅，途径梅斯和斯特拉斯堡（Strasbourg）。这本可能是一场迟来的结婚旅行，在某些方式上他们也是这么设想的；但主要原因是玛丽身体欠佳，他们希望瑞士的温泉水能帮助她。她总是受到严重的痛经折磨，[17] 托克维尔可能已经开始担心这场婚姻将无后嗣。在梅斯，他们跟欧仁·斯托菲尔住在一起，后者跟他的朋友一样刚刚结婚；*在那里，两个男人热烈地讨论《民主》，关于其学说以及托克维尔对续集的想法。托克维尔似乎正处于最为雄辩之时，但是当他离开后，斯托菲尔悲伤而惊讶地发现自己并不信服，在至少一个不眠之夜之后，斯托菲尔写信说明了原因。正如凯尔戈莱总是抱怨的那样，斯托菲尔有一种德式思维的固执气质，而且他非常了解托克维尔的性格。似乎对斯托菲尔而言，托克维尔正在驾驭自己的想法。托克维尔想要在不关涉党派的情况下，团结法国的所有正派人士到他身边；至于王朝问题，他乐于让人民拥有自己所投票支持的王权；他希望法国的市镇能自我管理，

---

* 见前文，第62页。

并给市民以市政投票权；他想要废止贵族院，以一种模糊地来源于某种美国模式的上议院取而代之；他想要削减军队规模和军费；他想要出版自由，并扩展陪审团制度。所有这些集合成一个没有名字的共和国，但斯托菲尔说目前在政治上是行不通的。托克维尔可能认为斯托菲尔过多地受到恐惧、偏见和无知的影响；但同等可能的，难道不是托克维尔本人因一种固有思维而忘乎所以吗？这就是伟人的弱点：拿破仑因为坚持自己的"大陆经济封锁政策"而失败。如果托克维尔出版一本书，声明自己的计划，每个人都会像斯托菲尔那样回应，而他光明的政治前景将会走到尽头。"原谅我，亲爱的亚历克西，因为这封信中的所有想法和表达都本可能伤害到你。"但是他不得不写。他像一个眼睁睁看到孩子冲向危险的母亲。[18]

320 托克维尔从伯尔尼（Berne）回信。斯托菲尔担心惹恼他（他知道他朋友脾气无常），但"我还不是这样一个伟人，以至于忘记一种最受益的友谊，乃是一个朋友真挚而诚实的建议"。斯托菲尔已经恰如其分地概述了自己的建议，但托克维尔认为，两人的意见不合仅仅是一种细微差别。他本人多年来惊讶于人们之间的决裂，尤其是那些珍视道德、宗教和秩序之人和那些热爱自由与平等甚于法律之人的决裂。他想要表明这种对抗是错误的，且没有必要的。"这就是我的普遍主张。你理解它；你分享它。"但是（托克维尔说道）他更加激情地热爱自由，比斯托菲尔更加真挚。他就像热爱道德般热爱自由，而且不畏惧牺牲自己的和平与宁静来得到它；但他是"一个新型的自由主义者"，不能跟当时的大多数民主主义者相混淆。他是否能让自己的学说青史留名只有上帝知道。这种尝试或许是自以为是的。

> 如果你愿意的话，请告诉我，我的事业是草率的，主要归咎于我的能力；甚至告诉我，它是一个梦想，一个妄想。但至少让我相信，我的事业心是良好的—伟大的—高贵的；它值得让一个人献出时间、财富和生命；而且它即便失败，也好过在其他方面成功。使人们相信，尊重上帝和人间的法律是保持自由的最好方法，而自由是保持正直和虔诚的最好方法，你说这种想法难比登天。我也很倾向于这样想。但我所说的事情都是正确的，无论如何，我也会不惜任何代价地这么说。[19]

这种主张或许足以让斯托菲尔满意，因为他的朋友还没有变成一个危险的激进分子，但显然两个人都知道，核心和实际的问题不可否认：在那个时代，托克维尔的计划（当然，他已经在《民主》中表达过）不可能团结大部分法国人。夏尔·德·雷米萨（Charles de Rémusat）＊很赞赏托克维尔，在托克维尔进入下议院后就马上去结识他，他在其回忆录中写下了几乎同样的观点：

> 托克维尔最大的优点是其观点的原创性……因此，他不只是成为一个自 321
> 由派，而是民主派，也就是说，他确信世界将会属于民主。在马勒塞布的这
> 位曾孙身上，体现出伟大的力量和思想的独立。但因为他蔑视正统主义但又
> 不憎恨正统派，因为他未沾染反对波旁王朝及其党派的任何怨恨，所以他的
> 自由主义纯粹是其理性的结果，是无可指责的，但缺少热情，且说服力平
> 平。[20]

由于托克维尔无法将其计划与政治现状相联系——左右两派以及所谓运动派和抵抗派之间的斗争，使得他即将从事的政治生涯会不断受挫。这绝非完全是他自己的错误。七月王朝从议会范围内排除了所有极端，其下的左、右两派是变动不居的、令人困惑的术语。托克维尔从未能在两者之间做出有效的选择。尽管他可能已经开始担心这种命运，虽然尚不确定，但无论如何他仍然首先是一个成功的作家，他不需要担心政治上的权宜之计。

瑞士之旅并不是很成功。托克维尔发现，作为一个已婚男人，他不能再在外国进行往常那种艰苦的常规调查。玛丽并未好转；事实上，巴登（Baden）的温泉，虽然得到伯尔尼的女士和医生的推荐，但让她变得更加糟糕。托克维尔并未发现巴登很宜人：除了一个深深的峡谷，这里什么都没有，天然热水通过这个峡谷用管道运输到澡堂；空气很潮湿，而且闻起来略有硫磺味。要不是箱子里的这些书，托克维尔会感到极端无聊。他阅读了马基雅维利的《佛罗伦萨史》（*History of Florence*）和柏拉图的《法律篇》（*Laws*）；他并未着迷于任何一本书。事实上，

＊ 夏尔·德·雷米萨（1797—1875），拿破仑一世的宫务大臣之子；跟古斯塔夫·德·博蒙一样，娶了拉法耶特的孙女之一。1830—1851 年，他是来自上加龙省（Haute Garonne）的下院议员和代表。他和梯也尔关系密切，1840 年，他在梯也尔内阁中的担任内政大臣。1846 年，他继承了鲁瓦耶－科拉尔在法兰西学术院的位子。1871 年，梯也尔指派他为外交部长。他的回忆录直到第二次世界大战之后才出版，是其所处时代无价而有趣的书面资料。

他反对马基雅维利：他就像是梯也尔的祖父，非常无宗教信仰，只醉心于成功（很遗憾托克维尔从未读过《李维史论》[*Discorsi*]）。中世纪的佛罗伦萨暴力而堕落，对现代民主的学者没有用处。他很尊重但又困惑于柏拉图，柏拉图想要通过法律停止音乐的发展，而且从未想过在没有奴隶的情况下做事；虽然柏拉图强烈主张贵族政府，但在社会安排方面他是一个极端民主派，希望所有财产都由公共掌握。柏拉图也是不适用的。[21]

322　　托克维尔对瑞士的政治制度进行了简单的研究，并确定自己并不欣赏它。他认为它不如英美。

> 英国的王国看起来比海尔蒂维共和国（Helvetic republic）更加共和……每个到美国旅行的人会如此不由自主地确信，其制度、对自由的喜爱和自由精神跟美国人民的一切风俗紧密相连，以至于除了共和国之外，他不可能再为之设想任何政府。同样的，人们无法想象英国人能够不生活在一个自由的政府之下……对我而言，在这两个国家，自由在风俗中比在法律中体现得更加强烈。而在瑞士，我感到它更多地体现在法律中，而非风俗中。[22]

这个评论足以表明，为什么对托克维尔而言，这个国家对其新作品的作用，如同中世纪的佛罗伦萨和古希腊那么微弱。

9月初，当他们返回法国后，他和玛丽去马雷（Mareil）跟勒佩勒捷·德·奥奈一起居住，这让他感到兴奋得多，因为奥奈转而支持地方分权："他越感受地方自由及其赋予代表的地位，他对中央集权的喜爱就越多地让位于一种对地方独立的理性之爱。几乎所有的议员都同时成为了省议会的成员；一件极好的事情。"在即将召开的选举中，托克维尔开始考虑让自己做省议会的代表。*他前往纳克维尔，观望科唐坦是否有适合自己的职位空缺，而且他确实起草了一份选举发言。它写得很迷人，但是其说理却是可悲的空洞。它不会成功；连候选资格都没有；他送玛丽去博吉，由其父照顾，几天以后他自己也跟着过去。是时候回来写书了。[23]

---

* 每个省都有一个省议会，帮助省长工作。七月王朝最重要的改革之一使其成为由选举产生的机构，使它们在检查方面能采取适度的行动，而非全能的中央行政管理。

正如他一年多前对莫莱伯爵所言，他总是想要通过研究平等对美国公民社会、思想和风俗的影响，继续在平等、法律和制度方面书写自己的作品。在母亲死前，他已经匆匆记下初步的想法，但是在 1836 年春以前，没有做更多：他不得不先写关于 18 世纪法国的文章。到 4 月前，他非常努力地工作，向亨利·里夫抱怨"那该死的《民主》"，并向约翰·密尔解释，在本书完成之前，他不会写其他文章。如同往常一样，他全身心地投入到自己的作品中，当他认为这本书毫无价值时，就会情绪非常激动地明确表示，自己不可避免地受到烦恼恐慌的折磨："那些自鸣得意之人要快乐得多；他们当然不能见容于他人，但是他们自己则非常享受。"他的进度比自己想象得要慢，但当他离开瑞士之时，他似乎已经概述出 1840 年《民主》卷一的整本书——"民主对美国精神生活的影响"。[24]

1836 年 10 月 15 日，他在旅行结束后到达博吉，两天后继续工作。他发现很难重新回归工作，很遗憾地认为，长时间的中断意味着这本书不能如他所愿般在春季完成：它最快也不能在一年内出版。他决定，什么地方有利于玛丽的健康（博吉正在变得潮湿，就像托克维尔那样，不利于她的风湿病），而且能让他的工作进展顺利，他就会无限期地住在那里，"因为我必须说自己害怕巴黎"。不久以后他定居下来，在 11 月前，他每天固定工作 7 个小时；但是对他自己而言，似乎毫无实质进展，部分是因为他不自觉地想要做到最好（极有必要的，因为他再也不能靠惊喜赢得公众）。他想念博蒙和凯尔戈莱的鞭策和建议。他努力尝试让正在巴黎访问的密尔到博吉，但徒劳无功，"因为我的主题开始重压于心，如同噩梦重压于睡眠者的胃部……如你所知，我从来不会带着既定意图提笔写作，即依循一种程式或者靠强力达成目标；我让自己受制于思想的自然运动，让我自己真诚地从一个结论引向另一个结论。"因此他对何时能完成没有概念，非常希望能跟密尔详细地讨论自己的思想，不幸的是，在收到托克维尔的信件之前，密尔已经回到了英国。工作虽然困难，但愉快地进行着，或者他就是这么告诉里夫的："我从来没有以如此高昂的热情做任何事；我整日整夜地思考自己的主题，自以为已经变得完全不善交际。我从未设想自己已经用很多方式处理过的一个问题，能够展现出那么多新的方面。"难以准确地说明到秋天时他做得有多深入，但是能合理地猜测他写了卷二的大部分，"民主对美国人态度和观念的影响"。12 月，他不得不离开博吉，前往巴黎，并对此感到遗憾。[25]

他有理由感到遗憾。在接下来的几个月中，虽然他在 1 月向博蒙和克莱芒蒂

323

324

娜读了本书的大量内容（克莱芒蒂娜斥责其丈夫对此不够热情），但他似乎只有相对较小的进展。3月，他跟凯尔戈莱有很长的对话，后者告诉他自从七月革命以来法国军队让人深忧的情况。托克维尔并不完全相信，但是它足以启发他在卷三中关于民主军队的悲观文字。1837年5月底，他跟玛丽离开巴黎，前往托克维尔，他希望在那里找到宁静，让自己能完成那看似无止尽的任务。某种程度上他是这么做的，但是在6月初，玛丽先病了，随后他自己也病了：他的病情，是肠道病的旧疾，他归咎于梯也尔，在他们离开巴黎之前，梯也尔在错误的时间招待了他们一顿极为丰盛的晚餐。之后下议院解散，公布要大选，托克维尔全力投入，谋求一个席位。* 他并未成功，但到了12月初，当投票开始时，《民主》已经五个月没动过了。问题没有立刻改善：12月，他不得不在巴黎为陪审团义务牺牲两周时间。[26]

　　然而，到了1838年1月†，他再次努力工作：正在写关于爱尔兰著作的博蒙，认为他们两个都"陷入了文学创作的深渊"，托克维尔将长期劳累的生活，自比为修道院中的本笃会修士。卷三（"民主对所谓的风俗的影响"）写到一半的时候，他像写作第一部时那般恳切地招募辅助者。他让父亲研究旧制度下的荣誉问题：其结果是一篇极有价值的论文。[27] 他仍然要依靠博蒙的建议，但距离他们见面进行一次真正的商议，还有几个月的时间。在这个阶段，更为重要的合作者是凯尔戈莱，托克维尔总是能联系到他。凯尔戈莱正在经历一个悲惨的阶段：1837年，他已经或者即将要精神崩溃了。对父母的爱与责任将他束缚住，他很少能长时间离开福瑟斯，他要在那里重建一座衰落的庄园，这违拗其秉性。他所有的密友都已经结婚了，他感到自己也该结婚了，但是除了厌女症之外，他发现自己陷入了托克维尔已经逃脱的陷阱之中：不能够或者不愿意跟其等级之外的人结婚，不能看穿社会习俗的障碍，在其家人和朋友所介绍的各种受到良好教育的年轻女士之间，他像一个皮球那样弹来弹去——N小姐、X小姐、Z小姐。托克维尔说愿与其中的一位共度春宵，但绝不会娶她为妻。凯尔戈莱未能与任何一位女士达成聘约。他没有让自己满意的聪明计划，而他正在步入中年：他几乎面无表情地说，他在巴黎的一个假发制作者那里碰巧遇到博蒙。在这种情况下，毫不奇怪他抓住

325

---

* 在本章后文会描述。
† 这个月他成为法兰西学会的一员，在道德和政治学院当选。

与托克维尔的友谊不放，并且需要不断的安慰：在这段时期，他们的信件充满了始终彼此相爱的断言。托克维尔不能完全理解自己的朋友：他评论道，在中世纪，凯尔戈莱会被认为是着了魔，但凯尔戈莱总是心甘情愿地为托克维尔尽心尽力，此刻就意味着他对《民主》的帮助。[28]

1月中旬，凯尔戈莱过来居住时，托克维尔已经写到关于在美国的追求那章，而且据他自己所说，陷入了僵局："它确实是学术上的困境，[凯尔戈莱]在几个小时内就让我走了出来。这个家伙身上有名副其实的宝藏，他独个儿不能也不知道怎样开采。"[29] 我们能从两封值得注意的信件中发现言中之意，这两封信凯尔戈莱写于一个月后，关于民主雄心与宗教问题。刚开始，他陈述了很多典型托克维尔式的主题——法国受到革命或者革命记忆的统治；人们偏好地位之平等甚于政治之自由；一种新型的独裁在民主基础上出现的可能性——这很容易逐字逐句地跟托克维尔在其他地方的评论联系起来，而凯尔戈莱是他的导师。或许真相是，凯尔戈莱重复了两个人已经讨论过的观点，或者甚至是原创性地融合在一起。更加引人注目的是凯尔戈莱严谨的逻辑方法：他所做的正是托克维尔从未做过的——他做出了仔细的、令人信服的区分，而这么做又证明了，反对托克维尔写作步骤的某些方面，并非抱残守缺。凯尔戈莱甚至说，"'民主'一词非常不适合我们今天赋予它且必须赋予它的用法。"重要的问题是地位之平等，它糟糕地通过"民主"一词表达出来，而该词的真实含义是人民统治。* 他对涉及共和制和立宪君主制的概括也有所怀疑：它们如此变化多端；而且他认为，对于在民主国家的追求问题，持有任何观点都为时尚早。如果托克维尔能听从凯尔戈莱的建议，他的书可能会少些宏大断言，多些心悦诚服。[30]

在回答来自托克维尔关于宗教疑问（现已丢失）的信件中，凯尔戈莱也同样令人印象深刻。凯尔戈莱对托克维尔采取了粗鲁的方式：

> 与你不同，我并不认为无法生活在疑问之中；我不知道这是天性使然，还是理性使然。但我明确知道，没有人能生活在对任何事物的完全确信之中；我觉得这一点，对你或者对其他任何知道如何思考之人是没有疑问的。

326

---

* 20年后，托克维尔本人在给未完成的《旧制度》第二卷写准备笔记时，提出并详细阐释了这个观点。见 OC II ii 198-9，以及七星诗社版（the Pléiade edition），第611-2页。

我们的能力都是有限的；所有人都是非常不完美的工具；那么他们如何能取得确信的结果呢？我认为，生活应该在对我们各种知识不同程度之可能性的分辨和分类中度过，如果最有可能的观点已经得到完全证明，那么我们的行动应该不会逾矩。

327　想要精力充沛地行动，有必要把可能性当作确定性，但是不该过多地使用这种技术：它只是过桥时用以防止头晕的一个眼罩。他继续写了一篇对哲学怀疑的颂词："我亲爱的朋友，我认为生活在缺少确信之中是不可避免的，就好像跟不速之客待在一起，而我们必须耐心地对待这个缺陷；我们将再也不会回到盲从；但我非常怀疑，经此改变，我们已然迷失了。"如果他能接受这个建议，托克维尔很可能也会受益匪浅。[31]

可能表面上他接受了：它与他放弃天主教的理由相当一致。但如同那些理由一般，它无法驾驭他的内心生活：如他在回信中所言，"我有着强大的本能，你的话无法让它平静。我承认，欲求更多或者不同于人类之普遍命运是不合理的，但这是我灵魂无意识而全能的冲动。"[32]（他正在阅读帕斯卡尔。）在他写给凯尔戈莱的其他回信中，能看到类似的方式。托克维尔非常感谢自己得到的所有帮助与建议，并欣然挪用了他能用到的想法和信息，但是在某些问题上，他无法被影响或说服。

到3月中旬，他再次处于写作1835年《民主》时的精神状态。

> 我有无数的高潮与低谷，我时而身处七重天（极度快乐），时而平躺在地面上，任何方向的视线所及都不超过3英尺。你必定知道那是什么滋味，但凡涉足写作之人都知道，但是我认为自己比其他多数人都更频繁地遇到。除此之外，我还发现这些痛苦的时刻并未随之带来足够的补偿：我从未完全满意，而且我经常失望。

这是他整个春天和夏天的精神状态，而他的任务似乎永无止境。"像我们这样做事的话，作家的事业显然既艰辛又讨厌，"他在7月给博蒙写信道。"因此，尽管你可能会指责我发下酒鬼的誓言，但是我保证，在这部作品之后，我还会研究，但是不再写作，或至少不需要费时费力的写作。"然而，他快要写完本书了。两天后给爱德华的信件表明，他正在开始写第四部分，"民主的思想与感情对政治社会的影响"，它主要致力于写中央集权。在整个夏天和秋初，他继续写作，10月10 328日，他最终告诉博蒙自己已经写下了最后一章的最后一词："歌唱哈利路亚。"但是当博蒙发来祝贺时，托克维尔又撤回了：他现在陷入到修订中，而且刚刚毁了前一百页，它们将全部重新写过。事实上，博蒙似乎比他要更接近出版，而这个想法让托克维尔非常焦虑不安。如果他与博蒙重逢，并整理他们的文章，由此他们能确保其文字也显得心有灵犀，所以他无法忍受《爱尔兰》在此之前出版的想法。他不能在1月之前去巴黎，他必须待在托克维尔完成修订（在痛苦中，他开始不自觉地重复修订）。他尽可能辛勤地工作。[33]

最近的这次申明毫无疑问是真实的：他极度希望在那个冬季出版，而且他已经开始跟戈瑟兰商量了。但是1839年1月前，有必要回到巴黎，他因为过度工作而病倒在那里。在本月的最后几天，他写信给博蒙，表示除非自己很快康复，否则他将放弃"在春天"出版的想法。[34]

他的信件也表明他非常渴望成功，因此1月29日所发生之事本该对他有所鼓励。他告诉博蒙：

> 我很震惊、惊慌、困惑。前天，当看到夏多布里昂先生进来，并要求听我读部分手稿时，我不知道他还说了别的什么。念给他听是有必要的。我这么做之后，你可以想象，我不知道为什么，他并未开口批评。他称赞有加。他说的话我大半都不相信，但是剩下的足以让我希望——尽管他的评论过分夸大——他的印象是真心喜欢。[35]

尽管夏多布里昂真诚地为自己的亲戚感到骄傲，但托克维尔总是发现很难亲近他。1835年的《民主》不仅展示了他的影响力，它还确认了他对美国的诸多观察；正如马可·福马罗利（Marc Fumaroli）指出的那样，1840年的《民主》将会影响《墓畔回忆录》的"结论"。[36]夏多布里昂的拜访，毫无疑问地受到真诚尊敬之驱使，但是雷卡米耶夫人或者其他一些朋友暗示过，托克维尔需要鼓励。不幸的 329是，托克维尔的情绪如此低落，以至于结果并不像希望的那样："因此在这一刻，我就像一匹马，在四肢已然被绑缚之后，有人又抽了一鞭。"[37]

对精疲力竭和意志消沉的更佳治愈法近在眼前。第二天，托克维尔再次写信给博蒙说一个重大消息：议会休会了，而且很快会被解散：选举即将开始。马儿听到喇叭声而重新振作起来。博蒙必须马上离开爱尔兰，来巴黎进行必要的政治联系，"现在是时候下大赌注了，此刻下赌注是灾难性的，但如果输掉就会更加灾难性。"[38] 他再次将《民主》丢在一边，托克维尔冲向了议员选举讲坛。在写信给博蒙后，他在瓦洛涅（Valognes）只住了不超过一个星期。

要想理解他目前意图进入的政治舞台，并理解给予他机会的时局，我们有必要回顾前些年，并分析七月王朝在第一个十年末期的形势。

"一个共和制包围着的、深得人心的王位。"当拉法耶特提出其方案时，它显得足够清楚而有吸引力，但事实证明非常难以适用，最终它内在的矛盾将会毁灭它。但只有最顽固的决定论者才会认为七月政府肯定会倒台，在早年间它取得了一些坚实的成功，其中最重要的是外交。当列强（甚至包括俄国）意识到路易-菲利普无意重启革命战争时，他们完全准备好接受他。他在祖国从未得到那么普遍的认可。他最早的首相之一卡齐米尔·佩里耶（Casimir Périer），有着如此强力的思想和性格，使他能够维持下议院、其同僚们，尤其是国王的秩序，但是他死于1832年的霍乱流行，未能找到一个足以取代之人。这个政权直到最后还是很脆弱，因为除了不计后果的梯也尔之外，没有一位领导者曾认可扩大其支持面的必要性。它是一个资产阶级显贵的政府，甚至他们内部都不团结，这最终成为了他们失败的原因。

330　　但是当托克维尔在1837年第一次成为下议院的候选人，甚至在1839年他再次成为候选人时，这种危险还隐而不显。事实上，两次选举之间出现了某种形式的分水岭，至少就科唐坦半岛而言是如此。1837年，竞争受到过去历史的左右。托克维尔只不过是一个过场式的候选人，无法摆脱因其姓氏引起的质疑。他的对手成功地利用了这点，作为一个贵族，他必然是一个秘密的正统派，只要他能做到，他就会复兴旧制度及其胡作非为；猫咪必须抓住老鼠，他们说道。如果这些选民读过托克维尔关于旧制度的文章，他们本会觉得这是荒谬的，但当时《伦敦和威斯敏斯特评论》（*London and Westminster Review*）还未在科唐坦地区传播。波利多尔·勒马鲁瓦（Polydor Le Marois）是现任的议员，也是托克维尔的主要对手，他提出鸽房被毁一事，并警告说托克维尔会把鸽子带回来。[39] 由于埃尔韦伯爵和在纳克维尔（Nacqueville）的伊波利特那引人注目的正统主义，更加于事无补。难怪托克维尔会失败。但是到了 1839 年，事情变得对他有利；700 多个候选人对他熟悉多了，他获胜了。

　　这看起来很轻松，但是托克维尔的事从来没轻松过。首先必须要说的是，虽然他照管科唐坦已经好几年了，在 1837 年，他并没有忽视自己可能赢得除瓦洛涅之外任一选区的可能性。在瑟堡，他跟伊波利特的内弟、拿破仑的老兵布里屈埃维尔伯爵竞争激烈，还有一个是 H.-A. 克诺（H.-A. Quénault），托克维尔认为他是政治腐败的典型：因为布里克维尔（Briqueville）身体欠佳，托克维尔想要取代他的位子。在巴黎第十区的近郊圣日耳曼，托克维尔因为《民主》而受到尊敬，并得到了真正的支持：正是在那里，有公民问一位著名记者朱尔·塔什罗（Jules Taschereau）："托克维尔的意见是什么？"他回答说，"你是否读过他的《民主》？""当然，"选举人会这么回答，但显然没读过。"好吧，难道你对它不满意吗？"在凡尔赛，托克维尔不仅为当地的报纸写过两篇关于阿尔及利亚的文章，还购买了它的股票。[40] 这些都是跟他有牢固联系的地方，然而他在瓦洛涅鲜有人知。（1837 年秋天，他甚至还未完全处理好接管城堡之事——它拖延了超过两年时间。）他的候选资格毫无疑问受此影响，他很清楚这点；同样毫无疑问的是，在下诺曼底（Lower Normandy），他为确立自身而赌上一切的决定，在政治上是正确的：1839 年以后，他再未受到有效的撼动，直到路易·拿破仑的政变为他的政治生涯画上句号。

　　"众所周知，芒什（Manche）省居住的几乎全是农民，"托克维尔在《回忆录》中写道。"那里没有大的市镇；少有工厂；除了瑟堡之外，完全没有工人们大量聚集的地方。"[41] 这片土地很富饶，在七月王朝治下，扶持了许多富有的农民，其中一些有选举权。在美丽的塞尔河谷（Val de Saire）尤其如此，在它的边缘耸立着托克维尔城堡：不久以后，它的主人开始在公文中自称为"作家和农民"。然而，这个行政区对托克维尔的最初支持并不是来自农民，而是来自小的职业阶层，如律师、商人等等，因为其出众的教育，而倾向于在公共事务中带头：这也比选民数量更重要，因为全部选民也没多少（1837 年有 628 人）。正如夏尔·H. 布萨（Charles H. Pouthas）所指出，这些中产阶级像托克维尔那样将其职业与工作跟土地所有权结合在一起，是七月王朝下一种典型的结合；团结在一起的话，这个行政区的所有选民在经济和社会层面都能自给自足：它们产生出"一种乡村民主"[42] 的结果，托克维尔常常赞颂这种类型。但是布萨没有说的是，良好教育的因素尤

331

其容易吸引托克维尔这种人——举国闻名，且几乎众所周知地致力于他们所相信的价值观。他坚持廉洁奉公，而且坚持认为代表们需要对政府的影响保持道德独立，这让他成为跟勒马鲁瓦耳目一新的对比，后者已经准备跟那些让自己留在议会之人做交易。然而托克维尔让自己效劳于任何一位芒什（Manchois）人，只要此人有事要找中央政府：托克维尔将会成为一名好的选区下院议员。托克维尔幸运地发现，瓦洛涅的律师保罗·克拉摩根（Paul Clamorgan），正如他自我定位的那样，是一位出色的政治经理人———位乡村的马基雅维利。或许也能把他描述为一位乡村的卡诺（Carnot），因为他规划了托克维尔的所有胜利。在两次选举之间，他让托克维尔始终对选区中所有重要发展都了如指掌；他们保持联系，既是朋友也是合作者，直到路易·拿破仑的抓捕才把他们分开。在写给克拉摩根的信件中，托克维尔的口吻显然要比对其他盟友热情得多。

但是托克维尔不想进入下议院，这样他就能成为一个好的选区下院议员。其雄心的程度并不是很明了，甚至对精明的观察者雷穆沙而言也是如此，它却吸引了托克维尔。[43] 其终极目标甚至可能连他本人也不清楚，直到在 1849 年他成为部长。但是从他开始思考下议院的那一刻起，他知道自己想要在那里光芒闪耀，成为在智慧上和道德上的某种模范人物。这导致了他第一个严重的政治错误。

1837 年，首相碰巧是他的表亲莫莱，托克维尔跟他关系极好。由于卡齐米尔·佩里耶的逝世，首相如走马灯似地轮换，稳定局势显然变得令人向往。国王尽力地支持这种尝试。他希望莫莱是一种合适的工具：此人出身显赫，腰缠万贯，并且表现得非常愿意为任何当权的统治者效劳，无论是拿破仑、波旁王朝还是路易－菲利普。莫莱已经取代了梯也尔，后者险些让法国陷入当时在西班牙出现的内战。最初，莫莱政府曾与基佐结为伙伴，现在后者是所谓"抵抗派"的公认领袖，该党反对所有对左派的让步；但是两个人已经闹翻，内阁垮台了；1837 年 4 月，莫莱组织了新内阁，他是无可争辩的领袖。在一个成功的夏天之后，他在秋天召集了一次选举，希望增强自己在下议院的追随者，并削弱基佐的追随者。当听说自己的表亲要成为候选人时他很高兴，而芒什的省长领会了这种暗示：他建议瓦洛涅的选举人支持托克维尔。因为法国还没有现代政党组织，国家行政部门及其一系列省长、副省长、市长、副市长、收税员、邮政局长等是这个国家仅有的有效竞选机器，莫莱肯定认为自己已经帮了托克维尔很多。但是这位候选人完全不这么想。正如在写作中他总是想要原创，所以在政治上托克维尔也总是渴望展现

332

333

其独立性。那个夏天，他跟博蒙已经痛苦了好几个星期，关于是否该接受颁发给他们的法国荣誉勋章（Legion of Honour），就像给其他很多杰出人士的那样，以标记跟王位继承人奥尔良公爵的结合（它已经使用了一封来自鲁瓦耶－科拉尔的坚定信件，诱使托克维尔答应）。[44] 对那些通过（他认为是）腐败的手段进入下议院，而且在那里只是按照内阁指示来投票之人，托克维尔感到失望。因此当他听说省长的行为，他就写信给莫莱，拒绝一切官方支持：

> 在其他情况下，这样一封给政府首脑的信可能是非比寻常的。但是我知道自己在写给谁；如果首相责备我，我会大胆地向莫莱先生上诉，如果他允许我这么说的话，我珍视其尊重超过其支持，而且我确定能在他面前赢得此案。
>
> 您很清楚，先生，我并不是一般意义上的政府敌人，尤其不是当下统治者的敌人。但我希望能够聪明而自由地支持它，如果我让自己经由政府进入下议院就无法这么做。我清楚的知道，一些人在进入下议院时，忘记自己是如何进入的；但是我不是那种人。我想要以一种独立的姿态进入下议院，正如我打算继续保持独立的地位。

他说他运用了亲戚和朋友的自由，从而为自己的这封信辩护。[45]

莫莱对此信极为震惊，并且立刻回信。他的回信，因其明了的良好判断，堪比白芝浩*（Bagehot）。他拒绝在莫莱本人和作为大臣的莫莱之间做出任何区别，之后他声明了自己在政策智慧方面的坚定信念，即他正在寻求自己的支持者，并且对他们是诚心正意的：

> 我知道，对于那种轻浮油滑且哗众取宠的观点而言，即认为不管什么人掌控政府（权力）都必然是社会的敌人，（我的）所有这些声明都是平淡乏味的。但我是否可以问，如果你依靠正统派、共和派的帮助或者左派的任何幽灵而进入下议院，而不是通过中间派，你认为自己将会更免于约束？选择是有必要的；孤立并非独立，我们或多或少依赖那些选举我们的人。在这些选举中，内阁的军队并不仅仅由那些已经依靠军队晋升之人，或者把席位归功

---

* 白芝浩（1826—1877），英国最著名的经济学家、政治社会学家和公法学家之一。——译者注

334

于军队之人组成；首要的，它是一个政党，由那些跟我们想法一样的人所组成，他们相信支持我们并打败敌人，是最有利于国家的。我亲爱的先生，当您身处这群人之中，我本会高兴并骄傲地把您算上。

但因为这是不可能的，所以他会在当天发出命令，无情地反对作为候选人的托克维尔，"因为在选举中没有中立"[46]。

当这些信在托克维尔死后出版时，纳索·西尼尔感动地问博蒙，为什么托克维尔拒绝了莫莱的支持。博蒙将其归结为幼稚和缺乏经验。"像大多数年轻的政治家那样，他认为自己应该成为一个独立的成员，在所有情况下根据自己的良知投票，不受政党考虑的束缚。他后来发现了自己的错误。"[47]他在1837年尚未发现。他感到狂怒——部分是因为莫莱要他领情地建议道，当他更有经验之时，他将会换个角度看待这些事——他猛投过去一封愤怒的长信，在信中或多或少地跟莫莱绝交：

> 我曾自认为，无论我们有何分歧，你在我们之间所努力缔造的关系将永远不会打破；一种情感的、信任的、相似意见与品位的关系。我清楚地看到，我必须放弃这种希望；我对此深表遗憾。
>
> 首相先生，我是您最谦逊且最顺从的仆人，亚历克西·德·托克维尔。[48]

相比来自斯托菲尔和凯尔戈莱的批评，托克维尔不太愿意再接受来自首相的最重要批评，对莫莱的喜爱也锐减许多；但或许他的狂怒和皎皎易污的态度，也起因于内疚。当时，9月中旬，他仍然未决定自己的路线，而如果他代表瑟堡而不是瓦洛涅的话，他将不得不招摇地独立——如果他是官方的奥尔良派候选人，他将疏远正统派选举人，否则以其家庭出身和名望，他很有可能得到他们的支持，而且他需要这种支持。无论如何，他都难以摆脱某种两面派的罪名。他向莫莱保证，尽管他不想要政府的支持，但他支持政府；然而，正在为他调查巴黎竞争之可能性的博蒙，无疑认为他是左翼反对派的支持者，尤其是由奥迪隆·巴罗(Odilon Barrot)领导的派别。[49]托克维尔并非有意要滑，但或许正是1837年的落败维护了他老实人的名声。

莫莱因为托克维尔的第二封信而深感不悦，但还是让自己写了一封充满深情

335

的回信，在坚持自己立场的同时——他仍然认为托克维尔有朝一日不得不加入一个政党——他坚持说自己总是对托克维尔视如己出，而且只要托克维尔不是公开的反对派成员，他甚至会重新给予政治支持。托克维尔毫无疑问意识到自己做得太过分了，他急切地抓住了橄榄枝，甚至解释了自己的疑问和犹豫，不仅是关于选区，而且完全是关于参加竞选。即便他这么做，他仅仅是要求莫莱的仁慈中立。他声称完全忠诚于奥尔良政权：

> 我遗憾地见证了七月革命，但我并不想发动另一场革命来推翻上一场的成果；尽管我对正统性有强烈的自尊和真正的尊重，但我不想通过失序来试图重建一种原则，而在我看来，这种原则的伟大优点就是禁止失序。我必须补充，虽然我对自由有着深刻、强烈和真诚的热爱，但是我并不缺少决心，以抵抗任何反对或危及王权的自由制度。[50]

莫莱本不能要求更多；但是波利多尔·勒马鲁瓦跟内政大臣蒙塔利韦（Montalivet）是校友，后者坚持认为政府要支持勒马鲁瓦。在安德烈·雅尔丹看来，这或许就是托克维尔失败的原因：他得到了 210 张选票，而勒马鲁瓦得到了 247 张。[51]

他并未因为失败而非常沮丧："我被打败了，但是我所能做的就是永不泄气。"* 虽然他反复写信给玛丽，说自己多么渴望回归家庭的宁静之中，但是他明显发现自己很享受竞选活动。它并不像在英国时那么喧闹；它不需要做任何粗鲁之事，比如敲开选民的家门或者对群众集会发表演说；但是他乐意接见任何来拜访自己的人，回复任何真诚的信件，并跟自己的朋友们聊天。他对竞争对手的所作所为也明察秋毫，在必要的时候，发布私人通告以谴责他们。实际上，他的选举活动从责骂瑟堡专区区长诽谤自己开始，以谴责瓦洛涅邮政局长没有及时散播自己最后的传单为结束。在感到自己受到所有有教养的、值得尊敬的选民的热情支持时，他感到很高兴。当他的父亲焦虑地写信关心他的健康时，他并未理会这个问题："请相信骚动是我的特点，它不会要了我的命，只要它不像去年那样伴随着长时间的书案工作，只要我避免一切外出就餐和夜间招待（我坚决抵制了）。"[52]

他对博蒙承认，他对于自己的失败有些惊讶。除去政府代理人的阴谋诡计不

336

---

* 另一段很难翻译的话，我只能做到这样。

说，他把它归因于勒马鲁瓦的巨额财富："整整三天，瓦洛涅的所有酒吧都由拉马鲁瓦先生买单，且人满为患，而那些要去为我投票的农民选民，在半醉之中被引向投票站，高喊着'没有贵族，不惜任何代价！'"但他还是很高兴。他不喜欢新议院的面貌，很高兴没有成为其中的一员。博蒙也落选了。托克维尔试图让他分享自己的平静反应。"我无法告诉你，让自己再次投入到学术研究中，我怀有怎样的喜悦与热情……未来属于我们，相信我。我从未那么肯定过。"我们已经看到，他跟自己所说的一样良好，而博蒙也同样准备回到书桌旁：1838 年将会是写书的一年。[53]

托克维尔的政治乐观，将比他所期待的更迅速地得到证明。回顾往事，1837年看起来像是七月王朝的高潮。自从 1839 年起，路易－菲利普的政权轮番摆脱正统派、共和派、暴动工人的挑战，而在 1836 年 12 月，还有路易·拿破仑·波拿巴（Louis Napoleon Bonaparte）的一次军事政变的尝试（它一定程度上启发了《民主》第二部中关于军事密谋的文章）。它已经将法国重建为欧洲协同体（Concert of Europe）的领导成员。确实，有一场全球的经济危机，影响着欧洲、美洲和中国，但它似乎并未影响法国的政治局势。奥尔良在举国欢庆之中完婚，而莫莱的首相职位在基佐的背叛中幸存下来。对首相而言，召开一次大选（他希望）利用公众支持，从而增加在下议院中追随自己的人数，这似乎是明智的，而通过这个策略，莫莱确实削弱了基佐，尽管不如他想象得那么厉害。无论多么谦谨的说，他的胜利都为七月王朝的第一个阶段划定了界限，七月王朝显示出自己比对手要强大，并开始营造出一种江山永固的氛围。

但是事情的发展不再那么顺利。如果政权是稳固的，那么雄心勃勃的政治家必然会设法主宰它（因为他们不希望或者不愿意看到它易主），而且他们认为现在可以安全地、没有太多顾虑地彼此争权夺势。就个人而言，莫莱并不是无懈可击的。他不能期待从正统派、共和派或者想要取代他的下议院领袖那里得到帮助。他的同僚们并不足以给他太多帮助，而他的支持者团体从未非常庞大，或者足以信赖地帮他度过所有议会难关。只要反对派是分裂的，那么有国王的支持，他就足够安全，但是在 1838 年期间，反对派的领袖们决定忍受他们个人和意识形态的分歧，为了一个目标团结起来，就是将莫莱赶出去。基佐、梯也尔和奥迪隆·巴罗组成了很快就臭名昭著的"同盟"，而他们的不断施压开始让政府受到损害。从书桌上抬头观望的托克维尔和博蒙，对此感到十分厌恶。"我所能说的是，政府的敌人最终会让我成为政府的追随者之一，如果政府能延续的话，"托克维尔说道。这种事情让他想要知道，在政治领域除了自私，是否还有他物，"以及一个人以之作为信念与观念的东西，是否比追逐和讨论利益更重要。"他尤其厌恶这些空论派的谎言，他仅有的安慰是"轻率又多嘴的"普鲁塔克（Plutarch），他阅读普鲁塔克当作放松，而且普鲁塔克表明事情在古代亦不遑多让。[54] 无论如何，托克维尔无法影响局势。最终，在 12 天关于御前呈文的辩论中，正如基佐在其回忆录中所承认，莫莱在讲坛上表现出了奇迹般的勇气、口才和智慧，[55] 很明显事情不能这样继续下去：政府的多数优势仅仅只有两位数。*莫莱决定再次解散议会重新选举下议院，1839 年 2 月，有了一次新的选举。

这一次，反对派创制了一种口号，看似华而不实但行之有效，事情往往就是这样。他们宣告，濒于险境的恰恰就是议会权威。莫莱和蒙塔利韦只不过是国王的宠物。他们必须被驱逐出去，由那些将自己的权力归功于下议院的爱国政治家取而代之。"国王统治但不管理"乃是他们的口号，据说是梯也尔发明的。[56]

托克维尔相信了这种哗众取宠之言，这显示出他相对缺乏经验；但他所作的评论暗示了某种怀疑。"我知道，这里的每个人都对王室与议会特权的形而上学问题不感兴趣。而且我悄悄向你们承认，我对它们也不太感兴趣。我看到成功或者挫败的野心会带来战争，但我认为原则与真正的、强烈的政治热情绝对不会引发战争。"[57] 选民脑中只有朴实的问题，而瓦洛涅的选举是 1837 年的重演，重要的区别是，欺骗过政府的勒马鲁瓦再也得不到政府的支持。选举的结果是，在所有来自芒什的在任代表中，只有勒马鲁瓦没有连任，蒙塔利韦不会善罢甘休。而比之从前，托克维尔成为了一个更加强大的候选人。现在，他已经确立并被接受为所在地区的永久居民（似乎在这个时候，托克维尔已经在瓦洛涅买下一份地产）；[58] 更多的选民当面认识了他；他那举国的盛名未给勒马鲁瓦留下片瓦之地。他的选举演说和通告相当有说服力；他应得胜利，并以 317 票对 241 票战胜勒马鲁瓦。

选举日是 3 月 2 日，星期天。当结果公布之日，一大群人坚持簇拥托克维尔回他的酒馆——卢浮酒店（Hôtel du Louvre），一路上欢声笑语。一到那里，他就

---

* 议会制政府能够在占议会少数的情况下存留下来，但七月王朝缺少制度化的规训——党鞭制度（a whipping-in system）——这意味着仅有缩减多数的莫莱，再也不能确保做成所有事——对任何政府领袖而言，这都是一种难以忍受的状态。

在阳台上得体地向他们发表致辞，提到自己的感谢之情，自己的爱国精神，自己跟政府和所有政党保持独立。最后：

> 我是整个行政区的代表，也是所有本地居民的代表。因此，无论何时，你们中的任何一位对市镇或者行政区的利益有合理要求，他都可以安心地求助于我。选民或非选民，支持我的人或反对我的人——他都能确保得到我的积极支持。我从未怀疑，那些今天否定我的人，他们的选票都只受到良心的引导，而我赞成所有良心之举。我将满心记得我的朋友们，但是从今天起，我高兴地表示，我已经忘记了所有那些值得尊敬的对手的名字。[59]

就是在这样一种精神状态中，他开启了自己的议会生涯。前景看起来很光明。唯一的阴云是《论美国的民主》仍未完成。

第十五章　书写民主（1839—1840）

> 在我看来，托克维尔投身民主完全和帕斯卡尔虔诚于十字架一样：出于怒气之举。这于才干而言不错，一场漂亮的战斗就足以显现他的才干；但若是要寻求真理或者充分的信念，这就得三思了。[*]
>
> 圣伯夫，《笔记与思考》（"Notes et Pensée"）[1]

乐极生悲。也许您还记得，托克维尔在竞选伊始便身体不适。现在他的身体崩溃了，在城堡休养了几天，妻子一直从旁照料，伴他渡过了这场急病："要不是玛丽在身体和精神上的支持，我想我现在大概就是死人了"，他向爱德华写道。"我必须向您承认，从健康方面看，我的未来前途暗淡。我难以确保成功的首要条件，也就是活着。"他告诉欧仁·斯托菲尔，"我不得不承认，我不再有钢铁一般的躯体可以支配。那躯体你是早就知道的，它为我提供源源不断的激情，让我的灵魂得以做最强的奋斗。"竞选获胜之后，信件如洪水般涌来，拜访祝贺的人络绎不绝；也有人给他捎来糟糕的消息：博蒙在圣加莱（萨尔特省）竞选失败。这些都是劳神费力的事，无助于他的健康。但他没几天后就恢复了活力，并于3月14日取道瓦洛涅精神饱满地前往巴黎。[2]

不管他是怎么跟自己说的，我们仍旧可以怀疑托克维尔是否真的有钢铁般的躯体。不过他的确很有活力，冬天在田纳西生病后迅速恢复就是体现。他的"胃病"暂时会消停数月，然后强势回归，让他好几天直不起身子。按照纳索·西尼尔所说的，到1850年代，消化对托克维尔来说是非常痛苦的事，以至于每顿晚餐后都要难受上一个小时。1848或1849年时，结核病缠上了他，最终夺去了他的性命。但即便在染上致命顽疾以前，他也大有理由担忧，自己也许已经得了某些我

---

[*]　原文为法文：Tocqueville m'a tout l'air de s'attacher à la démocratie comme Pascal à la croix: en enrageant. C'est bien pour le talent qui n'est qu'une belle lutte; mais pour la vértié et la plenitude des convictions, cela donne à penser. ——译者注

们难以得知的疾患。寄到其地址上的医药账单日益增多，也越发频繁。[3]

尽管如此，他在议会的首秀极为成功。在此之前，他的个性又表现出来：究竟坐在哪里的问题让他焦躁了一番：他跟科尔塞勒说到，在他选民们的眼中，"坐在谁后面是头等大事"[4]。但到了新一届议会4月4日开会的时候，他安安全全地坐到了自己想坐的位置，处在人们所说的中左派代表当中。政治局势极其混乱。莫莱丢掉了15位支持者，后于3月8日辞职，却又苦于找不到靠得住的大臣接替。他留任到4月初，才被公认的临时内阁接替。随后的5月苏尔特元帅就职，兼任总理和外交大臣。人们都料想他做不了多久。因为此前，奥古斯特·布朗基（Auguste Blanqui）和阿尔芒·巴尔贝（Armand Barbés）在巴黎街头策划了一场未能成功的起义。让他执掌权力只是因为需要在这个时候能使市民们安下心来。当局调动了国民自卫军，托克维尔也在其中服役，不过并不起眼。除了那一幕以外，他在这次会期中并不怎么关切政府的命运。他主要在解决奴隶制的问题，一旦上手就持续做了下去。在法兰西人文院，他做了一场热烈的演说，表明了废奴主义立场。后来议会设立了委员会调研此事，也选他作为委员会的报告人。整个夏天他都在忙这篇报告，并于秋季发表。这篇报告确实是值得自豪之作，展现了最具托克维尔个性的美德：它建立在透彻的研究之上（西尼尔为他寄了好几卷与这个主题有关的英国议会文书），文字优雅，论证潇洒，号召立即同时解放法兰西帝国内的所有奴隶。他将讲稿的副本给众多朋友传阅。[5]第一次议会演讲他也做了。一场重大的国际危机正在发酵，争端的焦点是地中海东部的问题。托克维尔站上讲台，力陈法国必须主导纠纷解决的过程，政府必须予以关切。虽然他是位冷面的演说家，他的演讲获得成功，也使他感到颇为满意。夏多布里昂寄给他一封祝贺信。[6]

开了一个好头，可他并未乐在其中。那年秋天他给科尔塞勒写信说后悔做了议员；他无法理解为什么以前自己如此汲汲于当选；政治不是他的擅长。他鄙视党派政治、庸人政治、低俗的拉帮结派和相互嫉妒；革命都比这要好受。难道他们再也见不到，法国吹起真正的政治热情之风，政治变得剧烈、残酷却不失伟大的时候？他说自己不可能习惯目前的状况；绝不可能。这次会期到7月末结束，他开心地逃回了托克维尔，回到了他许久未翻的书中。[7]

他在议会生涯中所说的这些和那些话，反映出托克维尔是带着某些全然浪漫主义的想法进入政治的：即使他不愿承认，大革命和拿破仑史诗般的故事给他的影响更为深刻。（否则就难以置信，在情绪低落的时候他竟说出期待革命这种话。）这个想法并不成熟，也并不危险，但其他许多法国人都有相同态度，让未来有了变数。莫莱任期遭遇最后危机之际，拉马丁向议会宣告："法国感到无聊了。"他警告道，人民的无聊很容易导致混乱和破坏。拉马丁所说的"无聊"，说的不仅是人们对七月政权束手束脚的国内政策感到失望。不论是在行政上还是立法上，七月政权做的事总比它能做的少，比它应该做的就更少了，但还是为法国在欧洲地位下降搅得不得安宁。"先生们，你们决不能以为，因为我们已经对撼动了这个世纪还有我们自身的大变动感到疲倦，所以其他人也厌倦、害怕哪怕最微小的变革。在我们身边崛起的新一代没有厌倦；现在轮到他们来要求行动。"他这番言论与托克维尔的明显相似，使全法国的公民为之一振。拉马丁的话里预示了艰涩的未来，说他和他的听众们在欺骗自己大概也不为过：法国还没有像他们所想的那样，为新一轮斗争做好了准备；但在这时候发表如此标新立异的观点，似乎既能受到欢迎，也不无道理。[8]

撇开永不停止的维修工作，在托克维尔度过夏天一如既往地让人惬意。唯一的侵扰就是 8 月 26 日晚上一场可怕的雷雨。雷电击中了城堡的墙壁，卧室外忽闪连连，还留下了浓厚而令人不适的硫磺味；窗户碎了一地，几百片瓦片吹落在地上，好在没有不可修复的毁损。托克维尔主要的反应是为玛丽的沉着勇敢感到骄傲："她像极了恺撒。"房子里其他两三位女性不幸未能跟随她高贵的榜样，"早就没有危险了还一直叫叫嚷嚷，令人耳朵发聋"[9]*。除却这次雷雨，生活十分平静，托克维尔快意地修改起了自己那篇关于奴隶制的报告，又为《论美国的民主》写下了收官之笔。托克维尔逐渐与 J.-J. 安培熟识起来，而且十分喜欢这位朋友。安培 9 月时到城堡居住，为他出主意提建议。† 托克维尔迅速向前开进，11 月 2 日又记录道自己写下了书的最后几句话。10 天后他出现在巴黎；接下来几个月，他主要的精力就用在出版这本书上。除了细碎的选区事务要写信外，他几乎没写别的信。不过他和亨利·里夫有密切交流，他们打算在法语原版发行的同时出版英文版。英文版最终在 1840 年 4 月 24 日面世。

343

---

* 典故出自普鲁塔克。一次，恺撒试图在猛烈的暴风雨中出海，船长惊恐不已，但恺撒安抚他说道："别害怕。你将带着恺撒还有他的好运出海。"（这艘船完好无损地返航。）

† 让-雅克·安培（Jean-Jacques Ampère, 1800—1864），父亲是伟大的物理学家；法兰西公学院文学教授；雷卡米耶夫人的挚友。

344　　几个月里，托克维尔都在担心书的评价，以致招来了鲁瓦耶－科拉尔的批评："你过分关注成败了；总是因新闻界而分心，做不出伟大、自在的事业。您在为未来而写作，我希望您的作品能流芳后世。您只应该关注这一点。"[10] 无疑，托克维尔明白他的言下之意，也看出他巨大的恭维，但未能接受这条建议。"这是很严肃的问题，"他跟博蒙说道，"……虽然到目前我还没全身陷入政治，但也足以与某些报纸结怨。他们若是与嫉妒我作品的人联手，挑我书里的毛病，就可以给我一击。"他担心这本书虽然因为专注于一个主题所以写得比较有力，却也会因此变得单调乏味。他担心里夫的翻译可能给自己添上过于保守主义的色彩，就像 1835 年那几卷书的翻译一样——托克维尔是作为朋友而不是批评者来批判民主的："您的翻译务必保留这个特点。"他抢先于约翰·密尔，为整个问题做了总结。所以他也急切希望得到密尔的认可："您在阅读此书的时候，请记得它是写在一个平等不可逆转地取胜，贵族制完全消失的国家，也是为这个国家而写。从今往后，主要的任务就是遏制新秩序有害的倾向，而不是推翻这个秩序。所以我时常向美国或者法国的新社会说出残酷的真相，但我是作为朋友而这样说……在这个国家，有各种人为平等溜须拍马，但很少有可靠、诚实的顾问。"里夫在校对中途写信表达了对托克维尔的景仰，多少让托克维尔放心了些："诗歌的起源，民主制下人民的无趣，还有有关公用建设的那几章尤其让我印象深刻……您为法兰西写了人民论，就像马基雅维利为切萨雷·波吉亚写了君主论。"能够成为此书最早的读者之一，他感到十分喜悦。[11]

　　不过，托克维尔还是有理由焦虑的。他写下的这部书是自己从未有过的、最为雄心勃勃的尝试。一开始他就说，1835 年那版《论美国的民主》还未写完，过分局限于政治、法律和制度（这个判断当然太过苛刻）。他需要把《民主》补充完整，由古斯塔夫·德·博蒙或者他本人撰写。之后，两人各写了一部：博蒙写了

345　　《玛丽》（《爱尔兰》也有理由归入）；托克维尔则是把《民主》扩写为两卷。他跟每个人说，他的主题是平等对人的思想和观点的影响，[12] 乃至是对整个人类生活的影响。这是不可能完成的任务。他挣扎了四年总算完成了自己认为可以出版的文本，而即便此时，也未能穷尽这个主题，自己倒是精疲力尽了。他的处境就内含了失败：他尝试做一件庞大而完全新颖的事。前人没有做充分研究，所以就没有论据和信息可供借鉴：他写书全要靠一己之力，还有朋友们的评论。不论是从"民主"一词的政治还是社会意涵来讲，当时世界上只有一个完全现代的民主制国

家，所以也就难以判断这个制度会产生哪些普遍性的影响，又有哪些不过是美国特色。这一点托克维尔也指出了。他希望从阅读和探究中找到这个关节点，但如我们所见，无论是柏拉图、马基雅维利（也许挖苦地向里夫的赞美投以微笑）还是瑞士联邦，都未能给他带来灵感。他阅读（或者说钻研）的古典和现代作家也没帮上什么忙：亚里士多德、普鲁塔克（漫谈式的风格读着很开心）、阿奎那、蒙田、培根、笛卡尔、帕斯卡尔、拉布吕耶尔（la Bruyère）、塞维涅（Sévigné）夫人、圣埃芙勒蒙（Saint-Evremond）、孟德斯鸠、卢梭、丰特内勒（Fontenelle）、马西永（Masillon）、马勒塞布、基佐、拉科代尔（Lacordaire）、米涅。[13]（他选择的作者很奇怪，有些正是不利于托克维尔思想的。）事实上，他才是自己最好的权威，但他这口井的水位有点低：他在美国做的笔记里没有多少新鲜材料可以发掘，不过他还是一直很好地利用，包括自己的英国笔记。甚至于这样说也算对了一半：在1835年写进去的东西之上，他没有添加任何新货。1840年的《民主》在某种意义上不过是大幅度的扩写。所以失败是不可避免的；但有些挫折的价值要远远高于许许多多成功的价值。托克维尔是这个领域的开拓者，所以时而迷失在丛林里，或者被后来很多人赶上，并不是不光彩的事。

　　1840年的《民主》饱受争议。一直以来，它的优劣、适用性引发了剧烈的争论。[*]但传记作家如果过分深入地介入这样的争论，就会影响到他自己的传记作品了。要对《论美国的民主》做一个周全的评判，需要非常长的篇幅，致使传记走形，乃至损害到作品的全局。但不论如何，这部作品显然是作者人生当中一件大事，是我作为他的传记作者所必须记下的。这里的策略就是去阅读这部著作，尽可能把它当作作者的自传，避免其他任何研究角度。通过这样的阅读，即使是瑕疵也有它的价值，因为它们也拥有自己的意义。且不说好坏，托克维尔的确全身心投入到这部书中。传记作者的任务是说明托克维尔是怎么做的，并把书中的托克维尔展示出来。

　　他是为荣誉写作。扬名至少是他写作的动机之一。他没有计划以写作为业：他蔑视这个行当。但他有意利用新近在创作上取得的成功，为自己进入法兰西学术院以及下议院开路，传播他的大名。这是一项他能手到擒来的成就。早在1835

346

---

　　[*]　长期以来就有学者讨论，《论美国的民主》这两个部分是不是独立的著作。我个人看法是，第二部分整体上依赖于第一部分。如果没有第一部分就无法理解第二部分。所以我们当然应该把它当作续写来阅读。它算不上续篇，更谈不上是独立的论著。

年，他就已是位成熟作家。《民主》第二部不像第一部那样是充满灵感的大杂烩。如我们所见，大的主题被分为四个大标题进行分析，每个章节都在整个格局中拥有逻辑上的位置。在写作实践当中，托克维尔得益于他的方法，在若干信件中对之有所描述："我的习惯是只定下提纲和主要想法，然后让我的思想时快时慢地施展身手。"[14] 虽然如此，他大体还是实现了自己的构思。他的风格也比从前轻松得多，更接近于写信，而有别于 1835 年《民主》那种仔细推敲的行文：他这次写作偏向私人化，仿佛是写给朋友们看的。

"贵族"社会和"民主"社会这两个理论模型之间的对立，是托克维尔建构此书的坚实基础。它本身即能较好地传达托克维尔的想法，而其先例一直可以追溯到柏拉图的《理想国》；但托克维尔未能避免，乃至很有可能没有看出它同时带来的某些危险。从表面上看，没有看到危险的原因在于他所选择的哲学方法。他曾读过弗朗西斯·培根。这说明他一度考虑采用归纳性的方法。但如果真这样做，估计到最后会发现数据不足，所以不可行——他尝试蒙骗自己（还有他的读者），即不断提起"民主国家"（意思是法国和美国），但这个问题仍旧贯穿全书。他转而采用了笛卡尔式的演绎法，极为忠实地遵循了其原则。（这个决定能够部分程度地解释他的一个关注点。我们对此还很少注意，即他把第一章用于写作"美国人的哲学方法"，这据托克维尔所说，是笛卡尔主义的一种体现。[15]）可以说，既然托克维尔打算写现代民主制度，而且证据缺乏，那他想要保持科学性，不让论述变成新闻叙述的话，除此之外别无选择。不过即使是这样，他还是犯了一个根本性错误。不论是笛卡尔还是其他人，都没有说哲学家根据经验证据验证他的演绎没有必要（或者没有可取性），他们的看法甚至恰恰相反。但没有迹象表明托克维尔觉察到这一关键点。相反，他在每章的开头都坚定地陈述了自己的预设——比如在第一卷第十一章："民主国家……首先所要发展的，是使生活可以舒适的艺术，而不是用来点缀生活的艺术。"[16] 他然后从中推理出若干结论；这之后如果他想到要用些材料来支撑，他就装饰性地添加上去（这一章里就是拉斐尔的贵族艺术与雅克-路易·大卫的民主艺术）。[17] 整体来看，这个过程至少对于反对或者怀疑的读者而言不具备多少说服力。例如，托克维尔在该书最后部分抒发宏论（"关于民主的思想和感情对政治社会的影响"），认为民主社会也许会导致仁慈的专制，逐渐吸干公民的能量与男性气概。为了展现这一倾向，他牢牢抓住工人的储蓄银行（最近，他在未完成的"有关贫困的第二部回忆录"中有所讨论）。[18] 这些都是当时的自由主义理论家最喜欢的设计，不能生吞社会主义就退而求其次：鼓励工人阶级储蓄，从而抵御失业的不良影响，进而也许能以此收买不安的民众。这一设计是不充分的（工人薪水微薄，很少有人能存下什么），但很了不起，并且得到了慈善家的热情鼓吹。可没有私人团体能够担保，让储蓄者不至于蒙受丧失一切的风险；只有国家做得到，所以就由国家来做，而且还保证了利率。托克维尔认为这样做过了头：这是不当地集权化，干涉财产权以及自强自立的神圣义务的恶例。[19] 他并没有想到，这样的批判让自己的立场变得荒谬，损害到自己更大的论点，因为贫穷比储蓄银行更有可能破坏能量和男性气概。令人吃惊的是，他又谴责了民主政府（即奥尔良政权）举债，而没有像以前美好的贵族制时代那样，靠税收满足财政需要。这也无助于他的论述。他应当还记得是什么导致了 1789 年的三级会议——这仅仅是一个例子。[20]

可见，方法论上托克维尔是很容易遭致诟病的。但若仅仅满足于这个层面的批评，就会错过最为深层的问题。他的问题既是哲学上的，又是心理上的，后者也许甚于前者。他在 1841 年一份题为《我的直觉，我的意见》的文档中为自己做了解释。

> 经验向我证明，几乎所有人（我当然是其中之一）终究都多多少少依赖于我们的根本直觉。他们之后所做的就是遵从那些直觉。所以，且让我扪心自问，我的根本直觉和诚挚的原则有哪些。
>
> 我的思想喜爱民主制度，但我有着贵族的直觉，蔑视、恐惧暴民。
>
> 我热爱自由、法律，尊重权利，但民主不算。这就是我在灵魂深处看到的情况。
>
> 我既不属于革命党派，也不属于保守党派。但不管怎么说，我终究更支持后者。因为我与后者的分歧不是目的上的，而是手段上的。与前者则是手段与目的皆有分歧。
>
> 自由是我的激情之首。自由之中有真理。[21]

在这个新时代，托克维尔的处境有些尴尬。他的直觉与抱负发生了碰撞，这两者他也难以兼舍。1840 年的《民主》也许可以这样解读：他正努力想出一个可以带他走出矛盾境地的意识形态立场，否则他的情绪和思想都将受到影响。无疑，他

348

也希望以此感染读者，但他最关切的还是满足自己。在这本书中，他会宣泄自己
的感受，不惜损害逻辑的一致性；如此一来，即便还没有站到坚实的哲学基础之
上，他也感到自己大可以宣布自己的终极学说。这就解释了该书一个最令人吃惊
的特点：大部分章节它都在谴责民主制度的弱点和危险，到最后却堂而皇之地认
可它。做了如此多批评民主的长篇大论，托克维尔本人可能也感到吃惊。（他常常
向朋友们强调，自己同样是民主之友。他这样表示并非言不由衷。）但决定了本书
格局的，应该是他在"直觉与意见"中所描绘的、他个人所面临的困境。他迫切
需要这两种思路，否则他就会像自己的兄弟们那样隐居乡村，抑或牺牲自己诚实
正直的品格。

　　本书在理论上的特别性，几乎都可以用这个方式解释。因此，如果说托克维
尔的"民主制"模型，问题出在经验证据太少上，那么他笔下的"贵族制"的问
题与此恰好相反：欧洲社会有史以来就被各种类型的贵族制度所统治，要从中抽
取出共同的内涵，即便有单独这样一个内涵存在的话，也是非常困难的。但托克
维尔写作就像为法国人量身定做一般：他讨论的就只是自己国家的贵族制，而仅
仅从中得出概括未免莽撞。英国贵族的例子也许可以纠正他的说法，但在托克维
尔那双着了迷的眼里，它不过是法国模式的改良版、更为幸运的变种。[*]更糟糕的
是，他似乎忘了自己写给约翰·斯图亚特·密尔的文章里所做的警告——前革命时
代的贵族不可一概而论[†]。写《民主》的时候，他把贵族完全就写成了封建领主。
他说道，贵族世纪的精髓在于等级制和稳定性：每个人都知道各自的位置，每个
人都履行各自的职责（尤其是贵族），没有人考虑或希冀任何形式的变革。民主社
会正好与此相反，推崇平等主义，多有动荡。托克维尔陷入了 1835 年《民主》曾经
避免的危险：沉湎于怀旧——在讨论贵族制和民主制的风格[‡]时显得尤为突出。他说，
贵族风格在大革命中消失了，它的那种轻松自如、精致典雅在人们的记忆里已是荡然
无存。"我们无需过于看重这个损失，但我还是有理由为之感到遗憾。"因为：

　　　　即便贵族制的风格并不明显带来美德，它们至少有时成为美德的点缀。
　　这样一个庞大而且强大的阶级显然非同小可。这个阶级的所有惯例，似乎都

---

[*] 这则谬误反倒随时间的推移而加深。托克维尔 1857 年最后一次访问英国，大大强化了他的这一看法。

[†] 见前文，第 4 页。

[‡] 风格（manière），而非风俗（moeur）。参照托克维尔与塞奇威克的交谈，前文第 256 页。

无时不刻地展示出与身俱来的崇高情怀和理念，精致体面的品味，文雅的行为。贵族的风格诱人误以为人天性就是那么美好。虽然这幅图画通常带有欺骗性，观赏它还是能得到高贵的快乐的。[22]

托克维尔对于"贵族世纪"的描绘，并非总是如此令人向往：除了他本人之外，他知道的内情太多了。所以，研读了塞维涅夫人的书信，他发觉她对待底层民众冷酷无情，根本没有要去理解他们的心态（她认为，竟然有人胆敢发动暴乱反抗印花税，绞死再多的暴民也不为过）。他在书中引用了这些文档，进而敏锐地探究起民主制增加人的同情心的问题。[23] 但这些洞见很难纠正他所粉饰的贵族形象。他笔下当权时期的贵族形象，只要对历史记录略有了解，就可证明是虚假的（比如看一看米什莱的书。托克维尔的新书他也得赠了一本[24]）。托克维尔尚没有充分兴趣去看那些记录或档案；他还不算是一位历史学家；他笔下的贵族制与民主制一样，从首要的原则演绎而来。他第二部的写作过于笼统，无意间牺牲了支撑起 1835 年《民主》的那种历史视界。根据他的定义，贵族制社会不能有变革；他把这个定义与他的民主观并列起来，中间除了时常提到神意，还有一段敷衍了事、影射革命的段落，[25] 就没有再尝试去说明，社会为什么或者怎么样从一种条件变到另一种。他成了定义的囚徒。欧洲历史的各个时代都有倾轧，但他只看到了最近的那场变革，故意忽略了再早以前的。这必然使他的贵族概念很不真实，因为欧洲贵族在历史变迁的过程当中，或好或坏都完全参与其中，其自身也不断在因其改变：1789 年的法国贵族与 1066 年的法国贵族不可同日而语。从历史学家的角度看，还有一点也很糟糕：托克维尔几乎完全把君主制排除在讨论之外。他从未想到去探究历史上的贵族，大体上究竟是不是君主的创造、是不是君主的工具；他也没有注意到，君主政治是法国集权化的主要设计师。*

他对民主的定义也成了作茧自缚。

前面已有暗示，民主这个词语，在托克维尔的笔下，总是令读者非常费解。†写作 1840 年的《民主》时，他尽可能努力做到用语准确、前后一致。即便如此，他也做不到处处成功。但整体上他差不多把民主写成是平等的同义词，而不是把

---

* 　最终，他在 16 年后的《旧制度与大革命》里纠正了这一疏忽。

† 　参见第 271 页脚注。施莱佛对托克维尔用语的探讨也许是最出色的，参见 Schleifer，263-74；亦可见凯尔戈莱的信，前文第 326 页。

它仅仅用于标识某个民众政府。所以，把任何"身份平等"占据上风的社会称为民主社会没有什么不妥。这样做本身就会让他陷入困境：很难说 1840 年法国民主和美国民主的含义可以相提并论（他没有举出其他民主制的例子）。更糟糕的是，他过分地想要说明自己的理论，以致陷入自己的陷阱，误以为（实际上可谓断言）平等在各个时期、各个地方都是相同的东西。他为了说明民主制可以导致一种新的专制主义，写了如下这段话：

> 如今统治埃及的帕夏（Pasha）*发现他的人民至为愚昧和极为平等，于是便从欧洲学来统治其人民的知识和经验。君主的个人学识一与臣民的愚昧和**民主弱点**［强调为笔者所加］结合，中央集权便将无限加强，而君主也就可以把国家变成他的工厂，把臣民变成他的工人。[26]

352　　托克维尔的张冠李戴肯定会让读者不满。"民主"怎么说都无法准确地用在 1840 年的埃及，托克维尔却仍然这样使用，可见他的思想中有些东西出了严重问题。

　　他倾向于混用"平等"和"民主"，却又像他的"民主"那样，未能为"平等"给出一个明确的定义。（这个困难在 1835 年《民主》中也出现过。）在描绘他的乌托邦，设想未来可能和应该怎么样的时候，他明显是用近乎最充分、最现代的意义来表述平等的：

> 巨富已经不见，小康之家日益增加。欲求和享受成倍增加，但既无特大的繁荣又无极端的悲惨。人人都有奋进之心，但怀大志者不多。每一个个人都是孤立而软弱的，但整个社会是活跃的、有远见的、强大的。私人做小事，国家做大事。[27]

可在别处，他所说的平等，显然不过是嫉妒的胜利，是废除一切贵族特权便会导致的状况。只有显贵有资格去统治，他们拥有财产、受过教育，他们会而且应该

---

* 穆罕默德·阿里（Mehemet Ali, 1769—1849）。他此时正打算吞并奥斯曼帝国的叙利亚，是托克维尔写作时的新闻人物。

继续统治平民百姓，为公共的善去统治。他断言，身份平等是民主国家热烈而无法满足的、持续存在的、难以消灭的激情："他们可以忍耐贫困、奴役、野蛮，但他们不会忍耐贵族制度"——他指的是世袭的权力与特权。[28] 在托克维尔看来，民主革命最明显的特点，也是其最危险的成就，在于消灭了中间团体（高等法院，省级议会，还有贵族制本身），而根据孟德斯鸠的观点，这些中间团体可以保护人民免受专制君主之害。这个神话本质上是特权体制的合理化，自从提出伊始就颇受贵族家族看重。缅怀旧日的托克维尔仍对此郑重其事，但他对这个神话的支持只停留在表层：在此他完全没有提到教会就可以体现这一点（尽管孟德斯鸠明确将教会定为最重要的中间团体[29]）。托克维尔一直对第一等级的利益和特权持严厉态度，谴责它的自负导致了 1830 年革命。[30] 相比他对旧日美好的封建制的浪漫主义感怀（他反复承认这样的过去已经不复返了），更为重要的是他如何解释后革命的历史与政治；因为不仅仅是他的书，而且还有从政生涯的成败，都取决于它的准确性。

353

1848 年革命以后，他一度大大倾向于共和主义，近似于现代意义上的民主党人，超出了他先前的预想。但 1840 年的几卷书里充斥着这样一条信念：民主政治即嫉妒、仇恨的政治。我们不仅需要问托克维尔的这一信念正确与否，而且还要问他为什么秉持它。

其实当时还有很多法国人仍然牢牢地坚持身份不平等，在自己的名字里添上贵族头衔，伪装成伯爵、侯爵之类。托克维尔要是对此有所注意，他也许会感到不知所措。* 但他作为芒什议员候选人的经历影响了他：不断有人指责他完全是个贵族，一心想要恢复贵族特权，所以他需要不断予以反驳。而且，仇视旧制度、恐惧旧制度复活确实是法国政治（至少到下一代人还是如此）中的一大主题。所以，从这个角度看，托克维尔正确地归纳了"民主制"的特点。但即便在奥尔良王朝的法国，非贵族也并非像贵族（也许我应该写"前贵族"）自身那样，那么担忧"贵族制"的问题。从大段的时间看，法国政治当中反教权主义比反贵族制要持久得多，也许这当归因于教会是比旧贵族强大得多、持久得多的势力。可以说，这不过是反对特权的另一种形式，但托克维尔从未提出过这个论点。毫无疑问，平等是备受珍惜、颇得理解的价值，但博爱也是，诸如疾病、失业、食不果

---

* 法国建立共和国已有 130 年之久，但仍旧可以在付费和公证之后，让国家证明你的贵族身份。伦敦的英国纹章院就没有那么特别了，因为英国仍旧是一个君主制国家，在我写作本书时（2006）还拥有一个议会贵族阶级。

354　腹之类的问题也日益占据了民众的想象（饥民暴乱的历史当可为鉴）。民族主义以各种形式横流，是一种集中而且危险的激情（1840 年七月王朝莽撞地倡议将拿破仑的遗体从圣赫勒拿移入荣军院，因此激起了波拿巴主义）。最重要的是，民众没有忘记自由的价值，没有放弃对自由的追求。托克维尔本人就热烈地鼓吹自由："我觉得在任何时代，我都会热爱自由；但在我们目前生活的时代，我对自由更感崇拜。"[31] 自由是他生命的指路明灯；但 1840 年他对自由的理解，甚至不及平等。他从未认真思考自由对他以外的其他人有什么样的意义。他所理解的自由似乎只是一种消极的自由（非专制），人人都像他一样可以选择政治生涯，能够读自己想读的，说自己想说的，做自己想做的就是自由。在某种意义上这种自由观是有效的：比如，托克维尔总是能非常精彩地讨论出版自由，他为过分强大的国家感到焦虑也有自己的道理。不过，他把自由看作是一种珍贵但却脆弱的东西。然而从历史事实来看，它比平等还来得顽强。他的错误将在以赛亚·柏林在一次著名演说中重复，甚至更为夸张：[32] 他仅仅将自由理解为一个命题，一个抽象，顶多是一种法律安排：他没有将自由看作是一种过程，会产生一些后果；而这些后果通常很重要，有时候还是无法改变的（他没有深究自己观察到的一点，即"每个到美国旅行的人会如此不由自主地确信，其制度、对自由的喜爱和自由精神跟美国人民的一切风俗紧密相连，以至于除了共和国之外，他不可能再为之设想任何政府"——这我们在前文已有引用）*。托克维尔在这个主题上写的东西，都不及德拉克洛瓦富有活力的《自由引导人民》中的那种深刻和睿智。自由可能有，也经常必然有摧毁性；但自由为重建理清了道路，在自由中孕育的东西能够持久。法国大革命正是体现了这一点，托克维尔有时也予以承认。它也将在 20 世纪的西方再度得到证明，如法西斯主义失败，女权主义运动兴起，美国公民权利革命以及共产主义垮台。但通常情况下，托克维尔对革命的态度更多的是紧张担忧，而不是鼓励支持。

355　　他的弱点并非偶然。1840 年《民主》中，强烈的焦虑感给人以压倒性的印象。第一卷里讨论令人痛苦或者担忧的话题却也带着轻松愉快，到 1840 年的时候消失得无影无踪。在贵族制、民主制的形式分析背后，还有另一个痛苦的二分：革命与和平的改革。托克维尔认为，大革命在民主时代会变得罕见，因为一旦实现

---

*　见前文，第 322 页。

了平等，就再也无需革命；虽然人们会拥有更大的自由去进行激进改革，却也会因为自己蒙受更多的损失而减少热情；可即便这个论述很精彩 *，作者在写作时似乎对自己的论点还颇不确信。[33] 现在，托克维尔发觉他难以赞美民主制，他在新书里提出的两个最为重要的观点就是明证。首先是他关于个人主义的理论。这也许是他提出的最具原创性的想法，最成功但也最有问题，因为它又是从怀旧"贵族时代"引申而来。用托克维尔的话来说，在那快乐的年代，家族代代享有相同的身份，住在相同的地方，人们忠于他们死去的祖先，也忠于他们尚未降临的后代："人在活着的时候，就已经能够想到曾孙的出世，并对这些后代极为亲爱。"滋生个人主义的民主时代就不同了——换言之，人从公共生活退入私人生活。各个家族不断地"白手起家"（很典型的词语），又归于无物，其成员故而各不关心，只看重自己的利益；各个阶级也是如此，它们趋同而后融合。阶级团结不复存在。"贵族制将全体公民，从农民到国王，放入一个长长的链条；民主制则打破了这个链条，让被分断的各个阶级自行谋生。"[34]

许多现代评论家指出，托克维尔正在这段话中探索有关混乱的理论，也就是通常所说的现代社会的特点。这样想虽然挺美好，但显而易见的是，这不过是出于他对资产阶级社会的鄙视，而其实它直到 20 世纪末都引领着先进思想。两章之后他又解释道，美国人用选举和党派政治成功地克服了个人主义，让他难以自圆其说："公民不得不关注公共事务时，就必然会离开私人利益的世界，被迫时不时思考他们自己以外的东西。"参与自由竞选教育他们认识到公共问题的实际状况和重要性，而想要成为或继续做议员，就必须认真对待地方上其他公民的关切，以此赢得他们的尊重——他需要"长期不断帮他们小忙，做事谨慎，常有善举，还要有稳固的公正无私的名声"[35]。（不难看出托克维尔在议会政治生涯第一年学到了什么。）他提出这些观察，认为它们有助于解决讨论个人主义那章描绘的各种问题（"在我看来，要克服平等可能造成的病态，有效的疗法就只有一种：政治自由"），[36] 但读起来却像是在做反驳。此外，不管贵族时代究竟怎样，团结的精神在民主时代留下了深刻的印记：政党、工会、大企业、吸引信徒的教会等等；如果需要讨论他这样一个明显充满想象的理论，我们还能证明，家庭的历史也比托

356

---

* 托克维尔简略提到了"多数意见"在民主社会中所具有的压迫性，提醒读者他在别处已经充分讨论了这个问题（即 1835 年的《民主》）。他还借机指出，只有种族问题会让美国再次爆发革命，换言之，不是平等，而是不平等的问题。可惜他在 1835 年没有说到这一点（参见 OC I ii 263）。

克维尔想象的要复杂得多。

　　他另一个大的想法是集权化和"民主专制主义"的威胁。我们已经看到，集权化是他从别人那里摘取来的观点（托克维尔经常这样做）。* 在托克维尔那里，这成了他最引人注目的担忧，因为他第一个看到，在一个民选政府至高无上的社会（且称它为民主），集权成了政府的工具，相当强大，可能导致独裁的出现和延续——1835 年托克维尔便曾警告"独夫统治"的危险，对此积极反对。他有这样的担忧完全正确，20 世纪的历史也为此提供了无数的例子，可惜他未能预见让他的警告应验的事件和机制。法国大革命后经过雅各宾派统治，最终出现拿破仑独裁——他的想法来源于这个进程。他还看到，巴黎地位上升还有拿破仑政府的各种设置，都没有因复辟或者七月王朝而受到影响：真要说的话，1840 年的法国比 1815 年更集权。毫无疑问，再度兴起的皇帝崇拜，还有路易·拿破仑 1840 年 8 月 6 日第二次政变尝试都让他充满警觉。波拿巴主义，在接下来的短短十年当中，就建立起了托克维尔所担忧的政权——这鲜明地体现了他的先见之明，但他讨厌自己的预言成真。不幸的是，不论是拿破仑三世的降临，还是 20 世纪的独裁者，都不能证实他实际在书中所说的话，以及他讨论这个问题的模式。

　　他说道，过去百来年间，欧洲的君主国重建了各自的国家体系，将原本与独立团体共享的权力和功能集中到自己的手中。"我还远远算不上谴责这种集权；我不过是提醒人们注意。"[37] 我们值得把这句话标示出来，因为这是整部 1840 年《民主》中托克维尔唯一让步的一点，即便是最小程度上的让步，他还是承认了集权化可能有某些必要性。在其他部分，他则长篇大论讲述集权之恶，试图展现它可悲的成因和后果。由此可见，他再次陈述了在他看来不言自明的命题，然后进行戏剧性的推导，而没有进行认真的探究。他注意到了他那个时代最为重大的现象，即现代国家的兴起；但他没有认真地去探讨它是如何形成的、在多少程度上是必要的、该如何最好地组织和控制它，反而把整个主题捆绑到"集权"的标签下，打算给读者一个下马威。这样的构思甚至在原创性上也难以称道：1835 年他就说过差不多的话，而且就如我们已经指出的，† 去集权化此时正是正统派的口号。托克维尔谴责集权化，本质上无异于他那个群体的其他人。

---

*　见前文，第 194 页。
†　见前文，第 268 页。

对于整本 1840 年《民主》，我们也可以做出大体相同的评价。托克维尔向斯托菲尔说自己是新型自由主义者；以他写的书来看，说他是新型的正统派也许更为合适。他的思想漂移了很远，一反支持民主的立场和在 1835 年的书里期望的那种科学、公正的研究方法。也许他自己还并没怎么意识到这点。

从书的最后几页似乎可以看出他好不容易意识到了这个问题。1835 年那本书的"绪论"是他在最后写的，这本书开头的"告读者"（Avertissement）或者说前言也是如此。"告读者"好比是"无罪"申辩，读起来像是忏悔。托克维尔说道，他绝不认为平等是造成现代世界的一切的唯一原因。在罗列了其他一些因素，尤其是和美国有关的因素之后（他其实大可以让读者回顾一下第一卷《论美国的民主》），他继续写道：

> 这一切不同原因的存在和作用，我全知道，但这不是我要研究的对象，我不打算探讨我们的一切倾向和一切思想的产生原因，而只想在某些章节谈一谈平等对一切倾向和思想的改变所发生的作用。[38]

他重申民主革命势不可挡。正因为如此，读者也许会认为，他如此严厉地批判革命所带来的社会很是奇怪。他以写给里夫和密尔的信作答："我的回答很简单，我不反对民主，所以想要真诚地研究民主。人们从不相信敌人口中的真理，而朋友们却少有逆耳忠言。这就是我将之说出来的原因。"很少有人像他这样防微杜渐。既然清楚地觉察到了危险（至少他是这样认为），"我不愿懦弱地保持沉默"。

这的确是五十步笑百步。1840 年《民主》结尾几页就算是那样恢宏，也无法消除该书其余部分给人留下的印象，即书中虽然常有闪光的洞见和常识，作者却是这样一个人：他想象出了一个平等主义的幽灵，对之充满敌意和恐惧，号召自己的阶级，如果不能击败它，就一定要控制它。他的立场与贝里耶（Berryer）领导的议会正统派并无多大差别：只有一点非常关键——托克维尔是不支持波旁家族的正统派（他认定波旁家族已经完结了），这正好比他是天主教徒，但不相信教会。

就书写传记的角度看，托克维尔不协调的立场很令人好奇。"告读者"中的自辩完全出于真心，他也从未否认 1835 年的《民主》（这本书里就表明了他的两面性）。我们有必要试着解释这个现象。

359

将此归咎于他写作期间接触的朋友也许不妥。他最常询问意见的朋友是凯尔戈莱，他是热诚的正统派；但如我们所见，托克维尔只采纳符合自己口味的建议，发觉凯尔戈莱最有帮助的地方是做个倾听者，可以测试自己的想法是否符合逻辑、是否清晰。[3940] 博蒙和爱德华的角色也差不多。虽然大部分写作是在爱德华家中完成，托克维尔似乎最希望从他的朋友那里取得赞美和鼓励。从书本身似乎就能看出，托克维尔期望读者主要是和他自己差不多的人：关心公共事务的乡村绅士。既然有了这样一种期望，就不太可能非常透彻地批判自己或者他们的前提假设，而他也确实没有这样做。但 1835 年《民主》基本上也可以这么评价，尽管他显然希望各支自由主义者（乃至共和主义者，更不用说美国人）读一读他的书。

依我看，1840 年《民主》所反映的真相很简单：它是一部高度私人化的著作。它仅仅在不遗余力地传达作者深居高阁思索而得的思想。"我在别处探究了美国政治制度拥有活力的原因……今天，我关注的是个人……"今天！我们能瞥见托克维尔用完早餐，走上塔楼，将欲继续写作。过了一阵子，他打算点明当今的政府不断强大，也愈发危险，于是写道："我非常看重之前所说的每一件事，所以要把它点明令我十分苦恼，惟恐削弱了我的论点。"托克维尔从未想过伪装客观、"科学"的文风。他的写作就像是和读者交谈。[41]

这也不单单是风格问题。想要让文字优雅、具有说服力，不止这一种方式。托克维尔选择如此私人化的写作，是因为他的想法本身就是私人化的。下卷第一部分题为"民主在美国对智力活动的影响"，从一开始就探讨宗教这个话题。托克维尔受到自己的方法误导，犯了好几个错误，比如宣称民主社会不可能出现新的宗教，因为公民会嘲笑新冒出来的先知（他没听说过约瑟夫·史密斯）。但让读者吃惊的，并不在于他的方法决定了他的观点，而是他似乎担忧民主时代会威胁到他自己的宗教信仰。这是他所不能容忍的。"对我来说，我怀疑人类是否能够同时承受完全的宗教独立和完全的政治自由。"[42] 这里他暂时抛弃了笛卡尔主义（所以说它与第一章的论点矛盾不无道理），称人不可能每次都靠回归最初的原理来解决一切问题，所以必然总是有一些学说成为教条。而与其信奉政治，他们更好还是信奉上帝，因为信仰上怀有疑惑，就会削弱灵魂和意志，进而使公民易于奴役。一个教义合理的宗教，即使无法保证信徒来生得救，至少在此生对人的幸福与崇高非常有益（他是帕斯卡尔看多了吗？）。合理的宗教应该有哪些教义呢？传播灵魂不灭、爱你的邻人的一神教为什么就是合理的？不论是《古兰经》的政治、法律教条，还是中世纪基督教的圣徒崇拜等等，其他宗教的教义都得不到托克维尔的认可，被认为缺乏智慧，无关紧要。[43]

读者不论信教与否，都很少对托克维尔的论断感到满意。而且，托克维尔根本没有费工夫举例为证，使得说服力大打折扣。但在心理上，托克维尔需要维持这些理念，所以他把它们扔进了论民主的书里。这几段话之所以重要，是因为它们揭示了托克维尔思想底下牢固的一神论基础。作为历史学家或者社会科学家的托克维尔经常纯粹依赖于世俗化的分析和解释，但一到价值观问题上，宗教就不可或缺了。宗教是他生命基础的一部分，即使他后来抛弃了勒叙厄尔修道院长的许许多多教导，但这个基础在儿时就已打下。而如我们所见，他不幸从未能超越他儿时的天主教信仰所造成的文化约束。他写完讨论宗教与民主的章节之后，接下去写了一章关于天主教在美国的发展的内容。这一章多有纰缪，最大的问题就是根本没有提到美国的爱尔兰移民。还有一章是"民主国家人民的思想倾向于泛神论的原因"（所谓"泛神论"，他显然指的是功利主义），托克维尔将笛卡尔主义发挥到了极致，为一个并不存在的现象找到了很精妙的解释。他以这样的思想作为天主教一章的结论：由于民主制度，"我们的后人会越发倾向于两者择其一，或是完全脱离基督教，或是皈依罗马教会"；而另一章里他号召那些仍然坚信人类真正伟大的人团结起来反对泛神论。[44] 托克维尔依旧无法同情新教，或是理解它为什么能持续拥有活力。做到任意一者都意味着走向相对主义，认识到自身信条的局限——他那焦虑的灵魂不敢走得如此之远。

我们若是再仔细研读他所讨论的民主对家庭的影响，便能充分认识到这本书既是逻辑和观察的产物，也是他个人神经衰弱的产物。

要公平地评判托克维尔在这一主题上的论述，就需要了解他生活和思考的那个世界。做到这一点远非易事。革命时代改变了男人、女人和儿童的关系，但具体多少程度就难以说清（这是连续性和创新性之争的一个具体方面，这场争论在托克维尔思想中体现得非常清楚）。西奥多·泽尔丁对法国家庭史有翔实、细致的探究，给人以 1789 到 1945 年法国家庭生活进展（或者任何种类的变迁）缓慢的印象；他所引用的证据让人看到在这方面法国人的习俗最阴郁的一面。* 常识不断

361

362

---

* 我们应当牢记他给出的提醒："家庭关系的历史，书写方式不同于国际关系的历史，对家庭关系的任何描述，都必然是试探性的、不完整的。"（T. Zeldin, *France 1848—1945*, Oxford, 1973, I, 285）

告诉我们，既然法国人在婚姻、社交以及一般性的家庭生活方面并不明显比其他民族差，那么泽尔丁的证据定然有误。虽说这不无可能，但我们无法否认其论点的分量。很明显，用现代标准来看，法国人对婚姻、性、儿童和女性之类问题的常规看法十分缺乏想象力，大革命之后大概改变甚微。所以最好借这个观察来研究托克维尔的观点。令人遗憾的是，他大部分观点都是司空见惯的；超越了普通看法的地方，无不可以归因于他的成长历程，以及更重要的，他的美国之行。写作人类生活如此重要的一部分，完全把自己的真实想法透露出来（比他以前发表的都更为完全）并不是件奇事。如果我们和他一样诚实，也都会这样做。

他最后一次重提自己有关继承法的既定观念，以此为讨论的开始。现在他完全修正了最初的断言。"到目前为止，我们在法国所做的事，尚未明显成为美国人的梦想，即妨碍父亲在死后任意处置财产，从而剥夺他们一个首要的权力来源。在美国，立遗嘱者的权利不受任何限制。"[45]他将差异归因于拿破仑："我国那位民事立法的作者，认为在不会直接或者立即威胁到他的权力的领域满足同时代人的民主激情，正符合他的利益。"令人惊讶的是托克维尔对此状态的态度，现在似乎变得支持起来。他仍旧认为，新的继承法使社会民主化，但他赞同其结果。他描绘了旧秩序最美好的图景，父亲对儿子拥有绝对权力，长子拥有继承权，妥善行使，利及家族还有弟弟们；不过，父亲与儿子的关系里总是有害怕的成分。在民主时代则不然，父亲丧失了剥夺儿子继承权的权力：

363

　　家庭之内建立起一种平等关系……我认为，随着风俗和法制日益民主，父子关系也会更加亲密和温和，而不象以前那样讲究规矩和仰仗权威；他们之间的信任和眷爱也往往是坚定的。看来，父子的天然联系是紧密了，但他们的社会联系却松弛了。

兄弟之间也是如此：既然他们无需再为继承家业争吵，他们便可以像儿时一样，做一辈子的好朋友。这种新型的家庭非常有吸引力，甚至得到了保守派的支持。"我就看到一些激烈反对民主的人，曾容忍他的子女用"你"而不用"您"来称呼他们。"[46]

读到这一章，就不可能不想到埃尔韦、伊波利特、爱德华和亚历克西。我们进而从中又能观察到两点：亚历克西笔下的家庭似乎看不到一个女性，而且他所描述的家庭关系缓解，很有可能是他独特的家庭传统，而非大革命的结果；我们也许还记得夏多布里昂笔下居于家中的马勒塞布；这或者反映了卢梭的影响：我们也许会想起贝尔纳·德·托克维尔的图书馆。

到目前为止，亚历克西的书已经进展到中途，他也许突然间注意到，他压根没有提到另一半人类。也许是这个原因，他接下来四章全都和女性有关。首先，"美国年轻女性的教育"响亮地断言："没有一个自由社会没有它的风俗，而且正如我在本书上卷已经说过的，社会的风俗是由女性创造的。因此，凡是影响妇女的地位、习惯和思想的一切东西，在我看来都具有重大的政治作用。"[47]托克维尔对女性教育非常关注，有很鲜明的观点，这我们无需重述。就如同其他许多去过19世纪美国的欧洲人，他所见到的年轻女性富有活力和独立性，吸引了他的注意：

> 当我看到美国女青年在欢欢喜喜的交谈中发生争执时，能够极其巧妙地和泰然自若地表述自己的思想和话语，往往吃惊不已，几乎为之倾倒。一位哲学家在一条狭道上可能跌倒百次，可是美国女青年却能轻易地走过去而不发生意外。

364

他的言下之意是，这些年轻的美国女性，没有法国上流社会女孩的那种虚伪和无知；法国的女孩封闭在女修道院学习（"如同在贵族时代"），随后进入社会就需要自己照顾自己了。美国人的体制更好（他将其归因于新教）。既然危险不可避免，美国人觉得最好是教他们的女儿怎样照顾自己。在托克维尔看来，这样做并非没有缺陷：它使女性拥有德行，但感情冷淡，无法成为温柔的妻子、男人亲切的伴侣。但付出代价是值得的："必须实行民主的教育，以使妇女免遭民主的制度和风俗将会给妇女带来的危害。"[48]

敏锐的读者也许已经皱起了眉头，后面三章也巩固了不好的印象。托克维尔关注女性教育的原因越发明显，也就是让她们在婚前保持贞操，婚后不行通奸。他明确地批判那些"欧洲"理论家（他指的是圣西门派）竟然"混淆性别差异"，赋予女性与男性相同的功能、权利和义务："强制两性平等，反而会损害双方；硬叫男子去做本来应当由女子去做的工作或者相反，必然出现一些柔弱的男人和一些粗野的女人。"[49]他不愿在男女平等的理念上多费口舌（显然，他不清楚这些理

299

念正在英国和美国取得支持）。他要做的是用美国女性的范例来支持民主制，用民主制的风俗批判法国的传统婚姻制度。他是另有所谋的。

他说道，亚里士多德式的婚姻，往往是财产而不是个人的结合，"所以通常出现新郎还在读书，新娘尚处襁褓之中的情形"。这样一种结合，就不可避免地导致配偶另寻他欢——"这是从契约的性质自然得出的后果。"[50] 另一个麻烦是坚持只与门当户对的人结婚——等级之间不得通婚。这也会导致通奸——"就这样自然秘密地补偿了法律强加的约束。"[51] 民主的美国是多么不同啊！在美国，年轻女性接受教育，有了可靠的智力、男人般的习惯（原文如此），自愿地担起婚姻的枷锁。这婚姻在托克维尔笔下更像是监狱："在美国占有统治地位的严峻舆论，便把妇女牢牢地封闭在只顾家庭的利益和责任的窄小圈子里，不准她们越出雷池一步。"[52] 这当然让托克维尔感到困惑，但他以没有阶级的障碍阻止女性嫁给任何向他求婚的男子作为解释。她可以自由选择，而且通常是在她那受过教育的心灵因人生经验而成熟以后："早婚是很少见的。"她的理性告诉她，为了婚姻就必须完全牺牲一己的意志："已婚妇女的幸福源泉是她丈夫的家。"这种能够理性思考的坚定性格使她得以成为贤内助。边疆地带的年轻女性给托克维尔留下了尤为深刻的印象："疾病、孤独和沉闷，都没有使她们丧失勇气……她们既有忧郁的表情，又有果敢的气概。"[53] 为了把问题讲清楚，他从《荒野两周》摘录了一部分作为附录，并指出美国几乎没有通奸——这样的事太少，所以小说根本没有把它当作有趣的主题，所以美国小说很少。[54]

类似的内容还有很多，但对于这些 19 世纪男性意识形态的吐露，我们已无需赘述。更重要的是理解托克维尔为什么把它们写入书中。他是在为自己娶玛丽的决定辩护。他的婚姻和家庭观，就像他明确支持感情婚姻，反对过去贵族式冷冰冰的包办婚姻一样超前。不过他的超前仍旧是有限的："身份平等绝不会让男人守贞"，他说道。有时他的观点几乎接近于普鲁东，后者曾说过女人不是家庭主妇就是娼妓：托克维尔说，民主制终结了玩弄、诱惑女性的行为，所以会增加妓女和守贞妻子的数量："在立法者眼里，卖淫远没有献殷勤那么可怕"——献殷勤指的是唐·乔万尼之好；正如安德烈·雅尔丹的评价，和在其他方面一样，他在这个方面无疑也持维多利亚式的看法。[55] 玛丽·德·托克维尔看了这几段话，看到它们给男人以极大的性宽容，却对女人一丝不苟，不知作何感想？（至少她应该不能说托克维尔没有警告过她。）但有一点我们不能忽略：放到一起来看，赞美新继承法以及称颂不怕门不当户不对的婚姻的段落，意义只可能有一种，至少清楚亚历克西和玛丽之间的故事的人能够心领神会。

一旦抓住了这一点，托克维尔写作这本书，大多数时候都出于相同的目的就显而易见了——自我辩护。至始至终，托克维尔从头到脚都是个贵族，但1830年代他已经与自己的世界决裂，其程度让他以及贵族世界震惊。他曾向路易－菲利普宣誓，他依据《拿破仑法典》领取了自己那份家产，他有最最不合适的婚姻，而最糟糕的是他成了法国未来走向民主的预言家。在写作新书的同时，他在与正统派还有老牌奥尔良派角逐诺曼底的议席。所以说，我们最好将他的书理解为一部个人宣言。

真是难为他了。我们看到，在很多时候，他充满了怀旧，忠于自己的等级，对新时代有着几近歇斯底里的焦虑。我们不由得猜测，对母亲的愧疚大概是促使他写作的部分原因：母亲去世不久他就动笔写作《论美国的民主》新篇，不过我们所掌握的证据大抵也只能告诉我们这么多了。他差劲的健康状况与他的表现也没有特别的关联。我们能看明白，他被硬生生拽入新世界，强烈地讨厌它的许多方面，可却决心要接受它。他这样做不仅仅是因为（如他所认为的那样）这是上帝的旨意，更是因为他与上帝所见略同。他认为，正义在民主一边，因此他也要站在民主一边；不过，他也常常极为准确地称自己是民主的诤友，要指出错误和危险时毫不犹豫。

最后，他迈过了所有困难和不协调的地方，创作了该书的最后几页。这是他写过最高贵的文字，是他作为男人和思想家的最佳表现，必须全文引用：

> 至于我，在达到我的讨论的终点后，远远地、但是全面地回顾一下我曾 [367] 分别深入研究的所有不同对象时，我既感到恐惧又怀有希望。我看到一些严重危险，但觉得可以排除；我看到一些重大弊端，但认为能够避免或抵制。因此，我越来越坚信，民主国家只要愿意干，还是能够建成高尚而繁荣的社会的。
>
> 我并非不知道，有些当代人认为人民生在世上从来不能自己作主，必然服从外部条件、种族、土地和气候所产生的难以克服和无法理解的力量的支配。
>
> 这是一种错误的和消极的观点，只能使人永远软弱和国家永远畏葸不前。

上帝既未创造完全独立的人类，又未创造全都是奴隶的人类。不错，上帝是在每个人的周围画了一个他不可能越出的命运所注定的圈子，但是人在这个广泛的范围内还是强大的和自由的。一个国家或民族也是如此。

现代的各国将不能在国内使身份不平等了。但是，平等将导致奴役还是导致自由，导致文明还是导致野蛮，导致繁荣还是导致贫困，这就全靠各国自己了。[56]

就这样，经过了五年苦思冥想，托克维尔表达了他所奉行的信条——这是他至死都遵循着的信条。

《民主》第二部受到知识公众热切期待，戈瑟兰安排印刷的册数远超过了第一部，但他没有尝试出廉价版。[57]书的销售量平平，直到 1848 年才卖完第一版，这无疑让戈瑟兰，当然也让托克维尔失望。此次失利有好几个原因。对于作者来说，1840 年是个不走运的年份：法国极有可能因为东方问题而与整个欧洲开战，这分散了读者、编辑和书评家的注意力。而托克维尔也非常清楚，自己已不再是颗新星了：人们不再会惊讶于他的崛起。而就书的主题而言，美国在法国的舆论界也不再那么流行了：1835 年以来美国和法国发生了太多的外交摩擦，先是 1837 年恐慌，然后是 1839 年萧条，都显著损伤了法国经济。但毫无疑问，主要的原因在于这本书自身的问题。它的优点和缺点一样影响销售（甚至也许影响更大）。要说公众有何特别期待的话，那就是更多关于美国的东西；而相反他们看到的是一部要求他们思考民主的书。罗西在《两个世界评论》中为之撰写了书评，讽刺地评价道："当今的人们不习惯阅读托克维尔先生的书；它不仅要求读者用眼睛，还要动脑子。阅读这本书不是消遣，而是工作。"[58]整个政治氛围也不像从前那样有利。如果说 1835 年自由主义者还有一点共识的话，现在这共识已经瓦解了：舆论或是转向右翼和一种无益的保守主义，或是转向共和主义和社会主义都在占据阵地的左翼。托克维尔似乎不再是属于当下之人，他的关注点也没有那么迫切了。虽说书在英国读者那里得到了颇为热情的欢迎，但帮助不大；在 1840 年代的法国，英国并不比美国多受待见。托克维尔从同胞那里获得了有德性但令人厌烦的名声，这对他死后有很大的损害。

弗朗索瓦兹·梅洛尼奥（Françoise Melonio）在《托克维尔和法国人》一书中对 1840 年《民主》的受众的研究令人钦佩，这里无需详述；但有三篇书评不得不说，因为它们不仅对于托克维尔本人很重要，而且也很能够帮我们理解他。

第一篇书评持批评态度：西尔韦斯特·德·萨西（Sylvestre de Sacy）10 月 9 日发表在《辩论报》的这篇文章多少有点姗姗来迟。《辩论报》不是政府的喉舌，却从 1830 年以来演变为奥尔良派尤为强力的支持者，所以不大可能欢迎这样一部充满恐惧，又如此焦急地期待自由和民主制度进一步扩张的书。萨西认识托克维尔，并不情愿批判自己的朋友，但还是这样做了。他利用《论美国的民主》（他似乎没读懂）为出发点，为 1840 年的君主立宪制提出了有力辩护。托克维尔愤怒不已，给萨西寄去了一封言辞激烈的信（萨西也预料到托克维尔会给他写信）。托克维尔说道，萨西没有读出他的核心观点，"该作品的母体思想"。

> 我注意到在我们的时代，新的社会秩序已然产生，而且仍在产生巨大的好处，同时也催生了许多值得警惕的倾向。如果放任这些苗头生长，很有可能会不断减弱人的心灵，滋生卑鄙的风俗，最终导致普遍的奴役……我写作本书的目的在于展现出那些可怕的可能性，它们正在我们眼前显现……我希望以此可以激发起心灵和意志的努力，因为只有心灵和意志能够战胜这些可能，我也希望以此教育民主如何认识自己，然后管理和引导自己。[59]

369

在平静的时候他的文字很少会如此锐利。这封信里，他用短短几句话，表达了驱使他从事研究（不论成功与否）的最核心的关切，也解释了为什么后人从此之后在这个问题上不断起争执。对现代人类而言，没有什么话题比它更重要了。

一两周前，安培给他寄去了自己在《巴黎杂志》（*Revue de Paris*）刚刚发表的书评，他以非常不同的方式做过回应。这篇书评以致托克维尔的公开信为形式；它以诗体韵文肯定了托克维尔的成就。"请原谅，"安培说道，"我来不及把它写成散文。"的确，他那个夏天忙得不可开交：他一直在角逐法兰西文学院的一个重要奖项，把妹夫送去了疯人院，把妹妹送到了心理康复院，还要护送雷卡米耶夫人到德国，因为她要去温泉疗养。不论走到哪里，《民主》都如影随形，陆续写下的诗句逐渐融汇成了一首诗。他的回复也是最有想象力的：他明白他面对着两个谜题，一个关于贵族制，另一个关于民主制。他一度感到自己正乘坐蒸汽船在莱茵河逆流而上：

我看到河岸左右

都是残垣断壁，

城堡之多，箭塔和山头林立

仿佛贴到了云端。

您的书追逐着我，难以释手，

在这里读再适合不过。

那些废墟讲述着古代的贵族，

蒸汽则最像是民主的声音。

在这里我比照两个时代，

您犀利的眼睛洞察了它们的奥秘！

旧欧洲遥遥在上，站在山头，

恢宏——脆弱；高傲——毁灭。

另一个欧洲在下头：就在这船上：

是的，平庸，但却强壮，却勇敢，却新颖！

370　　　他说，他非常能理解托克维尔为什么忧郁地怀念中世纪。当时的领主和农民因为相互之间的义务而被约束在一起，人们为长远的未来工作、建设、写作。他又说道，如果每个人生来都是绅士，他也会喜欢这旧时的日子。但现在是平等的时代。她是时间和必然性之女，欧洲人就像跟随托克维尔的船穿越大西洋的海鸟一样——迷失、疲倦、饱经风雨；领头的是托克维尔，警告大家暴风雨将要来临。然后他在50多行诗句之后归纳了托克维尔的预感还有建议：

要祛除平等之恶果

就要珍视，您告诉我们，珍视自由！

安培雄辩的概括扫除了托克维尔的论著中一切犹豫、矛盾和离题的地方，所以使托克维尔的主旨更容易理解、更具说服力。托克维尔自然感到高兴。[60]

安培还有其他朋友（博蒙、鲁瓦耶－科拉尔）的赞美之词，不论是公开发表的还是私下交流的，都令他颇为满足。但他最期待的是一个英国人的看法。书在巴黎刚出版，他就经由驻伦敦大使基佐给约翰·斯图亚特·密尔送去了一本，并附上一封信，介绍他所写的内容："我对您有极大的敬意和诚挚的感情，请您将这本书看作是证明。"密尔立即写了回信，说他已经购买、阅读了英译本，但"您寄来第二部大作的这份友谊，令我感到莫大的欢愉"。他将会在10月那期的《爱丁堡评论》上写书评，但早早就把他主要的评价告诉了焦急的托克维尔：

> 您改变了政治哲学的面貌，您继续讨论了现代社会诸倾向和这些倾向的成因，以及特定政体或社会秩序的形式对它们有何影响。您将讨论带入了前人从未达到的高度和深度，从前这些问题上所有的论述和思考现在看来都如同儿戏。[61]

密尔真是不吝褒美之辞，文章发表后托克维尔发现密尔甚至更进一步：他不仅重 371复了对本书重要性的看法（"开启了科学研究政治的新时代"），而且在评价新作的同时，仔细地穿插了一个提醒，让读者不要忘记旧作的趣味和价值。他也赞赏托克维尔时而与他有不同意见，尤其是他说道：

> 所以说，托克维尔先生至少在表面上混淆了民主的影响和文明的影响。他用单独一个抽象的理念概括了现代商业社会的所有倾向，给了它们同样的名字——民主；因此不难想见他将若干因为国民财富增进而自然出现的结果归咎于条件的平等。

（当时和后来的许多法国评论家也以差不多的形式指出了这一点，而如我们所见，托克维尔本人甚至难以领会。）尽管如此，我们能看出托克维尔为什么在他愉快的答谢信中说，他将把这篇书评与自己的那册书装订在一起。"所有书评当中，唯独您完全把握住了我的思想，而且明白如何将之展现给公众。"的确，密尔无人可比的清晰思维和表述，有时候使他比托克维尔自己还更了解托克维尔，用更有说服力的方式陈述他的立场，甚至时不时地预示托克维尔思想未来的发展趋向。[62]

密尔的文章的重要性不言而喻，用它来研究密尔自己的思想甚至比我们这里用于研究托克维尔更有价值，这里无法展开充分讨论。但我希望提出最后三点。

首先，密尔用很大篇幅将托克维尔思想运用到英国社会与政治，因而使托克维尔成了英国自由主义的一位重要影响者。

其次，书评有好几处展现了他对当时历史洪流有先知般的敏感度，不经意间说明了新的状况、新的事件正呼之欲出，已经威胁到《论美国的民主》这部深深扎根于七月革命的著作的时效性。他倾向于认为，托克维尔应该更系统性地使用阶级一词，指出目前有两大极为重要的主题，即中产阶级的兴起和工人阶级的跃进。他反思道，罪恶不在于中产阶级统治本身，而在于任何阶级统治。"任何一种人类的本性在共同体中占据优势，都会把自己的类型强加给整个社会；强迫所有人服从或者模仿它。"他还发觉有必要声明"经济和社会变迁，虽然至关重要，但不是塑造人类进程的唯一力量；观念通常不仅仅是社会环境的标志与结果，它们本身就是历史中的一股力量"。

其三，密尔和安培竟然都按照托克维尔所期待的方式理解《民主》新篇，令人吃惊。现代人浩瀚的评论很容易让我们忽视密尔这篇文章，但它却十分关键。"就要珍视，您告诉我们，珍视自由！"《论美国的民主》，除了它的社会学*抱负，还有焦虑的关切外，整个四卷始终都是深刻的政治学著作，旨在论证平等已经不可避免，但可以以自由为则，建立正义。研究过托克维尔的人都无法否认他的论述很成功，再怎么持保留意见的人，也难以不感受到它的影响。密尔是托克维尔最初那批读者当中最理解这一点的；因此，他明白自己所评论的这本书是部杰作、是部经典；从 21 世纪来看亦是如此。

---

* 1840 年，奥古斯特·孔德才造出了"社会学"一词不久。

第二卷

托克维尔先生

第十六章 议员生涯（1839—1847）

他究竟要在这双桨战船上做什么？ *

莫里哀，《斯卡班的诡计》

1848 年春，二月革命的几周后，古斯塔夫·德·博蒙向纳索·西尼尔讲述了他对于这场灾难的解释。他认为，君主立宪制对法国人来说是太英国化的东西。"法国人不擅长平衡弊端。我们太讲逻辑，一看到制度的错误，就去把它打碎。英国人懂算计；我们的行动是出于冲动……除非我们大大改进，否则就永远不会拥有任何持久的制度；因为我们一旦发现每个制度的弊病就将之摧毁，而且无人幸免，所以就没有制度能够延续。"[1] 这个观点无疑有不少真知灼见，但它只能算是后见之明。托克维尔（博蒙也是）步入议会时还根本没有这种怀疑主义（或者说是愤世嫉俗）。1830 年以前的那种期望还没有离他而去。"我在一个复兴了自己的自由、似乎正在复兴自己的繁荣和伟大的社会中度过了自己年轻时最好的年华；我的理念在这样一个社会里孕育，一种温和的、有节制的自由，以自身信仰、习俗和法律为约束；这种自由的魅力将我捕获；它成了我生命的激情。"[2] 他打算以运用和加强这种自由的方式实现自己的野心与理想；他想在公共生活这场戏剧中扮演一 个角色。在之后的 8 年里，这一志向的智慧受到了严酷的考验。

他完全是个新手，在下议院做议员更像是一场新的历练，或者用亨利·亚当斯的说法，是他下一个教育阶段。众人对他的成就期望颇高——用雷穆沙的话来说，他是最后一位被选入七月政权下议院的贤才——但他即使再勤奋，要学会这门行当仍是一个缓慢的过程。他所面对问题的性质明摆在眼前：很大程度上是个人的问题。在众议院（house of commons），议事厅的设计让议员在演讲时总能够在身边和身后找到自己的党派（或者一部分议员）。他们在他遇到困难时提供支

---

* 原文为法文：Que diable allait-il faire dans cette galère？ ——译者注

持，在成功的时刻鼓掌喝彩。美国的参议员在自己专享的议席上演讲，通常听众也十分有限。而托克维尔在波旁宫必须走上讲坛，毫无预料地面对眼前围成半圆的人群，是敌是友无从分别，仿佛就是一场死刑审判。这种感觉不由得令人士气低落，但也并非无缘无故。几年后不久，革命群众就会再次侵入议事厅；而与此同时，他根本无需回忆被公民大会的吼声压倒的罗伯斯庇尔，或者被五百人院驱逐的波拿巴，因为他的许多近亲，由于他们在政治上的可见度而蒙受的命运，对托克维尔而言是历历在目。更重要的是，他极端的性情意味着他饱受讲台恐惧的折磨：几乎每次演讲都会让他的身体崩溃两天，这就显示了他的焦虑是何等强烈。他感到自己过于暴露，因为在自己最开始两三次演讲中，仿佛是在要求让自己殉教，过多地讲述了自己的荣誉与原则，像是 18 世纪的绅士在发出决斗的挑战。鲁瓦耶－科拉尔曾对托克维尔寄予厚望，也只有他向坦率地托克维尔道出了实情，说他太过自我中心了。托克维尔明白了他的暗示，不过他未能忍住微笑，因为鲁瓦耶在陈述不应该自我中心的论点时，也不断地在谈论他自己的事情。他热爱这位长者（"他是最后一位罗马人"），接受了鲁瓦耶的建议：在下议院的第一届任期行将结束时，他的演讲已经越来越有力度。他已经学会了如何直入主题。[3]

377　　但他在下议院的影响力几乎没有提升。凡尔赛检察院的故事再度发生。他生来就不是一位演说家，而在这个时代演讲胜过一切：他无法像基佐那样，用嗓音和目光的力量主宰一场辩论，或是像梯也尔那样让智慧发出夺目光彩。他像写书和写文章那样一丝不苟地准备讲稿；结果是它们读起来比听起来更顺口，以至于他的同僚觉得他这个人冷淡而缺乏激励性。他同意他们的评价，承认他无法即兴思考：当他只能即兴演讲的场合，讲出口的有时候只有他先前准备的内容，时常是无关主题的片段。[4] 他对于论战也没有多大爱好，疏于攻守。

　　在一次会议中，他发言的次数从来不超过三四次。健康问题是主要原因。刚结婚后的 19 个月里，他还没有犯过胃病，但之后他就时常受病痛困扰。现在，每个人第一次见到他，都会评价到他病怏怏的外表：雷穆沙最初以为，托克维尔脸上泛青，说明他是一个罪恶的阴谋家。[5] 不过他改变了这个想法，很快成为托克维尔的朋友，但这对于托克维尔而言并无多大帮助：出离病痛的时候越来越少。他把自己患病归咎于作息不规律和饮食不适当，但他的病也许就是现代所说的功能性消化不良：压力导致消化不良，而消化不良又导致压力。他在信中写到了自己的精神状态与身体状态的联系，这种关联十分醒目。在下议院要做的事对他寻求生理和心理稳定没有任何帮助。

不过，就像很多伟人的事迹所证明的那样，做一个成功的政治家不一定就要完全健康甚至完全理智。托克维尔未能成为下议院的领袖，一部分原因是他身体不佳，另一部分是他的气质所致：新手会有的所有紧张情绪他都有，对于批评反应出病态的敏感，与自己的新同僚打交道也略感羞涩。但失败的原因更多地在于他的社会和政治熏陶；甚至于他根本的信念也在这中间起到了作用。

根据他的朋友和盟友，自由主义议员让－查理·里韦*所说，托克维尔对于平庸毫不宽容。"他不会与平庸之辈交流甚至听他们说话，基本不知道他们的名字，而正是这些人组成了每个国民议会的主体。"[6]托克维尔本人对于这些人的看法甚至更为严厉，这也许是他《回忆录》中最为坦率的一段话："我一直都假设平庸之辈与贤达之士一样，有鼻子有嘴巴有眼睛，但我从来记不住这些人的五官。我一直在询问每天见到的那些陌生人的名字，旋即又忘却……我尊重这群人，因为他们管理着世界，但他们也让我无聊透顶。"[7]托克维尔当选几个月后，总算从萨尔特省的马梅尔（Mamers）选入下议院的博蒙也说了同样的话："他在议会生涯很早期就发觉，一个独立议员，也就是不支持任何政党，也不受任何政党支持的议员，是难以改变什么的。他因此允许自己被认为是左派的一员。但我一直以来都未能说服他对其他左派议员表现出过得去的态度。有一次，我批评他对他们太过冷淡，于是他去与罗莫郎丹（Romorantin）†握手，然后把目光转向我，希望我为他鼓掌！但我不知道此后他有没有再和罗莫郎丹握手过。"难怪不久之后，托克维尔就不得不接受事实：在演说方面，他将无法复制写作上的成功。"作家的行当和演说家的行当相互矛盾。"他如是忧郁地总结道。[8]

博蒙则在人际交往方面取得了更大的成功，以他的和蔼在下议院结交了不少朋友。适应了新环境以后，他日益表现出与梯也尔往来、建立自己的事业的趋势。这逃不出托克维尔敏锐的眼睛。他本以为他和博蒙作为政治家，也可以像当年作为作家那样通力合作，所以向凯尔戈莱抱怨了这看似背叛的行为。凯尔戈莱回复了两封极为坦率而且透彻的信件。他说道，问题在于两位朋友的不同性格和倾向。

378

---

* 让－查理·里韦男爵（Jean-Charles, baron Rivet, 1800—1872），曾做过省长和参政员，1839 年代表科雷兹省进入议会。他激烈地反对基佐，在 1846 年的选举中被击败。1848 年他入选国民议会，但在 1849 年被再次击败，回到参政院任职，直到 1851 年的政变。

† 在七月王朝时期一位作为"王朝左派"（dynastic Left）投票的议员。

博蒙对于平庸的政治生涯做了充足准备*，而"你的未来会是怎样还不可能下定论"。这当归咎于托克维尔难以撼动的道德原则。凯尔戈莱想在不冒犯托克维尔的情况下把他的看法说明白。他将托克维尔在这方面的特点比作那位固执的正统主义者，也就是凯尔戈莱的父亲：他那种十足的政治清誉使他难以容忍任何缺乏清誉的人。与这位老伯爵一样，托克维尔也让人难堪。"他们暗自说道，也许某一天这个人会让我极为尴尬，因为我以前曾恰巧做了什么，而没有先取得他同意。"这就是梯也尔给托克维尔的回应，而和托克维尔本人一样固执的基佐，也认识到他永远无法驾驭此人。在这样的情况下，凯尔戈莱说道，难怪博蒙要与托克维尔保持一点距离，但博蒙仍然是托克维尔最为重视的朋友，托克维尔一定不能太过严苛。[9]这是很好的建议，不过也许有点多此一举：大多数时候，托克维尔非常需要博蒙的友谊，所以通常来说根本不会去责怪他。

但有一次他着实大失风度，甚至可以用惨痛来形容。这段插曲值得我们讲述，因为它不仅体现了托克维尔本人的性情，而且也让他在政治上遇到的困难一展无余。

在下议院从政几年后，他发觉自己处于一小批自由主义议员的核心，他们与他一样，反对基佐，但也尽力不与梯也尔合作。在托克维尔看来，梯也尔根本不值得信任，而且反对自由主义；梯也尔实际上只关注自己的晋升。[10]反对派的第二位杰出人物奥迪隆·巴罗（Odilon Barrot）有更容易接受的性格，但却表现出与梯也尔合作的倾向，令人沮丧（我们将会看到，这时的托克维尔还根本没有意识到团结和纪律对于反对派的重要性）。所以托克维尔和他的朋友们颇费功夫地让他们这个小组得到认可，总算取得了一些成功，但他们还算不上一个政党（人数太少），而且与巴罗领导的"王朝左派"没有完全划清界限。这是一个很难向民众解释的立场，所以1844年春他们急切地抓住了拥有一家报社的机会。那些年是巴黎报业的鼎盛时期。七月革命如果说只是有名无实的话，它至少证明了报纸的威力，即使后来有九月法令（September laws）增长了路易－菲利普的威权。托克维尔明白这一点，他十分看重与《世纪报》（Le Siècle）的联系，而这有一部分得益于博蒙的帮助。不幸的是，《世纪报》忠诚于梯也尔，并最终明确告诉托克维尔，除非他遵循政党路线，否则就不能在他们的专栏发文。[11]而现在他有机会拥有自己的

报纸——《商务报》（*Le Commerce*）——这真是绝佳的时机。

与托克维尔在七月王朝做的许许多多事情一样，经营《商务报》也并不成功。 380
但这不是托克维尔的错：他全心投入于经营这份报纸，常常为报纸撰稿（有时候
是匿名的）；管理层也由他悉心打点，通常顺从于他的领导。但他和他的合伙人
无力募集运行报纸所需的资本，也未能找到一位足够有才华的记者来做好编辑工
作。这份报纸多少飘忽不定的路线未能让读者满意（不过这准确反映出托克维尔
模糊的政治立场）。发行量不断下降，到 1845 年 6 月，托克维尔放弃了这次失
败的活动。在这项活动中他至少亏损了 4500 法郎——差不多是他年收入的四
分之一。[12]

不仅这件事不走运，因这件事而与博蒙决裂更是雪上加霜。这两位朋友原本
的打算是，博蒙在《世纪报》管理层的六个月任期结束后加入《商务报》。但在
此之前两家报纸在一个重大政治议题上大吵了一顿：是否应该维持大学制度（拿
破仑创立的国营世俗教育体系）对中等教育的垄断，或者说，私立学校是否应该
得到官方认可（这主要会使那些天主教会办的学校获益）的问题。梯也尔和《世
纪报》支持大学制度，而托克维尔和《商务报》站在另一个立场上。随后《世纪
报》宣称，《商务报》之所以这样做，是因为托克维尔仍然是个秘密的正统主义
者。《世纪报》的诋毁使博蒙决定辞职，但由于他同样支持大学制度，所以他觉得
自己终归也不能加入《商务报》。他在一封给《世纪报》编辑商博勒（Chambolle）
的公开信中解释了这一点。

托克维尔对此大为光火。他非但没有感激博蒙所展现的忠实，反而给他写了
长长一封言辞激烈的私信，几乎要断绝他们的友谊。他不满的是博蒙曾简单地表
示他在学校问题上赞同商博勒的立场（"我一直以来支持、而且现在也仍然支持
您的立场"），因为他这样说也许会被认为是在支持正统主义的诋毁，甚至可能助
长了这个谣言。"我只有一点容易被人攻击。我的出身和我家族的意见很容易使
人相信我与正统主义以及神职人员沆瀣一气，而我又不像你一样与拉法耶特将军
的孙女结婚，所以我的论敌自然而然从这个点出发，不仅批判我的行动，而且要
指责我的意图，不仅谴责我的行为，还要损害我的荣誉。"而博蒙做了什么呢？ 381
当所有这些指控又流行起来的时候，他只是说自己不与这些人为伍，因为托克维
尔是与他交情最久的朋友，而没有澄清这些人的流言纯属臆造。不过，又有谁
比博蒙更了解，托克维尔为了被人们认可为由衷的自由主义者，其所做出的牺

牲、其极为艰辛的良心斗争？（也许托克维尔记起了他在博蒙被检察院开除后写下的那封言辞强硬的公开信）"我宁可被丢弃在原始森林……也不想遭你这般对待……"云云。[13]

幼稚的爆发（法语里托克维尔的这段话更为刺耳）深深伤害了博蒙；他寄回了一封长信，悲伤之中把道理讲得明明白白。托克维尔似乎很快认识到自己根本不该寄那封信。在一次公共会面中，他们仅握手致意。在这之后，他又写了一封信："我想起我们的生活有那么长的部分是在如此温柔、深沉的友谊中度过的，我亲爱的博蒙，你时常给予我的感情我仍然历历在目。我不想谈政治，而只想拥抱你，告诉你不论发生什么，我都一直会全心全意爱你。"[14] 这封信弥补了两人的友情，但完全回到旧时的亲密，还需要等到二月革命前夕。

这次失利让人想起托克维尔少年时决斗的事，从后来的回忆来看，这件事据说完全是托克维尔的错。[*] 它还展现出他对于自己及自己的政治生涯，多少抱有拜伦式的态度。他写给博蒙的第一封信还能体现他痛苦于自己的挚友转投梯也尔，但想象中自己的荣誉受损才是真正让他痛苦的。这也许反映了他与家族及其传统决裂造成的创伤，让他过分敏感。他的表现是一致的：与自己的选民打交道时，一旦有人提起他是正统主义者的这种诽谤，他就会强烈而迅速地予以回应。托克维尔一直通过尽可能大声地斥责来反驳这种看法，而且似乎奏效了：1848 年选民们心照不宣地信任他。但这种极端敏感的反应在巴黎就没有那么上路了。严肃的政治家应当是团队合作者，而不是装成普罗米修斯的装模作样者，对他人的利益和困难不屑一顾。有些议员开始讥讽他们这位新同事广为宣传的美德。

因为假定凯尔戈莱观察准确，托克维尔确实在道德上比大多数政客都要严苛，那他如果像他和他朋友所相信的那样过分严苛，也许就根本进不了下议院，或者就算进去了，也待不上多长时间。实际当中，他与他的同僚们一样，自己的考虑受到抱负以及再度当选的需要所支配，其结果也与他们相仿。他与自己选区（瓦洛涅区）关系的记录，可以最清楚地表明这一点。

最初他对省区政治的卑陋感到失望。科唐坦的生活与他理想中爱国和受过教育的公民认真考量公众利益的那种民主制度大相径庭。他在多封信中向鲁瓦耶－科拉尔倾诉自己的悲伤（而实际上鲁瓦耶－科拉尔的回复是"你期望怎么样？"）。

---

[*] 见前文，第 56-7 页。

托克维尔在 1840 年 8 月写下了他的悲叹：

> 我到这儿来休息，两天安宁日子都腾不出来。有好几百件地方事务要我去处理，得马上研究。整个行当需要我不停地吃大餐。对于我如此柔弱的胃来说，这是危险的消遣活动。不过，我还是坚持下来了，因为在这个省份，只有在餐桌上才有机会把人们聚集到一起，了解当前的民意。我还不知道有哪个地方比这里还缺乏公共生活，比这里的人聚得更少的。这里从来没有集会；也没有让人们可以自由交换他们对任何主题的意见和想法的地方。[15]

他不断重复这个看法，批评自己的选民对于国家政治一无所知也毫不关心；他们就只关心自己的个人利益，通常指的是工作或者奖章——他们总是要求托克维尔写信请求政府为村镇镇长授予荣誉勋章。他也必须不断调整自己的意见，不论这原本是多么严肃认真思考的结果。他以预算为原因，投票反对了 1842 年铁路法（雷穆沙称这项法律是七月政府在最后八年中通过的唯一一项重要法律[16]），但他不久便意识到失误，于是开始孜孜不倦地游说，让瓦洛涅和瑟堡之间建一条铁路。坊间流传可怕的传闻，说他支持自由贸易，马和牲畜的饲养者因此十分恐慌，而这两个行业的贸易是科唐坦地区农业的支柱。他于是发表了一封严正声明，解释道他一直以来在原则上坚持保护主义（对于学习古典经济学的托克维尔，这很难说是他的实话）；但他最近拜访了哥哥爱德华（全国农业委员会成员，写作了很多有名的保护主义小册子），领会到提高关税对于保护法国牲畜饲养者免受外国竞争有多么特别、多么科学的意义。[17] 他甚至发觉自己反对奴隶制的信念都可能有些不便，因为瑟堡大量依靠与糖业殖民地的贸易。不过他还是体面地维持了这些信念。

　　托克维尔逐渐蜕变成一位完全脚踏实地的政治家因此不足为奇，回报就是在选举时他也有更多人的支持。* 但重要的是，我们如何理解这些改变（是否应该称作进化？）。从一方面看，相比于下议院生活，他显然更享受竞选：他给保罗·克拉摩根的信中满是战斗的回味。1842 年 7 月他再度当选后，他致信科尔塞勒，写

383

---

* "也许他公开宣称蔑视政客的伎俩，但这些伎俩他都会。为了选票，他做的工作并不比坦慕尼的老大们少。虽然仍以贵族自视，但他已经准备好卑躬屈膝来取得胜利了"（Max Beloff, *Times Literary Supplement*, 12 July 1996）。

到内阁强力反对他，却适得其反，导致：

> 选民们做出慷慨而独立的回应。这样的做法在当地有时候还能找到，但下议院里是从未曾有的。我上周日收到的所有那些话，无不是他们对我尊敬、信任和赞同的证言，将长存于我的记忆当中。说实话，这是政治生涯迄今唯一给过我的真实乐趣。[18]

但如果我们调整对他的理解，再来检视这件事的话，我们发现这并不是他一人所为。比如，他的对手不断重复托克维尔是虚伪的正统主义者，是因为他们没有其他可以攻击他的内容。他们挖出了托克维尔 1832 年退出凡尔赛检察院，反对监禁德贝里公爵夫人，以及他 1833 年为凯尔戈莱辩护的事情。这些都是琐碎的陈年旧事，对托克维尔没有多少伤害。但是托克维尔在竞选公告（election circulars）中没有为自己的言行完全坦率而准确地辩护。他否认自己的退出有任何政治含义；他谎称为有关公爵夫人的宣言签名只不过是遵照了职业咨询的建议；他把自己关于凯尔戈莱的一些较为轻率的评价轻描淡写成法庭策略而一笔带过。我们将会看到他对记录略有歪曲——但在当时的情况下是可以理解的；他也有权以他喜欢的、最有力度的方式，申明自己支持新的君主制（"我由衷、坚定、忠诚地希望维持我们的制度和王朝"），但这话不像是出自一个固守精确真理的人。就在几个月之前，他在准备演讲时曾记了一条备忘，写了他多么地讨厌和蔑视国王。[19]

这些小小的谎言和前后不一致体现了托克维尔在七月王朝所处的核心政治困境。在竞选路途上（请允许我使用如此无礼而且时代错误的表述），他又变回了那个记旅行笔记的托克维尔，很少让哲学思考妨碍到他理解和品味社会这出大戏。但他不能将这种态度写入理论，因为这样做会意味着公开承认并接受了民主政治理念必须居于次要位置的观点；而若真是如此，他与梯也尔那样的机会主义者又有什么不同呢？更糟糕的是，这会意味着把道德制高点拱手让给基佐。

托克维尔对自己早年的老师多有讳言之处；但基佐对托克维尔的评价相对而言更为直接。不管是作为政治家还是哲学史家，基佐对于他那个时代的看法都很明确而且爽气。他相信进步，拥护他认为的法国大革命的主要成就：扫除混乱的旧秩序，建立一个受到社会当中的显贵人物，最为富裕、聪明和有创造力的成分——自然贵族——所支持和保障的新秩序。另一方面，他担忧暴民政治，而他一个最为显著的政治原则就是维护秩序。他总是欢迎那些取得了必要财富和教育的人进入统治阶级，从这点看他是民主派：这就是他著名的格言"绅士们，让自己富裕起来！"的含义。他认为随着文明的推进，越来越多的人会进入精英阶层。他并没有错，但他害怕打开恐怖的大门（恐怖统治时期他父亲的死让基佐永远不能释怀），以致他从未做过任何事来加速或者促进这个进步的过程。他对于经济学毫无兴趣，也觉察不到经济上的可能性。雷穆沙注意到基佐从不谈及贸易、公共建设或者公共财政，每每下议院爆发辩论就离席。"不过他向往做第一大臣！"[20]他最有建设性的工作是他在1830年代任教育大臣时做的。

基佐十分赞赏《论美国的民主》，本应该会乐于与这本书的作者结成政治同盟。1841年12月托克维尔入选法兰西学院（"梯也尔、基佐、维尔曼[Villemain]、莫莱、库赞[Cousin]诸位先生有生以来第一次有了相同的看法"，他自夸道）[21]，并于次年的4月21日入席上任。基佐当时不能到场，但他读了这位新院士的演讲，向托克维尔寄去了赞美之辞。"你讨论的都是最为伟大的问题，而且你也明白它们之伟大。也许今日没有什么比你的著作更为稀有的了，因为事情增多得比人还快，几乎所有人都从底部看问题。所以即使我不完全赞同，你的观点仍让我感到愉悦。为什么大家不这样认为呢？我找不出什么好的理由。"19年后，同样是在法兰西学院，在他要宣读托克维尔的追悼词时，他仍旧感到困惑。[22]

无可否认，作为思想家和历史学家的托克维尔属于基佐的学派；他们两人的分歧虽然重要，但不过是细微差别而已。[23]正是出于这个原因，托克维尔也许才想要与他保持距离：他神经质地渴望让自己显得有原创性，从没有坦率地承认基佐对他思想的影响，而且甚至对基佐在文学和政治方面的地位感到些许妒忌。气质上他们也许太过相似了：除了密友之间，基佐的冷淡和孤傲是出了名的；托克维尔也许发觉他难以接近。但毫不疑问，真正让他们疏远的是政治，也许也有代际原因。宣称世界属于乐观主义者的正是基佐，但他表现得仿佛任何举动都必然导致更坏的后果；而悲观主义的托克维尔从不害怕行动，一直试图充分利用形势，不论它有多么可悲。他在立法方面的兴趣远比基佐广泛，叹息七月王朝最后几年里立法的全然贫瘠状态：他肯定同情那些质问政府有哪些成就的议员，肯定曾自问自答："没有！没有！没有！"他处在自相矛盾的立场——身为民主派，却不信任民众。但他在美国的难忘经历足以让他不可能跟随基佐一起缓慢地采取对策。

用一句话来说，他发现基佐的政策，不论国内国外，不仅胆小而且反自由主义，而他做议员时努力学到的，主要就是如何把这一批判说清楚。

一开始他因为自己的不谙世故而受累。他到下议院不久之后就发生了 1840 年东方问题危机。明眼人都看得出，这段故事昭示了七月王朝的矛盾，而它如果要持续，就必须将之解决。表面上看这很荒谬：有一阵子法国和英国看上去几乎要为埃及的帕夏穆罕默德·阿里是否能够同时统治叙利亚的问题而开战。这是两个帝国主义国家之间的争吵：1798 年拿破仑远征后法国就在埃及拥有利益，英国则决意不让法国扶持的穆罕默德·阿里掌控这条通往印度的陆路运输线上的关键地区。英国政府由于更感利益攸关，而且在海军和外交上拥有更强的实力，所以在这场争执中胜出。对于法国而言，甚至开启这场争端就是不明智的决定。法国这样做更多的是想要重新建立自己的大国地位，而不是因为黎凡特人的密谋——整个政界，包括托克维尔在内，都非常了解这一点。法国的舆论一贯对七年战争爆发以来祖国败在英国手上而怀恨于心。18 世纪，寻仇的想法导致法国介入美国革命，这虽然是一场军事胜利，但由于它产生了压垮政权的赤字，间接引发了法国大革命。革命和拿破仑时代以滑铁卢战败、签订和约而宣告结束。这又是一次法国人难以忘却的耻辱，但他们再次得出了同样错误的结论，因为对瓦尔米和奥斯特里茨的记忆告诉他们还有重振的可能。19 世纪的每个政权，从复辟政权到自由帝国，无不希望和尝试以军队或者外交、或者同时使用这两种手段，在国际上取得某场巨大的胜利，以此在公众舆论中博得自己的合法性。其他大国非常了解这一点，所以一直视法国为和平的威胁。这也就是为什么俄国、奥地利和普鲁士在 1840 年与英国结盟：这并不是出于它们喜爱大英帝国，而是因为它们决定维持曾击败拿破仑、保障滑铁卢战后安排的四国同盟。四国再次组织起来更是煽起了法国的舆论，法国政客为插手穆罕默德·阿里反叛他的主子（也就是埃及苏丹）而付出了惨重代价。他们希望避免战争，且同时避免国家再次受辱。就如一位俄国外交官所说，他们在苏尔特（1839—1840 年的总理）政府时尝试"回避"，梯也尔（1840 年）执政时进行"威胁"（或者说"虚张声势"），到基佐（1840—1848 年任外交部长）时变成"乞求"。"他们一输再输。"[24]

托克维尔做第一篇下议院演说时，危机正将爆发。我们也许会想，这对于一位青年来说，何尝不是一次绝好的机会呢？他可以攻击这个注定失败的政策（带有挑衅地支持埃及帕夏），让自己一举成名。但他压根没有这么做，反而站在民族主义的路线，警告称不支持穆罕默德·阿里可能会危及七月王朝：

> 就我而言，当然没有参与创建我们新的王朝；我与它断无特殊联系，从中无所希求，惟愿我的祖国伟大、幸福；但我希望这个王朝延续；为什么？因为我认为这个王朝……是我们唯一的目的地，若是没有了它，我们将会陷入巨大的悲剧。（鼓掌）。所以我希望这个王朝能延续。有观点认为，我们，这个曾如此强盛、如此伟大的国家，有如此丰功伟绩的国家，曾介入到世界所有事务的国家，将不会插手任何事，将对一切都袖手旁观，而一切事情都将没有她的参与。而我深信，如果这种观点在法国的精神中扎根，这个王朝就不能延续多久。[25]

16 个月后，梯也尔政府倒台（它把法国带到了与全欧洲开战的边缘）时，他也发表了类似路线的演说，而新的苏尔特—基佐政府想通过接受其他大国的决定来解除危机。[26] 他对密尔解释了为什么有必要打击一下英国外交胜利的气焰，因为面对帕默斯顿（Palmerston）勋爵的所作所为，如果不这么做，就可能损害甚至扑灭法国人的民族情感，而有朝一日，总会需要他们的激情。"民族自豪感是我们尚存的最伟大的激情；无疑我们有必要规范和节制它的错误，但我们也必须小心不要让它熄灭。"[27]

毫不意外，他的英国朋友并不喜欢这些观点。密尔有些失落，在信中虽然承认必须尊重法国人的民族情感，但同时奉劝托克维尔："以法国和文明之名，后代有权利指望像你这样当今较为高尚、较为文明的精神，把更好的理念教给你们的同胞，让他们明白是什么构成了民族荣耀和民族重要性，改变他们现在似乎抱有的那种低下、卑微的认识。"里夫认为这次演讲严重打击了托克维尔在伦敦的声誉。西尼尔写道：

> 您在法国下议院做的演讲完全会损害到任何一位英国政治家。仅仅为了不被排除在叙利亚和埃及的事务之外就要打仗？或是要展示我们不是不能打仗？或者是因为我们在一场五个势力的角逐中不得不服从其他 4 个势力的意见？您在法国下议院上认为这三个条件是合适的开战理由——而在英国议会，不论是上议院还是下议院，都认为没有必要严肃地答复这样的

意见。[28]

换做基佐，他毋庸置疑会支持英国的观点；而且如果说外交只是在算计实力的话，今天所有人也都会同意他是对的：诉诸战争或者威胁开战来解决国内问题是高度危险的游戏，而英国和法国就叙利亚问题大打出手在当时很多人看来没有任何意义（国王路易－菲利普就是持这种观点的主要人物）。况且，拿破仑的时代早已过去：法国的实力还不足以打一场没有盟友的战争。1815 到 1851 年间的历任外交部长都不得不接受这个现实，轮到托克维尔时也是如此。但他的政治观点同样是无法辩驳的。1840 年秋，路易－菲利普再也不能忍受梯也尔的唬弄，于是由基佐担任外交大臣；所以在公众思维中，基佐与民族耻辱联系在一起。在之后 7 年间，他因此而极为不得人心，也确实削弱了七月王朝。而且他的外交从没有令人瞩目的胜利。

389

必须承认的是，穆罕默德·阿里危机期间，托克维尔将自己表现为一位民族主义者，未能免于寻求廉价外交胜利之流俗。他在之后几年里明白了更多事情。但就像我们所见，他主要的关切并不在此。七月王朝似乎是自由主义者最后的机会。如果失败，就会被共和主义或者波拿巴主义取代。托克维尔并不认真考虑后者的威胁，但共和主义让他深深担忧，因为在他看来共和主义只意味着革命。正因为如此，他真诚地表达了自己对奥尔良君主制的支持，但他错在没有看到，如果要让他的支持有用，他应该做些什么。他效忠于路易－菲利普，虽然他从未承认这一点。他似乎以为仅仅公开宣称奥尔良主义的必要性就足够了，而不需要欢迎或者——在最敷衍的意义上——尊奉它（我们还记得他接受荣誉军团勋章后打的太极）。随着时间推移，他有了丰富的理由反对裹足不前的基佐内阁。他有权利批判这个内阁，指责他认为是腐败和假公济私的行为，然后试图去击败它。他大可以蔑视路易－菲利普，把他当作卑鄙而傲慢的篡位者（所以需要做些事来缓解他抛弃波旁家族的罪恶感）。把所有这些批判集中成一个持续不断的攻击，对于公开承认自己是奥尔良派的托克维尔而言并非明智。只要他有了任何影响，他的政治活动（他与大部分反对派立场一致）就只会削弱当前的政权。但他却又认为当前的政权具有必要性。

的确，他的影响力一直到最后都不大，大体上局限于几个议员：科尔塞勒、阿尔芒·迪福尔（Armand Dufaure）、维克多·朗瑞奈（Victor Lanjuinais）、里韦。

1847 年他又开始（从奥尔良派角度）做必要的区分。他希望让大臣而不是整个王　390
朝下台。所以很难说他对 1848 年爆发的革命有什么显著影响。

　　基佐与托克维尔心中的隔膜主要应归咎于基佐。正如博蒙观察到的，托克维
尔并非天生的反对派："托克维尔非常务实。很多人以为理论出色的人不善行动，
但他让他们大为吃惊乃至讨厌。"[29] 在他做议员的几年里，下议院总是需要他，有
时做委员会成员，有时做商讨政策时的报告员——不仅涉及他的老本行监狱改革，
还涉及奴隶制、奴隶贸易，以及最主要的阿尔及利亚政府问题。有点父业子承的
味道：1842 年他入选芒什的省议会，不久后写出一连串地方重要问题的报告，尤
其是瑟堡铁路这个大项目。他强烈反对从区（*arrondissement*）选举代表的制度，
这主要是因为较小的区（许多区只有不到 300 选民）很容易出于恐惧或者利益而
被内阁操纵，但还有一个理由是如果代表是从整个省选举产生，他们合作解决影
响到所有区的问题会更为容易。但尽管这个体系没有变动，他不论是在巴黎，在
圣洛（省议会召开地）还是在瓦洛涅，都依旧热心地投入于革新芒什的生活与制
度。不过，他发现纵使有那么多报告，自己实际上也无力做成什么。这滋长了他
的沮丧感。

　　博蒙认为托克维尔会是一位出色的大臣，这当然是真知灼见；基佐固执的策
略和死板的意识形态排除了他自己有出色任期的可能性，也使法国丧失了不少机
遇；但值得注意的是托克维尔与迪沙泰尔（Duchâtel）交情不错。迪沙泰尔是内务
部长，又是基佐的得力助手（《回忆录》里的大多数人都形象不佳，但托克维尔给
了他十分友好的描述，令人惊讶）。政治上，即便托克维尔以"自由主义者"自
居，对他最贴切的描述，应该是一位积极的、改良的保守主义者。[30] 除了已经给
出的理由，还有没有理由可以解释为什么他不与保守主义政府合作呢？

　　实际上，托克维尔在 1850 年开始写作《回忆录》时，就问了自己这样一个问　391
题。他也用自己典型的那种十分高傲的立场予以回答。旧观念以新的外表粉墨登
场。他说道，1789 到 1830 年的这段法国历史，是贵族主导的旧制度与他所说的
"中产阶级"所主导的新兴秩序之间的斗争史。1830 年，新秩序胜局已定，所以
资产阶级接手了所有政治权力和政府职能，将所有低于他们或之前高于他们的人
排除在外。托克维尔对于这新统治阶级的评价不能再低：

　　　中产阶级特别的精神成了政府的普遍精神，同时支配着国家的内务与外

交：这是一种积极进取的精神，时而不知羞耻，时而文质彬彬，时而勇敢而无虚荣与私心，时而直觉地恐惧，事事节制，除了物质生活的品位，平平庸庸［很好用的批评词汇］；这种精神如果与民众或者贵族结合，可以开创伟业，但若是孤立无助，就只会带来一个没有美德、毫不崇高的政府。主宰着贵族统治从未、甚至从不会主宰的一切，中产阶级——必须称之为统治阶级——巩固了权力，不久就自私自利地开始结党营私，它的成员很少会去思考公共问题，除非它是牟取私人利益的手段，在蝇头小利前忘却了法兰西的普通民众。[31]

设定好这样的背景，托克维尔随后对路易－菲利普精辟而不友善的描述令人记忆深刻（"他是个让疾病成为绝症的事故。"）。虽然路易－菲利普出身显赫，托克维尔将他描绘成一个可悲的中产阶级，因此是个完全不称职的国王。[32]

这些不佳的评价让我们不得不做些反思。首先，它们对七月王朝的描述，不仅不充分，而且极不准确。这段时间里没有发生重大的社会学转变：路易－菲利普治下统治法国的那些达官显贵，就阶级、财富、意见、出身和职业生涯而言，与雾月十八日乃至罗伯斯庇尔垮台时的那些人大体相同。* 七月政权仅调整了某些合法选民（pays légal），大部分正统主义者自愿移居内地，使得 1830 年后有更多、但仍仅接近四分之一的代表是土地有产者。相比之下复辟时期这样的代表则有近三分之一。[33] 而且合法选民范围太小，不具有代表性，因此算不上一个阶级，也不能代表新兴阶级的权力（如果它强大到这种程度，政权也许还能维持很长一段时间）。如果"中产阶级"一词有意义的话，我们不能说中产阶级统治了奥尔良主义法国，也不能说资产阶级是统治阶级。社会结构之复杂性不允许我们做这样的概括。†

那么，托克维尔这么说究竟是什么意思？我认为，一方面与其说他在阐述有关七月王朝的理论，不如说他在分析法国大革命的性质。他将法国大革命呈现为第三等级对第二等级（一如既往，他忽略了第一等级，神职人员）的一场漫长但最终获胜的斗争。他所说的"中产阶级"指的是第三等级：对 1789 年而言的话，

---

* 1830 年查理十世的政变有一部分是为了用激进分子取代这些新人，但失败了。

† 罗杰·普莱斯（Roger Price）在《法兰西第二帝国》（*The French Second Republic*）（London, 1972）第 5–94 页中极好地描述和分析了七月王朝法国的社会结构。

则是大资产阶级（*grande bourgeoisie*）。从这个角度看，我们能够理解他的（也许是陈旧的）用语，而且这也能提醒我们当时社会科学还处于酝酿期。（即便马克思和恩格斯把阶级与生产方式这两个概念结合起来，在思想上已经有巨大的进步，但《共产党宣言》的术语也许有类似缺点。）我们也不得不说，对于托克维尔来说，把法国大革命仅仅当作是等级之间的斗争并不让他感到不妥；他并没有得出基佐那种极端的结论，认为第三等级的胜利是法国历史的终结；但与基佐一样，他的解释确实使他能够宣称自己和自己的群体继承了大革命的遗产，并以此为名抵制其他的声明和理念。他不仅仅是自负：他在十分艰难、病痛交加而且情绪低落的时期开始写作《回忆录》。在纸上宣泄恼怒可以减轻痛苦。但最为重要的一点是，他的观点与以往一样不是原创；实际上在 1848 年，这些观点十分常见。路易 - 393
菲利普刚掌权时喜欢摆出公民—国王的姿态，乐于让大家见到他带着伞在巴黎街头步行（因此也成了漫画家的素材）。托克维尔的印象一部分应当归咎于这位国王的作风。鄙夷资产阶级是当时一种旋律：这不仅仅是波西米亚人那种对体面人士的鄙夷，更是左派的普遍信念：基佐的追随者只不过是卑鄙的跟屁虫。托克维尔只不过是用不同寻常的气魄，在演说和《回忆录》中表达了这一信念而已。

他多数时候不会怀疑它的真实性。作为议员，他和他的同僚一直都是请愿者的目标。1842 年 1 月托克维尔回到下议院开始新一轮会期，此时他发现自己可以唤起他们的共同经历：

> 我诚挚地、发自心底地问大家——刚从你们的选区过来，你们是否注意到各地——是各地——不是有些地方，而是各地——要个职位的愿望成了普遍的激情、主要的激情、激情之母（"是！是！"的呼声）；这激情同时蔓延至了所有阶级，甚至于此前一直拒绝它的农业阶级，也因为他们能量充沛和健康的风貌而受影响……

（这个评价在他的选区里不大受欢迎：他必须让瓦洛涅的选民确信他说的不是他们。）他说道，现在合法选民趋于认为投票权最大的好处是提供了获取公职俸禄的机会。[34]

用老生常谈的话来说，这幅七月王朝的图景虽然因托克维尔和其他人而广为流传，但带有很大的夸张成分（如果说不是在直接诋毁法国人民的话），以至于根本不具有托克维尔所认为的那种重要性。他有时候也会质疑自己。1842年秋季，他开始阅读托比亚斯·斯摩莱特（Tobias Smollett）的《从光荣革命到乔治二世驾崩的英国史》（*History of England from the Revolution to the Death of George II*）*，不仅被书中描述的政治社会那种惊人的自私、腐败和缺乏原则所触动，而且也深感邪不胜正的道理：英国的自由制度使这个民族不断创造奇迹。"我承认，这本书让我反思，我们对于自己这个时代和国家的评判是不是过分严厉了"，他如是向凯尔戈莱写道；他逐渐认识到，斗争、冲突和激情自然也必然存在于自由国家中。[35] 这当然是重要发现，但腐败的呼声是与基佐对抗的有力武器，难以抛弃，托克维尔至始至终都维持了这一指控。《共产党宣言》若是早一两年出版，托克维尔也许会高兴地看到其中的评价："现代的国家政权不过是管理整个资产阶级的共同事务的委员会罢了。"但即便托克维尔和马克思在一个命题上有共同看法，它仍可能不符合实际；况且，即便马克思在《共产党宣言》中提出的观点并不只是为了夸张修辞，那么应该说他很快就调整了自己的立场，在《法兰西阶级斗争》中写道，"在路易·菲力浦时代掌握统治权的不是法国资产阶级，而只是这个资产阶级中的一个集团……即所谓金融贵族"；他把其他人划分为工业资产阶级、小资产阶级、农民和"所谓的专门人才"——粗糙但有用的细分。[36]

托克维尔的批判对于法国大革命并不贴切，而且也没有深入剖析奥尔良政权的弊病。政治上他的批判是，而且仍然是一种没有影响力的态度，尽管1844年托克维尔逐渐向奥迪隆·巴罗靠拢，也带去了他的小团体。他在委员会中的努力也成果不多：政府没有废除奴隶制，监狱改革一如既往的停滞不前，贫困问题完全被忽视。[37] 最棘手的是七月王朝引入的那些民主自由权次第腐损。托克维尔尤为憎恶九月法令（出版和结社自由对这位《论美国的民主》的作者来说是弥足珍贵的事业）。理所当然，他频频感受到来自自己政治生活的限制和压迫。1842年他从巴黎写信给玛丽，怀疑自己是不是真能成就什么事业："我担心自己不适合我所寻求的这种生活，这种每日忙忙碌碌，处处提心防备、战战兢兢，各种抉择，时时折中的生活。它太不符合我的忧郁、闲散（被激情调动起来的时候除外）、低沉、深沉但狭隘的个性。"

我们完全不容易从这个描述认识托克维尔：他是最为积极的人，政治兴趣出

---

* 这并非这位作者最著名的著作。托克维尔阅读的是翻译版。

奇广泛。但那个夏天他想的不仅仅是政治。他不想玛丽以为他正在享受自己的事业："我所有的朋友今天都外出吃饭了，我亲爱的朋友；我就一个人。我刚忧郁地在杜伊勒里宫散步回来。我终于回到了家，给你写信……"他的婚姻出了问题。[38]

凯尔戈莱大概是他们两人以外唯一知道此事的人。1841 年 2 月造访巴黎时，他发现他这两位朋友争吵不断。有段时期亚历克西有过偶然的不忠，被玛丽发现。他们开始吵架，随后差不多五年里持续不断。对于两人而言，这是一段悲惨的时光。

这讨厌的争吵出人意料。虽然托克维尔脾气无常，从而不可能是位容易相处的丈夫，但是玛丽在与他结婚前就应该对此非常了解。雷迪耶讲到，"她吃饭太慢，让她容易激动的餐桌伴侣绝望；有一天，她还没细细吃完一张馅饼，托克维尔就站起来夺走了她的餐盘扔在地上。但她沉静地招呼服务生，'再来点馅饼。'"[39] 她能对付这种架势；她甚至觉得这很滑稽。通常她都很耐心、克制：多年之后，托克维尔谈到她说，"她不因任何事而懊悔；她知道应该如何让平静的日子和幸运的处境以最为和平、安宁的方式铺开。"托克维尔最喜欢的就是玛丽的温和。但他也曾说，玛丽的思考与感受富有激情，有时候对于不幸反应激烈。[40] 得知丈夫与其他女人有染她不胜恼火。在整件事中斡旋的凯尔戈莱警告她不要抛弃与丈夫非同寻常、亲密无间的情感，因为这样的创伤并无大碍，亚历克西依然衷心爱她；但她很晚才理解了这一点。[41] 她自己行事持重，所以她也相信托克维尔的出轨意义重大。这段插曲，还有它所开的先例，正击中了她的不安全感：一个没有儿女的妇女，远在异国他乡，年届中年（虽然还没有到更年期）。这个时候她还有其他的伤心事：她的父亲、两个叔叔还有两个兄弟都在 1840 到 1842 年间逝世。即使我们没有一手材料，也不难想见她的心理状态。她无法解决自己的烦恼，又发现她再也不能信任自己的丈夫（或者说是他激情洋溢的爱情誓言）。

而托克维尔，则沮丧而不知所措，有点像一个因为淘气而被惩罚，却摸不着头脑的孩子。有一次他写信给凯尔戈莱：

> 很显然，我在一些地方无法满足玛丽，我必须从头到脚改变，才能让她幸福，这对我来说过于困难。我热烈地、甚至激情地爱着她，毫无保留地向她吐露心声；我希望她幸福，也尽己所能为之努力。对于我而言——我想对

396

于男人而言，很少女人是这样——她不仅是幸福的原因，而且还使我安宁，催我努力，乃至于是我生命的目的，不过这些对她而言还不够。通常，她不仅意图统治我的欲望，而且要把它们关起来，也就是压制它们。如果她做不到，她就一无所有了……在这点上要她讲道理是无望的。时间的推移似乎让她对于这段插曲越来越恼怒……

他日益觉得自己不得不做出选择，是毁坏他的婚姻，也许还有他的挚爱的生活，还是找个法子压抑时不时让他疯狂的那种盲目的本能。不过，"与 20 年前一样，我见了不管什么女人都会热血沸腾。我怎样才能停止这种反应呢？"这种困难正在毒害他的生活，即便此时他和玛丽都感到他们慢慢地在和好如初。[42]

之后几年里，与这种故事相仿的琐事接二连三。玛丽一直说他不爱她；他把口才发挥到淋漓尽致，反复宣誓他的爱，但却让她更不信任。她的信怀有恨意，他的信则流露出受伤的、责备似的语调，常常显露出要拥有最终话语权的欲望。不难想见，钱的问题让事情更为糟糕：1842 年夏天短暂的议会休会期，托克维尔以难以负担旅途为由，劝玛丽不要来巴黎与他同住，于是玛丽愤怒地推测他正在和其他女人作乐（这不无可能：就在这段时间，一位警探向基佐报告他看到托克维尔在香榭丽舍接一名女子）。[43] 两人都信任的凯尔戈莱尽力要让他们两人和解。最终敌意随着两人对对方的需要压倒了其他任何考虑而消退。不过玛丽仍旧感到不安全，托克维尔则觉得自己受到了不公的对待。

这场悲伤但不难预料的戏剧，其具体细节无需赘述；但其中一个场景所充分揭示的，不仅仅是托克维尔的性格，而且还有他的议员生涯最为重要的方面，因此值得我们细说。

1841 年春，托克维尔与博蒙实现了他们长期以来就有的计划，前去阿尔及利亚旅行。与他们去美国和英国旅行的精神一样，博蒙希望写出本书，托克维尔希望满足自己的好奇心，继续接受政治教育；但与前几次不同，这次他们带上了伊波利特·德·托克维尔。这不会是一场平静的旅程。法国还远未完全征服这个国家；没有军事护卫而远离主要城市十分危险。档案显示这几位旅行者的妻子都不赞成这次冒险：托克维尔也许高兴于可以暂时离开他的妻子。旅途原定为两个月。当然，从土伦出海后托克维尔就晕船了（不习惯坐船的伊波利特更为严重）；不过，随着他们接近阿尔及利亚，托克维尔便开始全神贯注了。到了阿尔及利亚，他们惊讶而快乐地遇见科尔塞勒，后者也加入了他们。托克维尔从未见过海滩上的情形：各种人种、习俗、语言的大杂烩，"欧洲人、亚洲人、阿拉伯人、摩尔人、卡比尔人（Kabyles）、尼格罗人，各有独特的外貌，都聚集在这个过分狭小的地方；这是一个迷宫般的城市，一般的房屋已成废墟，而另一边正在重建。锤打的声音此起彼伏。所有这些都让托克维尔想到——他说到——辛辛那提（这也许是他最出人意料的评价）。[44] 天气舒适，一切都是吉兆。他开始下决心用以前的方式做笔记。

1841 年阿尔及利亚的笔记也许是他按照这个思路写下的代表作；[*] 他不仅一如既往地富有观察力和理解力，而且由于所有的谈话都以法语进行，他更是能够更为生动地再现他采访过的人所说的话：

[菲利普维尔[†]，5 月 30 日。] 与司令员共进午餐：他是陆军上校。

"先生，只有力量和恐怖才能制服这些人。有一天，我出去劫掠（*razzia*）[‡]。真可惜您没跟我一块儿。有个部落让不久前偷窃我们东西、谋杀我们的人的匪盗穿过他们的地盘逃逸。要补充一下，我并不想走极端。杀了五六个人后，我放了牲畜。他们甚至还偷了这部落里某人的两头骡子，但这人是我们的朋友。我命令另一位我们有理由指控的阿拉伯人给他两头牛。先生，对这些人就只能用恐怖。又有一天，大路上有一起命案。一个阿拉伯嫌疑人被带到我面前。我审问了他，然后砍了他的脑袋。康士坦丁那（Constantine）门上就挂着呢。至于您所说的菲利普维尔的殖民者，他们不过是群乌合之众；这些人以为军队在这里只是为了让他们发财的；这群小贼要是没有我们会一事无成，要不是想到这一点，我才不会去站岗巡逻。我昨天征用了他们的车马来运输草料，告诉他们谁第一个拒绝就把谁送到阿普斯（Apes）的碉堡去，没有我的命令就别想回来。（这座碉堡伫立在一座干燥的、焚烧过的山上）"

---

[*] 1846 年阿尔及利亚之行所做的笔记几乎完全遗失。

[†] 现在尼日利亚的希卡。

[‡] 劫掠战：比若（Bugeaud）将军时期的一种血腥征讨，法国人以此防范、惩罚或只是单纯打击阿尔及利亚土人的抵抗。

这话出自看上去极其善良的人之口。在场的一位水手——他有一些土地——强烈抗议他对待殖民者的做法；他说如果没有殖民地，法国在非洲就没有稳定的或者有利可图的产业；而既然没有土地就没有殖民地，那最好就把最近的部落赶走，让欧洲人来定居。

至于我，悲哀地听他们讲这些话，自问让这些人来统治的国家会有什么样的未来，这股暴力和不公的浪潮究竟何时才会终结——如果土人叛乱、欧洲人被摧毁不是最终结局的话？ [45]

399　我们将会看到，托克维尔没有丧失自己把握关键的天赋；不幸的是，在阿尔及利亚问题上，他拒绝相信自己的理智。法国入侵和占领阿尔及利亚的这 170 年，明摆着是所有涉事之人的灾难，恶劣的影响至今仍能感受得到；这次行动众多不明智之处，只要留心就能轻易发现（科尔塞勒对残忍的劫掠战，以及阿尔及利亚新闻界那种——用现代的词语来说——种族屠杀的论调尤为失望）。[46] 但托克维尔未能或者并不会做出让现代人眼睛一亮的推论。关于阿尔及利亚，他有很多的研究、讨论和著述；* 他尖锐地批判那里的不当统治，并在 1846 年第二次旅行之后，成功地推比若下台；† 可他甚至对于自己都从未能承认，整个冒险是一个可怕的错误。相反，他曾在下议院中说过，不论在其他诸多事务上，他多么不同意苏尔特—基佐内阁，他仍然乐意与它在阿尔及利亚政策问题上合作。我们不能仅仅将这根橄榄枝看成是他的个人野心而一笔带过。必须说明，托克维尔是一位 19 世纪的法国民族主义者。英国在印度扩张统治让他着迷，使他一度严肃地考虑就此写一本书。他对于盎格鲁－撒克逊人的推崇，几乎让人们有理由给他冠上亲英派的标签。但他厌恶英帝国的崛起；他反对路易－菲利普外交的核心成就——英法友好条约（entente cordiale）；他希望拿破仑打赢了滑铁卢之战；他迫切地希望抓住任何机会宣扬法国的实力与独立，而如果殖民帝国是重建法国地位或者赶上英国的手段，他便会热心地予以支持。另外，他赞同伯里克利那句古老而毁灭性的话："你们现在用武力统治着帝国：也许掌控帝国就是个错误；但放手必然是危

* 阿尔及利亚在《全集》（Oeuvres complètes）中占 350 页，不计书信。
† 托马斯－罗贝尔·比若·德·拉比贡利（Thomas-Robert Bugeaud de la Piconnerie, 1784—1849），伊斯利公爵，法国元帅。七月王朝期间大多数时候都是由他出任法国阿尔及利亚战争的领导者和指挥官。托克维尔极为反感他的战争和执政手法。

险无疑。"[47] 法国的声望在阿尔及利亚岌岌可危，如有必要，大屠杀即是维持其声望的代价。托克维尔对此应当比我们更清楚，但为了替代比若的军事政府，他唯一给出的方案是同样灾难性的殖民化政策，让欧洲人在阿尔及利亚定居。他明白定居者社会的模样，但他不会承认法国在阿尔及利亚制造着与爱尔兰相同的问题。 400

这是感情问题。常识或者先知般的洞见都被屏蔽了：在要做出抉择的时候，他一贯反对战争，而且在他 1839 年有关阿尔及利亚的大量工作报告中，他说道，如果把阿尔及利亚的原住民当作是要驱逐或者铲除的祸害，如果要把他们掐死、让他们窒息，而不是教育他们文明开化的话，阿尔及利亚很快就会成为两个民族残酷斗争、终有一方灭亡的战场："先生们，让上帝赦免我们，不要走向这样的命运！"[48] 但他从没有按照自己的觉知行动。[49]

民族主义是 19 世纪欧洲的氧气——也许我应该把它说成是慢性流感。法国革命战争和拿破仑战争很大程度上是在表达法国民族主义；民族主义从 1815 年或者更早开始，大幅塑造了欧洲其他国家以及美国的历史，在 1914 年的世界大战达到顶峰。因此，在传记中解释托克维尔的态度也许是多余的；他与他那代人有共同的假设，而且难以免俗。随着时间推移他变得更为现实，但仍然富有浪漫的爱国情怀。但如果想要理解他，我们也许应该记起，他还是夏多布里昂的族人，深刻地热爱 17 世纪的法国作家。莫里哀、帕斯卡尔、博絮埃、拉辛：这些作家代表了他祖国的伟大，而他最深切的希望似乎就是让法国重回这个水准。这一希望和国际地位之间的差距看似也许很大，但帕斯卡尔的世纪也是路易十四的世纪；托克维尔虽然并不赞同路易十四，可受他的影响（类似于拿破仑的影响）可能比自己所意识到的要深刻。[50]

托克维尔因为生病而中断了阿尔及利亚笔记。尽管他果断地向玛丽隐瞒了此事，他的健康状况在他抵达阿尔及利亚起就不断恶化——无疑，是肠子上的老毛 401 病。他们一行抵达穆斯塔加奈姆（Mostaganem）时住在比若处。比若邀请他的客人们与他一同到内陆去劫掠，打击当时阿尔及利亚抵抗运动的领袖阿卜杜·卡迪尔（Abd-el-Kadr）。托克维尔很想同去。这本会是一次激动人心的经历：这支纵队打了三场胜仗得胜回营，劫掠了塔克但普特（Tackdempt）要塞，一举占领了马斯卡拉（Mascara）。[51] 但是托克维尔的朋友们一致认为他不适合参加这样危险的冒险，说服他要理智做事。博蒙留下来照看托克维尔，而伊波利特和科尔塞勒随军队出发。托克维尔与疾病又抗争了两周，但在菲利普维尔城外的埃迪斯（Eddis）军营、与上校共进午餐的那天，严重的痢疾将他击垮：他两次昏厥，一度要用担架抬着；严重腹泻要数日之后才痊愈。博蒙一如既往地照料他。他们决定等托克维尔能活动了就立刻回法国，在 6 月 12 日的清晨抵达土伦。上岸后，托克维尔立即写信给玛丽，讲述了整个故事并且断定："我虽然没有生病，但还是处于痛苦和极度虚弱之中。"他说道，他和博蒙不久就会回巴黎。[52]

这是个悲惨的故事。今天最为触动人心的，也许是托克维尔对此次厄运的反应。伊波利特和科尔塞勒随比若出征让他痛苦了好一阵子。他已经有多年没有那么烦恼过了。他反复问自己，留在城里是不是正确的选择——尽管他的理性和他的朋友们都呼喊：是的！"直觉在扰动。这是我第一次放弃一个既愚蠢又危险的计划。这让我担忧。我认为必须提防那种过分倾向于规避危险，甚至是无伤大雅的危险的常识。"托克维尔现在虽已年近四十，但他心中那个被宠坏的孩子，还有博蒙在美国所观察到的那位冒失而热切的旅行家还未成长成熟："他非但没有让自己那微弱的躯体休憩，反而似乎是发自内心地想要让它经历最为严酷乃至最为危险的考验。"托克维尔曾伤心地承认，危险的旅行并不适合身体虚弱的已婚男子；但他厌恶这妥协。[53]

402　他回到法国后写给玛丽的信甚至更生动地展现了他的个性。即便在阿尔及利亚，他也寄去了满是性渴望和失望的信："我亲爱的，我身体的每个部分都想要你，我的心肝，还有我的感官——我向你保证。燃烧的欲火激动着它们，但到目前这一分钟为止我完全在禁欲，我用我最庄严的荣誉向你保证。我不仅没有不忠——考虑到我目前的生活，这不算什么美德——而且也没有以另一种形式屈从于欲望，这就更算是功劳了。若是能投入你的怀抱，我会喜悦至极。"但他突然想到，待他回家时她也许在经期。她必须立刻写信告诉托克维尔她的生理周期表。"想着我，爱我，因为我爱你。"[54]

他和博蒙缓慢穿过法国南部的时候，他甚至用了更强烈的笔调。他的疾病已然摧毁了他思维的调子；他为自己的身体感到焦躁不安："这是一台需要休息的机器，但痛苦的是，控制它的是一个难以忍受片刻休息的思想。"他也苦恼博蒙的事情：除了玛丽以外，没有人能比博蒙更好地照顾托克维尔了；但博蒙肯定很失望，因为照料托克维尔使他无暇写作自己的书。托克维尔想得最多的是玛丽和性爱。他打算在巴黎和他父亲住一两天，回家时不至于成了一副行尸走肉；他仍然想要知道玛丽的经期何时开始、何时结束。"我挚爱的玛丽，将你紧紧拥抱在我的怀中会是多么令人陶醉。这个时刻也会让你感到甜蜜吧？你是否像我设想中的那样，像我爱你那样激情地爱我呢？……得去赶邮差了，就此停笔。"[55]

随着他沿罗讷河而上，他的身体和精神明显恢复；抵达巴黎时，他听到了令人震惊的消息：法兰西学院的拉居埃·德·塞萨克（Lacuée de Cessac）去世了，而他的继任显然应该是托克维尔，他自从成为成功作家起就一直渴望在法兰西学院有个席位。他立即决定在巴黎多呆几天，对有空的学院成员做必要拜访，并且匆匆将这个消息告诉玛丽（"我又碰上了新麻烦。"）[56] 他一直要到 6 月 30 日才回到家乡，但出乎他的意料，人们对他的归来极为冷淡。

玛丽有她的理由。她已经两个多月没见到她丈夫了，在此期间得忍受许多小的困扰。他一度濒临死亡（她一定为此震惊而担忧）。他曾寄给她炽热的情书，但在最后时刻推迟了归期，在巴黎逗留。无疑她考虑到了最坏的情况，即使这没有发生，事情也足够糟糕了。她有三天没有原谅他。 403

冷静下来后，她一定想到以当时情境和托克维尔的性格而论，只有用她快死了的消息才可能让他离开巴黎，放弃他的学术征程。在这里我们大可不必讨论法兰西学院是否名如其分。托克维尔渴望自己的名誉和功绩得到认证，认为永垂不朽比有利的书评和稳固的销售量更能体现自己的地位。他明白马勒塞布在 1775 年为他轻而易举当选后举办的招待会上所说的话：法兰西学院是一个法庭，独立于所有权威之外，并受所有权威的尊敬：

> 它评价所有的才能，它评判所有类型的功绩。而在这个启蒙后的世纪、每个公民都能通过报纸与全国对话的世纪，那些有教育天赋、或者领导天赋的人——简言之即文人——对于我们这群松散的群众而言，就好比罗马和雅典演说家之于他们大会中的群众。[57]*

这是个值得向往的使命。另外，塞萨克去世为法兰西学院留下了两个空缺：他生前同时也是法兰西人文院的一员。托克维尔决意要帮博蒙弄到这第二个位置。所

---

*　这段话——马勒塞布的整个致辞其实也是——明显受到他的继任托克维尔的《旧制度与大革命》第三卷第一章的影响："大约 18 世纪中叶，文人何以成为这个国家主要的政治家，后果又是什么。"

以他留在巴黎，而两件事他都做得很成功。可以想见，玛丽也许认识到，为他实在难以规避的错误而惩罚他并没有意义（不过，托克维尔下次去阿尔及利亚时有玛丽陪同）。

整个夏天和秋天他都在城堡中缓慢恢复元气：养身体花费的时间比他希望的长很多。12 月，他以 30 票中 20 票赞成入选法兰西学院；一周后，博蒙当选补缺塞萨克在法兰西人文院的位置。在之后的四个月里，托克维尔一个首要关注的事情就是撰写一篇欢迎演说。

404 这并非易事。学院的惯例要求他为前任致赞美词，而塞萨克算不上是出色的人物，他是将军和行政官员，忠实地为从旧君主制到第一次复辟以来的每个政权服务。托克维尔最先考虑的是用塞萨克的轶事把他说成是富有人情味的人物，但尽管他们在法兰西人文院就已相识，托克维尔却想不出什么素材，因为这人给他的唯一感觉就是责任的化身。他就此询问了梯也尔的意见（政治分歧无法搅乱学术联系），后者高兴地给托克维尔寄去了一封拿破仑本人写给塞萨克的信；但它的开头是"我亲爱的塞萨克，你是个笨蛋"，所以派不上用场。[58] 鲁瓦耶－科拉尔告诉托克维尔的轶事，讲的是塞萨克在临终前担忧自己的性罪孽，而根本没有想到他作为官员，每年向拿破仑供应成千上万义务兵去俄国和德国送死的事情——这段轶事颇有冒犯，因此也不合适。但鲁瓦耶也给了非常不错的建议，让托克维尔利用演说的机会，对拿破仑帝国和它的官员（以塞萨克为典型）做一个哲学评价，"绝对权力下的伟大公民"。[59] 托克维尔感激地接受了他的建议，恰到好处地付诸实现。就这样，学术上的必要暂时让他回到在后人看来无疑是他本行的事情上。

托克维尔的表现极为优雅，而每次读这篇演讲都会感到新意层出。托克维尔尽可能地美化了可怜的塞萨克（"他成了一位既热烈又虔诚的基督徒"），但却无法掩饰他对于这位前任的意见。托克维尔认为他是一位缺乏想象力的仆从（"他就像侍奉皇帝那样地侍奉上帝"），并坦率地评价了拿破仑及其政权：

> 他是没有德行的人中最为伟大的一位。
>
> 他举世无双的天才在当时人眼中仿佛证明了他们极端服从的正当性；英雄的一面掩盖了独裁者的另一面；我们可以想见，服从他更多的是服从他这个人，而不是他的权力。但拿破仑启蒙和激发了他所建立的新世界之后，留

给世人的只有他的专制主义……

这篇演讲有趣的地方就在于，虽然托克维尔隐藏了自己的看法（"比谦虚地讨论自己的看法更为谦虚的，是对这个主题不加任何评论"），但他的话语中浓缩了他最深刻的思想。向学院致辞，这样十分合适：上帝也许也知道他们将得到的评价；但对于托克维尔本人而言，这也是一次有价值的练习——他有机会思考自己过去和现在的著作，让自己的直觉告诉他接下来去哪儿。《论美国的民主》（或者更确切地说，这本书的学说）频繁体现在托克维尔的演讲中：比如，托克维尔解释他所认为的法国大革命核心成就时，终于为条件平等（*égalité des conditions*）下了一个有效、可行的定义：

> 法国大革命摧毁了一切等级和阶级所留下的东西；它废除了所有特权，分解了私人结社，分配了财产，传播了知识，建立起一个由有史以来财富和教育上最为相近的公民组成的国家……它确保了我们永远不遭受最坏的暴政，即某个阶级的暴政；但同时它又使我们的自由更为问题重重。

可以看出，托克维尔的思维也在向他将在《旧制度与大革命》中思考的问题转移；给人最深刻印象的，当属这段自由的颂词，它也预示了《回忆录》中的内容：

> 我坚定地相信，只有保持自由，我们当代人才能伟大而繁荣。唯有自由才能召唤起我们共同具有的那些强大的情感，推动并支持我们的灵魂走出平庸；唯有自由才能为我们条件的统一性和习俗的单调性带来多样性；唯有自由才能把我们的思维带出狭隘的顾虑，升华我们所欲望的目标。[60]

法兰西的精英在王后玛丽-亚美莉（Marie-Amélie）的率领下，齐聚在学院著名的圆顶蓬下，聆听托克维尔的致辞和莫莱伯爵的欢迎答复；每个人都对一场精彩的思想竞赛翘首以待。总的来讲他们有些失望。与在下议院时的情况一样，阅读托克维尔比听他演讲更为打动人，而此时批判拿破仑也不算是很好的时候：就在 15 个月以前，这位大帝的遗体刚被从圣赫勒拿岛运回法国，声势浩大地重新下葬在荣军院。听众中许多人完全感到厌倦，他们大多认为莫莱的讲话更佳。我们也许

405

406

也能给这个人打上趋炎附势的标签，在为塞萨克和拿破仑辩护时，他也是在为自己辩护。他以前的言辞优雅里带刺，但今天他为雾月政权及为之服务的那些人辩解，披的是大众的外衣。异见者 1842 年既已有之：基佐的裁断上文有过援引，鲁瓦耶－科拉尔（不出意料）认为托克维尔的致辞更是胜于两者，他如是告诉迪诺女公爵——无疑他也将自己的看法告诉了托克维尔。

在这不久之前——托克维尔在东方问题上做了第二次演讲以后——这位女公爵曾询问鲁瓦耶，问他认为托克维尔是位怎样的政治家。他不情愿地回答说："他那些诚挚的想法源源不断，但却不足以帮他实现自己的目的；他毫不小心地耗费这些想法，但有些会一直留在他心里。他急于成功，我担心这会让他误入歧途，尝试调和那些不可调和的因素。"这位智者说道，他把一只手伸给左派，另一只伸给右派，如果还有一只手他也会伸出去。"我们这位地狱街（rue d'Enfer）的隐士展现出了在他出色的品格下十分辛辣的恶意，"喜欢托克维尔的女公爵评论道。[61] 但即使是鲁瓦耶－科拉尔也不会在他的学术演讲中指控托克维尔八面玲珑的作风。他挑衅过拿破仑的崇拜者及中间派的支持者，并重申他将捍卫不可折中的自由与正直的原则。他为自己这种政治独立的立场赋予了意义：由此我们可见为什么他的朋友总是忠实于他。同时我们也能看到为什么独立性如此之快地变成孤掌难鸣的状态。鲁瓦耶－科拉尔明白这一点。他认为托克维尔演讲中的批评太过精确，因而难以流行："皇帝和帝国对于民众的影响，比我以前以为的要大。"[62]

所以托克维尔的政治生涯注定停滞不前——直到一场新的革命爆发。

第十七章　二月革命（1848）

上帝为人类社会所立的法中，再明显不过的一条就是将伟大的思想运动与伟大的政治运动统一起来的那种必然联系。尽管如此，国家的领袖似乎从未能觉察，除非人们将之摆在了他们的眼前。

亚历克西·德·托克维尔[1*]

1846 年，连绵不断的大雨侵袭了整个西欧和中欧，土豆枯萎病已经在爱尔兰造成大饥荒，现在更是大幅扩散。大雨和农作物疾病的双重打击使西欧农业严重歉收。与历史中的情形一样，歉收引发的饥馑在法国导致了民众的不满和暴乱：面包价格一度涨到每公斤 90 分，使得维克多·雨果注意到"农民起义正在萌生"[2]。在安德尔（Indre）省的比藏赛（Buzançais）城，暴力事件尤为野蛮：镇压下去以后其三位带头人遭到处决。民众仇恨的对象之一是一位名叫尚贝尔（Chambert）的富人。1847 年 1 月 13 日的晚上，他的仆人遭到警告称如果他们明天不离开，他们的命运将和他们的主子一样悲惨。第二天降临，暴民们也出动了：他们洗劫了这座城市和它最大的工厂，攻击了尚贝尔的宅邸。一位名叫韦南（Venin）（"我是匪徒头目"）的人走进了起居室；尚贝尔的仆人勇敢地将他击翻在地，但再做思虑后决定逃之夭夭。走去拿了枪的尚贝尔回到起居室并射死了韦南。为此民众在各个房间，各个房子里搜寻他，最终把他逼到走投无路，暴打致死。死前他还喊着："饶命，朋友们！""你没有朋友"——这是暴民们的回答；随后暴乱者回到议会的宅邸，去解决他的老母亲。

幸运的是她有一位忠诚的仆人——马德莱娜·布朗谢（Madeleine Blanchet）——与她共度难关。布朗谢先想把她的女主人带到安全地带；但她们在院子里被暴民

包围，尚贝尔夫人被击倒在地，眼看就要上演另一起谋杀。在此绝境她向暴民们喊道，"你们要杀我女主人就先杀了我！"尽管尚贝尔夫人催促她赶紧逃离："走吧，我可怜的姑娘，让我死在这里吧，走吧！"她仍然拼尽全力阻拦民众的拳脚。有两名男子受她这种英雄主义感动，帮助布朗谢把尚贝尔夫人带到一个安全的地方；但这位女子已是热血沸腾，她回到正在被洗劫的宅邸，尽可能地拯救家族财产，而且出人意料地成功了。她的事迹最终上报到每年颁发奖金奖励美德的法兰西学院。它决定颁发给布朗谢一笔 5000 法郎和一块金勋章的特别奖励，颁奖仪式（还有其他七个奖项）上讲话的是亚历克西·德·托克维尔。[3]

托克维尔很不情愿做这演讲，这很大程度上是因为他得长篇地道德说教（最后他把草稿缩减了 14 页，仅描述获奖者的事迹）；但他用令人兴奋的方式讲述了布朗谢的故事。在他的短篇作品中，这篇演讲可圈可点：这是他少数与法国穷人生活现状接触而写下的文章。因此，他展示了（也许并非刻意为之）工人阶级背上难以逃避、压迫性的债务负担。但用后人的眼光来看，他没有提及从他讲述的这些故事中最容易得出的教训：它们都揭示出七月王朝的浅薄，这个政府显然无力保护富人，也不会救济穷人。它得不到城镇工人的支持，也不值得他们任何支持：即便是法兰西学院的奖金也只是姗姗来迟，算不上雪中送炭，因为受到奖励的人已经依靠他们的德行拯救了自己或他人。[*]在颁奖仪式上，这样的反思自然是不可能出现的；但就在十周前，托克维尔作为学院的轮值主席，曾做过一次正式的演讲，恭贺国王的命名日，并祝愿国王永享其明智的人民的拥护，荣耀地统治这个国家。路易－菲利普按照惯例做了回应，祝贺法国得享"和平、秩序与自由"。（也正是在这个时候，雷穆沙在托克维尔耳畔低语"忠诚的公民必须进退得当，但学者就遭殃了"，让托克维尔失礼地笑了出来。[4]）还没有迹象表明这个中了魔的圈子里有谁预见了未来的麻烦。

但七月王朝越来越不稳定。它的创立者尝试了在欧洲其他许多国家成功过的做法——比利时、英国、丹麦、荷兰、挪威、瑞典，还有更重要的西班牙，因为这个国家与它北面的邻国有一样动荡的历史，法国的波旁家族时常被逐出，但仍在统治。西班牙的情况所表明的，与其说是致命的分歧也许会摧毁君主国，不如

---

[*] "勋爵先生，这难道不是一个只会锦上添花，但不会救人于水火的保护者吗？"（Samuel Johnson, *Letter to Lord Chesterfield*）

说是强大的民众共识可以让王国在各种困难前都焕然一新。七月王朝从未赢得过这样一种共识，虽然在知识界它有不少支持者。其领袖之间的分歧促使它倒台；但也许他们的共识同样会使之朝倒台的方向发展。这个政权基本的理据是，法国应该由它最富有、最富训练的公民（也就是达官显贵们）统治。投票的财产要求以及选入下议院的资格，相比复辟王朝是略微放宽的。在复辟王朝时期，选民从未超过 100000 人。而在 1831 年，新政权的选民包括 166583 名投票者，1847 年又增加至 241000 人——但这个数字仍然不到成年男性人口的 3%。相比之下，1832年《大改革法案》（Great Reform Act）后的英国，选民大约达到了成年男性人口的10%，美国则是每个白人男性公民都有选举权。可见，大多数法国人仍无法直接共享权力，而且日益增多的人在积极地憎恨这个事实。

　　这就是七月政权永远无法缓和的威胁。显见的办法可以是扩大一些选举权，但一次小小的延伸难以改变公民大多数都排除在选举之外的事实。而另一方面，来一次大胆的延伸——也许转向男性普选权——会推翻这个政权本身的根基，也就是它所坚持的显贵们所说的"政治能力"：他们以及城镇和农村小寡头垄断权力的权利。路易-菲利普政府中的政治家们无一例外都持有这个观点，因此本质上都属于保守派。他们拒绝去构想任何激进的改革（所以 1846 年，反谷物法联盟的领袖理查德·柯布登［Richard Cobden］惊讶于法国的反对派一直未能要求到有意义的变革）。[5] 王国支持者大多数属于所谓的反抗党（party of resistance），他们根本不会容忍这样的变革。所以，从未在下议院取得多数的反对派的"运动党"（party of movement），最终不得不采取损害政权稳定乃至存在的战术：它想不到其他什么办法来赢取权力，或者是推进它认为必要的新法律——学校方面的法律，废除奴隶制，监狱改革等等。

　　这样一种情况意味着七月王朝很大程度上受各种事件所左右。国际突发事件、暴动、经济危机还有暗杀路易-菲利普的尝试（"要我命的人从没有歇手的时候，"他观察到[6]）都是萦绕不去的魔咒，长年累月下来，大大削弱了这个政权。它坚决拒绝妥协的立场也于事无补。国王不会听取可能导致战争的外交提议；基佐不会（或者至少是没有）支持扩大选举权。为了维护他们所掌握的权力，基佐与迪沙特尔完善了"基佐制度"（le système Guizot），它在反对派看来似乎是扭曲了七月革命的成就。1840 年内阁（苏尔特—基佐）依赖于九月法令，以及选举欺诈和腐败的体系。虽然这对于任何略了解英国议会史或者美国机器政治的人来说，都

410

337

411　算不上非常令人震惊，但却让托克维尔这样诚挚的自由主义者感到愤慨。1846年，这个内阁运用娴熟的伎俩，取得了一场打破所有先例的致命的胜利，在大选中以100个席位的多数胜出。一个有真实组织的保守党似乎终于浮出了水面。但这个内阁一如既往地消极无为，也没有与之抗衡的自由党起来迫使它行动：就如基佐所说的，法国没有辉格党，只有一个四分五裂因而毫无希望的反对派；反对派中包含有日益强硬的共和主义派系，虽然当时鼓吹共和主义是违法的。而保守党人自己也开始退回到派系纷争之中。

　　在这样的情况下，政治领袖的个性影响很小，尽管说托克维尔乐于指出他们放到一起是法国历史上杰出的一代人。基佐是法国最为伟大的议会政治家之一；梯也尔他的姿态和古怪个性（"梯也尔有深不可测的肤浅"，道格拉斯·约翰逊说道），还有坚定的自我主义使他成了一位极其糟糕的政党领袖，但他仍是用自己的活力、雄辩和才智维持着反宪政理念的活性。奥迪隆·巴罗相对次要，但却是一位优秀的演说家和负责的组织者。暴躁的海燕拉马丁甚至比梯也尔还要自我；不过，如果说他的变化无常和机会主义让他在下议院中失去了坚实影响的话，他的口才和激进主义应该说为他在全国赢得了很大一批追随者。但这些人的所有活动都不过是水中之月，似乎不可能有长期的成就；政治上他们都是得过且过。根据托克维尔的记录，公共意见普遍沦为冷漠。1846年的胜利巩固了路易－菲利普与基佐那致命的自满，让人回想起查理十世和波利尼亚克。[7]

　　托克维尔则没有这种短视的理由，1847年夏天，他开始对未来感到严重焦虑。正如他的个性，他更焦虑的是理念的运动，而不是经济危机以及当局日益的反自由主义。

　　7月末，他与玛丽像往常一样回到他们的城堡疗养。托克维尔手头在写的只有一篇有关瑟堡历史的论文，发表在由阿里斯蒂德·吉贝尔（Aristide Guibert）编辑的一卷书里：在他为科唐坦修建铁路漫长而仍旧没有成功的战役中，这着实是
412　另一成就。他列席了省议会，我们也不妨假设他借此机会教育了他的选民。结果是他对于政治前景逐渐感到越发的不安。他告诉纳索·西尼尔，现在的法国平和而且还算繁荣（这个陈述是错误的）；但尽管一切似乎都很安详，许多人已经开始意识到当下的体系难以维持。托克维尔一开始并不同意这种看法（拿什么取代它呢？），但他不停地在说，这十七年来当局一直在腐蚀"中产阶级"——我们先前看到，他用这个词语指的是合法选民——将之变成"一个小气、腐化、粗鄙的

贵族阶级"，接受这群人的统治是堕落的。他认为如果这一观念普遍化，它也许将导致严重的不幸（但他却出去宣传了）。他如是向科尔塞勒写道：

> 不知你周边的人是否与我的相似。这里的人们很平静，甚至于冷漠，很少关心政治，没有特别偏爱的理念或者人物，但令人惊讶的是，他们都服从于一种对所有大臣和管理者的深刻的、非攻击性的蔑视，并且为这样一种无可撼动的信念所侵扰：即一切都是可买的，或是可用关系获取，政治上的不道德行为是普遍现象，是政治世界运转的习惯性氛围。*

没人想要做些什么，但托克维尔思考了这些态度以后，开始警觉起来。他认为一个支持如此之少的政府不能持续很久："7月1日革命以来，我第一次担忧我们也许还要经历多几次的革命试验。"他没有看出它发生的时间或者方式，但一场暴风雨迟早会降临，除非有某些东西恰好恢复了公众道德。[8]

他与他的笔友科尔塞勒和博蒙都为那个夏天爆发的两大丑闻所震惊：两位前奥尔良派大臣因受贿被送进监狱；舒瓦瑟尔－普拉兰（Choiseul-Praslin）公爵谋杀了他的公爵夫人（另一位先前的大臣塞巴斯蒂亚尼［Sebastiani］元帅之女），手段凶残，情节恶劣。当局允许公爵在被带上法庭前服砒霜自杀；而正如每个人所注意到的，这种特例不会在劳工身上发生。托克维尔认为，这个事件让他噩梦连连，乃至更糟。就如他写信给博蒙，"上层阶级之中爆发的这一连串犯罪的、丑恶的行径，不得不让我认为国民道德有深切的病症，而且会从根基上削弱社会顶层的优势。"简言之，显贵们正在让自己失信于民。博蒙的家族认识而且喜欢女公爵，他十分赞同托克维尔："公共情感如此剧烈的原因太过显而易见，因为这事激发了民众之中残存的一种革命情怀，也就是追求平等。"他还谴责了拉马丁的《吉伦特党人史》，该书方才出版，已经售出了好几千本："这本书背信弃义，它虽然为这些犯罪描绘了最为可怕的图景，并做了严厉批判，却同时总是在为罪犯声辩。"（夏多布里昂说得更简洁："这个异端！他竟给断头台镀金！"）[9†]

之后的事件很快就会证明，这各种插曲确实预示着一场巨大危机，但阅读甚

413

---

* 他将在1848年1月27日的演讲里重复这个断言。

† 托克维尔持相同看法：见 *Souvenirs*, OC XII 94–5。

至更大地激起了托克维尔的警觉。也许是警醒于艾蒂安·卡贝（Etienne Cabet）那本《伊卡利亚游记》的非凡成功，他开始研究路易·勃朗（Louis Blanc）、弗朗索瓦·傅里叶和罗伯特·欧文等社会主义作家。1847 年秋，他向普洛斯珀·昂方担（Prosper Enfantin）写了一封极有礼貌的信，后者是圣西蒙派的领袖，不久前寄给托克维尔他的一本最新作：

> 贯穿全书，可以看出您生动地认识到穷人的苦难，并热衷于均分这个世界人类幸福的总和。我也相信，有一场从我们父辈开始，而我们这辈也看不到尽头的漫长革命，推动着地球上人类平等的更大程度发展，以及地球物产越来越平等的共享。

他无法赞同圣西蒙派的方法（他对这个宗派抱有怀疑，这就很能解释为什么他一开始对米歇尔·舍瓦利耶表现出毫不慷慨的态度），但他高兴地认为，自己与昂方担有相同的目标，并且安心地放下了他最为卓绝的思虑。[10]

414　　不论常规的礼节占了多大比重，托克维尔在这封信里的诚挚是毋庸置疑的：1843 年他在给阿瑟·德·戈比诺（Arthur de Gobineau）的一封信中也说了差不多的话。托克维尔的思想发生了转变：平等这个变化无常的词语，拥有了任何现代基督教或者社会民主党人可以接受的意义。但在这个时候他似乎也阅读了普鲁东，另一个词语突然在他的语汇里赢得了重要地位：所有权。[11]

　　《什么是所有权？》在 1840 年出版（与《论美国的民主》第二部分同年），以其直言不讳的自问自答引发了轰动："所有权是盗窃。"这条危险的警句让所有大大小小的财产所有者因心虚而颤抖，不过在这个阶段，普鲁东——法国农民和手工艺人的声音——想的主要是土地所有权，因为尽管有大革命，土地所有权仍然支撑着显贵们的权势：只有到后来他才攻击工业资本家，而且从未质疑——他其实是主张——每个公民拥有住所、饮食和贸易工具的权利。他颇受 1835 年的《论美国的民主》的影响，在很多观点上赞同托克维尔——例如去集中化，以及暴力革命的危险等。他算得上是一位伟大的作家，至今仍诱惑着人们引用他的文字。但这里我们只需要指出，不论他从托克维尔那里借鉴了什么命题，他总是将之推向极端。比如："过去 4000 年来，人类经历着一个走向水平的过程……毫无自知、遭受神法的灾难的法国社会，每天都在摧毁所有权（比如推行征用法、债券折换、限制女人和儿童劳动）。"[12] "所有权是假神当中的最后一个。"[13]

作为自由主义者，又是土地所有者的托克维尔当然不会欢迎这样一位与众不同的弟子。[14] 财富总是使它的所有者胆小而非勇敢的事实，令很多人沮丧，他也不例外。所以我们无需惊讶，一旦他觉察到致力于保护所有权的七月王朝处于危险之中时，他受到了特别的惊吓。他的反应甚至算不上原创。早在1788年12月，将要召集国民大会之际，亲王们就曾警告路易十六：

> 国家正处危难……很快他们就会攻击财产权，将财产不平等定为要改革　415
> 的问题；他们已经提出要弹压封建权利。陛下您会牺牲自己，羞辱您勇敢、
> 古老而值得尊敬的贵族吗？[15]

在废除封建权利方面，60年后的托克维尔在立场上没有丝毫差异。他坚定不移地反对任何有害的新学说。他认为所有权（与往常一样没有明确定义）是有序、文明社会的最后保障，必须不惜一切代价保护。[16] 整个1848年他与许许多多次要人物一样，执拗地、乃至残忍地坚守这个理念。这种态度是当年的悲剧的根源。法国人相互之间了解太少。无疑是包括托克维尔在内的贵族们，将自己激烈的仇恨和恐惧投射到城市工人身上，而这样做正制造了他们所恐惧的怪兽。托克维尔甚至在用意识形态术语表达自己的恐惧上也没有例外，仿佛下定决心去证明，马克思主义物质条件决定观念的教条之准确性，而且没有其他有效的命题。但他在历史和政治思考方面的天才是很少见的；这也就是为什么，他那些没有那么聪明的同僚对他的信息反应迟缓。

1847年，紧急情况尚未发生，而他讨论美德的演讲，以及经济危机的爆发支撑了托克维尔的社会主义著作阅读。这可以说明为什么在这个时候，他心中的钟摆暂时摆向左边从未如此之高的位置。他提起了笔。即便是许多基佐的追随者，也日益看到这届内阁的议会实力停滞不前，而法国担不起这种停滞。托克维尔和迪福尔*觉得他们发现了机会。出于陷入另一场危险的外交危机的担忧，国王再也不会让梯也尔当第一大臣，而巴罗现在宣布自己是梯也尔的新伙伴。所以，托

---

　　* 阿尔芒·迪福尔（Armand Dufaure, 1798—1881），律师，1834—1848年圣特（夏朗德省［Charente-Inférieure］）议员；1839年苏尔特内阁公共建设大臣。他是位有力的演说家和精干的政治家；他与托克维尔在七月王朝最后几年里合作得越来越紧密。

416　克维尔的圈子希望自己组建一个政党（他们建议以青年左派自称），以温和改革为纲领。他们认为以此可以吸引足够的保守派——如夏尔－奥古斯特·德·莫尔尼（Charles-Auguste de Morny）*这样聪明而有活力的人物——去摧毁基佐在下议院的多数党，而如果国王明白道理的话，应该会让他们取代基佐的位置。迪福尔要托克维尔草拟一份宣言。1847 年 10 月托克维尔和玛丽在克莱鲁瓦（瓦兹省）访问埃尔韦伯爵。这位老人现在与他众所周知的伴侣（*dame de compagnie*）盖马尔凯（Guermarquer）夫人（在拉尼永一地的家族代理人的遗孀）住在一起。在此期间托克维尔着手写作。他完成的文稿从未被使用，大概是因为事情变化太快；它只保留下来一些颇能显露通篇风貌的片段。[17] 从中我们看出托克维尔正在与他下议院生涯中最常见的那些问题做斗争。他尝试找到自己与基佐和梯也尔都不同的立场，并且分析了当局存在的弱点。这几页文字最终小有修改后写入到他的《回忆录》中；但其中也有新鲜的论点，它们明显来源于他所推敲过的社会主义著作。他看到七月政权已经成了有产阶级权利和权力的代名词，现在正将因此受到挑战：

> 现在，政党之争将发生在拥有财产和没有财产的两方之间。所有权将是一个大战场，政治问题主要将投向到较大程度或是较小程度地调整财产权利。所以，我们将再次看到大的公众动荡和大的党派。[18]

如果要防止社会主义学说在这个节骨眼上取得胜利，就需要为穷人和劳动阶级做些什么。应该免除最贫穷的人的税负；应当建立福利制度：储蓄银行、信用局、免费学校、工厂法规、慈善工厂（*ouvroirs*）、济贫法等等。

> 简言之，救济人民有三种方法：1. 免除他们的公共欠款，或者至少根据他
417　们的财富来按比例收取。2. 设立机构帮助他们走出债务照顾好自己。3. 直接援助穷人。

他说道，当前议会里的各政党，面对群众的困境都无动于衷；除非他们有所作为，

---

* 夏尔－奥古斯特·德·莫尔尼（Charles-Auguste de Morny, 1811—1865），弗拉奥（Flahaut）伯爵和路易－拿破仑·波拿巴之母奥尔唐斯·德·博阿尔内（Hortense de Beauharnais）的私生子（所以是塔列朗的孙子）。此时莫尔尼是基佐的支持者，但他仍相信改革是必要的。

否则最终会爆发一次严重的危机，不过他预期危机不会很快降临。[19]

我们难以否认托克维尔（也许有点迟缓）摸着了真问题，还有真的，但也有限的药方。可是，他的朋友们似乎不怎么支持他的观点；而不管怎么说，是一项非常特别的改革计划触发了七月政权的危机。

托克维尔现在公开接受了这个观点：工人——七月革命的推动者——有理由感到自己的胜利果实被窃取。它是共和左派最为重要的信条之一。但奥迪隆·巴罗及其追随者们的"王朝左派"（古斯塔夫·德·博蒙也在其中）却相信，核心的议题是选举改革和议会改革，也就是说，在位的官员（省长及其他官员）应该被排除在下议院选举之外，而且有选举权者的规模应该扩大一倍。1846 年败北之后，这一温和而合理的方案要写入法律已是越发困难，更何况九月法令也为他们鼓动民众制造了严重障碍——比如，公开的政治性公共集会就是违法的。所以王朝左派于 1847 年夏天启动了著名的"宴会"（banquets）攻势。之所以可以这样做，是因为只要没有党外人员参加，党派成员们在公共宴会上会面是合法的。巴罗在法国上下穿梭，在拥挤的宴会上吃喝；在这些宴会上，就餐者可以提议激进的祝酒词，要求改革。反对派的大多数代表都参加了，但也有显眼的例外：比方说梯也尔、迪福尔、托克维尔。尽管托克维尔没有赞赏梯也尔的克制，但他们这样做的理由是相同的。宴会者是在讨好真实选民*，抵制合法选民；他们的颤动具有颠覆性，如果失败只会越发遭致国王以及保守派多数的憎恶；如果它成功激发起民众，任何事都有可能发生。不用惊讶，这也是基佐的看法。[20]

到了 12 月，当政治世界重新聚集到巴黎时，宴会似乎失败了：它们一来一去，消失得无影无踪。最后一场宴会本要在议会召开以后在巴黎举办，但现在来看，这也很可能流产。唯一一场激起真正热情的宴会是七月份在马贡、拉马丁的选区为赞颂拉马丁而摆下的。它更多是为了感谢这位《吉伦特党人史》的作者，而不是政治运动的一部分。拉马丁借此时机，无视突如其来的雷雨，做了极具煽动性的讲话。但就其他的来说，宴会主要作用只是突出了共和派和王朝左派的分歧。一如既往地，反对派的分化可悲地削减了自身能量。

注意力转移到了国民议会的第一次会议上。人们普遍相信本届内阁比它在黑纸白字上表现得还要弱势：基佐本人也觉察出了这一点。他对于宴会以及反对派

418

---

　　*　pays réel，是相对于合法选民的概念，指被排除在选举权以外的民众。——译者注

报纸的喧嚣感到警惕而愤怒；他也担忧"进步保守派"的兴起——他说道，若干年后来看，要是当年他们明白如何耐心等待，他们本会在下议院取得多数席位，"但缺乏耐心与远见，这两个困扰如此多政治家的致命疾病"压倒了他们。更严重的是，限制基佐施展的——尽管他现在是首相兼外交大臣（苏尔特已退休）——不仅是他那种行事死板，又相信自己不可或缺的个性，而且还有国王那种旁人难以克服的顽固立场；基佐曾暗示改革最终也许是可能发生的，对此国王十分不满，威胁一旦议会通过了任何改革措施，他将首次动用自己的否决权。[21] 路易－菲利普在 1830 年曾是解救国家的关键，而现在已经成了法国最核心的问题。他勇敢、聪慧而和蔼，但他过分欣赏自己的才华。他坚持在自由主义制度幕后统治法国，没有骗过任何人，也只投极少数人所好。随着他的衰老，他的弱点也越来越昭著，尤其是他那压迫性的唠叨，让他不可能倾听自己的大臣或者其他任何人。就如托克维尔在一次受邀为国王做私人讲解时发现的，"你给我讲讲美国吧"，国王说道。但托克维尔明白，这句话的意思是国王自己会讲这个问题，而且确实讲了足足 45 分钟。[22] 这样的情形下，基佐决定跟随自己的反动本能也就不足为奇了。就像当年处于相似困境的查理十世，基佐决定召集自己的支持者，把火引到敌人身上。既然国王已经发誓给与他坚定的支持，基佐故意在会议开幕时的国王演说里增加了一句煽动性的话语，谴责反对派"敌意或盲目的激情"。* 诱饵已经放下，随后的几周里，愤怒在议会中爆发，而基佐则冷冷地（也并不明智地）拒绝做出哪怕一点点妥协，反对派议员们指责他比波利尼亚克还要糟糕。这派景象当然十分令人震惊，在托克维尔看来更是危险的。

1 月 27 日，他做了他最为著名、最为成功的演讲，尽管——或者也许正是因为——这篇演讲在形式上比不过他其他的演讲。这篇演讲的力量在于其修辞。托克维尔的目的有二。首先是参与反对派的大方针，不仅要指控整个政府或者次要大臣的腐败，而且首次要将矛头指向基佐本人，因为他的秘书之前因假公济私而被捕。托克维尔没有放过这个机会，沉浸在颇令自己得意的谴责之中：

> 我从来、从来未曾相信，听着外交事务大臣站在这个讲台上，用令人崇

---

* 议员们对这句话的反应最能确切地展示出 19 世纪和我们当今所不同的议会惯例，放到今天它可能很难引起注意。

敬的考究言辞，解释政治的道德法则，听着他讲着这样的话，可以让我对祖国感到骄傲，即便我是反对派——无疑，我从不曾相信这样的事情有可能发生。

用这种演讲鼓动了议会令他感到愉快和满足。但他也有一些更新鲜的东西要说。他敦促道（他显然在对整个政权说），政府必须改变它的做法，或者就将倒台。

> 人们说现在没什么危险，因为没有发生暴动；他们说，既然社会表层没有明显的失序，所以革命离我们还很遥远。先生们，我认为你们这是在欺骗自己……请看工人阶级里正在发生着什么。我承认，今天看来，他们还是和平的。的确，他们没有像以前那样饱受政治激情的折磨；但你们难道没有看到，他们的激情从政治转向了社会吗？……你们难道没有听听他们之间每天在讲什么吗？你们难道没有听他们反复在说，那些地位比他们高的人没有能力也不配统治吗？没听他们说当前社会的财物分配不公平？没听他们说所有权的基础是不公正的？

如果这种观点持续扩散，迟早会爆发一场威力巨大的革命。内阁必须改变方式。从古至今，倒台的政府都是因为它们而丧失掌握权力的资格。

> 先生们，请想想前朝的往事。前朝比你们更强大，有更高贵的起源；它比你们更能够依赖传统、古代的礼俗和古老的信念；它比你们强大，可照样跌入尘埃。它为什么灭亡了呢？你们认为这是偶然吗？你们认为这是一个人的所作所为，或者是因为赤字、因为网球场誓言、因为拉法耶特或者米拉波？不，先生们；有一个更深层更真切的原因，这个原因就是，当时的统治阶级因其冷漠、自私和积弊，已经没有能力也不配统治了！（"听听吧！听听吧！"）

他以呼吁改革结尾，如果不是这个目的，那应该是为了更换政府的核心人员；否则前方将只有灭亡的深渊。[23]

托克维尔一下子说了那么多议会想要听的话，自然取得了很大的成功；但迪福尔告诉他，如果他不拿革命吓唬人，演说本会更成功：因为没人相信会爆发革命。而托克维尔在 18 个月后自我剖析，发现自己也并不完全相信。谁会指望这样一场革命真要爆发呢？"驱使七月王朝走向毁灭的那些因素，相信我比其他任何人看得都要清楚。我没有想象那些可能使之发生的偶然事件。但不管怎么说，我们得以避免灾难的日子正迅速耗尽。"[24]

421　　　确实如此。政府犯下了关键错误，即将反对派推到了极端；而反对派领袖的错误在于尝试在最后关头退让。巴黎宴会的结果如果不是那么严肃的话，他们在此事上痛苦的犹豫完全会是喜剧。虚荣、胆怯、野心和愚蠢（托克维尔后来说道，巴罗总是在他的错误和美德中掺入某种愚蠢）[25]驱使他们走入他们大多数人不想要的灾难之路。王朝反对派难以判断它更害怕的是政府还是巴黎民众；大多数共和派不敢挑动一场野蛮镇压。政府正式禁止宴会的时候，几乎所有人都暗中松了口气。巴罗提议在议会推动一项投票弹劾基佐，以此挽回面子。这最后的姿态也徒劳无功：基佐轻蔑处之。但与此同时，事态的转折让托克维尔更加担忧：巴黎人民走上了街头，有很多人是想要干一番事情的。

　　宴会是 2 月 22 日向大众通告的，但并非每个人都获悉它被取消的新闻。这天黎明时分下着细雨，后来变成倾盆大雨。但这没有阻碍人群上街：正如乔治·迪沃（Georges Duveau）指出的，法国历史上的大日子里，大雨是常见的天气。[26]首先是左岸的学生，然后近郊的工人，从早上起陆续聚集在协和广场和玛德莱纳广场。广场上并没有大的危机气氛，人们反而情绪很好——部队的分遣队前来占据好让他们控制局面的位置，这甚至还得到了些喝彩——但有一些街头少年焚烧香榭丽舍的椅子和摊位取乐。议会推迟了巴罗这项动议的讨论，转而考虑波尔多一家银行的特许状问题。托克维尔当时在场，他观察到就这个主题，只有两位讲话人算得上心无旁骛、按部就班：其他人都在关心街头正发生的事。不过他本人还没有那么警觉：两天前迪沙特尔曾向他保证一切都在控制之下。他现在又做了这样的保证；但托克维尔注意到迪沙特尔习惯性的抽搐（脖子和肩膀的扭动）比以往更为严重了："[那天] 最让我陷入深思的便是这小小的观察。"[27]

422　　　托克维尔的担忧不无道理。之后这 48 小时里，政府做了一系列几乎无法解释的误判，这比其他任何因素都更为致命，导致王朝突然间垮台。2 月 23 日这个周三的早晨，人群比以往更大、更具威胁性。托克维尔下到议会，发现他的同僚们又展露出那种焦虑、分神的心态；最后，他们不禁要求内阁对形势做个声明。当时正是 3 点钟；突然，从杜伊勒里宫赶来的基佐，迈着他一向沉稳的脚步，走入议会，登上讲台，把头扬得尽可能高——他不想让任何人觉察到自己感到有多么地羞辱——宣布他和他的同僚已经被解散。[28]

路易－菲利普心神不定。他选择了依靠国民卫队，而没有采用常规手段来恢复和维持巴黎的秩序，但随后他突然发现了他如果有合格的军官，便早该会知道的事情——卫队是靠不住的：卫队，或者说卫队里的大多数人同样厌恶基佐，希望改革。王后还有他的儿子们都要求基佐走人，而在那软弱的一刻——他差不多马上就反悔了[29]——他默许了，派人召莫莱来觐见。莫莱无疑不是应时之选，所以路易－菲利普尝试组建内阁但失败了，损失了宝贵的时间。简而言之，在这个严重危机的时刻，国王解散了法国的政府。危机于是立即恶化。

托克维尔坐在议会当中，带着讽刺地观察自己的同僚对此晴天霹雳作何反应。在他看来，居于多数的保守派只因为丧失了地位和利益而感到懊丧；大多数反对派欢呼雀跃，想的主要是如何趁机分一杯羹；而反对派的领袖突然变得慎重起来，想到他们也许很快就需要这些方才被驱逐的人的支持。迪福尔对托克维尔的行为变得诡诈起来，因为他为了得到一个部门而准备与托克维尔决裂——这非但没有让托克维尔生气，反而让他觉得很有趣，因为迪福尔的算计实在太无遮拦了。他也一定认为迪福尔的算计是无用功，因为那个晚上在与博蒙会面时，他说道既然国民卫队可以推翻一届政府，所有权威都会栽倒在地。博蒙对此并不在意。"你总是抱有悲观的看法"，他说道，"首先让我们享受胜利，然后再担忧后果吧。"在朗瑞奈晚餐时，托克维尔觉察出几乎相同的心态：仍然没有人认识到这场革命。他早早回到家中，然后径直上床睡觉。尽管他的住处离外交事务部很近*，但"我没有听到那塑造了如此多命运的枪响……我就这般睡去，不知自己看见的是七月王朝的最后一日"[30]。

那天晚上早些时候，一些示威者试图强行闯入外交事务部。他们被卫兵阻拦。有一声枪响，也许是人群中的某人开了火（在这种情况下这样的意外肯定是没法避免的）。卫兵也开枪示警，造成了致命的后果：大约50名示威者被杀。话语传遍了整个巴黎城；不久，公民们便决定，路易－菲利普一定要下台；他们决心接管这一切。

---

* 现在的托克维尔住在马德莱娜街30号。隔了几户人家，到卡布辛大道上便是外交部。没几年以后，整个地段都会被豪斯曼大幅改造。

2月24日早晨，托克维尔的厨师面带泪痕地告诉他，政府屠杀贫穷百姓。这话托克维尔难以相信，他出门收集新闻，询问他的朋友们。他没有找到雷穆沙和博蒙，因为他们两人都被召集到杜伊勒里宫，在莫莱失败之后，国王正绝望地尝试拼凑起一个内阁。[31] 迪福尔也消失了。托克维尔与科尔塞勒沿街走着，看见一路上到处都是革命活动：四周都竖起了街垒。他注意到今天与七月革命的日子有巨大的反差。那时，巴黎沸腾着，以至于让他觉得仿佛是一口大型蒸汽锅炉。现在的起义者只是有条不紊地筑着工事。"这次他们不是要推翻一个政权，而是要让它垮台。"[32] 他动身前往波旁宫，一路上看到了更多证据，表明从看出国民卫队靠不住那一刻起，当局中每个人都因此略感不知所措。一开始，看到贝多（Bedeau）将军统率的正规部队占领了协和广场，他感到松了口气，因为1846年阿尔及利亚之行他与贝多将军相识；他以为他们要去保护杜伊勒里宫和下议院。但贝多接到指令不得交战，而且又没有理由和动力抗命，因此只能对着起义者做些没有什么效果的演讲。托克维尔得去警告他停止演说，回到马上，否则可能遭受暴民的私刑。几分钟后，人群残杀了一队宪兵。托克维尔穿过人群时受到盘问：他要到哪里去？"我回答道，去议会，并为了表明我属于反对派，补充了一句'改革万岁！你们知道基佐内阁已经被赶走了吗？'""是的，先生，我知道，"盘问他的人挪揄地说道，又比划着指向杜伊勒里宫，"但我们想要的还不止这些。"[33]

托克维尔走到议会时发现一切都乱了套：主席保罗·索泽（Paul Sauzet）拒绝召开会议。托克维尔走去与他理论，但发现他是这样一幅状况——来回踱步，坐立不安，坐下时一只脚伸到椅子底下，"这是他非常紧张时的习惯"。看来他若是真的开始会议，更有可能做出不好的事。"有这样一位诚实的人，在这样一个日子负责议会事务实在是奥尔良家族的不幸。换做大胆的流氓，情况本会好些。"托克维尔担忧议会毫无防务之力，于是前往内务部看是否可以做些安排；路上他见到奥迪隆·巴罗和古斯塔夫·德·博蒙被一大群人包围地走了过来。他们的帽子紧紧地往下扣在他们的脑袋上，外套上满是尘土，面容也十分憔悴。这是他们的胜利时刻——他们被任命为大臣——但他们看上去更像是要走上绞刑架。博蒙向托克维尔耳语道，他方才见证了路易－菲利普退位。[34]

这个早上对于博蒙来说是极为难受的。他9点到杜伊勒里宫，得知组建了由梯也尔和巴罗领导的新内阁，他也是其中一员。比若元帅将统帅巴黎所有的军事力量，而这两项决定都将发布在《箴言报》报上。但见报需要一些时间，所以巴

罗和博蒙被派到街上散布这个好消息。他们一直走到了圣丹尼门才折返，一开始 425
一切都似乎十分顺利，人们用热情的欢呼迎接他们："改革万岁！""巴罗万岁！"
人们有礼貌地帮助他们穿过路障，巴罗抓到机会便高谈阔论。博蒙注意到街垒建得
非常牢固。但是任命比若的消息改变了整个气氛：巴黎人民深切厌恶这个参与
1834 年特兰斯诺南街屠杀的将军。巴罗和博蒙开始听到人们喊："路易－菲利普下
台！路易－菲利普该死！波旁上位！"还有："巴罗先生，您确定没有上当吗？"[35]

　　待博蒙 11 点 15 分回到杜伊勒里宫时，他发现宝贵的时间已经浪费了。梯也
尔想辞去内阁总理，支持巴罗担任，但此时似乎仍然没有紧迫感的路易－菲利普
却威胁重新召回基佐，这让博蒙屏住了呼吸。随后国王出去检阅军队，得到的是
一些国民卫队士兵的嘘声。这似乎让他明白了真相，使他丧失了信心。对于常规
部队和忠诚的卫士，他看也没看一眼就回到宫内，很快博蒙慌张地听到人们讨论
退位的事。不过，迫切想要吃午饭的欲望分散了他的注意力，而当他吃完起身的
时候国王已然做出了这一致命的决定；他赶回去的时候只看到国王在纷乱的人流
之中起草退位诏书。一位焦急的仆人[*]匆忙地闯入房间，不耐烦地问道文书有没
有准备好：国王耐心地回答说，"你看，我没法写更快了。"远远地传来了枪响。
签了诏书，路易－菲利普把它交给瑞拉尔元帅宣读；博蒙与他一起前往皇家宫殿
（Palais-Royal），那里另一个宪兵驻地正在遭受猛烈袭击。想要停止冲突的拉莫里
西埃（Lamoricière）被刺刀刺伤两处；博蒙也受到攻击。他与内弟奥斯卡·德·拉
法耶特一同回到杜伊勒里宫，却发现这座宏伟的宫殿完全被抛弃了——没有国王，
没有廷臣，没有政客，没有仆人，没有士兵。他认为这次遍布巴黎的战斗不仅没
有必要，而且也不明智，但他也无能为力，所以便也打算离开这里。正要穿过花 426
园时，奥迪隆·巴罗（他在之前几个小时里小心地摆脱了人们的视野）再次现身，
身边是一群欢呼雀跃的支持者。博蒙与他同行，一起到了格勒内勒街上的内务部，
宣告成立摄政政府。托克维尔正巧在波旁宫外遇见了他们。当时大约是 3 点 15 分。
他以为他们是要去做些保护议会安全的事。"管它什么议会！"博蒙简短地说道。在
博蒙看来，七月王朝已经停止存在了，而托克维尔则认为，作为最后唯一存在的
政治制度，它应该得到强烈的支持，这样才能唤起民众的法治理念。[36]虽然如此，

---

　　* 其他人说这是蒙庞西耶（Montpensier）公爵，路易－菲利普的幼子。但如果真是这样，博蒙当然应该认得
出来吧？

他还是与两位朋友去了内务部，但那里一片嘈杂和混乱，感到绝望的托克维尔回到议会。一进门就被告知索泽终究开启了议会，奥尔良公爵夫人方才带她年幼的儿子巴黎伯爵到场，做挽救七月王朝的最后尝试，想要让议会承认她的儿子为国王，她本人为摄政。听到这个消息，托克维尔一迈四级地跑上楼，冲进了议会。[37]

托克维尔所描绘的接下来的场景，是他《回忆录》里最令人记忆深刻的几页，这里我不再复述。这里需要说的是，托克维尔在凝视了整个场景片刻之后，走入了他平常的席位（中左位置的上方席位），"因为，在危机时刻出现在自己所属的群体，而且出现在大家习惯看到自己的位置是我一贯的原则。"[38] 托克维尔入席坐定，观看王朝的死亡和共和国的重生。他担忧的事发生了——人们压根没有想到去保护议会；一开始，只进来一小股人，然后变成蜂拥而入；公爵夫人和她的随从不得不将他们的位置，从讲台下方移到半圆形后部的长凳，否则他们就会被人群冲倒（托克维尔帮他们转移到了新位置）。议会的那几位大演说家，除了拉马丁还坐在自己习惯的位置上（也就是在侧翼等待），没有一位在场。托克维尔走去向他提议，只有他可以获取众人的注意、恢复会场秩序；但让他吃惊的是，拉马丁都没有看他一眼，只是淡淡地回答道："只要那个女人和孩子在，我是不会发言的。"由于晚到会场，托克维尔并不知道，就在一会儿以前，拉马丁曾在席上要求，由于公爵夫人在场违反宪法，应当延迟会议；他已打定了主意，王朝不可能也不应该被拯救（这个结论是难以否定的）。托克维尔看了看拉马丁高瘦的身材和恍惚的神情，回到自己的席位上。不一会儿，奥迪隆·巴罗放弃了他在内务部的无用功，来到议会做了同样无济于事的代表公爵夫人（她当时不见了）的演说。之后，拉马丁登上讲台，实际上是宣告了共和国成立。不久，他开始朗读各种记者和政治家的名字，他们将组建一个临时政府（这是激进报纸《国民报》早先捏造的一份名单）；现在，人群已是极其庞大，极其喧嚣不安；最终，他取得了民众的同意，并带领众人去市政厅如法炮制。托克维尔认为他这样做是为了获取更好的点子。* 片刻过后，议会就空无一人，托克维尔决定回家。离开时他见到了比若元帅和乌迪诺将军率领的一大队国民卫队分遣队前来救援——但他们迟到了半个小时。七月王朝议会已经永久性地消失了。[39]

---

　　* 事实上，拉马丁事先知悉另一家报纸《改革报》想要在市政厅建立一个不同的临时政府；当他抵达市政厅时，两股人流会合了。

托克维尔的冷眼旁观让他自己也大为吃惊。他想这是因为当时没有真正的危险；每个人都在有意识地参与。他们都读了《吉伦特党人史》或是大仲马写的关于大革命的历史小说《红屋骑士》（*Le Chevalier de Maison Rouge*），也会唱起吉伦特派的旋律；他们知道要摆出什么样的态度。不过这其实是一场名副其实的革命，托克维尔受到的震动，似乎比他所意识到的还要大，但当然没有我们推想的那么严重。他讲道，他回到玛德莱纳街，只言片语告诉玛丽发生了什么事（真的是只言片语可以讲完的吗？），然后可怜地瘫倒在座椅上。托克维尔邀请了让－雅克·安培共进晚餐，后者的造访打断了托克维尔的休憩，他完全忘了晚餐这回事。安培满怀热情地看待王朝垮台；托克维尔突然向安培倾泻了他一直抑制着的愤怒　428
与焦虑：

> 我用粗暴的话语跟他交谈，这回想起来常让我感到羞愧；只有像他那种真挚的友谊才会原谅我的失控。除了别的内容，我记得这样跟他说："你根本不懂发生了什么；你的想法就和巴黎流浪汉或者单纯的诗人一样。你说这是自由的胜利；而其实这是自由最后的失败。我告诉你，你如此天真地仰慕的法国人民，刚才决定性地表明了他们没有本事，而且也不值得在自由中生活。你说说看，他们从以往经验里学到了什么？他们有获得新的德性吗？他们有抛弃过去的恶习吗？我告诉你，完全没有，他们永远就是那副德性：都是那么没有耐心、草率、厌恶法律、容易学习坏的榜样、和他们的父辈一样不顾后果。时间丝毫没有改变他们，除了现在他们对待严肃的问题也像以前对待小事那样轻浮了。"

安培按捺不住也吼了回去；最后他们争吵的结论是让未来做决定——"那个正确、睿智的法官，不过，唉，总是迟来一步！"——安培也原谅了托克维尔。这件事难以不让我们怀疑，安培是为那位诗人拉马丁背了黑锅。托克维尔认为拉马丁仅仅为了自娱而将法国搅得天翻地覆。[40]

不过，这件事所告诉我们的还不止托克维尔的情绪状况。他爆发时所抨击的"人民"指的不过是巴黎人，尤其是巴黎的底层民众。现在，他对于这群人形成了一种毫无同情的仇恨，这将决定他那年后来的行为。这仇恨渊源很深。他听着有关革命群众的恐怖传说长大（巴黎公社就是其体现）。他见证了 1830 年 7 月的那些日子，以及若干标志着七月王朝诞生的骚乱和起义。作为一名监狱改革家，相比于理解犯罪的原因，他更关注的是找到什么样的方法将犯人变成值得尊重、彬彬有礼的公民。他公然蔑视物质上的担忧，但这没有什么助益，不久他就找到了1848 不如 1789 年的地方："当时是一场心灵与心智的革命，今天这是一场胃的革命。"[41]（这个对于 1789 年的评论在历史上看并不准确，托克维尔在平静时也明白这一点，应该是他自己的肠胃问题告诉他要认真看待胃的问题。）婚后他搬迁到乡村，不仅在当年很大部分时间里将让他与自己出生的城市隔绝，而且还让他感染了农村对于巴黎的偏见。

429

单凭二月的事件很难让他生出这样的仇恨。托克维尔从不尊敬被推翻的政权，也不认为人民是其垮台的原因：它是自毁长城而亡。本次革命相对而言可以说是兵不血刃，一部分原因在于路易－菲利普大度地拒绝了用武力挽救自己的王座：他在自己漫长的一生中见到过太多的革命，没有民众的同意他宁可不统治。彼得·阿曼（Peter Amann）曾机敏地评价道："革命后的破坏狂热在巴黎街头不敢公开上演，但对于私人财产和人身是容易出现的。"[42]

但托克维尔无法感到慰藉。尽管躯体上他很勇敢，在心灵上他受到了二月革命的惊吓，理由我们已经讲过。与路易－菲利普一样，他回顾了法国的革命历史，但抱着的是一种十分不同的心态。他认为，有必要教训教训轻浮的巴黎人。那样的话，街上就应该打起仗来。

他的这个立场从未动摇。这完全算不上他政治生涯最好的阶段。要说不久之后半个法国都赞同他的观点，这只是让问题变得更糟糕。

第十八章　六月起义（1848）

各个政党从没有相互了解：他们相互接近，相互推压，相互扭打，但从
不睁眼看看。*

亚历克西·德·托克维尔，《回忆录》[1]

躁郁症的一个好处是，你虽然很容易陷入深沉，却也很容易飘然欲仙。托克
维尔就是这样。2 月 24 日晚上睡觉时他绝望于祖国的未来。这是个喧闹的夜晚，
因为街上满是快乐的巴黎人歌唱着"马赛曲"，呼喊他们的胜利，鸣枪放鞭炮庆
祝。[2] 但在第二天，托克维尔向保罗·克拉摩根写的信里完全是在欢呼他自己的胜
利。他炫耀了自己在 1 月 27 日演讲中展现出的洞察力——"我怀疑有哪位政治家
做过更好的预言，或者看到自己的预言如此完整地实现"——他的论敌没有接受
他的警告，如今一败涂地的事让他骄傲不已。国家现在不论是政治上还是贸易上
都处在糟糕的境地，但问题是接下去该做什么？应该要有一个制宪会议，尽管托
克维尔宣称他不希望成为其中一员，但他不会拒绝起草一份宪法——即便代表自
己国家的这个任务可能有危险。他催促克拉摩根立即向他汇报芒什的政治态度，
而他本人很快就会抵达托克维尔。两天后他得知自己一直以来的对手莱奥诺尔·阿
文（Léonor Havin）† 不知用了什么手段被任命为这个省的两位政府委员之一，于
是又写了封信；为了阻碍任何敌对的计划，必须采取严厉的行动。[3]《论美国的民
主》新版，也就是第十二版迅速出版也表明，托克维尔宣称自己不关心制宪会议
是言不由衷的。新版《论美国的民主》刊有托克维尔新写的一篇序言，宣称二月

---

* 原文为法文：Les partis ne se connaissent jamais les uns les autres: ils s'approchent, ils se pressent, ils se saisissent, ils ne se voient point.. ——译者注

† 莱奥诺尔－约瑟夫·阿文（Léonor-Joseph Havin, 1799—1868），1831—1848 年圣洛议员，其父为国民公会
的议员。他属于王朝左派，支持亚历克西·德·托克维尔 1839 年在瓦洛涅的竞选，但两人虽然常常不得不合作，
实质上却是芒什省领导地位的竞争者。

革命证实了他的预测，即民主的胜利迫在眼前、不可阻挡。美国的例子，他说道，比以往任何时候都有教育意义。"法兰西共和国的法律可以而且应该在许多方面不同于统治美国的那些法律，但美国宪法下的原则，即秩序、分权制衡、真正的自由、深切而真诚地尊重法律等等原则，是所有共和国都不可或缺的。这些原则应当为每个共和国所具备，而且我们可以有把握地预测，缺失这些原则的共和国很快就会灭亡。"[4]这篇导言将托克维尔的研究变成了托克维尔对于第二共和国的宣言，表达了他在其短暂而激烈的存在历程中所一直秉持的原则；但我们也可以将之解读为他为自己打造选民眼中的共和派印记的早期尝试：他不是前夜的共和派（républicain de la veille），而是翌日的共和派（républicain du lendemain）。他虽然示好新体制，但他需要证明自己是真诚的。他的新出版人帕涅雷（Pagnerre）对他起到了帮助，后者是一位坚定的"前夜共和派"，也是比戈瑟兰要大胆得多的商人。帕涅雷发行了第一个廉价版《论美国的民主》，印发了4000册。这个版本卖得不错：同年人们呼吁再加印两次。[5]

432　　新秩序的第一天托克维尔在巴黎逛了一圈，观察形势。这座城市安静得仿佛像是在一个礼拜日的早晨，但最为撼动他的是历史上一件伟大的新事——工人阶级的胜利。"上届政府的人员一个也看不到，没有一个士兵、宪兵和警察。国民卫队也消失了。只有民众携带着武器，保卫公共场所，监督、维持秩序、惩罚罪犯。"也许我们会认为，这幅景象为普鲁东的无政府主义做了极好的广告，但托克维尔并不这样看。他认为宁静不会持续多久，比以往任何时候都更加鄙视革命者的理念（普鲁东的看法则是他们的问题在于没有理念："他们脑子里空空如也。"）大体平静的景象并没有让有产阶级放心：相反他们极为恐惧。"我并不认为以前哪次革命危机造成过如此巨大的恐惧，而且我认为，它只能与文明的罗马世界那些伟大城市里的人们，突然面对汪达尔人和哥特人的暴力时所感受到的恐惧作比。"至于那些革命者自己，他们也和其他人一样感到惊讶，不过很快就有一波不切实际的建议涌来，让这些人不知所措：

　　　　每个人都有自己的计划；有些人在报纸上高谈阔论，另一些人到处张贴海报，再有一些人直接在室外呼喊。有人提出要消灭财富不平等，有人要求消灭教育不平等，还有人上升到消灭最为古老的不平等，也就是男女之间的不平等；他们提出了消灭贫困的具体办法，开出了消除自一开始便折磨着人类的劳动魔咒的药方。

自然，托克维尔蔑视这些狂野的想法，将之统统归为社会主义，（他说）这是二月革命实质特征和最令人害怕的记忆。共和国不再是目的，而沦为了手段。[6]*

　　卡尔·马克思在某处曾说过，革命分两个阶段，美好的阶段和丑陋的阶段。法国 1848 年革命，即使确实没有让马克思提出这条警句，但仍无疑验证了它。托 　433
克维尔将会宣称，他总是预见到事情会变丑陋，但革命美好的那几周是多么充满希望和幸福，仍然触动着人们的心灵。从贝里匆匆赶来提笔支持这项事业的乔治·桑，与托克维尔一样注意到巴黎在二月革命那些日子之后惊人地宁静，但街道很快就恢复了活力，人们重新开展了一些仪式，为稀松平常的演出加入了共和主义的味道：

　　　　一路走来的这些强壮的工人，头戴花环，像持枪一样把手斧、铁锹或者大斧擎在臂下。他们是谁？是铺路工人、海员、伐木工人，各行各业的模范。他们有着过早就灰白的胡子，一副值得信任的模样，沉稳地迈着步子。后面还跟着 50 个人，毫不费力地扛着一棵巨大的松树，那绿色的树枝由孩子们照看，保证路上的尘土不把它们弄脏。这棵是自由之树；共和国的象征物正在经过。[7]

我们将会看到，托克维尔指出人们有一种假作革命的倾向，这并没有说错。但这样的场景自有其魅力。托克维尔本人就很难不受到氛围的侵染。托克维尔惊讶地发现，自己虽然向安培义正言辞说了那堆话，但个人情感上却乐于见到七月王朝毁灭。他支持它，是因为它是最佳的权宜之计。但他从不曾热爱这个王朝，而且出于我们上面解释过的原因，他在议会世界中越来越感到不快。现在他似乎看到了新的可能性。毫无争议，前面的路将是危险的：

---

　　* 社会主义领袖路易·勃朗也将讲到基本类似的内容："看起来唯一确定的，是共和主义作为一种政府形式，从今往后已是盖棺论定了。但这并不能让最热切追求进步的朋友们满足。他们眼中更看重的，不是插手某个政治工具，而是能够用它在未来派上什么用场。" *1848: Historical Revelations* (London: Chapman&Hall, 1858) 383。

但相比于危险，我的灵魂天生更害怕不确定性。况且，我感觉自己仍然是青年；我没有孩子，需求也少，而更重要的是，在家中有一位忠诚的妻子支持我——这在一个革命时代是多么难能可贵啊！她有敏锐坚定的头脑和天生高傲的灵魂，不会因世道轮回而改变，却能够在任何不幸中屹立不倒。所以我决定完全投身于这个竞技场，我所努力捍卫的，并不是这个或那个政府，而是社会的法则本身，为此我不惜献出我的钱财，我心灵的平和，或者我这个人。

434　选举日期一公布，他便迫不及待地赶去诺曼底，向选民们介绍自己：克拉摩根事先已告诉他这次是志在必得，但还是需要到场。[8]

全国的形势极端严峻。最为困扰法国的是持续的经济危机，托克维尔很典型地斥之为工人从社会主义者那里捡来的荒唐概念。各地的银行都在倒闭，国库几近空虚。选举，以及随后的国民大会会议，是拯救法国的唯一希望：但面对着觉醒了的巴黎工人群体，它能否自由运作？"在我看来，它应该尽可能多地承认政治自由，从而在所有权和秩序的问题上有理由坚定不移，"托克维尔这样和克拉摩根讲道。[9]

即便在离开巴黎以前，他就估计新国民大会的多数，不是保守派就是温和派：所有的医生、律师和法律人员，他们担忧自己的"名义所有权"（notional property，托克维尔语）——即他们的职业特权和额外补贴——会遭到威胁，因而会团结起来支持秩序（另一个在托克维尔写作中频繁出现的新词）；但诺曼底实际发生的情况让他猝不及防。他写信给玛丽说：

农村，乃至我刚刚去过的城镇，它们的景象所留给我的特别印象让我很难表达。我也许是去了与巴黎的法国完全不同的国家。人们只管自己的事情，手工艺人、劳动者都很平静——安宁祥和的田野，农民无忧无虑的面孔——无不构成了与我所想象情形的鲜明反差。我不由得怀疑，是我，而不是我见到的那些沉稳的人们想法错了。革命目前只在巴黎兴风作浪是事实。其他人都只是听说。[10]

最终，这次竞选也许是最让他满意的一次。一开始，尽管有克拉摩根打的保票，他仍并不确信自己能取胜。他内心中的另外一面还十分清楚地记得下议院所发生过的事，渴望从此解甲归田，不再从政。他匆匆探视了自己的城堡。进入城堡的他难抑热泪：他阔别此地已有 5 个多月，感到恍如隔世；他珍惜在托克维尔的愉悦生活，这与国家的整体状况形成的反差让他难以接受。[11] 好在他的竞选很顺利。

表面上看，这次的挑战比上次大得多。临时政府不仅批准了男性普选权，而且废除了根据区来组织的代表制度：现在将由整个省投票选举其所有的代表——这正是托克维尔一直期望的。选民人数大幅增加，且人员构成更为分散并没有对他造成阻碍：这位前瓦洛涅的代表在芒什可谓家喻户晓，这有一部分原因是他曾在省议会任职。他认为自己伟大的力量在于自己并不那么迫切地渴望胜利。这位候选人曾拒绝回答共和派委员会无礼的问卷，因而赢得了农民们的景仰：他看似是一位特立独行的人物，会在巴黎为他们的利益说话。他们对他的信任增加了他对自己的信任，他在议会里的讲话也比以往的都要出色："今天，我的表现不得不算是一位名副其实的演说家。"他发布了一份竞选公告，解释了他为什么不再是保皇党——君主制，他说道，在法国已经不再可行了——以及他成了什么样的共和派："共和国，在我看来，就是每个人在法律的约束内都拥有真正、真切、真实的自由；它是这个国家自由的大多数所组建的政府。"他不相信军事或者雅各宾独裁，也不相信社会主义："对于我来说，共和国最首要的，是依据公意所保障的每个人的权利而统治；它是对一切类型的合法所有权的深刻尊重。"他见过美国是如何因遵循这些原则而繁荣的。他不相信用一场战争来使整个欧洲革命可以奏效。如果选民认为另一位候选人能更好地为他们服务，他会乐于站到一边，因为这不是实现个人野心或者心胸狭隘的时候——不仅自由，而且社会本身都处于危难之际（这话也许是在攻击阿文）。[12] 所有这些话恰恰是芒什人想要听到的。有产者，至少在乡下，正在团结起来反对巴黎的新政权及其危险的信条。[13]

至少有一次煽动性的表演让托克维尔得意洋洋。行政长官阿文，作为新任内务部长勒德鲁-罗兰的代理人，正尽一切手段拉拢支持政府的选票。这也就意味着他不会为托克维尔帮什么忙，更何况去年他们两人在宴会问题上还发生过争吵。现在瑟堡将举办一场新的宴会，邀请了 2000 多名人士，由阿文和他的同事维埃亚尔（Vieillard）*主持。不邀请托克维尔是不可能的，但他们没有在官员那桌给他留个位置，也没有邀请他讲话。他们低估了他们的托克维尔。托克维尔谦虚地在边上的桌子就坐。有人建议为 1844 年去世的布里克维尔上校举杯，这让托克维尔抓住了机会。他迅速地走到了演讲人的位置，向布里克维尔致了优美的颂词，然后讲了自己的祝酒词："既然我在这讲台上，那请大家为今日地球上两个最伟大的共和国的结合而干杯：法兰西共和国和美利坚合众国！"托克维尔先重复了他常说的话，法国有许多东西要向大西洋对岸那个成功的民主制度学习——"在美国，共和不是以自由为名义推行的专制，而就是自由本身……"随后他呼吁美国协助法国抵抗英国的海军统治："陆地是自由的，但海洋仍受到束缚。"瑟堡这个城市，不就是反抗这种束缚的一个活生生的例子吗（暗指法国政府长期以来想要把瑟堡变成一个大型海军基地的努力）？"所以在瑟堡倡议祝酒，为两个共和国紧密合作干杯是再合适不过的了！也为海洋的自由干杯！"这番讨好的话十分中听，这在他的预料当中。他也很得意地从克拉摩根那里听说，阿文不得不称赞这番演讲非常机智；但托克维尔为自己这番话感到过于惭愧，所以没有收录在《回忆录》里。[14]

这之后，他的当选多少确定了下来。与以往一样，他需要否认某些荒谬的谣言，比如说他是反捕猎法的起草者（他谴责这项法律是旧制度的残余）。他想念玛丽，对她的来信望眼欲穿，但来信里告诉他，不仅玛丽，而且杰姆（Jem），他最喜欢的狗，也生病了（杰姆似乎在发热）。每当信件迟迟不到，他就生气地怀疑信是不是被警察拦截了（他似乎没有想到爆发革命时邮递服务也会受到影响）。他自己也病了，是常犯的胃病，这让他对自己的选举前景感到悲观。而选举推迟了两周令他恼火，虽然这样的话他可以回巴黎住几天。终于，选举的日子到了，这天是复活节，4 月 23 日，星期天。投票将在每个行政区的首府举行，所以早晨的时候，所有托克维尔的选民聚在一起，按照名字的字母顺序排成两列，步行 5 公里前往圣皮埃尔教堂。

"在这让我得名的地方，我与支持我的乡亲们一起步行，因为我知道在民

---

* 纳尔西斯·维埃亚尔（Narcisse Vieillard, 1791—1857），前炮兵军官；曾任路易·拿破仑亲王太傅。1842 年当选卡朗唐（芒什省）的议员，王朝左派成员。1846 年败选，转而支持共和主义。他与阿文同时被任命为芒什的行政长官。

主时代和民主国家，有必要响应民众呼声，走在他们前面，而不能袖手旁观。长长的队列最后配有马车，供想要跟我们一起走的残疾和体弱之人乘坐。我们只把孩子和妇女留下。我们总共有 170 人。当我们爬上山坡俯瞰托克维尔城时，我们停顿了些许。我明白他们是想让我讲话。所以我爬上一条水渠较远的那侧，他们则围成一圈。我于是随机应变作了这样的演讲。"

他着重警告了自己的乡亲们，千万不能叫圣皮埃尔的饮食勾去了魂魄。随后他们再次启程，所有人都在同一时间投票——"我也有理由相信，他们大多都投票给了同一位候选人"，因为在抵达圣皮埃尔时，精疲力竭的托克维尔靠着一根柱子休息时抱怨了他自己疲乏不堪。旁边一位老农这样跟他说道："托克维尔先生，您竟然感到累了，我非常惊讶，因为大家都是带着投给您的选票走到这里的。"[15]

这是一个迷人的时刻；那个复活节，类似的事情还在法国上千个地方上演。美丽的革命还不算完全结束。国民投票率是 84%，创下法国议会史的最高记录。托克维尔做得尤为出色，拿到了芒什省 120000 张选票中的 110704 张：只有两位行政长官比他更成功。芒什向国民大会派了 16 位代表，没有政党或官方支持而赢得竞选的托克维尔大可以相信自己已经崛起为该省的政治领袖了。即便如此，用政治家的眼光，他注意到自己的胜利还不那么完整：他先前那个选区（瓦洛涅）里有几个市镇并没有把多数票投给他。这是什么原因？克拉摩根解释说这是某些长期反对者的诡计使然，托克维尔则宣称自己对于这个结果满意。在瑟堡，反对托克维尔、被他称作"易怒党"（le parti vif）的共和派和社会主义者败选，托克维尔为此感到十分高兴。[16] 但这些细节并不能用来分析他得到的支持有何性质。而一旦我们考虑这个问题，一个极具重要性的模式就出现了。

七月王朝时期，托克维尔的支持者最主要是像克拉摩根这样的人——中产阶级农民、地方官员和职业人士，他们在各自领域均有建树；我们不妨假设（从托克维尔在《回忆录》中的陈述亦可推知），1848 年他拥有全省各地这样一群人的支持。但这些乡绅人数不多，还不足以解释为什么他能够赢得如此规模的选票。我们可以假定，既然他们是邻里的领袖，他们大概也带动了与他们类似的人。但还有一个因素至少是同等重要的。正统派觉得二月革命解放了他们。篡位者下台，也就不必宣不忠诚的誓言，法国的未来再次变成完全不确定的了。任何事都有可能发生，贵族们再次感到，参与竞选政治是他们的职责与乐趣。（教会亦然：国民

438

大会召开时，托克维尔有些惊讶地注意到，有三名主教，还有包括伟大的道明会传道士拉科代尔等十来位神父当选。）托克维尔受益于芒什的支持。不论他怎么称呼自己，贵族们都把他视为自己人，知道标榜他的祖先最终可以让他屈服。竞选日，他投完票就立刻动身前往巴黎，但中途在瓦洛涅小驻了片刻。他在那里的选民将他团团围住，主动请缨，如果大会遭到攻击，他们将前去救援：他们也在担忧托克维尔的心事。托克维尔这样在《回忆录》中写道："让我自责的是，我当时把这些誓言当作空话，但实际上他们确实都来了，还带上了其他很多人——这我们后面就会看到。"6月的最后一天他们的确来了，托克维尔告诉了我们他们是谁：

> 在他们之中，我发现有许多土地所有者、律师、医生和农民，都是我的朋友和邻居。我感到十分感动。在此时刻，在这块地方，几乎所有旧贵族都拾起武器，加入了这支纵队。法国几乎每个地方都是如此。从最底层的乡绅到最伟大家族优雅而百无一用的继承人，他们都记得自己曾属于武士统治阶级，每到一处他们都展现出自己的敏捷与力量，那些旧贵族的军团是多么具有生命力啊。

439

他无助地顺从了传言和怀旧心理，继续说道："即便他们已经被贬为尘土，他们仍不失本色，从死亡阴影中多次爬起，直到永远倒下。"[17] 这段话道出了实情：托克维尔正在描述一场他参与其中的运动，他甚至可以说是这运动的化身。

这又究竟是一场什么样的运动呢？因临时政府决定将土地税提升 45% 而愤怒的农民，托克维尔并没有提及；但他们因为人数最为众多，也许是此次运动最为重要的因素。出于不满他们与周边的贵族走到一起。这是他们的救命稻草，旺代（也许应该说是法国西部庄园）复仇的时候到了。六月起义既是宗派（用 19 世纪美国的用语来说）的冲突，也是阶级的冲突。法国西部坚决认为应当破除巴黎的暴政。托克维尔和他的朋友们并没有看到对手那种绝望——这些绝望的法国人在6月起事，只是因为 1848 年甚至比 1830 年更完整地背叛了他们，令他们失业，难以糊口。托克维尔他们看到的只有背信弃义的雅各宾城市，自从巴士底狱陷落以来就一直压迫着他们。（作为知识分子的托克维尔仍旧把巴黎看作是受社会主义幻想所蛊惑的受害者，亟需接受正确的经济学教育。）所有这些冲动在选举期间便已发作。在芒什人看来，美好的革命已死，抑或根本没有出现过：这是场胎死腹中的革命。*

5月4日召开的选民大会是一个富有情感的、喜悦的时刻。每个人，不论各自实际立场如何，都为共和国欢呼。它也标志着丑陋革命的到来。

2月24日在市政厅成立的临时政府，一直都只是一个不稳定的权宜之计。但它仍然值得我们铭记，因为它批准或尝试了许多大刀阔斧的改革：例如它引入了男性普选权，限制了工作时间，在法兰西帝国境内废除了奴隶制和债务监禁，以及废除了针对纯粹政治犯罪的死刑惩罚：恐怖统治将不会重演。这个政府由诚恳的共和派组成，有别于普法战争前一直追随它的那批人。这个政府的成员无论在意识形态上还是个人看法上都是同床异梦：它不过是自由主义者和激进派的艰难同盟。他们无疑都犯错：错误每个人都在所难免。他们所面对的问题规模巨大，难以驾驭，这是他们失败的原因，换作其他任何政府，不论属于哪个阵营，应该也难以做得更好。一个重要的因素就是二月革命过于突然、过于迅速：没有任何党派准备好了政策和人员来取代基佐。接下去那几个月，政府只能绝望地即兴发挥。

革命让本已糟糕的经济形势雪上加霜。竞选期间，托克维尔的书信中满是担忧钱不够用的字句，这在其他任何时期都未曾有过。4月初，在写给克拉摩根的一封书信中他说道："巴黎就像是一个战场，遍地都是死者或者将死之人。我在这里遇见的几乎所有人，或是已经被毁了，或是将被摧毁。虽然困扰（我和托克维尔夫人）的只是收入不足，但丧失了收入和性命的家庭数量十分巨大。"[18]贸易处于停顿状态。银行发生了挤兑，几乎让法兰西银行破产；金币消失，到手的纸币也迅速贬值，而且不论怎样都不够用。在这样的形势下，公司不断破产（马克思在他的《阶级斗争》中对此大为强调），民众大规模失业也就不足为奇了。光是这一系列问题就足以给任何政府最严峻的考验。但其他问题还接踵而至。

"欧洲再度地震"并非是托克维尔1月那篇演讲中最不准确的警告[19]，尽管随后几周里，他的文字中只一味提及法国。即便在巴黎革命之前，那不勒斯就爆发了另一场革命；到了5月，意大利、奥地利、匈牙利、普鲁士到处是起义。在

---

　*　不过，芒什还不算是西部最为保守的省份。见 A.-J. Tudesq, *Les Grands Notables*, 第1069页地图："人民代表，1848年4月选举：保守派：各省分布。"

某些人看来，现在正是法国撕碎 1815 年和约，再度向解放各民族，尤其是波兰而迈进的时机。困境在于国内大多数人反对这样一场战争，更何况国库空虚，军队欠缺训练，这样的行动不比赌博好多少。再者，即便一举摧毁了莱茵河和阿尔卑斯山外的各国政府，他们的军队也不会立即瓦解。所以，延续路易－菲利普时代的和平外交政策似乎是合理的，不过外交部长拉马丁用的是比前朝更为自信的言语。草草被勒德鲁－罗兰派去北方做行政长官的狂热雅各宾派分子德莱克吕兹（Delescluze），以解放比利时为名攻击了穿过法比边界的一座城市时，拉马丁赶紧解职了此人，并向火冒三丈的比利时政府致歉；但不幸的是，支持革命性的外交政策的活跃分子集中在巴黎，任何时候都有可能让拉马丁下台，因为后者不过是另一个基佐罢了。

社会问题则更为迫切。可以理解，巴黎工人在推翻了七月王朝之后，期望在之后的政权取得显著的利益。他们没有工作，住房条件恶劣，衣衫褴褛，饥肠辘辘。他们的要求浓缩成了"工作权"的口号，它实际上包含了两层意思：工人要求就业和赈济。这两个要求都并非无理取闹或者不可能实现：只要有一点时间、精力和智慧，政府就可以为巴黎设计出一项有用的公共工程项目，就如同在马赛，行政长官埃米尔·奥利维耶（Emile Olivier）安排失业工人挖掘运河。被工人们推入临时政府的社会主义者路易·勃朗，对于有效赈济颇有心得；他被安排在卢森堡宫，主持一个听取工人问题的委员会。虽说工人们很绝望（巴黎一半的行业，也就是一半的就业岗位在 1848 年消失了），他们在很长一段时间里表现得相当有耐心、好脾气。他们急于帮助政府，但就如他们当中一位领袖在临时政府第一次会议中所做的著名发言，"人民愿意等待；他们愿意忍耐三个月的贫困来为共和国服务。"但恐惧和仇恨，那些感觉像是智慧的激情，在首都以外与日俱增，巴黎人自己也出现了尖锐的分化。事实上，1840 年代，巴黎对于法国人来说日渐成了十分新鲜的事物：这是一座迅速工业化的城市，而随着从全国吸引了众多工人，人口也急速上升。很少有人想过有用的办法应对这个现象，或者体面地管理这样一座城市。与此同时，这个现象又令人惊恐。

这些问题相互关联，临时政府败就败在这关联上。"有比 1848 年更坏的革命"，托克维尔说道，"但我认为没有一场革命比它更蠢。"他也许也应该把自己包括到被批评的对象中去。在写信给纳索·西尼尔时，他一如既往将法国的问题归咎于大多数民众所持的错误的政治经济学理念，但他自己的也好不到哪里去。

他坚守自己年轻时学到的学说（这是中间派的老生常谈），而且将之夸大：他过于确信，如果国家用赈济或者公共建设，或者是规定工作时间和工资率来纾缓贫困，以此干预经济过程的话，企业会受损，到头来每个人的处境都会更糟。我们说这话虽然对托克维尔有点不公平，但自从俾斯麦动手用仁慈来消灭社会主义以来，各国政府一直都以托克维尔所害怕的方式（而且还有其他很多种方式）干预经济，文明也没有因此中断。不过我们要是说托克维尔在1848年对工人的困境没有表露出哪怕最小的同情，因此对他们没有丝毫理解，其实也不能算错。在这一点上他完全与大多数同僚议员相同。临时政府及其继任——行政委员会（executive committee）——中的大多数人也不理解。"啊，阿拉戈先生，您从未挨过饿"，6月的起义者们向一位试图与路障设置者们理论的议员如是说道。保守派的恐慌和铁石心肠——这些人不久将会被称为"秩序党"——是导致那个夏天法国受各种灾难侵袭的主要原因。[20]

托克维尔的认识不比其他人差，但也不怎么好。与另一阵营的马克思一样，他把这场重大社会冲突写成几乎只是阶级战争的问题。类似于正统派（而且他也 443 很像是一位正统派），他谴责政府的中央集权有害自由，但检查一番可以发现，他的自由观与他对于秩序的观念几乎无法分辨。事情的来龙去脉很充分地表明，问题很大程度上在于农村和城市、农业的过去与工业化的未来之间的冲突。当年发生了最后一起传统的农民起义。当时是过了2月，农民攻击了铁路线和火车站，摧毁了棉纺厂，在比利牛斯和阿尔卑斯山区还有反对新森林法的起义。托克维尔没有领会事情的这个方面，更谈不上提出解决办法了。在实际当中他现在是共和派，但他几乎没有详述自己认为共和国应该如何运转：让探究者去看他书中描述的美国足矣。他发现攻击他人的观点更为容易。但他的言语和行为露出了马脚。他的理想社会仍旧是放大版的科唐坦。聪明的农民会顺从于受过教育的绅士们，双方联手控制危险的城市。"法律下的自由"是这种社会的口号；而法律则是保护财产权。

对于选民大会（不禁让人回想起1789年）的召开，托克维尔忧喜参半。在选举前一天，他把自己的想法最完整地告诉了博蒙。他预测这个新议会将只有尴尬乃至危险，也不确信自己能否在那里做点有益的事。"但是，看着大会大门在我面前合上我会感到难过。原因若干。政治已成了我们的事业。也许操习此业就是个错误，但我们已经开始了。正当有如此大的事件发生时舍弃这项事业，在祖国经受如此剧烈考验时被逐出国家事务会令我难过。"至少，梯也尔、莫莱和基佐＊他们，还有整个肮脏的政党政治的世界已经不在；这算是对新政府缺乏经验、无知和疯狂的些许慰藉。而且他和博蒙还保持着坚固的友谊。经验让博蒙更聪明、更宽容，但没有减少他原本的深沉和真挚：它帮助博蒙抵制阴郁的想法。[21]

这并不完全成功。他写信给克拉摩根说，大会的支持者与"暴力党"之间的战斗在所难免，而他大概是期望有这场战斗的。他甚至跟马蒂尔德·德·凯尔戈莱（1846 年路易总算结婚了）讲道，除非有一位伟人从天而降拯救他们，否则法国会陷入无政府状态，内战爆发，一切化为废墟（7 个月后，他的祷告将得到答复，不过这个答复他无法接受）。[22]

临时政府无法讨好所有人，到头来变得谁都不讨好。我们之前已经看到，当局提升土地税（用以防范国家破产），已经自绝于上百万农民土地所有者。巴黎民众仍在要求工作权，但一个晚上是不可能想出一个可行的失业救济体系的，更何况政府在意识形态上就这个想法还有分歧。它所赞同的是所谓的国家工场，虽然也许成效不错，但从未得到政府充分的支持。这些工场的名字——国家工场（*ateliers nationaux*）——让人联想起，也意在让人想起路易·勃朗所提议的社会工场（*ateliers sociaux*）——即工人的合作社——但其实与之没有任何共同点。勃朗本人认为国家工场是可怕的："（它们）吞噬了大量公共资金，投到无用功上。在脆弱的面纱之下，其实是一种虚伪的慈善，它无效而且有辱人格。"[23] 在巴黎，它们不过是避难所，失业工人在此可以领取一笔救济金和一条面包，令他们当中相当一部分人感到憎恶。工场确实十分之贵，是纳税人愤怒的焦点——很多纳税人并不认为，工场里外的那些人和他们的家庭需要拯救才能免于饿死。至于民众，看到革命的利益迟迟不到，逐渐有了被背叛的感受：路易·勃朗便一度被谴责为革命事业的叛徒。

2 到 5 月的这段时间里，骚乱，还有示威和反示威几乎接连不断（托克维尔作为国民卫队的一员，也曾在一次示威中扛起步枪维持秩序）。大多数示威是和平而漫无目的的，但它们有升级为暴动的倾向，临时政府则一直心惊肉跳，担心被推翻：一次游行的前夕，拉马丁甚至焚烧了自己全部的文稿。这是千钧一发之际，达成伟大协议将取决于两个阵营领导人的智慧。乔治·桑没起到什么作用。她当

＊　不过好景不长。基佐在流放中，但不久以后，递补选举将梯也尔和莫莱重新带回大会。

时在内务部为勒德鲁－罗兰做宣传工作，并擅自发行了一份传单，里面实际上说的是，如果新的议会没有满足巴黎人，那他们就应当将其推翻。这极大唤起了保守派们的警觉，因为这正是他们所担忧的。

5月3日乔治·桑和托克维尔同是作为理查德·蒙克顿·米尔恩斯的客人而见了面。这位英国人是他们两人的知交，和其他许多人一样（包括纳索·西尼尔），来到巴黎见证革命。*他有一个习惯，就是要求各种观点（常常相互冲突）的宾客，去他那儿吃"早餐"（有人曾问卡莱尔，基督如果转世重生会怎么样："蒙克顿·米尔恩斯会邀请他吃早餐"）。不过所谓早餐，其实将近是午餐。目前在伦敦这是流行的做法，但巴黎人还会为之感到吃惊。托克维尔也吃了一惊，虽然他似乎之前就知道桑夫人也会参加。米尔恩斯把他们安排在相邻的座位，令托克维尔沮丧的是：

> 以前我从未与她说过话，应该也从未见过（因为我很少进入她所生活的那个文学冒险的世界）……我对桑夫人陈见很深，因为我厌恶女性作家，尤其是那些完全掩盖了自身性别弱点、而没有以展示她们的真实特性来取悦我们的女性作家；虽说如此，我们讲话很投机。

她似乎也有这样的感受。整整一个小时他们沉浸在讨论时政当中。桑已经对革命不抱幻想，两周后将会回到贝里，但在那里她发现自己被视为危险的共产主义者；不过托克维尔对她很感兴趣，因为"我第一次发现还有这样的人，与她直接而简单地对话，就能得知对手阵营里可能和将要发生的事"。不过她还没完全理解事态将会怎样发展。

> 桑夫人极为详细生动地为我描绘了巴黎工人的处境，他们的组织、人数、446 武器、准备措施、意见、情绪以及可怕的决心。一开始我认为这图景有点夸张；但后来的事情证明并非如此。她本人给我感觉十分害怕民众获胜，对于我们将要面对的境况展露了某种认真的遗憾。"先生，您得告知您的朋友们"，

---

*　理查德·蒙克顿·米尔恩斯（Richard Monckton Milnes, 1809—1885），二流诗人，后座议员（最初为托利党，后为辉格党），约翰·济慈的第一位传记作者。他于1863年受封休顿（Houghton）男爵。他以资助史文朋（Swinburne）创作，更兼收集了大量色情作品而闻名后世。

她跟我说道，"不要恐吓或者激怒民众，免得他们上街；与此同时，我会尽力说服我的人耐心等待；因为您知道，如果战斗爆发，你们就全会丧命。"

托克维尔发现这番话并不乐观。[24]

女预言家讲话了，但为时已晚。凭一己之力改变事态发展的时机已经错过，现在拉马丁也发现了这一点。凭借总计 1600000 张选票，他被巴黎和十个省份选举为议会议员，但他受欢迎只是表象而已。左派支持他，是看在他多少是共和国的缔造者的份上。右派则寄希望于他利用权力击垮所有革命者。而拉马丁相信妥协和和解，这令两派都大失所望。当新的议会决定用与 1795 年督政府十分相似的行政委员会取代临时政府时，他随即抛弃了路易·勃朗，但坚持让勒德鲁－罗兰留下，后者是前夜共和派的领袖和缩影。这损伤了他在保守派当中的名声。保守派在议会人多势众，对于任何激进派都等同视之。所以拉马丁的地位迅速下降，再难恢复。

于是，到了 5 月 15 日，议会尚未组织成形，人群就已破门而入。这天是 1848 年革命的转折点，也是其中最为神秘的一章。当时许多人（包括托克维尔和博蒙）相信，民众的计划是屠杀议会代表，或至少是让行政委员会卷铺盖回家，以公共安全委员会取而代之；今天有的历史学家认为这系政府操纵，来败坏那些最为激进的领袖的名声，编织借口拘捕他们。[25] 革命中一切皆有可能。内务部在人群中有特工似乎显而易见——没有才令人惊讶；至于他们究竟多大程度地控制了事态，我们只能付诸猜测。当日的实情并没有表明有人在控制。不过，历史学家一般都同意这三点。首先，为数 20000 到 50000 的人群处于节日气氛中。这个春日与夏天一般炎热。示威者没有携带武器。他们坚称自己主要关注的是波兰问题。当他们走近波旁宫，他们一致喊出了"波兰万岁！"的口号。托克维尔后来说道，这是他所听到过的最恐怖的声音。[26] 对于相信法国有解放各民族的使命的巴黎人，对于人群中许多波兰被流放者来说，解放波兰，让它摆脱俄国和德国统治是一件荣耀的事。但它算不上是什么急迫的问题：在那个革命之年，波兰属于少数没有发生什么动荡的欧洲国家。拉马丁及其同僚无意以波兰问题挑起欧洲大战。民众则带来了一份请愿书，抗议政府如此优柔寡断。

其次，首要的激进派当中，没有一位赞成这场示威——包括布朗基、巴尔布、勃朗、拉斯帕伊，当然还有当日超然世外、闲坐家中的普鲁东。他们比民众更有卓识，看到势力均衡暂时不利于左派，给保守派一个镇压他们的借口是愚蠢的。但民众没有意识到革命已进入一个新阶段，在此阶段示威游行不会产生任何影响。所以与勒德鲁-罗兰一年之后那句经典的理由（"我是他们的领袖，我必须跟随他们"）心有灵犀，布朗基和拉斯帕伊尽管认为游行带来不了任何好的结果，而且十分确信它不能推翻议会，可他们仍然让自己卷入人群的行列当中：布朗基在来年春天对他的审判中解释称，反对社会主义者的人太多，所以这样的行动不仅在国民卫队和各省难以成功，在大多数巴黎工人之中也是如此。一个如此组建起来的政府，不出一个礼拜就会垮台："我认为，为了搏取百分之一成功的可能性而赌上我们的政治前途是荒谬的。"巴尔布和勃朗都同意他的解释。[27]

　　第三，不论示威者的意图如何，他们对保守派、温和派，尤其是保守派代表的影响是灾难性的，也很有可能是布朗基曾担忧的。他们自从两天前的初次示威以来就开始准备防范。托克维尔买了一根内藏刀剑的手杖，把它竖着摆在辩论室外的走廊上。议会大楼是一座巨型木建筑，在波旁宫的院子里草草建成，当时人们意识到，旧的下议院对于拥有 900 名成员的新议会而言太小了。纳索·西尼尔于 5 月 19 日参观了这座建筑，注意到它的设计与英国下议院神似，但同时它十分之大，以至于除非完全安静，否则任何议员都无法让其他人都听清自己的话，于是他甚至就得叫喊，"这也就断送了好的演说。"[28]5 月 15 日所发生的事情就与此有些关系。约摸中午时分，庞大的人群涌过协和桥，包围了波旁宫。执勤军队想要控制民众，但人数不足。指挥执勤部队的军官库尔泰同意民众派出 25 人的代表团进去提交波兰请愿，但门一打开，不光是那 25 人，还有跟在他们后面的人都竞相涌入。这样的举动更显然是出于直觉而非预谋。闯进波旁宫的差不多有 2000 人。在接下去的四个小时里，议会一片混乱。示威者挤在各个回廊，几乎要把它们压垮。他们还坐在长椅和地板上，把代表们团团围住。整个波旁宫里都是骇人的吵声、灰尘和热浪。议会主席猛敲锤子但毫无作用；人群中有几个胆大的，想上讲台做演讲，于是为了占据讲台相互争斗起来。拉斯帕伊宣读了关于波兰的请愿书。巴尔布做了演讲，要求战争和对富人征一笔特别税。勃朗向宫里宫外的人群做了三个演讲，呼吁示威者合法、恭敬地行事，不要干扰议会。但他这样说的效果，就是被众人用肩扛回议会，他试图逃脱但未果。布朗基讲了波兰问题，讲了工人的贫困，被另一位领袖于贝（Hüber）（他显然是煽动民众的破坏分子）推到一边。后者喊道，"我宣布议会解散！"巴尔布见没有异议，宣布组建新的临时政府，带

领不少示威者前往市政厅（整个事件成了 2 月 24 日的拙劣模仿）。突然鼓声大作，
国民卫队进入议会，驱散了剩下的人群。外头的民众早已回家了；国民卫队轻而
易举地逮捕了巴尔布及其追随者，几日后，布朗基等人也纷纷落网。警察署下令
关停了许多激进派俱乐部。[29]

从事后来看，这几乎是起喜剧性事件，但它对大多数议员的震慑不必让我们
感到惊讶；它让很大一批相信议会民主的由衷的共和派感到震惊；而前来救援的
国民卫兵又是如此愤怒，以至于如果不是几位代表的阻拦，他们定会私刑处置路
易·勃朗（他被指责为罪魁祸首）和库尔泰（放入示威者，难辞其咎）：对于库
尔泰，托克维尔情不自禁地喊道，"扯了他的肩章，但别杀他！"此后的呼喊是，
"事情该了结了！"巴黎应该受到整顿。第二天托克维尔本人说道，整件事是巴
尔布一手炮制。若是巴尔布能够有效传达自己的看法，他肯定会强迫议会在同意
他的要求和当场解散之间做选择。这个没有依据的说法体现出既有观念是多么的
强大，因为就在那天，按惯常就座的托克维尔对形势形成了多少有些不同的看法。
的确，在布朗基身上他看到了他想要看到的东西：

> 这个人……我一回想起来，就充满厌恶和恐怖；他枯萎的脸颊垂下，两
> 片惨白的嘴唇，一副病态、邪恶而不干净的外表，没有血色而肮脏的面色，
> 看上去像是腐化的尸体，穿的是不整洁的亚麻布，一件旧大衣紧紧包裹着他
> 细长没有肉的四肢；他似乎一直生活在下水道里……*

但除此之外他还注意到，即便有些示威者暗中携带了武器，他们似乎无意使用。
许多人似乎只是想看看热闹，"因为即便在暴乱走入最血腥的时刻，也总有一大批
人，半流氓半懒汉，认为自己是在看戏"。虽然示威者对议员们拳脚相向，但托克
维尔仍然不经意间注意到，这些汗流浃背、有的还醉醺醺的造访者中，难掩活泼
的才智：

> 我听到一个穿工人衣服的人在我身旁和他的同志们说道，"看到那边那只
> 秃鹰了吗？我想扭断他的脖子。"顺着他的视线和手指的方向，我毫不费力

---

* 布朗基刚从法国一所监狱里服刑九年，刑满释放，而那所监狱正是托克维尔自 1833 年起一直想要改革的。

地看到他说的是拉科代尔。拉科代尔身穿道明会道袍，显眼地坐在左边上方的长椅上。他讲的话让我震惊，但他的比喻十分贴切，因为那位神父细细长长的脖子，从他白色的头巾里露出来，他剃过的脑袋四周只有一圈黑色的头发——这一切确实给人以秃鹰的感觉；那人的观察给我很深的印象。[30]

托克维尔在国民卫队终于赶来的时候再次看到了侵入者的人性。随着人群朝四面八方涌去，他碰到一个年轻人，一手拿着军刀，一手是托克维尔的剑杖。他喊着：“国民大会万岁！”这也许使托克维尔大胆地向他要回自己的财产：

“那是我的杖子！”

“它是我的。”

“它肯定是我的，因为我知道这里面有把剑。”

“里面当然有了，前两天我刚装进去的。你是谁？”

托克维尔报上姓名；这位年轻人脱帽致敬，把杖子交给了托克维尔，并说道，尽管这是他的，他很乐意将杖子借给托克维尔，也许下午用得上：“我会很荣幸地亲自登门造访，将之取回。”第二天托克维尔发现，真正属于他的杖子躺在议会大楼的一角。由于两件武器真的过于相似，他都不知道那被他认为是贼的人来取回杖子的时候，究竟给了他哪根。[31]

做过法官的托克维尔做了番反思，觉得这个故事对于法官会颇有教益，警告他即便是面对最明白的证据，也不要轻易下结论；但他没有往其他方面想，比如致命的武器不应该放在走廊上，或者工人其实没有那么危险。与他的同僚们一样，他越发坚信对巴黎人只有严加管制，而且和他们一样，他想要为自己这次受惊而报复。多事的 6 月即将揭幕。

在这之间的那段时间，他在做一项重要的任务。5 月 18 日，议会选他为第一批制宪委员会成员。5 月剩下的几天以及 6 月初的两周半时间里，他们就在委员会开会、起草。

在《回忆录》中，托克维尔极为轻蔑地描述了委员会的进展，以及他在其中的参与。他十分明白，问题非常非常严重。他的讲述在很多点上颇为准确，令人信服。但委员会的记录保存完好（根据托克维尔的话，它们“写得很差”），而这些记录给人的印象，并不完全和《回忆录》里的一样。[32]

柏拉图去叙拉古，麦迪逊去费城：托克维尔知道一个绝佳的机会来了，但他

451

不指望由共和派、社会主义者和像自己这样的七月议会老手组成的委员会能够抓住时机。他认为这个委员会"与有明确目标，十分熟悉其实现手段，在 60 年前华盛顿的领导下，如此成功地写出美国宪法的那批人相去甚远"。他进而补充道，缺乏时间，加之别处事件的压力，更降低了成功的可能性。[33]

不过，任何读过 1848 年的委员会记录以及 1787 年制宪大会记录（这份文件托克维尔从未见过）的人，都会惊讶于两者之间的相似性。正如同麦迪逊提交弗吉尼亚方案开启了制宪会议的磋商，托克维尔的方案随后成为供会议讨论的文本，委员会主席科尔默南*在博蒙（他也在委员会上）的鼓励下，提交了一个供辩论的宪法草案。托克维尔为其同僚的小心眼感到沮丧，因为在他看来他们过于受虚荣、政治承诺和担忧，以及狭隘的利益所摆布；但放到 1787 年，他也会同样沮丧，比如，南方的代表不依不挠地坚持要把奴隶制写入美国宪法。托克维尔嘲讽了自己最为著名的同僚，曾经是神父的拉梅耐。拉梅耐发觉这个委员会总是反驳他的看法，以自身的一套方式行事，故而一怒之下退出委员会，一去不返。但亚历山大·汉密尔顿在费城的表现也好不了多少。托克维尔评价道，委员会的大多数成员都过于无知和糊涂，难以讨论那些能够或者应该塑造他们的草案的基本原则；"而那些有了更清晰［概念］的人，又难以自如地解释它们。"他们不想让这场会议成为旷日持久但毫无成果的讨论。"就这样我们缓缓走到终点。我们采取大原则，显然是出于细小的理由，如此一点点地建立起政府的整个运作机制，但没有充分考虑到不同车轮的相对力量，以及它们共同发挥效用的方式。"一语中的；会议记录可以佐证；而且它的后果很严重；但如果没有詹姆士·麦迪逊和詹姆士·威尔逊强硬的领导，费城也会有同样局面。而且托克维尔也承认，宪法中的一些部分——讨论法律体系的部分——是由内行所作（委员会大部分成员是，或者曾经做过律师），写得非常漂亮。[34]

那为什么 1848 年宪法没有像 1787 年宪法那样取得成功呢？为什么托克维尔没能写入自己的观点？在《回忆录》里他尝试回答了这两个问题。但当局者迷，会议记录给了我们答案。

委员会众成员也许并不乐意或者有能力探讨政治哲学，但他们大多有相同的

---

* 路易·德·科尔默南（Louis de Cormenin, 1788—1868），法学家和政治小册子作家，在立宪君主制时期有过出众的法律生涯。当时他属于反对派。1849 年，他投靠路易·拿破仑，到去世前一直是参政院成员。

预想。因此，当社会主义者孔西代郎（Considérant）提交了赋予女性选举权的动议时，他知道这不会通过。但提交之后根本没人攻击他的动机，也许让他感到惊讶（是不是这个插曲使得托克维尔评价孔西代郎，如果他的提议是由衷的，那真"应该送到疯人院去"？）所有人都同意的一点是，共和国的国民大会，代表至高无上的人民，是最高的权力机构；不过——或者我应该用"因此"——委员会应当持续而集中关注于如何制约它。乍看来这令人惊奇。议员们应该是相信议会的，而且也通常如此。而众所周知，议会危机四伏，不久也许就得垂死挣扎。但这些形势没有改变什么。委员会众人经验丰富，知道保守派在春季选举中的压倒性胜利也许再也不会重演；或者，至少在某一天，"山岳派"（现在左派以此自称——另一处大革命的记忆）也许会赢得多数。担忧记忆当中的事情又转为现实，委员会认定其首要职责是确保议会再也不会合法地变成另一个国民公会。托克维尔借分权制衡的名义，提议立法机关采用两院制，但遭到否决：就如他所说，不仅在巴黎，而且几乎在每个省，公共意见都强烈支持单一议会；但委员会众人找到了其他削弱议会的办法。整体上，它们汇集成了一种机制：增强行政权。[35]

托克维尔观察到，自己大多数同僚难以忘却过去：他们记得 50 年前督政府的失败，因而决意要有一个单人行政首长，也就是一位总统。托克维尔赞同这一点。但他认为在这样一个君主制传统十分强大的国家。这种创制也许极为危险，因为它还不够创新。现在，他第一次清楚看到了这个将会主导其日后所有历史写作的重要真理：即连续性至少是与变迁一样强大的力量。（这是美国宪法所体现的另一点：从某种角度讲，它看似只是组建一个革新后的英帝国的特许状。）委员会的众成员难以将总统与国王区分开来，总统只是法国国王的别称。他们不断为国王堆积权力和特权。因此，当提到固定总统薪水的时候，他们想到的，是巴黎一直以来都依靠宫廷产生的奢侈品贸易获得好处。所以他们把总统的薪水抬高到每年600000 法郎（相当于 24000 英镑），好重现宫廷带来的经济刺激。共和国将会有一个总统宫廷。对于普通公民而言，这笔薪水极为可观，但要像设计中那样有排场却是不够用的。这也就预示了路易·拿破仑总统任期时遇到的一个困难：他肯定会花销过度（而他确实花钱铺张）。但事实上，委员会所设计的总统任期的每个细节，预示了并非路易·拿破仑·波拿巴其人，而是他将赢得的职位，以及他在任期上会有怎样的表现。19 世纪早期的美国人过分担心的行政擅权，在法国无疑会出现，更何况后来那位波拿巴家族的王位要求者当真成了总统候选人。总统职位除

453

454

了像设计的那样，别无其他方式运作。

我们无法说托克维尔为抵制这个进程起到了什么作用；相反，他使事情变得更糟。作为美国共和制度公认的权威，他本应该做得更好。但 1848 年，他在这方面的言论大体上都是空洞的。他已有 16 年没有访问美国，也有 8 年没写美国方面的文章了。他有些神经质，自己的著作一旦出版就不会重读；他因此依赖对过去所知事情的回忆，或者他认为是记忆的那些内容。他提议总统由选民团的绝对多数选出，未果。会议决定总统由议会选举产生。托克维尔直接从美国宪法里拿来了这个想法，在《回忆录》里他承认了这一点；但所有美国人都不会推荐这个想法，因为它可能而且已经不断制造了许多麻烦（2000 年只是其中一例）。托克维尔提倡这个想法体现了他未能紧跟美国的政治动态。他甚至支持奥古斯特·维维安（Auguste Vivien）引入的那个荒谬条款，阻止宪法修正（美国宪法的修正过程是其最重要的优点之一）。* 如果三年后纳索·西尼尔在这点上的观察可信，我们可知当时的托克维尔强烈支持这个条款，认为它会为新宪法争取时间，得到普遍接受。最糟糕的是，他和博蒙推动通过了一个条款，限定总统只能担任一届，为期四年。两人同是自身经历的受害者：他们担心可重新当选的总统可能企图用大规模腐败来确保自己再次当选。† 这点上他们没有错，但很快他们就发现，换个方式更糟。1851 年初，托克维尔伤感地反思道："这次投票，以及我对其造成的重大影响，是我在那个时期最不愉快的回忆。"一年之后，对此他还会更加强调。[36]

另一套体系昙花一现。首先是科尔默南引入条款，提议总统应该由民众投票选出；然后是四个省在 6 月 4 日递补选举中将路易·拿破仑·波拿巴、拿破仑大帝的侄子选入议会，令众人大为惊讶。众人脑中掠过一阵恐慌，如果波拿巴成了总统候选人，未来会怎么样？于是乎，委员会重新考虑了全民选举问题。也许还是让议会选举总统更好？这样设定实际上会给法国一个代议制政府（如最终在第三共和国出现的），但由于经历了拿破仑一世、查理十世和路易-菲利普，法国人几乎不知道什么是真正的代议制政府，所以在那个夏天尚没有尝试它的准备。委员会知道得很清楚，人民希望自己来选出他们的国家首脑。于是众成员通过了最初的动议。托克维尔后来也在议会中给予大力支持。他解释道，"我承认，我当时更

---

* 应当承认，在 1848 年这一点很容易被忽视，因为美国宪法在托克维尔出生前到 1848 年之间没有修正过（而且下次修正也在他去世后）。

† 我时常觉得，今日西方所接受的几乎所有的合法竞选活动，在托克维尔看来都会是腐败行径。

迫切的期望，是迅速拥立一位强大的共和国领袖，而不是修好一部真正的共和宪法。我们那时候处于行政委员会分裂而优柔寡断的统治之下。社会主义近在眼前，而六月起义的事情还历历在目。"这是后来令他后悔的另一个决定。不过，正是在这一期间，他和他的同僚们预先勾画出了第五共和国宪法的雏形。[37]

这就是它的长处：不论细节多么漏洞百出，第二共和国宪法（尤其是当年秋天它在制宪大会通过前做过修正之后）有力地呼应了法国政治的一种不变的直觉——或者说习惯。如托克维尔注意到的那般，制宪委员会的成员们除了君主制及其传统以外一无所知，充其量也只能毫无把握地试验共和主义。他相信、而且曾反复说道，法国将要在自由与平等之间做出选择。但至少对于他的同僚而言，同样显而易见的选择，是选择自由与平等，还是选择权力。攻击性的民族主义是法兰西生活中恒久的特征：我们见过托克维尔表达这一理念。拿破仑传统既是荣 456 耀的传统，也是独裁的传统。即便没有新的拿破仑现身政坛，这一传统也许依然会塑造共和国的新制度。[38]

与这些考量相比，托克维尔（这次和拉梅耐意见一致）自始至终都叹息新宪法将会与旧的一样集权，似乎并不是那么重要。其他人也与他一样担忧集权：正统派以及另外的制宪派。1848 年春夏有一场对抗巴黎的成功叛乱，但就如 2 月的巴黎人胜利后被欺骗一样，4 月和 6 月的外省人也没能尝到胜利的果实。先前七月王朝的那些领袖（基佐和奥尔良亲王等例外）正在策划一场引人注目的回归，夺取议会的领导地位（后来他们占据这个位置三年）。他们第一场大捷，就是在制宪委员会上重申了 1793 和 1799 年的传统。

托克维尔只能在《回忆录》中对此做出苦涩的回应。但不论是在《回忆录》还是在其他地方，他都没有问过自己，为什么大多数法国人要服从于这样一次政府交接，它其实只是把权力从中央政府手中转移到那些反动乡绅、村镇律师和小城市商人的手中。他从未与比如梯也尔提出的观点交锋，后者在 1853 年告诉纳索·西尼尔，法国的集权是出于其地理位置的必然。"我们处在敌对邻国的中间。巴黎离边境只有几步之遥。我们一直都有被攻击的危险，也常常要主动出击，来维持我们的相对地位。"只有一个强大的集权政府（"一个主人"）才能，比如说，执行必要的征兵。此外，梯也尔对地方政府并无多少思考。他的想法很符合旧制度的精神，认为内务部要严格监控所有地方活动，否则纳税者的钱会遭到肆意浪费。托克维尔鄙夷这种考量，或至少从没有提起过。相反，他总是乐于告诉少数听从他的人，地方自治政府是美德和公民的学校。历史记录（甚至是新英格兰的记录）表明他是在自欺欺人。[39]

457　　他感到自己在制宪委员会里没有影响力，在两院制问题上打了败仗，让他无心恋战。[40]确实，会议记录表明他参与得并不积极——比如发言比博蒙要少得多。无疑他有点气馁，但让他保持沉默的真实原因，在于他同意同僚们的大多数观点，而在不同意的点上，他的想法太过冒险，难以实行。虽然口上不说，但委员会所有成员都心知肚明，他们的议程不是要激进地重建法国政府：1848 不是 1789。大革命的功勋是不容置疑的。而显贵们认为自己要做的是重新确立他们的权力，托克维尔也是其中之一。但无论是他还是会上会下的其他人（也许拉马丁除外）都没想到，他们关键、迫切、首要的职责是让法国人相互和解；是设计一个所有合法的利益都可以接受的，认为它合法、值得支持的政治体系，由此得以恢复这个民族的能量、智慧和公共精神。那样，残酷地面对此后一百年中内部外部各种问题和危险，法国就能够自如应对。也许为时已晚。不论新宪法有什么错误、有多少错误，它与所有宪法一样，如果人民有那个意志，就会产生效果。但现在它却成了又一个派系争执的议题。

　　制宪委员会在 6 月 17 日完成了初稿，两天后将之呈送议会。它旋即被发往各委员会审阅，在辩论正式开始前需要了解他们的看法。但这是之后要做的事了。代表们的当务之急是与巴黎工人摊牌，对此他们期盼已久：6 月 22 日，周四，行政委员会在立即关停国家工场的问题上，已显然不会退让。郊区人民忍无可忍，揭竿而起。经过四天的血腥战斗，他们被国民卫队、常备军以及机动卫队（Garde
458　Mobile）的共同火力所击败。＊这一切都由战争部长卡韦尼亚克将军指挥。在这场斗争中，行政委员会被迫辞职，议会任命卡韦尼亚克为临时独裁者。到战斗结束时，有 708 名政府的支持者被杀害，包括 5 名将军和试图协议停火的巴黎大主教；起义者中至少有 3000 人死亡（这个数字很可能大大低估了真实情况）；被逮捕的有 15000 人。炮火让巴黎东部几乎化为灰烬。

　　虽然有点平铺直叙，这就是六月起义所发生的故事。自始至终，托克维尔的所作所为只是时隐时现，但他对于战争期间发生在自己身上的事描述得十分准确生动：

＊　机动卫队是临时政府为了驱逐巴黎街头流浪儿而设置的。这支部队从民众中征募，穿上制服，薪水不错，也受过军事训练。出乎众人意料的是，他们忠诚于雇主，老老实实地向市民同胞们开火。

［6月24日］在街的拐角，靠近水塔一侧，当时有一座正在建筑的高大楼房。显然是从后面进入楼房院中的一群造反者，在楼里驻下而未被发现。他们突然出现在楼房的房顶上，向集聚在林荫大道上的部队进行一大阵齐射，而这些部队根本没有预料到敌人会在这么高而近的地方出现。他们的步枪声以巨大的响声对着对面的房屋回响，以致使人认为从我们这一侧发出了同样的奇袭。不一会儿，我们的队列发生难以置信的大混乱：炮兵、步兵和骑兵立即乱了队形，士兵们胡乱射击，自己也不知道打到哪里去了，乱糟糟地退却了60多步。退却的秩序十分慌忙，把我挤到寺庙街对面房屋的墙下，被骑兵踢倒摔在墙下面，丢了帽子，差一点儿把命也搭上。这可以说是我在六月起义中遇到的最严重危险。这使我感到战场上发生的一切，并不都是英勇地甘冒战争风险的英雄行为。我不怀疑，像我这样的事件在精锐的部队中也常有发生，但没有人以此来吹嘘，战报也不讲这些事情。[41]

《回忆录》中描述这次起义的那几页，有许多与此一样戏剧性的段落，托克维尔本人也常生动地出现在里面。在炮火下或者炮火的威胁下，他总是表现得勇敢而理智，而且比以往任何时候都喜欢追根究底：他之所以出现在圣殿郊区街（Rue de Faubourg-du-Temple），仅仅是出于想要亲身观看和理解街上发生的事情。[42] 相比之下，他所讲述的战斗爆发原因，就不是那么尽如人意了。

他告诉我们，5月21日他前去那个荒谬的协和宴会（Feast of Concord）时兜里藏了手枪。当时议会要在战神广场坐一整天，检阅日后不久就将交火的士兵和民兵队伍；但他对于之后一个月里议会的进展说得很少：他正在制宪委员会里卖力工作。不过那些进展还是有点意思的。

到了这时，大多数代表，不论是保皇派还是中间路线的共和派，都再无法容忍工人运动。并不是说这些代表都心狠手辣。恰恰相反，他们当中许多（也许大多数）人都赞同巴黎人的要求，即共和国必须在社会和政治上实现民主；6月第一周的大多数时间也都花在提议如何振兴经济上（每个人都认为，这是目前帮助百姓最好的办法）。托克维尔称这些讨论只不过是出于害怕，但这些建议很多又与他自己在二月革命前提出的十分接近。* 他的朋友法卢（Falloux）伯

459

---

* 见前文，第415页。

爵[*]在领导中毫不妥协，也是最终爆发危机的一部分原因。法卢伯爵后来在他的
回忆录坚持称，尽管他想要关停国家工场，他也希望镇压措施之外要配以援助项
目：捐助互助会，改善储蓄银行，保护童工，消除贫民窟等等。这一切皆出于善
意，但纵使付诸实施，这些措施无一可以立即帮助失业者。[43]

460 　　大多数代表在这一点上拥有共识：必须废除国家工场。这是他们的执念：必
须把它们摧毁，有产阶级才能重新确信自己掌控了局势，才能展现他们的主人地
位，才能在夜里安寝。为此他们提出了众多的理由。以保守派身份刚刚进入议会
的维克多·雨果，庄严地警告他的同事，虽然七月王朝在富人中滋生了怠惰情绪，
共和国通过国家工场，做的比前者糟糕得多，因为它在滋生穷人的懒惰习性："这
种懒惰，会使文明毁灭。它在土耳其也许会出现，但不能出现在法国。巴黎决不
能模仿那不勒斯；她绝对、绝对不能模仿君士坦丁堡！"他喊道，巴黎这些聪明
的工人，绝不应成为和平年代的流氓，战争年代的兵痞！虽然有那么多失业者，
但劳动力紧缺让商人阶层（也就是雇主）十分懊恼。他们坚信关停工场可以振兴
贸易。另外的代表，惊讶于工场登记在册的人数（6月时大约为10万人），称它
的成本太过高昂；许多人看到并说道（但声音不十分响亮）工场工人有可能演变
为危险的革命军队：他们当中不是有上千人在5月15号进到了人群里吗？托克维
尔则相信工人阶级正在被危险的社会主义谬误迅速败坏，这个观点也是广为认可
的。"必须做个了结"，代表们说道。[44]

　　这也就是为什么议会听取但没有听从科西迪埃的请求。科西迪埃是少数幸存
的左翼领袖。他说道，他们不清楚失业外省人的真实处境：他们一无所有，到巴
黎寻找工作，他们来自各工厂和作坊，现在注册成为国家工场的工人，但却没有
派到活做。于是，晚上的街道成了绝望俱乐部；这些老实的民主派听着乱七八糟
的演说茫然无措，但在一点上是清楚的："试试弄面包发给我们，否则我们我们会
拿出步枪，往刺刀上跳——我们会自杀。"拉马丁和另外少数几个人为了解决这个
问题，提议国家接手，资助所有铁路建设项目：既可以提升建设速度，又可以大
规模创造有益的、工资不错的工作。这个计划在议会有所进展，但被突发事件中
断。几周前，行政委员会已做出决定，关闭国家工场，但对此它难以说出口，也

---

　　* 弗雷德里克－阿尔弗雷德－皮埃尔，法卢伯爵（Frédéric-Alfred-Pierre, comte de Falloux, 1811—1886）是一
位虔诚的基督徒和正统派，1847年进入下议院；入选第二共和国议会后，他成了正统派最强大的领袖。

未能为此事做有效准备。街上日益骚动不安，议会也愈发恼怒。最终，法卢强行让委员会出手：以劳动局的名义（他是主席），他提议立即关停工场，并且准备了一份报告供议会辩论。行政委员会妥协。6月19日它发布了自己的法令，称国家工场里的人将被送往偏远省份开垦荒地。法卢的报告于6月21日发布。其内容是立即解散工场，规定所有年龄在18到25岁的工人若不参军就将失去救济；23日，内战爆发。[45]

《回忆录》中，托克维尔对这些事件只有草草描述。他站在右派这边，甚至无意隐瞒在此问题上和法卢一致的事实。他极为确信自己的立场，视之为理所当然。他相信，巴黎人处于摧毁社会根基的边缘；唯有暴力可以将他们击败；巴黎以外全法国都赞同他，战斗越早越好。他在《回忆录》里花了一章的篇幅讲述议会召开后的几周里与拉马丁的关系，对于这位掌权的诗人表现得很不友善，认为他在动用武力做出反应上优柔寡断，总是保留了对左派的一些支持。托克维尔既不友善也不公平。但正当读者开始厌恶他这点时，托克维尔突然笔锋一转，承认自己的判断有误：拉马丁比自己更了解形势真正的危险所在，更知道缓兵之计的必要性（虽然托克维尔没有说，但确实是拉马丁确保了秩序的力量足够强大，在战斗打响后得以征服叛乱者）。托克维尔时常坦率表露自己的实际看法，是让《回忆录》如此有价值的特征之一；但这不能抹去托克维尔整体上对于形势抱有偏见的这一事实。他不得不提到路易·勃朗的时候就暴露了自己的偏见。他承认，勃朗在遭到指控是5月15日事件的幕后主使时，为自己辩护得很出色，但他认为勃朗不是清白的，自己对于勃朗被暂时无罪释放而感到的遗憾溢于言表。他认为勃朗在很多方面缺乏才干，对此加以粗俗的嘲讽。[46]

必须做个了结。现在，工人们也一心想要决战，而决战显然已迫在眉睫。法令颁布的消息传遍了郊区，引发了众人的激动情绪。6月22日，一个工人代表团访问了亚历山大·玛丽。此人是行政委员会成员，从一开始就间接推动了国家工场；他以威胁和侮辱招待了他们。街上开始堆起路障。托克维尔和科尔塞勒走进了市政厅附近的街区，需要看看发生了什么。为了观察尽可能多的地区，他们分头行动。科尔塞勒被卷进了修筑街垒的工作，但他太过笨拙，以致起义者不久就让他走了。托克维尔回到议会，发觉里头的状况接近恐慌；议会投票通过它继续开会的议案；行政委员会将所有权威临时授予卡韦尼亚克将军。战斗已经十分激烈，但托克维尔一直到凌晨1点才回家。当他穿过皇家桥（Pont-Royal）时，整个

461

462

巴黎似乎已经熟睡；一切都寂静无声。这宁静让他有点相信，不会再有另一场战斗，议会胜利了。[47]

但远未拂晓的时分，他就被枪声吵醒：卧室的窗在震动。玛丽告诉他这已持续了 1 个小时，但她不能叫醒他，因为今天他需要有充足的精力（她毕竟是皇家海军的女儿）。托克维尔立即穿上衣服，前往议会，在那里呆了一会儿后，受命与三位同僚（科尔默南是其中一位）外出鼓舞军队士气。他抽空给玛丽写了张字条，催促她和埃尔韦伯爵赶紧去圣日耳曼或者凡尔赛的安全地带；玛丽走得过于仓促，都忘了告诉托克维尔她的去向，也没能告诉托克维尔她已安全抵达。这让托克维尔在这可怕的一天里更为焦虑——叛乱正值最剧烈的时候。托克维尔向克拉摩根写道，如果在巴黎，议会被击败，它应该离开这里，发动全法国的力量。"我希望法国能听到我的呼唤，这无关政治的形式，而关乎财产、家庭、文明——简言之，所有让生活有意义的东西……但是，我的朋友，多么残酷的一场战争，多么骇人的一场战争啊！"[48]

议会的胜利，虽然来之不易，但并非如此不确定。1830 年 7 月和 1848 年 2 月，巴黎起义者面对的只不过是不受欢迎、组织无序的政府；他们采取攻势，迅速取胜。1848 年 6 月，他们的对手干练、坚决而且有力（至少有源源不断的增援）；而巴黎民众采取守势。他们不得不接受可耻的后果。不仅关停工场明显剥夺了他们一切公共救济，而且他们当中身强力壮者（养家糊口的人）将有可能被送去部队服役，或是被送到类似于第二共和国的劳改营去。他们建起路障，为的就是可以呆在家中，或至少战死街头。卡韦尼亚克在最开始缺乏军队的时候，首先按兵不动，这虽然让一些胆小的代表惊慌失措，但他已有成竹于胸。叛乱者挑衅他来发动攻击，一个街垒接着一个街垒，一幢房子接着一幢房子：托克维尔想起了 1808 年的萨拉戈萨保卫战——西班牙人英雄地抵抗了拿破仑军队数月之久。巴黎人若是有狙击火力，也许会更为危险，更难驯服，1830 年马尔蒙部队就是因为狙击而军心溃散。确实，巴黎人在战斗中体现出出人意料的技巧与韧性；但卡韦尼亚克还是能够用大炮和骑兵将他们击垮。6 月 26 日下午，一切都结束了；秩序再次统治了巴黎。托克维尔走出议会，前往玛德莱纳街；沿途他考察了胜利的战场。[49]

"也许你会期望在他的笔下看出一丝怜悯的语气，就像阿尔芒·德·默伦 * 那样。"安德烈·雅尔丹说道。但托克维尔一直无动于衷。6 月 26 日还有一位参观者，他就是伟大的俄国社会主义者亚历山大·赫尔岑（Alexander Herzen）。他在玛德莱纳附近被一位国民卫队士官逮捕，那位士官觉得他举止可疑。士兵们把他团团围住，带到警察局去。

> 我们见到的第一个人是位人民代表，纽扣孔里装着愚蠢的徽章：此人是托克维尔，写过美国方面的书。我过去和他讲话，给他讲了事情的经过：这可不是开玩笑的事；他们不经过任何审判就把人关押在监狱里，投入杜伊勒里宫的地下室，最后枪毙。† 托克维尔根本没问我们是谁；他很礼貌地鞠了个躬，说了通陈词滥调："立法机关无权干涉行政。"在拿破仑三世底下他很可能会做到大臣！ 464

（赫尔岑几小时后获释。）[50]

托克维尔毫不质疑此次巴黎屠杀的必要性，甚至拉马丁和路易·勃朗也同意政府应该镇压起义。托克维尔仍然相信，暴乱是左派煽动起来的，再怎么严厉的处置都不为过。只有当惩罚落到与自己有私交的人头上，托克维尔才会放松自己的立场。1849 年，他在制宪委员会里的同僚维克多·孔西代郎因参与叛乱而被流放。孔西代郎写信给托克维尔，托他帮忙保护他们的朋友贝尔吉欧加索公爵夫人在意大利的一些财产。‡ 时任外交部长的托克维尔立即答应下来，不过也严厉地批评了孔西代郎那些政治朋友的嗜血性格。但从中我们似乎可以看出他缓和了态度，这好像是较为罕见的。[51]

---

　* 阿尔芒·德·默伦子爵（Vicomte Armand de Melun, 1807—1877），1849 至 1951 年为立法会成员，在法国和天主教里的地位相当于沙夫茨伯里伯爵。他终生致力于为穷人纾困。1846 年他创建了慈善经济协会，托克维尔也是其中一员。

　† 说得没错。正规军有体面的表现，但报复性的国民卫队犯下了不少暴行。死尸频频被丢入塞纳河中。

　‡ 克里斯蒂娜·特里武尔齐奥·德·贝尔吉欧加索公爵夫人（Princess Christine Trivulzio de Belgiojoso, 1808—1871），一位富裕而爱国的米兰人，因被流放而定居巴黎。在巴黎她主持着一个出色的沙龙，托克维尔是其常客。1848 年，她回到米兰，征募了一批士兵与奥地利人作战。

第十九章　书写回忆（1848—1851）

一部历史丝毫不会因为不完整而丧失趣味。

A. 德·戈比诺 [1]

6 月的战斗，巴黎人败了，但托克维尔立即意识到，究竟谁赢了还未能预料。共和政府扫除了共和国最为热切的支持者，其手段之毒辣让它再也赢得不了新的朋友。正统派和奥尔良派暂时抛开他们支持不同王朝的差异，组成了一个新的保守团体（他们认为以"温和派"自称较为合适）——普瓦捷大街委员会——意在利用右派地位稳固时，在共和法国推行自己的社会观。其最为突出的领袖都是七月王朝的老手：贝里耶、莫莱、布罗伊。当然最为著名的就是梯也尔。它同时是赤裸裸的大贵族政党。这一点既是其优势，也是其弱点：它不会立即消亡，但至少在短期而言，它重新取得权力（而非影响力）的机会很小。它小心翼翼地尊重掌权的共和派，但肆无忌惮地攻击左派，左派剩下的领袖比较软弱，也为他们提供了可乘之机：拉马丁已是强弩之末，勒德鲁 - 罗兰笨拙无能。与托克维尔曾加入的王朝左派一样，它仍然是一支只有将军，没有士兵的部队，2 月以来的事件

将其本质上的保守主义昭示于众：它忠实地认同共和，但意识形态的其他方面，它难以与普瓦捷大街区分开来。时局变迁，他们仍在挣扎，如同在基佐政权时，要确立一个既独立，又在竞选上受欢迎的立场：他们仍在挣扎，仍在失败。真正温和的那些共派紧随卡韦尼亚克及其政府，就像抓住了救命稻草一样：他们再没有其他的资产，而这根稻草很快也流走了，因为卡韦尼亚克变得越来越不受欢迎：掌权意味着选择，而卡韦尼亚克的选择造成疏远的人总是多于取悦的人。法国因此出现了一个巨大的政治空当。一个人和一项事业也许可以填补，到了夏天结束以前，两者均已清晰显现。路易·拿破仑·波拿巴赢得了另一场递补选举，结束流放回到法国就职。

7 月，欧仁·斯托菲尔致信托克维尔，询问他政治问题。从回信里可以看出他

的朋友陷入了最为糟糕的情绪：

> 我不相信什么未来……我不再指望——我不会跟其他人说这句话——我不再指望看到在我国建立起一个法治、强大而且自由的政府。如你所知，这个理想是我整个青年时代、也是我初入政坛时的梦想。现在它已消逝了。

然后出现了后来最为人喜欢的一幅图像：

> 我们正在一片狂风暴雨，无边无际的汪洋中航行；至少，海岸是如此遥远，如此不定，也许穷尽我们的生命，乃至我们下一代人的生命，也难以找到……
>
> 我并不希望有一连串革命。相反，我希望有长时间的秩序、和平与繁荣；但我现在并不指望法国能建立起一个坚实、有序的社会和政治体系。我怎能有如此期望呢？ 1789 年，1815 年，乃至 1830 年，我们还可以认为法国是得了急症，治愈之后的社会将变得越发强大和持久。今天，我们看到法国感染的是一种慢性疾病。

结尾处他再次说道，六月叛乱之所以如此恶劣，当归咎于煽风点火的错误观念。大炮、刺刀，更不用说独裁，都不能一劳永逸地将之击败。[2]

这些想法、这些话将催生《回忆录》[3] 里的一个著名段落，不仅是体现托克维尔先知般洞见的有力例子，还表明他的思维回到了沉思法国历史上。接下来的几天他沉浸在这些思绪当中。这样的情况似乎并不怎么常见。 467

他 9 月 12 日在议会做的演讲，准确无误地体现了这个转变。此前他从未在新议会的讲台上发言，但现在他每周四天投入到宪法大辩论中；在宪法问题上，他有必要让自己的意见得到重视，所以他计划了三篇主要的致辞——其中一篇因为身体原因未能发表。9 月 12 日，辩论主题是工作权。制宪委员会拒绝将这条危险的口号写入宪法；一番讨论后它提出了宪法序文的第八条：

> 共和国必须保护每个公民的人身、家庭、宗教、财产、工作和住房……它必须（尽其资源允许的条件下）为不幸者找到工作，或是（为没有条件的

家庭）保障失业人员拥有生活必需品，从而确保不幸者的生计。[4]

左派代表对此并不满意：他们提出了各种修正案，要求明确保障工作权。实际当中，语言并不会改变什么：自六月起义以来，政府就在尽其所能缓解失业，比如它接手了从巴黎到里昂铁路线的建设和运营工程。但"工作权"在意识形态上有最为重要的意义。托克维尔在这一点上已退让到了心理极限；而且，就在一个月前，普鲁东和梯也尔在议会有一场激烈的争斗，普鲁东鼓吹的政策相当于向富人的收入征收紧急税，而梯也尔在将此议案撕毁的同时，发起了一场对社会主义的彻底批判。托克维尔也想展现自己的立场：他不能把这个论题拱手让给与从前一样难以信任的梯也尔。

468　　　他的演说非常成功，受到左派的激烈质问（会议主席不得不要求代表们恢复秩序），受到右派的赞赏；它被印成了小册子，也发表在《箴言报》上（托克维尔寄了一些供在伦敦分发）。他的思路是，如果议会承认了工作权，必然会打开通往共产主义或者社会主义（被定义为某种形式的奴役）的道路，并且摧毁所有权。他用上了惯常的伎俩来吐露这番心声：决意忽略常识，从表面看来没什么害处的提议中引申出最为糟糕的结果——即共和国"承认每个公民拥有教育、工作和获得救济的权利"。[5]他的警告起到了效果：修正案被否决；这也许更是证明了托克维尔演说的威力。更值得我们关注的是他第二篇演讲。他不仅想要击败要求工作权的人，而且试图论证工作权不是法国革命传统的正当组成部分，以此使之丧失信誉。他说道，旧制度才与社会主义相似：它欲图担起所有臣民生活的责任；1789年革命完全是为了争取个人自由。在大革命众人中，他厚着脸皮地引用了罗伯斯庇尔的话（"让我们抛弃政府以前统治过度的狂躁"），令他的听众大吃一惊（他的父亲会怎么想？），而在此之前，他还热情洋溢、直言不讳地赞颂大革命：

> 　　法国大革命之所以让法国闻名于世界，难道是因为它讨论物质利益，讨论人的物质需求吗？……你们难道认为，是讨论这种事情才让它能够激发一整代人，推动革命，将之输送到国外，不顾战争的危险，愿意为之献出生命吗？不，先生们，不，它的力量源于它唤起的是更高尚、更可爱的事物，它讨论的是爱国、爱国家荣誉，它讨论的是美德、慷慨、无私、荣誉，这才是大革命做出如此伟大业绩的原因；因为毕竟，先生们，请相信，让人做伟大

之事的秘诀只有一个：就是依靠伟大的理念。（"非常好！非常好！"）[6]

至于财产权，大革命的伟大成就，就是将之推广到比以前更为广泛的程度，使法国成为一个拥有千万土地所有者的国家；正是这些人最受社会主义者的威胁。要忠实于光荣的革命传统，二月革命绝对不能宣称自己是民主的、社会的共和国，而必须是一个民主基督教共和国。国家所需要的不是工作权，而是公共慈善权。[7]

这套复杂的、几近雅各宾派的话语，从这位未来的大革命历史学家口中说出真是件有趣的事；它详尽解释了 1789 年精神，将会成为托克维尔未来大革命著作的基调。它还充满着其他托克维尔的特色——比如，他将美国竖立为人们从未考虑过社会主义的民主制度模范——但其最令人惊讶的特点也许是它的轻率。这位厌恶一切革命（尤其是他愿尽一切所能阻止的二月革命）的演讲家，现在却在告诉人们他们都理解错了。人们怀疑托克维尔此番演讲是否出自真心；接下去那篇演讲，10 月 5 日演讲的前半段，更是加深了人们的怀疑。在这篇演讲中，他代表制宪委员会，支持通过普选而非议会选举选出总统。这是一个同时拥有立法与行政大权的议会，描述时用了最严苛的词：他最终勉强承认，这不会是革命时期的国民公会，恐怖统治不会重现，但在这样一个议会的统治下，"我们将拥有一个专制的、好事的政府，一个善变、暴力、鲁莽、糊涂的政府，既无传统也无智慧……而且，我必须补充一点，这将是一个深为腐败、不断腐化的政府。"[8] 当前议会很有可能厌恶这些严厉批评，但它没有抗议。演讲尾声，托克维尔表示，与先前许多奥尔良派一样，他认为共和国是法国历史上最好的政府；他对于流行舆论的解释比他们更进一步：

> 今天，法国在本能上，也许不完全是意识形态上，但我要重复，它在本能上是深刻的共和主义。它实现了平等，它崇拜平等。（"非常好！"）它不信任等级制，它恐惧权威，对于权力它没有迷信的尊重，它不相信君主的继承权。法国，贯穿其隐秘的肌理，都是共和主义的。

所以，为什么他对接受共和国怀有犹豫呢？因为人民有理由担忧它会成为社会主义无政府状态，所以，"正如尊敬的拉马丁先生曾说过"，它有可能投向一个幽灵——让一个独裁者掌权。（"非常好，非常好！"听到这反拿破仑的口号，议会再次喊道。）议会必须支持政治革命，拒绝社会革命，以此安抚民众；最好的办法就是破釜沉舟，采用普选的方法，让总统制成为未来秩序的保障。托克维尔的逻辑并非无懈可击，但这些话收到了阵阵喝彩，以至于 10 分钟后大家才纷纷就座。[9]

这两篇演讲反映了 1848 年秋托克维尔的观点；他没有背离第二共和国。他的看法带来的一个后果是，他成了卡韦尼亚克政府（即便他认为该政府十分平庸），以及卡韦尼亚克竞选总统的坚定支持者——这多少让他自己有点吃惊：因为他曾提醒过博蒙，自己以前从未支持过任何内阁。[10] 卡韦尼亚克希望博得更多的支持，所以决定从托克维尔的派系中任命几位部长。托克维尔希望自己能是其中之一，但他所要的职位——教育部长——在卡韦尼亚克看来是不适合他那样过于右翼的人担任的：托克维尔长期以来都致力于推进时人所说的"教育自由"——换言之，官方承认天主教学校和文凭。而世俗主义（即不让教会进入课堂）已经是卡韦尼亚克本人这样的坚定共和派的信条。况且，那个秋天，托克维尔还在呼吁（至少在他写给博蒙的信中）推行强有力的政策，他称之为秩序。他希望卡韦尼亚克与前夜共和派决裂，与普瓦捷大街接近。共和国政府甚至有必要反动。而卡韦尼亚克希望团结共和派，他的大政方针与富兰克林·罗斯福 1933 年的政策不无相似之处（F.A. 德·吕纳早已指出）。如果托克维尔的这些看法传到他的耳朵里（这是很有可能的），卡韦尼亚克很有可能觉得托克维尔对自己来说并非适当人选。托克维尔承认形势如此："如果我的名字出现在新内阁里，那会是一面反动的旗帜。"他对于自己被任命为法国代表，去参加一个在布鲁塞尔召开的讨论意大利危机的国际会议而感到满意。卡韦尼亚克已将他和博蒙送到伦敦做大使。这一任命意味着他们将再次亲密合作，而且同时他能够阅览外交部的档案。[11]

但转眼，所有这些计划和期望都落了空。布鲁塞尔的会议根本没有召开。新宪法于 11 月 12 日颁布：托克维尔的老朋友安瑟洛夫人在一个泥泞的公共广场上观看了议会主席阿尔芒·马拉斯特*宣读这部宪法。由于当天下着雨，她仰头观看的同时还得挤到一把伞下躲雨。她觉得此人样子很滑稽，"法律被嘲讽压死了"[12]。法国历史上第一次总统选举于 12 月 10 日举行。除了波拿巴党徒对此有些心得以

---

* 阿尔芒·马拉斯特（Armand Marrast, 1801—1852），《国民报》主编，七月王朝时期共和派领袖。1848 年他先后担任了巴黎市长和国民大会主席。他是制宪委员会中最为活跃的成员之一。托克维尔不喜欢他，批评他为集权者。

外，没人懂得怎样赢取这样一场竞赛。卡韦尼亚克没有竞选，随即导致行政部门动作迟钝，在托克维尔看来，几乎无异于背叛。普瓦捷大街这个政治团体决定袖手旁观，而没有意识到它也因此放弃了它所要求的领导地位。[13] 左派没有看到统一到一位候选人麾下的重要性，而且它没有实现这一目标的机制——比如没有提名大会。但波拿巴党人从春天开始就专心致志地研究如何让路易·拿破仑王子上位，所以相对而言更有准备。托克维尔由于卡韦尼亚克没有给他任命，感到愤怒和焦躁，发觉自己正处在边缘。他说道，在这样一场危机中，"清醒地知道该做什么，感受到自己有这样做的勇气，但却无可奈何"[14]，真是残酷至极。他不再寄希望于卡韦尼亚克，后者已经成了这个民怨四起的共和国的缩影：45 分税仍在征收（略有困难），政权依然与农村疏离。但他也许被实际的结果震惊了：路易·拿破仑只拿下了 550 万多的选票（或 74% 的总选票），而卡韦尼亚克只有不到 150 万票（19.5%）；其他人——勒德鲁－罗兰、拉斯帕伊、拉马丁——根本不见了踪影（可怜的拉马丁只有 17914 张选票）。到次年春天，投票率达到总选民的 75%，但波拿巴获胜已是很明朗了。这表明虽然普瓦捷大街的许多成员两害取其轻（卡韦尼亚克的改革计划对他们而言太过激进了），投到路易王子麾下，但后者其实并不需要他们的支持。托克维尔就曾在选举日前评价道，"路易王子同时受到来自各省想要推翻共和国的人和巴黎一大批极端共和派的支持"；而据被流放的基佐观察，"同时代表一种全国荣耀，一种革命性的保证，和一个威权的原则，这非同小可"。这是相隔一代人之后，与皇帝记忆不可分割的法国民族主义首次找到合法政治表达，农民有了一个既能保证他们的收入不被革命夺走，又能体现国家权威的候选人：拿破仑的威名似乎向他们承诺了秩序、繁荣与威望。军队在选举中抛弃了卡韦尼亚克，转投波拿巴。简言之，一股新的、强大的政治力量崛起了。一如既往，梯也尔和他的追随者对此没有认识。类似于西塞罗错误地评价了屋大维，梯也尔如是评价新总统，"他是个白痴，将被我们玩弄于股掌之间"。无疑这句话径直传到了路易·拿破仑耳中。[15]

472

　　即便在大选之前，野心家们就不断投靠路易·波拿巴。奥迪隆·巴罗也是其中之一，根据托克维尔的看法，此人害怕自己漫长的政治生涯终结于碌碌无为，而想要做"小伟人"的导师。雷穆沙更是直截地说巴罗不想作为一个糊涂蛋和饶舌者而留名后代。托克维尔第一次见到王子就是通过巴罗。无疑是按照事先的安排，在深秋某日，路易王子闯入了巴罗的一次晚宴，与托克维尔和雷穆沙见面。雷穆沙有意冷落了路易·拿破仑（而后来他认为这做错了）；我们不知道托克维尔的表现（他完全没有提到这件事），但与雷穆沙一样，他也拒绝讨论政治。后来这两个人（他们现在对大多数公共事务意见一致）都认为，如果路易·拿破仑的人都像巴罗那样笨拙，倒也未尝不是件好事。[16]

473   12月20日，路易·拿破仑在制宪议会前宣誓就职，发誓绝对忠于共和国。但民众普遍怀疑终有一天他会忘却誓言，让自己当上皇帝。与此同时，他还要统治法国，这依然是个艰巨的任务。一个大问题就是议会现在突然开始赞同托克维尔对议会独大的那种怀疑。它的工作已经完成，委任也到期了；它本应该让位于宪法之下选举出来的新议会，但却握着权力不放，将新选举推迟了数月（选举最终在1849年5月13日举行），甚至一直到最后都拒绝解散。数百位代表知道，他们不会进入立法院。立法院的成员数比制宪议会更少，右派在其中会十分强大；但他们没有很好地利用他们最后的日子，主要还是耗在了内斗上：勒德鲁－罗兰不断提交弹劾议案。面对这样一群人，路易·拿破仑发现根本难以将之组成一个内阁。（前内阁与卡韦尼亚克一同离任了。）正统派中除了法卢都拒绝为他服务。法卢从政只是为了推进天主教会的利益。共和派正确地认识到这位总统是他们的对手，也拒绝合作。而我们也已看到，奥尔良派想要操纵他：梯也尔和莫莱不会担任官职，但他们在议会通力支持路易·拿破仑——同时保留了在合适时候撤回支持的权利。路易·拿破仑主动招揽过拉马丁，但后者只同意在别无其他人愿意任职时才会出山——这只能说是委婉的拒绝。这样就只剩下热心的巴罗，他与总统在同一天就职。即使是他也并不完全那么容易驾驭，但他恰好是与路易·拿破仑颇有交情的一位法国政治领袖。总统在常年的流放、阴谋和监狱生涯中早已学会了耐心。他巧妙地利用任期最初几个月改善自己的名望，比如他在1月末有效而冷血地镇压了巴黎的一场街头叛乱，又在那年夏天霍乱重返法国时频频去医院探望民众。

    托克维尔在这个时期极少参与政治；1月、2月他病得十分严重，3到5月期474   间身体时好时坏。1月22日他写给克拉摩根的信中对其症状有最为准确的描述。信中他说道自己染上了严重的流感，先是胸部感到不适，然后是肠子。也许他的病确实是流感：玛丽在1月初也有些病症，托克维尔很可能是受她传染。而这种疾病可以解释他在2月为什么反复病倒，出现持续数周的乏力症状。但我们不能忽视，这很可能是肺结核第一次严重发作：其发病特点与他在1858—1859年最后一次得病类似。到了春天他的身体多少有点好转，但他感到自己迫切需要一段假期。在给博蒙的信中，他说自己的健康处于"非常不完整的状况"。他从未向病痛投降，但从此他再也不能将其忽视了。[17]

除了他的身体状况，托克维尔这个时期还主要关注了议会改选。他给克拉摩根和其他选民的信件表明，他巧妙地躲开了包围自己的陷阱。尽管路易·拿破仑在芒什没有像在其他一些省份那样取得压倒性的胜利，但依然收获了 65% 的多数票，而托克维尔力挺卡韦尼亚克也不是完全不受注意。他本可以站到普瓦捷大街那边，避免各种不利后果，但这样做意味着背弃从 1848 年 5 月以来共事的大部分同僚。此举将有损荣誉，也将颠覆他的从政记录。一如既往，他选择了独立的路线，而从结果来看，这也是最为明智的：芒什省赢得 1848 年 4 月选举的代表中，此次只有两名再度当选（阿文都失败了），他是其中之一，而且拥有最多的选票。他因此有了难以质疑的显赫地位，当选几乎不费吹灰之力：竞选中他从未访问过自己的选区。回应质询，他仅回答说，可以去看看《箴言报》里发表的那些演讲和议会投票。[18] 他草拟了一份竞选宣言，但还是决定不予发表，因为它不会改变什么舆论。尽管如此，这份宣言对我们而言十分有趣，因为它最为清楚地概括了托克维尔在第二共和国初年的政治观点和行动。它也再次展示了托克维尔是一名多么保守的自由主义者。他反复重申自己忠实地支持共和国，而就这一点我们可以确信他是诚恳的：2 月，在他写给乔治·格罗特的一封篇幅甚长的私人信件里，他说道如果法国能够重建秩序与繁荣，它最容易调整成为共和政体，"因为归根结底，我们的社会组织、品味、本能乃至恶习都是共和主义的"。这正是他在 10 月 5 日演讲中所说的话。它表明托克维尔走到了最后一步。在撰写《论美国的民主》时他还没有到这一步，虽然该书逻辑准确无误地指向这个方向。但此后托克维尔话锋一转。他说道，他抵制社会主义和工作权；他曾在议会投票支持镇压政治俱乐部，限制出版自由和对巴黎实施包围 *，并反对所有不以"正确的政治经济学学说"为依据的政策：例如铁路国有化、按揭税、缩减工作日、累进所得税和废除中产阶级可以花钱让儿子免服兵役的制度（不过他的朋友拉莫西埃将军和卡韦尼亚克将军都大力支持废除这一制度）。紧随大流投票赞同政府收回路易·勃朗和马

475

---

  * 这令人疑惑。他如此厌恶军事政府，以至于在 1848 年 6 月包围巴黎时投了反对票，他在《回忆录》里称这件事为一个错误（OC XII 161-2）。这里他大概指的是 9 月延长包围状态至 10 月底的投票。

克·科西迪埃的议会豁免权，因此使他们冤枉地被流放，也成了他引以为豪的事（我们似乎再度听到基佐令人费解的问题，"为什么我们想法不同？"）。*托克维尔总结道，他早就相信，共和国只有废除特许权，改革所有滥用自由的行径，建立起一个强力而且得到普遍认可的行政权力才能够延续下去。他也已说过自己相信路易·拿破仑会尊重宪法；言下之意是他会是一位颇为强大的行政首脑。[19]

获得这样的评价，也许当归功于路易·拿破仑扶持托克维尔和他那个圈子。托克维尔最初以为他是个老实但很平庸的人；不过，在爱丽舍宫晚餐时一直坐在476 这位宴会主人身边的托克维尔很快便写信告诉克拉摩根，说自己对自己的判断不那么自信了："你知道我在识人方面还是有一套的。但我还没能画出此人的思想肖像。接受私人教育，而且在监狱呆过几年的他，行为和谈吐都很谨慎，让人难以捉摸。所以我要推迟做结论。"5月初，总统委派他到另一个委员会里，去考察法国监狱；对此，他向克拉摩根（托克维尔依靠他向选民传话）所做的解释是，这证明路易·拿破仑及其政府把他视为忠诚的支持者。也许托克维尔感受到，他们将他看作是可能成为部长的人物；他甚至也可能发出了他有意再度出山的信号。但不管怎么说，这些做法都没对他造成损害。选举中他收获了94481张票中的82404张，并且在8月当选省议会的主席。[20]

托克维尔当时并不在芒什品尝这些胜利果实。选举日那天他在德国。数日之前他就过去了，显然是来一段他迫切所需的休息，改善自己的健康状况。

他看似计划了一个非常托克维尔的休假。他想要复制青年时的成功，研究德国的革命形势。他对德国的兴趣源于何处我们无从得知：也许他是受同事学者库赞的影响，后者将黑格尔引介入法国；或者，他也许读到了报纸，意识到德国正在成为欧洲一支日益重要的力量。不论是什么原因，他到去世前一直保持着对德国的关注。1849年，他试图结识自由主义和保守主义政党的领袖，而且希望去柏林。[21]但陪伴他的是玛丽而不是博蒙：旅途劳顿让她病倒在波恩。随后，5月25日左右，他收到里韦和博蒙寄来的紧急信件，火速回国，玛丽不得不留在德国自己照顾自己。

在他的回忆里，这场危机更算是保守主义者中的一场恐慌。立法选举将卡韦

---

* 见前文，第383页。

尼亚克共和派在议会的议席缩减到 80 个，而又有 500 名秩序党的候选人回到了议会。这场压倒性的胜利并没有让保守派多么愉快，因为他们惊恐地发现山岳派赢得了 150 个议席。历经一个半世纪，看似一个两党制体系正挣扎欲出，但保守派表现得很不理性，感觉他们再度面临灭顶之灾。政府股票下跌了 5 个百分点。奥迪隆·巴罗习惯性的辞职更使形势恶化。他后来说自己之所以这样做，是因为更为保守的议会需要一个更为保守的内阁；但这难以说和事件的后果相符——随后上台的是一个更倾向于共和主义的内阁。巴罗更有可能是在尝试加强自己对秩序党和总统的地位。目前，梯也尔和莫莱他们被称作城堡贵族派（Burgraves），这个称呼讽刺性地暗示雨果并不怎么成功的同名剧本。他们仍然拒绝就职，*但有意通过自己在议会中所掌控的多数，来控制内阁。路易·拿破仑没有出手，但有迹象表明他也想做主人：在给巴罗的一封有关此次危机的信中，他说道当务之急是给当局清楚、有力的领导："我们必须从省长到警官当中选择忠于我的人……我们必须解职大多数迪福尔先生任命的官员。"（这暗指的是迪福尔曾短暂地当过卡韦尼亚克的内政部长一事。）"最后，需要在全国唤起关于皇帝，而非关于帝国的记忆……"巴罗从这封信中读到的言下之意，只能说是谁在真正掌权：首相一职除他外无人能顶替。所以他同意留任，又邀请了迪福尔加入政府，后者还带了他的两个朋友：朗瑞奈和托克维尔。[22]

这次事态进展给路易·拿破仑带来的收获在此后数月并未立即明朗。但它作为一种议会策略却大获成功。1844 年，迪斯雷利将"好的保守主义政府"定义为"托利党执政，辉格党政策"；[23]在 1849 年的法国，则是自由派（或者共和派）执政，推行保守主义政策。托克维尔对此十分清楚；他明白重组后的巴罗内阁，失去了城堡贵族派及其追随者的支持（或至少是容忍），就难以存活。他有时还责怪那位坚定的共和派——迪福尔——未能充分地迁就他们的意愿。但这届内阁存活了下来，而且在议会日渐壮大。托克维尔从未忘记它的脆弱性；他的妻子亦然：7 月纳索·西尼尔在外交部拜访她时，她就曾说，"我们从家里没带什么东西过来。我们只是这官邸的过客。"理论上讲，这个内阁受梯也尔支配。梯也尔对这场试验极不友善，乃至让雷穆沙不得不放弃外交部长的职位。但实际当中他不能没有缘由地把巴罗拉下马，而且巴罗也小心谨慎没有留给他任何口实。内阁重组大大增

---

* 托克维尔颇为蔑视地观察到，他们要权力，"但责任呢，不要"（OC XII 200）。

强了其实力。迪福尔是巴罗在日常会议上的得力助手，托克维尔也已成了强力的议会行家。天主教徒、正统派的法卢觉得自己是迪福尔和托克维尔的囚犯，但他仍然是一位忠诚的同僚，以及一位能干的教育部长。内阁的方案无懈可击。到秋天时，托克维尔很有理由希望，内阁能实现他所认为的主要使命：一直延续到法国重返繁荣，共和国得到普遍接受的时刻。[24]

如果说托克维尔进入内阁多少出于偶然（巴罗需要的是迪福尔），那他出任外交部长就更是如此。他本希望去教育部，但法卢——这位议会中不可缺少的唯一的正统派——不愿调动，所以就接手了外交事务。他于 1849 年 6 月 2 日就任。

现在他坐在以前塔列朗、夏多布里昂和基佐坐过的位置上。至于他是否曾注意或者思考过夏多布里昂的外甥正在推动怎样的一场革命，他是没有说的（不过此时他很可能在档案中阅读塔列朗给路易十八的书信而乐此不疲）。换作别人，他可能会觉得自己已经到了事业巅峰，但托克维尔从未想过或者指望过当外交部长，并不确信自己能够胜任。"我可能天性就容易怀疑自己，"他后来写道，"我在七月王朝议会里虚度的九年光阴更增加了我的这一自然弱点。"但他一直都希望拥有权力，现在发觉运用权力实际上是一种享受。这一发现给予他自 1848 年多次成功演讲以来所激发起的信心：相比在下议院做听众，他更喜欢国民大会，即便由于会议大厅的规模，他不得不全程把自己的讲稿喊完，还得不时停下来休息自己的嗓子。成为外交部长更是锦上添花。这甚至消除了他因为害羞而养成的坏习惯：他再也不必向政治家们献殷勤，相反是他们找上门来，商量各种事务。到最后他发觉谈吐举止优雅是件易事。他发现，大问题并不一定比小问题更难驾驭，而说实话，他更喜欢大问题，迎面应对挑战。另外，他总能够倚靠一群乐意而且能干的帮手。其中对他最重要的一位，是戈比诺，一位前途无量的年轻记者，托克维尔选他做自己的办公室主任（*chef de cabinet*）。* 这被证明是个好选择：戈比诺一心一意地为托克维尔服务。[25]

托克维尔十分胜任他的新职位。他有过广泛的游历，半个欧洲的贵族他大多熟识。对于现代历史和法国在世界中的地位，他有长期的思考。人际关系方面，他坦率、真诚而且聪明，巴罗那不稳定的内阁得以和谐、稳定运转还多仰仗于他。

---

* 阿瑟·德·戈比诺（Arthur de Gobineau, 1816—1882）。他在 1842—1843 年认识了托克维尔，协助他对现代（尤其是德国的）政治哲学做了些探究。托克维尔办《商务报》（*Commerce*）时他在该报工作，并曾与凯尔戈莱合作编辑了昙花一现的《外省杂志》（*Revue provinciale*），1848—1849。

他与议会合作不错，也似乎给他见过的政客和外交官留下了较好的印象。他把自己强大的实践和理解能力全投入到工作之中。总算，他终于找到了初入政坛以来梦寐以求的职位，得以用心运用自己的才干。总之，我们有理由相信，如果他能做更久的话，也许不会亚于他那些著名的前辈；但时势不助托克维尔，就当他刚做得得心应手时，就丢了这职位。

想到穆罕默德·阿里危机时他的表现，我们也许会猜他大概又要做些鲁莽的事：他一如既往仍是热烈的民族主义者。但他的行为总是比他的语言更谨慎，让他继续采用 1830 年以来（如果说不是自滑铁卢战役以来）法国外交政策指导原则并非难事。法国再也不能轻率地让欧洲各国联合起来对抗自己。1849 年，法国也尤为必要去应对去年席卷欧洲、至今尚未完全平息的革命浪潮所带来的短期和长期后果。瑞士的德国难民，土耳其的匈牙利难民等，都是托克维尔需要处理的问题。[26] 不过，他决定尽可能少地干预中欧和东欧的事务。但意大利的问题无法回避。它在托克维尔的数月任期中一直占据主要位置，而且直接或间接地导致了他的下台。 480

整个半岛被搞得乱作一团。1849 年春，皮埃蒙特为了伦巴第的控制权，再度挑战奥地利，在诺瓦拉（Novara）一役被打得落花流水。那不勒斯和西西里的革命被镇压下去。8 月，奥地利人重新征服了威尼斯。所有这些事件，虽然可能引发法兰西共和国的担忧，但它大可以不必涉足。相反它还是一头扎入了罗马问题的泥潭。

教皇庇护九世在 1848 年 11 月就被赶出了罗马城，在那不勒斯王国的加埃塔（Gaeta）避难。马志尼宣告罗马共和国成立，加里波第抵达罗马统领其防务。1849 年春，法国议会犯了致命的错误，批准巴罗政府向教皇国派遣一支远征军：托克维尔投票支持为之提供所需的小笔贷款。这支军队在乌迪诺将军的率领下出海，旋即占领了奇维塔韦基亚港。远征军公开宣称的目的并不明确，但只有两种可能：扶持教皇，或保卫罗马共和国。不论哪个方案都会是灾难。它就像美国向南越派遣的第一队"军事顾问"：光有承诺，却没有清楚认识到后果。

事后看来，教皇的权力不过是中世纪的遗物，对于宗教还是其他目的皆无助益。但庇护九世和他的枢机主教们立志要光复之：即教皇作为绝对君主进行统治的权利与责任。他们认为教皇的世俗权力是维持教廷乃至天主教本身的必要手段。法国拥有的大量天主教徒投票赞同。他们断然不顾罗马教权政府一直以来都以其

481 低效率和迫害而在全欧洲臭名昭著的事实，也不把罗马人的抵制放在眼里。庇护不怎么在意是谁恢复了他的权力，只要这恢复后的权力是不受钳制的。他有充分理由相信，如果法国——教会的长女——不出手相助，奥地利定会前来。他与他的国务卿，枢机主教安东内利（Antonelli），都是意志坚定而又圆滑之人，几乎完全不顾法国政治家的困境。

在如此情况下，政治家最谨慎的做法，应该是不插手这整件事，可远征军出海，就难以回头了。托克维尔刚就任时拒绝为派遣远征军负责，因为他完全反对此举。不过他后来为何放下了自己的意见，投票支持远征，这并不容易看清。[27] 但现在法国的声望卷了进去，所以必须予以维护。加入内阁之际，他恰好得知政府下达了让远征军攻占罗马的命令，却根本没有提出反对。

国家声望是根本问题，而且不是一个简单的问题。天主教徒的选票很重要，托克维尔对罗马的共和党人亦无好感：就他所知，他们不过是群恐怖主义者，就如他们在巴黎的支持者，这群人在不久前的 6 月 13 日代表罗马的共和派举行示威游行（由于勒德鲁－罗兰的优柔寡断，它转变为一场半心半意的起义，很容易就被镇压下去：勒德鲁因此被放逐）。但法国这几个世纪以来反复干预意大利事务，先是与西班牙，然后是与奥地利角逐在意大利的权势和影响力。民众普遍认为现在不能抛弃意大利半岛。6 月 13 日之后，想要前去支援加里波第的共和派无关紧要；但路易·拿破仑的意见却是重量级的。他的两个叔叔，拿破仑大帝和总督欧仁·德·博阿尔内曾征服并统治过意大利，总统对于意大利的未来有自己的看法：不插手政策是断不可行的。托克维尔和自由主义者们同意这一点：他们持直率的民族主义观点，认为法国若是要维持大国地位，就必须在其势力范围内表现强硬。所以他们默许了远征军进攻罗马，即便宪法序言中规定，共和国将不再攻击任何国家（更不用说一个姊妹共和国了）。正如梯也尔后来所说，"看到圣安吉洛

482 城堡飘扬着奥地利的旗帜，是所有法国人都难以忍受的羞辱。"对此托克维尔完全赞同；但他严令禁止乌迪诺毁坏罗马伟大的历史文物，而且与其他人一样，希望、乃至设想，通过占领罗马，法国可以引导教皇将其政府自由化。[28]

乌迪诺 6 月 2 日进入罗马城，把市政府还给了教皇。法国政策的失误立马凸显：庇护没有做任何重大改革，甚至没有感谢法国人所做的事。出于他可能引来奥地利人的担忧，法国人不敢强迫他这么做，因为那样的结果是法国各派舆论都无法容忍的。法国人因此大为困惑，开始自相争吵，托克维尔也加入其中。他命

科尔塞勒为教皇特使，但科尔塞勒曾为烧炭党一员，现在是虔诚的天主教徒。他站到了庇护九世一边，不断抱怨他的部长想要把任务强加于他。托克维尔由此反思了派遣亲密友人的弊端（"科尔塞勒要把我逼疯了"）。[29]

在这个阶段，要推行什么政策，托克维尔和总统的意见是一致的；即便他们不能让科尔塞勒去执行：必须维持对教皇的压力；但路易·拿破仑刻意泄露给媒体的一份表达他对庇护不满的信，大大搅动了保守派的舆论。对于梯也尔，只要奥地利人不进罗马，他并不关注在罗马建立自由主义政府的事。针对这封信，他试图在议会批判总统和外交部长，而巴罗辩解不利让路易·拿破仑为大为光火。法卢不久前因为健康问题不得不辞职。他一旦离开，内阁也许就会分裂，但路易·拿破仑早已决定要撤换内阁了。罗马的纠葛让总统和部长之间的不契合性暴露无余。非常明显，部长们以为不得已的情况下，他们是可以向议会负责的。路易·拿破仑则认为，告诉部长们，还有议会，谁才是真正的主人的时候到了。

法律上他的权力不容置疑：宪法第五章第 64 节规定："共和国总统任命及免职部长。"而读了内阁会议记录，发现他的愿望和建议被冷落几成惯例，令人很容易同情他的处境。[30] 在议会，梯也尔和城堡贵族派党人被他们的资历、虚荣和利益所蒙蔽，相信只要他们有议会多数的支持，他们就牢牢掌控着最终话语权。他们按照这个信念行动，以为甚至不必出任官职就可以一直控制路易·拿破仑（"聪明人的愚蠢是奇妙的"，托克维尔评价道）。[31] 美国的安德鲁·杰克逊总统在 1831 年有过类似处境。他的反应与此相似，解散整个内阁，除了邮政局长。杰克逊如此，更何况波拿巴家族的人呢？路易·拿破仑在 10 月 31 日向议会发出消息，解散巴罗内阁，指定了其接任者，其中包括巴罗的哥哥——此人因此得了"该隐"的绰号。[32] 在此消息中，路易·拿破仑不仅规定了内阁必须由服从他指令的人组成，"应该明白我还有他们自己的责任，谨言慎行"，而且还补充道，"拿破仑这个名字本身就是一个方案。意思是：在本土——秩序、权威、宗教、人民幸福；国外——民族声望。正是这个我从竞选时便发起的政策，我希望它能在议会和人民的支持下成功。"[33]

托克维尔用"蛮横"描述这个消息。鉴于他一直小心、亲切地与总统共事，在每件事上都告诉他、给他意见，他这样说也许是夹杂了私人情绪。路易·拿破仑预见到托克维尔会有这样的反应，因此给他写了一封私人信件，表示自己对他的喜欢、尊重和同情；言下之意是，对于前任内阁中有一些人（无疑包括笨拙得

483

出了名的迪福尔），他是不会这样说的。托克维尔感激地回了信，不过也承认自己的感情受到了伤害。他拜访了爱丽舍宫，以表明和解之意。[34]

不过，他完全清楚这次事件的意义。他跟博蒙说道，总统：

484　　　　想要统治。更重要的是他似乎想要自己来统治一切。他认为我们一点点把他丢入阴影当中，最终他会在国民的视野中消失。他想要展示自己独立于我们还有国民大会。所以他选择了这个我们最自信于议会多数的时刻，所以他在各党派选择了最卑微的人，而不是多数派的领袖去做部长，来为他服务。[35]

他认为路易·拿破仑现已决心恢复帝国，他解职巴罗及其同僚的原因在于他们绝对不会支持乃至容忍一次政变。不过他也承认，总统抛开他那些碍手碍脚的部长还有许多次要原因。与他朋友不同的是，托克维尔并不认为总统会立即颠覆共和国。自上次春天他写信给克拉摩根以来，他密切研究了路易·拿破仑这个人，并注意到路易·拿破仑惯于先退一步，再进两步。他给博蒙写的信里分析了这件事，虽然文笔毒辣，但准确而且通透；令人惋惜的是，他在《回忆录》中未能绘完总统的肖像：

　　　　总统是个一根筋，咽了气才会放下做皇帝的幻想；他大胆到轻率和丧失理智；但同时又冷漠而缺乏感情。他从不连续做两个举动。他方才觉得自己的虚荣得到了极大满足；他认为自己羞辱了议会和所有政党领袖，大大提升了自己在法国人眼中的地位。目前这足以让他心满意足了。他会得意一段时间，直到出现新的刺激，让他做出最后一跃。[36]

危机暂时消停了。但托克维尔和他的朋友们仍然难以决定接下去要做什么。

至少戈比诺还有差事可做：托克维尔为他在瑞士伯尔尼的法国大使馆弄了个职位。这种扶持在第三共和国是司空见惯，而且造成了严重的问题，但如果告诉托克维尔他的行为当受质疑，他应该会大吃一惊。扶持朋友令他十分开心：他不仅曾把科尔塞勒派到那不勒斯，把拉莫西埃派到圣彼得堡，而且还依照路易·拿破仑的建议，任命博蒙为驻维也纳大使。现在，博蒙已经辞职，回到了议会的议

485

席上。不得不离开维也纳令他感到遗憾，但他还是向托克维尔表达了温暖的谢意。托克维尔对这些事情的反应并不是那么直接。对于担任外交部长的这段短短的时间，他还算满意："我认为我在任期间做了所有该做的事情……我认为我的贡献在于执行了 6 月 13 日的命令，维持了大体和平的状态，并把英法拉到一起。"但解职后的托克维尔若有所失：他告诉侄女德尼兹，"我没有那种技艺，可以找到一个新的精神项目，来代替方才结束的那个"[37]；他似乎又陷入了 1832 年从美国回来以后的那种消沉状态。但更坏的事接踵而至。作为部长夫人而积极活动，让玛丽精疲力竭，子宫上的疾病持续而痛苦地发作，到 1 月份也没痊愈。不久之后，托克维尔自己也得了重病。

从医学上看，这是他生命历程的转折点：他再也不可能完全摆脱医生了。而他究竟得了什么病，我们只能大体推测，这着实令人懊恼。3 月托克维尔咳血，向议会请了六个月病假。26 日，议会予以批准：但事实上整整一年多以后，他才回归履职。他的医生们（安德拉尔还有其他几位我们不知名的）似乎从最开始就在考虑最严重的后果，但他们没有把警告完全告诉这位高度紧张的患者（到了临终之际他的医师们也没有对他说实话）。一开始他们让他放心，肺绝对没有感染；等他康复些许了，却告诉他肺治好了。在这两种情形下，托克维尔似乎都没有质疑地相信了他们。但医生们在诊断了他的喉咙后，却毫不留情地告诉托克维尔，问题很严重，最好的治疗法就是让他的喉咙长期、全面地休息（也许他们认为在议会漫长而嘈杂的会期大吼大喊不利于他的健康）。整个 3 月到 5 月，医生叮嘱他晚上不得出门（他老老实实遵守了这个规则，除了有一次作为总统的客人去爱丽舍宫赴宴），不要长时间讲话：他可以说话，但不能聊天。安德拉尔大概盘算着， 486 如果他休息了喉咙，他的肺也会得到休息。3 月份，他似乎有性命之虞，整个 4 月他仍非常衰弱。也许是照顾托克维尔过于劳累，玛丽再度病倒。他用厌恶的口吻向蒙克顿·米尔恩斯写道："6 个月来我们家都是一个悲惨的洞穴。妻子好了丈夫倒了，反之亦然。"他主要关切的是治好病，或至少是停止吃药。5 月他有了生气，而玛丽病刚好转，托克维尔又不行了。她打定了主意，他们要去地中海沿岸某个暖和的地方过冬："如果他不能讲话，不能写作，不能看书，甚至不能思考政治——这就是医嘱——他呆在这儿又有何益？"[38]

我们几乎可以确定，托克维尔开始受到肺结核的折磨，这病最终将夺走他的性命。看起来，一直要到 1858 年夏天，博蒙才意识到出了什么问题：他的印象中，自己这位朋友仍是位游泳健将和登山者，所以他的肺应该是最健康的；但托克维尔和他的妻子不可能完全蒙在鼓里，即便他们对外摆出多么勇敢的面孔。

即便如此，托克维尔也没有完全安分下来。纳索·西尼尔 5 月造访巴黎，5 次到托克维尔府上，托克维尔用滔滔不绝的讲话迎接：这幅场景令人不得不认为托克维尔是个话痨。西尼尔每次都只做短暂拜访，尽可能地减少对托克维尔身体的损伤。[39]

回诺曼底疗养是托克维尔和玛丽都喜欢的主意。1847 年以后他们就没回去过，能回到家乡是件快乐的事。因病不能讲话并不让他们懊丧；相反，他们很高兴拿托克维尔生病为理由，一路上不至于无聊。唯独天公不作美，太像英国，不符合托克维尔的喜好，但他以为玛丽很适应这里的风雨和寒冷（整个 8 月他们都生着火）。确实，玛丽很快恢复健康，而他的康复则缓慢不定。他的喉咙仍旧非常脆弱：他发现自己大声朗读都有危险，但这一直是他们的一大乐趣。[40]

无论从哪种意义上说，这次回乡是一次退却，托克维尔利用这个时间盘点了一番——他这么做其实是为了接下去的 11 个月。若从结果来看，这是 1832 年以来他生命中最为重要的时段。他开始感到自己的政治前途不佳。他与众人一样，预见到会有一场政变；问题是，什么时候？此时，议会中的秩序党与路易·拿破仑订立了一份不光彩的合约：他统一签署一项法案限制普选权，以此换回双倍的总统薪水。这样的事使托克维尔开始怀疑，继续为共和国斗争还有没有意义。他致信博蒙："运用我们的稳重和备受认可的诚实，去寻找尽可能常规的宪政退出方案，难道不是更好的事吗？我们要去寻找最尊重国民意愿的方案，如果不能拯救共和国，至少应该尝试不让自由随之消亡。"这将意味着与路易·拿破仑达成妥协，但托克维尔还未准备好走出这一步。其中一个理由是，在科唐坦，政治形势并不像巴黎那么严峻；另一个理由是，他感到自己步入中年，渐露疲态。身体康复遥遥无期，使他确信自己已青春不再；他甚至可能在衰老（他现在 48 岁）："说实话，我比以前更耐心、沉稳，脾气好得太多。你可以看到，我消极的方面渐长。我正变得贫乏、好说话……"[41]

我们应该带怀疑的眼光阅读这些话。托克维尔断然不会坐以待毙。随着他的体力逐渐恢复，他又提起了笔。

> 我暂时离开公务的舞台。并且由于健康状况时好时坏而不能进行任何连

续不断的工作，便在孤独之中略微回顾一下自己的事情，或者说以自己为中心回忆一下自己曾经参加或目睹的同时代的事件。我认为，能够最好地利用我的休闲时间的办法是：回溯这些事件，描绘我亲眼看到的涉足这些事件的人物；如有可能，则把我们时代的扑朔迷离的局面呈现的混乱容貌，记述和刻画于我的《回忆录》中。[42]

他的《回忆录》如是开篇，回忆的是 1848 年革命，起笔于 1850 年 7 月。

它是一份价值极高的历史和传记资料。这一点本书的读者应该是再也明白不过的了。尽管它在意识形态上颇为刻板，叙述上又多有缺漏，但任何人如果要认真研究 1848 年，就无法绕过《回忆录》，以及《共产党宣言》。（将两者并列一定会让托克维尔十分厌恶！）这年的革命激起了写回忆录和历史的浪潮；托克维尔的《回忆录》从中脱颖而出彰显托克维尔的功力。这点是公认的，无需赘述。我们也没必要拿《回忆录》与他的其他代表作做比较（《论美国的民主》和《旧制度与大革命》）。它们各自都是不同种类的作品，各对应不同的需要。每本都能算作是最成功的书。不过就清晰度和思想性，它们相互之间差异很大；但显然它们都出自同一位作者之手。同一颗心灵优雅地写下了这三部名作。最后，如果托克维尔的《文集》里缺了《回忆录》，它必定会少许多趣味；因为他本人登台亮相的，只有这本书。

488

对于这本书的形式与性质，以及托克维尔如何构思和写作，我们不能想当然。他本人在最开始时颇为明确地讲述了自己的意图。他用一个正在抵制诱惑的人的口吻写道：

> 我下定这个决心时，还附带下定另一个也同样要坚守的决心，即要使这部《回忆录》成为我的精神消遣，而不成为文学作品。它只是为我一个人写的。这部作品将是一面镜子，供我自我消遣地从中观看我的同时代人和我自己。我并不打算将它公之于众。我最好的朋友们也不知我在写《回忆录》，因为我要保持既不想炫耀自己又不想取悦于他们的写作自由。我要如实地披露是哪些隐秘的动机促使我们行动……并理解和叙说这些动机。简而言之，我要把《回忆录》写得真实，所以必须完全保密。

毫无疑问，这则声明的每个字，都在托克维尔写作时发挥着效力，但回忆录的那种无情的活力说明他至少还有另外一个动机。他需要发泄一下积蓄已久的怒火。二月革命爆发后他自信自己是生活在蠢人的世界，这可以解释他为什么在描述人物时极尽讽刺。他笔下 2 月 24 日早晨的嫂子亚历山德里娜，也没有因他们之间 20 多年的友情而柔和些许：

489　　　　　我嫂子一如既往地头脑混乱。她臆想丈夫死了，女儿们被强暴。（她家周围一夜枪响不断。）我的兄长是一个绝顶坚强的人，他不知所措，失魂落魄。现在我才无比清楚地意识到，如果说一个勇敢的妻子在革命时期可以大力支持你，但如果她是一个胆小怕事的母鸡，即使有一颗鸽子的心，也是一个令人头疼的累赘。使我特别不耐烦的是：我的表姐只哀叹自己的悲惨命运，而一点也不涉及国事……总的说来，她是一位非常善良而又心灵纯洁的人，但她的精神有点狭隘，她的心有点冷漠。她只为上帝、丈夫、自己的儿女，特别是自己的健康而生活，对其他一切毫不关心。她是我们想象得到的最为善良的女人和最不好的公民。[43]

《回忆录》中常有如此尖锐的描绘，多少让我们不知不觉怀疑作者的立场：读者不可能认为他讲的是公道话（类似的例子有很多，他对拉马丁的描述就肯定有失公道），因此我们很难信任他的判断。托克维尔后来为他的怨恨感到后悔。他从未审读过自己的手稿，但他意识到自己死后这份手稿肯定会出版。所以他留下了严格的遗嘱，要求到书中人物都去世后才能以删节版出版。（他的嘱托得到忠实遵守，所以直到 1942 年《回忆录》才完整出版。）但在 1850 年的那个夏天把众人骂个遍确实是极大的宣泄。

第一部分的故事讲到共和国成立，是托克维尔在 7 月一气呵成的；他恪守初衷，估计只把手稿给玛丽看过。不过他告诉安培，如果他 8 月份来看望托克维尔的话，他要给他看一样东西（"只给你看"）。最终安培没有来。其他人倒来了——埃尔韦伯爵，爱德华和他的孩子们，西尼尔及其妻子女儿，里韦——但托克维尔没有把秘密透露给他们中的任何人。西尼尔的日记里说托克维尔精神矍铄，滔滔不绝，唯有在坐马车的时候才按照医嘱休息片刻；但他下到圣洛前去省议会的时候，甚至连这条规定都打破了。他的健康大为改善，他那种个性使他相信自己已经痊愈

了。但 8 月末 9 月初离家 10 天的这段时间打破了他的幻觉。作为省议会的主席他 490
事务繁忙，需要频繁说话；然后他还要致辞欢迎路易·拿破仑到瑟堡检阅海军（托
克维尔再次强烈要求在瑟堡修铁路）。回到托克维尔时他已经精疲力竭，喉咙又出
了问题；他告诉克拉摩根，现在的身体状况比刚来诺曼底那时还要糟糕。玛丽又
病了。寒风席卷科唐坦；待到玛丽好差不多时他们去了巴黎。在巴黎，托克维尔
的医生们再次禁止托克维尔说话，多少也有点要他到南方过冬的意思。10 月 30 日，
他和玛丽动身去了意大利。[44]

　　诸事之中，托克维尔没有忘了《回忆录》的事。这个计划对他而言太重要了，
越写下去就越是如此。它所表达的是他对政治的失望，以及对自己还有祖国未来
的焦虑之情——所以第一部分语气激昂，而且他写作的速度奇快。《回忆录》是他
情感的爆发——他甚至没有将文本分入章节。但写作迫使他改变了自己最初的大
多数假设。他是处于能力巅峰的成熟作家；作为文学艺术家，他创作时不遗余力；
他的成果无疑是一部文学作品——但他竟曾有过这不是文学作品的念头，这是相
当令人吃惊的。那个夏天，纳索·西尼尔想知道法国文学的黄金时代是哪一段时
间。他时时用上鲍斯韦尔[*]式的技巧，问些简单但有用的问题。"17 世纪后半段。"
托克维尔毫不犹豫地答道，"那时的人只为声誉写作，他们面对的是一个人数不多
但极有涵养的公众。当时法国文学还很年轻，桂冠尚无人摘取：所以相对说来容
易出众。要吸引公众注意无需惊世骇俗之语。写作风格在当时只不过是思想的工
具。他们所注重的，首先是明了，明了之后要简洁。"[45]托克维尔如是宣布了自己
的信念，但对于《回忆录》的读者来说，它几乎没有必要——每一页都体现了他
对帕斯卡尔、莫里哀、雷斯（Retz）、圣西蒙公爵以及（时间靠后但仍然属于这一
伟大传统的）《墓畔回忆录》的仰慕。至于夏多布里昂的这部回忆录，他曾多次在
作者身边听其朗诵。1835 年那部略有雕琢的《论美国的民主》已属于过去。托克 491
维尔现在的写作颇似他写信，但比之更用心，展现了他所仰慕的那种直接、明了
和简洁。他正开始撰写一部代表作。

　　正因为如此，他自己不希望日后有读者看这部《回忆录》，只不过是一厢情
愿。他的著述正在为他那个时代的历史做贡献，正如基佐很快将做的那样[†]，即使

---

　[*]　鲍斯韦尔（James Boswell, 1740—1795），苏格兰作家，代表作为《约翰逊传》。——译者注
　[†]　基佐的《为当代史提供的回忆录》（*Mémoires pour servir à l'histoire de mon temps*）在 1859 年问世。每章后
面都刊印了大量档案。

他有意无限期地推迟出版计划，它仍就要遵循科学标准。1827 年以来他就在全面的档案研究基础上撰写作品，现在他的方法仍然不变。早在 7 月 9 日，他就写信给克拉摩根，请他帮忙搜集 1848 年以来的巴黎报纸。不过用来干什么他没有说明。10 月份在巴黎的时候，他采访了奥迪隆·巴罗、里韦和博蒙，听他们讲述 2 月 24 日的事件。[*] 他没有解释为什么这样做，但他们一定会猜测。待到托克维尔前往意大利的时候，《回忆录》的秘密并非他料想中的那么绝对不为人知了。[46]

南方之旅差强人意，但到了海上情况却十分糟糕。一同出行的有亚历克西、玛丽还有至少两位仆人——一位厨师，还有托克维尔的仆人欧仁。在热那亚，一群英国游客闯入了本就不大的船，所以甲板上和船厅中几乎没有多少活动空间。然后在里窝那（Leghorn）和奇维塔韦基亚港之间的海面上，托克维尔经历了以前从未见识过的风暴。大浪不断冲上甲板，大家都跑到船厅中躲避。用托克维尔的话来说，男人、女人、小孩挤作一团，仿佛是在一艘奴隶船上。大家都晕船了。

> 但最糟糕的是舱内空气稀薄，我真感觉要窒息了。我的肺没有生病前那么有弹性，我感到自己可能随时都会停止呼吸。好在我身边有一丝光线，是我想办法打开的；这让我被大浪打了好几下，但至少我还能活下去，这是当时我唯一关心的事。

492　黎明时分风暴渐止，他们在奇维塔韦基亚登岸，但玛丽饱受折磨，托克维尔认为她以后大概再也不会坐船出海了。他们以最快速度穿过罗马（托克维尔不想被卷入当地的政治和外交局势），于 11 月 21 日抵达。[47]

托克维尔本打算在巴勒莫过冬，但他和玛丽都不想再在冬天出行，因为很有可能再度碰上风暴。他们在那不勒斯停留几周，度过了一段有趣的时光。在两西西里王国，对革命的反应也许比其他地方都要剧烈。国王费迪南二世（又称邦巴[Bomba] 国王）正忙着审判领头的那不勒斯自由派（其中好几位曾是他的大臣），然后将他们打入关押叛徒的地牢，长期囚禁起来。格拉斯顿先生恰巧在那个冬天访问那不勒斯。他把参加审判和考察监狱当作自己的正事。后来他将在 1851 年出版两本激烈抨击波旁政权（"这个政府体系以上帝的反面为标杆"）的小册子，使

---

[*]　博蒙回忆 1848 年 2 月时，确认了托克维尔记录的 1850 年这次采访的准确性。

他一夜之间在欧洲有了英雄般的声望。托克维尔与格拉斯顿见了面，但他对那不勒斯丑闻的反应很不相同，而其原因可能不仅仅在于他已厌倦了访问监狱。他跟科尔塞勒说，国王只是个因为不必要的恐慌而变成暴君的懦夫；他跟迪福尔说，身体转好让他心情愉悦，但这个国家的"道德疾病"多少让他不快。在这个城市里，所有自由都受到威胁或者已经被摧毁。住在这里是令人失落的，更何况这主要是法国的错。"法国人一革命，就把欧洲拖下水，而当法国重建了秩序，原来各地的暴政又冒出头来。所以我们必须承认，人民爱我们并不胜过爱他们的君主。"二月革命是意大利的灾难；看到自由被践踏和摧毁是很骇人的。托克维尔决定转移目光，只享受生活。也就是说他们要离开那不勒斯，这里的酒店贵得出奇，而且布满跳蚤。他对于那不勒斯人也只有反感："多吵！脏得难以想象，穿得太难看，身上都是虫子！那不勒斯街上到处都是如此令人厌恶的景象。这你在阿尔及利亚最脏乱的街上才看得到。"12月初，他和玛丽搬到索伦托的一间租来的房子里，在那里住了4个月。[48]

　　他们还有他们的朋友在索伦托住得很开心。安培和西尼尔一家很快也到了。托克维尔给安培安排了一间空余的卧室，西尼尔一家——纳索，他的妻子，还有女儿米妮——住贝尔韦戴尔·固埃拉奇诺（Belvedere Guerracino）宫殿的一层，托克维尔一家住二层。天气通常很温和，景色宜人，乡间极其适宜散步。由于空气十分洁净，他们都可以数18英里外那不勒斯的房子。西尼尔说道，索伦托周边似乎镀了金："不论什么，不是白色就是带点橙色的金色。"他们游览了阿玛菲、庞培和帕埃斯图姆，托克维尔又一次攀登了维苏威火山；西尼尔夫妇止步半途，但米妮和托克维尔爬到了山顶。他旧日的冲劲在恢复。不幸的是玛丽仍然身体不适。她很少能出门，就算出门也要骑头驴。"我们的露台大得像是个广场，可以欣赏到索伦托最美的风景；对于国家的囚犯，这会是非常好的运动场；但对于理论上拥有自由的人，"托克维尔说道，"它似乎不是非常充分。"他担心还能不能带她安全回到法国；而游玩期间，他沿路摘了紫罗兰，每次回家都送她一大把。法国传来的消息是他精神上的另一朵乌云。他渴求地了解最新的新闻，深深地感谢博蒙定时写长信过来，不过信的内容让他沮丧。他把想法向西尼尔和安培倾诉，但这没让他好受多少；本质上讲，法国面对着一场危险而难以解决的困境，尽管托克维尔在索伦托因为无可奈何而感到沮丧，他在巴黎也是很难改变什么的。[49]

　　但大多数时候，他们一行人把路易·拿破仑和议会抛诸脑后，即兴闲谈：英国

493

的教会，贫困问题，伏尔泰风格那种出色的简洁性（"他有权回答，就像他回答一
494　位赞美他句子之美的女士：'夫人，我一生中一句话也没写过。'*"），塔列朗，拿
破仑，还有古埃及（在这方面安培差不多是个专家）。西尼尔的日记保留了下来，
所以我们得以进入到他们这段愉快的时光。[50]

　　虽然托克维尔似乎对他的英国朋友们无话不谈，但那逐渐形成的最深层的担
忧，他却丝毫没有透露。他逐渐得出的结论是，不论发生什么，他的政治生涯正
在终结，他最好还是回去一心一意写作。他和安培讨论了这个问题，无疑还有玛
丽，以及通过书信和博蒙交流；但他在搬到索伦托一周或者再之后给凯尔戈莱写
了一封信，信中表述了他的想法，是最值得我们注意的。

　　这两位朋友悲伤地承认，他们曾经丰富的、无话不说的通信，在最近几年几
乎中断了：现在他们写信一般是给对方的妻子。我们不知道自凯尔戈莱结婚以后
他们多久见一次。但旧日的情谊仍旧坚固，托克维尔想要讨论最内心深处的想法
时，首先就想到了这位老朋友。

　　他一直都计划着边度假边工作；他带了好几箱书，是写《回忆录》要参考的。
索伦托极为适合阅读和写作。但他一开始并没有进入状态，在等待灵感回归时他
开始严肃考虑另一个计划。他告诉凯尔戈莱：

> 　　长期以来我一直考虑要再写一本大书。也许我应该说自己被这个想法所
> 困扰。在我看来，我真正的价值似乎主要在于思想著作，我的思想比我的行
> 动更有价值，如果我要在这个世界留下痕迹，我更应该写部思想著作，这比
> 回忆自己做过的事要强。过去这十年，我在很多方面都少有成就，但却让我
> 更真切地理解了人类事务和实际问题，而我的思维同时又没有丧失从整体观
> 察人类活动的习惯。所以我认为现在比以前写《民主》时更能够成功地讨论
> 一些政治著述中的大问题。但我应该选择什么主题呢？[51]

495　这是至关重要的问题：他要找个既能让读者大众感兴趣，又能激起自己热情的题
目，"因为一旦我不是激情澎湃地享受自己所做的事，我就会立刻沦为平庸"。他
好几年前就忙里偷闲，开始寻找这样一个母体观念，但现在问题变得急迫起来：

---

　　* 原文为法文：Madame, je n'ai jamais fait une phrase de ma vie. ——译者注

他感到老年就要降临；他必须做好决定。主题应当取自当代：但说到底，让公众或者（更为重要的）托克维尔本人感兴趣的，也就只有当前的问题。（这可以让我们明白西尼尔记录的一件事。他带托克维尔拜访卡尔洛·特罗亚［Carlo Troja］，前那不勒斯首相，因为疏忽没有被送入地牢。他现在专注于研究黑暗时代，"花了半个小时给我们讲了达西亚人、盖塔人、哥特人和诺曼人的身份——这些事实我们根本没心思去争论。离开的时候，托克维尔说道，在这样的时候有兴趣钻研达西亚人和哥特人，该是多么的快乐啊！"[52]）

我们不难辨识出他寻找母体观念的广阔领域：

> 记得我跟你讲过，我一直都有个想法，就是从 1789 年到当代这一大段时间里选择，还有就是写法国大革命，帝国的 10 年，那个非同寻常的事业的诞生、发展、衰落与衰亡。我思考再三，觉得能够很好地描绘那个时代。它不仅伟大，而且不同寻常，甚至可以说独一无二。不过至少在我看来，到目前为止，人们用错误或者庸俗的色彩来呈现它。此外，它能够让我们清楚理解其之前的时代。

托克维尔的第一想法是要超越梯也尔。他显然认为梯也尔是用错误的颜色涂鸦的主要人物。首先，他发觉梯也尔以军略自负是可笑的。*但略作反思，他谦虚地怀疑起叙述性历史是不是他的专长："我到目前为止成功的作品，都是解释事件而不是讲述它们"；而且，他并没打算写一本长篇；他想的是把自己对帝国的思考和评判汇集成书，比如"帝国如何形成"、"它如何得以在大革命所创造的社会中树立起来"、"它利用了哪些手段"、"创建帝国的那个人其真实本质是什么"、"其成败之原因"、"它对世界历史、尤其是法国历史有何短暂和持久的效应"等等这样的题目（这里他开始罗列读起来像是每章标题的短句）。"在我看来，我们拥有写一部真正伟大的作品的条件；但困难是巨大的。"孟德斯鸠可能都难以驾驭这些题目。托克维尔请求凯尔戈莱帮他出出主意，但在信的最后骄傲地写道：

496

---

*　梯也尔的《执政府与帝国的历史》（*History of the Consulate and Empire*）从 1845 年开始出版，最后一卷一直到 1862 年才面世。

　　我总是骄傲地以为，我比任何人都适宜于给这样的题材带来更多的自由思考，可以毫无偏见和保留地对其中的人与事发表看法。因为，对于人，即使他生活在我们的时代，我确信对他们既无热爱也无仇恨，至于人们所称的宪法、法律、王朝、阶级等事物的形式，可以说在我的眼中，除了它们产生的效果，它们——我不是说没有价值——并不存在；我没有因袭的传统，没有派别之见，如果不是为了自由和人类的尊严，我也根本没有什么事业。对此我确信无疑。对于这种工作来说，这种心绪和天性经常是很有益的，就像如果不是评论人类事务而是介入其中的话，它们经常是有害的一样。

凯尔戈莱恰如其分地回复了这封可圈可点的长信。他的回信经过深思熟虑，富含鼓励，篇幅也不短；但他写好回信已是 1 月 19 日，而在此期间，托克维尔的思绪回到了《回忆录》上。在正式撰写之前，他依旧忍不住草拟了一个提纲，列了他对拿破仑的看法。从中我们难以看出他真的是客观研究：

　　我打算展现……他是用了多么无人能比的技艺，从革命最煽动人心的方面寻找一切有利于专制的因素，并使之自然实现；从他的国内政治出发，我将思考那神一般的智慧是如何施展，运用于束缚人类自由的；他将权力完备、科学地组织起来，而这只有最聪明、最文明时代最伟大的天才才能想到；我将讲述在那完美的机器的重压下，社会如何被毁坏和窒息，变得没有生气，进而智力减缓，人的精神凋零，灵魂萎缩，伟人不再出现。放眼望去，不论你看的是什么，它展现的都只是帝国那庞大的身躯。[53]

所以托克维尔的思想再度处于一次大跃进的边缘，并不是我们的后见之明。

　　托克维尔低估了自己的叙述水平。模仿米什莱或者梯也尔（或者，在这类主题方面，模仿他不久就要阅读和仰慕的麦考莱）是没有必要的。正像其他各种文学形式一样，叙述的艺术要求作者的选择与想象；它必定是种选择的形式。托克维尔完全能应对这一挑战，《回忆录》便证明了他的能力。《回忆录》的第二部分于 12 月到 3 月写于索伦托[54]，将他所见证的 1848 年革命，从 2 月开始，写到制宪委员会的诸多考虑。它并未写完：他有意为卡韦尼亚克政府做一个编年史，但从未动笔。不过，我们今天能够看到的部分充满了活力，驱使读者一口气从一个事件读到下一个事件：1848 年选举，5 月 15 日，六月起义，制宪。我们在之前几章已大量引用，其价值无需赘述。也许值得一提的是，托克维尔看重伏尔泰及其他 17 世纪作家的文笔，他自己的写作也体现出了他们的风格：清楚易懂、直截了当、谦虚朴实。托克维尔忠实于他的榜样。另一种影响只出现过一次，即托克维尔向旧贵族致意的哀歌体段落，我们先前已有引用：

> 夏多布里昂先生正是在六月事件期间去世的。在今天，老一辈的人可能对他仍有深刻的印象；我由于家庭的关系和童年的记忆，也觉得他似乎还在我的眼前。长期以来，他一直处于呆然失语的状态。人们有时觉得他的思想已经熄灭。但就在这种状态下，他还能听清二月革命的传闻，并想打听其详情。人们告诉他路易－菲利普王朝被推翻时，他说："好得很！"随即沉默无语。4 个月后，6 月的轰隆炮声进入他的耳朵时，他还能问这是什么声音。人们告诉他这是在攻打巴黎，是大炮在轰鸣。他一面说"我也去那里"，一面挣扎着要起来而起不来了。随后，他沉默不语，而这次他要永远沉默了，因为第二天他就死了。[55]

498

这是一场告别：与一个古老的法国，与一个托克维尔甚为感激的人，与他时而效法的夏多布里昂式文风告别。到了 1851 年，他的声调只有一种：他自己的声调。

《回忆录》的第一部分是坐在书桌前写就的。第二部分则时写时辍，尽管它接着第一部分喷涌而出，它给读者留下了多少不同的印象，其原因则不仅在于它所包含的时段要长得多（数个月而非数日）。托克维尔用长长的反思性章节开篇，进一步放慢了节奏，但我们也许可以将这个章节看作是全书的核心——或者说，它至少最清楚地指明了《回忆录》与过去及将写的著作有怎样的联系。它反思了二月革命的本质和原因。托克维尔虽然声称这是他 2 月 24 日那个晚上下议院溃散*、回到家中后的回忆，但他的文字显然带有文学建构。他给出了自己的历史因果观，也不无旁敲侧击那些向往旧制度的文人：这些人没有政治经验，试图根据他们宠爱的理论，把一切都归结为宏大的原因："至于我，我厌恶这些绝对的体系，它们使所有历史事件都取决于某些大的第一因……这样就将人类从人类的历史中抹去

---

* 见前文，第 426–7 页。

了。"他认为，这样的理论只不过是为了满足其作者的虚荣心。他没有指明名字（他几乎从不这样做），所以我们也可以认为，《论美国的民主》的作者，也是他所说的作者之一。但他也鄙视纯粹的政治家。这些人除了他们生活中的喧嚣，从来就看不到什么更大的东西。这里他想到的肯定是梯也尔，因为他批判梯也尔去年夏天所写的拿破仑的历史时，也正是这样说的。他还曾故意向西尼尔提及，希望有一天可以自己写一部这个主题的书。[56] 他本人主张区分"普遍"和"偶然"的

499 因素，并将之运用到二月革命中。普遍原因中，他指出了让巴黎充斥了不满工人的工业革命：托克维尔肯定是最早使用这个词的人之一。他研究了 1789 年以来整个法国历史的进程，得出了他这个时期著作中反复出现的那幅图景：

> 我们能像其他的预言家或许也如他们的先行者煞费苦心所保证的那样，达到我们的祖先都没见到和想到的那种十分全面而深刻的社会变革吗？或者只能进入到间歇发生的无政府状态和染上老百姓熟知的不治之症吗？至于我，我既回答不了这个问题，又不知道何时能够结束这一长期的旅程。我已为多次迎接，轮船却迟迟不到岸，而累得疲惫不堪。我经常自问：我们长期以来寻找的安定的土地是不是真正存在！或者我们的命运是不是永远要在大海上飘荡！[57]

另一个段落也表达了我们熟悉的看法，在此他解释了自己为什么对法国自由之未来感到焦虑：

> 我年轻时期，在一个恢复了自由、重新走向繁荣和伟大的社会环境里度过极为美好的岁月；我在这个社会里产生了关于中庸适度的，受到信仰、道德和法律支配的自由的思想。我被这种自由的魅力所征服，它后来成为贯穿我一生的激情。我曾立志不能心甘情愿地放弃这种自由，可现在我却不得不亲眼看着它消失。[58]

这是他政治信念的核心，也是《旧制度与大革命》中必然会占到重要地位的另一个主题。

但他仍然是 1848 年的那个托克维尔，那个我们从信件和演讲中看到的托克维

尔。接下来的那一章里，仍在沉思中的他指责"社会主义"为二月革命最本质、最错误的学说——他加上了随后的想法，这是他作品所独有的，也是让我们惊讶的：[59]

> 社会主义是否一直会像 1848 年以后的社会主义者那样，罪有应得地被人们的蔑视所埋葬？我提出这个问题，但没有回答。我相信现代社会的构成法律在长期会有诸多调整；许多重要条款已经是如此，但人们可以摧毁它们，直接用其他条款取而代之吗？我认为这不切实际，但我没法多说，因为越是研究过去的社会，越是细致地研究目前社会的运作机制，我就越发相信，我们所说的必要的制度，通常只是那些我们习惯的制度，而在社会组织的方面，可能性领域之大，超乎生活在特定社会的人们的想象。这是因为我考虑到，讨论这些问题会遇到的惊人的多样性，不仅是法律，而且还有法律的原理，以及它们采取的不同的形式，再有财产权的不同形式——对于这些，在这地球上，人们有各种各样的称呼。[60]

500

即便是托克维尔也不可能让自己永无止息的思想永远束缚在自己的偏见中。所以，在他生命的最后几年里，这个段落并无续篇。但我们不禁要猜想，他若是到了老年，会持怎样的观点。托克维尔说这段话，实际上极为接近于我们今日似乎不言自明的观念：即他自己的政治和经济主张，与他激烈抵制的那些观点同样不堪一击。

至此，我们不妨与《回忆录》告别。在索伦托写的后面几章，描述的是二月到六月的事件，我在之前几章中有详尽引用，这里无需重述。最后一章讲述了制宪委员会的讨论，较其他章节尤为粗糙。这是一个让人难受的话题，但若不是时事所需，托克维尔很有可能会修改自己的处理方式。他是有意为之：他的一则备忘录写到要获取委员会的记录，来唤起自己的记忆。[61] 但当他在 4 月回到法国时，其他事情纷纷占据了他的时间，而待到 9 月继续写作，他跳过了 1848 年夏天到 1849 年 5 月的这段时间，从而可以在自己还有鲜活记忆的时候讲述自己做外交部长的经历。但由于 1851 年 12 月的事件，这第三部分也半途而废（他决定改写其他作品），而且是全书最无趣的部分，因为它是三个部分当中最循规蹈矩的：部长、大臣的回忆录实在太多了！而托克维尔并不总能躲避"文风"（genre）这一首要的危险，过分地为自己辩护。第三部分最值得一读的是他对路易·拿破仑的描写，不过没有写完。

于是，这本书极不完整、未经审阅，这在托克维尔那挑剔的眼睛看来，都是严重的缺憾。当今的读者很有可能更为宽容。虽然他未能按照计划写完极其遗憾，但我们能看到的那些部分是非同寻常的：它是托克维尔的自画像。智慧、雄辩、深切的感受、强盛的悲观主义、时而迸发的希望：艺术家托克维尔在这里用上了信件和谈话记录中常常出现的这些特点。他试图摒弃一切的自负，把自己的过错和智慧都写到纸上，而他的成功甚至超出了他自己的想象。《回忆录》作为史料，价值无法估量；作为自传，它又别具一格。它尤为突出地表现了正处于命运关节点的托克维尔：他在我们面前摇身一变，成了历史学家。《论美国的民主》和《旧制度与大革命》是欧洲历史上的重要事件。《回忆录》虽然没有那么重要的历史地位，但（暂时用我个人眼光看）在他众多著作当中，它是笔者最不能遗漏的一部。

第二十章　十二月份（1851—1852）

　　即便在 1848 年以后，波旁家族名声扫地，我们也不应该容忍一个波拿巴上台——如果说我们还没有完全被自己的红色恐怖所吓倒的话。那种恐怖成就了他……

　　　　　　　　　　　托克维尔，与西尼尔的谈话，1857 年 4 月 9 日[1]

　　托克维尔和玛丽于 1851 年 4 月 14 日离开索伦托，并于 30 日抵达巴黎。所有写作的念头都不得不搁置一边。博蒙在信中忠实记录的漫长的政治危机，终于接近尾声。托克维尔不可能袖手旁观，虽然在 12 月 1 日他说道，如果不是考虑到荣誉，他会立即从议会辞职。[2]

　　1848 年 3 月，他还在为自己清楚看到了今后的道路而兴高采烈。而现在，除了领取议会薪水，其他一切都前途未卜。从事后看，也没有什么明明白白的事情。法国的政治世界正陷于骚乱之中，人们对目的和手段争执不下；而就如托克维尔曾反复说过的，未来不可能看清，不论是短期还是长期的未来——时局即是如此，不过总统或者议会可能发动政变的威胁与警示已使得气氛格外凝重。

　　12 月 2 日的总统政变最终打破了这一局面。这场政变本身就引发了激烈的辩论，而且成了路易·拿破仑名声上一处永恒的污点（有一部分原因在于实施此次政变过程中所犯的诸多失误）。但在一个半多世纪后，我们断然不能想当然地做出评价，认为此举是不可宽恕的。路易·拿破仑以高于 550 万选票当选；他的对手们一共才获得了不到 200 万的选票。他因此对于自己再度胜利当选自信满满。他的自信不仅来源于眼下那些竞争者构成不了威胁，还在于他在任的出色表现。而更重要的是因为他是稳定的象征，稳定则是公民们深切渴望着的。那年夏天，托克维尔在芒什度过了三个星期，发现大多数选民都坚定地追随路易·拿破仑总统。"我们的农民选他的决定性理由是他正在任上。他们对他没啥热情，但你知道的，他们会异口同声地说，'为什么要换掉一个还没有犯过错的人？'"[3]路易·拿破仑治下，法国重新有了一个有效的政府，而至少在城镇，繁荣正慢慢重现。即便波拿巴没有实际地恢复法国的国际声望，大多数法国人都认为他做到了，他本人也如此自视。他做了多次公务巡游（包括造访瑟堡），增加了他和法国人民的相互了解（极有必要之举：他自童年以后就不曾在乡村居住）。人们普遍认为他是一位有尊严、有能力的国家首脑。他赢得了第二个任期，宪法禁止连任的条款显得荒谬、有违民主。必须找到某种办法来规避或者废除它：这样做定然能得到民众的支持。

　　即便路易·拿破仑的野心仅在于此，他大概也很难废除这条法律，因为这需要修正宪法。但托克维尔在这两年里已经密切研究了总统的性格，他肯定路易·拿破仑想要的不止是这些。他说道，单单做一个民选总统，不论有多么强大、多么受欢迎，是满足不了路易·拿破仑的。"他相信自己天命不凡；他坚信自己是命运的工具；是不可或缺的人物……他十分迷恋于自己的正统性，也许比查理十世尤甚。"[4] 托克维尔总是把强大的君主看作是实际或潜在的暴君，这也许是他的一个弱点；但这并不意味着他一直都判断失误。他害怕、厌憎波拿巴主义。他在《论美国的民主》中就已发出了警告（虽然没有指名道姓）。[5] 可要把自己的观点说明白，他还没有足够贴切的词汇——"独裁者"一词在当时还没有现代那种残忍、权力不正当的意思；但他从未忘却拿破仑一世，也正确地看出路易·拿破仑有意效仿其叔叔。路易·拿破仑对自由并无多少好感，而且在托克维尔看来，此人还尤为厌恶议会——他是法国的一大隐患。

　　但其他又有什么办法呢？山岳派已经大权旁落。只有其回归政坛的前景（不论多么黯淡）才好歹能够统一保守派。至于其他派系，奥尔良派、正统派、温和共和派还有越来越多的波拿巴派都在议会里肆无忌惮地争吵。占据主导地位的，仍然是梯也尔那群人以及东山再起的奥尔良派。但从他们的行为来看，这两派人与在他们之前的波旁家族一样，没有学到什么，也没有忘却什么。梯也尔道出了他的名言，"共和国……是所有政府形式中最不会分化我们的一种。"可是他的话，甚至他的想法，完全没有体现在行动上：他最开始说这句话是在议会辩论法卢法（也许称其为梯也尔法也不为过）的时候。此项学校政策将很大一部分基础教育交给教会，致使反教权主义加剧，也因此使这项政策成为法国政坛之后百多年间最具分化性的议题。[6]（也是在这个时候，梯也尔蔑称法国下层阶级为"卑鄙的群众"或者说暴民——1850 年 5 月 31 日的那条法律剥夺了 300 万公民的投票权，这是梯也尔在辩论中的措辞。）* 梯也尔和其他城堡贵族派似乎仅仅把1848年革命当作是不幸的事故；他们没有把共和国当回事（托克维尔则不然：这是他的过人之处）。他们刚愎自用，未能现实地看待波拿巴主义回归的问题，也未能做出让步或妥协。于是，议会日益处于孤立，丧失了代表性，因而不断弱化——但等议员们意识到这一点时已经太迟了。1851年6月11日，路易·拿破仑在第戎的一次演讲中评价了议会，完全公允地指出，"这三年来，我们都看到了，只要是与混乱做严厉斗争，我总是能得到支持；但当我想做些好事……采取一些能改善人民境遇的措施时，我遇到的只有消极怠惰"[7]。议会轻蔑地忽视了他的抱怨。城堡贵族派不断谋划要让奥尔良家族重回政坛：他们希望路易－菲利普的一个儿子，茹安维尔（Joinville）亲王在1852年竞选总统。人们普遍怀疑他们若是在军队中得到足够支持，便会策划一起政变：他们把希望寄托在巴黎军队的指挥官尚嘉尼耶（Changarnier）将军身上，但路易·拿破仑罢免了此人的职位。与此同时，他们以"秩序党"自居，有意利用议会中的多数地位阻挠路易·拿破仑的一切方针。但这到头来是竹篮打水一场空，因为多数派中另外一支主要的力量是正统派，他们厌恶奥尔良远甚于波拿巴，故而不会全力协助。城堡贵族派尝试"融合"，即团结在最后一位波旁的、没有子嗣的"亨利五世"（尚博尔伯爵，前波尔多公爵）身后，而作为交换，后者承认路易－菲利普的孙子巴黎伯爵为其合法继承人。这最终也以失败告终：尚博尔伯爵没有让步。他设想的是在上帝的邀请下最终回到法国即位，而不是依靠这样一个没有信誉的议会所施展的诡计（要是他的叔公路易十八也有这样的态度，1814年复辟就根本不会发生。但这一点似乎没有触动到他）。

托克维尔不愿与这样一群人为伍。至少，这些人极力用自己的权力破坏共和国，使法国受到重回他所说的无政府状态的威胁；他仍然十分惧怕山岳派，虽然现在不需要像1848年那样反复强调了。现在他的写作中流露出一个新的主题，即他对法国人民的尊重之情。他认为，他们用非同寻常的自制度过了最近的喧嚣。革命的教训让他们受益。但他仍未完全信任他们——至少还未完全信任巴黎人。他担忧1852年大选选出一个红色的议会多数，再度威胁到财产权。这种关于1852年的担忧颇为流行，似乎还在1851年临近结束时加强了。[8]

---

* 托克维尔因为生病错过了这两次辩论。我们知道他反对5月31日的法律，也难以相信他会赞同法卢法。托克维尔相信教育自由，但这项法律远远越过了界限——更何况政教分离是托克维尔最坚定的信念之一。

506　　　早在索伦托的时候，托克维尔便已打定主意，在这潭浑水中最好的做法就是支持路易·拿破仑。但支持也是看条件的。他暂时决定认同总统再度赢得选举的合法性，并决定努力修正宪法，使第二任期合法。回到巴黎后，他发现其他许多人也得出了相同的结论：他竟然成了多数派。可惜这个想法面临着重重困难。最糟糕的问题是，几乎没有可能修正宪法，更不用说在 1852 年大选中进行修正。制宪委员会迫切地想要保护共和国免受来自左右两派的冲击，所以规定议会任期的最后一年才能考虑修正宪法；而要通过某个修正案，议会必须为之投三次票，每次间隔为一个月，达到四分之三多数才算通过；而且投票的法定人数是 500 人。[9]不论是取得如此多数的投票，还是维持这些人的投票，都绝非易事，尤其是在这样重大的问题上。即使是美国宪法，也仅要求两院三分之二多数，投票一次，即可通过修正案。*在 1851 年的法国议会，修正宪法几乎是不可能的任务。因为坚定的共和派把允许总统连续当选的修正案提案看作是重建君主制的诡计。大多数与托克维尔交往密切的人都持这种观点，其中包括迪福尔：他们不可能没有注意到，要是卡韦尼亚克当选，就不会有今天的问题了。制造了当前危机的，正是总统的拿破仑式野心。甚至可以说，这种野心就是总统不得连任规则的理由，因为这条规则可以妨碍它们的实现。梯也尔已经完全与路易·拿破仑决裂而力推茹安维尔。但他的影响力不复从前：其他许多保守派领袖，包括布罗伊公爵（城堡贵族派的一员），以及议会中的天主教徒领袖蒙塔朗贝尔（Montalembert）都支持修正宪法。自然而然，声名日上的路易·拿破仑也是支持的。

　　　托克维尔的方案并不是那么没有希望，但他自己在一开始就已灰心丧气了。

507　　纳索·西尼尔 5 月初来巴黎时，托克维尔曾告诉他，寄希望于获得法定多数而通过修正是孩子气的想法。还要解决"5 月 31 日"选举法带来的问题。这项法律在左派在巴黎赢得 4 场递补选举的恐慌时刻通过。右派与此同时赢了 10 场递补选举，但奇怪的是，秩序党的一大特点就是它似乎总是更关注于自己不能全胜，对既有的胜利就没有那么关心。所以，埃米尔·德·吉拉尔丹（Émile de Girardin）这样和西尼尔说道，这项法律是用了一种新版的基佐合法选民制替代普选权。托克维尔则认为，这样的措施事先就摧毁了依照这种规则进行选举的合法性：人民主权不

---

*　它同时规定必须有四分之三的州赞成修正案；但在 1851 年集权化的法国，并没有可以与此对应的联邦主义条款。

容破坏，共和国必须有普选权。这多少超越于时代的立场成了他秉持的一条原则，也许是令人惊讶的。* 应当废除 5 月 31 日法。[10]

路易·拿破仑在此一事上的观点就没有那么高尚："我是 600 万选票选出来的，你以为我会要一个只能给我 400 万选票的选举体系？"他在 5 月 15 日做出了这样的评价，那天他在爱丽舍宫举行会谈，并邀请了托克维尔参加。托克维尔难以想象出他受召的理由，但从事后来看，理由似乎是一清二楚。这位君主—总统（他现在经常这样称呼路易·拿破仑）是技艺高超的棋手，正要开始收拾残局。他同母异父的弟弟奥古斯特·德·莫尔尼已然确信，这个巨大的政治困境只有靠武力才能解决。但常常喜欢深思熟虑的路易·拿破仑，这次甚至比以往更为谨慎，原因不外乎政变太过容易走入歧途了。在采用其他方法之前，他宁可把所有可以让自己合法地重新当选的办法都试一遍。他会给议会最后一次做出明智选择的机会；他着手整合尽可能多的支持，用合宪的手段进行宪法修正。他喜欢托克维尔，因为在他看来，托克维尔在其短暂的部长生涯中待他颇为尊重和体谅，而且尤为诚实正直。现在，他希望争取托克维尔加入即将到来的战斗。既然托克维尔已经做出了选择，所以这并非难事。[11]

会谈中，托克维尔主要是想想理解他的这位东道主。"透过他那张表情不变的脸，深入到他的内心真是难上加难，"他事后写道，"除了些印象，跟他交谈获取不了什么信息。"（《回忆录》里他还会说到类似的话："他的眼神呆滞而昏暗，就像轮船客舱装的那种厚玻璃，光进得去，但一点也看不到里面。"）托克维尔的聪明也许妨碍了自己的判断：君主—总统似乎直截了当地赞许了托克维尔说的几乎每一句话，他给托克维尔的印象也为后来的事件所确证为完全准确的。议会能否让他修正宪法，他不抱多少期望；他当然没有放弃发动政变的想法，而且决心要摧毁 5 月 31 日法，但不到最后时刻，他不会这样做。他认为政变是"一种讨好人民的动作，也是对议会的一记重击"。托克维尔同样很坦率，认真地奉劝总统不要诉诸武力，而他本人也绝不会参与这种冒险。[12]

议会到 5 月底才会进入其任期的最后一年，所以在此之前是无从下手的。天气又极其糟糕。这段时间里，托克维尔尝试在纸上阐明自己的看法，但从他写的

508

---

* 不过他仍然认为，游民和漂泊者不应该有投票权。七月王朝时期他没有支持普选权，但 1848 和 1849 年在芒什的选举让他大为改观。

备忘录中，我们只能看出他在回避各种可能的结果。现在已不可能遵循宪法，但违反宪法是错误的，也许会导致更坏的结果……托克维尔备受困扰，句子写到一半就停笔了。[13]

6月初，在里韦的帮助下，托克维尔和玛丽住进了凡尔赛边上一座公园里的房子。他们非常喜欢这个地方，整个夏天和秋天都住在那里。周围的田园风光让两人都感到心旷神怡，而议会需要托克维尔的时候，从凡尔赛坐火车去巴黎也十分方便。布罗伊在议会上引入了一项法案，提议发起一次新的制宪会议，商讨修正宪法事宜。法案通过了一般的程序；议会组建了一个委员会对此做报告，托克维尔是其中的重要成员，而且最后是其报告者。他借一切机会推动宪法修正，他告诉大家的理由是，"12月10日的选举"所造成的形势（他这里指的是行政与立法机关不能相互合作），其解决办法不外乎暴力、非法手段和修正宪法。他想组建一个新的制宪会议来取悦正统派（他们仍旧希望尚博尔伯爵上位），然后废除5月31日法来取悦共和派。布罗伊谴责托克维尔的反复无常，而巴罗在自己的回忆录里谴责托克维尔没有倾尽全力推动修宪；他给这两人的回应是，光是理论上支持修宪还远远不够；做事必须要务实，在不损害荣誉的前提下做好让步的准备，这样方可增加支持者的数量。他的想法十分在理，他会这样说，也体现了他初入政坛以来学到不少从政经验。作为报告者，他表现出了言行一致的一面，耐心地倾听巴罗和蒙塔朗贝尔等同僚的批评，尊重地给出答复。他也许没能改变任何人的观点，但委员会一致同意，他的报告是后面议会开展讨论最好的基础。[14]

辩论刚开始就出现了不详的征兆。一批共和派还没有听报告就想先记下他们的反对票。议会主席拒绝了他们的要求。所以托克维尔发言前会场十分吵闹。无疑，台上恐惧与往常一样影响了他的表现；他也很担心自己的喉咙，所以请求议会允许他只宣读报告两部分中较长、较为重要的前半部分。"不久前我得过重病，恐怕我无力通读全文。"他很容易地得到了全体同意。[15]

后面这个报告是托克维尔最后一次在议会亮相。文风一如既往地清楚、简明而富有说服力，论据也十分有力。不幸的是，即便颇有可圈可点之处，这还算不上一个历史性的时刻。这篇报告在托克维尔最杰出的作品中排不上号；它不过是一次现实政治实践，报告的行文也充分体现了这一点。

一开始他便说道，自己不会闪烁其词，将直截了当地说出自己的看法。但某种意义上讲，整篇演讲都充满着模糊之处。托克维尔讨好听众，称呼他们为政客，

"而非修辞学家或者孩童"——他们明白世界的运作方式，而且不会满足于花言巧语。他声称要向他们展示深刻的宪政乃至哲学问题；但实际上他所做的是召集所谓的秩序党，要他们抓住最后的机会。除非各个阵线的保守派在议会团结起来，一致行动，否则就注定要失败，甚至会立即向君主—总统投降。托克维尔所做的，是把这个消息传达出去，而在说的同时不冒犯到这些代表们。因此，他的报告缺了一些他平日里在思想上的特别之处，甚至于显得有点言不由衷。这是因为托克维尔此次代表委员会的多数发言（总是要本着妥协和让步的精神），他不仅要照顾到少数人的观点，还要考虑到多数派内部观点的细微差别。不过他也没有抵制住诱惑，仍是借机发挥了自己的一些具体意见。

510

　　报告以失败告终。经过数日激烈辩论，支持修正宪法者在议会形成了多数。托克维尔没有参加辩论，无疑是因为之前的活动已经耗尽了他的精力。但多数派还远没有达到宪法所规定的四分之三；一些固执的共和派，还有梯也尔的奥尔良派，都投票反对修宪。前者是出于原则，后者则出于机会主义。马克思后来指出了此间讽刺的地方："议会多数派宣布反对宪法，而宪法本身则宣布支持少数派，认定他们的投票有约束力。"消息传到了路易·拿破仑那里，他于是向莫尔尼承认，自己现在正严肃地考虑发动政变：从那时开始，他就开始稳步计划了。议会完成了自己的任务，休会三个月，把战场交给了君主—总统。[16]

　　不过，我们断不能忽略这份不幸的报告。*我们从中可以清楚看出 1851 年托克维尔的政治理念，乃至当时整个法国的政治。比如，托克维尔毫无顾虑地攻击了候选名单（*scrutin de liste*）制度，即一个省的选民要在一组候选人中选择的制度。这看似是他个人的观点，不过毫无疑问也有其他人赞同（不过不是全部），比如博蒙。托克维尔提出的理由是，省级选举中，大多数选民最多也只可能知道一两位候选人：

　　　　这导致的结果呢？在民心动荡的地区或者时代，极端主义党派不征求人民意见就把他们的选择强加给他们；而在和平的地区和安宁的时代，带有私心的政治管理者会预先做好候选人名单，以此满足个人的喜恶。

511

---

*　至少就我所知，卡尔·马克思的著作中提到托克维尔的只有这里一处（见 *Eighteenth Brumaire*, 101）。

——不论是哪种情况，人民都只有盲目投票的份。"选择表面上属于全体公民，实际上掌控在小集团手中。"（就在数周前，托克维尔清楚地告诉纳索·西尼尔，他对这种候选名单制度真正的担忧在于出现"一个紧密的、将所有选票集中在本党候选人的小团体"——即一个红色的小团体。）托克维尔也重新提起了总统间接选举制的问题，多番援引他所认为的美国实践：与在制宪委员会那时一样，他用极不相称的话赞扬选民团（"美国人民只选择选举人，由选举人选择总统"）。这表明自从他乘船沿密西西比河顺流而下，阅读了《联邦党人文集》第 68 篇以后（或至少从 1835 年《论美国的民主》初版以来），他在此问题上没有做过进一步研究。[17]

把这些文章放到一起来看，可以发现托克维尔仍然不理解或者不喜欢现代的民主政党。这远不是他一个人的想法。党派的理念是极其古老的：罗马共和国就有某种党派政治。托克维尔很清楚，英国和美国都有真正的政党，法国则不仅有山岳派，还有秩序党。这是一个巨大、没有固定形态的群体，松散地团结在普瓦捷大街委员会周围；它坚定地站在私有财产权神圣不可侵犯的原则之上。一个持久的法国多数派在财务、实体和选举方面为之提供支持。正如托克维尔对克拉摩根所说的，这些人热衷于财富与秩序；正是他们让路易－菲利普坐了 18 年的皇位，很有可能也会把路易·拿破仑推上去。一旦它控制了政府，就完全出现了马克思所观察到的、众所周知的情形，"现代的国家政权不过是管理整个资产阶级的共同事务的委员会罢了"。而如果它只控制了议会，其行为方式验证了他另一个观察，即议会从一个自由选举产生的人民代表团体，转变成了"为一个阶级所篡权的议会"。这当然不是为政党政治做广告，但托克维尔有所保留还出于其他考量。他无法接受任何层级的政党纪律——不论对他本人、对选民抑或是对议员。个人做出自由判断的那种不变的权利和权力，十分接近于他所认为的自由。候选名单制度确实意味着小团体管理（或者用更为确切的名称，有纪律的政党），在这点上他的看法是正确的。他说直接选举美国总统十分困难（甚至可能造成危险），这并没有错；但他没有看到政党（而不是选民团）才是使这个体系得以运作的中间群体。根本上讲，他拒绝承认没有组织化的政党就不可能有民主政治，是因为这样的政党必然以赢得权力为首要要务。这场游戏的目标就是权力，而每个玩家必须深信，不管有什么其他重要或者真实的事情，他这一方总是比其他任何竞争对手都更值得掌握权力。"对错与否，都是我的政党"即是口号。虽然诚实的公民不可能在任何节点总是忠实地予以遵循，但一心从政的政治家明白他们必须尽可能地做到。从中可以得出其他一些结论：最首要的就是日后被称作民主集中制的这种极端情况；更常见的情况是党团政治（caucus politics）——这个词语来自其最早的实践者，也就是美国的各党派。[18]

托克维尔无法接受这样的制度。他的性情、教育、写作成就、从政经验（尤其是他一直以来与选民之间的关系），还有他的那一代，都是使他无法接受的原因。这些因素当中，他那一代人也许是这里最需要强调的。核心政治正开始在法国亮相（在英国它已日臻成熟），但人们大多误解了它造成的症状，对其严厉反对。秩序党的成功依靠的是从上往下的影响：部长、地主、实业家——总而言之，老板们；反对派自然而然试图建立群众组织，而很多人仅仅把这种现象视作是红色分子又一次搞的颠覆活动，故而被取缔、打击、镇压，被迫走入地下（第二共和国历届政府，包括巴罗政府在内，最喜欢违犯的，也许就是自由结社原则）。法国有产者有个突出的特点，就是在遭遇恐慌时会爆发出自私和愚蠢。他们自身的行为也许难以得到尊重，但托克维尔与他们完全共有的意识形态立场必须得到尊重。古典共和主义的理想是一个自由、思想独立、有德性的公民群体，而引领他们的则是伯里克利、辛辛那图斯这样的伟人。这也许已过了时，但注定是难以消亡的。即便在英国，约瑟夫·张伯伦 1870 年代重组自由党也遭到了不少犹豫与怀疑。而托克维尔伟大的接班人、美国政治评论家詹姆士·布莱斯（James Bryce）也写了《美利坚共和国》（*American Commonwealth*，1888）一书警告英国不要陷入机器政治（machine politics）。* 用美国的词汇来讲，他是"骑墙派"（mugwump）；托克维尔可谓是骑墙派的前身。

根据这些考量，我们也许能发现托克维尔从政失败的主要原因。他的失败实际上是一个体制的失败，是 1815 到 1851 年间法国推行的代议制政治的失败。毫无疑问，托克维尔的性情无助于政治；事实上，一旦要采取立场就立即将之几乎完全否定，是再无益不过的事了。他总是会走向对方阵营，但在半路上又不知所措。他对路易·拿破仑的态度就十分清楚地反映了这一倾向。挖墙脚的并非只有他一人，而至少他这样做是出于原则，不像其他大多数议会同僚的那种贪图虚荣和内阁诡计。令人惊讶的不是他偶尔陷于绝望，而是他直觉的偶尔灵光一现，向

513

---

* 感谢修·塔洛克（Hugh Tulloch）博士向我点明了这一点。

他展示了长远来看事情会有多么不同；可惜对他而言为时已晚。

这份报告另外还有一些细节需要一提。首先，报告中托克维尔再一次颂扬了法国人民（巴黎的工人除外）。他称赞了法国人民对出人意料的二月革命所做出的反应，在不得不违背自己的意愿投入战斗时，他们展现出了"令人尊敬的勇气和顺从，发力张弛有度，迸发出了一种务实的智慧，让他们的诽谤者*大跌眼镜。这也将会是他们在人类历史当中的永久荣耀"。哎呀，他还在想六月起义。他也有意吓唬听众，让他们同意自己的提案。在沃尔特·白芝浩（Walter Bagehot）看来，这并不难做到。当时他恰巧在巴黎度假，看到民众非常担心出现新一轮的社会主义或者无政府主义革命，以至于贸易濒临停滞。托克维尔本人则在 8 月时从瓦洛涅向玛丽写信，说资产阶级将会不择手段，把路易·拿破仑当作他们的救命稻草。金融危机是根本原因：人民的收入下跌了至少 25%，"科唐坦毁于一旦"，农民们也难于支付租金。（托克维尔自己也囊中羞涩，不得不放弃迁居去自己城堡避暑的主意。）但对于托克维尔而言不幸的是，他的警告并没有吓出足够的代表票数，宪法修正未能通过——这我们已经看到了。[19]

而对于修宪提案一旦失败该怎么做，托克维尔所提出的建议更有趣也更有揭示性。他一再强调自己是为整个委员会说话以后，又评论道，有了这样一次投票，宪法将取得新的地位：他颇为奇怪地赞赏了议会少数派的否决权。"若是没有修宪的希望，我们就不应再做什么事，而应该顺从……宪法的规定。我们已经说过，宪法是唯一的合法性来源，是今天法国唯一的政治法律。越过了它就只有革命或者冒险。国民议会不仅要极为坚决地尊重宪法，而且要确保其他每个人都尊重宪法。"任何人试图攫取违宪的候选人资格，都不仅会名不正言不顺，而且将受到惩罚。这是在呼吁大家抵制路易·拿破仑的密谋。不幸的是，报告者托克维尔对于怎样做到这一点没有给任何暗示，他在会场上也孤立无援。正如马克思日后所言，"秩序党在修宪一事上的决断证明，它既不懂得如何统治，也不懂得如何效忠……既不知如何维护宪法，又不知如何抛弃之；既做不到与总统合作，又做不到与他决裂。"[20]

平心而论，托克维尔是不必受此责难的。修宪成功的话，至少眼下的危机就不会爆发：路易·拿破仑将合法再度当选的前景很有可能会让公众和商界放下心来。

---

* 托克维尔是在说自己吗？

托克维尔坚称要服从于宪法也不应简单地看作是不切实际的想法。如果 1852 年路易·拿破仑真的宣布他遵守宪法、旁观选举的决心，同时保证新一轮选举和平有序进行，我们可以设想此举也可以大大稳定民心；毕竟，红色威胁并没有真如右派所宣称的那样严重（这也是托克维尔的看法）。在这个时刻，一位头脑清醒的自由主义者不会放弃自己的原则；而这里所牵涉的原则对于托克维尔而言至关重要。他深切地相信，法律与自由并驾齐驱；两者甚至可以说是相同的。这是欧洲一种最为古老的传统；[21] 孟德斯鸠有过阐述；勒佩勒捷和拉穆瓦尼翁所写的历史里也有它的印记。托克维尔毕生追求自由（这个词在他的讲话中越来越显要），这也激起了他同等的热情，去教导他的国人遵守法律以及法治而非人治的重要性。宪法也许有缺陷，但它是法律，而且是唯一保障所有其他法律的根本大法。违反宪法毫无疑问就应该受到谴责；武力废除宪法是最为恶劣的罪行。

可是，要做什么的问题依旧没有解决，而且这个问题不断变得棘手起来。时而，托克维尔似乎认为修宪是件坏事，想要放弃；但在 9 月份芒什的省议会会议上，托克维尔运用自己的声望、技艺和权威（他再度被选为主席），成功地让省议会宣布它支持修宪以及废除 5 月 31 日法。随后出现了一连串的反应：在那个会期，几乎其他每个省议会都做了相同的声明。它们仿佛自己组建了许许多多的选民团，或者进行了初选。不论怎么说，这些结果让路易·拿破仑大为振奋。不过，直言支持修宪的托克维尔想要在议会把这场投票变成信任投票。且不论他的初衷，他提出了一个精彩的论点，即议会要形成法定多数通过修宪议案，只需要再拿到 50 张选票，而省议会的声音也许可以改变 50 位代表的想法。他与地方议员讲话时，比在议会更加带有命令口吻——几乎有点傲慢了。他反复坚持了合法性之重要："议会的意思就是，既然所有常规的改革都试过了，不可能合法修宪，那么包括政府和公民的每个人都必须服从、遵守法律。"换言之，绕开死胡同，往好的方面想。这是高尚的想法，但于事无补。托克维尔建议众人如此行动，仿佛是要准备步入退休和归隐的世界：在这个世界里，他作为思想家和作家，无需做那些路易·拿破仑和梯也尔的时代深受自己厌恶的各种算计和妥协。不久，他就将不再对时事有任何影响；他将满足于高举理想主义的旗帜，而希望为更好的时代留下一笔馈赠——就像易卜生笔下的希尔玛·唐内森（Hilmar Tonnesen）。但这工作令他心生倦意，他一心想在 9 月 10 号回到玛丽身边。[22]

玛丽的身体仍旧不适，难以经受旅途的劳顿，所以一直呆在凡尔赛。省议会

516

期间托克维尔差点就有机会回到自己的城堡，但却未能如愿。在纳克维尔他住在伊波利特家中，然后在圣洛也是和他一起住。伊波利特现在已经是省议会的成员了。托克维尔想念玛丽，与过去一样，几乎每天都给她写信，她也每天回信。虽然邮递时快时慢，玛丽有时候还会发发脾气，但收到妻子的信托克维尔十分开心：

> 我跟你说过，你的信是我在这里唯一的抚慰。它们带来的消息，表达的感受对我帮助甚大，因为我认识的人当中，你是最聪明的；你的爱是我在这个世界里唯一一绝对相信的东西，我对之有毫无保留的信任。可要注意，这可是唯一的。所以有时候听你说我不爱你了，我不禁要微笑。我爱你终生，至死不渝。你难道不知道吗？

玛丽身体不适，又倍感孤独，这可以解释她为什么郁郁不乐。1847 年以来他们还没有分开过这么长的时间。他们两人都感到难受。[23]

回到凡尔赛，托克维尔愉快地投入到《回忆录》第三部分的写作。他决定跳过六月起义到他出任外交部长前的这段时间：“在我看来，更重要的似乎是趁着记忆还比较新鲜，讲一讲我在政府任职的那 5 个月。”如果有时间的话，他会回头写之前这个时间段。他也许意识到时间正在流走。他甚至没能写完自己部长任期内的事情。

路易·拿破仑和莫尔尼决定，在议会成员回到巴黎前不做任何举动：他们不想受到各省反对，四面受敌。11 月 4 日，议会重新开会（托克维尔一家搬到卡斯特兰 [Castellane] 大街的一间公寓过冬）。君主—总统向议员们的致意，传达了提议废除 5 月 31 日法来解除困局的意思。他所传达的信息充满着对 1852 年政治经济局势最为黯淡的预测。议会做出了其最后的、糊涂的、自杀性的举动，以 6 票的多数否决了提案。F.A. 辛普森的评价中肯之至：“议会已经用少数票拒绝这个国家采用它需要的新宪法。现在呢，又用极为微小的多数拒绝恢复旧宪法中的一项颇得民心的内容。”议会发现自己毫无防备之力时已为时甚晚。它（或者更确切说议会的保皇派）试图宣称自己对军队享有最终控制权，但这项动议被否决：共和派一直都与保皇派唱反调。实际的总指挥官是总统，他对此未加注意。*他的军

---

* 动议即使通过也不过会加速政变而已。

队也不受影响。虽说许多士兵是共和派选民，但不管怎么说，军队的纪律胜过了政治。[24]

议会墙外，似乎什么也没有发生：一些自作聪明的人开始说，到新年也不会发生什么了。12 月 1 日，代表们就里昂至阿维尼翁铁路问题展开辩论，神似 1848 年 2 月 22 日的下议院讨论波尔多银行的情形。但第二天，也就是 12 月 2 日，是奥斯特里茨纪念日。总统选择这个日子，最终跨过了他的卢比孔河。晚上，巴黎城内和周围都布置了军队；秘密印制的宣言，在傍晚时贴到了城里每一堵醒目的墙上。每个部都被控制。早晨 6 点 30 分，莫尔尼接手了内务部长一职。波旁宫被骑兵和步兵包围；78 名代表、将领和记者（包括梯也尔、卡韦尼亚克和尚嘉尼耶）被从床上拉起、拘捕。等到约摸 10 点，君主—总统亮相，与他的叔叔，老国王哲罗姆并驾穿过巴黎。在一边的还有莫尔尼的父亲，弗拉奥伯爵。此时的路易·拿破仑已牢牢掌控局势，这个消息也迅速通过电报发往法国各地。 518

这一切都安排有序，处置利落，似乎密谋者已经考虑到了所有情况。国民卫队的军鼓响彻夜空。总统的声明大意是强调此次政变仅针对议会，称其为密谋的中心；他仅允许政府报纸流通，并承诺两周后举行一次全民投票，通过（理论上讲也有否决）一部允许路易·拿破仑做 10 年总统的新宪法。但这个消息一传开，200 多位议员（包括托克维尔和博蒙）匆忙上街前往波旁宫。他们没法进去，但第十区（今天的第六区）区长是正统派，他让议员们使用区政厅。所以在接下去的几个小时里，国民议会延续了自己的生命，一致通过动议罢黜路易·拿破仑，组建紧急临时政府，并把他们的决议撒到窗外（他们进了政厅就再难出去，因为士兵很快就将之包围了）。身材魁梧的正统派领袖贝里耶在阳台上向群众演讲，反响还算热烈——许多巴黎人误以为他是流放归来的勒德鲁-罗兰。部队基本上不知道该做什么，但最后议员们还是像在波旁宫那样被赶出政厅。这次他们走到哪儿，监视的人就跟到哪儿。他们排成两列，悲哀地行进，穿过了圣日耳曼街区狭小的街道（推想他们经过的应该是格勒内勒街和巴克街）。最后他们走到了奥赛码头的河边军营，在此被软禁，没有命令允许，不得离开。人群并没有给他们多少同情。雷穆沙斥责群众薄情寡义。不过根据托克维尔所说，有人呼喊"国民议会万岁！"，他认为这是在同情他们这群杰出的人物——"前部长、前大使、将军、海军元帅、 519 大演讲家、大作家"——他们在刺刀的包围下，被迫蹒跚走过泥泞的街道，活脱脱是一群犯人。他觉得自己受到莫大的侮辱，这可见于他对此事的叙述。[25]

他们当晚就呆在军营。托克维尔在几周后回忆道：

> 在奥赛码头……我度过了最快乐的时光。全法国教养、出身和才干（尤其是社会才干）最优秀的精英都被关在军营的高墙之内。一段漫长的斗争告一段落，我们勇敢地做好了自己的角色，尽了自己的义务。我们经历了一些危险，还将要面对更多的危险。与他人共享激动与危险让我们拥有极大的勇气。我们在院子里被关了好几个小时。就在这院子里我和布罗伊公爵用手和牙齿撕扯鸡肉吃。后来，我们被转移到一条长长的像长廊的地方，在房子的上面几层。这里是些空余的士兵寝室，好的房间都已有人住了。不怕麻烦的下楼问士兵租了**床垫**，再自己扛上楼。我太懒，就穿着大衣躺在地上。但我们没有睡觉，每个铺位都在喊着**趣闻轶事**，机敏的笑话和玩笑——**真是妙语连珠，滔滔不绝***。这些话只有在激动的心境下让我们欢乐，重复一遍就不觉得好笑了。我记得凯德雷尔[†]非常幽默，他环顾四下——横七竖八的是床垫和政治家，几根油脂蜡烛闪着些光亮——然后十分庄严地宣布，"**闻名遐迩的秩序党今日即沦落于此！**"[‡]他的话激起了阵阵大笑。[26]

在如此巨大的压力下，如此的反应丝毫不令人惊讶。但托克维尔被拘禁时草草写给玛丽的一张便条，给这个故事增添了不同的光影（与其他很多事情一起考虑的话，可以看出拘禁他的地方条件并不是那么压抑）：

> 1851年12月2日。不知你是否收到我向你告平安的条子。我已经写了，现在我们在杜伊勒里宫河对岸那个军营里；如果你能让欧仁带点食物和一件外套过来，我会非常开心。亚历克西。

520

> ［1851年12月3日］。一位我不认识的绅士十分好心，帮我把这个便条捎给你。我很好，也没什么好害怕的。我已经给你写了两次便条，请你试试把

---

* 原文为法文：C'était un feu roulant, une pluie de bons mots.——译者注

† 应该是樊尚·奥德朗·德·凯德雷尔（Vincent Audren de Kerdrel，1815—1899），布列塔尼（伊勒－维莱讷省）来的正统派代表。他最后做到第三共和国的终身参议员。

‡ 原文为法文：Voila donc où en est reduit ce fameux parti de l'ordre. ——译者注

欧仁送到我这儿，把大衣和套鞋带来。如果可能的话，那是令我再开心不过的了。他只要和军官说我身体不适，再报上我的名字，就能进来看我了。最为衷心的拥抱。亚历克西。

颇不寻常的是，这些便条的用词十分正式。这说明托克维尔估计到有些官员会阅读他写的东西。[27]

而后面发生的事情多少让这些官员感到尴尬。议会表现出了出乎意料的挑衅态度。这挽救了代表们的荣誉，但无济于事。不过，莫尔尼和路易·拿破仑对此不能小觑。他们下令立即拆毁1848年以来议会开会的大厅，并决定把这些囚犯从兵营转送到更常规的监狱——万塞讷（Vincennes）、瓦勒里昂山（Mont-Valerien）、马扎斯（Mazas）。博蒙被关入瓦勒里昂山。查理·德·雷穆沙去了马扎斯监狱，对那儿印象颇深——石灰粉刷过的囚室有油灯照明，闻不到糟糕的味道，内有一张吊床、一张桌子和一把椅子。马扎斯似乎是受益于托克维尔长期改革努力的监狱之一。雷穆沙本人在1836年时也是监狱改革者，他当时是副局长（*sous-secretaire d'etat*），推广了押送犯人的囚车。不过1851年轮到他自己坐囚车，这样的讽刺他也许不能平和地面对。但狱长破了禁言的规定，允许这些被关押的议员打开囚室门说话聊天。他说，这待遇可不是一般监管对象（罪犯、疯子和妓女）享受得到的，但他十分信任这些人民的代表们不会滥用这个优待。[28]

托克维尔太过愤怒而难有笑颜。即便回顾此事，他也难以释怀。他认为被装入囚车让自己斯文扫地，应该是当局故意羞辱。他没有被押送到马扎斯监狱，而是去了万塞讷（这是议会某些成员一度想送路易·拿破仑来的监狱）。托克维尔在那儿没有机会体验地牢：万塞讷是一座军事监狱，狱长把这些代表当作假释的囚犯对待（博蒙在瓦勒里昂山也遇到了同样的情况）。欧仁总算来了。托克维尔又和玛丽有了联系，得知妻子受此事的打击很大。作为丈夫的托克维尔对此忧心忡忡。"我恳求你［不要折磨自己、让自己抑郁。］虽然我极其思念你，但我请你不要过来探访，因为我不确定他们会不会让你进来。"由于一位朋友*为他说情，警察署长为托克维尔开了释放令，但他愤怒地拒绝了：自己的同僚未被释放之前，他不

521

---

　　*　画家西奥多·沙瑟里奥（Théodore Chasseriau）的兄弟。1850年在沙龙展出的那幅惟妙惟肖的托克维尔肖像画正是这位画家的杰作。

会独自离开。第二天，12月4日，上面下令释放所有人，于是他们以最快的速度走回了巴黎市中心。一两天后，路易·拿破仑派自己年老的私人教师、托克维尔熟识的维埃亚尔到托克维尔府上致歉，但托克维尔根本没有让维埃亚尔进屋。[29]

虽然这是一次不愉快的经历，但托克维尔对此还有些引以为豪。不过，托克维尔的"殉难"有些滑稽之处。政变导致了其他的一些不幸事件，就没有那么滑稽了。巴黎工人对议会素无好感：六月起义他们仍记忆犹新；他们厌恶这些代表（甚至是他们自己的代表）拿着高昂的补贴，但他们自己却失业、挨饿。12月3日早晨，几名山岳派代表教唆圣安托万郊区民众垒起路障，但成效有限。工人们说，为什么我们要为每天拿25法郎薪水，但不做什么有益之事的人卖命？懊恼的议会代表博丹（Baudin）喊道，"你们很快就会看到，为了拿25法郎一天，是可能付出性命代价的！"不久他竟真的遭枪击身亡。[*]次日，12月4日，战斗扩散开来。一些资产阶级破天荒——几乎可以说是绝无仅有的一次——对起义者表现出些许同情。所以他们也在大道上被射死。许多看热闹的人也大难临头。虽说也许是士兵喝醉了乱打，但莫尔尼确实毫不留情。到了12月5日，巴黎的抵抗运动结束。而各省的抗议才刚刚开始，不过即便在最为严重的阿尔卑斯山东南麓，也并没有达到特别大的规模。一周后，各地恢复了秩序，路易·拿破仑借此机会摆出一副秩序维护者的模样，而其实他才是扰乱秩序的元凶。[30]

法国正走向一个新的历史阶段。托克维尔的政治生涯走到了尽头。就在其将要结束前夕，他做了三件事，从中可以看出他本人对此事件和自己的政治生涯的判断：

格罗特夫人秋天住在巴黎。12月6日，托克维尔给她朗读了一封他写给《泰晤士报》、讲述这次政变的信。他第二天把这封信交给她，后者将之偷偷带到伦敦，于12月11日匿名发表。这篇文章成了（亨利·里夫所激发的）雷电（Thunderer）派反对新独裁者的伟大运动的一部分。托克维尔主要是要准确地描述前些日子所发生的事，因为路易·拿破仑正试图让所有敌对的声音噤声，只允许自己的版本传播；但在托克维尔看来，准确就意味着谴责暴力、攻击和无视法律的行为。除了总统与议会之间的斗争，其他他几乎一无所知；因此公平地说，

---

[*] 他的遗言富有传奇色彩，我们难以确证这是他本人所说；但他确实是死了。

他在 12 月 5 日或者 6 日写作时对之前发生的事情了解十分模糊。保留这一点，我们可以说他的叙述充分而且公道。他对整个事件的判断，虽然不是那么出人意料，但还是值得引用："暴力推翻法律，践踏出版和人身自由，悖逆民意，而以其名义行事——法国挣脱了自由国家的联盟，投向大陆专制君主制的怀抱——这就是此次政变的结果。"[31] 他再也不会原谅路易·拿破仑的罪行，其原因无疑也在于他完全无力抵制这次剧变。他也迟迟不能原谅法国人，尤其是与他相仿的法国人，竟然如此热切地默许了发生的这一切，如此乐于牺牲本国的自由、尊严与荣耀，来换得物质上的好处。巴黎的沙龙里充斥着自命不凡的绅士和他们可怜的小女人（femmelettes）。这群人十分恐惧 1852 年会影响他们的收入，所以欢乐地欢迎这个下流的新政权。他感到恶心和震惊，但他同意哥哥爱德华的看法，现在他们什么也做不了。[32]

他仍旧是芒什省议会的成员，召开特别会议的时候又做了主席，还主持撰写了有关瑟堡铁路的最新报告。这次会议过后他辞职了。虽然对公众没有表露（他希望保留等时局改善后回到省议会的机会），但他这样做的真正原因，是他不愿向路易·拿破仑效忠。然而他要继续从政就先要过这关，这事人尽皆知（包括克拉摩根，他现在是虔诚的波拿巴主义者：他与托克维尔绝交，再也没有恢复友谊）。托克维尔告诉博蒙，他是带着深深的遗憾而辞职的：这样做断送了未来，成了居住在法国国内的一名流亡者；这样做牺牲了他在省内特殊而且尤为惬意的地位。他的地位的基础是对他个人的尊重，不受政治意见的影响——颇具托克维尔特色的民主。但如果不辞职，他就会显得可笑。不管怎么说，相比政变给他造成的耻辱和痛苦，这点遗憾不算什么。[33]

他对之前所发生的事情耿耿于怀，将之全归咎于二月革命。他认为二月革命催生了社会主义以及对社会主义的恐惧，给了路易·拿破仑以可乘之机。他仍未意识到，自己固守陈旧的经济学理论，迷信财产权还有担忧爆发革命，使他自己也成为他所分析的问题之一部分。但如他提到的国内流亡所暗示的，他清楚自己经过了这 21 年又落入了七月革命以后那么多亲属、朋友所落入的陷阱。他把自己青春和壮年最好的年华倾注于缔造一个自由的法国，而如今他在专制主义政权的边缘似乎已无用武之地。他没有放弃希望，但令人惊奇，却也不无逻辑的是，他现在把希望与自己的家族曾经坚持，而他自己曾经抛弃的事业联系起来：复兴波旁王朝的事业。但他并非投靠了旧的正统派。相反，由于正统派正在慢慢滑向路

523

524

易·拿破仑一边，他为此感到沮丧，希望正统路线的坚持者和奥尔良派和解，同时也希望尚博尔伯爵公开支持自由主义，成为所有反对波拿巴家族人士的集合点。他向尚博尔写了长篇备忘录，力荐自由主义。*这又是出于希望的无奈之举，但托克维尔再也没有犹豫不决。他接受七月王朝不过是不得已而求其次。尽管他一直是由衷的共和派，他也绝不是没有苦恼；再者，路易－菲利普和共和国都失败了；路易·拿破仑是个罪犯；剩下的除了亨利五世还有谁呢？ 34

但愿他的兄弟们，还有他的父亲没有那么恶意，跟他说"这就是我们告诉过你的"。

---

* 尚博尔收到了这份文件，做了一两处礼貌的评注，便没了下文。1871 年 11 月它被印刷出来。当时的正统派正绝望地试图让国王表现得有点机智和常识，只需要一点点，他就能回到王位上。但尚博尔完全让他们失望，为人所不齿。

第二十一章　书写历史（1852—1855）

我从未觊觎权力，我渴求的是名誉。*

亚历克西·德·托克维尔，1852 年[1]

现在，路易·拿破仑是法国的绝对主宰。而再过一年，他将自封为皇帝（1852年 12 月 2 日），自称拿破仑三世。他利用这个间歇巩固政权。他所运用的经济手段最引人注目也最为成功。他促成了一系列投资，使法国总算赶上了欧洲其他正在工业化的国家（英国、比利时和普鲁士）；但托克维尔对他的方针不以为然，认为此举不过是在更大规模重复七月王朝那种投机取巧（*friponnerie*）。他看到独裁还有其他更为重要、更值得警醒的方面。南方的抵抗遭到残忍的镇压，数千人被逮捕，旋即判处流放，或在阿尔及利亚做苦工，或（最坏的处罚）运到法属几内亚的卡宴。托克维尔对此十分失望，尤其是最后一种处罚，在他看来几乎等于死刑。新颁布的出版法也是拿破仑一世以来最严格的，让托克维尔愤怒不已（他似乎不记得是第二共和国在其最初自由主义的时期引入了审查制度）。他也对逮捕 奥尔良派一事大为光火。君主—总统感到有必要说服法国的公共意见，让他们相信右派和左派都在威胁秩序，这样他的统治就比以往更为必要。为了表明奥尔良派和社会主义者仍在密谋颠覆政权，他流放了 6 位有头有脸的将军，以及最显眼的几位奥尔良派领袖。被流放的将军中有托克维尔的朋友拉莫西埃和贝多。奥尔良派领袖梯也尔和雷穆沙自然也在其列。不过，路易·拿破仑的大手笔是 1852 年发布的一条政令。我们知道，1830 年以来，路易－菲利普的私产就由他的家族小心地保管，没有被并入君主的产业。此次路易·拿破仑下令没收这笔私产，并命令奥尔良家族的亲王在一年之内出售他们在法国的其他所有财产。莫尔尼最近才从奥尔良派转投路易·拿破仑麾下，这种抢劫行为令他十分不满：他辞去了内务

---

* 原文为法文：Je n'ai jamais désiré le pouvoir, mais la réputation. ——译者注

部长一职。公开欢迎政变的天主教领袖蒙塔朗贝尔也看不下去了；但路易·拿破仑借此收买人心。他可以装作是在没收密谋者的资财，然后招摇地将抢劫的收入用于慈善。在托克维尔看来，这个事件再度证明了这个政权本质上是犯罪政权。[2]

托克维尔在政变之后对路易·拿破仑的憎恶有增无减。他憎恨路易·拿破仑把大贵族排除在政治权力之外（路易·拿破仑的一个首要目的即此），但他的反对立场还有其他更深刻的根源。他是在这样一种传统下成长起来的：该传统认为拿破仑一世的独裁统治，是对法兰西历史与文明中一切最美好事物的否定。他认为这届新政府拙劣地模仿着法律、自由与正义：它是披着民主外衣的专制主义。路易·拿破仑独裁的最初几年采取高压政策；警察国家复苏是这几年留给托克维尔的唯一印象。在他儿时，警察国家使法国陷入困境，使之走向灾难。凭这些就足以坚定他的抵制决心，也增添了他个人的挫败感（这个问题我们还会讲到）。但新波拿巴主义对他还有一个不可预见的影响，也是使他持反对立场最为强烈的因素：它让他拾起自己真正相信的理念。"自由"这个词他向来挂在口头，但在他的政治生涯中，尤其是第二共和国期间，他似乎将之与其他东西混淆了起来，尤其是保护不动产所有权和抵制社会主义方面。到了第二帝国，他几乎每天都把自由的真理挂在心头。自由是思考、说话和出版的权利；自由结社的权利；参与政府和国家政治的权利；质问权力的权利。自由即免于专断逮捕和拘禁；是将法律与正义遍施于每个人；是对进步的希望。换言之，自由十分类似于指导《论美国的民主》第一卷写作的那些民主理想。托克维尔从不愤世嫉俗，但这位《回忆录》的作者正处在绝望边缘。颇为矛盾的是，这次政变在消除了议会体制产生的混淆与妥协之后，不仅向托克维尔展示了政治真相，也让他重拾了自己真正的信仰。它揭示了他与路易·拿破仑之间难以填补的沟壑。这一发现贯穿了托克维尔最后几年的作品。

幸运的一点是，托克维尔还能把精力放到写作上，即便恢复精力仍需时日。除了不可摧毁的梯也尔，以及他保护的少数亲信外，第二帝国在政治上抹杀了那些七月王朝以来幸存至今的代议制自由主义者。即便是梯也尔，在 1852 年 8 月获准结束流放生涯回国后，也不得不把之后十年时光用于完成他那部拿破仑时代的历史。迪福尔的政治生涯会在第三帝国初年短暂重生，但到目前为止他不过是个律师。死亡带走了他们中的大部分人。托克维尔就是 1859 年第一个去世的；博蒙 1866 年跟随其后，朗瑞奈和拉马丁都在 1869 年去世；布罗伊 1870 年过世。奥迪隆·巴罗坚持到了 1873 年，但未曾重返公共生活。为了做些新的成就，他们有意充实了剩下来的这段时光，比如迪韦吉耶·德·奥拉那（Duvergier de Hauranne）写作了 10 卷本的法国代议制政府史，基佐则投入于写作回忆录和法国新教事务。

他们当中，博蒙尤为可怜。第二共和国最后的几个月间，他眼睁睁地看着自己的世界在身边崩溃。小女儿阿历克斯（Alix）身亡；父亲和岳父也相继辞世。他的岳父乔治·华盛顿·德·拉法耶特留下了一团糟糕的后事，以至于博蒙忧郁地向托克维尔写道，虽然他的孩子们也许最终会受益于拉法耶特的遗产，他和克莱芒蒂娜肯定是消受不起的。议会生涯结束、没了薪水不过是他最后的不幸。1852 年 1 月，他不得不退隐博蒙拉沙特尔，生活极其节俭，以避免负债加剧。当然，更为重要的是攒足够多的钱帮助儿子们启动职业生涯。他只有在绝对必须的时候才去巴黎，否则就赋闲家中，整日安慰难以接受阿历克斯之死的克莱芒蒂娜，或者是坐到书桌前，绞尽脑汁想写点什么。他信中的语调勇敢，但也绝对流露出了他的失落之情。他感到不知所措。[3]

托克维尔倒没有受此困厄。他的创造力总是比博蒙强大得多，而我们也知道，一年多来他一直在考虑回归全职写作。他明白自己想写的究竟是什么。他将以法国大革命为主题，讨论拿破仑一世在其中的角色。与许许多多同代人一样，提到皇帝总是能让他神飞色舞；不论是好是坏，他仍然把拿破仑看作是大革命的化身、现代法国的缔造者。这些想法很快就会撞上麻烦，但到目前，托克维尔还是兴致颇高地投入到国家图书馆，只去访问国家档案馆和外交部档案馆。国家档案馆对他帮助甚多，但外交部档案馆则不然。埋首各种书籍和文档使他暂时忘却了祖国的现状所带给他的忧郁感。[4]

很快，他以自己习惯的方式记了一笔记本的信息、想法和摘录。但对于他和我们都很不幸的是，这本笔记本在那年夏天遗失。但我们还有其他证据来考察他的思路如何进展。那年冬天，轮到托克维尔做法兰西人文院的主席。颇为不乐意的他（"那个该死的学院演讲"）准备了一篇优雅的主席致辞，本该在 12 月 6 日发表。但政变使它不得不推迟至 4 月 3 日，并且还需大幅修改：在最初那个版本当中，它不仅宣告了反对政府（权力）干涉的思想和学术自由，还以拿破仑一世作为警告，称其为学院最大的敌人（拿破仑一世事实上关闭了学院，直到基佐在 1832 年

528

529

将之重启）。托克维尔在咨询了博蒙的意见之后，发觉在当前形势下，这篇演讲太挑衅，会引来危险：它也许会吸引这位新的波拿巴投来不友善的注意。*托克维尔压下了这篇演讲（所以他后来的演讲多少有点乏味），但稿子留存至今。从中可以看出，他再度拾起了十年前在法兰西学院所做欢迎演说的主旨：他在证明自己对第一帝国的讲述，当写到书上的时候，不会犯评价过于宽大的错误。[5]

这篇演讲的其余部分主要是在为迥异于经验性的、探索性的治理艺术的政治科学（今天会被称作政治理论）辩护。他承认（事实上是断言）在政治学理论上出色并不意味着在政治竞技场上能获得成功。他说道，那些在政坛取得成功的著名作家，与其说是才华原因，不如说是没有用上才华使然。他这里暗指基佐，也提到了孟德斯鸠：孟德斯鸠止步于评论也许并非坏事；否则他可能会是一位失败的大臣，而不是杰出的政治评论家了，"这样的事太常见了"。他的听众不难把握住言说者的自嘲。这也许把他们逗乐了。[6]但最为重要的篇章是在几个段落之后。这里，托克维尔说道，所有国家当中唯独在法国，他需要定义、捍卫和宣讲政治科学的重要性；而恰恰是在法国，政治科学造成了比在别国更为巨大的影响。这一点让他震惊：

> 看看你们周遭，看看我们的遗迹和废墟。谁引发了第一次，又制造了第二次？事物发生了翻天覆地的变化，如果你们的祖父再生，他们将再找不到他们习惯的法律、礼节、理念、服饰和习俗；他们用的语言也几乎派不上用场。这样的巨变因谁而起？简言之，是谁制造了法国大革命，这个历史中最为重大的事件？

530　答案是那些政治科学家们。他们"在我们父辈的心灵中播种了所有新奇的种子，从中突然生发出如此多历代所毫不知晓的政治机构和民事法律"。[7]回头来看，这段话足够清晰地展现了托克维尔此时的思想倾向。

图书馆里的资料搜集工作进展不错，但托克维尔感到，在取得进一步成就之前，他将需要完全地改变自己的生活。就在他发表演讲的那一天，他写信给格罗

---

*　这个担忧不无道理。4 年后，帝国政府一手遮天地向学院委派了 10 位额外成员，方便掌控。这悍然无视了学院的宗旨。那些侵入者被其他成员称为"驻军"。

特夫人，说自己希望离开巴黎；既然战胜政府是不可能的，他这样的人就只能以安静、孤独和工作来维护自尊——但首都总是充满喧嚣和扰动。他更有说服力地向博蒙表露道：

> 现在这里的政治世界仅剩下可悲、无益的小团体、小活动，我对此只有厌恶、鄙视和厌倦。好在它们不成气候，不过是些纠结的小阴谋，没有导致其他什么动作……我渴望回到我那橡树林荫道，渴望与我的奶牛为伴。

他开始感受到住在城市社会里的不适。当他讲出"自由"这个词语的时候，得到的总是惊讶："您是去了哪儿，我亲爱的朋友？您在说胡话呢！"就仿佛他是在1814年对希望恢复旧制度的流亡者表示欢迎。他告诉格罗特夫人，自己会尽可能地住在乡下，除非是不得不去巴黎查询学术资源；不过秋天结束时很有可能得回来。[8]

这个态度再不会改变：他对乡下生活的态度完全颠覆了。财力不济是埋身在托克维尔的另一个理由。虽说没了9000法郎一年的议员薪水对他的影响没有对博蒙那么大，但他还是觉得有点捉襟见肘，加之1850年代初天气糟糕，收成惨淡，科唐坦的田地原本是一大收入来源，现在也受到了影响。巴黎物价腾贵，目下已无必要在那儿维持一处永久住所。当时他虽然身体感觉不错，但夫妻两个似乎再也不能健康地在城里生活了。他们决定彻底迁居。他们要卖掉巴黎那套公寓，家具运回他们的城堡，或者埃尔韦伯爵在玛德莱纳广场的那套房子里；剩下的存好或者卖掉。下次再来巴黎的话，他们可以住老伯爵那儿，也可以租套房子。在他们的生命中，这具有划时代的意义。 ₅₃₁

搬迁漫长、劳累而恼人。搬到一半，玛丽得去姨妈沙马朗德那儿过几天，因为以后她们不知是否还能再相见了（贝拉姆夫人已年近九旬，最近在写遗嘱）。一如既往，托克维尔天天给妻子写信，从他的信中颇能看出他的婚姻态度：

> 亲爱的，总算收到了你昨天的来信，我心头的石头也算落了地……这里的天气真糟糕！下雨让我担忧焦躁，真比出去淋雨还难受。你会不顾外头的泥泞和雨水，出门去雇马车，我想全法国也就你一个女人会这样做吧。这样的做法太出乎你的性格与才智，我看到的时候总觉得肯定是其他什么人。谢

> 天谢地，好运和智慧与你常伴。[9]

（玛丽总是担心马会脱缰。）

整夜被关在一个小小笼子里的滋味，托克维尔可不喜欢，但到最后事情顺利了结。玛丽回到公寓，随后去找托克维尔。她的丈夫颇费曲折地到了博蒙拉沙特尔，短暂的到访极大地改善了博蒙的心情：

> 您做了一件大好事，一件再好不过、您为之付出的人感受最深的好事。您不仅丝毫没有打乱我们平静的孤独，反而刺激了它、让它有了生气；我可怜的妻子，她那几乎熄灭的思维和感觉因您而恢复了旧日的活力，这还是近两年来头一次。她的复苏也带动了我。

托克维尔在城堡里整理书籍，怡然自乐，写下了同样精神矍铄的回复。他很仔细地给博蒙留了自己的交通地址，如此博蒙就可以在合适的时候造访。[10]

532　　虽然现在不得不喊来建筑工人，在托克维尔总是让亚历克西心旷神怡。房子1850年夏天以后就没人住过，这之前两年也很少住，所以现在这栋楼房没法住人：主客厅的木结构都已因潮湿而腐烂。托克维尔和玛丽打算凿出两扇大窗，好让阳光进来。他们希望以此保持房间干燥。一开始，他似乎还不能适应这种与巴黎生活隔绝的状况：他请求朋友们告诉他最新消息；但他确实打定主意要尽可能久地呆在老家。这不是很大的牺牲，因为不久他就投身写作了。[11]

他在材料和思想中不断挣扎。他对这本书的设想既清晰又模糊。他反复观察到大革命从未终结，促使他动笔写作；他认为这是与自己的雄心相称的主题。两周后他对希尔库尔（Circourt）夫人如此写道：

> 法国大革命这样重大的运动，我认为还有许多东西值得一说：什么引起了大革命？它产生了什么？它带领我们去哪个方向？我认为我们能够整体性地驾驭这个庞大的主题，考虑它、评价它；我们离它足够近，所以能清楚地观察，并用一种内在的反应，去理解我们思维和心智中仍然感受得到的那些思想与情感，而在世界发动那场可怕冒险的那些人，他们的思维与心智里充盈着的，正是这些思想与情感。不过，我们也离大革命足够远，故而有可能

评价其功绩，发觉那些人真正实现的成就。这是我希望动笔写一写的。但我还不知道从哪个角度入手、如何在法国大革命的汪洋中航行……[12]

起先，他从简单的着手，扩写了他在巴黎做的有关拿破仑的笔记（此时他发现笔记本丢了）。他迅速而明确地写了共和七年（1799 年）雾月十八日政变（更确切说是使之成为可能的各种条件）的两章草稿。他在给凯尔戈莱的信中解释，由于1799 年和他刚经历的时代有很多相似之处（虽然也有很大的差异），他觉得先写这个题目是很自然而然的。没有远大志向的人也许会对自己的这个成就喜出望外。封笔的《回忆录》里的气韵和才智，在这两章里展现得淋漓尽致。托克维尔描绘了一个疲乏、沮丧的国家，不可避免地向军队这仅剩的有力而成功的国家制度寻求救赎。这幅精彩的图像带这两章到了高潮。

> 当时所有的信件说的都是同一句话：**目前的局势不能持续**……绝望而同时充满恐惧和衰弱的国民，无精打采地四下观望，寻找可以前来解救的人。那人会是谁？有些认为是皮舍格吕（Pichegru），有些希望是莫罗（Moreau），还有些觉得贝纳尔多特（Bernadotte）堪当此任。
>
> "退隐乡间，退隐到波旁内的腹地，"菲耶韦（Fiévée）先生在他的《回忆录》里说道，"只有一样事让我记起政治：我在农田、葡萄园和森林里见到的那些农民，他们凑上来问我有没有波拿巴将军的消息，他为什么还没回到法国。"

第二章结束。震撼！谁不会继续翻页去读第三章呢？只可惜托克维尔再也没有续写。[13]

不继续写下去有多个直接的借口。雾月处于一连串事件的中间，先写雾月作为一本书的开篇并不好。如果他照这样继续的话，他很有可能会觉自己在写他决意避免的那种叙述性历史（虽然他也许可以写得很精彩）。可他拒绝与梯也尔竞争。他的特色在分析。促成停笔的这些理由似乎挺有道理；但还有更深层、更有说服力的原因。

10 年前，他曾公开宣称拿破仑是没有德行之人可以爬升到的最高点。他在法兰西学院致辞被删节的部分中称其为自由之大敌。在书中如果明确提出这样的观点，新政权也许会来找他麻烦。我猜想，托克维尔不希望自己又写出一部没法出版的著作。而如果被迫赞美波拿巴，那会是更糟糕的事。而且他明白，恪守诚实的原则也需要他赞美拿破仑，不过定然是有节制的。有关皇帝的传说*激扬了19世纪法国人的心灵，托克维尔也不例外。他知道拿破仑有许多业绩值得赞赏，尤其是执政府期间。但是，保皇党人会抓住他的颂词，忽视他的保留意见。声援波拿巴主义可不是托克维尔所希望的。

相反，这两章是对法国人民的可怕控告。他批评法国人民养虎为患。他的论点比信中告诉凯尔戈莱的更甚，而正如他曾对博蒙所说，他写作时充满动力，"因为我表达的，几乎就是我们当代人的感受"[14]。他所讲述的1799年法国是一个譬喻，而且没有任何隐晦，直指1851年的法国。例如：

> 雅各宾俱乐部重开。成员们再度摆出了以前的徽章、以前讲的话、以前的口号——政党转变是很小的：值得注意的是，他们对自己的理念与实践更为坚定不移，是单个成员所无法比拟的。雅各宾派就像在恐怖时期那样重新出现，但没能复兴。它唯一的后果就是激发出了民众的恐惧，驱使他们更急切地远离自由。

或者如是：

> 经历了漫长革命的人，最让他们沮丧的，与其说是他们以热切的信念和激情犯下的错误乃至罪行，不如说是有时候他们对这种信念和热情的蔑视，当他们疲乏、失落、不再抱幻想的时候，他们走到了自己的反面，认为自己的希望纯属幼稚，热情纯属荒谬，自己的虔诚则更属可笑。就算是最为强大的灵魂，从如此高处跌落下来，也再难平复。它把人击垮了，以致他们不仅再也不能获得伟大的德性，而且也似乎不可能做出最为邪恶的事了。[15]

全速写作的托克维尔把自己的怨恨倾泻出来。如果他写完《回忆录》的话，这些

---

* 苏蒂尔·哈扎里辛格（Sudhir Hazareesingh）在《拿破仑的传说》（*The Legend of Napoleon*，London: Granta Books，2004）中对此有极好的分析和描述。亦可见彼得·盖尔（Pieter Geyl），*Napoleon Far and Against*（London，1949）。

话应该会出现在《回忆录》里。确实，关于雾月的这两章可以看作是完成了《回忆录》的写作，因为那本书的内容直接写来实在太令他丧气了。

也正因为这个原因，这两章多少算不上信史。托克维尔笔下督政府的最后几个月似乎颇为准确，但一旦将其信息解码，读者就一定会怀疑，讲述者是否真正可靠。托克维尔也许没有意识到，但驱使他写作的那种报复冲动很快就耗竭；严厉批评了法国人欣然投向暴君之后，他就没其他什么要说的了。随着他不断翻阅记录，他想到了种类十分不同的一些问题。雾月两章他提出的核心论点是，尽管法国人最后因为共和国的诸多失误而抛弃了共和，他们仍然热切地忠于大革命，因为大革命对他们有利。但究竟是什么利？人们都说农民大大地富裕了，但究竟富裕了多少？大革命对法国社会结构有多大的改变？与通常见解不同，托克维尔后来认为，旧制度法国大体上就已经是一个由小地主构成的国家。这似乎说明，大革命没收和分配教会和旧贵族土地，其造成的改变微不足道。在这几个论点上，他是如何找到坚实证据的呢？[16]

他在信中把这些问题向凯尔戈莱提了，又与往常一样收到了一封有见地、有帮助的回信；不过凯尔戈莱根本不确信这些问题能否回答。要估计大革命产生的收益所需要的统计数据哪里去找呢？历史学家根本没有做过准确的探究；事实上，"我认为今日法国最不知道的，就是昨日的法国在行政上、经济上、物质上是怎样的情况"。至于大革命前的土地分配问题，要回答它就必须做无休止的研究。凯尔戈莱眼下有一些档案可以说明托克维尔的理论至少在福瑟斯及其周边城镇是正确的：如今有地的农民家庭就是以前的那些。"但从个案研究怎能推及全国呢？"凯尔戈莱虽然是托克维尔的老朋友，但并不十分了解他。"要揭示那个不为人知的时期，就像研究中世纪最黑暗的年代一样，会需要一队不吃不喝不停工作的人马；而相比做一个不知疲倦的研究者，你还有更重要的事情可以做；更何况，现在这个领域就只有你一个人。"这丝毫不能让托克维尔却步。他喜欢研究档案，凯尔戈莱的评价给他指了一条在一个广阔的领域施展才华的进路，就很像鲁瓦耶·科拉尔给他展示了如何利用做一个有关拉居埃·德·塞萨克的演讲的机会一般。*凯尔戈莱不禁意间提到，瓦洛涅还有芒什的档案可能藏着不少信息。所以两周后托克维尔致信瓦洛涅的一位土地所有者扎查理·嘉勒芒（Zacharie Gallemand）。后者一

---

* 见前文，第 402 页。

直都是托克维尔的忠实支持者，托克维尔请他帮忙估计 1789 年 8 月 4 日那个著名的夜晚废除封建税金有多少实际的收益：

> 失业中的我正试图在过去中充实地过活。已经动笔写的巨著把我引向了非常细节的考察。它有可能是至今为止对大革命造成转变之际，法国社会状况最为精确的研究……我想到您也许可以指明一些史料，方便我研究我们这块地方（*pays*）。抱着这个期望，我向您写信……这个主题很重要，故请恕我多有打扰之处。

嘉勒芒在回信里倾囊相助，还建议托克维尔与芒什的档案员弗朗索瓦·迪博斯克联系。托克维尔照做了，但 11 月末收到的迪博斯克的回信不是十分令人振奋：档案完全还没整理过。当时，托克维尔写好了一个细致的研究方案，比今日法国那些动辄篇幅巨大的博士论文提纲还有过之而无不及。所有形式的利润都要研究——最低价收购的被征收土地；用贬值后的货币支付贷款和租金；工资的上升（托克维尔城的官员比雷特向他肯定，由于年富力强者被征入军队，科唐坦的劳动力价格在帝国的最后几年里迅速上升）；废除封建税费和一些税；逃税。他阅读了每本可以援引的相关著作，做了大量笔记。拿破仑这个话题慢慢被搁到一边。[17]

也许这是一件遗憾的事。写执政府时期似乎十分切合托克维尔的强项（包括他传神的描写才能），而且能规避他的弱点。确实，在这个主题上，梯也尔已经出版了厚厚好几卷书。但梯也尔是热忱的集权论者，托克维尔大可以把这当成是一个挑战，需要他去回应。可托克维尔不是教授，也不再是政治家了。他是位浪漫主义者，只有深深地调动感情才能成功地写作。我们不难看出为什么他对拿破仑帝国的建立没多大兴趣。他不可能像赞美新秩序的另一种典范——美国——那样赞美拿破仑国家。反而是研究旧秩序的废墟更富吸引力。

他度过了一个愉快的夏天，唯有欧仁·斯托菲尔 7 月去世为其蒙上了一点阴影。托克维尔非常喜欢斯托菲尔，斯托菲尔又是他第一位去世的密友，他的去世令人难过。但是再怎么感伤也无济于事。所以托克维尔沉浸到研究当中，讨厌任何人来打扰他，甚至包括凯尔戈莱和博蒙的造访。安培来托克维尔处住了几周，但这是两码事：他被安排住阁楼，做自己的事，托克维尔则在楼下的房间做研究。

他在给弗雷斯隆 * 的信中写道：

> 要是你看到这个写了那么多关于民主的东西的人，埋头研究封建法、地籍册还有其他布满灰尘的记录（列举了某位领主的所有权益），把那些权益在 18 世纪末还在产生的钱记录在册的话，你肯定会大笑不止。这些研究之繁冗，加之我的那些讨厌旧制度的理由，最终会给我扣上真正的革命者的帽子。[18]

象牙塔里的托克维尔对一手史料并非没有接触，但巴黎的档案在吸引着他。所以在 10 月份，他和玛丽动身前往玛德莱纳广场。抵达时托克维尔再次病倒，这次他得了肋膜炎。他把得病归咎于旅途中糟糕至极的天气。湿冷先让他的肩膀和大腿犯了风湿。医生们说他的肺没有因新病而感染，让托克维尔略为宽心。但我们难以对此诊断抱有他那样的信任，因为虽然他的肺结核似乎没有再犯，但肋膜炎很有可能是肺结核所导致，而安德拉尔医生的治疗完全是依循古法。他相信反刺激（counter-irritants）的原理，所以他烧了托克维尔四次，治疗中也不对伤口做任何处理，导致他的病人疼痛了整整三个星期。他相信要根除疾病及并发症，就必须做这种治疗，也感激医生没有让他做第五次。康复缓慢纯属意料之中。迟至 12 月 17 日他还没有气力回到写作上。而就当他开始康复的时候（安德拉尔说康复需要五六个月），玛丽因某种可怕的流感病倒了，卧床不起。"我和我妻子有接连生病的习惯。"[19]

538

于是冬天开始了，两人也都在病中。托克维尔一直有不适，1 月他又犯了次胃病。他告诉博蒙这是 12 年来最严重的一次——也就是 1841 年他忍着痢疾南下阿尔及利亚以来。政局也打击了他的精神，阴暗渗入了一切东西，乃至家庭生活。一年前他就和爱德华大吵了一架，这次是和伊波利特。伊波利特的政治立场自 1830 年以来就极为古怪 †，一度支持帝国，写信给他的弟弟为自己辩解。托克维尔回了一封冷冰冰的信：伊波利特最近的行为与"你二十岁以来人生中的所有重大举动"一样，两兄弟一直是貌合神离。他随后列举了自己难以原谅的一系列举

---

　　*　亚历山大·弗雷斯隆（Alexandre Freslon，1808—1867），律师、记者、共和派政治家。1848—1849 年国民大会议员；1848 年卡韦尼亚克政府时做过两个月的教育部长。托克维尔的朋友，反对第二帝国。
　　†　《家庭通信集》（"Correspondance familiale"，OC XIV 288 n.3）中的一个长脚注里给出了伊波利特古怪的完整细节。

动，不过在结尾处表达了他的兄弟感情不会因此改变。他对于其他人也都毫不宽恕。结束了流放生涯的雷穆沙，"那精致而有魅力的心灵"，竟然在证明这个备受厌恶的政权有坚实的根基，希望它倒台的人是蠢货——托克维尔对此做了严厉批评。他看不到帝国政府有什么业绩和智慧，欣然认为路易·拿破仑在 1 月 30 日与欧瑞尼亚·德·蒙蒂乔（Eugenia de Montijo）结婚是个大错;这件事尤其会让路易·拿破仑与圣日耳曼郊区产生隔阂，托克维尔对此感到愉快:"且不计较违背人性和法律的行径，但这真是门不当户不对的婚姻! 呸! "英国人还有他们的政府接受局势，转而与路易·拿破仑合作的明显倾向也难逃他的诘难;事实上他后面几年就一直在抱怨，直到克里米亚战争终结。今天来读他的信件，我们能够充分地看到他的政治立场一贯，具有高度的原则性，但反复重申自己的态度难免疲乏厌倦，而他的原则有时候只不过是其判断上的偏见。托克维尔深信不久之后路易·拿破仑会对英国开战。他反复地将此告诉自己的英国朋友，而其实这样的战争正是皇帝决定极力避免的。路易·拿破仑并不像托克维尔，他记得特拉法加和滑铁卢的教训。[20]

在巴黎让托克维尔分心的，不仅是医疗或者政治。托克维尔成了爱德华·V. 柴尔德*一家的朋友。这家美国人住在巴黎，柴尔德夫人是罗伯特·E. 李的妹妹，她主持着一个沙龙，有各种出色的男士女士出席。普洛斯珀·梅里美、阿尔弗雷德·德·维尼和托克维尔本人都在其中。1853 年 3 月，她的长女、年方 15 岁的弗洛伦斯与波兰外交官索尔迪克亲王私奔。由于这个波折，柴尔德夫人成了巴黎人毒舌的受害者。愤怒的托克维尔抓住机会向朋友展现自己的忠诚。这对内疚的夫妇到热那亚去暂避风头，柴尔德先生决定把女儿带回来。托克维尔给了他一封引介信，让他与自己的老友、政治评论家奥古斯特·德·拉里夫见面。奥古斯特设法打消了这位父亲意气用事（柴尔德先生本计划绑走女儿，让索尔迪克同意娶她）。托克维尔对他的女儿并不十分关注:在他看来，这个女孩不知感恩，而且道德不佳;但他很欣喜自己和拉里夫为这对可敬的夫妇做了自己能做的事。[21]

这些牵挂都未能让托克维尔长时间地放下研究。随着身体缓缓康复，托克维尔在两条研究思路上推进。他最希望发现为什么 1789 年法国而非其他地方爆发革

---

* 爱德华·弗农·柴尔德（dward Vernon Childe, 1804—1861），波士顿人;他是数家纽约报纸在巴黎的通讯人，为此在巴黎住了 10 年左右。1856 年他在妻子去世后回到美国;在美国他给托克维尔写了一系列珍贵信件。

命，两条研究思路也都是受这个心愿所启发。第一条思路受到了 1848 年经历的启发，但后来获得的成果没有那么丰硕。1848 年，革命成了一个国际现象：为什么1789 年没有出现同样的情形？（比如）德国真的与法国有那么不同吗？他打算学习德语，与德国朋友通信。他致信克里斯琴·冯·本森 *（此人作为史学家和外交家都很杰出），告知自己打算研究巴士底狱陷落到君主制终结这段时间，欧洲对法国大革命的反应：

> 　　令我深感不幸与遗憾的是，我不懂德国。至今我都只是在英语世界生活过。我想过去 60 年来，德国人一定出版了不少回忆录、书信集或者外交档案，能带给我想要的发现。对于这些出版物我并不知情，所以就无法获取。法国大革命肯定从一开始就（有意或无意地）引发了反映公众意见的文章。我几乎不懂德语，也几乎完全不懂德国（好在还能弥补），所以没法读这些必要的信息。

所以他向本森寻求建议，本森也礼貌地给了回复。托克维尔虽然没有立即按照本森的建议做，但很快就悉心遵循了。托克维尔很快就下定决心学习德语，并决定待一年后掌握了这门语言，便到德国游历一番。[22]

托克维尔同时在推进第二条研究思路，仿佛第一个课题还不够他的胃口。他打算通过档案探究大革命前夜法国社会与政府的性质。健康允许的时候他去巴黎查阅储藏在市政厅的档案。在市政厅他可以阅览革命前法兰西岛财政区（*généralité*）政府的记录。可惜这些档案没有他期望中的那么丰富。他做了一个笔记：

> 　　这些文件中很少有早于 1787 年的，这一年以后，旧的行政体系有过深刻调整。这一年以后是转型期，也是相当无趣的一段时期，将行政上的旧制度与执政府下建立起来、仍在统治着我们的体系分隔开来。

541

（这算得上是对 1787 到 1799 年间的法国最为轻蔑的评价。）他不知该从何着手。

---

　　* 克里斯琴·冯·本森（Christian von Bunsen，1791—1860）是 1842—1854 年普鲁士驻伦敦大使；他与托克维尔有不少共同的英国朋友，尤其是最早让他俩相互认识的格罗特夫人。本森极其赞赏托克维尔的计划，为表尊重寄送给他一本自己写的书，讲的是皇帝康茂德治下的教会。托克维尔一时无暇阅读。

"我在研究的汪洋中迷失了，"他向博蒙写道，"劳累和气馁不断地找上我来。"他不仅对自己感到气馁，而且还对整个人类及其历史感到气馁。唯一支持他继续工作的理由，是不让自己身处祖国却感到处于流放之中。[23]

无疑，他低迷的健康状况和他这种沮丧情绪有很大关系；玛丽的情况更是加深了托克维尔的负面感受。她正处绝经期，又受到慢性病的折磨，在接下来那两年的大部分时间里，她最好的时候也还像是半个残废。她和托克维尔只能把病痛归咎于多变的天气。他们需要一个藏身所，好接受阳光滋养，直到自然让他们恢复健康。他们的城堡太过潮湿和通风，而巴黎，除却其他考虑，还是太昂贵了。博蒙建议他们在周边找个安身之所：他建议他们在奥德伊（Auteuil）或者帕西（Passy）买一栋别墅，即便（他暗示道）可能要出售在托克维尔的家产；不论怎么说，他们不该再四处搬家，这样做本身就有损健康。[24]

亚历克西和玛丽明白，在巴黎附近找到他们想要的住所太难、也太贵了。所以他们选择到卢瓦尔河谷，请博蒙过去为他们找栋房子。可以帮上忙的机会让博蒙十分欣喜。不久他在图尔附近找到了特雷索里耶（les Trésorières）这个天气温和舒适的地方，有房子出租一年——正合托克维尔夫妇之意。这幢房屋朝南，阳光充沛，背后又有山丘挡住北风。这次头回出租，所以家具保养还差强人意。它有小花园、菜园、马厩和马车房；隔壁住的是一位著名的医生，布勒托诺（Bretonneau）医生。唯一的缺憾是看不到景观。[25]两人犹豫了几天，最终决定接受博蒙的推荐，于6月1日在特雷索里耶安顿下来。从巴黎坐短途火车让他俩筋疲力尽，也证明了归隐田园是多么正确；他们对这幢房子一见钟情。不过看到仆人间满是臭虫他们略有不快。一年来，倒霉事接二连三围攻托克维尔，他有点司空见惯。"事先谁想得到，主人刚住过的房子竟然会臭虫成灾？"好在强力的扫除把敌军一扫而空，托克维尔也住了进去。[26]

特雷索里耶坐落于卢瓦尔河北岸圣西尔村，离图尔市中心4公里。图尔本就是个美丽的城镇，有点像梅斯，甚至像一个更小、更安静的巴黎。我们不清楚托克维尔在这儿有何打算。他并不打算费时间认识周边邻居（不过他给一位大主教开了例外，邀请他晚餐）。离开巴黎以前，他告诉西尼尔自己也许会去教堂图书馆做些研究，但他不久就发现图尔也藏着安德尔－卢瓦尔省档案。一个雾气重重的早晨，离他抵达圣西尔还没几天，他便沿河边道路去了省政府。这也许是他整个作者生涯中最最幸运的时刻了吧。[27]

图尔与梅斯一样，是旧制度时一个大财政区的中心。有关那个时代的记录，在这里都有省档案员整理，不像圣洛的档案那样杂乱无章。热心而有活力的年轻人夏尔·德·格朗麦宗（Charles de Grandmaison，1824—1903）刚到这里工作一年多。[28]他是个地地道道的卢瓦尔人：生在普瓦捷，在都兰逝世，倾注毕生照看这些档案。但他曾在巴黎的文书学校（Ecole des Chartes）受训，第一份工作是在国家图书馆的手稿部。他在那儿曾注意到来馆的托克维尔，还有他和手稿保管员的交谈。这次，善于观察的他一下子就认出了这位矮小、形容疲乏的访客，全力为他服务。托克维尔说自己在研究法国大革命的起因，为此他想要研究路易十一统治以降图尔的行政记录。格朗麦宗告诉托克维尔，即便大革命的根源确实能上溯到那么远，刚开始研究历史手稿的托克维尔也是不可能做出多少结果的：他需要数年的专业训练。托克维尔很快就转变了主意，赞同将自己的研究限定在旧制度的最后阶段，即他已经开始探究的 18 世纪（不过路易十一最终还是在《旧制度与大革命》里短暂出现了两三次）。[29]托克维尔答应第二天再来。而第二天格朗麦宗注意到托克维尔带着一个正式的、黑色摩洛哥式装订的公文包。这是他短暂部长生涯的遗物，颇为实用。格朗麦宗早已选好了文档恭候，托克维尔则高兴地投入工作。

543

过了一两天，格朗麦宗注意到平常没有打扰、十分宁静的档案馆，来了一群前来围观这位著名人物的不速之客。所以他询问托克维尔是否愿意到他档案员的办公室做研究。办公室虽小、两个人挤着颇为局促，但它是私密的，朝向省长的菜园。托克维尔感激地答应了：也许他回想起了 1835 年写作《论美国的民主》的那个阁楼；就这样，他以后就在格朗麦宗的办公室研究。他的工作台是一张老旧、倾斜的写字桌，日后会成为格朗麦宗眼中这间屋子里最有价值的家具。托克维尔几乎每天都去档案馆；所以在托克维尔确信与他打交道的这个人不是波拿巴的密探后，两人也自然而然成了朋友。对格朗麦宗而言，他为托克维尔的魅力、亲切和精彩的讲话所折服。托克维尔每天会与他聊差不多十五分钟，也乐于与他讨论档案。40 年后，格朗麦宗犹记得托克维尔洪亮而悦耳的嗓音[*]，纯粹而优雅的谈吐，严肃但生动的手势。而印象最深的莫过于他略带恶意的微笑还有闪闪发光的眼睛。[30]

有了格朗麦宗的协助，托克维尔开始研读旧时总督的官方通信。总督是当时

---

[*] 在托克维尔的熟人里，提到他嗓音的只有格朗麦宗。

王室的代理人，18 世纪时法国大部都由他们统治。他们是 19 世纪所设立的省长的前身，而托克维尔就是在省会长大的。他做过部长，所以这些文档正合他的口味。不久他便写信给弗雷斯隆：

> 在图尔我虽然没找到埋藏的宝藏，但见到了同样珍贵的存档，帮助我开展研究（顺便一提，我认为在各省前财政区首府的档案里都能有相同的发现）。这批文件可以让学者清楚地理解当年各种公共政策是如何执行的……

在这个阶段他认为自己不过是为单个章节做准备工作，但不久之后便发觉他积攒的材料其实够写至少半本书。他最后就在《旧制度与大革命》的前言里说道：

> 在行政机构强大的国家里，思想、愿望、痛苦、利益与激情，通常迟早会暴露在政府的面前。遍览政府档案不仅使人对其统治手段有一精确概念，而且能一眼看到整个国家的状况。今天，如果把充斥内政部和各省案卷中的密件全部给一个外国人看，他很快就会了解我们，甚于我们自己……我在那里发现了活生生的旧制度，它的思想，它的激情，它的偏见，它的实践……我因此获得了当代人所没有的关于旧社会的许多概念；因为我看到了他们从未见到的资料。

托克维尔无法将这个发现埋藏在心里。不久之后，大革命和之前拿破仑一样退居次要地位。[31]

为了保障健康，托克维尔只有早上去档案馆。下午学习德语，他并不喜欢，但认为目前这个项目一定要会德语；最后，他能较为熟练地阅读这门他并不怎么感兴趣的语言。他聘请了一位德语老师，玛丽熟练的德语无疑也有帮助。每天晚上晚餐后他们就朗读给对方听。托克维尔尤其喜欢旅行书。[32]

两人都享受这清静的生活。10 月，托克维尔已经告诉博蒙他们夫妻俩身体好了，玛丽的精神比前几年都要好。他们仍然不与当地人往来。只有格朗麦宗是例外，多次与托克维尔共进晚餐。不过，远道而来到圣西尔拜访托克维尔的人络绎不绝：埃尔韦伯爵、安培（住了几周）、凯尔戈莱、盖里（Guerry）、博蒙、科尔塞勒等等——大多是夏天到访。格罗特夫人来得就没那么凑巧了。她冬天到时托克维尔正刚开始写作。性情欢快的她给托克维尔添了不少麻烦。2 月份她在图尔住了 10 来天，托克维尔虽然好歹把她安顿在了宇宙酒店（Hôtel de l'Univers，利用铁路带来的新习惯而最近建成的一家酒店），但每天都得拜访或者招待她一顿饭。托克维尔向博蒙抱怨她竟然住了这么久："招待格罗特夫人的义务可不轻，况且我们已经爱上了自己的小生活，一个我们很喜欢，但毕竟不是那么亲密的朋友打扰，多少令我们烦恼，尤其是我妻子。"他们无从得知她会呆几天，接下去会做什么：托克维尔一度想要打消她去博蒙那边的念头，告诉她博蒙的房子在修，所以没有房间可以接待她。要是格罗特夫人读到这封信，她一定会受到残酷的打击，因为她倾心于托克维尔，而且托克维尔在奉承上也从未怠慢。（一般而言，除了他的妻子，托克维尔认为对女人不需要真诚，他给女性朋友的信中总泛滥着褒美之词。[33]）

　　还有一样事情需要托克维尔投入更大的精力，但它的性质有所不同。以前托克维尔的办公秘书戈比诺寄给他两卷自己新近出版的《论人种的不平等》（*Essay on the Inequality of the Human Races*）。埃尔韦伯爵把这两卷书带到了圣西尔，托克维尔在 10 月份读了。阅读体验很糟糕。托克维尔对戈比诺有真挚的情谊，而且戈比诺还经常是托克维尔身边得力研究助手。但托克维尔难以对他掩饰对《论人种的不平等》一书的失望（1856 年面世的最后两卷也好不到哪里去）。它事实上可谓整个 19 世纪出版的、具有最致命危害的书。戈比诺没有接受过完整的正规教育；他对世界的态度是一种自学者的刚愎自用。他德语不错，学过些语言学（当时极为流行的科目），也学了些梵文。他所接受的教育使他想象出了一套神话，来解释在他看来确信无疑的事实，即整个人类是不断堕落的。他明确划分了三个人种——白种人、黄种人和黑人，称白种人在智力、外貌、力量和智慧上最为出众，是一切伟大的文明成就的缔造者。但不幸的是，这个伟大的人种与劣种人杂交，三千年后大体上已经与他们难以区分了。过去五百年尤为糟糕，而且会继续恶化：文明和人类在衰亡。各地的人口已经在萎缩。人类顶多只能再延续五六千年。[34]

　　从戈比诺的观点看（也就是混充贵族而在法国大革命丧失遗产的资产阶级的角度*），这通胡言乱语能很强有力地解释自己的不幸经历，并预告他的敌人终将

546

---

* 戈比诺的贵族头衔"德"不是名至实归，1855 年他在一位叔叔去世后继承的"伯爵"头衔也属臆造。

毁灭。J.-J. 舍瓦利耶的评价恰如其分，它是"伪装成历史哲学的精神报复和心理补偿"。托克维尔则认为它有两个关键的疏失：它并不可信，而且其可能造成的后果令人惊骇。他跟博蒙说，戈比诺的文风不像政治家，而像马贩子（科唐坦人做这个类比自然而然）："我绝不相信里面任何一句话。"但对作者本人，他就没那么坦率了。戈比诺总是坚称自己的发现是完全科学的，托克维尔也从未选择在这一点上反驳他。兴许他一开始就意识到戈比诺是难以说服的：他有提出漏洞百出的立场，而又不遗余力为之辩护的天赋。不久，此君又将宣称自己破译了尼尼微的楔形文字，还证明其为波斯语，而非亚述语。但作为道德家和政治家的托克维尔不断抗议戈比诺的理论可能带来的后果。那些人是宿命论者，而他反对一切形式的决定论，不论其源头究竟是奥古斯丁、加尔文教徒、詹森主义者还是戈比诺的人种理论——因为他们最终都走向摧毁或者完全废除人类自由之途。他认为这样的理论不无可能是错误的，而且必然有害。让落后或者被奴役的人民安守现状，让他们相信改善自身条件、移风易俗、改革政府没有任何可能——这样做究竟是为谁好呢？

> 您难道没有看出来，从您的理论中很自然就会推导出永久性的不平等所能产生的一切罪恶，如傲慢、暴力、同类之间的蔑视、暴政和各种形式的屈辱吗？……您难道不认为，勇气、活力、诚实、远见、良好的意识是使帝国也是使家族繁荣的真正原因么？一句话，人，无论是个人还是民族，他们的命运难道不是他们意欲创造的么？[35]

眼下，虽然他们仍在通信，但辩论被悬置，直到《旧制度与大革命》出版以后才重启。托克维尔没有预见到，有一天，这本书将对全世界有重要意义；1853年，它不过是作者不断挣扎的大背景下的一个部分。托克维尔阅读书籍和档案，做笔记、整理；但秋天的时候他的文思似乎被阻断了。他的脾气仍旧时好时坏，低落的时候他会深深地怀疑自己，而把一年前写雾月的两个精彩的章节抛诸脑后。9月他宣布将于 10 月 15 日开始"过冬"，强迫自己至少把最为重要的第一章写完。10 月 19 日他告诉凯尔戈莱自己会在 12 月开始写作。4 天后，他写信给里韦。此时他更为乐观，预计 10 天后就能开工；但 10 天过后他又只是答应下周开始；他同时又向弗雷斯隆表达了自己的担忧，也许写不出好书，那么他该做什么？"我从来都不可能为生活而生活。"两周后，他说道自己仍然站在一条大沟渠的边上；而在给弗雷斯隆寄了第一封信差不多两个月以后，他于 11 月 22 日致信格罗特夫人，说他只想告诉她，他感到自己的写作欲上来了……最后他总算开动了。[36]

　　5 月末他与玛丽离开圣西尔的时候，他似乎写好了后来这本《旧制度与大革命》的大部分草稿。[37]他暂时把笔记搁在一边，任思路驰骋；写到兴起处，进展可谓神速。托克维尔最终会修订整部草稿，大部分地方有很大改动；但后来以第一卷面世的前五章只有轻微改动。另外，由于这五章的特质，我们需要将它们与其余章节分开来讨论。因此，我们不妨借此机会做个考察。　　　　548

　　《托克维尔全集》版中它只占了 18 页的篇幅，文风简洁，话语犀利，而且与第二卷联系不大（第二卷在第二版时才分为第二卷和第三卷），因而读者很容易忽视其重要性，但其实不然。

　　托克维尔写作时分外在意自己的风格。有时候他告诉格罗特夫人，自己苦思冥想数日，"有想法，但找不到能让他那挑剔的耳朵听着满意的'句子'……"博蒙后来和西尼尔说，"我见过他有次一句话要改 20 多遍"。但他这种完美主义的雕琢其实没有太大的帮助，因为托克维尔写下的初稿一般都水到渠成，清晰优雅，经常不需要什么润色（他为勒佩勒捷·德·奥奈所写讣告就是 1855 年在其家人请求下草草而就，但读起来很不错）。第一卷唯有一个严重的问题，即文字有烦冗之虞。他不应该把与主题没有密切关联的内容放进去。[38]

　　第一卷之所以与《旧制度与大革命》其余部分差异突出，是因为托克维尔意在把它当作一个序曲，引出更大的著作，即他生前未能完成的有关大革命的巨著，《旧制度》最多也不过是其第一卷。正如三月间托克维尔告诉他最喜欢的侄子于贝尔，他计划写的不是单纯一部历史或者一系列哲理考察，而是两者兼具。他打算追踪法国大革命的各个时期，从开端到帝国的灭亡，并在此过程中，更注意事情的整体运动，而不是具体事件。（日后出版的《旧制度》正体现了这一技法。[39]）他需要找办法把这些观点传达给读者，这样他们就知道自己从这本书中能读到什么。第一卷正是托克维尔的试金石。它读起来就像是他 18 个月前写给希尔库尔夫人的信中勾画的项目，不过是其扩充和改述。*他坚定不移地相信，现在对大革命起源和　　549

---

　　*　见前文，第 532 页。

本质的理解可以超过其同时代人（如埃德蒙·伯克）的理解。[40] 他做了好几条言之凿凿的论断，冲击了以往和当时流行的有关大革命的假设："大革命主要的和最终的目的，并不是像人们想的那样，是去摧毁宗教力量和削弱政治力量"；相反，就国家而言，大革命横扫了一切中世纪的制度——议会、等级、特权、地方自治政府：即旧的欧洲政体——代之以更为现代、强大而集权的体系。之后他问的大多是一些彻底的问题：当时的欧洲人对大革命有何观感？它为何发动了？大革命为何发生在法国而不是其他国家？为什么它在法国是这样，在别国是那样？托克维尔说道，回答这些问题的时间到了，他认为自己可以做到。[41]

　　读了第一卷，每位读者都不会疑惑托克维尔在讲什么，但为了达到这种文笔清晰的效果，他做了不少牺牲。他的一些没有注明来源的引用，大多来自伯克；他对事件也有些暗示，但他的说明中难以找到可以准确称为证据或者论据的东西。通篇都是断言。也许这就是为什么后来托克维尔把这五小章斥为全书最平庸、最没原创性的部分。"它至少有短小精悍的优点。"他的写作技法时而让他出了偏差。比如，他有一个论题是大革命攻击了教会，而不是宗教；宗教是某种根植于人民心中的东西，废除了不公平的教会特权后宗教复兴了：宗教，乃至天主教，与民主并无不相容之处。托克维尔最先在《论美国的民主》里提出这个论点；两书虽然相隔 30 年，但论证上没有多大长进，和其他一概而论的命题一样缺乏证据，而看似又一样言之成理；在这样的包裹之下，作者就觉察不到其一厢情愿的成分，虽然读者还是可以看到的。放到一块儿，这五章不外乎托克维尔最喜欢的一些概念的总结。它们体现了他讲话时的魅力，几乎不带学术腔。也许这并不重要。它们是出色的开篇，无疑托克维尔正是因此保留了这几章。他希望吸引读者，这个办法就很好。[42]

　　1854 年 5 月 28 日托克维尔与玛丽的租约到期，离开了特雷索里耶。从养病的角度看，他们这次旅居成效有限。托克维尔相信玛丽的身体已经康复，但他本人在当年犯了好几次严重的胃病，离开图尔的时候身体和来时一样差。除了档案，这地方还有很多吸引他们的地方，其中最重要的就是离博蒙一家比较近。托克维尔在离开圣西尔的两天前给古斯塔夫写信：

　　　　今早我跟妻子起床前在聊天（每天早上我都有点懒散），她跟我说，住在像你们二位这么好的朋友附近，现在要走了感到十分难过。唯一的慰藉是，时间、还有时间流逝中带来的好运气坏运气，非但不像在其他人之间那样瓦解我们的友谊，反而增强了我们之间的纽带。

托克维尔补充了对克莱芒蒂娜和玛丽的观察，颇为生动："我们前所未有地享受博蒙夫人的陪伴。她的社交圈子不仅很吸引我的妻子，而且让她异常开心。有些我挚爱的人就做不到，他们的陪伴只能让玛丽伤心、生气。"（托克维尔想到的一定是他的兄弟们和他们的妻子。）

离开的时候，博蒙夫人显得很沉静，与每个人都很开心。她和我很投缘，令我感到非常愉快。您的妻子不仅有超脱众人的那种天生的友好，而且肯定还有某种精妙的艺术，能轻易俘获一个并不愿意听从他人观点的大脑。[43]

托克维尔的婚姻现状在这封信中有所体现。现在，他们面临着 5 个月的考验。充满活力、决心坚定是托克维尔的性格，他执意要去德国。玛丽没有那么果断：西欧又爆发了一场霍乱，她担忧自己的身体经受不了这样一趟旅程不无理由。她更希望在托克维尔度过夏天。但她丈夫对德国之旅太过热切，自以为玛丽身体不错，也认为自己足以胜任（除了犯胃病的时候）。他的热情早已持续了很久，而且在几个月辛劳之后他需要一段假期。他还有其他许多理由，都与法国大革命还有旧制度有联系，但还没考虑这些问题以前，他就曾兴冲冲地于 1849 年去过德国。他的旅行热情仍在燃烧，我们完全有理由猜测，也许托克维尔的直觉告诉他这个莱茵河另一岸的的国家比以往更应当受到法国政治家的注意。长期以来，托克维尔和大部分思考这种问题的国人一样，认为法国真正的危险来自俄国；就在当年，两国还爆发了战争。正如他在《回忆录》中所说，在第二共和国时期，他支持德国统一，这样它就可以协助西欧抵御沙皇。*这次他规划的行程有波恩、德累斯顿和柏林，这样做很有可能是出于这种考虑。[44]

旅程几近败笔。他们于 6 月 19 日抵达波恩，途经布鲁塞尔，见到了流放中

551

---

* A.J.P. 泰勒在《称霸欧洲的斗争》（*The Struggle for Mastery in Europe*，Oxford，1954）第 34 页嘲笑了这种算计；但他当时持激烈的反德立场。

的拉莫西埃。一路上玛丽的预感不断应验：她的子宫旧疾复发，初到德国的 6 个星期都过着半残疾的生活（他们租了一间有装修的公寓，楼下可以看到一片草坪，再远点就是莱茵河）。托克维尔在波恩的研究，还有与学者的交流进展顺利，不过他仍不能用德语交谈，而且德国学者给他的明确印象是好卖弄学问。两位新认识的英国朋友，乔治·康沃尔·刘易斯和他的夫人特蕾莎·维利耶给

552　　他带来了些愉快的印象。*刘易斯这人在英国公共生活大有前途，托克维尔向他毫无保留地倾吐了自己对路易·拿破仑专制的恐惧："其政府的压迫和干预远甚于其叔叔的政府。"他用巴尔扎克式的语句解释拿破仑传奇为何流行："每个村都有些老兵讲拿破仑帝国的战争——他们只记得它的光辉与胜利——他们忘了它的悲惨与灾难——他们将其转变为某种神话故事。每一个这样的人物都是一小圈听众和仰慕者的中心——他的讲述几乎就成了全村人所了解的那个过去。"[45]刘易斯夫妇和托克维尔夫妇一见如故，之后刘易斯成为托克维尔最珍视的英国朋友之一。

但刘易斯夫妇离开波恩后灾难循之而来。玛丽犯了严重的风湿病，右手右臂完全无法动弹。他们只得打消了去德累斯顿和柏林的念头。他们遵循医嘱，去了黑森林的维尔德巴特（Wildbad）温泉，让玛丽在那儿泡泡热水澡。[46]

不论托克维尔多么爱玛丽，他的耐心承受了严酷的压力。脾气多变的托克维尔终于按捺不住自己的脾气。玛丽的状况恶化了：托克维尔得伺候她穿衣吃饭。治疗费用之高昂又令他们担忧。他们在维尔德巴特没有熟人，这里也没人讲法语。托克维尔认为这地方是个没有阳光的地洞，名字起得太贴切不过（维尔德巴特在德语里的意思是"野浴"）。一片长满松树的荒野和山林中散布着两三家大酒店，当地都是些驼背、醉鬼、缺手少脚的人："我开始觉得，双腿双臂都正常的人，在人类里是个异数。"最糟糕的是，他的工作没有进展。没事可做，便只好研究起符腾堡公国的法律集。他最后发觉这些法律非常有趣，为此在《旧制度》中专门写了一条长长的注释。这很符合托克维尔的性格，但不过是微不足道的一点乐子。终于，忠实的安培专程探访他们，尽最大努力让他们在最后一周的考验里振作

---

　　*　乔治·康沃尔·刘易斯（George Cornewall Louis，1806—1863），政治家，博学的作者。表现蹩脚的法律专员（1834—1846）。1844 年与特蕾莎夫人结婚（克拉伦登伯爵的姐姐）。1850—1855 年任《爱丁堡评论》编辑。1855—1858 年财政大臣。1859—1861 年内政大臣；1861—1863 年国防大臣。1855 年继承其父的准男爵头衔。他是那种诚挚而博学的人，托克维尔经常为他所吸引。他最广为人知的名言是，"要是没了乐子，生活岂堪忍受"。

起来；但玛丽的手几无好转，他们就像打了败仗一样，缓缓撤退，于 9 月末回到法国。[47]

他们在瓦朗谢讷过境。在边境检查站他们被搜身，每张印刷纸张，不论内容，都被收走。"我知道我的国家。"托克维尔反思，爱国主义与祖国的大地没有多少联系。"我刚在另一个国度度过了 3 个月。与我们法国相比，这个国度可以称为自由之土，而再次呼吸受奴役的法国的空气，并欢乐地接受其奴役的想法令我沮丧。"之后 6 个月里发生的事儿也无一让他振作。霍乱持续流行。开头打得不错的克里米亚战争正陷于僵持，盟军军队受挫的消息正流传开来。英军的管理失当不仅损害了该国贵族的威信、败坏了其军事声誉，而且损害了自由主义的名声。托克维尔无法原谅英国人与拿破仑三世结盟。他也无法原谅自己的国人。 `553`

> 时过境迁，我很开心地发现，胜利并不能吸引我的心灵，我的事业越受压制和抛弃，我对之就越投入。幸运总是倾向于新政权，在暴民们眼里这证明了它的合法性。但越是如此，我就越感到难同那些与之为敌、甚至只是持冷漠态度的人往来。[48]

这年冬天，托克维尔的通信正是以此为基调。伴奏比它积极些。他和玛丽还有安培过了瓦朗谢讷以后，直接去了埃尔韦伯爵在贡比涅附近克莱鲁瓦的小别墅。但这间小屋太过潮湿，不利于患有风湿的玛丽，所以安培走后，他们弄了一套更小的房子，有点像特雷索里耶的缩小版，装修不佳（侯爵给他们支了些招），但至少还算暖和、干燥，又有阳光。这是他们 6 个月里第六次换住处（旅店不算在内），他们的吉普赛人生活到现在总算暂告段落。他们本打算 1 月份去巴黎——然后推迟到 2 月——再推迟到 3 月——每次要动身就总有理由推迟。玛丽的身体不断好转，虽然不无反复（托克维尔惊叹玛丽的耐心）。亚历克西前往巴黎作短暂居住，去搜集书和文稿。[49]

图尔的笔记他已 5 个月没有翻看，而在德国期间他又做了很丰富的笔记。所以他要做的第一件事是把这些笔记整理到一起。[50] 他将这些笔记整理为 17 个独立的文档，然后又编了一个有 11 个标题的索引。这 11 个标题概括了他打算探究的 `554`

题目，其准确性之高，从今日看堪称是《旧制度》的剖析；*然后他统统过了一遍，用索引寻找和加入有用的摘录。这一定是极其费事的工作，从《旧制度》成书后引用不多来看，这样做似乎没有必要。但它有两个作用，一个是让托克维尔熟悉研究材料，再者让他相信自己已经完全掌握了研究主题——这在心理上很重要，因为直到出版他还一直会为整个研究突发焦虑。只有到整个过程完毕，他才拿出草稿，根据档案、所引用的回忆录、信件、陈情书、专著和官方文件，通篇修改各个章节，使之贴合自己的论点。4 月，他和玛丽终于搬到巴黎，此时已经有 17 章（构成了第一卷和第二卷）基本定型。

我们将看到，托克维尔最近这次隐居生活与以往一样成果颇丰。他父亲和盖尔马凯夫人于 1 月回到了玛德莱纳广场；此后托克维尔就免于任何打扰。天公不作美：2 月中旬暴风雪覆盖了整个法国，一直到 5 月才完全把冬天送走。托克维尔和玛丽发现，这种天气下，房子里真能晒到太阳的地方是托克维尔的书房：于是他们日夜住在书房里（没人提到他们的仆人是怎么应对的）。1 月底，托克维尔染上流感，让他大受打击，因为他此前"正在兴头上"；而且，局促一室很少能出去，但即使在冬天，托克维尔也喜欢到室外；加之无法工作，躲避冬天反成了囚禁。

555 好在他迅速康复，甚至在 2 月中旬就能再度短暂访问巴黎，快乐地回到他"亲爱的故纸堆"里去（虽然他开始厌烦在贡比涅的生活了）。然后暴风雪肆虐。托克维尔每天在大雪覆盖的森林里行走一个小时，回忆起了 25 年前，彼时田纳西的森林比这还要雪白。他悲伤地想到，这场景中有大变化的唯独是他自己：25 年可以革新一个人的人生。但他在这点上更为乐观，认为如果重头开始，他会做同样的事情，但会避免各种小的蠢事；最重要的是（他告诉博蒙）当年在孟菲斯与他一起猎鹦鹉的朋友现在仍然是他的挚友。现在唯一让他担心的是父亲。老伯爵也染上了流感，病虽然好了，但身体并没有完全康复。托克维尔不禁想到埃尔韦的老迈，还有他的性格："您难以想象这位老人竟变得温柔和可爱。最近几年他对儿孙极其爱护，对每个人的脾气都很好，风度翩翩。"至少，近期他还没有要死的迹象。[51]

3 月末，到了离开贡比涅的时候。一有活力，托克维尔便会长时间、聚精会神地写作，到精疲力竭为止。所以，他不得不像 10 个月前在图尔那样暂时停笔。

---

* "英国、德国；市和省政府、税收、人头税、公共收费；省级建制、资产阶级、民众；贵族、领主、封建权利；无法归类；管理、集权、总督；卖书、出版；大议会、国王的议会；司法、议会；教会、神职人员；骑警队。"参见 Gannet, *Tocqueville*, 213 n.42。

他正感到讲 18 世纪法国文人地位的一章（后来的第三卷第一章）难写极了，大概此时他即已显露疲态。回到巴黎，文思也没有变得畅通，而且立刻又有社交和学术生活的许多要求要应付。所以他决定手稿的写作推迟到 6 月份回到托克维尔后动手。但在他写完的第二卷的第十二章里，他绘制了"1789 年前夜法国的宏大画面"——安德烈·雅尔丹赞赏这一章为本书的核心，恰如其分。[52]

第二十二章　书写革命（1855—1856）

向时无党之私，

你我通力为国；

向时强者扶弱，

弱者爱戴强者；

向时土地均平，

战利品价公道：

但见旧日壮丽，

罗马人如兄弟。

麦考莱勋爵，《古罗马抒情诗》

即便托克维尔对巴黎生活越来越心怀戒心（短短几个月后，在乡间的他将社交义务定义为文明所强加于人的职责，让他人无聊，也让自己感到无聊 [1]），巴黎生活仍能让他兴奋，4 月回到巴黎时又恰逢一个激动的时刻：显然，皇帝决定把法兰西学院，法国仅存的、还能发出声音的反对派中心踩到脚下。他提出对其章程做大幅修改，其效果无异于终结学者们的独立性。这自然令他们愤怒不已，托克维尔也欢快地加入了他们的抵制运动，不久竟胜利了。但他也没有放下研究：他定期去国家档案馆。他和玛丽的临时落脚处在近卢森堡的弗勒吕斯街 37 号。他们那些聪明的朋友可不会冒险住这块地方，但他们竟住了 7 个月。* 托克维尔才不理会常人的担忧：省下来的钱可以用在城堡的必要修缮和改进上。5 月末玛丽前往沙马朗德拜访贝拉姆夫人。托克维尔与父亲搬入玛德莱纳广场——用他的话来说，这是回到了文明世界。玛丽让他牵挂。一次，她写信说得了某种疾病，喉咙失声。这让托克维尔大为恐慌：玛丽连年多病衰弱，焦虑大概成了他的习惯：他不仅决

*　60 年后住在弗勒吕斯街 27 号的热特吕德·斯坦（Gertrude Stein）也许会为他们这种观点感到吃惊。

定尽早去沙马朗德陪伴玛丽，还写信给贝拉姆夫人，"建议"她如果托克维尔夫人健康恶化务必立即通知。贝拉姆夫人现已老态龙钟，托克维尔无疑觉得她不太靠得住。所幸玛丽不久就康复了。她仍在担忧自己的遗产继承问题，因为贝拉姆夫人新近改宗天主教，毫无保留地向自己教区投入了大量钱财。托克维尔告诉她不要担心："我当然不是为了钱跟你结婚。"必要时他甚至可以接贝拉姆夫人到自己家里住，因为"你现在对于我格外珍贵，只要你能在我身边，我不会抱怨其他任何事"。他承认 20 年前自己曾犹豫过，但今天的他依然会做出相同的选择，而且会投入更大的爱和绝对的忠诚。[2]

6 月初，他们去了托克维尔。玛丽是直接过去，但托克维尔还是像以前那样取道博蒙拉沙特尔，在那里受到热情款待。他向博蒙夫妇读了最新写好的章节，两人反应十分热烈，但托克维尔怀疑他们这样热情是过于受友谊的影响。他犯了一次胃病，也许是焦虑所致。[3]

家中也是他一年里最快乐的时光。还没回到城堡，他就转变成了地区大人物的角色：途经瓦洛涅，他没忘了召集地方上有头有脸的人物，以免他们以为不做政治家、不需要他们的选票，托克维尔就会把他们抛弃了。他说道，人们很友善、热情地接待他，"但本着诺曼人的那种谨慎，每个人虽然脑子里想的都是政治，却没人提出"。坐着马车一路驶向家乡的他精神大好。美好的天气作伴，托克维尔回到了阔别许久的房子，不过院子的地上已经杂草丛生，得铲除干净。他和玛丽的身体都不错——"上帝指示我们就这样生活下去！现在，健康、好天气还有家——人的幸福在我看来也莫过于此。我以前欲望常有不节制，但年岁蹉跎，欲望衰减，我总算有了以前完全缺失的艺术，即懂得了知足常乐的道理。"三年来他们两人到处游荡，却没有一个住处完全合意的。这次回来真是太好不过了。[4]

要住进去还需动一番干戈，但托克维尔并不在意，因为一切在他眼里都很迷人。房子里很快塞满了工人，为托克维尔的书房和卧室造取暖的壁炉。虽然吵闹，托克维尔也无甚怨言。他更感兴趣的是扮演乡绅。村里爆发了天花，他让每个人接种疫苗——可怜玛丽起了严重的反应。他听左邻右舍谈天说地，发现他们对目前进入第二年的战争关注有限："他们最担心开支上涨，闲时哀叹一下自己从军而阵亡的儿子，但牲畜和玉米能卖那么贵让他们打心底里高兴，喜悦中把其他事都忘了。"他开始看到居住在农村的人们如何陷入他们那种独特的物质主义：他希望

558

能加以抵制。文盲农民请他帮忙朗读的部队来信吸引了他。

> 要理解法国农民之特性，这封信件值得一读。难以置信，这些人很容易就能适应军旅生活的风险，适应危险与死亡，但同时他们的心又牢牢系在土地和农活上。他们用朴素的话讲述战争的恐惧，几乎是带着愉悦。但在讲述中可以读到诸如这样的话："这样一块地，明年你打算种什么庄稼？""那匹母马怎么样了？""那头母牛生的小牛好不好？"等等。心智之多变而又不变，此为最甚。我一直总认为在法国，农民到底是比其他所有阶级要优越的。

559

托克维尔的这份赞同，虽说可能不是新事，但现在至少有了更深的了解，并将会在《旧制度》中留下深刻的印记。[5]

托克维尔尚未重新动笔，接下来几个月他也不写作。现在，托克维尔的创造力如何生发，我们应该很清楚了。他在短期的、激情的爆发中，以超人的速度和彻底性写作，但要把自己提振到最佳状态需要很长一段时间。1855 年在托克维尔的亚历克西，就好比 1853 年在图尔的那个亚历克西。8 月 4 日他告诉科尔塞勒自己要回到写作当中，但"用帕斯卡尔的话来说"，还没有进去。他拿出了讲 18 世纪中叶文人的政治影响的那章（最后成了第三卷第一章）。他写作时这章就比较棘手，玛丽读后的评价也没有鼓励之辞。她觉得这章内容比较浅，主题不明——"不幸的是，在我看来她的评价是正确的"。安培和朗瑞奈住到他家的时候，他给他们读了部分手稿，"看上去他们不算失望"。不过，他还是没有找到动力冲刺，写完全书。倒不是脑子不够用：那个夏天，他开始与索菲·斯威特切尼[*]进行相当庄重、格调极高的通信，而且从他给父亲的信看，他正非正式地代理伯爵在科唐坦土地的事宜（11 月爆发了一场冬季饥荒，我们看到他呼吁教区牧师和镇区区长合作济贫，建议埃尔韦伯爵增加救济面包的分配量）。他不写作只是因为灵感未到。9 月，他讲到自己的迟钝妨碍了写作。10 月，他责怪下个不停的大雨把他困在室内："有谁能在监狱里好好工作的？"11 月初是他的老胃病："胃和脑子有紧密联系。"此

---

[*] 索菲·佩特罗夫娜·索伊莫诺娃（Sophie Petrovna Soimonova, 1782—1857）出身俄国贵族家庭，1799 年与尼古拉·斯威特切尼将军结婚。1815 年改宗天主教。1816—1817 年期间，斯威特切尼家族住在巴黎。他们结识了大部分法国天主教贵族，斯威特切尼夫人成了他们当中不少人的宗教导师（虽说不是正式的），其中包括蒙塔朗贝尔和法卢。

后他突然不再找借口，甚至根本不提自己的书（除了讲他想到出版就紧张），直至
12 月 27 日他向安培汇报自己已经写到了最后一章（"大革命如何从已往事物中自　560
动产生"），但他还有艰巨的修订任务要做："费了这么多时间写了这卷，要是因为
匆忙就不改正错误，那是多么荒谬！"他开始期待去巴黎处理出版事宜，不过他
的体内还在翻江倒海，让他备受折磨（那个冬天疾病似乎尤其令他烦恼）。总算，
在 2 月的第一周，他动身了。玛丽留下来做树篱、种灌木。她现在感觉身体比近
几年都好，甚至找回了往日的直来直去和欢快，所以就在花园消磨精力（我们不
妨想象她就像一位真正的英国妇女）。[6]

　　《旧制度与大革命》，这是第二版以后为世界所知的名字；它含有一篇序言，
三个分卷和大量尾注。这样一本内容出奇丰富而复杂的作品，我们难以贸然做简
单的评价，只有上面这则描述还算准确。

　　托克维尔把这本书带去巴黎时还没有写完。25 章的撰写和修订皆已完毕，但
他尚未加上尾注，前言和结尾也还没写完。尽管如此，法国大革命是个争议不断
的话题，他也即将为之做出伟大的贡献。

　　探究这部作品的复杂性，托克维尔写作意图的问题首当其冲。他与凯尔戈莱
的通信清楚展示了他的文学抱负正处于最高点。凯尔戈莱在好友死后出版的文章
更昭示了这一点。托克维尔是一位处于能力巅峰的成熟作家，期望能做出一番成
就，与他最欣赏的法国作家（尤其是 17 世纪作家）比肩。凯尔戈莱一直鼓励托克
维尔向更高的成就迈进。他高度赞美了《旧制度》，但直到朋友去世，才（在引用
了托克维尔那句普鲁斯特式长度的、对法兰西民族性的绝妙概括之后）直言"此
人是位伟大的作家"，将他与孟德斯鸠、马西永、帕斯卡尔、卢梭、费内隆、伏尔
泰和迈斯特作比。对于托克维尔的文字，凯尔戈莱唯一可以接受的批判是，虽然
它清晰得令人惊羡，但思想内涵过于厚重，肤浅的读者难以读懂——托克维尔肯　561
定会对此感到高兴，而且这样做也无可厚非。他喜欢和凯尔戈莱说，自从《论美
国的民主》第二版以来，他的文字变得越来越简明扼要。这个变化是无可置疑的。
他的文字严谨而灵活，简约而带讽刺，无不开门见山，直切要点。风格上他绞尽
脑汁，终于在法国文学史上竖起了一块丰碑。这是他第二部代表作，与前作一道，
以其对材料的情感和思想上的驾驭，让他的名字流芳后世。要是托克维尔生前能
像写作《论美国的民主》那样，完成他的宏伟设计，这两部作品也许会相互补充，

彻底审视现代世界中的政治；法国的革命与美国的民主这两个主题堪称绝配。只可惜死亡打败了他。[7]

不过，托克维尔深知，风格不能与结构还有主题脱节，他熟练的手法还未能清除以往的一些缺点。宏伟的外表下，隐藏着很多的缺憾；或者说（也许这个评价太过苛刻），内容缺失和不连贯，与精炼、优美的文字，可谓同是他写作的特点。这并非后代学人在挑一位先行者的毛病，吹毛求疵。确切说来，托克维尔的问题在于最初的设计有误。那些本可以避免的污点，一位传记作者必须予以解释。缺憾似乎源于这本书的二重性。正如理查德·埃尔（Richard Herr）后来说道，托克维尔打算写一部历史，这部历史同时也是他的政治宣传册。[8] 一方面，他希望让读者理解他所认为的真相，即旧制度与大革命一同创造了现代法国社会。大革命不过是疯狂的加速器，以旧王朝任何一位大臣都没有的胆量，扫除了过时或者不便的法律、习俗和制度，不过它们的努力方向相同。他也有意将对新秩序的批判融于历史当中（尤其是现在由路易·拿破仑操纵着新秩序），并坦率地宣讲自己的政治信条：他热爱自己所理解的那种自由，而且有着强烈的爱国主义情怀。深入的历史研究与政治宣传结合到一起。托克维尔希望书的这两个方面相互促进；我们有必要询问，这两个方面是否实现了托克维尔的初衷。

562　　作为一部历史著作，《旧制度》取得了无可否认的胜利。托克维尔生前未能描写革命议会的活动，对于拿破仑的成就也只能点到即止。但他为改变大革命历史写作贡献良多。他让人们重新看到了法国历史的连续性，这也是为什么读者最初反应惊讶。长期以来，他们都以为大革命前的历史与 19 世纪当下没有任何关联。而正如他本人也十分清楚的，重要的并非是他的结论。他认为自己为研究现代历史的正确方法树立了典范，就如同当时成果颇丰的中世纪史研究（他是不是想到了米什莱？）。在尝试描绘 18 世纪法国时，他大概受到了麦考莱《英国史》前几章的影响。托克维尔在 1853 年津津有味地阅读了这本书。不过他既没有模仿麦考莱的那种议会讲话式的啰嗦，也没有接受他对人类进步的信心（相反，托克维尔认为他正在讨论两个巨大的历史灾难——旧制度还有大革命）。他并非第一位一头扎入档案的法国历史学家。比如说，梯也尔就曾炫耀自己反复读过拿破仑 30000多封信。但就如托克维尔在评价《执政府与帝国的历史》的时候指出，他使用材料的方式非常不同："考虑到他是这样一位杰出的演说家，这样一位值得尊敬的对话者，我本期望能看到更好的杰作。这本书太长、太细致。谁会关心达尔马提亚公爵在某个时间是否从哪条路走过呢？"梯也尔不是哲理性的历史学家：他不探究造就拿破仑的"内在和外在"原因。托克维尔的大革命史就不可能受到这样的批评，严肃探究这个题目的学者往后也都遵循着托克维尔的榜样。[9]

而《旧制度》在政治宣传上，与当年的《论美国的民主》一样，至少在法国应该算是成功的。对于同类书而言，它的销售量堪称巨大。弗朗索瓦兹·梅洛尼奥（Françoise Melonio）的研究也表明它得到了广泛的评价和热烈的讨论。不过它似乎也说明，人们基本上忘了《论美国的民主》的内容，所以旧的内容看似新颖，是导致该书反响热烈的一个原因。托克维尔对《旧制度》产生的效果颇为满意：他希望法国人再次激动起来："我的书里对自由有如此浓郁的渴望，它卖得这么好说明这种渴望不像很多人想的，也不像很多人希望的那样已经死去。"的确，日后直至1871年的事件都将证明托克维尔正确地描绘了法兰西民族不稳定的性格；第三共和国将会建立一个较为自由的体制，不过它未能如托克维尔所愿，结束尔虞我诈，产生有德性的、富有男子气概的精神。而从那以后，他和他的著作逐渐淡出公众的视野和记忆；即使在今天，除非对其政治理念有深刻信念，很少有人会为了它的政治理念去阅读《旧制度》。它看上去更像是另一个时代的布道文。但这不正是宣传册的命运吗？[10]

困难正源于我们把历史和政治主题放在一起研究。我们一直提醒现代的大学生，在阅读历史的时候要避免"想当然"——也就是说，不能假设过去就和现在一模一样，或者是假设只有前人为后人开路的事情才是有趣的。由于托克维尔的任务是证明法国历史的连续性，他肯定发现这个错误不论如何都是难以避免的。

> 1789年，法国人用这个世界上任何人民都从来没有尝试过的最大努力，把自己的命运一分为二，把过去与将来分隔在一道鸿沟的两边……一直以来，我都认为，在这项极为独特的事业中，他们所取得的成就与外人所想象的和他们自己最初所想象的相比，要小许多。

因此，他尤为关注法国人没有显著变化的证据，而有心去找易于找到的理由。"随着这些研究的进展，我诧异地发现当时的法国，在每一个转折点上，都与我们自己的时代有许多相似之处。"* 除此之外，尝试将支持自由的政治宣传与讨论旧秩序的专著结合，也许会不可避免地滋生出历史错误。他笔下1789年以来的法国，这个革命的国度，几乎不能算是历史写作——而是一种元历史。将他需要证明的东西作为前提假设——托克维尔一如既往的作风。自由，民主，博爱：法国人真的曾像他所宣称的那样，在这三者之间有意识地选择吗？他们不喜欢内战带来的恐怖，巴黎的专制，外国人侵，饥饿与失业，并根据他们的喜好行动：但这些选择属于另一种类型。托克维尔提供给读者的，与其说是基于文档的分析，不如说是先知式的预言；如果我们要认真探究法国19世纪中期自由暂时失败的问题，我们最重要的就是去探究托克维尔及与他类似的人们。大贵族之间的敌对引发了多次毁灭性的政治争端（例如在路易–菲利普统治的最后几年里）。他们无意与自己这个魔法圈子，乃至自己的小团体以外的人分享权力；而摧毁了第二共和国，让路易·拿破仑上台的最大原因，不外乎精英们的愚蠢和自私。我们看到，托克维尔本人也难逃其咎。在一定程度上，很多读者都看出《旧制度》是一位失败者的怨恨之词（波拿巴派肯定看到了这一点）。[11]

托克维尔的主要论点是，集权这一自由政府的对立面，其实是旧制度的成就；因此可以说波旁家族为公共安全委员会还有波拿巴家族铺好了路（托克维尔的坏人名录中路易–菲利普已经不排在很高的位置了）。数个世纪以来，以巴黎为中心的政府不断损害和打压地方的自由，以及地方自由、独立和自治的能力。国王专制主义力量之大，不仅压抑了法国人对自由的热爱，而且摧毁了构成社会与政治秩序的所有那些制度和法律；所以当专制主义减弱时，国家就立刻崩溃，陷入革命状态；在有些方面，甚至王朝政府的活动都可以说是革命性的，极具破坏力。而尘埃落定之后，旧制度凤凰涅槃——这不能单纯算拿破仑·波拿巴一己之力所造成。法国人只适合这种政府。这就是最近苏蒂尔·哈扎里辛格所说的"托克维尔谜题"。哈扎里辛格力驳了托克维尔所论对19世纪晚期法国的有效性（不论是第二帝国还是第三共和国），指出最近的研究已经证明，1880年以前的地方公民生活富有活力和创造力，主要体现在村庄和村镇政治；农民政治化；市政理论与实践；经由宗教的政治社会化；结社活动；以及地方记忆和地方传统重构等等方面。

---

* 他本可举例刑罚政策从旧制度经过大革命进入到19世纪的延续性来说明这一点（见前文，第228–9页），但他没有这样做。

对于 18 世纪的状况，彼得·琼斯的结论是旧王朝的政府"更多是官僚化而非集权化的力量"；即便革命进展得如火如荼，法国乡下的市镇和村庄仍享有显著的自治。托克维尔所悲叹的那种僵硬的集权行政体系是雅各宾派和拿破仑创建的。也许可以说，托克维尔找错了旧制度的症结所在。它的问题不是专制主义而是效率低下。[12]

如果这个判断无误，那我们可以得出一个决定性的论断：也许《旧制度》已经过时了。不过，这个论断看似有失公允，甚至难以成立。出于某些原因，21 世纪的读者仍然关注着托克维尔的这本小书。其个中缘由，究竟为何呢？

总有某些东西让他的主题具有持久的吸引力。只要西方文明还在看重对于过去的研究（而且也鲜有迹象表明它将改变这种习惯），就会有人阅读和书写法国大革命，因为它具有戏剧性、复杂性，并且蕴含着道德和政治激情。它是历史上一个（或者一系列）最为重大的事件，只要人们对它持有这样的看法，就会有激烈的论辩。在这场论辩中，我们可以听到托克维尔的声音，虽然他的事实陈述有误，但他是一位极为聪明、信息灵通而且对大革命热切关注的观察者，所以他的观点自然重要。他认为大革命一直持续到了他所生活的年代。我们若是接受他这个观点，那实际上他也是大革命的参与者。他好像就是大革命的产物，是应该受到研究的对象。此外，19 世纪法国本身就值得研究，而要理解 19 世纪法国，就必须理解托克维尔，要理解托克维尔，就必须理解他全部著作，包括《旧制度》。这些应该都是不可否认的。

每本书都藏着一部自传。这句老话虽然被驳倒了，但我作为托克维尔的传记作家，不得不认为托克维尔本人的魅力是《旧制度》持久活力的奥秘所在。如果我们抛开学术规则，仅以一位伟大作者的文学作品来看《旧制度》，那我们就能看到教授们所反对的东西（我也是教授之一）本质上是什么：不过是些风景特征，这些特征激发起读者的兴趣和愉悦感，也能揭示出作者本人，他所有的弱点和强项。托克维尔用他写的每一样东西，扩大着我们对人类可能性的认识，延展着人类生活的意义。他以其思想和艺术天赋，还有富有激情的真诚做到了这一点。所以，只要不是有意颠倒是非（托克维尔从未如此），结论之准确与否的重要性有限。让我们试着用这样的角度来读一读《旧制度》吧。

托克维尔强烈希望自己的书获得成功：1855 年 11 月他给父亲写信道："我热切地想要写完我的巨作；我希望上帝允许我做到。"对于他来说，《旧制度》最主要是部政治学著作，是争取自由的一次搏击，所以他后来惊讶于英国的评论者并未

566

按照这个思路讨论这部著作——大不列颠又一次让他失望。他主要是想取悦一般读者：为此他没有添加任何档案性的脚注（时至今日仍让历史学家们恼火）；他参考了大量史料，但正文当中尽可能少地引用；他通常也有些语焉不详的地方，比如"一位总督"，"一位侯爵"等等。这就好像他更喜欢放空枪而不是上真枪实弹。学术上的考量必须摆在传道之后。[13]

他并没有推翻自己的研究果实：他引以为豪，乃至像罗伯特·甘尼特（Robert Gannett）所证明的那样，夸大了自己的成就。[14] 任何事情前人都有说过通常是条不错的论断。但托克维尔对旧秩序的档案研究，及他对研究成果的解释似乎确实是史无前例。* 如我们所见，在自己那充满探究精神的思想及其提出的问题的驱使下，得益于格朗麦宗在关键时刻的帮忙，托克维尔发现行政记录对于理解大革命前的法国还有大革命本身具有巨大价值。这固然是一项伟大的成就，但最重要的是自由事业。

567　　　读过托克维尔书信的读者，不会为托克维尔这样区分主次感到惊讶。自从政变以来，他就在对法国未来的希望与恐惧之间颤抖。所以可以理解，他夸大了路易·拿破仑的专制程度；他有一种可怕的感觉，即自己的观点受到孤立；但自由肯定会再次复兴吧？他出击了。

> 如果一个人的国家有正确运用自由所必要的德性，那还会不会有人，灵魂卑鄙到更愿意依靠别人（比如他自己）的一时兴起，而不是去遵循他曾协力创制的法律呢？我相信这种人定然是没有的。暴君们自己并不否认自由的好处；他们只不过想把自由完全据为己有。他们认为除了自己以外，没人有充分的资格享有自由。[15]

托克维尔时常讽刺地提起奥古斯都大帝（他也是一位叔叔的侄子），在这里他又用审查员无法反对的方法批判拿破仑三世。不过，要是放到拿破仑一世的时候，这样做也逃不过皇帝的法眼；毕竟拿破仑流放了斯塔尔夫人，让夏多布里昂噤声。在前言和结论中，他提出 1789 年法国人希望自由与平等，但为时势所迫，不得不两者择其一，并选择了平等。之后他们也一而再再而三地放弃自由。托克维尔尽

---

* 雷穆沙在 1856 年 8 月 1 日的《两个世界评论》发表的《旧制度》书评中谨慎地考究了这一点。

力要说服法国人不再做错误的选择：他说，唯有自由能够有效地与平均主义社会的恶习作斗争，在平均主义社会里，只有钱最要紧：

> 没有自由的民主社会，也许是富裕、文明、华丽的社会，倘若考虑到平民百姓起着的举足轻重的作用，甚至会是壮丽而强大的社会；也许存在私人美德、家庭好男人、诚实商人和令人尊敬的地主，甚至有教养的基督徒——其祖国不在尘世，其信仰的荣耀就是，在最坏政府统治下的最腐败社会中，培养有教养的基督徒——罗马帝国的没落时期，就充斥着如此这般的基督徒。但是，我胆敢断言，这种社会，绝对不可能产生伟大的公民，更不用说产生伟大的民族；我还胆敢断言，只要平等与专制结合在一起，人们的心智水准就会不断下降。[16]

第二帝国讲得够多了。托克维尔没有完全对自己的国人绝望："自大革命开始以来的很多场合，我们看到人们对自由丧失激情，然后激情又重生，再消亡，再重生；这样的生灭还会持续很长一段时间"，而对平等的追求永不会衰落。但法兰西民族的奇特竟胜于其历史进程。这个民族充满着自相矛盾，谁也说不准它接下来会怎么做：

> 它的性情桀骜不驯，有时却适应君主的专横甚至强暴的统治权，而不适应主要公民的正规自由的政府；今天它坚决反对逆来顺受，明天它又俯首帖耳，使那些最长于受人奴役的民族都望尘莫及；只要无人反抗，一根纱线就能牵着它走，一旦什么地方出现反抗的榜样，它就再也无法控制；总是使它的主人上当，主人不是过于怕它，就是不够怕它；它从未自由到决不会被奴役，也从未奴化到再无力量砸碎桎梏……

这也许是托克维尔所有著述中流传最久的一段描述（它出自令凯尔戈莱仰慕之至的那段话）。我们最好也是完全按照原文品读。但在当时，他写下这段话，是把这当作希望的迹象，是号召变革的呐喊。[17]

　　所有这些我们该如何阐释呢？也许我们首先应该指出，《旧制度》与《论美国的民主》之间，在思想和语言上，在细节和整体上有惊人的相似性，乃至同一性。

有时候，相似性几乎走到了自我抄袭的边缘："我承认，在研究旧社会的方方面面时，我从未完全忽视现在的新社会。"*托克维尔也很清楚前后两部著作的相似性，并在前言中提请读者注意。他在新作前言中指出，有必要重新审视他1835年在《论美国的民主》序言中所描述的法国和欧洲历史进程的图景。他声称自己20年来立场一贯，此言非虚。而我们知道，他一直都有神经质，自《论美国的民主》出版以来就不愿重读，乃至不愿做必要的修改。这一点更增加了他这种自我观感的惊异之处。[18]

569 　　托克维尔做了些改动值得注意。《论美国的民主》强调的是平等，而我们应该明确看到了，《旧制度》强调的是自由。这并不奇怪：1856年，对于丧失自由意味着什么，托克维尔已经有了漫长的经历。他并不确切解释它所说的自由是什么意思。与往常一样，他假定读者明白他在说什么，而事实上读者们确实知道（或者应该知道）：他指的是法治下的自由，《论美国的民主》、《回忆录》还有其他十多处论述中他早已有阐释和辩护。他仍旧认同精英统治，相信"先进公民"拥有超过常人的智慧。从其他档案中我们也能知道，他对普选不抱希望，相比之下民主独夫路易·拿破仑却发觉普选很好利用；他的意识形态从青年时代以来少有变化。就像在1835年和1840年，我们能看出他想要什么、为什么想要；我们也无需克制对他的赞同之心。

　　不过，还有一个尤为重要的差异。1835年，他的语调是明快的；民主正在前行，年轻的托克维尔并不害怕未来，也不特别迷恋过去。但到了《旧制度》，他的心境大有不同：

　　　　在未来的黑暗中，人们已经能够洞察三条非常明显的真理。第一条是，今天，举世之人都被一种无名的力量所驱使，人们可能控制或减缓它，但不能战胜它，它时而轻轻地，时而猛烈地推动人们去摧毁贵族制度；第二条是，世界上所有社会中，长期以来一直最难摆脱专制政府的社会，恰恰正是那些贵族制已不存在和不能再存在下去的社会；最后，第三条真理是，没有哪个地方，专制制度产生的后果比在上述社会中害处更大；因为专制制度比任何其他政体更助长这种社会所特有的种种弊端，这样就促使它们随着它们原来

---

*　OC II i 75；见 OC I i 12："我承认在美国我见到的不仅仅是美国；我也在那儿寻求民主本身的形象……"

的自然趋向，朝着那个方向发展下去。

从这一时期托克维尔的信件和谈话中我们也能找到这份担忧："丧失贵族制度实为不幸，而恢复却遥遥无期"，1854 年他如是向纳索·西尼尔说道。这份担忧贯穿《旧制度》始终。在《论美国的民主》中，虽然他用大篇幅讨论了"贵族制"，但还没有如此悲观地看待贵族没落的后果。* 但是到了 1856 年，托克维尔先生对民主不再抱乐观期望，陷入了怀旧之中。[19]

他怀念的究竟是什么？"丧失贵族制度"是什么意思？这些问题要在多个不 570 同层面回答，直指整个事情的核心。

1856 年，贵族阶级早已从丧失特权、流亡还有恐怖统治等一系列人口、经济的冲击中恢复。托克维尔自己的事业就说明，贵族在政治、商业、思想社会和生活中拥有显著地位。很难说他是在惋惜封建特权（他在《旧制度》中予以了无情谴责）、1787 年显贵院（chamber of notables），还是 1848 年废除的贵族院。的确，因为自身的愚蠢（还有查理十世的软弱），正统派于 1830 年在国内丧失了政治实力，但托克维尔十分了解他们在乡下保留了很大的影响力（他自己也是如此），而且怎么说也并非所有贵族都是正统派（他自己又是一个例子）。更进一步来说，如果用"贵族制"一词来表示富裕的、受过良好教育、有良好出身的人运作的政府，而抛开有关贵族身份的陈规旧则，那么，托克维尔那个时代以后的很长一段时间里，法国仍然完全受这样一群精英掌控（甚至今天也可以这么说）。最为可能的，他说的应该是原原本本的旧制度，说的是 17 世纪以前的一段时期。这是因为他常常称打破贵族权力的是黎塞留和路易十四。对于投石党人还有宗教战争时候的贵族，实在难以看出有什么值得感怀的地方。

就像《旧制度》的其他许多方面，托克维尔所制造的谜题当追溯到《论美国的民主》。他不是曾在序言中说："当王权受贵族支持，和平地统治欧洲人民的时候，社会，虽身处种种不幸当中，却享受着今日难以想象或者评价的多种幸福"？他也记得孟德斯鸠。后者在《论法的精神》里强调了"中间团体"对于建立一个真正的君主制国家所具有的重要性：他脑海里有的主要是法国的高等法院（它生来就是其点缀），但还包括一般贵族以及神职人员。他们的职能是保护法律与自

---

* 见前文，第 349–51 页。

由，而若是没有了法律与自由，君主制便沦为区区的独夫政体："没有君主就没有贵族；没有贵族就没有君主。"读者也许还记得，托克维尔年轻时一度希望复辟政权的贵族院（chamber of peers）会成为这样一个中间团体，并且对上议院有颇为理想化的见解。*他伟大的先祖马勒塞布，1770 年时曾用孟德斯鸠的语言向路易十五进谏：他说道，法国人不是奴隶，但如今所有的中间团体或无力或废除，唯一还能建言的只剩下这个民族本身了。†托克维尔的外公、人称"总统"的罗桑博，与马勒塞布一样，将高等法院誉为抵御王室暴政的前锋。托克维尔完全延续了母亲家族的写作传统（托克维尔家族的军功贵族传统，我们看到是有些许不同的）。不过，托克维尔写作《旧制度》的首要意图是支持自由，反对第二帝国；18世纪的争论一方面一直在波旁王朝仔细寻找专制主义迹象，另一方面又拥护高等法院，皆是可资托克维尔借鉴的资源。他没有像历史学家应该的那样严格测试自己的假设。即便他知道、甚至曾称路易是一位推动改革的国王，把拿破仑三世比作可怜的路易十六实在太过便利（"那位善良而不幸的君主"）。[20] 再者，他的改革只是让事情愈发糟糕。

托克维尔出于类似的考量，在第二卷中对集权化展开了猛攻。这是一个古老的主题：1789 年它便是议题，后来正统派很希望拿它抱怨，在《论美国的民主》里它又位置突出。但在《旧制度》中，托克维尔用雄辩而强有力的语言对这个议题做了了结，令后人没有了拓展的余地。我们难以质疑他那激情与真诚，但我们也已看到，他的论述并非从学理出发。它是政治论述。就如同评价高等法院，他并不真正在意准确性和公平性。1853 年，梯也尔在给纳索·西尼尔讲了一通内务部如何时常将纳税人从地方政府的蠢事中拯救出来的趣事后，用法国不是一个岛屿来解释英国地方主义和法国集权主义的差异："我们的邻国虎视眈眈。行军三日即可从边界抵达巴黎。我们一直处在受到攻击的威胁之下，而为了维持我们的相对地位，时常不得不发起攻势。我们因此一直都需要有一位主人，他的影响力必须辐射全国，他的命令必须能立即传达到最为偏远的地区。"托克维尔没有屈尊回应这样的理论。‡他对集权的敌视之深，以至于否认王国政府有什么理论依据，更

---

* 见前文，第 82，243-4 页。

† 《旧制度》中托克维尔没有提到马勒塞布，但他在 1836 年讨论旧制度的文章中引用过这句话：参见 OC II ii 63-4。

‡ 见前文，第 455 页。

不用说为之倾心了。他不认可任何一位国王。在他看来，从美男腓力到路易十五
的历代法王，无不致力于拓展王权；他们这样做除了出于自私，显然别无理由。 572
他从不赞扬国王或者大臣，说他们有政治才能、爱国主义、审慎、远见或者常识。
他也没有留出空间谈论他们曾不得不面对的危机，诸如外国入侵、饥荒、起义或
者内战。到最后，托克维尔无法按下导致旧秩序出现最终危机的赤字和破产不
提（不过只是顺带提及），但有一个似乎很明白的点，他根本没有考虑到——法国
争取世界霸权的野心使旧制度致命地耗竭，它的重要性至少不亚于其他因素：舒
瓦瑟尔重建了海军，韦尔热纳（Vergennes）使这个国家陷入美国独立战争，路易
十六为在瑟堡建造海军基地投了一笔钱（几乎就像字面意思那样投了下去），而这
些政策无不受到欢迎。*托克维尔没有说到40位国王为缔造法国有什么功劳。只有
路易十六因为他的改革热情而评价尚可。[21]压根没有路易·拿破仑可以利用的余地。
从部分角度来讲，"托克维尔谜题"是对波拿巴专制的回应。托克维尔希望聚集起
抵抗力量，为之后接替的政权做准备（他认为路易·拿破仑的位置坐不长）。从史
学角度看，他的态度难以说站得住脚；但他毕生的政治经历为此提供了最为坚强
的基础。

在他那个时代，相信这个谜题的不仅是他一人。这个谜题甚至不是他一手制
造的。与别人不同的是他特别虔信于此，因为作为历史学家、政治作家，他终究
只有一个主题。《论美国的民主》开篇，他宣布主题是平等的进展。但其实主题应
该是贵族的衰落。他会为此感到担忧不足为奇：很多活跃于政坛的贵族朋友也为
此忧心，它甚至也许可以说也让他们的对手担忧，原因不外乎他们想要确保自己
的胜利果实。托克维尔的担忧略带执着，很能反映他的性格；只要决定做一件事，
他就会富有热情而且坚定不移地做下去。那么，"旧制度"似乎注定是他的主题，
这种惯性之大，让我们不得不推测，他逐渐从拿破仑转向大革命，从大革命转向
18世纪，不仅仅是受弗朗索瓦·弗雷所说的"所有史学作品所具有的内在逻辑， 573
即追根溯源"[22]以及研究的各种事件推动，而且还受到他一开始并没有意识到的
某种深刻冲动所驱使。他属于被击败的阶层，对于失败他无法忘却或释怀。他渴
望拿回自己与生俱来的权利，凭此，他应当在法国政府内据有一席之地。他几乎

---

* 乔治·勒费弗尔在为《旧制度》写的序言中温和地反驳了托克维尔。他评价道，对于一位历史学家和社会
学家来说，"没有充分考虑法国人的战争经历是一个令人惊讶的缺憾"（OC II i 30）。

不曾把平等当作一项原则；他从平等中看到的只有人相互嫉妒的天性，早在 1850 年便向西尼尔说道："没人应比自己更幸福，便是人人所希望的。"1789 年革命摧毁了特权体制：

> 但它无法摧毁礼节基础上的社会区分。它无法让资产阶级觉得自己与贵族可以平起平坐。它无法夺取贵族更高尚的举止，贵族的自信，贵族出身所赢得的尊重，还有贵族地位带来的其他许多好处。这些东西让资产阶级嫉妒不已……大多数法国人当然都是出身低微而贫穷之辈，他们所争取的平等即摧毁出身和财富的好处。[23]

法国大革命的意义很多，但显而易见托克维尔对它感兴趣主要是（有时候甚至完全是）因为这场震动打破了旧贵族制度，以一个新的统治精英取而代之。托克维尔的家族在这个新世界有坚固的地位，他则做得更为出色；他的理智与良心告诉他，民主在大多数方面都比贵族制进步；但他永远难以平复对已经丧失的东西的那种心痛之情。

如果我们回忆对比一下《论美国的民主》，托克维尔对西尼尔说的看法体现出他的思想正不幸变得狭隘和贫瘠。《旧制度》中我们也能感受到他所谓的民众挑战贵族根本原因在于嫉妒；但他渴望过去，渴望本可能出现的事物，这不仅体现在该书的结构和论述本身，而且还有一些细节可以予以揭示。比如，回想法国各个等级相安无事的时代就是他的一个定式。他声称，各个等级相互合作管理这个国家，抵制王权侵犯：

574　　　奥弗涅省的情况就是这样，三个等级共同制订出最重要的措施，并由三个等级中均等选出的特派员监督实行。同一时期，在香槟省也有同样景象。14 世纪初，在大量城市中贵族与资本家为了保卫国民自由和各省特权，反对王权的侵害而联合起来，这一著名的运动是大家所熟悉的。在那个时期，我们的历史中有许多这类插曲，就像是从英国历史中抽出来的一样。在以后的世纪中，这样的景象再也见不到了。[24]

黄金时代总是在过去，但托克维尔竟有幸能够给出一个具体时间：这是科学历史学从未能做到的。同样，乌托邦往往是难以捉摸的，但托克维尔竟在海峡对岸发现了。方才引用的这段话在暗示英国，他这样说并非偶然。就在这段话之前，托克维尔提出在英国这个国家，封建贵族制度演变成为真正的贵族制度，而没有沦为一个自私自利的等级，至今仍进行着统治。"那里的贵族与平民在事业上相互合作，进入相同的职业，更为重要的则是相互联姻。即便是大贵族的女儿，也能不避羞赧地嫁给新兴家族的男子……"[25] 我们应该熟悉他对英国的归纳：20 年前他到英国时就是这个感受，现在他也无意改观。

也许，虚构和一厢情愿混杂在一起，写出来的注定是一部糟糕的历史作品。但《旧制度》的超凡之处就在于它并不是一部失败的作品。其中缘由，也许在于托克维尔毕生的思想和政治事业，都在努力接受大革命的成就，并是在此基础上发展而来；而他太过聪明，思想上太过诚实，使他的偏见显得不那么可恶。也许可以说，他对法国所发生过的事情抱有仇恨，而这仇恨赋予了他解释法国历史的框架。他可以越过大革命的深渊，论证 18 和 19 世纪法国历史本质上具有连续性，因为在他看来断裂发生的时间还要早，发生在波旁王朝削弱贵族权力，摧毁地方自由的时候。这使他得以找出陈年旧账，去分析旧秩序，从而证明大革命是不可避免的。就如我已经评价的那样，他讲述的历史并不完整，但它内容广泛、论述有力、能说服读者：一位伟大的历史学家的神来之笔。

他笔下旧秩序的农民阶级备受赞赏，而这很大程度上得益于他在科唐坦有做 575 地主和政治家的经历。他还曾在一次人口普查表上戏称自己是"作家兼农民"，但可不只是在开玩笑。他是诺曼底农民们的邻居、地主和（多年的）议员，对他们有亲密的了解。他知道他们关心什么，但从未与他们打成一片。他是他们的朋友，但评价他们时丝毫不带感情，措辞尖锐。因此，他一看到旧制度所记录的这些农民（或者应该说是他们的祖先），就一下子认了出来，能够用颇有说服力的话把他们写到书中。他谈了他们的希望和困难，要传达给读者旧秩序究竟哪里出了问题，这是非常好的办法：在例举了贵族和法律压迫在农民头上沉重的封建税费之后，他继续说道：

> 请你们想象一下 18 世纪的法国农民，或者想象一下你们熟悉的农民，因为法国农民始终如一：他的地位变了，但性格未变。看一看我引用的文件所刻画的农民吧，他酷爱土地，用全部积蓄购买土地，而且不惜任何代价。为

了得到土地，首先他得付税，不过不是付给政府，而是付给邻近的地主，这些人和他一样与政府毫不相干，差不多和他一样无权无势。他终于有了一块土地；他把心和种子一起埋进地里。在这广阔的田地里，这一小块地是属于他本人的，对此他心中充满自豪与独立感。可是那同一帮邻人跳了出来，把他从地里拉走，强迫他无偿为他们在别处干活。他想保卫自己的种子不受他们的猎物的践踏，可是那帮人阻止他这样做。他们守候在河流渡口，向他勒索通行税。在市场上，他又碰上他们，必须向他们交钱以后才能出卖自己生产的粮食。回到家中，他打算把剩下的麦子自己食用，因为这是他亲手种植，亲眼看着长大的。可是他不得不到这帮人的磨坊里磨面，用这帮人的烤炉烘面包。他那小块土地上的部分收入成了交给这帮人的租金，而这些租金不能赎取，也不受时效约束。[26]

伟大的历史学家一般不会只记录或者解释过去；他们唤醒过去，唤醒他们的读者。这段话体现出托克维尔胜任这一挑战；他的书也能与最近相同主题的优秀研究媲美。就举一个例子（不是完全随机的举例）：威廉·多伊尔的《牛津法国大革命史》以这样一章开篇，"路易十六朝的法国"，几乎与《旧制度》涵盖的内容相同。《旧制度》的读者看到这部新作会立即觉得很亲切，这本身就能说明托克维尔的成功。不过，两个文本之间有巨大的差异，而第一眼看，似乎多伊尔教授更有道理。他所描绘的旧秩序，在各个方面都比托克维尔更为丰满、细致、微妙；他笔下的旧秩序从整体来看甚至更为可憎。更令人印象深刻的是，每段话背后都有深厚的学识。多伊尔汲取了一个半世纪的研究之长，也加入了自己的思考。另外，现在的历史学家在做这样一个题目的时候，他们的预设前提已经发生了不可逆转的改变。多伊尔在那章先描述了地理，又做了经济分析。现代的学者几乎不会想到采取其他的进路。有些人也许从中看出卡尔·马克思历史唯物主义的长期影响，但费尔南·布罗代尔和他的年鉴学派大概比这影响还大得多。40页篇幅发挥空间有限，但就在40页里多伊尔用托克维尔不能企及的方式，几乎写出了一部整体史：在托克维尔的时代，很多研究工作根本还没展开，理论也尚待深化；他本人是这两个方面的先驱人物。对于需要阅读最新史学研究成果的人（尤其是要考试的学生们），毋庸置疑，读多伊尔是最合适的。

不过，托克维尔和多伊尔可以说是相互补充。两人都非常清楚，要讲述旧制度，农民一定占有绝对核心的重要性（他们构成了法国人口的 80%）。两人都了解多数农民生活困窘，不过托克维尔的特点是将其主要归咎于糟糕的法律与习俗，而多伊尔则从人口快速增长，超过了现有资源承载能力出发，陈列了范围更广的各种因素。两人描述的都是一个处在崩溃边缘的农村社会。多伊尔写得更具科学性，但能激起读者关心的是托克维尔。[27]

他尤善讲述政府和特权阶层不公正地压迫无特权阶层所采用的各种方法：

> 我手中有很多 1769 年在大量教区中举行抽签的记录；每个教区免征者的情况都列在上面：这一个是贵族家的仆人；那一个是修道院的守卫；第三个实际上只是资本家的奴仆，不过这个资本家"过着贵族式的生活"（lives nobly）*。唯有富裕者可以免征；当一个种田人年年被列入最高纳税者行列时，他的子弟便享有特权，免征入伍：此即所谓鼓励农业。经济学家们†在其他方面最好鼓吹平等，对此却无动于衷；他们只是要求将这种做法推而广之，就是说，加重最贫困、最无人庇护的农民身上的负担。其中一位经济学家说道："士兵的微薄军饷，士兵吃穿住的方式，士兵彻底的依附性，除了下层百姓外，对其他人来说，都过于严酷，无法承受。"

577

托克维尔竭力罗列旧制度下农民所受的种种困扰，这样就完全能够理解他们为什么到最后揭竿而起了。不过，我们不得不承认，在讲到 1789 年实际发生的起义，他却改变了曲调。他谴责当时的农民愚蠢、妒忌而且记仇。[28]

不过，读了这样一段文字，我们不禁感到心中升起一股革命者的气概；托克维尔把自己当作是农村的声音；阅读托克维尔，我们很容易就接近 1789 年的革命心态。我们就能理解大恐慌的成因，它并不在于强盗和贵族阴谋的传闻，而在于当时出现了一个必须抓住的机会：抓住了这个机会，就能打破托克维尔如此用心地描述的、让人无法忍受的社会压迫体系。托克维尔把握住了我们的情感，多伊尔则不然。

类似观点也适用于《旧制度》其他文段。归结起来，《旧制度》是一部活生生

---

* 艺术用语，用来指某人足够富有（不管他其他方面的欠缺）而追求加入贵族阶级。
† 也就是今天我们所说的重农学派；托克维尔常常批判重农学派的经济学家。

的历史。托克维尔的文字毫不拖泥带水，精准地展现了法国政府这个庞大的机器（此时他开始使用"官僚制"一词）*为了不断寻求收入，不断加深社会最贫困人口的负担，但却未能有大的建树：法国人陷入奴役，但没人因此获益。他的论证在托克维尔大多数著述中显得十分特别，除了研究、文学天赋还有在农村居住以外，似乎还需要其他解释。也许我们可以回想一下，托克维尔曾经去过西西里和爱尔兰：他也许还记得 1833 年威尔特郡农村的贫困状况。不论究竟是何原因，这是他唯一一次从弱势者而不是"文明阶级"的角度写作。

578

　　他对旧秩序的社会剖析有许多缺陷。他差不多完全忽略了农村的穷人，蜂起的乞丐还有无地的劳动者。尽管他关心宗教，也坚称大革命是一次类似于宗教改革的准宗教运动，但他很少讨论第一等级——教会。但是，教会是旧制度的一部分，在大革命中也是一项议题，它的重要性再怎么说也不为过：可他只讲到教会用封建税费压迫农民，别无他论。对于大革命中起巨大作用的手工业者阶级还有中产阶级，他都讲述甚少（这反映了他性格中令人颇为不快的方面，即他蔑视资产阶级）。奇怪的是，他对贵族的描述逊于 1836 年那篇文章。贵族是除了农民以外，托克维尔唯一真正了解的那类法国人。也许是他太清楚了，根本没有想到有必要去研究（他似乎没有用到可供查阅的家族档案——托克维尔、罗桑博和夏多布里昂家族的文书）。多处概括有草率之嫌：例如，他断定贵族整体上变穷了。[29]他对贵族费的笔墨不少，但整体效果平平，令人惊奇：他们不像他厌恶的总督（*intandants*）那样活灵活现。[30]

　　有这些缺陷不无遗憾，但考虑到《旧制度》是一部开拓性的著作，多少也就情有可原了。他的宏伟设计取得成功，比它的缺陷要重要得多。他在第二卷可谓建立起了他自己的一套描述体系，用他清晰的文笔、雄辩的论述和丰富的学识，展现了旧制度在各方面的压迫与落后。到了第三卷他旋即从探究革命的根本原因，转向其时机，转向确定了其爆发时间、地点及其特性的情境与事件。[31]第三卷前

579 7 章里他例举了这些次要原因：那些政治经验不足的法国启蒙运动思想家的影响；国家繁荣以及王国政府不断掺和法国的法律和行政事务造成了没有预见的后果，等等。这样罗列一番无需费多少力气，评价它们相对的重要性（至少是让作者满意）也非难事。但托克维尔的过人之处，就在于他让这些因素有机结合，于是读

---

* AT to Hubert de Tocqueville, Compègne, 25 March [1855], OC XIV 308；OC II i 216.

者便能够体会到公民们的无助与彷徨，明白这种感受最终在 1788 年使得大革命不可避免——因为一个正在垮台的政府，需要有另一个政府去接替。托克维尔一而再再而三地强调了一个主题，即没有政治自由的经验，甚至说根本没有政治经验的法国人，不具备避免灾难所需的知识或者审慎。这里他用上了自己的政治经历，但有趣的是我们看到，他所罗列的法国人缺少哪些必要的政治制度中，竟然有良好引导、组织有序的政治党派。[32] 他的个人经历也体现在他概括全书论点的第八章。在这一章里他强调了旧制度对于理解大革命和 19 世纪法国都至关重要，勾勒了这个国家在 1789 年以后的历史。他给出了悲哀的结论：

> 实际上，旧制度已拥有晚近时代的整套规章制度，它们丝毫不敌视平等，在新社会中很容易就能确立，然而却为专制制度提供特殊方便。人们在所有其他制度的废墟中发掘它们，并且将它们重新建立。这些制度以前曾造成那些使人们分化屈服的习惯、情欲和思想；人们将它们复述，并求助于它们。人们在废墟中抓回中央集权制并将它恢复；在它重新建立的同时，过去限制它的一切障碍并未复苏，因此，从刚刚推翻王权的民族的腹部深处，突然产生出一个比我们列王所执掌的政权更庞大、更完备、更专制的政权……统治者垮台了，但是他的事业中最本质的东西仍然未倒；他的政府死亡了，他的行政机构却继续活着，从那以后人们多少次想打倒专制政府，但都仅仅限于将自由的头颅安放在一个受奴役的躯体上。[33]

但托克维尔并不那么绝望：他对法国国民性的宏论我已有引用，在这宏论中他明 580 明白白地警告了拿破仑三世，切莫以为法国人民的服从是理所当然；而在书中另一处，他赞扬了自由，赞扬了自由的道德和实践价值。他用的语言雄辩有力，表明他没有对自己的信念感到绝望：只是为了物质利益而看重自由的人，是不可能长久保持自由的，他说。

> 多少世代中，有些人的心一直紧紧依恋着自由，使他们依恋的是自由的诱惑力、自由本身的魅力，与自由的物质利益无关；这就是在上帝和法律的唯一统治下，能无拘无束地言论、行动、呼吸的快乐。谁在自由中寻求自由本身以外的其他东西，谁就只配受奴役。[34]

在这样的时刻，托克维尔向所有世代说道。

但他作为历史学家，传达的信息其实更加复杂。上面引用的这段话，书的最后一章，还有书的开篇无不是概括着这些信息。1789 年，法国人打算与过去一刀两断，全凭他们觉得正确和理性的东西来建立一个新的国家与社会。托克维尔想要告诉读者，他们没有成功，因为这是不可能实现的幻梦。邻近结尾读者就能突出感受到这一点。值得托克维尔高兴的是，他的论说很有说服力。不过他的任务还没有完成：接下去他必须研究大革命和拿破仑，探究一下旧秩序如何复活，以及同时渴望平等与自由的法国人民如何塑造了新的社会。他结尾的几句话表明他对此很清楚：

> 至此，我已抵达这场值得纪念的革命的门槛；这次我并不想走进去：也许不久我能这样做。那时，我将不再研究这场革命的原因，我将考察革命本身，最后，我将大胆评判大革命所产生的社会。[35]

这些话无疑出自一位对自己的才干和思想运用自如的人。

581   可待他到了巴黎，他却发现要做的事情还有很多。首先他得找到出版商。安培的朋友，一位叫做路易·德·罗梅尼（Loménie）* 的同事帮助了托克维尔。他把托克维尔介绍给米歇尔·列维，一位在第二帝国时期颇受自由主义者光顾的出版商（安培也曾在他这边出书）。2 月 16 日托克维尔签了合同，[36] 随即就开始担心书的标题了。安培建议的题目叫做《大革命的原因》。这个题目可以直白地推出托克维尔的主旨，也有启下的作用，暗示他还会再写续篇，讲述大革命的经过及其后果。托克维尔则提议用《大革命》冠名整个写作计划，安培喜欢这个主意，赞许地评价道，"您将书写大革命的哲理性历史"。列维希望这本书叫做《法国大革命》，托克维尔对此持有保留的赞同：这样一个标题既不确切，也不能说新颖，但它也同样简短而朴实。博蒙提不出更好的方案，但目前一直与托克维尔通信、讨

---

* 路易·德·罗梅尼（Louis de Loménie，1815—1878）与罗梅尼·德·布里耶那（de Brienne）有亲戚关系。后者是旧制度最后几位大臣之一，与雷卡米耶夫人的一个侄孙女结婚。他是安培在法兰西学院的继承者，专研 18 世纪，为博马舍和米拉波作了传记。安培肯定曾推荐亚历克西去找他。1859 年，他在《两个世界评论》中发表了献给托克维尔的讣告悼词，也许是诸多悼词中最好的一篇。

论该书英语译本的里夫认为，标题应该更明确地说明这本书究竟讲什么内容——"大革命的起源"。想个题目确实不简单。托克维尔从未打算出一本专门研究旧制度的书，而我们也已看到，托克维尔所构思和出版的第一卷，读起来似乎不像是这本书的开篇。但必须要面对的现实是：托克维尔不仅写了一部讨论旧制度，及旧制度如何催生革命的书，而且用的还是异常新颖的方式：此即它有趣而出众的地方。所以有人（会不会是 2 月末回到巴黎的玛丽？）提议取名为《旧制度与法国大革命》。出版商喜欢这个标题，米涅也是（他本人同是大革命历史学家），但博蒙和里韦不喜欢。托克维尔本还会再犹豫许久，但在此期间，列维竟先用新标题做了推广*，托克维尔只好接受这个既成事实，更何况这个题目确实道明了此书的两大关注。这一个月的大多数时间都在讨论中度过了。[37]

托克维尔很早就把手稿交给了列维，但列维的印刷工很快反映其字迹太难辨认。所以就需要重新誊抄一遍，我们不清楚是谁抄的（大概又是玛丽），而在誊抄的同时，托克维尔重写了第二卷的第十章（"政治自由的毁灭与各阶级的分离如何导致了几乎所有使旧制度灭亡的弊病"）。他也开始增加脚注。

做附录不是他的强项，从《监狱制度》开始的大大小小的附录，都费了他不少功夫。但这次他的笔跟上了他的思维。在《全集》中，《旧制度》的正文占到了162 页篇幅，有关朗格多克政府（选民区的一个例子）的附录有 5 页；注释（用的是明显较小的字号）56 页。唯一比较长的是第二卷（91 页），要是没有注释它会失色不少。所以，注释确实是此书不可缺少的部分，要正确地评价这本书，也就必须将注释考虑在内。每个注释都分量充实，有些甚至是较长的论文（比如朗格多克的附录，还有对贵族陈情书的分析）。

毫无疑问，若是做更好的计划，或者全面的修订，尾注中的这些材料很多都能写入正文；但即使托克维尔现在发觉自己对各个章节删节过度，他也不愿意重写了，这可以理解，毕竟还要考虑到跟列维签的合同。而且不论怎么说，许多注脚过于庞大，不利于放入正文。不过这些都不是问题。托克维尔不是在写教科书；尾注是用来进一步表达作者的思想和品位的，它们也以此增加了此书的魅力。

---

* 在某个时间"法国"一词消失了。也许是托克维尔将之删去，因为他一直都认为大革命是全欧洲的现象，就像其摧毁的旧秩序也不是法国独有一样。

前言就是另一回事了。印刷刚一开始，托克维尔就交给罗梅尼一批勘误。罗梅尼讽刺地批评道：托克维尔讲述的旧秩序和大革命中有关自由的东西太少。

583

> ……有人读了此书也许会觉得，他为大革命中的自由精神赋予的意义很低，即便他肯定熟悉 1791 年那部直接表达了 1789 年精神的宪法。1791 年宪法不仅是高度民主主义的，也极富自由主义，甚至是过于自由主义。比如，它过度削弱了行政权，断然打破了集权化这一已经十分古老的习惯，而恰恰是托克维尔最先发觉集权化的过程，做了非常精彩的描述。

托克维尔豪爽地接受了批评。他说自己将在下一部书里讨论"1789 年精神"，但罗梅尼反驳道（"唉，他的计划应该不会准确实现"），这只有下一部书作面世才知道；至于现在，托克维尔相对少地谈论自由，也许会造成误解——尤其是他说了这么多关于平等的东西。他至少应该在前言里写点他未来的写作计划；确实，热心关注托克维尔写作的罗梅尼说，现在这篇前言太短、太枯燥："虽说很多人从来不读序言，但对于像这样一部非常严肃的著作，同样有很多人是只读序言的。"虽然这些评价让托克维尔很是失落，但在道别罗梅尼之后，他决定按照他的评价，重写前言及结论；所以，今天我们能看到《旧制度》最为雄辩的几页，罗梅尼功不可没。新写的几页在罗梅尼看来非常精彩，但更令他印象深刻的是这位朋友的谦虚与真诚。[38]

托克维尔抵达巴黎的三周以后，行将正式停止克里米亚战争的大会在巴黎召开。他对此无甚关注。他相信路易·拿破仑以后还会发动战争，他做的一个评论则不时尖锐地提醒我们，他仍然是一位 19 世纪的法国民族主义者：他认为，此次俄国不论接受了什么样的条件，都只是被羞辱了而已，不会丧失元气，故而仍旧是一大危险；"我确信打第三次战役可以让她这个国家大伤元气。"不过真正让他担心的是他自己的战役。纳索·西尼尔 5 月 7 日到达巴黎，10 天后他抱怨称见不到托克维尔的踪影；不过他们在 17 日共进晚餐。"托克维尔满脑子想的都是他那本书，差不多还有一个星期就要出版了。*他白天晚上全用在勘误和写注释。一开始他以为注释不重要，但却篇幅渐长，也更为重要了。"那天春天，他心神不定。

584

---

* 最终书的出版其实要到 1 个月以后。

离开诺曼底前，他跟斯威特切尼夫人说，他与大多数同时代的人格格不入，这也许会影响到书的前景，"因为长年的经验告诉我，一本书的成功更多地取决于读者带到书中去的想法，而不是作者所表达的思想"。到巴黎后他异常想念玛丽，加之出书的焦虑感，让他度过了好几个难眠之夜："失眠时我脑子里全是忧郁的想法，我多么想你在身边宽慰我……我告诉自己，书中的理念根本无法取悦任何人；正统派只能从中读到一幅十分冷酷的旧制度和王朝政府的图景；让科尔塞勒那样虔诚的信徒来读，这本书又对教会缺乏同情；而我所描述的大革命也不会讨革命者喜欢。"检查让他纠结；但他给博蒙和罗梅尼各寄去了一捆稿子。博蒙和克莱芒蒂娜总是很愉悦地阅读，托克维尔的心情因此有所提振。但博蒙的支持还不仅如此。在托克维尔的请求下，他写了一篇赞扬《旧制度》的文章（作为预热）。托克维尔在审读后（"您的文章实有因友谊而谬赞之辞"），在《辩论报》上以编辑的署名发表。[39]

6月已至，离出版的日子越来越近。此时突然传来噩耗：克莱鲁瓦的埃尔韦·德·托克维尔重病将逝。亚历克西立刻离开了巴黎。

第二十三章　退隐城堡（1856—1858）

我相信，人终生皆可自我完善。[*]

亚历克西·德·托克维尔，1856[1]

埃尔韦伯爵的体质在近些年不断恶化。他本就是一大把年纪，惹得全家惴惴不安，但他和全家人都没有想到，老伯爵竟会猝然长辞。他本打算最后去一次托克维尔的城堡，亚历克西不久前也给他写了一封记满行程的信，而且让他放心，他们由衷欢迎盖马尔凯夫人一同前来。亚历克西和玛丽6月8日赶到克莱鲁瓦，此时的老伯爵正回光返照，第二天早晨，他还兴高采烈地回顾自己儿时的场景（"他根本没有意识到自己的危险"），但一小时后便遽然离世。宗教仪式办在克莱鲁瓦，但他们将伯爵埋葬在巴黎的皮克布（Picpus）墓园，罗桑博那一块，就在他第一任妻子的坟边。这块墓地预留给恐怖统治受害者的家族（至少贵族受害者有份）。旁边是（现在还是）两个大坟丘，埋葬了许多被砍了头的人。[2]

　　丧父之痛沉重地打击了托克维尔，而路易·德·凯尔戈莱的父亲以及柴尔德夫人，这两位他挚爱的人，也几乎在同时去世，更加深了他的悲痛。一个多月他都没缓过神来。他决意尽早离开巴黎，"这个受诅咒的城市"。[3]他是个情深意厚的男子，亲友接连亡故给了他深深的打击。[†]他的信中洋溢着对父亲的哀悼和赞美；但就像勒叙厄尔修道院长去世时一样，他没什么特别的可说。实际上，他的哀悼几乎与对修道院长的哀悼一模一样。后人（至少传记作者）很难用托克维尔的话给埃尔韦写一个传记，甚至从一份信里也看不出什么名堂来，因为如此多的文档都遗失了：父亲寄给儿子的只有两封信保留了下来，美国之行后，儿子寄给父亲的

---

　*　原文为法文：Je crois qu'on peut se perfectionner toute sa vie. ——译者注

　†　事实上，过去几年，凯尔戈莱伯爵出于政治理由（具体原因不明）拒绝招待他。这使他对伯爵的悲伤之情更为复杂。但他毫无疑问是真切地关心路易（参见 AT to Louis, 22 March 1854, 16 June 1856, OC XIII ii 282-3, 297）。

信另有 20 来封，而且这些信的内容都不是最为有趣的那些主题：比如，1847 和 1850 年埃尔韦出版的两卷讲 18 世纪法国史的小书，就没有一封信提及。[4] 但亚历克西并无冲动去思考父亲漫长而多样的人生，或是去罗列他的成就。就像勒叙厄尔去世时那样，他能想到的只有自己的怀念、自己的丧父，追忆往事没法带来安慰。"不得不说，他和我亲爱的玛丽是唯一维系我生命的人，一想到现在只剩下一人，我的灵魂深处就不由得震颤起来。"在书信中，他一遍又一遍回忆埃尔韦对儿孙的溺爱。表面上看，考虑到托克维尔家族中每个人，至少在中年时期都是很值得尊敬的人物，他这样做令人惊奇。埃尔韦怎么溺爱了呢？也许是纵容他们拥有不同的政治见解。但亚历克西心中那个焦虑的孩子从未消失；父亲那充裕、不加批判的感情正是他所渴望的。情感上他难以接受父亲去世这件事，所以虽然他对宗教有所怀疑，但也只能向虔诚的天主教仪式寻求安慰。而且，与他通信的朋友们更为虔诚，也希望他能虔诚处之。

> 父亲生活中微小的行动、每天的每一分钟，无不能看出宗教的影子。我从未见过比他更虔诚的人……"您的父亲，"父亲的听忏牧师在他死前的那个晚上说道，"为了获得慰藉派人叫我；而我明白地知道，我过来是继续来受他熏陶的。"

托克维尔认为这断然能证明宗教的价值，但仍无法信仰天主教信条。唉，如果不是上帝插手，谁会去信呢？[5] 587

埃尔韦死前把自己的一切都安排得井井有条，所以亚历克西和玛丽很快就得以回到科唐坦继续平静的休养生活；但即便如此，他们的心情也未能立刻平复。"到了这里，我不是第一次意识到，我们所看到的任何地方，都带有自己的色彩，而不是其本然的模样。"他难以回到工作当中，但也不得不承认，虽然自己心情悲痛，对于他方才出版那部著作的命运，他是忍不住要关注的。事实上，他对此书的关心甚至逐渐让他找回了平衡。[6]

《旧制度》在埃尔韦去世一周后的 6 月 16 日面世。为了表示对父亲的哀悼，托克维尔本会推迟出版。不过既然他已经将书稿卖给了出版商，那就不再是他的财产了；所以他对此无可奈何。他不得不享受这本书堪比（如果说不是超越了）《论美国的民主》的惊人成功。[7]

朋友和同僚们的信从四面八方涌来：博蒙、凯尔戈莱、斯威特切尼·基佐夫人、米涅、弗雷斯隆、迪韦吉耶·德·奥拉那。报界还没来得及跟进，但该书的出版已是广为流传，6月到9月不断有书评发表。亨利·里夫和吕西·杜夫·戈登的英译版几乎和法语原版同步出版，颇受好评。托克维尔和博蒙都订阅的《汇报》(*Allgemeine Zeitung*)* 也收录了一篇书评。对此托克维尔颇不领情地称它是"絮絮叨叨、非常忠于原文的分析"。但依靠这篇书评，消息也最终传到了莱茵河对岸。最提振作者士气的是销售量。《旧制度》初印2200本；列维是比戈瑟兰大胆得多的这样一位出版商，因为戈瑟兰印的初版《论美国的民主》只有500本。列维的大胆得到了肯定：第一版在7月末销售一空，第二版将在来年春天上市。托克维尔向凯尔戈莱写道："从销售上讲，这本书远远比《论美国的民主》来得成功。因为《民主》的前三版也没有这本的第一版卖得多。"[8] 第三版也迅速售罄。"列维高兴得不能自已，我也是喜出望外。如此畅销度为我带来了一笔可观的稿酬，每一分钱我都用在这里的地产上。"他问博蒙："你什么时候过来，看看我的思想是怎样变成一座花园，许多片花坛和草地的？"[9]

托克维尔用尊严和理智看待自己的成功和各种书评（即便是批判他的）。首先，他非常坚定不移地相信，自己与这个时代相左，第二帝国下的法兰西贪恋钱财、轻浮不端而无药可救，这个国家是荣是辱，都是可以大打折扣的。他向斯威特切尼夫人坦陈，好评的乐趣很快就消失，而哪怕一点点批评都会让他难过好一阵子；不过他只屈尊回应了其中一个样本。莱昂·普雷（Léon Plée）在《世纪报》（现在是主要的共和派报纸，主编是托克维尔的老对手莱奥诺尔·阿文）中赞赏了托克维尔对旧秩序的尖锐批判，但攻击了他对大革命的看法。"托克维尔先生既不是大革命的朋友，也不称颂其推动者，不赞赏它的业绩；他甚至对于被迫革命的大众没有丝毫同情之心。"我们不难体会这篇文章让托克维尔感到的刺痛。他向书评者写了一封私信以示抗议：

> 先生，您怎能做出如此的评价，质疑我对普通民众的同情呢？我的著作有一大部分正是在写他们曾经蒙受的具体压迫，他们悲惨的生活，以及王国

---

* 没有真正读过托克维尔—博蒙通信的人，便不可能想象得出，这两位朋友为了订阅刊有书评的杂志，并确保它们能送到，需要花费多少时间和笔墨。这令人不禁要感谢电话的发明。

政府和上层阶级向他们灌输的邪恶的教育如何导致了他们的暴力行为，而且用的是更新、更真实、也更生动的视角。

另有一篇评论也让他愤慨。在他看来，从那篇评论可以看出其作者拉马丁根本没有读过《旧制度》，因为这位诗人批评此书没有说的东西，书中正是有的。托克维尔称拉马丁为忘恩负义之人，"因为我大概是法兰西学院里唯一还跟他握手的人"[10]。

托克维尔懊恼的原因不难看出：拉马丁批评他把大革命呈现为一个事故，但只要仔细读过《旧制度》，就不会犯这样的错误。他那篇书评里还有其他错误。不过到 1857 年 5 月的时候，他肯定已经通读了全书，所以可以清晰而又滔滔不绝地跟纳索·西尼尔聊这本书。尽管托克维尔仍旧反对他的观点（他的观点几乎没什么改变），但他的雄辩之辞昭示了他们两人之间有不大但很关键的差异：拉马丁仍然爱着大革命：

589

> 这是反抗奴隶制的起义，不是肉体上的，而是心智上的。它是法国这个代表了现代文明的国家的一次尝试，从其生活了 10 个世纪的封建和宗教的牢笼挣脱；法国带着新观念、新目标、新习惯、新手段、新希望，当然不可避免的［补充的强调］，还有新危险、新灾难，开始了她新的生命。

虽然，托克维尔认为，法国要实现必要的转型，是可以也应该可以避开"新危险和新灾难"而实现的；他却并不认为危险和灾难是必然的。虽说如此，他还是致力于解释它们是如何发生的：也就是探究实际事件的实际原因。[11]

1856 年的时候，在革命问题上比托克维尔持更左派的立场并不是难事；有点让人吃惊的是，基佐的思路和拉马丁差不多，不过前者的看法更为精妙。他致信托克维尔，热烈地恭喜他新作出版，但继续写道：

> 恐怕您写的大革命太局限于政治了。如果我的理解没有错的话，大革命不仅要改革社会，还要改造此世界和彼世界人类对所有问题的看法。它想要让人成为包括自己在内所有东西的主人。它用对人的信仰取代了对上帝的信仰。这就是它的哲学，而正是它的哲学塑造了其政治。只要能实现和维持它

的哲学，那牺牲政治也是在所不惜。您描述了国民轻易默许人所制造的革命专制主义的可悲现象，令人钦佩。这，我认为是其真正肇因。

他随后讲到在他看来《旧制度》和《民主》中托克维尔的核心立场：

590

> 您作为一位被征服却坚信自己的征服者正确的贵族，描绘和评价了现代民主。也许您过于详细地介绍了几乎完全被征服了的历史贵族，而对从不可能被长期征服、总是在最终夺回权利的自然贵族讨论不足。您若是更明确地做这样的区分，那么在接受民主的同时，攻击其胜利中不合法、反社会的东西就更便利了。[12]

这三位作家—政治家之间的差异当然很明显而且重要，但一个半世纪以后，也许更动人的是他们之间的共识，这让我们更容易解释托克维尔这本书的成功。他们三人都相信法国大革命是近代乃至所有人类历史中最为伟大的事件；他们三人无不赞同"1789年原则"，赞同自由和平等的事业。他们三人的生活无不被大革命的结果（不论好坏）所主宰。三人都相信大革命的成就是难以逆转的。在这些点上他们的看法与法国的公共意见相同。托克维尔由于厌恨第二帝国，所以总以为自己跟其他国人格格不入，因为他们在公投中一直支持这个政权。他预见到这个政权最终会因为皇帝的穷兵黩武而垮台，但没有预见到它在垮台之前会逐渐向自由主义的方向过渡（也许《旧制度》的畅销就是其最初的征兆）。法国的读者界像托克维尔本人一样相信，有必要理解一下大革命。他们大多觉得这本书对此起到了巨大的帮助。读者们热情地响应了托克维尔在正文中对自由的呼吁，因为法国人不仅希望自由，还希望平等和安全；托克维尔先生黯淡的预测，他们虽然非常不喜欢，但没有因之而气馁。而且，他们对自己的国家有一种难以熄灭的自豪感。在托克维尔讨论农民的那一章，他们找到了热爱"深层法兰西"（la France profonde）的根源，这深层的法兰西从此之后成了法国爱国主义的主旋律之一。如果他们承认过去的事情经常有做错的地方，那《旧制度》正好解释了如何、以及为什么错了。博蒙不知疲倦地收集有关这本书评价如何的消息，将之传达给托克维尔。他在图尔碰巧听到一位英国人向他的同伴称赞这本书："这本书很好地解释了为什么今天的法国会那么满足于当前的政府。"这的的确确是托克维尔在传达的信息，法国人英国人都很容易领会。[13]

有一位朋友正是这样做了，他便是路易·德·凯尔戈莱。托克维尔十分看重   591
他的评判，其中有一部分原因在于凯尔戈莱看事情的方式和托克维尔相同，可以
信赖。

> 您的书带给我莫大的快乐和莫大的悲伤；您会明白的；这本书非常出色，
> 但它讲的是我们同时代人几乎无法理解的东西……您最近说觉得被最亲密的
> 那些朋友孤立，这是多么正确啊。*我也处在相同的境地。

但凯尔戈莱很快就从讨论书的内容转到讨论书的风格上。我们知道，凯尔戈莱比
任何人都能理解托克维尔非常强烈的创作抱负。他先花了几页篇幅做了一番褒美
之词——他认为新书和《民主》一样出色，而且在某些方面更胜一筹，"因为读者
可以读到一位政治家更完整的经历，以及当今人类的实践知识"。在此之后，他话
锋一转，说注意到此书在细节上还有若干瑕疵，也许是赶工写作造成的。在回信
中，托克维尔热切地感谢了凯尔戈莱的信给他带来的愉悦，随后请求他把每处瑕
疵都指出来。凯尔戈莱照做了，不过纠正法兰西学术院的成员让他觉得有些奇怪，
因为学术院的成员是负责规定好的法语表达的。托克维尔再三读了自己的书，还
有凯尔戈莱的纠正（科尔塞勒也做了些建议），在第三版中予以采用（没有赶上第
二版）。有位英国人不友善地指出了措辞问题这一点，但指责的人似乎并不多。凯
尔戈莱做了一个笼统的批判——托克维尔过分致力于让每句话都清晰无比，却忘
记了读者有时候也是希望动动脑子的——似乎是受到了误导；斯威特切尼夫人赞
美托克维尔的语言有"无可比拟的美感"，这似乎更有道理——但她也不是法国
人。托克维尔以谦虚得出奇的态度接受了友人的苛责。也许谦虚用在这里并不贴
切："重回写作生活后，我比以往更迫切地想让自己尽可能优雅。"所以他请求   592
凯尔戈莱务必仔细审读书稿。"我的风格距离那些最伟大作家还有差距，而要
跻身他们的行列，这障碍就必须迈过去。"凯尔戈莱使上浑身解数，不负托克维
尔所望；以前他曾建议模仿帕斯卡尔、孟德斯鸠还有卢梭，现在他又建议去读读
伏尔泰。[14]

---

* 大概托克维尔在说他的兄弟还有嫂子们、弟妹们。他应该不可能在说博蒙、安培和凯尔戈莱本人。

戈比诺的评论就不那么受待见了。他此时是法国的波斯特别外交使团的一员，正处在一个困难的时期。那年春天，他那部讲种族的论著出了第三、四卷。他给托克维尔寄了几本，显然是希望托克维尔能向人文院介绍自己的著作。托克维尔拒绝了他的请求，一则他正在哀悼父亲，二则他完全反对戈比诺所说的人类堕落的邪恶思想。为了向他解释，托克维尔用到了一个看似一语双关的说法："在这个方面我的脑子太过 *toqué*＊，你所做的解释让我更加更加反对你的立场。"戈比诺为自己辩解称，就像医生告诉自己的病人，他的疾病无药可救并不违背道德，他的立场也不能算是邪恶的。

> 我回复他，即便这种行为本身没有违背道德，它也只能产生不道德或者有害的后果。如果某天早上医生来找我说，"我亲爱的先生，很荣幸向您宣布，您得的是不治之症；由于它侵袭到了您的身体，我还可以很专业地告诉您，您已经是无药可救了"，那我第一反应就是把这家伙打倒。

然后，他会躺在床上等待死亡，或是模仿薄伽丘笔下躲避疫病的那群人，去吃喝玩乐。†（也许这个段落可以和托克维尔对医生的实际态度联系起来。）他向戈比诺解释说，在法国，已经没有几个读书的人了，所以《论文》小获成功是件了不起的事——大大咧咧地忽略了自己那本《旧制度》的畅销。他觉得戈比诺用德语写效果会更好（他的书后来落入理查德·瓦格纳的反犹主义圈子手中，所以也不乐意地写了德语的著作）。[15]

必须承认，这封信很刺人。读了《旧制度》以后，戈比诺反唇相讥。他声明自己是极端反动派（强烈意义上的反动）：他认为，从美男腓力（1285—1314）的统治以降，国王和他的律师们便开始破坏封建自由，而封建自由是"最受诽谤、却最不受理解"的事物。他很高兴在托克维尔的书里看到了对这些想法的肯定。"您证明了法国大革命没有任何发明创造，令人钦佩。"但如果是这样，托克维尔又欣赏1789年革命者以及制宪议会成员的什么方面呢？他们所做的无非是打开暴力以及民主制一切暴行的大门。他们在没有暴政的时候呼喊"暴政！"，强迫自己

＊ 疯狂、腐化。

† 看看托克维尔究竟是什么时候读了戈比诺最新两卷书也许是挺有趣的事。在《旧制度》的前言里他把自己比作一位医生（OC II i 73）。

做数个世纪以来一直慢慢酝酿着的事情，成果只能算是糟糕。"您以为用'慷慨的错误'*就可以减轻他们所做的恶行。为什么叫慷慨呢？"戈比诺厌恶山岳派，但他也鄙视制宪派。

随后他扼住托克维尔的咽喉，认为议会并非真正的自由制度，法国人是永远不可能适合于自由的。不论是共和制、议会君主制还是帝国，法国人一直以来的政府都是同一个。因为他们虔诚地保留着一种迷恋，迷恋国家插手他们所有事务，迷恋宪兵，迷恋税务官，迷恋道路检查员；他们不理解地方自治，毫不保留地赞同绝对集权。托克维尔是否还记得他们在外交部共事的那段时间？当时，欧洲正处于鼎沸之时，而托克维尔却得找时间应付累人的议会质询。再然后议会多数派部分地将他否决，他也被迫丢掉了职位。"国家从这样的政府形式中取得了什么自由或荣耀？"反而是无政府状态时常可见，专制主义一如既往——这是法国的宿命。与其支持议员的黑袍和工人的短衫，戈比诺更倾向于专制主义绣有花纹的长袍。[16]

对托克维尔的观点既加嘲讽，又加批驳，这着实是一个挑战。托克维尔奋起反击，洋洋洒洒写下了一封极为重要的回信。

戈比诺宣称自己已经成了虔诚的基督教信徒，相比托克维尔则迟疑不决。托克维尔承认这一点，但他抓住这个机会有力地论述称，戈比诺的种族理论在逻辑上和学理上都与基督教背道而驰。

> 显然，基督教要让所有人都成为平等的兄弟。您的理论至多不过是让他们成为表亲，只能在天上找到他们共同的父亲；而在人间，有的只是征服者和被征服者，身份决定的主子和奴隶，所以难怪赞同、引用和评论您的学说的都是哪些人？都是赞同以种族差异为理由进行永久奴役的黑奴奴隶主。

（戈比诺的《论文》在美国南部颇受欢迎。）

> 目前美国南部有许多基督教牧师，也许还挺不错（即便他们是奴隶主），

---

　*　我在《旧制度》里没能找到这个词语具体出现在哪句话。戈比诺很有可能在指第三卷第八章。在这章里，托克维尔把1789年描写成一个缺乏经验但慷慨、热情的年代（OC II i 247）。

他们在布道坛上传布的教义，无疑和你的类似。

不过大多数与此无利害关系的基督徒对戈比诺的观点不会有丝毫赞同。托克维尔恭喜戈比诺新找到了信仰，但为并非每个寻找的人都能找到而感到遗憾（托克维尔很有可能在说自己。一个月后在写给斯威特切尼夫人的那封伟大的信里，他又详述了这一点）。[17]

他们随后转移到政治问题，托克维尔没有再辩论下去。他和戈比诺分属立场相对的学派：他们两人相互理论能有什么结果？但托克维尔还是摆出了自己的信条：他以从未有过的准确明白的语言陈述了自己的政治信念。

595　　　您认为我们今天的人是些严重退化、抚养得十分糟糕的大孩子。因此您认为，若以热闹、喧嚣、众多浮华之物、漂亮的花边和美妙的制服——这通常只是仆人的号衣——来引导他们会好些。同您一样，我也认为当今人们的教育相当糟糕，这是他们的不幸和懦弱的首要原因；但是我认为，一种更好的教育可以纠正坏教育已经造成的弊病；我认为不应该放弃这样的事业。我相信，还可以通过巧妙地唤起他们天性中的正直和良知从他们当中像从所有人那里一样获益。确实，我想把他们当人来对待。也许我错了，但这是我追随自己的原则得出的结论，而且，我对追随这些原则感到由衷的和庄严的愉悦。您对人类，至少是对我们的人种十分蔑视；您不仅认为他们已经堕落，而且永远无法再振作起来……对我而言，我觉得自己既没有权利也没有趣味对我的种族和国家持这样的看法，我认为不应该对它们失望。在我看来，人类社会以及个人，都只是因为运用自由才成就某种事业的。我一直在说，像我们这样的民主社会，自由的建立和维持要比此前的某些贵族社会更为困难。但如果说这不可能，我还从来没有这么大胆的想法。如果必须要对这一事业的成功感到绝望，那就请上帝不要赐予我这个想法吧……我对您的信心要少于对神的善良和正义的信心，请您允许我这样做。[18]

就这样，托克维尔抨击了今天也许可以看作是法西斯主义早期形式的学说。戈比诺不再继续辩论："您用六页回信讽刺了我的推理。从中我明白您不想辩论了……"[19] 他也不再打算说服托克维尔。

从秋天到来年春天，托克维尔住在科唐坦时写的其他书信也有不少同样有趣的内容。约翰·斯图亚特·密尔受乔治·格罗特的怂恿，在沉默 13 年后致信托克维尔，感谢他寄来的《旧制度》。他对此书的赞美体现出他现在对托克维尔非常了解："您的书中洋溢着对自由的崇高热爱，我对此的赞同难以言表。法国是个伟大的国家，是世界的正确之眼，现在沦落到要忍受如此一个令人沮丧的政权，而这种崇高的热爱使这本书成了抗议这个政权的持久武器。"托克维尔极为满意，立刻写了回信："您的意见对我来说比其他人的意见都要重要……在得到您的肯定以前，我还没法确信自己做得好不好。"托克维尔已经在筹划春天去英国，希望到时候他们能够见面。[20]

另一个来自过去的声音就比较痛苦了。弗朗索瓦·贝然夫人，也就是托克维尔的初恋罗莎莉·马利耶，目前处境艰难，写信给凯尔戈莱请他代自己找托克维尔：她似乎想要借一笔现金。[*]应该怎么做？托克维尔在这个问题上纠结了两天。他很乐意帮助罗莎莉，而且感到自己有这个道德义务去帮助她；玛丽是这件事的阻碍。借钱的事要是让她得知，她总要嫉妒不已，怒气冲冲地怀疑他们会不会旧情复燃，即使他们只是重建了单纯的友情。目前，她还没有任何疑心，托克维尔觉得唤起她的疑心有失妥当。他无权让她伤心——她的幸福是他的第一义务。他首先想的是偷偷帮助罗莎莉，但由于家里是玛丽管钱，他觉得这样不可能成功。之后就没有贝然夫人的消息了。[21]

这段插曲点出了几个问题。几个月后，他向斯威特切尼夫人描绘了妻子的性格。他现在给斯威特切尼写信，都是以最不正式、最私密的形式。他正在认真地构思《旧制度》的续篇，但"用英语词汇来形容"，感到有点"动摇（unhinged）"。他有这样的感觉并不奇怪："茫然而不知休憩的灵魂，还有欲望那无规律的活动，一直以来都是我的慢性疾病。"他很幸运能够与一位可以减轻"这巨大而荒诞的痛苦"的女人一起生活。"她在自己身边营造出静谧的氛围，时而也将我置入其中，但总是很快又躲避我、抛弃我，让我的心灵又像脱了缰的野马一样，无缘无故也没有实效地激动。"[22]托克维尔尽量坦率；他曾告诉斯威特切尼夫人，说玛丽的感受和思考"激情而且剧烈"。但他不可能直说自己被她的大吵大闹镇住

---

[*]　托克维尔仅用"B 夫人"指代这位女士，但让－阿兰·勒苏尔（Jean-Alain Lesourd）指出此夫人"可能"就是罗莎莉·马利耶当然不无道理。我们不知道其他还有哪位女性的故事可以套到这些事实里去。

597　了；也不可能说只要她自顾自的（这是不可能的事），她就是一个令人宽心、品行优秀的伴侣。

　　尽管托克维尔很享受乡下的生活，尽管他很讨厌巴黎，但为了写作他还是得在巴黎呆上个把月。纳索·西尼尔活灵活现地描绘了（比如说）托克维尔 1857 年春天在巴黎的生活，从中我们不得不感到，他至少在短期里颇为享受与朋友们一起的生活。麻烦的是玛丽有些不适。"与世界交流，尤其是与我们的世界交流，"托克维尔告诉博蒙，"让她觉得懊恼和不快。"与丈夫的家族来往更是如此。她和艾米丽已经有十年没有说话了。1856 年秋，也许是埃尔韦伯爵逝世的缘故（亚历克西不喜欢家族四分五裂的远景），他们试着和解：他和玛丽在纳克维尔拜访了 4 天。这件事以彻底失败告终，但托克维尔并不因此责怪妻子玛丽。相比他的感情，他对伊波利特伯爵的人格和判断的尊重要轻得多。他认为伊波利特伯爵与艾米丽结婚对他们两人都是件坏事。春天时他和博蒙说道，性格不强的男人不应该娶庸俗的女人，她们那华丽的绸缎底下，藏着的是一颗贪恋虚荣、财欲难填的心。"贝丽丝尔家族一贯家风败坏。想必您也与我一样早已深知这一点。"[23]

　　他们之间的争吵凸显了玛丽的不安全感。结婚 20 多年，她依旧需要托克维尔不断给她情感上的保证；虽然她自始至终生活在法国最上层的社会，她似乎仍旧觉得自己受这个社会的成员所冷落。蒙克顿·米尔恩斯讲过一段他造访托克维尔城堡的轶事，可以反映出玛丽的困境。午餐时，一位不谙世故的宾客提起错误的结合有多么可怕。托克维尔二话没说，执起妻子的手吻了吻，说道，"我为爱情和上帝结婚！我们的婚姻很成功！"他这样做并无过错，可如果玛丽经常被亚历克西这样忽视的话，她变得不善社交就不奇怪了。古斯塔夫和克莱芒蒂娜·德·博蒙是她的挚友，大家都喜欢安培，但在其他方面她似乎只和老家的邻居，还有英国人（比如拉马丁夫人和照顾普洛斯珀·梅里美起居的拉珍 [Ladgen] 姐妹）谈得
598　来。再就是她的健康状况，经常显得比她丈夫的情况还糟。总之，这个时期给人的印象是她需要有人向她支持别人那样支持自己，要是发生一次严重的危机，她也许就撑不过去了。[24]

　　1856 到 1857 年的冬天，与拖延症做了长长一番斗争的托克维尔终于再度下笔书写法国大革命。他现在面临着新的一些困难。他比较清楚自己需要做什么：重复《旧制度》善用档案的技艺，以此再获成功。此前他泡在图尔的档案堆里，看到了一个活灵活现的 18 世纪。现在，他在巴黎档案馆可以找到"大堆报纸、小册

子和未发行的文稿"。他希望投入其中，发现大革命的灵魂。当年他抵达图尔的时候带着各种可以验证的假设，还有一个明确的问题意识。但现在呢，用他喜欢的话来说，并没有一个"思想母体"。可供利用的文献过于充分，令他望而生畏。于是他的想法又回到了拿破仑，还有如何将他公允地放到革命背景下的课题。他想过去查制宪议会的记录，但 3 月末他到巴黎以后并没有安下心来，反倒是去英国旅行的意图变得明确了。[25]

托克维尔听说大英博物馆收有大量法国大革命期间的小册子。一如既往，他汲汲于一手史料，所以觉得到那边去也许可以收获灵感。但其实法国并不缺这些史料，大概他旅行的旧瘾又犯了。这些年来，许多英国朋友都怂恿他来英国看他们，他自己也迫切地想要再次看看这个国家。他打算独自出游，或者至少只带上他的仆从奥古斯特。* 玛丽是个顽固的英国爱国者，但她少说也有 30 年没有去过自己的故乡了，现在也没有证据表明她想回去看看。旅行总是使她生病，那不勒斯之行的恐怖还犹如昨日：她可不敢冒横渡多佛海峡这个险。所以她还是选择在沙马朗德和姨妈一起消夏。托克维尔陪她在那儿住了几周，随后动身穿越海峡。6 月末和 7 月大部分日子他都在英国度过。

这是他最后一次游历英国，但学者们对这次经历的关注并不足，只有西摩·德雷谢尔（Seymour Drescher）富有见地称它"在某种意义上是他一生当中最后一次公共活动"。不过，这次游历本身，以及托克维尔的反应都有非常充分的记录，让我们得以最后一次看到他性格的绽放：他从伦敦给玛丽写信，信中的托克维尔就像他年轻时候的旅行日记里那样生动。[26] 他一如往常地富有观察力；哪怕再小的偶遇，他也能从中看出端倪。他想发现自上次访问的 22 年来，英国发生了哪些变化；让他惊讶的是，英国少有变化，或者说只有一个变化。1835 年在这里嗅探到的那种煽动和革命的迹象完全消失了。"至少在表面上，那里的贵族制度比我年轻时看到的更强，受到的挑战也少了。仍然唯独只有在英国可以看到一个改革完善了的旧制度。"他依然不相信这样的事态会永远持续下去：富人与穷人之间的鸿沟还是太大了。每天工作完毕，从大英博物馆回到阿博马勒（Albemarle）街的住所时，他会取道深藏在宏伟的大路背后、工人阶级居住的小巷。这些小巷子的条件似乎比巴黎贫民区的更差：如果说有些伦敦人的洁净令人钦佩，还有另一些人

599

---

* 勇敢的欧仁显然几年以前就离职了。

可谓脏得令人发指。"你无法想象煤灰像雨一样从天上落到衣服、脸和头发上，只有时刻小心才能免于遭殃会是怎样一番情形。"他认为再找不出比英国穷人更惨的了。但这些观察丝毫没有打消他去科尔希尔（Coleshill）拜访拉德纳勋爵时的愉悦之情：

> 他是这个国家最受尊敬的人士，他的生活充满了仁慈而有益的活动。这样的老年生活是多么崇高、可贵、愉快而令人嫉妒啊！家如其人。他住的是精致的乡村别墅，有精致的公园环绕；每样东西都透露出静谧的庄严；完全没有浮华奢侈的物件，但每样布置都细致入微，使生活更为平静、舒适。仆人看上去很聪明，但都没有英国大家庭中时常让我震惊的拜金谄媚的神情……但这房子里最值得称道的是房子的主人；虽说年近八旬，但身体健朗，也不为长寿沾沾自喜；他积极地关心国家大事，不过已经不再想参与其中；他总是忙于做有益于周围人的事；为每件事都树立了很好的榜样；他的身边总有自己的子女、各种朋友相伴，备受众人的敬仰。

600

这里正是托克维尔所毕生寻求的：一个良好运作的贵族制度。这是现实当中的乌托邦。[27]

但如果说英国没有改变的话，应该说我们这位来访者变了。抵达的那天，他坐火车匆匆穿过肯特。[*] 像以前一样，托克维尔注意到这个国家看上去是多么井井有条、欣欣向荣；但似乎现在的法国早已不像 1835 年那样落后那么多了；法国的农业正紧追猛赶。在新认识的人里，他最喜欢年老的哈瑟顿（Hatherton）勋爵[†]。他们俩成了好友。这位勋爵以前是位政治家，也是勤勤恳恳的农民。他带托克维尔到斯塔福德郡参观了自己在特德斯利（Teddesley）周边的田地。托克维尔在这里感到的惊喜似乎超过了科尔希尔：

---

[*] 公共马车消失了。新事物总有各种各样的毛病，托克维尔早已习以为常。此次英国之行他常坐火车。玛丽的信，火车本应该 24 小时内送到，实际却花了 48 小时，这让他抱怨连连。

[†] 爱德华·约翰·利特尔顿（Edward John Littleton，1791—1863），伍斯特郡和斯塔福德郡的大地主。1812—1835 年议员；1833—1835 年任爱尔兰政务司长；1835 年受封哈瑟顿男爵。他的日记很有价值，大多尚未出版。

　　我承认，复杂的机器，乃至蒸汽犁，虽然很新奇，但并没有引发我的多少思考。但我很关注他们堆肥、处理肥料还有使用肥料的方式。他们十分巧妙地使用液态肥料，令我眼前一亮。只可惜我虽然对看到的这些东西都很感兴趣，但有用的东西都难以记得真切。我很佩服他们的猪圈，每天都有清扫，清除粪便。我敢肯定这里任何一个猪圈都比波诺（Bono）夫人家里来得干净。

（波诺夫人是他在托克维尔的邻居。）关注起猪来并不是一时兴起。他在科尔希尔就展露了自己对猪的兴趣，拉德纳勋爵于是答应送他一对猪，去改良科唐坦那边的品种。几周后，这两头猪抵达托克维尔，成了全村的焦点。托克维尔对筑篱也很感兴趣，所以作为他离开特德斯利的分别礼，哈瑟顿送他一包意大利黑麦草种，还有使用方法以及"一把拔蓟草根的工具"。托克维尔由衷地感谢了他们的盛情。[28]

601

　　不论他多么热衷，他最多不过是业余的农夫而已。但他在英国要做的正经事，就没有像取经农业技巧那样顺利了。

　　大英博物馆馆藏克罗克收集的法国大革命史料，确实非常庞杂，超出了他的预想："书、小册子还有各类期刊，共计 48479 本。"[29] 不幸的是，它们未经整理（而且会一直杂乱无章地堆到 20 世纪末，相当令人惊奇），所以只作短暂停留的托克维尔几乎无法加以利用。他不知道该提哪些问题。这里也没有第二位格朗麦宗给他雪中送炭，所以最后只得放弃，跟玛丽说博物馆是个"骗局！"。他写了一封体面的信给主管图书的安东尼·帕尼兹（Anthony Panizzi），向他讲解了自己遇到的困难，但还是感谢馆里的员工给他的巨大帮助。* 他并不知道，自己的这些看法，托马斯·卡莱尔在 20 年前便曾向帕尼兹指出，两人还为此大吵了一架。但即便说这批史料处于更容易利用的状态，它们能否真正帮到托克维尔还是很存疑的。与其说信息，他仍旧在寻找的是想法。而不论是在哪个图书馆写作，想法总是要靠自己来想。他迁移到国家文书局（State Papers Office，国家档案馆最早的前身）进行研究以后就揭示了这一点。在外交大臣克拉伦登勋爵的帮助下，他在那儿得以有特权阅读与大革命最初几年有关的外交部档案。而如果没有克拉伦登勋爵的

---

　　*　圆形阅览室才开放不久。所以托克维尔和马克思都是最早一批利用它的读者。

同意，这些档案并不向公众开放。这批档案让他觉得非常有意思，复本也跟着他回到了法国（另一项特权）。他本可以轻而易举地用这批档案给哪本杂志写一篇的论文；但这批档案对他再写一卷历史的计划帮助不大。[30]

602 　　他的思乡之情时不时涌上心头，而他几乎每天都给玛丽写信，表达自己对家、对妻子的想念。但思乡同时又自得其乐，尤其对于脾气喜怒无常的人来说，是完全可能的。从旅行一开始，邀请就源源不断向他涌来。他是众多聚会之星，以至于西尼尔称他是当季的狮子（the lion of the season）。托克维尔担心自己的胃受不了应酬，所以采取了预防手段：他就像省议会开会期间在圣洛所做的那样，谢绝了所有晚餐邀请（包括总理帕默斯顿勋爵的一次邀请），独自在雅典娜俱乐部吃晚餐，如 1835 年那般，再度在此享受暂时的会员资格：他管它叫"这座宏伟的宫殿"，这是他十分称心如意的地方，喜欢尽可能地多呆一会儿。但早餐会、午餐会填满了其余时光，早晚都有人来拜访。时不时他还会跑去乡下，到格罗特家族在斯劳附近的住宅（"史庐"）过夜。[31]

　　需要解释一下，这里所说的"早餐"主要是介于法国人的早餐和中餐之间的那顿。这个时候吃早餐可以让人很休闲地交谈，所以在托克维尔身边的伦敦上层当中很是流行。不过哈瑟顿勋爵在自己的日记里问道：

> 为什么这样的早餐不再多些？花上个把小时，尽享社交生活——是晚餐时享受不到的。不过常来早餐的人不到 12 个——而且，举行早餐会的 6 户人家里，我认识的只有兰德斯通（Landsdowne）、西尼尔、米尔恩斯先生 * 还有我自己家。

　　这样的情况很合托克维尔的心意。虽然他英语读写都没问题，但他感觉自己的口语有点生疏了；† 好在他的伙伴们讲法语都很流利。这并非总是奏效：托克维尔十分仰慕麦考莱的《英国史》，故而对他而言，在斯坦诺普（Stanhope）勋爵的早餐会上见到麦考莱是个重大的时刻，可他难以抑制他那一丝恶意的幽默：

---

* 有人问卡莱尔如果耶稣基督重返人间，会发生什么，他回答道："蒙克顿·米尔恩斯会邀请他去早餐会。"
† 这个发现无疑可以驳斥雷迪耶所说的、托克维尔家里讲英语的流言。

没有作家比他更像自己的著作了；他优雅地想说法语来恭维我，但他说外语并不娴熟，热烈而鲜明的思想就这样从这寒冷的尴尬里浮现出来，看着令人惬意。

几天后麦考莱自己也举行了一次午餐会。在草坪上散步的时候，他的宾客分成两拨，讲英语的一拨跟麦考莱，另一拨讲法语的跟托克维尔。第二拨人里有斯坦利勋爵，保守党领袖德比（Derby）伯爵的继承人，未来的外交大臣。话题被引到美国上，斯坦利在日记里仔细记下了托克维尔的话。这些话很能说明他对美国事务的了解有没有与时俱进：

> 他认为美国不可能分裂。要是放到法国，当下走向分裂的冲动会更为强烈：美国北方和南方的利益使它们难以分离。他认为南方比通常想象的要强——奴隶主们会拼死一搏——地方政权，个人利益，乃至个人安全：而他们的对手是在为与自己没有切身关系的原则作战。但党派之争从未有现在那么剧烈过：以前，奴隶制需要找借口辩解，被说成是一种不可避免的恶，是继承了以前的传统，所以不应该怪罪于当下这个时代：几年前奴隶主们的话语还是这样；现在他们以实行奴隶制作为自己的身份，引以为豪，而且想要拓展其范围。[32]

托克维尔富有魅力，礼节周到，谈话精彩，让他在伦敦所向披靡，而最近出版的《旧制度》更令万众倾倒。这本书里称赞的自由似乎是英国的那种自由。在托克维尔笔下，法国人未能遵照榜样，造成了莫大的灾难——这榜样正是英国。无疑最后这些考量解释了为什么阿尔伯特亲王坚持要见托克维尔。后者也如约而至，在周六早晨拜访了白金汉宫，与亲王进行了一小时的交谈。可惜他们究竟讨论了什么没有记录，但阿尔伯特是王室中给托克维尔留下印象最深的一位："离王座如此之近有这样一位人物，是你们的幸运"，他告诉特蕾萨·刘易斯小姐。这是一个社交场合，但我们很有理由怀疑东道主的安排有背后的政治意图。[33]

托克维尔到伦敦的时候，辉格党正在庆祝胜利，但从后来看，这不过是他们的回光返照。克里米亚战争以英国胜利告终，印度暴乱的消息才刚刚传来；托克维尔的朋友和熟人都极为自信。他没有见到所有政要——比如他虽曾认识的迪斯雷利、格拉斯顿。*而十年后，这批人中有些成了辉格主义的掘墓人。他也没有见约翰·密尔：也许乔治·格罗特提醒了他，自从密尔结婚以来，即便是他最老的朋友也难以见到他了。†托克维尔的往来集中于某一圈辉格党人和知识分子。他们像兄弟一样欢迎他。

他没有深陷于他们的盛情之中。阿盖尔（Argyll）公爵夫人一见到他就急切地邀请他共进午餐。他让她也邀请了很想前来赴宴的西尼尔。但后来托克维尔因为先前定下的约会而取消了这个安排，公爵夫人于是冷酷地通知西尼尔也不必来了。这种事情引发了十足托克维尔式的反思，它的结论出人意料，值得注意：

> ［致玛丽，7月2日］你知道，欧洲各地前上层社会的成员里边，还有点共济会的感觉，也就是说，他们用最少的暗示就能相互理解……在这儿，我有时和某些上层的女士交谈，以此为乐。她们把我当作是自己人，但我惊讶地发现，他们身上显露着摧毁了法国贵族的那种虚荣和偏见。他们讲起那些身份并不属于自己圈子里的人时充满不屑，不停地抱怨招待里夫、西尼尔乃至格罗特他们是有多无聊。这总让我想起我们副省长的夫人，她就一直抱怨要接待瓦雷纳夫人。两者正是相同的排异心理，都是天然的白痴行为。既然如此，他们何必那么盛情地招待那些他们认为低他们一等的人呢？因为他们害怕。因为他们生活在一个得和所有人打交道的国家，所有人，尤其是那些讲话、写作和行动的人。看到这一幕，我不由得呼喊"自由万岁"，自由提升、增强了伟大的心灵，又迫使狭隘的心灵隐藏起自己的弱点和不满。[34]

605

不管女士们对托克维尔怎么看，她们的丈夫（好几位是大臣）认为托克维尔不仅仅是一位所见略同的贵族，而且还是一位暂时卸任但也许很快掌权的前议员和部长：他们相信第二帝国气数不长。他们也没有预料到托克维尔的早逝，不过哈瑟顿勋爵觉察出他身体状况糟糕，提到他"非常窄而平的胸脯"。托克维尔是公认的亲英派朋友，是很值得深交的；他们也许认为与他交往是他们的职责所在。[35]

---

* 托克维尔两次拜访格拉斯顿，但很不走运的是他两次都不在。

† 密尔有一位令人生畏的妻子，她将托克维尔贬低为她所说的"高贵阶层……道德脆弱，思想狭隘，胆小，无限自负又喜欢嚼舌头。这个国家大多数人在我们看来，多少都只是些值得尊敬的木偶而已"（参见 Packe，*Mill*，338）。哈利耶特·密尔知道她所说的"无限自负"具体指的是什么。

如果说他们的意图有种官方色彩的话，托克维尔也早已准备好去加以利用，或是要求看秘密档案，或是为玛丽的弟弟约瑟夫·莫特利的事业开路。约瑟夫现在是上校，目前是领半薪的指挥官，多年以来一直希望升迁。玛丽怂恿托克维尔为他做些什么，托克维尔也很乐意去试试（他喜欢这个小舅子），不过并不抱多少成功的希望。但他发现约瑟夫的说法很对，即"利益"是关键、是唯一的关键（"这一定不要跟外人说"）。他在德威（Dulwich）造访了约瑟夫一家人，他和母亲还有姐妹们住在一起：就我们所知，这是托克维尔唯一一次见他的岳母。岳母立即担心起了托克维尔的身体。他两次请约瑟夫吃晚饭——约瑟夫不忘提醒他，自己对吃要求不高，简餐或者"您自己在雅典娜俱乐部吃的晚餐"那样足矣——"我以为这比索瓦耶*家那一套复杂的灌装东西下肚的艺术要好多了。你还记得以前有次多折磨人吧。"他跟海军大臣查尔斯·伍德勋爵讲到了约瑟夫的事†，查尔斯爵士从未听说过有个指挥官叫莫特利，但他调查以后落实了此事。不到两个星期，约瑟夫欣喜不已地给刚回法国的托克维尔写信，说自己已经晋升为半薪的大战舰舰长（post-captain）。旧制度仍然统治着王后的海军。为了证明自己的感激之情，约瑟夫不避麻烦，帮托克维尔把他在克罗伊登的马车厂买的四轮马车运到了法国。 606
这是个大手笔，一来是因为有父亲的遗产，二来《旧制度》畅销无疑给他不少收入。托克维尔觉得手头比以前宽裕了许多。[36]

查尔斯爵士还帮了另外一个忙：他为托克维尔安排了一艘军舰载他回瑟堡。托克维尔愉快地接受了他的好意。托克维尔只需前往朴茨茅斯（Portsmouth），与那里负责的海军上将吃顿饭，登上一艘小型蒸汽船即可；第二天（7月21日）托克维尔城的山就映入眼帘，我们也可以想象他看到了自家烟囱冒出的烟。他在瑟堡上陆，很快就到了家门口。他感到感激而愉悦。帝国政府禁止报纸提这件事，以此表示它感受到了英国这份好意的意义。[37]

托克维尔很享受此次英国之行，也时常愉快地回忆这段时光（接下来他写信全都是这个话题）。但回到家也很让他高兴，即便初看来自己的家似乎奇怪地萎缩了。侵袭伦敦的热浪预示了整个夏天和秋天都会是极好的天气，大大超出了人们的预料。8月和9月，亲朋好友齐聚城堡，只有安培，这位托克维尔最希望请到

---

* 索瓦耶是改革俱乐部里的著名法国大厨。

† 查尔斯·伍德爵士（Sir Charles Wood, 1800—1885），第一任哈利法克斯子爵（1866），杰出的政治家，1846到1874年几乎不间断地在内阁任职；他最为人知的是曾于1859—1866年担任印度事务大臣。

的朋友，起先是推迟了抵达日期，后来干脆说没法来了。他与一位无法企及的女士确立了柏拉图式的恋情（就跟以前与雷卡米耶夫人一样）——与父母一起居住在意大利、身有残疾的路易兹·吉耶曼（Louise Guillemin）夫人（她和丈夫分居）。他虽大度地写了信给安培，但难以掩盖他的失望，更何况他专门邀请罗梅尼夫妇，就是为了让安培开心。[38] 不过，聚会办得非常成功，从罗梅尼后来的讲述中可以明显看出，夫妇两人都很高兴。罗梅尼用生动感人的笔墨，描述了托克维尔对待父老乡亲们的那种优雅的民主作风：

> 起先托克维尔村教堂有专为城堡主人预留的唱诗班席位。这个传统十分
607 悠久，已不知是从何时开始，经历了最为革命的几个时代都没有被废除。这
> 个席位大家虽然习以为常，但因为占了许多地方，所以让亚历克西·德·托
> 克维尔感到不安，决定将其拆除。而另一方面，他并不希望……村民们……
> 觉得这是示弱或者为自己树立口碑。于是他耐心地等到教堂下一次大修。
> 之后的某一天，也就是教堂整修以后，他们发现领主的席位被撤走，新座
> 椅的排场要小得多，放在唱诗班席位的边缘，也就是**市长和市议会坐席的
> 旁边**。[39]

客人的到来令人愉快，但他们走了以后，托克维尔和玛丽也很享受清静的生活。托克维尔在农场里自得其乐。他很骄傲地认为自己的英国猪兴许可以改良诺曼猪的品种："不能为国效力的时候，可以在小事上做个有益公众的行善者。"[40] 他时不时与哈瑟顿勋爵通信，切磋农技。整个下午都在室外照看自己的田地，真是一天比一天高兴。这样的生活令人陶醉，唯有两个严重的缺憾。一个是玛丽的"面部风湿"使她一直苦恼不已。另一个是托克维尔的新书。

新书的写作进展缓慢。到1858年秋天，已经写了一年多，但目前的成果不过是七个草草写就的章节，还有一大堆笔记。问题依然不在于材料欠缺。托克维尔的朋友塔什罗目前正负责管理国家图书馆，像伦敦的克拉伦登勋爵一样，为托克维尔开了特例，把所有他要的书和档案都给他送去。到了春天，等托克维尔把它们全消化了，他再去巴黎要更多的书和档案，计划在巴黎呆上几个月。但老问题还在：他还并不明确自己在做什么。他跟弗雷斯隆说，草写的那几章还不适合给他人看。这些草稿保留了下来，无疑不能和1852年写雾月的那章还有《旧制

《度》相媲美。＊史料不够充分：他还不像培根那样善于推论。他的思维更近乎笛卡 608
尔，需要有一个思想母体来塑造和指明他的研究。但现在他还没有这个思想母体。
他依然决意避免沦为简单的叙事，而一旦开始讨论 1789 年的各种事件，这个决定
就很难严格恪守了。他也没有其他明确的路径可循。每天早上他都伏案写作，但
写了几个月仍未能拿出什么成果来。不论是历史编年还是史学论点，都没有超越
《旧制度》的顶峰。

　　要是有足够的时间，托克维尔以其能力和抱负，肯定能找到成功的前进道
路——可惜时不彼待。因此，在他道路上的这些障碍，带有不详的意义。他把自
己埋在科唐坦那么长时间，切断了他所必需的思想刺激，这是一个问题。之前他
那些著作的历史告诉我们，他需要有他人想法的刺激，需要他人的批评，来解放
自己的创造冲动。这样的人必须是他热爱而且毫不保留地信任的人，他们的友情
必须是丝毫不受他怀疑的。但安培辜负了他一片好意，博蒙则沉浸于自己的农场
和家庭事务，打算修好了铁路（要到 1858 年 8 月）再去拜访托克维尔。托克维尔
似乎没想到去博蒙拉沙特尔，或者去福瑟斯拜访凯尔戈莱来解决这个问题。总之，
他感到自己已然对凯尔戈莱不指望什么了，比如他跟博蒙说道：“既然他已不过是
妻子的丈夫，被动地执行着那些与他天性非常不同的想法和感受，我现在可以敞
开心扉，如在家里一般［原文即英语］吐露心情和想法的，就只有你了。”他的这
个观察对凯尔戈莱似乎多有不公，但却是出自真心：此时的托克维尔基本上中断
了与自己结交最久的朋友的通信，后来是凯尔戈莱在春天提议在巴黎见面，讨论
托克维尔的新书。与此同时，托克维尔正摸着石头过河。他并非对自己的课题不
感兴趣——他十分享受研究活动——但像以前那样强的写作动力还没有附到他的
身上。[41]

　　事情的真相大概是，托克维尔在自己的写作生涯当中，占据他想象的主题相 609
对较少，而法国大革命这个主题本身恰好不是其中之一。大革命的成因及其各个
余波（雾月，1830 年，1848 年）——确实吸引了托克维尔；但这场戏剧的正戏并
没有挑起他动笔的渴望。对于这兴趣上的差别，他并没有注意，仍是尽心尽力地
工作，不时拿夏多布里昂评价他的话来提醒自己：“他们说你写作需要等待灵感；

　　＊　托克维尔死后，博蒙编辑了他的作品，在一番疑虑之后出版的这七章，是大量修改过的版本。要了解托克
维尔草稿是什么状况，看这几章内容是最有误导性的。安德烈·雅尔丹在托克维尔《全集》的“批判性注释”中有
精彩论述。见 OC II ii 7–12。

但如果我要等到有灵感了再写作，那我今天会是一事无成。""要是这样一位伟大的作家都缺乏灵感，我这样随便写写的作家就算从未体验过灵感附体，也可以拿此聊以自慰了吧。"但不论夏多布里昂是说真话还是假话，托克维尔需要沉浸到他的主题中去，在制宪议会里深谋远虑对他没有产生益处。[42]

就在两三年前，他曾想过写一写马勒塞布的生平。这个想法得到了他在蒙布瓦西耶（Montboissier）的表姐妹们（皮齐厄[Pisieux]和格朗西[Grancey]夫人）的极力支持。做这个工作他是掌握地利人和的：托克维尔城的档案室里收集了马勒塞布的重要文稿；但这只停留在他的想法层面。[43]我们有理由认为，很多人都会建议他回到最早的想法上，写一写拿破仑大帝。他要是这样做了，就会应验夏多布里昂那间接的预言——他曾评说道，塔西佗生在尼禄统治的年代。*拿破仑一世一直吸引着托克维尔。迟至1856年，他仍在告诉自己，"我要为这位与其说伟大不如说是非凡的人物描绘一幅真实的图像。在我看来，这个主题到目前为止还没有人忠实或者深入地写过"。他尤为关注拿破仑在他那个时代人的所做、所想中找到了哪些机会，采用了什么样的手段；"但有关他这个人、因为他这个人，我最想要描绘的是他扮演了如此主要角色的大革命。"[44]这个任务当然没有超出他的能力，但他没有付诸文字。其缘由最有可能是因为他感到自己已经向法国公众承诺，直接讨论大革命，之后再写别的东西。要是有时间，他最终是会回到拿破仑这个主题上的。

610　　他一定能有出色表现，使出浑身解数。他写给自己最喜欢的外甥于贝尔·德·托克维尔的一封信中可以略窥端倪。于贝尔新任柏林法国大使馆随从不久，正要开始在外交界大展宏图。亚历克西请他尽其所能讲讲德国的方方面面。于贝尔照做了，随后他的叔叔写了一封回信，里面的思索似乎预示了未来60年的欧洲历史，同时也清楚地说明了为什么他认为拿破仑是非凡而非伟大。"三年半前我从德国回来时就认定，我们这位莱茵河对岸的邻居是最难与我们和解的敌人"；他将此归咎于第一帝国：

　　　　正因为帝国在德国进行了旷日持久而且具有侮辱性的压迫，使得整个国家团结起来反对我们。虽然在德国人心中燃气这种激情的原因已经消失，但

---

*　见前文，第28页。

这份激情延续至今，而且仍会延续很长时间。50 年前，我们总能在德国找到一批非常乐于支持我们政策的民众。如今在那儿我们找不到哪怕一位真正的盟友。于是我们不得不转投英国，但他们的条件是纵容他们在整个可以居住的世界上扩散；或者联手俄国，但这样的联盟总会有引发全面战争的风险。我们把我们天然的盟友变成了最为凶险的敌人。[45]

托克维尔所提及的拿破仑政权对德国人的那种"轻蔑"态度，与几乎同期他对于英国在印度统治的分析（很久以来，这个话题也一直让他着迷）相差无几。1857 年夏天和秋天，托克维尔和他的夫人都深刻关切印度暴乱的进展：玛丽说这次动乱让她再难入眠（她的丈夫："我先前并不知道她还保留着一颗如此英国的心"）。[46] 亚历克西对英国将会胜利颇有信心，并且认为他们若是失败，会对欧洲的自由主义事业造成灾难；但从他寄往英国的信件中看，他所论述的观点明确表明，尽管他承认英国取胜的重要性，而且将欧洲的扩张称为是传播文明，但是他对帝国主义的评价不高，也不看好它能够永远成功下去。里夫希望在印度建立欧洲人的殖民地；托克维尔则认为这是个糟糕的主意：

> 一个身体上或者教育上落后的种族当然能够容忍优越种族的政府……外 611 国政府只会伤及他们微弱的民族感；外国殖民者会以无可计数的方式伤害（或者似乎会伤害）私人利益，而这利益对于所有人都是珍贵的……相比对于我们的士兵，阿尔及利亚的阿拉伯人和卡比尔人肯定对于我们的殖民者更为愤怒，对此我毫不怀疑。*

这封信寄给了哈瑟顿。在给里夫本人的信中，托克维尔更进一步。他说道，要保留印度这块领地，就只有通过印度人的同意（哪怕是默许）；但欧洲民族中最没有亲和力的英国人很难长期保留下去：英国人"最善于盘剥各国资源为自己牟利、最不易亲近、最有自闭倾向（我这样说是因为这个错误也与不少伟大的优点有密切联系）、最高傲"。简而言之，与英国人深交过就不会喜欢他们（托克维尔并没有这样说）。西帕依（Sepoy）起义就是由最了解英国人、最受他们优待的印度人

---

* 这似乎表明亚历克西自 1848 年后改变了他对阿尔及利亚的看法。

发起。它根本不是反抗压迫的起义，而是"野蛮对傲慢的反叛"。[47]

这与他对拿破仑帝国的评价并无二致；这两处分析表明他的思维与以往一样康健，毕竟他现在无需为三级会议的会议奔命，而且身体也还不错。然后到了1858年1月，他染上了流感，严重地折磨了他六周之久。他反复说这不过是微不足道的疾恙，但他的身体再不会完全康复了。

3月末他按照计划去了巴黎；他起先打算在巴黎研究3个月左右，同时，玛丽在沙马朗德陪她的姑母；周末他会到她们那儿去，她们在那儿的城堡里租了间小公寓。不巧的是，城堡的新主人——贝尔西尼（Persigny），路易·拿破仑最为亲密的伙伴之一——决定彻底翻修这个建筑，使得它一时无法住人；玛丽只好呆在托克维尔，她丈夫会在5月初返回。巴黎的日子乐趣不大。他讨厌住酒店，他对写作的态度也是时起时落。有时候他安心地在帝国图书馆（国家图书馆当时的名称）做研究，觉得自己的研究越发引人入胜；但整体上他觉得自己没有取得实质性的进展。用他最喜欢的一幅图像来说，他告诉玛丽自己迷失在文书的汪洋大海之中，一眼望不到岸；有时候他又觉得要彻底放弃。"令我高兴的是，我敏感因而过于起伏不定的天性，使我有一种韧性，驱使我撇开各种阻力，去完成我的事业。"[48] 他告诉妻子说，难以推却的社交活动令他疲倦，这无疑是他的切身感受（不过她喜欢听他讲这些活动的事）。不过乐趣还是有的。纳索·西尼尔带他的妻女每年春天会来巴黎拜访。这次他们住在托克维尔的酒店里，阿卡德大街上的贝德福德（Bedford）酒店。他与他们畅谈了好几个夜晚（不过他向玛丽保证，为了保护嗓子，他会避免与西尼尔探讨严肃的问题）。[49] 他打开了一个熟悉的话题——年轻法国女人的乏味：

> 一位年轻女士亮相的时候，就知道她母亲还有姨妈们会怎么描述她。"她品味单纯。她很虔诚。她热爱法兰西，喜欢阅读，不喜欢跳舞，不喜欢社交，出来只是为了让母亲开心。"有时候我试着避免这种老生常谈，但能描述她们的也就这些话了。

西尼尔：这单纯、虔诚、隐退的性格持续多久呢？
托克维尔：待她新婚花冠上的橙色花朵凋谢的时候。不出三个月，她就开始去"一小时弥撒"（*messe d'une heure*）。

西尼尔：什么是"一小时弥撒"？

托克维尔：神父必须庆祝弥撒斋戒；而且严格说来应该在中午之前做。但为了照顾中午起不来的时尚小姐们，神父就整个早上饿肚子，在下午做弥撒。这是违反规定的做法，但教会对此睁只眼闭只眼。而且，去参加这场弥撒也是相当丢脸的：去早弥撒自然功德很高，根本不去弥撒则令人耻笑，这场弥撒介于这两者之间。[50]

613

用此类谈话负责娱乐客人之人，通常也负责接待，没有理由认为托克维尔会是例外。

不过我们不能就此断定他身体不适，吸走了他的精力以及生活乐趣。他怀念科唐坦，怀念玛丽。他期待玛丽长长的来信，虽然他知道为了写这些信玛丽都犯了病（大概是风湿）："我应该禁止你写信。但可别指望我有禁止你写信的勇气。"孤单的痛苦总是如影随形，不过他好歹还是忍受住了。不过还有另一个话题钻入了他的通信当中。这个话题在后面几年里又逐渐变得显要起来。4月14日，他让玛丽放心，自己的身体正好起来。喉咙不适也减轻了——这是他首次提及喉咙发炎的事——不过不知道什么东西卡在脖子下部，所以说话有点不舒服。"虽说算不上什么事，但还是有点不适。"但没过几天，他就慨叹自己的变化；现在他虽然有图书馆员和档案员的各种殷勤帮助，但他在写《民主》的时候，还有比这更好的东西——年轻，热情，信仰着某项事业，对未来充满希望，还有玛丽陪伴在旁。差不多一周以后，他承认自己缺乏精力：他没有生病，但状态却又不算好。他仍然有着一颗30岁人的心，但身体已经脆弱得像个90岁的人。[51]

5月初，他回到托克维尔感到非常开心，但即使在家乡他也难以静下心来写作。心神不安的他告诉博蒙："为什么？说实话，原因不可能说得清。我看最有可能的原因就是，我依然是我。"但次要因素中，最为重要的就是他身体有恙。尽管写作没有进展，他还没有被打败：他读了西奥多·塞奇威克的新书，讲的是美国的司法实践；他非常喜欢这本书，甚至为此向道德与政治科学学院写了一份报告：*报告在当年秋季出版，思想的功力丝毫没有减弱。但在6月中旬，托克维尔

614

---

　　* 这是托克维尔出版的最后一篇作品。他在这份报告中，主要是解释了法国人并不熟悉的司法至上的实践，再度展现了他1835年写作《民主》时候的那种大师般清晰明了的笔法。《民主》的新版本应该将其收入附录。将托克维尔最后的作品与让他成名的初作放在一起也许比较合适。

开始咳血——1850 年那次重病时他就有过这种症状。给博蒙的信中他对此只是轻描淡写。不过他认为也许该向布勒托诺医生咨询——可布勒托诺是从来不回信的。[52]

博蒙总会很快提醒托克维尔小心（托克维尔已经生过这么多场病），并为他忧心；一点点暗示他就会觉察出背后的问题。就此次而言，他也透过字里行间看出了端倪，尽可能地让这位病人放心，把生病的症状归咎于 1858 年肆虐的流感（它可能确实让托克维尔病情反复发作）；他相信乡村生活还有夏日的天气会让身体转好，还让他想想过去经历过的那么多次危机。他希望能把自己的一部分健康传给托克维尔，也试着用自己的欢乐鼓舞这位朋友。这是托克维尔所急需的。在给其他朋友的信件里，托克维尔对此次疾患的严重性直言不讳。做什么都很吃力，而且几乎说不出话。他说自己得的是支气管炎，因为它主要侵袭的是气管，医生也是这样跟他说的。但从后来看，显然他患的是咽喉结核。症状时来时往：他的身体与这个病共生了多年，某种程度上说已经适应了；但这一次他的身体已无力回天。7、8 月时他的身体明显有所恢复，但他自己清楚，这只是部分康复。他跟博蒙说到自己已然丧失了锐气："我已不复当年在图尔的活力了。"[53]

考虑到这种情形，我们也许会感到吃惊，8 月时他竟然催促如此众多的法国、英国朋友到他的城堡来——皇帝将要为瑟堡铁路通车剪彩，而且还要庆祝那里刚落成的海军基地，检阅法国舰队以及一支来访的英国海军分队。维多利亚女王也在路上。托克维尔对帝国的反对情绪一刻都没有松弛，抵制这次活动，* 但他抵挡不了海军大阅兵的吸引，与他的宾客们——其中有博蒙和克莱芒蒂娜——在费曼维尔（Fermanville）的悬崖上一起观看。终日礼炮齐鸣，火药味甚至传到了托克维尔城。几天后，玛丽因"支气管炎"病倒了，讲不出话来，只能躺在床上。但访客络绎不绝。蒙克顿·米尔恩斯不请自来，还带了一位议会的同僚（约翰·拉塞尔勋爵的侄子亚瑟）；托克维尔虽然压根不希望他们来，但还是像招待其他人那样热情地欢迎他们；他对米尔恩斯唯一的报复，就是利用他的贪吃，把他喂得（托克维尔原话）像只火鸡，以至于晚餐过后他把脚搁在一把扶手椅上，躺在另一把扶手椅上酣然入睡。英国人 8 月 13 日启程返回，随后托克维尔的侄女德尼

615

---

* 有报纸报道称"托克维尔夫人"在瑟堡与皇帝跳了一出四对方舞（quadrille），这让托克维尔十分气愤。因为实际上与皇帝跳舞的不是玛丽，而是他的嫂子艾米丽，所以正确的称呼应该是"托克维尔伯爵夫人"。托克维尔就这个大错责怪于她和那份报纸（参见 OC XI 409）。

兹·德·布里克（Denise de Blic）和她丈夫，还有他们三个孩子也都告辞了。他们在托克维尔家中住了两个星期。托克维尔其实很害怕他们久住，但在此期间他喜欢上了那三个孩子，他们走了让他觉得难过。科尔塞勒一家都来了，还有托克维尔的一位英国友人 W. R. 格雷格*；还有皮埃尔·戈桑——这是一位农业科学家，他的著作令托克维尔仰慕不已。玛丽的病好了，托克维尔整体上精神不错。那个夏天他写了若干封充满活力的信，其中有一封写给皮埃尔·弗雷斯隆，用很长的篇幅讲了鲁瓦耶－科拉尔的事（弗雷斯隆正要写一篇关于此人的文章）。托克维尔强调，这位伟大的理论家在其漫长的生涯中展现出了坚定而正直的品格，而他所说的内容，有一部分读起来像是在总结他自己的公共生活（不论是作为作者还是政治家）：

> 终其一生，鲁瓦耶－科拉尔先生坚信，人能够且应该区分自由精神与革命精神。他热切地希望旧制度被摧毁，一直恐惧旧制度复活。他热切地希望废除特权，政治权利平等，人人拥有自由与尊严。他毕生都厌恶世界各地革命精神中那种典型的鲁莽、暴力、残虐和煽动精神。他坚信，推翻旧制度不一定要服从于那种精神。他向往着革命中能生出革命精神以外的东西！他从不认为必须完全摧毁整个旧的法国社会，而只需要扫除妨碍现代思想、健全的自由、权利平等、职业和机会向所有人开放的障碍即可。大革命爆发后，他一直希望用这个理念塑造我们的制度，在可能和可欲的条件下，在当下复兴过去。

616

托克维尔的思维活力未减，招待客人又十分周到。米尔恩斯在离开时表示了自己对玛丽的担心，但却没有觉察出这位东道主身患顽疾，这也许不足以让人惊讶。[54]

只可惜他的身体确实已经不堪一击。9 月初他淋了雨，带戈桑参观托克维尔的各个农庄时又吸入了海雾，随后就再度失声；毫无疑问，结核病使他难以抵御哪怕一点点小的事故。一周后他决定去巴黎咨询医生；他并不相信科唐坦的医生安德烈·科兰。但似乎科兰至少没有给他造成多少伤害，而巴黎的那些医疗顾问，

---

*　威廉·拉斯本·格雷格（William Rathbone Greg, 1809—1881），政治作家，公务员。

安德拉尔和沙吕奥，在诊断他有轻微的支气管炎后，决定上发泡药。这种药涂在皮肤上很疼，让托克维尔吃足了苦头。他们想用它作为反刺激物来治疗炎症。他们也建议他喝大量的比利牛斯矿物质水，据说可以缓和喉咙的不适。亚历克西回到托克维尔后按照他们的建议进行治疗，却发现这样做既非常痛苦，又没有效果，所以两周之后他回到巴黎再次咨询。玛丽本想陪他同去，但与往常一样，城堡的修缮需要有人监督。他们早已定下到温暖的南方过冬。玛丽抵达巴黎前都是盖马尔凯夫人帮忙照顾托克维尔，而到巴黎的最初几天还有兄长爱德华陪伴。他满是担忧地在信中要求妻子照顾好自己。至于他自己，一直咳个不停，尤其在晚上。[55]

托克维尔一直期待玛丽的到来，但行程一直在推迟：她到巴黎已是 10 月 16 日，丈夫到巴黎的两周以后了。在此期间，托克维尔依靠她的信积攒信心，虽然它们并不总是能让他振作起来。她自己也在生病，特别地繁忙。她曾见过托克维尔康复，认为他这次也能度过难关，甚至似乎曾暗示托克维尔太小题大做了。托克维尔称自己情绪稳定，高兴当然是指望不上了；他的恐惧也没有加剧：让他忧郁的
617　原因，更多是因为他担心从今往后的生活都是体弱多病、得处处留神的状态。玛丽在信中讲到了他的房子和花园，这让他的心情更为糟糕了。他不禁热泪盈眶：

> 我希望来年可以一起漫步在这长长的林荫道上，走到尽头去看夕阳照耀草坪。我们何以将心灵委予区区外在的、无知觉的事物？因为对于我们而言它们拥有生命。它们代表着我们青春的延续，我们人生的春天最好的日子，代表着最近几年难以言表的甜蜜，这是我一生中最幸福的时光；而让这一切都很迷人的人是你。[56]

虽说他身体一直很虚弱，他时而会迸发出一些能量，却被他很浪费地消耗了：一次他在布洛涅森林中徒步，步伐之快以至于马车车夫不敢相信他是位病人。[57]

刚开始他希望到罗马去见安培。但安德拉尔医生提醒他罗马的气候不宜。而且，仅仅为了去比萨这样的城市过冬，就大动干戈地把玛丽拉到阿尔卑斯山南麓，在他看来也并不值得。[58]

所以他决定去戛纳，这就省下了一半的路程，而且就在法国境内。托克维尔花了差不多一整个 10 月找那边的租房，同时尝试打听那个地方的消息。此时这个

度假胜地的名气才刚刚起来。他对此其实并不热心，但他告诉自己以及弗雷斯隆，在戛纳写作也许比在家中更好：

> 老家的安乐窝虽好……但太过舒服了。大的情绪并不能让我思想贫瘠；它们就像风，可以扇起思想的火焰。安逸的小事才会将思想的火焰掐灭；它们分散了思维，让它不得安宁。看哪，我正在美化我讨厌的东西。[59]

玛丽到时是 10 月 16 日，虽说心情焦躁，很不耐烦，但终究是来了。然后，托克维尔的忠实随从奥古斯特生了重病，不得不告老还乡；一时他们还得找个仆人。托克维尔对此次旅行有所忧虑：玛丽折腾得筋疲力尽，他自己也好不到哪里去。"不怎么咳嗽了，但消化也不怎么好了。"虽说如此，他们没法违背医嘱。10 月 28 日，他们告别巴黎。路易·德·夏多布里昂到车站为他们送行。[60]

618

第二十四章　戛纳辞世（1858—1859）

如果我被要求为人类的痛苦分类，我会将它们如下排序：

1. 病痛

2. 死亡

3. 怀疑

亚历克西·德·托克维尔，1831 年[1]

托克维尔的身体虚弱到无法长途旅行，只能分段前往目的地。10 月 28 日他们在第戎过夜，29 日晚上在里昂。天气转为严寒。暴风雪从巴黎向南席卷法国。10 月 31 日亚历克西和玛丽抵达普罗旺斯艾克斯（Aix-en-Provence）；一股寒冷而剧烈的大风跟随他们沿罗讷河南下，如此凛冽的风，是他们在科唐坦从未见到过的。托克维尔从火车车厢里看到愤怒的河流冲袭桥梁。从艾克斯到戛纳相隔 90 英里，花了他们 3 天时间。这是因为铁路只通到土伦，之后就得坐托克维尔所说的小车（*voiturin*）——一种并不舒适的出租马车，里头得塞下托克维尔、托克维尔夫人、他们的仆人还有各种行李。难怪这小车只能在乡间缓慢行进，不然的话等到了戛纳，托克维尔估计就崩溃了。风、雪还有冰霜甚至过了弗雷瑞斯（Frejus）还一直追赶着他们。他不想再赶路，只想有张床睡觉。玛丽的情况也很狼狈。[2]

穿越田纳西的那次冬季旅行比这次还要糟糕，但年轻时的托克维尔迅速就恢复了元气，而这次到戛纳的旅途足以让他劳顿数周（如果他真有恢复的话）。从这里可以看出托克维尔的健康恶化到了什么样的程度。玛丽则整个冬天都没完全康复。托克维尔的胃和喉咙照样麻烦不断，无独有偶，玛丽的喉咙也发了炎，好几周不能说话——想说什么都得写在一块板上。*不合季节的严寒持续了 10 天之久，托克维尔根本没法出门，里维埃拉温和的气候不过是个传说。他也抱怨仆人们一

---

*　有理由猜测她大概染上了托克维尔的喉结核，但医生们最后诊断称，她得的只是一种特别顽固的支气管炎。

无是处：旅途中帮不上忙，接替奥古斯特的人又是个蠢货。[3]

　　处境虽然不堪，但对病痛还是有所缓解的。离开巴黎前，托克维尔曾写信给戛纳的塞夫（Sève）医生。他是巴黎医生强烈推荐的，从一开始与托克维尔夫妇接触，他就表现得专注而睿智。肺和支气管病症是他的专长，因为戛纳正日渐成为这类病人的疗养胜地（这也是托克维尔想到此地的原因）。随后又有从格拉斯来的莫尔医生协助。这位医生曾是下议院的成员，是梯也尔的朋友：梯也尔闻知托克维尔的处境，所以让莫尔前去。他们在戛纳住在蒙弗勒里（Montfleury）别墅，宽敞而舒适。天气转好，托克维尔便能享受周围的橄榄树、柠檬树和橘子树，远眺壮观的大海和群山。伊波利特的到来再好不过。亚历克西离开巴黎时，家族中还没人意识到他病得有多么严重，多么不适合跋涉——他本人对此都没有充分认识；但一收到他从戛纳寄来的信，他们就开始警觉了。伊波利特立刻出发去弟弟那儿，而从此之后亚历克西一直都有亲戚和挚友的照顾。虽说诸事不顺，但他仍挺乐观。他写信给博蒙，说需要几个月以后才能重新开始写作；塞夫医生叮嘱他 621 不要出门，不要讲话，不要接待客人，更不要感到厌烦或者忧郁。面对这些相互矛盾的医嘱，他感到自己格外需要做些轻松的阅读：也许博蒙可以给他寄点有关大革命的回忆录——比如康庞（Campan）夫人 * 回忆录。"你说你找回了 20 岁时候的腿脚，即使你只用它们来捕猎野兔，也务必把它们照顾好了。至于我呢，就没那么贪心了。我只求上帝赐我 50 岁时候的腿脚。"[4]

　　祈祷是徒劳的。托克维尔生命的最后 5 个月，概括起来很简单：每当过了一段漫长而痛苦的恢复期，紧接着就是几天或几周的剧烈折磨，直到最后身体根本不再恢复了。最致命的问题是他右肺有严重结核（喉咙结核是次要感染），而在还没有抗生素的年代，只有肺部伤口结痂愈合（cicatrisation，用医学语言讲就是"纤维化"），他才会进入下一个恢复期。可这没有发生：也许他抵达戛纳以前，病情就已非常严重。塞夫医生在最初好几周都没有绝望：作为这个海边疗养胜地的主治医师，他的利益要求他乐观。但莫尔医生似乎从一开始就排除了他康复的可能性。预感上的分歧在治疗中没有多少体现：莫尔没有警告病人，给出的建议和塞夫完全一样。两人都反对巴黎医生夸张的疗法，建议他过最平静的生活，让所谓有益的气候发挥魔力。他们也照顾玛丽：有修女照顾亚历克西让她安心许多。

---

　　*　康庞夫人是玛丽·安托万内特卧室的侍女长。

一开始来照顾的是西奥菲尔（Theophile）修女和瓦莱丽修女；后来西奥菲尔修女劳累过度，由热特吕德修女接班。这场经历对每个人来说都非常可怕。如果不是因为它很能体现每个人的性格，尤其是托克维尔本人的性格的话，本是不值得详谈的。[5]

11 月、12 月他感到自己的力气和胃口有所恢复，外加天气总算放晴，所以有些振奋起来。他最担忧的是玛丽。他说到玛丽自他们离开巴黎以来体重轻了一半。他从未想象到体重会掉得那么快。她身体上和精神上都已精疲力竭，"我从未想到会这样"。一路上玛丽是他唯一的支柱，需要承担太多的责任。两位新仆人（"我根本不知道他们的名字"）依旧一无是处，即便一个月后，玛丽的病情还没有好转。托克维尔看出是自己的疾病让她意志消沉。他没有意识到让她焦虑的原因，但他对自己的看法波动很大。有时候他轻描淡写："我睡觉，我吃饭，我散步，我咳嗽……"但他向科尔塞勒承认，虽然咽喉好了不少，却还在折磨着他，而"一个关键的器官不能有任何小毛病"。他对博蒙说得更为严重：

> 咳嗽好了不少，但还是在咳，使得我要不停地吐痰，很是恶心。痰中时不时带有血丝，惊骇极了，但在医生眼里似乎无关痛痒。他总说我会完全康复地离开这里，而且说得越来越频繁。当然，我也希望如此。

最让他烦恼的是不能讲话。"我从未想到讲话对我来说多么必要、多么惬意。"不能讲话对任何人来说都是件难事，但大概对心思活跃的托克维尔而言尤为如此。[6]

朋友们的热心帮助让他深受感动。科尔塞勒和博蒙都自告奋勇要来夏纳。他很感激地拒绝了，但也向博蒙保证，在需要他帮忙的时候会写信——当然更不用说一定需要他的时候了。不找第一位也是最好的一位朋友的话，又还能找谁呢？他没有忘记凯尔戈莱，但路易有自己的麻烦：那年 12 月，他一位 20 岁的侄女去世，他妻子也遇到难产；婴儿在一月份的时候夭折。但确实，托克维尔感觉和他并不那么亲近了：他曾在一封信中说到，自打凯尔戈莱成了成功的商人，他就似乎并不怎么看重与亚历克西的思想交往了（凯尔戈莱强烈地否认了这个看法）。[7]

托克维尔最感激的是他几个兄弟们。一度，他向博蒙抱怨他们的铁石心肠，由着他离开巴黎；虽然知道他病得厉害，整个糟糕的旅途上竟然也根本没有想到作陪。但不久他就收回了这些指责。不论是病情危重时找医生，还是打点住房，伊波利特都是必不可少之人；而最重要的是他那坚定的乐观情绪支持了亚历克西和玛丽的精神。夜晚有时候，他和玛丽会坐下来打牌，托克维尔则在他们一旁打瞌睡。另一些时候，由于灯光下阅读会损伤托克维尔的视力，他们就找人给他朗读：

> 我在戛纳找到有一些神学院学生，他们有几天晚上会来陪我们，大声朗读。这位未来的利未人完完全全是个胆小鬼。通到我们家的路晚上没有人走，所以他从来不忘带他妈妈一起来，虽然他已经19岁了。于是她妈妈在前堂做编织，而她儿子则把优美的法语散文翻译成普罗旺斯语，念给我们听。

托克维尔还没有丢掉他那讽刺的目光。他的兄长甚至也难以逃脱：亚历克西注意到伊波利特为了弥补晚上在别墅的百无聊赖，就在白天叫召集一些住在戛纳的波拿巴派显贵——一位参议院议员，一位下议院议员，甚至还有一位皇帝的管家。"我可怜的伊波利特！"这位从不让步的自由主义者说道，"真是性情堪忧，但心志如金啊！"[8]

这几周的信件给人的整体印象是，托克维尔似乎固执地要保持在公共空间亮相，仿佛他和他的生活几乎完全正常一样。他写了许多封信（其中至少有27封保留了下来），讲的都是有关他平常那些感兴趣的事。许多封信体现了他对年轻人的热心关怀：他给侄子于贝尔、年轻的爱德华·柴尔德都写过信，也向科尔塞勒写信问了他女儿马尔特（Marthe）的事。一年多以前，一位叫作阿道夫·德·尚布兰（Adolphe de Chambrun）的年轻人曾向她求婚。阿道夫是位律师，家庭出身也很好。马尔特同意了这门婚事，但她父母运用民法典规定的权力，不顾女儿已经年近三十，硬是将他俩拆散。托克维尔当时十分愤怒，根据他所说的情况，科尔塞勒夫妇是听信了一位出了名的小心眼的家庭律师，以为尚布兰没有多少钱，也没有有益的人脉。托克维尔认为这个年轻人不错（他不久就会作为法律顾问前往华盛顿法国大使馆，在那里与亚伯拉罕·林肯结为朋友），极力从中撮合。起初他不能明白马尔特为什么没有坚持自己的意见：也许她并不真的爱尚布兰？随后他与她进行了私人面谈。她的想法让他放了心，更热切地要帮她促成此事：他决意不让她成为法式家教的牺牲品，科尔塞勒夫妇的这种做法他极不喜欢。在戛纳他收到消息，告诉他婚礼的日子总算敲定了。这令他十分欢乐。为了不让科尔塞勒不

624

断小题大做把新郎吓走，他算是努力收住了这位朋友的"法兰西战斧"。[9]

在戛纳期间写的信也体现出他试图与世界事务保持联系；他对蒙塔朗贝尔和帝国政府之间爆发的一场重大争执尤为有兴趣。但有篇新闻报道称，伊波利特因为亚历克西身患重病而前往戛纳，这让他感到恼火。他向四面八方的朋友写信，反驳他所说的这条虚假谣言：寄给博蒙、科尔塞勒、意大利的安培，寄到巴黎、诺曼底还有英国。他对西尼尔写道，"我现在是这样一位病人：每天吃了一顿丰盛的早餐后，都要去山中步行两小时。"但他也没有伪称自己身体健康。他一开始也许还在说，这"虚假谣言"让他第一次反思出版自由；但写了50封否认信后，他说道，自己不得不开始想这谣言是不是真的错了。也许他的直觉开始告诉他真相；而就如他向博蒙坦陈的那般，有时候他当然感到害怕。与此同时，兄弟们还有医生们正背着他交换悲观（如果还没有陷入绝望的话）的信件。伊波利特几乎从一开始就意识到，弟弟的肺可能有致命的疾病；可没人告诉我们这位病人。[10]

不久，一切又急转直下。1月是托克维尔熬过的最糟糕的一个月。突然间（他后来说就像被闪电击中一般）他又开始咳血，持续了10天。而胃病和咽喉病仿佛还不够他受的，他的膀胱也疼了起来（应该是他免疫系统减弱，无法抵御病菌而造成感染）。这对他的精神有很大打击，疗法也效果很差；他衰弱得可怕，只能躺在卧室里，不准活动、阅读、讲话。医生们担心一点点情绪波动就会让他有性命之虞；除了两位修女，只有玛丽可以进他房间。托克维尔听从了他们的安排：每天伊波利特都会在门外出现，然后托克维尔挥手让他回去。玛丽自己也生病而不能说话；大多数时间，陪伴托克维尔的只有那几位修女。修女们被预先告知不要跟病人谈论宗教（也许这是伊波利特的建议，他大概是在传达托克维尔本人的要求）；但西奥菲尔修女后来讲到，某个周日，他请她们朗诵弥撒祷文：

> 每周日他都会做这样的要求。有一次朗诵过后，他恰好需要她们照料。在修女服待他时，他说道："修女，现在请把弥撒祷文念完吧。""念完了，先生。""没有，您没给我念约翰福音里那段美好的文字，开头是这样的：太初有道……"于是她们把这段念给他听。[11]

就这样，托克维尔开始与天主教会和解。他以前一直相信的也基本上是基督教的上帝；而这仪式是他快乐的童年不可或缺的一部分。所以自然而然，他现在从这仪式中寻求慰藉。的确，很早以前他就谴责教会所宣称的东西站不住脚；但现在，孤独而害怕死亡，而且别无可想的托克维尔，似乎开始重新思考自己的立场。在思想上，他对天主教的怀疑从未走向极端：对他而言，怀疑与其说建立了新视界的基础，不如说是一个阻碍；他不是哲学家，帕斯卡尔是他最喜欢的作家。也许，更令人惊讶的应该是他竟曾脱离天主教，而不是他的回归。他的怀疑论一直都是建立在意识形态乃至政治考量之上，并不具备系统性；这是性情与情绪使然——他曾如此向斯威特切尼夫人坦白。如今他的情绪把他往另一个方向拉扯。他没有有意识地承认自己是垂死之人，但他的疾病也许至少告诉了他，现在是时候向上帝寻求慰藉和宽恕了。某时某刻他一定想到了帕斯卡尔那著名的赌注，但他不太会把它当回事：他太过真诚，无法接受这玩世不恭的态度。*

　　这个过程不久就告终结。当地的本堂神父加布里埃尔修道院长定期造访蒙弗勒里别墅，但当修女们总算劝诱托克维尔接待他的时候，托克维尔差不多就像对伊波利特那样对他：他做了一个被修女认为带有轻蔑意味的手势，而且并没有说话。但此时（大概是1月的第三周）他正略微有所恢复；晚上回想起来，他很遗憾自己待客不周，所以下一次修道院长来时，他们做了简短的交谈。加布里埃尔注意到托克维尔意志消沉，出来后他建议修女们找个好办法让他意识到自己的危险（显然是为了让他皈依）。[12]

　　托克维尔倒也无需修女们的委婉言辞：他后来谈到自己仿佛"掉进了死亡的深渊"；有时，这深渊是如此漆黑，让他想要像小孩一样哭泣。他的未竟之作在这无限艰难和危险的时刻也成了一种折磨。他击打着额头向修女们说道："哦！你们可知道写书这事，可知道我是多么想把病治好，继续写作。"他几乎不吃不睡。后来他告诉博蒙，他一度就要放弃希望："医生们对咳血的事越不放在心上，我就越为恐惧。"但随后，大约在1月20日，他慢慢站稳了阵脚，朋友们几乎都感到难以相信的喜悦。咳血停止了，膀胱不疼了，他又有了胃口，气力也好了起来。到2月初他又在写信了，抱怨说自己没收到任何信件；笨拙的科尔塞勒告诉大家写信对他身体不好，而其实阅读朋友的信件能给他慰藉，也是医生允许的、可以给他带来智力娱乐的活动。[13]

　　病情好转持续了7周，但它不过是表象而已。2月5日，他第一次大胆走出

---

*　在我看来，只有数学家（但亚历克西不是）才会想出这样一个命题，或者觉得它值得一试。

室外——"就像钻入阳光的蜥蜴",到月底的时候,他向爱德华吹嘘自己走了两个小时也不感疲倦。再早之前,他曾讲到医生们正越来越为他胸腔的情况感到高兴(这是他第一次承认胸腔有问题),但很有可能正是在这个时候,他们开始有组织地欺骗他。他仍是极为虚弱,时时需要有人照看。即便如此,和之前12月一样,他还是勇敢地要维持自己的亮相率(不过可能没以前那么成功)。他继续催促科尔塞勒落实他女儿的婚事;时而他的思维摇身一变,成为耀眼的行动。他还开始阅读吉本的《自传》(对于一个悔过者来说,这令人感到奇特)。为了节省眼力每次只看一小段,而且很快就被其所吸引:

627

> [致皮埃尔·弗雷斯隆,2月23日]没有什么比回忆录更激动人心的了,难道不是吗?尤其是那些名人的回忆录,只要它们还有一点点可信度。我一直认为,我将发现创作如此美妙作品的玄机(我承认我总是为此感到失望)。这个样本显然写得非常诚挚。但它只能告诉读者,一个人如果拥有过人记忆力,过了40多年养尊处优的生活,研究一个几乎没有限度的主题,阅读其所有出版过的著作,将它们全部记住,然后安静地、不急不迫地校对所有这些文本,而发现自己不经意间写下了现代文学中最伟大的一部著作,竟能引来世人如此惊叹。而极为私人的一点,就是这位天赋超常能力、令常人难以望其项背的人,一落笔是那么简洁、有力、充满活力。
>
> 但我反复讲吉本是做什么呢?[14]

另一笔不请自来的思想财富,是密尔在那个月出版的《论自由》。密尔给托克维尔寄了一本。朋友的关心让他感到高兴,当即便回信感谢。他说道密尔肯定对这个题目有独到见解,这本书体现出他思维的力度不同寻常。"同样,我一刻也没有怀疑,在自由领域,我们仍旧会并肩前行。"有传言说哈利耶特·密尔过世,他希望这不是真的;*不过如果确实是真的,他会献上最诚挚的哀悼。他很期待阅读这本书,但没有证据表明他后来读过——考虑到他的身体状况,这并不让人惊讶,但却令人感到深深地遗憾。如果他读了,他会看到自己的影响深深地印在密尔这部代表作的几乎每一页上。[15]

---

* 要是读过《论自由》那著名的献词,他应该能验证这则传闻。哈利耶特·密尔于11月在阿维尼翁去世。

托克维尔还有生气，但 1 月份的折磨深刻地改变了他的意识与行为。他越发 628
感觉到自己需要依赖兄弟们（爱德华现在到尼斯居住），为时常对他们表现出来的
粗鲁言行深感惭愧。他希望他们责怪疾病，而不要谴责病人。他为遥远的朋友们
寄去贴心的问候：体力刚开始恢复，他就最先给博蒙写信（"如果不最先给你写信，
那我应该写给谁呢？"）；又给凯尔戈莱写信，他的孩子新近夭折；还有他嫂子艾
米丽。伊波利特每天都给她写信，她则把亚历克西的消息告诉他在巴黎的朋友们。
他们忘却了以前的过节：他写信的文字透出他对她的信任，也洋溢着对伊波利特
的赞赏：

> 人喜欢唠叨自己细微的感受，但更为困难、更不同寻常的是在严冬之际
> 到这偏僻之地，远离世界的中心，在这儿呆上三个月照顾因为生病而经常发
> 脾气、总是令人无聊的弟弟……伊波利特是我的好哥哥，他的所作所为我永
> 远不会忘记，我由衷地跟您说。

但是还有一朵阴云：玛丽的身体没有好转，令他失落而惊讶。[16]

然后在 2 月 28 日，伊波利特终于动身回家。托克维尔本指望他呆一个月；但
他足足陪了三个半月，也该回去与妻子团聚，处理自己的事务了。况且，亚历克
西身体似乎好些了；爱德华又近在跟前，伊波利特肯定以为他可以脱身。他算错
了。托克维尔关照远在异地的朋友们，却没有考虑到身边需要有人照料。3 月 3
日他自信满满把自己的状态告诉安培；但就在那天晚上他和玛丽大吵一架（托
克维尔只能低身说话，玛丽应该根本不能说话，所以很难想象他们究竟是怎么争
吵的，但确有其事）。第二天，托克维尔向博蒙写道：

> **我亲爱的朋友**，几经思虑，我恳求你过来看我。我们正孤零零地在这里。 629
> 伊波利特回去了；爱德华在尼斯，也行将起身。* 于是我们就陷入孤单的境地，
> 而这正是我们恢复能量，思想和身体复苏的时候。你现在过来对我们有莫大
> 的益处。虽说如此，我不想破坏你快乐的生活，把你丢到我们这里闭塞的生
> 活中去。但这其中有一个原因我只能跟你说，你过来给我们带来的安慰是我

---

* 其实爱德华一直留到了最后。

们迫切需要的：我妻子的精神状态令我害怕，我的朋友。她身体不好，这一个月来比以前更不好了；她也许耗尽了身体上和精神上的力量；大概，这种精神状态在她灵魂中制造出了很多想法、感受、悲伤还有恐惧，我不知道她的心智会被带到哪里去。你是了解玛丽的。她是理性的化身，但到了某个时刻她会突然放开缰绳。另外，我们的仆人……个个都是半残废，在需要他们有百倍热心和热情的时候，却服侍怠惰。老朋友，除了"来"，我还能对你说什么呢？尽快来吧。只有你能让我们回到正轨。你欢快、勇敢、活泼，完全熟悉我们和我们的事情，所以可以轻易做到别无他人可以做到的事。来吧。我知道自己给你提了一个大大的要求，要你证明我们的友谊，我知道；但我也知道自己是在和谁讲话……来吧。愿博蒙夫人原谅我们，但我敢肯定她已经原谅我们了。我打心底拥抱你。A. 德·托克维尔。[17]

同一个邮包里，玛丽写给克莱芒蒂娜·德·博蒙的信可以帮助我们理解这封非同寻常的信（它不同于托克维尔档案中其他任何一封信）。玛丽的信读起来要费些劲，但这并不能说明她神志出了问题：

我亲爱的克莱芒蒂娜，今早我丈夫给你丈夫写了信。我们知道，请他过来意味着他要做出莫大的牺牲，所以我们犹豫了很长时间。但我们蒙受了太多的苦难，让我们变得自我主义。在我们看来，没有他我们就得不到拯救……我可怜的病人有些好转，但依然极为脆弱，以致我日夜不停地忧心。我无法相信医生所说的话，说他5月就能康复。至于我，则再也无法回到神志正常的状态，我非常之绝望。我从未见过如此的痛苦经历。医生们说，他们从没见过病得如此严重的人。他不仅患有一种可怕的疾病，还患有另外三四种没那么可怕但却难受千倍的病。已经发生的事，再怎么样也无法改变了。所以我气馁了，没有什么能帮助我，我一直在想，发生了的事情会再度发生——每当这种想法浮现出来，我的心就又要破碎一次，唉！它总是缠着我。我根本不能说话，有三个星期我总算能发出些声响，但新一次打击使喉咙的疾病急剧复发……如果我能见到你丈夫，我觉得我会重新在这世界上找到一些满足；但要是他又离去了，会是多么骇人。而且，他的到来对亚历克西有莫大的益处。亚历克西迫切需要与朋友交谈，愉悦身心。我坚信，如果说真有什么可以治愈他的，那就是与他最好的朋友一起打发几天时间……从尼斯过来照顾亚历克西的一位修女［西奥菲尔修女］今天回去了，无法继续照顾我们。其他几位还在，但我已经在担心，只有一位修女可以派上用场。最近两个月来＊我们都靠修女们照顾。在此之前是我来照顾亚历克西，后来弄得精疲力尽，什么也做不了了。我，四位仆人，两位修女一起照顾他都还嫌不够，家里的人都很不满、抱怨连连。我不能讲话，时常需要人照顾，但即使是些最必需的东西，我也不敢提出要求。而最糟糕的是，我的心碎了。最后，神恩似乎在眷顾我们，但他的咳嗽让我心碎……我不敢再写了，因为我写出来的都只有抱怨……[18]

有关这些文档，有两件事必须说明。首先，托克维尔对玛丽十分担心，玛丽也十分担心托克维尔。其次，玛丽描述的图像更为具体，讲出了他们遇到的各种困难，而在此之中（她用过分理智的话）暗示托克维尔是非常会制造麻烦的病人。当他见她苦恼的时候，他没能领会到，让她如此苦痛的，是因为她有充足理由担心他将死去，或者只能拖着病躯生活。他再度说服了自己，自己正在康复，亟需的不过是有人陪伴而已。

博蒙立马答应了下来，于 3 月 11 日抵达。刚不久，热特吕德修女接了西奥菲尔修女的班。另外，正造访里维埃拉的奥尔良主教迪庞卢（Dupanloup）高级教士也登门拜访。迪庞卢是第二帝国的高级教士中极少数得到托克维尔赞许的人：他是法兰西学院的成员，但并不趋炎附势。† 而且，正是年轻时候的迪庞卢让塔列朗重回教会的怀抱，这与托克维尔目前的情况是最为相关的。欢迎他在这个节骨眼上到访，意义是毫无疑问的，但他与托克维尔都谈了什么我们尚未可知。之后，迪庞卢向加布里埃尔修道院长表示他"担忧这个灵魂"，因此也增强了加布里埃尔的决心；但显然加布里埃尔认为促成此事的时机还没有到。不过他时时上门，询问病人的情况。[19]

一路上博蒙并不清楚要在戛纳做什么。有好几周的时间，他担心自己所说的"灾难"会发生，但他和克莱芒蒂娜也一直没能按捺住一个并不可取的疑虑，即托

631

＊　其实是三个月。

†　菲利克斯·安托万·菲力贝尔·迪庞卢（Felix Antoine Philibert Dupanloup，1812—1878），1849 年出任奥尔良主教，1854 年进入法兰西学院。

克维尔绝望的诉求只是"一种友善的恭维"。一见到托克维尔，疑虑就立刻消散了。这位病人一度激动得说不出话来，极力忍住啜泣和喜悦的泪水。他告诉博蒙，他正忧伤、孤独得要死去，博蒙到来拯救了他的生命；然后他真的喜极而泣。至于玛丽，她和丈夫一样需要有人照顾。按照她信中的约定，博蒙负责整个患病的家庭，鲁莽地答应说需要他呆多久就呆多久（但其实他根本不知道会有多久）。他很赞赏这些修女，她们都彬彬有礼，头脑聪明，善于照料："没有她们，我真是不知道我们可怜的病人会变什么样。"他也会见了医生们。

　　医生们的观点令他震惊。他们认为托克维尔还有一线生机——但就只有"一线"。他确实比 6 个月以前好很多，博蒙推断当时他正在鬼门关是不错的。但目前的状况并不能说明什么，他是非常棘手的病人。（医生们说）如果他的体质再好些，脾性再稳定些，再如果他各个器官耗损得没有那么严重，那老天也许能帮他恢复。可实际上，他饱受胃病之害（"胃病一直都是他的软肋"，博蒙反思道），每一种药都会把他的胃搅个天翻地覆（我们知道医生有时候会给他开鸦片酊，应该是用于镇静，有利睡眠）。可只有靠吃东西才能恢复些气力："这是糟糕的并发症。"咳血停了，但他一直咳嗽，从咳出来的脓里莫尔医生两次发现了结合病菌。他估计咳血还会再犯，会吓到病人。托克维尔持续低烧，心率为每分钟 95—100 次，而正常心率为每分钟 70 次。医生既没有告诉他心率失常，也没有说他有低烧。[20]

632

　　博蒙的处境极其尴尬。他甚至没有把自己的忧心告诉玛丽，总是小心翼翼地维持与托克维尔之间的乐观氛围。他为托克维尔大声朗读，讲述他在戛纳街头、或是时而从访客那里听到的各种消息。最早让戛纳成为流行的旅游胜地的布罗汉姆勋爵前来拜访。托克维尔太过虚弱，难以接待他，但他和博蒙就政治问题进行了长谈（法国正处在对奥地利宣战的边缘）。之后，博蒙向托克维尔转达了他们谈话的内容。但这些都只能轻微地缓解托克维尔的病痛。博蒙笔下的每日例行工作黯淡至极。好几个月来，丈夫和妻子都不被允许正常说话，博蒙难以想象他们如何能忍受这样的生活。早晨要忙着检查身体：托克维尔的背上生满了褥疮。医生上门。午餐后病人散步少许，是令他心情十分愉快的事；博蒙最初以为这是体能恢复的征兆，但后来他注意到即便是阳光明媚，托克维尔也裹着两三件大衣，走起路来像 90 岁的老人，而且不发一言。下午 3 点邮递员送来信件和报纸，有时候托克维尔觉得自己有精力接待访客。晚餐定在 6 点，直到此时房子里才出现有生命的样子；"但到了晚上，这地方就是坟墓"。托克维尔太累了，虽然他挣扎着打起精神，怕夜里睡不好，但他甚至没法听博蒙朗诵，不停地睡去。博蒙使出浑身解数，要让这里的生活更有生气，但他感到自己是在挑战不可能的任务。他们的沉寂切断了玛丽和亚历克西与世界的联系，即使是他们最挚爱的朋友。

玛丽开始说话，也许没和丈夫说，但和博蒙说了。这也许可以说明在一定程度上她得的是心病；或者说，这反映了她绝望的程度。她曾打算聘请一位医生常住家中。博蒙同意她的想法，因为再怎么康复，托克维尔也不可能摆脱医生的关照了。而且，有这样一位医生，对玛丽也很有益处。他致信巴黎的安德拉尔医生，就此事寻求帮助。玛丽抱怨托克维尔的家人（当然这有失公道）：伊波利特中途离去，爱德华（他需要照顾生病的妻子）不怎么来访，而他的儿子们也没有对可怜的叔叔表示些许关心。几天后，玛丽向博蒙倾诉了她的所思所感。她完全丧失了信心，情绪低落，身心俱疲。而最糟糕的是她

> 有点与她可怜的丈夫**离心离德**。她丈夫的情况榨取了她大量精力，超过了她能承受的范围；她绝望地跟我说她想**去死**；每天都是愿望；她看到丈夫热切地想要活下去；她难堪生活重压，不希望它延续下去，所以她只想着结束自己的生命，去延长丈夫的生命，因为他对之如此珍视。虽然她已是筋疲力尽，但她仍旧清楚地看到，自己还处在激流的中央……她很清楚，若是再来这样一次灾难，她再也渡不过去。她的判断很理智……

我不得不说出非常残酷的现实：她要活下去，那她丈夫必须现在就死去；他的生命整体上仍很有可能延续，但已无力回天，而且我很担心，这样下去最后也会早早把她吞噬。说起来也许很可怕，但我正是这样认为的。而且必须指出，她过于**自我**的性情使他们之间有些隔阂。"他快要把我杀了，"她说道，"他爱我，但不是为了我，而是为了他自己。"尽管她经历了莫大的精神痛苦，说出这番话难免有所夸张，但我认为这位可怜的夫人心中肯定有着这样的想法，因为她现在已经被**摧垮**了。不管怎么说，她仍旧履行着自己的任务与义务，全神贯注，令人钦佩；但这太过接近于一种宗教义务。我尽可能地对她说些能安抚她的话，让她更能看清真相：毕竟，有哪个女人是因为她自己而受到如此激情的爱慕，又有哪个女人得到过更炽烈的爱情的证明？我

633

634　　觉得我让她好受不少；昨天，亚历克西看到她的神态完全改变，于是温和地跟我说，我在救了他的性命以后又救了他妻子的性命。[21]

　　博蒙对玛丽的观察十分有趣，但他最关心的当然是她丈夫。在他给克莱芒蒂娜的信中，我们可以看到他的希望从一开始的一丁点，破灭成了绝望。早在3月17日，他就说，"我所见到的情况是每况愈下……真可以说是消耗战；每天他的精力都被耗散，但没有相应恢复"。自博蒙抵达起，托克维尔即节节衰退。咳嗽一直没有离开他，但胃口却走了，令他大吃一惊："如果他知道自己持续严重发烧，他就不会那么吃惊了；他们还把他蒙在鼓里，但能蒙骗多久呢？昨天他跟我抱怨了一番（当然是耳边低声说的）他的医生。他说医生的话他只相信一半。"3月21日风和日丽，春天降临，但博蒙问莫尔医生他还有多少希望，莫尔答复说托克维尔就像是一个拿自己最后20法郎押宝，希望赢回一个城堡，机会只有千分之一。这个比喻让博蒙不寒而栗。晚上仍旧如同地狱一般，他说道，而且要找到合适的朗读材料并不容易。平淡的书听得托克维尔睡着，会影响他夜里休息；小说呢，哪怕有一点点意思，就会搅得他难以入眠。他们可以讨论《包法利夫人》，因为托克维尔已经读过了；它不会让托克维尔做噩梦。*

　　博蒙试着让他理解玛丽正在忍受的痛苦。

　　　　我用温柔但有意让他留下印象的口吻跟他说：**我亲爱的朋友，你知道你可怜的妻子有什么问题吗？** 她再也做不动了，需要你让她休息。我试着让他理解，即便从他自身利益的角度，他也应该让她休息休息。这样的话，她在没有事的时候可以补充精力，储备些能量，以应对可能**再次降临的大危机**。但

635　　我们这位可怜的朋友，一生都被宠坏了，被她宠坏了；这位可怜的夫人为了照顾他倾注了全力，直到耗尽了全部力量——身体上的和精神上的。他一度努力地试着理解我给他的建议，其中的道理和缘由他不可能误解；而不久他又回到了原来的性格，要他可怜的妻子继续这种生活，做她已不再能做的事。

---

　　* 《包法利夫人》出版于1856年12月。它甚至比《旧制度》还要敏感；1857年帝国政府曾要禁它，但未能成功。

博蒙担心她会崩溃（3月22日）。

　　未来前景黯淡。但托克维尔还抱有希望，谈到了他那第二卷书。为了以后继续写作，他请博蒙给他读米约（Miot）伯爵（一位拿破仑时期的军官）的回忆录。博蒙认为这回忆录极为有趣，清晰地反映出波拿巴家族，这个在法国发家的科西嘉宗族，具有怎样的个性。"我的上帝！"托克维尔听着听着就喊道，"那个家族真是得了报应！"

　　但这是他的思想最后的闪光了。博蒙认为，即便有所恢复，他再也不可能胜任写作。他努力维持自己的希望：3月24日他报告说托克维尔好些了，但第二天他又开始咳血。博蒙询问莫尔医生亚历克西是不是还能再活个几年；回答是"几个月吧"。第二天，托克维尔咳出一些血丝。医生告诉博蒙这无疑来自肺部；但他说服托克维尔这不过是鼻血而已。虽然如此，托克维尔还是惊恐万分。在发热和虚弱的状态中，他的男子气正在消融；他的感受就像是个被吓坏了的孩子。

　　第二天他镇定了些，但医生们仍然利用他的信任，没有说出实情。博蒙在想他还能被蒙骗多久，逐渐担心起自己的位置。他无法干涉医生们的做法，这一点他无需向自己妻子解释：如果他真的插手干涉，他们也许就甩手不干了。但他又不想参与欺骗，于是就考虑是不是去巴黎寻找玛丽所说的内科医生（*secrétaire-médecin*），这样也许对托克维尔更有好处。在戛纳他感觉自己不过是增加的一位修女而已。3月28日，托克维尔不再咳血，但似乎比前一日更虚弱些。他不再问自己怎么样：在博蒙看来，他完全生活在幻觉之中，"但我非常担心这幻觉再也没法持续了"。博蒙也开始像玛丽一样懊恼于托克维尔的亲戚们，或至少对爱德华有所不满。博蒙说道，爱德华虽在尼斯，却几乎完全帮不上忙；他和亚历山德里娜只为自己考虑。博蒙也为伊波利特不在感到遗憾，因为他虽然有点糊涂，但要可靠得多。这对于爱德华来说并不完全公平，他于3月30日前来陪夜。自他们上次见面以来，亚历克西的病情竟然恶化得如此严重令他十分吃惊。4月4日，他和妻子一同搬进了蒙弗勒里别墅。情况还是那样；亚历克西很高兴他来，博蒙也能卸去束缚。现在，灾难已是确然无疑，一想到这他就丧失了全部勇气："有时候力量抛弃了我；有时候我甚至认为自己的身体会垮掉——虽然我一直非常健康"（4月3日）。家里需要他，但他不想让玛丽感到孤单。为了玛丽他留了下来；他不能再为亚历克西做些什么了；"我觉得我们可怜的朋友已经完了。"他现在只能靠鸦片酊维持生命（4月4日）。

636

爱德华的到来令玛丽和亚历克西欣喜，也改变了博蒙的打算。他再也无法压抑自己对莫尔医生的厌恶。莫尔医生一方面跟托克维尔说，除了"意外的"消化问题，他的病已经好了，而另一方面告诉博蒙，托克维尔正处在结核病的最后阶段，他的肺功能尽失，不过是一块大的伤疤，能活过一周都算是幸运的。博蒙再也不愿参加这场表演，"它说明了可怜的诚实是多么容易被欺骗，直到需要得知真相的关头"。托克维尔以为自己的肺和喉咙完全好了。玛丽也没有看到死亡会来得那么快。至少她自己有所康复。况且，博蒙现在对于病人也没多大帮助，一朗读他就睡着，完全交给修女们照料。他决定带着亚历克西和玛丽的善意回到妻子身边。他写道他会在路过巴黎时寻找内科医生；在他写给托克维尔的最后一封信中，他说自己虽然如子弹般穿过巴黎，但确实完成了使命。一位名叫塔代·迪·雅尔丹－博梅（Thadée du Jardin-Beaumetz）的年轻医生（据雅尔丹所言是科尔塞勒找来的）[22] 于 4 月 10 日抵达蒙弗勒里别墅。博蒙也把亚历克西令人绝望的状况告知了伊波利特、凯尔戈莱和于贝尔；他们立刻前往戛纳，于 9 日抵达。与此同时，博蒙回到家中，得到温暖的欢迎，但他并没能住下；给托克维尔写信之后——他尽力写了一封有趣而欢快的长信——他以法兰西学院选举为借口，急急忙忙回到巴黎，但其实大概是想要尽快得到消息。他抛弃了这条沉没中的船，也许他还没有真的为此释怀。[23]

637

不过，虽然托克维尔已是将死之人，他也没有完全丧失回应各种事件、过好剩下那点生命的能力。正如博蒙所记录的，他得知科尔塞勒—尚布兰的婚礼确定好了以后感到欣慰；迟至 4 月 9 日，他还能够向安培写一封简短但有力的信，对他正赶来戛纳的消息表示欢迎；[24] 而且在此之前他走了决定性的一步，回归天主教会。

博蒙在他给克莱芒蒂娜的信中并没有这样说。但 1860 年他草拟的讣告中有一段说到，玛丽尝试让托克维尔做告解已是有一段时间了。[25] 起先他拒绝了，理由是天主教会有太多他不相信的教条。但博蒙还未离开戛纳之前，他同意了，向加布里埃尔修道院长做了告解，后者认为他的忏悔颇为到位；但托克维尔还不敢肯定，于是坚持在之后的那天向玛丽做了一次细致得多的忏悔。*他期待可以在复活节领

---

* "告解"是加布里埃尔用的词，但即便亚历克西真的将自己所有的顾虑、怀疑和遗憾向玛丽倾诉，他的告白也不具备宗教意义。

到圣餐，但那年的复活节特别迟（4 月 24 日），加布里埃尔怀疑他撑不到那么久。就在这个时候，爱德华（据他本人所说）插了一手。他向神甫建议，考虑到他弟弟的身体恶化加速，现在到了最后一搏的时候。也许这就是为什么玛丽（博蒙认为她正在好转）询问是否可以在别墅做弥撒，因为她的身体还没法去教堂。神甫转向亚历克西："您呢，伯爵先生，您什么时候去？"托克维尔似乎有着约翰·卢卡克斯所说的"詹森主义者"的踌躇：[26] 他说自己还未准备好，要求再做告解。但第二天，4 月 6 日，仪式就在他眼前举行，玛丽领取了圣餐。在加布里埃尔的开导下，托克维尔也躺在躺椅上领了圣餐。爱德华、瓦勒里修女和热特吕德修女都在场，而据修女们所说，亚历克西向她们强调，他是出于自己的同意，怀着充分的信仰而这样做的。[27]

托克维尔毕生秉持怀疑论，晚年持温和的反教权立场，所以许多学者和爱好争论的人难以接受这戏剧性的转变，更何况留存下来的文档相互之间并不一致（但要自圆其说不是不可能）。[28] 尽管如此，他们所讲述的故事清楚而明确；这其中涉及的精神与心理过程是完全可以理解的。有一点博蒙、加布里埃尔和修女们都同意，也许应该得到强调：托克维尔没有，也没有被要求对任何他长期以来反对的教义给出自己明确的赞同。就现在而言，他只要接受了教会的权威和纪律就足够了。他悔过、忏悔，接受赦免和圣餐；安心是他获得的回报。他明白地告诉博蒙，得知自己与玛丽的结合现在已经完满，他感到非常幸福。[29] 安德烈·雅尔丹正是这样解读一整个过程的。但他也评价道，"我们不敢肯定他最后在想什么。精神中有些秘密的领域，是让人缄口不言的"[30]。

就在这一切正在发生的时候，几乎四年不见托克维尔的安培写信说他想来戛纳，还没等收到托克维尔愉快的回信他就出发了。托克维尔那些乐观的信欺骗了他，他浑然不知自己正在去看望一位将死之人；相反，他却担心托克维尔在他赶到前就回家了。他的判断真是大错特错，不过奇怪的是托克维尔至始至终都很乐观。他向于贝尔谈及，他遗憾没有将生命中更多时间投入到宗教中去："如果上帝让我恢复健康，我已经决定要更热切地为宗教献身。"旁人都看得出，大去之期将近。迪·雅尔丹－博梅医生后来告诉科尔塞勒，西北风大作的时候托克维尔所受的折磨看着令人害怕。4 月 15 日，疾病发作了两次，几乎让他窒息。早上他感觉好了些，但他还是再度扛过了一次发作。随后他陷入深度的镇静之中，医生估计下一次危机便会终结他的生命：托克维尔的身体正在聚集最后的能量，但无济于

638

639

事。玛丽终日守在他身边。据迪·雅尔丹－博梅的描述，他倾听了"一段简短的朗读"：据修女们的记录，迪庞卢主教来了，又在病房里做起了弥撒。不过托克维尔太过虚弱，最多也只能背诵《又圣母经》（*Salve Regina*）。当天夜晚（4月16日），七时一刻，在妻子、路易·德·凯尔戈莱、他的亲族、他的老朋友，还有在戛纳的其他家族人员的守护下，亚历克西·德·托克维尔去世。[31]

尾声

安培 4 月 17 日抵达戛纳（科尔塞勒也旋即赶到）：来不及见亚历克西最后一面，但现在玛丽迫切需要他的安慰和帮助，需要他在回科唐坦的悲伤旅途上陪伴。她的悲伤似乎一度要将她长期衰弱的身体压垮，但没过几天她竟振作起来。托克维尔的葬礼在戛纳举行：布罗汉姆勋爵作为法兰西学院的代表出席，打破了他从不参加葬礼的规矩；在哪里埋葬亚历克西是没有疑问的：亚历克西已经选好将自己葬在托克维尔的教堂墓地。[1]队列缓缓北行，使路易·德·夏多布里昂有时间在马德莱娜的地下室安排公众瞻仰遗体（此地离托克维尔的出生地仅数步之遥）。最后，遗体回到了故乡；5 月 10 日下土埋葬，参加者甚众。[2]入土之后，玛丽开始了寡妇生活。她为丈夫去世而悲痛欲绝，她的悲痛很快就使她对他的态度和记忆发生了一定的转变，而且公开地表达了出来。她哀伤地向蒙克顿·米尔恩斯写道："如此完美的人走了！他是所有人的朋友，所有人都为他悲恸。他对所有人都有益，而我这样如此无用，如此老态的人，却留了下来！"如果说她仍然对托克维尔抱有杂陈的感受的话，她现在已经把那些感受藏在了心里。[3]

她是一位拥有坚强性格以及强烈感受的女人。葬礼之后她便要面对这样一个问题：托克维尔庞大的未出版手稿该怎么办。她找博蒙帮忙。托克维尔曾反复怂恿博蒙在公共生活结束后从事创作。就这样，博蒙将他的余生都用于编辑他故去的朋友的手稿。这是一项惬意的工作，他也十分胜任（当然，根据 19 世纪而不是 21 世纪的标准）。他是一位可敬的编辑；相比之下，玛丽把寡妇的特权用到了极限。她似乎毁掉了她写给托克维尔的每一封信，且显然在抄写了他向她保证他永远爱她的段落以后，打算毁掉所有他给她写的信。这令人惋惜（也许可以理解）的举动，随着她最后一次生病，于 1864 年去世而结束。

托克维尔逝世是一场公共事件。他病危的消息很早就传出了戛纳，乃至好几家法国报纸（还有伦敦的《泰晤士报》）在他死前就宣布了他逝世的消息。待到他真去世了的时候，报纸上刊登了得体的短讯和讣告，但对奥开战的消息多少掩盖了此事。[4] 到了 1860 和 1861 年之交的冬天，事情发生了戏剧性转折。博蒙出版了两卷托克维尔遗稿，收录了他的那篇传记式的长文，托克维尔各种未发表的小作品（包括《荒野两周》，以及关于雾月的两章），还有近 300 封书信，包括他与凯尔戈莱、欧仁·斯托菲尔及博蒙自己的书信往来。这两卷书很是畅销。当时批评界的权威圣伯夫撰写了两篇文章，高度赞赏托克维尔的成就。不可否认，这两篇文章带有他特有的恶意之笔和不容商量的风格，但他毫不含糊地表示，托克维尔是这个时代最伟大的作家之一：圣伯夫尤其喜欢《荒野两周》，以及他给凯尔戈莱的信件中展现出来的谦逊品格。[5]（这样的评价尽显雅量，因为这两位学者在政治上有尖锐分歧：圣伯夫是位坚定的波拿巴派。）这两卷书的反馈让出版商列维振奋不已，故而请博蒙做一套"全集"。虽然最终未能实现，但确实又多收录了一卷书信，一卷杂集（"Mélanges"）以及新版的《论美国的民主》和《旧制度与大革命》。[6]（《回忆录》暂缓出版，可谓尚未引爆的炸弹。）

642

但在评价拉科代尔神父作为托克维尔的继任进入法兰西学院的欢迎仪式时，圣伯夫就不是那么亲切了。拉科代尔入选法兰西学院引发了一阵搅动，其中有一部分原因在于他是首位成为被学院接纳的修道士；但更主要在于，他之所以当选，是因为自由主义者和反对拿破仑三世意大利政策的天主教徒结成了并不自然的联盟。人们纷纷以为法兰西学院将爆发激烈的争论：拉科代尔会用教士特有的口才为庇护九世辩护、向皇帝发起挑战；一时间学院的大厅人山人海（甚至连皇后和其他波拿巴家族的女士都出席）。拉科代尔的表现让众人失望；他没有提到帝国政策，有关教皇的问题也只有寥寥数语。他的风格并不适合法兰西学院，他给托克维尔的致辞，内容真诚而睿智，文辞却平淡乏味。他多少有点奉承地提到托克维尔去世时的虔诚。但也只有在这段话中，他似乎提出了点新的见解。然而不幸的是，在听者看来，他讲这番话似乎是说，站在通往永恒的边缘之时，托克维尔的毕生成就是无足轻重的。[7] 代表法兰西学院回应这篇致辞的基佐则成功得多。他还未丧失驾驭听众的天赋。他用恭维话敷衍了法兰西学院，然后赞扬起了托克维尔的记性。根据当时在场的凯尔戈莱的描述，基佐的演讲让在场听众听得入迷。但他禁不住就审视起他与托克维尔之间有关现代历史进程的争执，这或者也可以说是他利用了最后发言的机会。掌声消散了——凯尔戈莱告诉玛丽。基佐的论点正与 1837 年的莫莱相同，正如圣伯夫指出：托克维尔仅仅是因为他在政治上没有经验而与他有分歧。圣伯夫用含蓄的语言代表托克维尔道出了真相：其实基佐一直固执地坚持最初犯下的错误，从不让经验、批评、爱国主义改变自己想法。[8]

今天我们阅读这些论战，从中只能看到一个明明白白的事实——托克维尔死了、被埋葬了。正如弗朗索瓦兹·梅洛尼奥指出，拉科代尔和基佐在发言当中均没有提到，托克维尔曾经描述过的美利坚联邦行将分裂，陷入叛乱与内战。托克维尔无疑不会犯这样一个错误。[9]本质上说，这些论战是公开的交锋，而辩论的主题是现在只生活在著作当中的托克维尔。这场辩论时断时续，直至今日。

那一年的晚些时候，一次别开生面的会议唤起了托克维尔的个性（如果说不是他的著作的话）。在这个方面，它反映出来的东西比论战要生动得多。8月，他最亲近的几位朋友，作为玛丽的客人，齐聚城堡：安培，古斯塔夫和克莱芒蒂娜·德·博蒙，纳索和米妮·西尼尔。一切都如从前那样。他们漫步乡间；博蒙和他10岁的儿子保罗在海里洗浴；他们聊到意大利、法国、美国；西尼尔照往常那样把大家说的都记了下来。慢慢地，他们的谈话里充满了对这位逝去的朋友、东道主的回忆。博蒙为托克维尔在七月王朝以及1848年制宪委员会的从政经历辩护，他的评价肯定不会让基佐满意。在西尼尔的建议之下，他们花一个晚上听安培朗诵莫里哀的《愤世嫉俗》（*Misanthrope*）。托克维尔很喜爱这出剧。朗诵毕，他们的讨论比其他任何东西都更直接地唤起了亚历克西和他的世界。[10]

安培：传统上这出戏里塞利美是莫里哀的妻子。

米妮：把她设定得太年轻了。20岁的女孩不会那么智慧，那么了解世界。

安培：两三处地方改一个词即可。与往常一样，最脆弱的角色都是善良的，这里的菲兰特和埃利安特。阿赛斯特是个大杂烩，也许法国的舞台上他独一无二。他混合了喜剧与悲剧，因为在好几幕里他上升到远远高于喜剧的位置。他的爱情真是轻率的激情。塔尔玛戏弄他很开心。

西尼尔：我觉得他退隐之地是个遥远的乡村房舍：和托克维尔差不多的一个地方。

博蒙：就像50年前的托克维尔，没有公路，去巴黎有10天路程，社会交际依靠瓦洛涅。

玛丽：就像我岳母嫁过来时的托克维尔。她住了一个月，就再也不想见到这个地方了。

西尼尔：塞利美是跟谁结婚？

644

安培：当然是阿赛斯特。大概在 5 年以后吧。到那时他一定厌倦了归隐生活，她也厌倦了玩弄男人。

西尼尔：我们知道，莫里哀的妻子虽然有点轻浮，但他一直都与她相爱。莫里哀肯定爱着塞利美，这是让我相信传统说法——塞利美是莫里哀夫人——的原因。莫里哀笔下她极富魅力，最坏的过错也不过是她的一些小缺点而已。她的讽刺是和善的。阿尔希诺则是她的陪衬，设定这样一个人物就是为了展示什么是真正的毒舌。

安培：所有女人都爱阿赛斯特，她们为此不顾其他任何人。塞利美对他人的讽刺很难说是善意的。至少别人显然都不这么认为。

米妮：如果塞利美成了阿赛斯特夫人，他也许就要生活在嫉妒之中了。

克莱芒蒂娜：他当然嫉妒了。他爱她爱得激烈。激烈的爱情是很少没有嫉妒的。

玛丽：至少到他们结婚以前。如果一位爱人淡定到没有嫉妒，他就应该假装一番。

她这样想是有理由的。[11]*

---

* 原文为法文：Pour en trouver ainsi, elle avait ses raisons. ——译者注

注释

第一章 贵族阶级（1773—1794）

1. Rédier, 16–7.

2. AT to Hervé de Tocqueville, 1 July 1841, OC XIV 223. 托克维尔先祖的更多细节，见 Rédier, 17–20，和 Simon。

3. Yale, Beinecke Library: Tocqueville Papers A I e, 'Catalogue des Livres de la Bibliothèque du château de Tocqueville', compiled in 1818. 列出了总共 542 本书，显然大部分是在 贝尔纳·德·托克维尔时期购进的。那些关于"战争技艺"的书，被明确证明为曾 是他的"便携军事藏书"。

4. 18 世纪托克维尔家族史的主要来源，乃是埃尔韦·德·托克维尔未出版的回忆录，现 藏于圣洛（Saint-Lô）的芒什省档案馆，在 1J 系列下。回忆录的一小部分题为"恐怖 统治的片段"（1901 年重印），发表于 1867 年 1 月的 *Contemporain*。我如此大量地使 用这份最珍贵的资料，以至于似乎不必要特意声明出处。（该回忆录的更多说明，见 "参考文献"。）我对托克维尔城堡的说明，见 Leberruyer。

5. 接下来的东西，我主要受惠于 Ford 和 Chaussinand-Nogaret。

6. Nassau Senior, *Journal*, Saturday, 17 August 1850. 西尼尔，托克维尔最亲密的英国朋 友之一，从 1848 年到 1864 年死前不久，他保存了一份与托克维尔以及与其他杰出 人物对话的日记。它是最珍贵的资料来源，出版于 1872 年，带有许多删节和编辑篡改 (ed. M. C. M. Simpson, *Correspondence and Conversations of Alexis de Tocqueville with Nassau W. Senior*, 2 vols)。而在之的 *Oeuvres completes*, vol. VI ii 中则完整且准确得 多 (eds. Hugh Brogan and Anne P. Kerr, 1991)。不幸的是，它是以法语形式出版的。基 于学术严谨的考虑，我在本书的所有引用都来自手稿（威尔士国家图书馆，阿伯里斯 特威斯 [Aberystwyth]），除非另有说明。

7. ibid., Tuesday, 22 October 1849.

8. 'État sociale et politique de la France avant et depuis 1789' (published in the *London and Westminster Review*, tr. John Stuart Mill, 1836), OC II i 38.

9. Rédier, 21. 她为自己的文章取名为"关于最正直、最善良之人，以及我应该说的最恩 爱夫妻的生活与死亡的小集子或梗概。奉献感激之情"。

10. Chaussinand-Nogaret, 69.

11. AT to Mme Swetchine, 10 September 1856, OC XV ii 292–3.

12. Grosclaude, 734-5, 引用了两封当时来自 Mme de Montboissier, Louise de Rosanbo's *émigrée* aunt 的邮件，这两封信既表明这场婚姻安排得有些仓促，也表明埃尔韦并非新娘圈子里的熟人：Mme de Montboissier 已经忘了他的名字。

13. AT to Hubert de Tocqueville, 23 February 1857, OC XIV 329.

14. AT to Hubert de Tocqueville, 4 April 1857, ibid. 330.

15. Allison, 126, 是这条声明的唯一依据；我在 Groselaude 处未找到确证。

16. OC II, *L'Ancien Régime et la Révolution*, i, 63-4.

17. Chateaubriand, *Mémoires*, vol. I, 288.

18. Painter, 138.

19. Chateaubriand, *Mémoires*, I, 354.

20. ibid., 521, 541-3.

21. Grosclaude, 706, 711.

22. ibid., 718.

23. ibid., 721.

24. Allison, 162.

25. Grosclaude, 738.

26. ibid., 747.

27. Hampson, 18.

28. Richard Monckton Milnes, 'Commonplace Boot', vol. 1844-5, Trinity College Library, Cambridge.

第二章 保皇党人（1794—1814）

1. 如同第一章，此处也一样：未标注的信息来自埃尔韦的回忆录。

2. 关于埃尔韦勉力维持家族遗产的更多细节，见 Jardin, *Tocqueville*, 14。

3. Jardin, ibid., 16; Rédier, 31-2, 严重弄错了埃尔韦的任命日期，但睿智地评论了埃尔韦伯爵接受任命的原因，"审时度势"。

4. AT to Édouard de Tocqueville, 2 September 1840, OC XIV 214.

5. Jardin, *Tocqueville*, 14; Rédier, 31; Louis de Kergorlay to AT, 4 August 1833, OC XIII i 331; 对于 Le Sueur，见后文，第 46 页。

6. Louise de Tocqueville to AT, 'Samedi', [1815 年或更早], Saint-Lô AT 315; AT to Louise de Tocqueville, 19 June 1831, OC XIV 104; AT to comtesse de Grancy, Paris, 11 January 1836, OC (B) VIII 145.

7. AT to Francisque de Corcelle, 18 June 1856, OC XV 162.

8. AT to Lady Theresa Lewis, 6 May 1857. 我用了 MLR II 376-9 中的译文。

9. Quoted in Jordan, vii.

10. Senior, *Journal*, Saturday, 25 August 1850.

11. HT, *Memoirs*.

12. Senior, *Journal*, 25 August 1850.

13. Chateaubriand, *Mémoires*, I, 74–5, and n.10.

14. ibid, 56.

15. ibid., 958–9.

16. Jardin, *Tocqueville*, 221: "在他严肃的外表下，仍有被勒叙厄尔神父宠坏的某些痕迹，任性的宠儿" (tr. Dydia Davis and Robert Hemenway)。

17. Rédier, 36.

18. AT to Édouard de Tocqueville, 10 September 1831, OC XIV 133.

19. AT to Henry Reeve, Paris, 14 June 1856, OC VI I 183.

20. OC V I 199.

21. 关于这条信息，以及我对复辟王朝的全部说明，我都颇多受惠于 G. Berthier de Sauvigny。

22. 此处我不同于 Jargin, *Tocqueville*, 16。雅尔丹认为，埃尔韦很可能参加了秘密活动，至少与流亡的阿图瓦伯爵保持联系。埃尔韦在自己的回忆录中根本没提到任何此类活动，也未提他与夏多布里昂对话的说明 (Archives de la Manche, Fonds Hervé de Tocqueville, série J.52 p.109)。这相当清楚地表明，虽然他知道有很多保皇派阴谋，但是他没有插手。

23. Chateaubriand, *De Buonaparte et des Bourbons*, 18–19; Rédier, 34; Berthier de Sauvigny, 15.

24. Boigne, I, 236.

25. Boigne, ibid., 248; Chateaubriand, *Mémoires*, I 237.

26. Chateaubriand, ibid., 1341–2, n.1.

27. AT to Abbé Le Sueur, April 1814, OC XIV 39–41.

第三章　情感教育（1814—1829）

1. OC (8)V 469.

2. HT, *Memoirs*. 一如既往，我将不会给出自该手稿的内容出处。

3. See Berthier de Sauvigny, 42–74; Jardin, *Tocqueville*, 16.

4. Richardson, 54.

5. Jardin, *Toqueville*, 19; Rédier, 37.

6. Jardin, ibid., 20, 似乎认为埃尔韦抗议太过：使埃尔韦受挫的，是时势，而非其同僚和上级。

7. Richardson, 208 (and elsewhere) ; Jardin, *Tocqueville*, 20–7.

8. HT, *Memoirs*; AT to Le Sueur, [Metz, 27 July] 1817, OC XIV 42–3. 这封信以"妈妈身体好多了"结尾，这或可认为在暗示托克维尔夫人至少能够去梅斯一趟（可能是为了亚历克西的生日）。如果她确实去了，那么这趟旅行并不顺利，而且她很快就回了第戎。

9. AT to Le Sueur, [Metz], 6 July [1817], OC XIV 42–2.《家族通信》的编辑们，André Jardin

和 Jean-Louis Benoit 明确声明，亚历克西直到 1821 年才入学，但是 1817 年 7 月 6 日和 27 日的信件似乎与这种断言相矛盾，除非他们得到了一种非常不自然的解释。

10. Guizot, vol. i 144.

11. Jardin, *Tocqueville*, 58 n.2.

12. AT to Louis de Kergorlay, Versailles, 27 March 1828, OC XIII i 133.

13. Le Sueur to Édouard de Tocqueville, [Paris], 2 August 1821, Yale: Beinecke.

14. Le Sueur to AT, Paris, 16 April 1820, Saint-Lô.

15. Le Sueur to AT, Paris, 27 April 1820, Saint-Lô.

16. AT to Eugène Stoffels, 22 October [1823], OC (B) V 411. 古斯塔夫·德·博蒙把信件日期错标为 1822 年。

17. Le Sueur to Édouard de Tocqueville, 14 September 1822, Yale: Beinecke.

18. Le Sueur to Édouard de Tocqueville, 16 September 1822, Yale: for Kergorlay's letters see OC XIII i 41–54; Mme de Blangy, see Henry Reeve, *Edinburgh Review*, CXIII, 432–3.

19. AT to Sophie Swetchine, 26 February 1857, OC XV ii 315.

20. AT to Charles Stoffels, Philadelphia, 22 October 1831, OC (B) VIII 82.

21. Goldstein 给出了关于托克维尔宗教观点的最佳完整研究，我希望已从中收获颇丰。

22. AT, notebooks, October 1831, OC V I 183, 1831 年 10 月 22 日，托克维尔给夏尔·斯托菲尔的信中，几乎用同样的话说了同一件事，因此这份备忘录无疑是一份初步的略记；AT, *cahier portatif* no. 3, [October] 1831, OC V i 183; AT to Ernest de Chabrol, Philadelphia, 19 November 1831, Yale: Beinecke.

23. AT to Chabrol, ibid.

24. Jardin, *Tocqueville*, 44–6.

25. Le Sueur to AT, 16 July 1822, GWP copy, Yale: Beinecke.

26. Bertier de Sauvigny, 316; Jardin *Tocqueville*, 63.

27. AT to Sophie Swetchine, Tocqueville, 26 February 1857, OC XV ii 315.

28. Goldstein, 5–11, 相当敏锐而谨慎地讨论了托克维尔的宗教信仰问题，尤其是他能否被合理地视为一名天主教徒。

29. *De la démocratie en Amérique*, OC I i 310–3.

30. AT to E. Stoffels, Paris, 22 October 1823, OC (B) V 411.

31. See Jardin, *Tocqueville*, 33.

32. AT to Lord Radnor, London, [3] May 1835, OC VI iii 40.

33. 出处不明。

34. Jardin, *Tocqueville*, 58–9.

35. Kergorlay to AT, Paris, 16 May 1823. 我们没有托克维尔的回信。在这一时期，凯尔戈莱所保存的朋友信件很少。

36. Jardin, *Tocqueville*, 59.

37. Kergorlay to AT, 13 August 1822, OC XIII i 56.

38. Kergorlay to AT, 16 May 1823, OC XIII i 56.

39. AT to Hubert de Tocqueville, Saint-Cyr, 12 January 1854, OC XIV 291–2.

40. AT to E. Stoffels, Paris, 7 August 1823, OC (B) V 410; Stoffels to AT, [Metz], 26 August 1823, PT.

41. E. Stoffels to AT, Metz, 22 April 1824, PT.

42. 这三封凯尔戈莱致托克维尔的信，见 OC XIII i 81–87。

43. Kergorlay to AT, Metz, 14 January 1827, ibid., 94.

44. Kergorlay to AT, Metz, 21 July 1828, ibid., 141.

45. AT to Kergorlay, Versailles, 7 September 1828, ibid., 143.

46. AT to Kergorlay, Strasbourg, 16 July 1836, ibid., 380–1.

第四章 初露峥嵘（1824—1827）

1. Le Sueur to AT, Paris, 1 January 1823, Saint-Lô.

2. AT to Kergorlay [Amiens, 1824], OC XIII i 69–72.

3. OC (B) V 297 n.2.

4. AT to Kergorlay, [Amiens], 'Ce 29 [1824]', OC XIII i 72–4. 这封信就像前几封那样，只留存在有缺陷的副本中，让人不得不对它进行少量的编辑，笔者用方括号标明。在这一时期，1 英镑值 24 法郎。笔者并不清楚，托克维尔的计算针对的是两次旅行的花费，还是仅仅一次。如果仅仅是一次旅行的话费，那么总支出会非常多。

5. Gustave de Beaumont, 'Notice sur Alexis de Tocqueville', OC (B) V 25.

6. Mougin to AT, Metz, 7 January 1824, Saint-Lô: AT 268, and [? 5 April 1826], Jardin, *Tocqueville*, 61. 雅尔丹没有给出第二封信的日期，我在原件中没有见到这封信。

7. 'Thèse de Licence de Droit Français d'Alexis de Tocqueville: De l'action en nullité ou en rescission', OC XVI 33–7.

8. Beaumont, 'Notice', OC (B) V 4.

9. AT to Édouard de Tocqueville, Versailles, 5 July 1827, OC XIV 45.

10. 见 OC (B) V, 4–6, 127–59, 重印于 OC V i, *Voyages en Sicile et aux États-Unis* 37–54, 未包含关于罗马的文章。唯一的英语版本在 MLR。托克维尔把书稿给了欧仁·斯托菲尔；在博蒙编辑托克维尔的作品时，他从斯托菲尔家族把它借了出来，当他完成编辑以后，大概归还了它。从此以后就看不到了。

11. Sainte-Beuve, *Causeries du lundi* (Paris: Garnier, 4th edition) XV, 95; Senior, *Journal*, 20 May 1857 and 26 April 1858; GB to his wife Clémentine, 22 March 1859, Yale: "他读了那本书，并做出了与我们完全一样的判断：认为它有趣、多才、是不道德的化身。"

12. Jardin, Tocqueville, 60.

13. AT to Kergorlay, Tocqueville, 4 September 1837, OC XIII i 472.

14. Bertier de Sauvigny, 354.

15. Beaumont, 'Notice', OC (B) V 5–6.

16. ibid.

17. 我并非第一个指出这一相似性的，见 Henry Reeve, 'Introductory Notice'。

18. AT to Kergorlay, Rome, 20 January 1827, OC XIII i 96. 该片段是托克维尔意大利之旅唯一留存的信件。

19. AT to Édouard and Alexandrine de Tocqueville, Versailles, 15 March 1830, OC XIV 55.

第五章　见习法官（1827—1830）

1. Jardin, *Tocqueville*, 30.

2. ibid.

3. Rédier, 41–2.

4. Jardin, *Tocqueville*, 31.

5. 见博蒙的明显提示，'Notice sur Alexis de Tocqueville', OC (B) V 7。

6. AT to Édouard de Tocqueville, 5 July 1827, OC XIV 47; AT to Kergorlay, 23 July 1827, OC XIII i 107.

7. AT to GB, 1828 or 1829, OC VIII i 73.

8. 所有这些，见 Jardin, *Tocqueville*, 79–81.

9. Beaumont, 'Notice', OC (B) V 8.

10. AT to GB, 8 May 1830, OC VIII i 98.

11. AT to Kergorlay, 23 November 1827, OC XIII i 118.

12. Jardin, *Tocqueville*, 32.

13. AT to GB, 18 March 1829, OC VIII i 77.

14. AT to GB, 30 August, 15 September and 19 September 1829, OC VIII i 80–7.

15. 'Affaire Montagnac contre La Guérivière', February 1828, OC XVI 48.

16. See OC I i 210–11.

17. See OC XVI 37–76, *passim*.

18. See above, p65–6.

19. AT to P.-P. Royer-Collard, 6 December 1836, OC XI 29.

20. AT, 'Notes sur la Révolution Francaise de Thiers,' OC XVI 537-40; AT to Camille d'Orglandes, 29 November 1834, LC 311："自我把自己的这些设想告诉你，已经将近十年了。鉴于他们并不认同我，在我接受他们的思想之前，我会在每一个方面予以反对。"日期并不精确对应，但是"已经将近十年了"并不是非常精确，而且很难相信，在托克维尔阅读梯也尔之前，他已有很大进步。

21. Jardin, *Tocqueville*, 33.

22. AT to Kergorlay, 7 July 1828, OC XIII i 139.

23. AT to GB, 6 October 1828, OC VIII i 49–50.

24. Jardin, *Tocqueville*, 60; AT: 'Conversations assez curieux ... avec M. Guizot et Boinvilliers', OC XVI 402.

25. AT to GB, 6 October 1828, OC VIII i 49–71, *passim*.

26. AT to his father, 'this Thursday' [1828?], OC XIV 48–9.

27. 'Introduction', OC XVI 9.

28. AT to GB, 6 October 1828 ('Lingard' letter), OC VIII i 57.

29. ibid., 54–6.

30. Johnson, 322.

31. Kergorlay to AT, 19 April 1829, OC XIII i 167.

32. Guizot, vol. I, i 27.

33. See Johnson, 22–3.

34. AT to GB, 30 August 1829, OC VIII i 80–81.

35. 'Séance du 9 Mai 1829: tableau du règne de Charlemagne, une des rédactions les plus soignées', OC XVI 450.

36. 'Séance du 6 décembre 1829', ibid., 482–3.

37. ibid., 449, 472, 479.

38. AT to GB, 25 October 1829, OC VIII i 93.

39. AT to GB, 5 October 1828, ibid., 48–9.

40. ibid., 48.

41. AT to GB, 8 May 1830, ibid., 99–101 and n.3. 在两个年轻人中，博蒙是陷入爱情更深的一位（与西多妮）。在他关于七月王朝的引人发笑的《实录》（未发表，Yale：Beinecke）中，托克维尔描述了在危机期间，Amélie 如何给了他许多渴望的安宁与娱乐。

42. 比如，1831 年 6 月 9 日他给 Chabrol 的信。

43. AT to GB, 15 September 1829, OC VIII i 83–4.

44. OC VI iii 37 n.2, 58 n.4, 59 n.2.

45. Mansel, 144–9, 468–9 n.50.

46. See Jardin, *Tocqueville*, 49. 1849 年的画像保存在耶鲁大学拜内克图书馆的托克维尔收藏品中。

47. AT to GB, 8 May 1830, OC VIII i 99–101; Kergorlay to AT, 21 August 1829, OC XIII i 177. 并不确定玛丽搬家到了圣克卢。

48. Rédier, 123–4.

49. Cobb, 2.

50. Kergorlay to AT, 14 January 1837, OC XIII ii 439; AT to Kergorlay, 26 January 1837, ibid., 445–6.

51. AT, OC XII 149–50.

52. AT to Marie, n.d., XIV 379–80. 这封信的原件已经遗失。在现存的复件上，有人写着 "D'Amérique"，但这是一个错误：托克维尔用 "你" 称呼，在他们结婚前托克维尔从未这么称呼玛丽，而且在其他方面，这封信有明显的夫妻色彩。信件的真实日期可能是 1837 年或之后。

第六章 七月革命（1829—1830）

1. AT's report to the Procureur-Général, Versailles, 7 May 1829, OC XVI 77–81.

2. Pinkney, 262. See also Hazareesingh, *The Legend of Napoleon*, 特别是 122–50。

3. AT to Édouard and Alexandrine de Tocqueville, 8 August 1829, OC XIV 51.

4. Guizot, vol. I, i 342.

5. See OC VIII i 84 n.5.

6. Chateaubriand, *Mémoires*, II 2185.

7. OC XIV 51 n.2.

8. See AT to GB, 19 September 1829, OC VIII i 85–6; Jardin, *Tocqueville*, 78.

9. AT to GB, 4 October 1829, OC VIII i 85–6; Jardin, 78.

10. AT to his mother, 8 October 1829, OC XIV 52.

11. AT to his mother, 28 October 1829, ibid., 53–4.

12. AT to GB, 25 October 1829, OC VIII i 91–2.

13. AT to E. Stoffels, Valognes, 7 March 1839, OC (B) V 441.

14. Pierson, 24 n.

15. Guizot, I, 343.

16. René Rémond, *The Right Wing in France*, 88–9.

17. Guizot, I, 349.

18. AT to E. and A. de Tocqueville, 18 March 1830, OC XIV 55–8; Bertier de Sauvigny, 428–9; Boigne, iii 207.

19. AT to E and A. de Tocqueville, 24 March 1830, OC XIV 59.

20. AT to E. and A. de Tocqueville, 18 March 1830, OC XIV 58.

21. AT to E. and A. de Tocqueville, 24 March 1830, ibid. 60.

22. ibid.

23. Kergorlay to AT, Toulon, 6 May 1830, OC XIII 184–5.

24. AT to E. and A. de Tocqueville, 24 March 1830, OC XIV 60.

25. AT to E. and A. de Tocqueville, Paris, 6 April 1830, ibid., 61–4.

26. AT to E. and A. de Tocqueville, 29 April 1830, ibid., 65.

27. AT to E. and A. de Tocqueville, Versailles, 6 May 1830, 67–8.

28. AT to Lord Radnor, London, May 1835, OC VI iii 40.

29. OX XVI 511–12, 515–16.

30. ibid., 513-34.

31. ibid., 525-7.

32. 'Conversations assez curieuses de moi-même avec MM. Guizot et Boinvilliers', ibid., 403.

33. 'La Vérité, 1830, un mois avant la Révolution du 28 Juillet', ibid., 400-402. 托克维尔后来注解了这篇论文，"太平庸了［他最爱用的轻蔑之辞］，但因为其时间而显得稀奇。"

34. ibid., 404-5.

35. AT to his mother, Nacqueville, 29 June 1830, OC XIV 69-71.

36. Kergorlay to AT, Torre-Chica, 22 June 1830, ibid., 198-201.

37. Kergorlay to AT, Algiers, 8 July 1830, ibid., 198-201.

38. Bertier de Sauvigny, 442.

39. ibid., 386-7, 443-4; Pinkney, 42-3, 75-81.

40. Boigne, vol. III, 229; Bertier de Sauvigny, 445-6; Pinkney, 81-93; Mansel, 242.

41. Boigne, vol. III 232-3, 238.

42. 关于我对七月革命的解释，我主要依赖 Pinkney、Bertier de Sauvigny、Mansel 和 Pilbeam。

43. Boigne, III, 244.

44. Bertier de Sauvigny, 448.

45. Pinkney, 127-9.

46. Bertier de Sauvigny, 449.

47. Howarth, 146.

48. Pinkney, 163.

49. HT to AT, Paris, 27 July 1830, OC XIV 71; AT to Marie, [Versailles], 29 and 30 July, OC XV 375-6; *Souvenirs*, OC XIII 86 n. 1. 在这条注释中（托克维尔给这段文字做了删除标记，因此没有收录于《书信选集》），他弄错了自己与王室随从人员相遇的日期：并不是他说的 7 月 30 日，而是 7 月 31 日。

第七章　风云骤变（1830—1831）

1. OC VIII i 90.

2. Boigne, IV, 4; Chateaubriand, *Mémoires*, 2293.

3. AT to Marie, 30 July 1830, OC XIV 375-6.

4. Beaumont, 'Notice sur Alexis de Tocqueville', OC (B) V 14-15.

5. See AT to Marie, 'Lundi matin, 17 août 1830', OC XIV 37?-77. 这个日期是不正确的：正如编辑所指出，1830 年 8 月 17 日是星期二。显然最有可能的是，过于激动的托克维尔弄错了月份而不是星期；而在 8 月 18 日给 Hippolyte 的信中，他说自己在"前天"宣誓。

6. ibid.

7. AT to Hippolyte de Tocqueville, Versailles, 18 August 1830, OC XIV 71–2.

8. Henrion to AT, 25 September and 25 October 1830; AT to Henrion, 17 October 1830; Yale: Beinecke. 抄写员 Bonnel 错把 Henrion 当作了 Kergorlay, 这就误导了 Pierson (29–30)。这些信并未签名。最终雅尔丹做了正确的归类。

9. Jardin, *Tocqueville*, 88.

10. Beaumont, 'Notice', OC (B) V 15.

11. 这件事已经由 Pierson (197–205), Jardin (119–21) 以及 Mélonio 在其对《游记》(*Voyages*) 的编辑中 (1359–60), 做了彻底的研究。

12. *Voyage au lac Oneida*, OC V i 338.

13. Rémond, *Les États-Unis*. 在所有与 Rémond 相关的主题上, 我大量使用了他的资料和观点。

14. Jardin, *Tocqueville*, 93; AT, 20 July 1831, OC V i 223.

15. Rédier, 92–3.

16. Rémond, *Les États-Unis*, 255–6.

17. Chateaubriand, *Voyages en Amérique*, 872–3.

18. Michel Chevalier, passim; Taylor; Chateaubriand, *Voyages en Amérique*, 874; and see F. J. Turner, 'The Significance of the Frontier in American History'.

19. Chateaubriand, ibid., 871–3.

20. Rémond, *Les États-Unis*, 481–507.

21. Chateaubriand, *Mémoires*, 2312–15.

22. '… l'accueillit avec transport.' Beaumont, 'Notice', 16.

23. AT to Marie, Versailles, 23 August [1830?], 'six heures du matin'. OC XIV 378. 这封信只留下原件残存的副本, 毫无疑问是几年以后玛丽抄录的。如果它真的写于凡尔赛, 那么抄录的日期 1831 年肯定是错的: 1831 年 8 月, 托克维尔在美国。

24. AT to Marie, Le Ménil, Monday morning, 1830. OC XIV 377–8.

25. E . de Chabrol to AT, 4 May 1831, Yale: Beinecke.

26. Beaumont, 'Notice', 15.

27. AT to his father, 'Thursday [1828?]', OC XIV 48. 这本书可能是 John Howard 的名著《英格兰与威尔士的监狱状况》(*State of the Prisons in England and Wales*), 初版于 1777 年, 现代刑罚学的奠基之作, 更可能是 Dumont 对边沁关于刑罚文章的译本, 出版于 1829 年。至少我们知道, 托克维尔到 1830 年 10 月底的时候, 这两本书都已经读过了 (see OC IV i 52 n.1)。

28. 'Note sur le système pénitentiaire', OC IV i 67.

29. Michelle Perrot, 'Introduction', ibid., 11–2.

30. Hervé de Tocqueville, 'Note sur la Maison Centrale de Détention de Poissy', ibid., ii 299–302.

31. 'Visite à la Maison Centrale de Poissy le 26 Septembre 1830', ibid., i 453–61. 这份备忘录，之后为 "Note sur le système pénitentiaire" 所用，它在博蒙手中，但它确切地表达了托克维尔的态度。

32. 'Note', ibid. 53.

33. AT to C. Stoffels, 26 August and 4 October 1830, Jardin, *Tocqueville*, 89; AT to E. Stoffels, 21 February 1831, OC (B) V 41–3.

34. AT to GB, 14 March 1831, OC VIII i 106.

35. Pierson, 32.

36. ibid., 38–9.

37. ibid., 36.

38. Charles Lucas, Inspecteur Général des prisons du Royaume, to AT and GB, March 1831, OC IV i 462–3.

39. Pierson, 37–8.

40. ibid., 43.

第八章　海外之旅（1831）

1. AT to his mother, on board the ship *Le Havre*, 26 April 1831, OC XIV 75. 托克维尔和博蒙的家信是这一章相当丰富的资料来源 (OC, XIV, LA)；他们的旅行笔记——虽然博蒙的都没留存下来 (OX V i, LA); SP (OC IV i-ii); DA (OC I i-ii) ; OC(B) VI, VII; the Yale archive; 和 Pierson。

2. ibid., 77.

3. AT, notes on shipboard conversations, Yale. 这些笔记在 OC V i 缺失了，但是存在于 Gallimard 版本的《游记》（*Voyages*）中 (pp. 197–8)。

4. GB to his father, 25 April 1831, LA 27–8.

5. GB to his mother, 14 May 1831, LA 36.

6. AT to his mother, New York, 14 May 1831, OC XIV 81–2.

7. AT to Édouard de Tocqueville, 28 May 1831, OC XIV 92.

8. AT, notebooks, 13 May 1831, OC V i 292.

9. ibid., 1 June 1831, OC V i 220.

10. AT to his mother, 15 May 1831, OX XIV 84; AT, notebooks, 'Premières Impressions', OC V i 294.

11. GB to his father, 16 May 1831, LA 43.

12. GB to his brother Jules, 26 May 1831, LA 52.

13. AT to Le Sueur, 28 May 1831; AT to Mme de Grancey, New York, 10 October 1831, OC (B) VI 71.

14. AT to his father, Sing-Sing, 3 June 1831, OC XIV 101.

15. Kergorlay to AT, 12 April 1831, OC XIII i 220.

16. GB to Jules, 26 May 1831, LA 47.

17. AT to Le Sueur, 28 May 1831, 97; GB to AT, Sing-Sing, May 1831, OC VIII i 107–8.

18. AT, notebooks, Sing-Sing, 3 June 1831, OC XIV 100.

19. AT to his father, Sing Sing, 3 June 1831, OC XIV 100.

20. See Hall, vol. I, 49–51. 关于 Edward Livingston 对托克维尔刑罚思想的影响，见 LA 49 n.1。

21. AT, notebooks, 7 June 1831, OC V i 59–60.

22. AT to Chabrol, New York, 9 June 1831, Rédier, 97–101; see also Pierson, 129–131.

23. AT to Alexandrine de Tocqueville, New York, 20 June 1831, OC XIV 108–9.

24. AT to Édouard, New York, 20 June 1831, Yale.

25. LA 42 n.1.

26. AT to Kergorlay, OC XIII i 225–38. 根据手稿整理的《托克维尔全集》，给出这封信的地点是 Yonkers，时间是 1831 年 6 月 29 日，但这是个错误——毫无疑问是托克维尔的错误：他跟博蒙直到 6 月 30 日才离开纽约。Pierson 对这封信的细致讨论 (Pierson, 152–67) 仍然很有价值。

27. See LA 76 n.4. Colwell 是一个让托克维尔和博蒙感到困惑的美国人名字：他们拼写为 Calwell。

28. AT to his father, Albany, 4 July 1831, OC XIV 113; GB to Jules, 4 July 1931; AT, notebooks, 11 July 1831, OC V i 162.

29. See GB to his father, 16 May 1831, LA 40.

30. AT to Chabrol, Auburn, 16 July 1831, Yale: Beinecke; LC 40.

31. GB to his sister Eugénie, 17 July 1831, LA 90–92. AT to his mother, Auburn, 17 July 1831, OC XIV 116–17.

32. AT to his mother, Auburn, 17 July 1831, OC XIV 116–17.

33. DA, OC I ii 36; notebooks, Auburn, 13 July 1831, OC V 231. AT to his mother, Auburn, 17 July 1831, loc. cit., 117.

34. AT to his mother, Auburn, 17 July 1831, OC XIV, 117.

35. Hall, I 136. 另一篇托克维尔似乎加以利用的文章，或许能在 145–8 找到，Hall 在这篇文章中描述和讨论了殖民者的心理。

36. AT, notebooks, 7 July 1831, OC V i 162.

37. ibid.; *Voyage au Lac Oneida*, OC V i 336–41.

38. Lewis 有一份对 Lynds 和奥本制度的精彩说明。在旧版的《美国人传记词典》（*Dictionary of American Biography*，XI 527）中，有一篇很好的关于 Lynds 的文章。新版的《美国人传记》（*American Biography*）中，并未见到关于他的好文章。

39. See SP, OC i 342–5. 托克维尔和博蒙删节了 Lynds 的评论记录，这是值得注意的，即他主管辛辛监狱一年后退职，因为"我认为我已为公共事业尽力"。他们知道这是假的。

40. See Lewis, 63.

41. 关于他们与 Lynds 对话的完整记录，见 OC V i 63-7; 高度揭秘他的秘史，见 OC IV i 345 n.1。

42. AT to Chabrol, Auburn, 16 July 1831, Yale.

43. ibid.; GB to his mother, Canandaigua, [17 July?] 1831, LA 98-9.

44. AT to Le Sueur, New York, 30 June 1831, OC XIV 110.

45. AT, notebooks, OC V i 223.

46. ibid., 19 July 1831, 163.

47. ibid., 21-2 July 1831, 164-5; AT, 'Quinze Jours au désert', ibid., 348-9.

48. White.

49. GB to his father, 1 August 1831, LA 104.

50. AT, 'Quinze jours', OC V i 349.

51. Pierson, facing 266.

52. Sainte-Beuve, *Causeries du lundi*, XV 98.

53. ibid., 98-9.

54. 'Quinze jours', OC V i 349.

55. GB to his brother Achille, on the *Superior*, Lake Michigan, 11 August 1831, LA 121.

56. ibid., 121-2.

57. AT, 'Conversation avec Mr Mullon', 7 August 1831, OC V i 72; GB to Achille, LA 119.

58. AT, notebooks, 3 August 1831, OC V i 173; AT to Mme de Grancey, 10 October 1831, OC (B) VI 241.

59. AT, notebooks, 6 August 1831, OC V i 174-5, 75-6.

60. AT to his father, on Lakes Erie, Huron and Michigan, 14 August 1831, OC XIV 124.AT, notebooks, 3 August 1831, OC V i 175.

61. AT, notebooks, 3 August 1831, OC V i 175.

62. AT to his mother, on Lake Ontario, 21 August 1831, OC XIV 126-8. 有必要解读托克维尔的字里行间之意：他并未明确提到旺代，无疑是出于谨慎。

63. ibid.; AT, draft letter to Dalmanny, August 1831, Yale; GB to his father, Lake Ontario on board the *Great Britain*, 21 August 1831, LA 128-30.

64. See *Ancien Régime*, OC II i 286-7, 'Comment c'est en Canada qu'on pouvait mieux juger la centralisation administrative de l'Ancien Régime'.

65. AT, notebooks, OC V i 210-13; AT to Le Sueur, Albany, 7 September 1831, OC XIV 129-30; GB to his father, 5 September 1831, LA 139, 142.

66. Le Peletier d'Aunay to AT, Paris, August 1831, Yale: Beinecke.

第九章 共和研究（1831—1832）

1. AT to Édouard, Boston 10 September 1831, OC XIV 134.

2. AT to his mother, Boston, 27 September 1831, ibid., 136.

3. AT to the comtesse de Grancey, New York, 10 October 1831, OC (B) VII 70. Grancey 夫人是一位亲近的表亲，Montboissier 夫人的孙女；AT to Edouard, 10 September 1831, OC XIV 135。

4. AT to E. V. Childe, Tocqueville, 12 December 1856, OC VII 184; GB to Jules de Beaumont, Boston, 16 September 1831, LA 144; AT, notebooks, 20 September 1831, OC V i 227.

5. GB to Jules de Beaumont, Boston, 16 September 1831, LA 150.

6. AT, notebooks, 17 September 1831, OC V i 249; ibid., 19 September 1831, 88.

7. GB, 'Fragments du journal', 29 September 1831, LA 152–4; AT, notebooks, 29 September 1831, OC V i 95; ibid., 96; Herbert B. Adams, 43–4. 这篇论文包括 1831 年 10 月托克维尔留给 Sparks 的问卷的答案，以及在 12 月 2 日从辛辛那提寄来的信中的一些深入问题（"先生，您看到我是积习难改的"）(OC VII 35–9)。

8. GB to Jules de Beaumont, 16 September 1831, LA 147.

9. AT, notebooks, 17 September 1831, OC V i 240–41; ibid., 1 October 1831, 97.

10. ibid., 20 September 1831, 88–9; 89–90; ibid., 30 September 1831, 178.

11. ibid., 30 September 1831.

12. ibid., 20 September 1831, 89–90; ibid., 22 September 1831, 92; conversation with Francis Lieber; ibid., 28 September 1831, 94; ibid., 2 October 1831, 101–2; ibid., 18 September 1831, 86; ibid., 30 September 1831, 179.

13. ibid., 27 September 1831, 246.

14. ibid., 1 October 1831, 98–9. 关于身体惩罚，亚当斯误以为：女性奴隶经常被鞭打。

15. AT, notebooks, 18 September 1831, OC V i 87–8.

16. AT to his mother, 27 September 1831, OC XIV 137.

17. GB to Félicie de Beaumont, Philadelphia, 26 October 1831, LA 168.

18. 更多细节，见 Pierson, 446–8。

19. AT, notebooks, conversation with Mr Vaughan and Judge Coxe, Philadelphia, 13 October 1831, OC V i 103.

20. 关于这个重要问题的讨论，见 Foucault, 244–56。

21. See Pierson, 471–3.

22. See GB, 'Notice sur Alexis de Tocqueville', OC (B) V 18–19; Pierson, 463–4; OC IV i 576. 博蒙明确声明，托克维尔承担了所有采访，尽管现存的一半会面记录是博蒙的笔迹。

23. 'Enquête sur le pénitencier de Philadelphie', OC IV i 333, 334.

24. ibid., 335.

25. ibid., 331.

26. ibid., 336–8.

27. AT, notebooks, 5 October 1831, OC V i 103.

28. ibid., 28 October 1831, 185.

29. AT to Édouard, Washington, 20 January 1832, OC XIV 165.

30. Adams, 8.

31. AT to Hervé de Tocqueville, Hartford, 7 October 1831, OC XIV 138–9.

32. ibid., 138, n. 3. See also Bertier de Sauvigny, 417–18.

33. Pierson, 408.

34. AT to Alexandrine de Tocqueville, Philadelphia, 18 October 1831, OC XIV 14.

35. AT, notebooks, 25 October 1831, OC V i 247; Pierson, 513–14.

36. GB to Félicie de Beaumont, Philadelphia, 26 October 1831, LA 170.

37. AT, notebooks, Baltimore, 29 October 1831, OC V i 185–6.

38. ibid., 4 November 1831, 247; ibid., 3 November 1831, 242.

39. ibid., 187.

40. 关于这个问题最清楚的证据是博蒙给弟弟 Achille 的信，Philadelphia, 8 November 1831, LA 175–6，他在信中说，在"使我名垂千古的伟大作品"中，他将会发表"不讨人喜欢的"关于奴隶制的巴尔的摩研究。

41. GB to his father, Philadelphia, 17 November 1831, LA 180; AT to Chabrol, Philadelphia, 26 October, Yale. For cajeput oil, see LA 170–71, n. 3.

42. GB to his father, Philadelphia, 17 November 1831, LA 180–81; AT to E. Stoffels, Philadelphia, 18 October, OC (B) V 422; AT to his mother, Philadelphia, 24 October, OC XIV 143.

43. GB to Eugénie de Beaumont, Cincinnati, 1 December 1831, LA 187; AT to Édouard, on board the *Fourth of July*, 26 November 1831, OC XIV 145.

44. 直到快要离开美国的时候，托克维尔才对家人说了自己的冒险活动 (p. 213)。他给 Marie Mottley 写了一封详尽说明，现已遗失。关于该主题，在他写给 Chabrol 的信中有一段简短的文字，"on board the *Fourth of July* on the Ohio"，26–8 November 1831, Yale, 在博蒙日记仅存的片段中，有一篇完整描述（见"Notice"，OC(B) V 228–9，和 LA 200–1)。Pierson (546 n.) 可能非常激烈地反对我们拥有的这份日记的真实性，污蔑它为"一份笨拙而外行的赝品……是其所描述的事件发生几周或者许多年后构想出来的"。他指出许多错误日期，但那个时候博蒙总是对日期粗心大意，在其他地方也是如此，而作为一个编辑者，他经常篡改所出版的真实文件。但不管是不是赝品，似乎都无需怀疑这份说明大体上是准确的。在某种程度上，托克维尔给 Chabrol 的信，以及博蒙的著作《玛丽》(*Marie*) 中的文字，证实了这点（见 Pierson, 547)。

45. AT, notebook, 2 December 1831, OC V i 128.

46. ibid., 127.

47. ibid., 124–32; Ratcliffe, 210–11.

48. AT, notebooks, 30 November 1831, OC V i 278.

49. ibid., Philadelphia, 20 November 1831, 123–4; ibid., Boston, 1 October 1831, 98; ibid., [Cincinnati], 2 December 1831, 125, 284; ibid., 3 December 1831, 131.

50. GB to Jules de Beaumont, on the Ohio, 4 December 1831, LA 191–5; AT to Chabrol, Louisville (sic, but written on the steamboat), 6 December 1831, Yale; AT to his father, 20 December 1831, OC XIV 154–5.

51. 对于这一点，我们不得不依靠博蒙不确定的日期推算。

52. GB, 'Journal', LA 201.

53. ibid., 201–2; GB to his mother, Sandy Bridge, 15 December 1831, ibid., 196; DA, OC I ii 60; AT to his mother, 'sur le Mississippi', 25 December 1831, OC XIV 158.

54. AT to his mother, 25 December 1831, OC XIV 158.

55. ibid., 161.

56. Pierson, 619–20, quoting P. L. White's translation of a document, '24 Heures à New-Orléans', the original of which has been lost; AT to his mother, 25 December 1831, OC XIV 161; AT, notebooks, 27 December 1831, OC V i 275; 31 December 1831, ibid., 261–6.

57. Pierson, 635.

58. AT to Chabrol, on Chesapeake Bay, 16 January 1832, Pierson 636; AT to Alexandrine, on Chesapeake Bay, 16 January 1832, OC XIV 163.

59. AT, notebooks, 12 January 1832, OC V i 201–2. Pléiade 的版本 (Paris: Gallimard, 1991) 补充了一个很重要的漏词, vol. I, 190–1。

60. AT, notebooks, Pléiade edition, vol. I, 191–2（一份难认手稿的较好打字本）, OC V i 202–3.

61. Pierson, 643–4.

62. AT, notebooks, conversation with Mr Poinsett, 13, 14 and 15 January 1832, OC V i 205.

63. AT to E. V. Childe, [Paris], 2 April 1857, OC VII 193.

64. LA 209–10 n. 2.

65. GB to his mother, Washington, 20 January 1832, LA 210; AT to his father, Washington, 24 January, OC XIV 166–7, 用了博蒙出版的版本（OC(B) VII 110），不幸的是被他删节了。See also H. Brogan, 'Tocqueville and the American Presidency', *Journal of American Studies*, XV 3, December 1981, 357–75.

66. AT to his father, Washington, 24 January 1832, OC XIV 167; AT to Édouard, Washington, 20 January 1832, OC XIV 165.

67. GB to his mother, Washington, 20 January 1832, LA 209; AT to Chabrol, Washington, 24 January 1832, Yale: Beinecke.

68. AT to Chabrol, Chesapeake Bay, 16 January 1832, Yale: Beinecke.

69. GB to his mother, Washington, 20 January 1832, LA 208; AT to Joel Poinsett, [Washington], 1 February 1832, OC VII 45; AT to Édouard, Washington, 20 January 1832, and New York, 9 February 1832, OC XIV 165 and 168; AT to GB, Paris, 4 April 1832, OC VIII i 111.

第十章　书写监狱（1832）

1. Pierson, 678.

2. AT to GB, Paris, 4–6 April 1832, OC VIII i 112.

3. AT to E. Stoffels, 22 April 1832, OC (B) V 423–4.

4. Louis Chevalier, xiv, 4.

5. Morris, 15.

6. Louis Chevalier, 17.

7. AT to GB, Paris, 4–6 April 1832, OC VIII i 111–14.

8. AT to GB, Saint-Germain, 10 April 1832, OC VIII i 114–16; GB to Secrétaire-Général, ministère du commerce et des travaux publics, Paris, 12 April 1832, Yale; ministère du commerce to GB, Paris, 10 May 1832, Yale: Beinecke.

9. AT to Mme de Kergorlay, Saint-Germain, 'ce lundi matin' [16 April 1832], OC XIII i 249–50.

10. OC IV i 20.

11. AT to Marie, Marseille, 18 May 1832, XIV 380; AT to Mme de Kergorlay, [end of May], OC XIII i 251–2.

12. AT to Marie, Marseille, 18 May 1832, XIV 380; 'Notice', OC (B) V 36.

13. Jardin, *Tocqueville*, 179–81; 'Sophia Dawes', *Oxford* DNB, vol. XV, 530–31; Bowen.

14. AT to the procureur-général, Toulon, 21 May 1832, OC (B) V 36–7.

15. Jardin, *Tocqueville*, 181.

16. AT, 'Description du bagne de Toulon', May 1832, OC IV ii 45–61.

17. AT to Mme de Kergorlay, Marseille, [?25 May] 1832, XIII i 251–4; Mme de Kergorlay to the editor, *Gazette du Midi*, Marseille, 31 May 1832, ibid., 275–8 n.9.

18. GB to AT, Paris, 17 May [1832], OC VIII i 116–18; AT, 'Examen du livre de M. de Blosseville, De la question des colonies pénales', Gap, 31 May 1832, OC IV ii 62–3; AT to Marie, Lyon, 3 June 1832, OC XIV 383; AT, [*Notes sur les prisons de Genève et Lausanne*], 5–8 June 1832, OC IV ii 64–75.

19. Louis Chevalier, 21.

20. GB, 'Visite de la prison de La Roquette (7 août 1832)', OC IV i 464–5; AT, 'Maison de refuge de la rue de l'Oursine', 'Maison de Saint-Lazare', 'Maison de correction de l'Hôtel de Bazencourt', ibid., ii 76–83.

21. LK to AT, Marseille, 23 June–20 August 1832; Aix [-en-Provence], 12 September–30 October 1832, OC XIII i 256–301.

22. OC IV i 445.

23. GB, 'Notice', OC (B) I 26–7.

24. AT to F. Mignet, Paris, 26 June 1841, Yale.

25. OC IV i 22–3.

26. ibid., 240, 562 n. 4. Perrot 夫人指出，在其草稿中，托克维尔始终用"波拿巴"，而不是"拿破仑"。

27. See OC IV i 208–12.

28. ibid., 206.

29. ibid., 253–4. 256–9.

30. ibid., 218–19, 232; IV ii 39.

31. Michelle Perrot 引用了边沁论建筑与音乐（OC IV i 558, 559）；她从未出版的手稿中引用了托克维尔论音乐（559）。

32. OC IV i 187, 188 n. 1.

33. AT to minister [of the interior?], Philadelphia, 14 July 1831, OC IV ii 37.

34. Foucault, 228, 234, 236–7.

35. ibid., 75–7, 84–9; OC IV i 244.

36. OC IV i 193.

37. Foucault, 90, quoting Rousseau, *Social Contract*, book IV, chapter 5.

38. Foucault, 108.

39. ibid., 119–20.

40. ibid., 115–16.

41. See Ignatieff.

42. ibid., ch. 5, 'Whigs, Jacobins and the Bastille: the Penitentiary under Attack', 114–42.

43. Foucault, 117; OC IV i 560, 173 n. 1; Charles Dickens, *American Notes* (London: Hazell, Watson & Viney, n.d.) , 83–93; also *Letters*, ed. Graham Storey et al. (Oxford, 1974) vol. III, 110–11, 123–5.

44. AT to Chabrol, Philadelphia, 18 October 1831, Yale: Beinecke.

45. See OC IV i 444–8; Chevalier, VIII.

46. Everitt, 123; Kergorlay to AT, 28 January 1833, OC XIII i 316.

47. e.g., OC IV i 247.

48. ibid., 245.

49. ibid., 205, 235.

50. ibid., 25.

51. L. Sérurier to AT and GB, Washington, 17 May 1832, OC VII 25–6.

52. C. Lucas to GB and AT, Paris, March 1831, OC IV i 462–3; see above p. 147.

53. OC IV i 327.

第十一章　两书之间（1833）

1. Chateaubriand, *Mémoirs*, vol. II, 2517–32; Jardin, *Tocqueville*, 181–5; Kergorlay to AT, Montbrison, 7 February 1833, OC XIII i 319 and n. 2.

2. Boigne, vol. IV, 85–100.

3. OC XIII i 297–300; Kergorlay to AT, 30 October 1832, ibid., 318–19; Kergorlay to AT, 7 February 1833; ibid., 320; Kergorlay to AT, n.d. [c. 7 March 1833].

4. OC XIII i 321–7; AT, 'Discours prononcé en faveur de M. Louis de Kergorlay le 9 mars 1833, devant la cour d'assises de Montbrison, par M. Alexis de Tocqueville, avocat à la Cour Royale de Paris'; Jardin, *Tocqueville*, 188.

5. Yale: Beinecke, AT to Chabrol, New York, 18 May 1831, ibid.; AT to Chabrol, 18 October and 26 October 1831.

6. AT to [Louis de Chateaubriand?], Philadelphia, 8 November 1831, 抄写者 Doysié 辨认错误，以为是一封写给凯尔戈莱的信，Yale: Beinecke; AT to Marie, Toulon, 3 May [1841], OC XIV 416; Kergorlay to AT, 12 September 1832, OC XI i 282–83.

7. See Kergorlay to AT, Paris, 4 August 1833, OC XIII i 331.

8. For AT and Mrs Belam see OC VI iii 37–8; 托克维尔与凯尔戈莱的区别可由《全集》中的三封信证明（OC XIII i 331–9）。

9. Jardin, *Tocqueville*, 200; Schleifer, 5.

10. e.g. Schleifer, 5.

11. AT to the comtesse de Pisieux, [July?] 1833, Yale: Beinecke.

12. AT to Marie, three letters, July–August 1833, ibid., 171–2; AT to his mother, Southampton, 7 August 1833, AT to Mrs Belam, [London], [4–5 September] 1833, OC VI iii 37.

13. See Drescher, *Tocqueville and England*, 35–6.

14. AT to GB, London, 13 August 1833, OC VIII i 24–5, AT to Marie, London, 14 August 1833, OC XIV 388–9. AT to his father, 24 August 1833, ibid., 173.

15. OC V ii 11–12; AT to Marie, London, 14 August 1833, OC XIV 388–9.

16. OC V ii 14–17.

17. AT to his father, London, 24 August 1833, OC XIV 173; GB to AT, Paris, 7 August 1833, AT to GB, London, 13 August, GB to AT, Beaumont-la-Chartre, 24 August 1833, OC VIII 119–130.

18. AT to his father, London, 24 August 1833, OC XIV 173–74; CC T I iii, 'Preface'.

19. OC V ii 25–6, 'Bulwer' (août 1833), 29–31, 'Aristocratie [21 août]', 31–2, 'Centralisation (24 août 1833), 33, 'Police', 35, 'Uniformité [24 août]'. 劳伦·斯通以多年的研究和一篇专题

长论文反驳托克维尔的研究，但争论还在继续（见 Stone and Stone）。

20. 'William Pleydell-Bouverie, third earl of Radnor (1779—1869); Oxford DNB VI 872-3; AT to his father, London, 24 August 1833, OC XIV 173-74.

21. AT to Marie, Oxford, 27 August 1833, OC XIV 389–91.

22. OC V ii 17–20.

23. AT to Marie, Bath [but finished at Longford Castle], 30 August 1833, OC XIV 391-4.

24. ibid., 394.

25. ibid., 391; OC V ii 20–23, 'une séance de la Justice de Paix,' 26-8, 'Conversation avec Lord Radnor'. AT slightly enhanced these notes when he used them in his 'Mémoire sur paupérisme' (OC XVI 134-6).

26. AT to Elizabeth Belam, [n.p., 4–5 September 1833], OC VI iii 38.

27. 见 Drescher, *Tocqueville and England*, 35-53, 关于 1833 年托克维尔对英国反应的充分讨论。

28. 'Dernières impressions sur l'Angleterre', OC V ii 36–43.

第十二章　书写美国（1833—1834）

1. 'Introduction', OC I i 12.

2. AT to Beaumont, Paris 1 November 1833, OC VIII i 136.

3. 'Notice sur Alexis de Tocqueville', OC (B) V 37.

4. ibid., 37-8; AT to Kergorlay, [Paris, 11 November 1833], OC XIII i 344; Theodore Sedgwick, Diary, 28 November–2 December 1833, Massachusetts Historical Society.

5. Schleifer, 293, n.19.

6. ibid., 7.

7. F . J. Lippitt, R. I., Tiverton, 24 July 1897, Yale: Beinecke.

8. Sedgwick, *Diary*.

9. Schleifer, 10; 我从托克维尔的信件中推测完成的日期，尤其是 1834 年 7 月 14 日托克维尔给博蒙的信，他当时想要带着自己的枪和完成的手稿在 8 月中旬到 Beaumont-la-Chartre (OC VIII i 142). J.-L. Benoît 断然说，他完成于 1834 年 8 月 14 日 (OC XIV 395 n.i)。

10. AT to Beaumont, Paris, 5, 14 July 1834, OC VIII i 139-43; Ancelot, 79; AT to Marie Mottley, Beaumont-la-Chartre, 23 August 1834, OC XIV n.1; AT to Charles Stoffels, Baugy, 31 July 1834, LC 302.

11. OC I i 331.

12. 见 OC I i 20-21, 比如西印度群岛最早由欧洲人发现："看，那里就是香料群岛"，等等。

13. 例如见 OC I i 157（他首次使用短语"多数的暴政"，但是在这个阶段，他只想到了"立法院"）。

14. AT to Nassau Senior, [Paris], 24 March 1834, CC T i 1–2.

15. OC I i 176.

16. See ibid., 261–72.

17. ibid., 263, 266.

18. ibid., 413.

19. ibid., 329.

20. ibid., 256.

21. See Schleifer, 10–12.

22. AT to Camille d'Orglandes, [29 November 1834], LC 310.

23. OC I i 199, 329.

24. ibid., 203.

25. ibid., 178.

26. ibid., 190.

27. ibid., 197.

28. ibid., 230.

29. Ibid., 240; John Quincy Adams to AT, Quincy, 12 June 1837, Massachusetts Historical Society (typed copy at Yale: Beinecke). AT's reply is in OC VII 67–9.

30. OC I i 236–40.

31. ibid., 273–4.

32. ibid., 266.

33. ibid., 319 n. 8.

34. ibid., 323.

35. ibid., 329.

36. ibid., 330.

37. ibid., 331.

38. ibid., 422.

39. ibid., 6–7.

40. ibid., 5.

41. ibid., 7.

42. ibid., 9–10.

43. AT to Kergorlay, Paris, 21 September 1834, OC XIII i 356; AT to Marie Mottley, Beaumont-la-Chartre, 23 August 1834, OC XIV 394–6.

44. AT to comte Jules de Beaumont, Paris, 18 September 1834, LC 306–7.

45. AT to GB, Paris, 14 July 1834, OC VIII, 140–41.

46. Kergorlay to AT, [October] 1834, OC XIII, 365.

47. 'Observations critiques', Yale: Beinecke, CIII 6.

48. AT to Camille d'Orglandes, [29 November 1834], LC 309–13.

第十三章　声名鹊起（1835—1836）

1. AT to Eugène Stoffels, Paris, 16 February 1835, OC (B) V 426.

2. GB, 'Notice sur Alexis de Tocqueville', 39.

3. See GB, *Marie*, 2.

4. E. Stoffels to AT, Metz, 26 January 1835, Saint-Lô: AT 2357; Kergorlay to AT, Fosseuse, 24 January 1835, OC XIII i 370–72.

5. The Beinecke Library, Yale, Tocqueville-Beaumont Collection C XI a, 保存了以下评论，似乎是托克维尔自己的剪报收藏: *Courrier Français*, 24 December 1834; *Gazette de France*, 3 and 13 February 1835; *Le Bon Sens*, 5 and 9 February 1835; *L'Écho Francais*, 11 February 1835; *Gazette du Berri*, 21 February 1835; *Le Semeur*, 25 February 1835; *Journal des débâts*, 25 March and 2 May 1835; *Le Temps*, 7 April 1835; *Jo. général de l'instruction publique*, 21 May 1835; *Revue des deux mondes*, 31 May 1835; *Le National*, 7 June 1835; *Moniteur du commerce*, 27 December 1835. Jardin, *Tocqueville*, 215–18, gives additionally *Revue européenne*, 1 April 1835; *Revue républicaine*, 10 May 1835; *Constitutionnel*, 18 May 1835; *L'Ami de la religion et du roi*, 25 and 29 August 1835, 8 September 1835; *L'Européen*, 25 November and 25 December 1835. 可能还有其他的。

6. Senior to AT, Lincoln's Inn, 17 February 1835, VI ii 66–7; Saint-Lô: AT 364（船运账单）.

7. AT to Royer-Collard, Paris, [16 or 23 January 1835], OC XI 9; GB, 'Notice', 39.

8. AT to François-René de Chateaubriand, [December 1834], Saint-Lô: AT 614. 这份手稿只是最后一封信不完整的草稿，但是从夏多布里昂的回信中明显可知，寄送出去的信并无很大区别。我猜想，它可能略少一些虚情假意。

9. Chateaubriand to AT, 11 January [1835], Saint-Lô: AT 1294. 我非常感谢 André Tarniou 先生帮我辨识这份文件。

10. Lehmann, 179–95, 对 Réeamier 夫人的沙龙给出了最好的时髦描述。

11. Senior, *Journal*, 20 April 1858.

12. AT to GB, [Paris], 1 April 1835, OC VIII i 132–3.

13. Éduard Gans, *Revue de Paris*, 7 February 1836, 237–42: see OC VII 285 n. 4.

14. Custine, 420–21.

15. Laughton, i 48, 62; AT to E. Stoffels, [Paris], 16 February 1835, OC (B) V 426–7.

16. AT to GB, [Paris], 1 April 1835, OC VIII i 132–3; Mélonio, 20.

17. Mill, 'De Tocqueville on Democracy in America', 47–90; AT to J. S. Mill, 'Au château de Baugy', 3 December 1835, OC VI i 303.

18. Sainte-Beuve, 'Alexis de Tocqueville: *De la démocratie en Amérique*'.

19. *La Gazette de France* (feuilleton) , 3 and 13 February 1835.

20. 'L.M.', *Moniteur du commerce*, Sunday, 27 December 1835.

21. See Jardin, *Tocqueville*, on *L'Ami de la religion et du roi*. 215.

22. *Le Semeur*, 25 February 1835; Lammenais to AT, 9 February 1835, Saint-Lô: Saint-Lô 1755.

23. 见 Mélonio, 34。Mélonio 夫人对 1835 年《论美国的民主》所受的待遇，给出了最为完整的描述，27–54。

24. Salvandy, *Journal des Débâts*, 2 May 1835; Léon Faucher, *Le Courrier français*, 24 December 1834; Rossi, *Journal Général de l'Instruction publique*, 21 March 1835; Corcelle, *Revue des deux mondes*, 31 May 1835, 739–61.

25. *Le Bon Sens, Journal. de la démocratie*, 5 February 1835; Mill, 'De Tocquevilleon Democracy in America'.; *London and Paris Courier*, 14 January 1836; *Le National de 1834*, 7 January 1835; *L'Écho français*, 11 February 1835.

26. 见耶鲁档案馆中未识别也未标明日期的剪报，C XI a。

27. GB, *Marie*, 1–2.

28. Senior to AT, 5 March 1835, OC VI ii 72.

29. GB, *Marie*, 366–71; Edward Pessen, 'Tocqueville's Misreading of America, America's Misreading of Tocqueville', *Tocqueville Review*, 1982, IV, i, 5–22 (and in other works).

30. GB, *Marie*, 363–5 (sociability) , 337–9 (women) , 269–91 (religion).

31. Michel Chevalier; for AT's attitude, see AT to GB, Baugy, 3 December 1836, OC VIII i 176.

32. AT to Mathieu Molé, Paris, August 1835, OC (B) VII 134–5.

33. OC I i 12.

34. 这段话基本是猜测，但是建立在已知事情的结果上。

35. AT to Molé, Paris, August 1835, OC (B) VIII 134–5; AT to Virginie Ancelot, London, 28 April 1835, LC 320; AT to Hervé de Tocqueville, London, 29 April 1835, OC XIV 175.

36. Le Sueur to [Hervé?] and AT, [Paris], 29 September 1828, Saint-Lô: AT 278.

37. AT to Alexandrine de Tocqueville, Hampstead, 22 May 1835, OC XIV 179–81; AT to Herbert Norman Evans (his doctor) , same date, OC VI iii 43.

38. 关于里夫首次与托克维尔见面及他的著作，见 Laughton, i, 42–50.

39. AT to Marie Mottley, London, 5 May 1835, OC XIV 397.

40. AT, notebooks: 'Whigs', 22 May 1835, OC V ii 51–2; AT to Hervé de Tocqueville, London, 7 May 1835, OC XIV 178–9.

41. 这一主题，见 Drescher, *Tocqueville and England, passim*, 特别是 35–62.

42. AT to Molé, London, 19 May 1835, LC 325–30.

43. Senior to AT, Lincoln's Inn, 17 February 1835, AT to Senior, Paris, 21 February 1835, OC VI ii 66–71; see also CC T I 5–8.

44. Camillo di Cavour, 24 March 1835, quoted in Lévy, 14; for the original, see Cavour, *Diario Inedito con note autobiografiche* (Rome, 1888) , 173.

45. AT, 'Mémoire sur le paupérisme', *Mémoires de la Société Académique de Cherbourg*, 1835, 293–344, and OC XIV 117–39.

46. See, for example, Himmelfarb, 147–52; Drolet, 135–47.

47. OC IV i 319–22.

48. AT to Senior, [Paris], 14 March 1835, Senior to AT, 18 March 1835, OC VI ii 73–5; see also CC T I 11–12.

49. OC XVI 128.

50. 'Second Mémoire sur le paupérisme', [1837], OC XVI 140–57.

51. 我把这点归功于 Michael Drolet, 感谢他。在 1836—1866 年间, 爱德华出版了六本关于农业政策的书, 书名如 "De l'intervention de l'esprit chrétien dans l'enseignement professionel de l'agriculture"。

52. J. S. Mill to Joseph Blanco White, 15 April 1835, to Aristide Guilbert, 8 May, and to Blanco White, 19 May 1835, *Earlier Letters* i 259–63. 在 1835 年 6 月 5 日给 Guilbert 的未公开信中, 密尔提到了与托克维尔的首次会面(Yale: Sterling), 但只说道: "[我] 很喜欢他, 如有可能, 我想要说服他为杂志写文章。"

53. AT, notebooks, 'Conversation with John Mill', 26 May 1835, OC V ii 53–4.

54. AT, notebooks, 'Conversation with J. A. Roebuck and J. S. Mill', 29 May 1835, ibid., 56–8.

55. AT to J. S. Mill, [London, 13 June 1835], OC VIII i 293–4.

56. AT to Kergorlay, Dublin, 6 July 1835, OC XI i 377; to Virginie Ancelot, London, 19 June 1835, Ancelot 84–5.

57. Quoted in Packe, 202.

58. AT, parliamentary testimony, 'Enquêtes sur la corruption électorale', 22 June 1835, OC XVI 88–111: 是对委员会正式报告的一份翻译, *Parliamentary Papers*, 19 February 1835–September 1835, VIII, 230–41. 值得注意的是, 托克维尔在法国作了证。

59. AT to J. S. Mill, Coventry, Thursday morning, [25 June 1835], OC VI i 291.

60. AT, notebooks, [Birmingham, 25–30 June 1835], OC VI ii 67.

61. ibid., Manchester, 2 July 1835, 78–82.

62. ibid., Liverpool, 4 or 5 July 1835, 84–5.

63. AT to GB, Nacqueville, 26 August 1835, OC VIII i 154; AT, notebooks, conversation with Mr Kelly and Mr Wilson, 11 July 1835, OC V ii 99; ibid., 105.

64. AT to Hervé de Tocqueville, Dublin, 16 July 1835, OC XIV 184.

65. AT, notebooks, 26 July 1835, 'Dinner with the Bishop of Kilkenny' (此处以及别处, 托克维尔弄错了教区名字), OC V ii 129; ibid., 27 July 1835, 'Journey from Kilkenny to Cork', OC V ii 135.

66. ibid., 26 July 1835, OC V ii 128–9.

67. ibid., 'A Catholic Priest and a Protestant Minister in Ireland', begun at Cork 28 July 1835, OC V ii 136–51.

68. OC (B) VIII 402 n. 1; AT, notebooks, OC V ii 131–4; GB, *L'Irlande*, I, ch. 2, 211–20, 'Une mauvaise aristocratie est la cause première de tous les maux de l'Irlande.' 211–20.

69. 这一点在《爱尔兰》（*L'Irland*, i–xx）的序言中体现得最为明显。

70. AT to Marie Mottley, [1835], OC XIV 399.

71. AT to Kergorlay, Dublin, 6 July 1835, OC XIII i 378; AT to Édouard and Alexandrine de Tocqueville, Dublin, 12 July 1835, OC XIV 181–3.

72. AT to GB, Nacqueville, 26 August 1835, OC VIII i 153–5; AT to Mme de Grancey, Paris, 22 September 1835, OC (B) VI 136–7, 140–41.

73. AT to Camille d'Orglandes, [Paris], 14 October 1835, LC 342–4; marriage contract, Saint-Lô: AT 3516.

第十四章　步入政坛（1835—1839）

1. OC XIIIi 479.

2. AT to GB, [Baugy], Monday morning, [12 January 1835], OC VIII i 150; to GB, Baugy, Saturday morning, [31 October 1835], ibid., 155.

3. AT to GB, Baugy, 15 November 1835, ibid., 156.

4. Kergorlay to AT, Paris, 7 November 1835, OC XIII i 378–9; Camille d'Orglandes to AT, 6 December 1835, Saint-Lô: AT 2098; AT to Sarah Austin, Baugy, 26 November 1835, in Ross, 121; reprinted, OC VI iii 49.

5. AT to GB, Baugy, 15 November 1835, OC VIII i 157.

6. Camille d'Orglandes to AT, [6 December 1835], Saint-Lô: AT 2098; AT to comtesse de Grancey, 11 January 1836, OC (B) VI 144–5; to Louis Bouchitté, 15 January 1836, ibid., 146–7; to J. S. Mill, Paris, 10 February 1836, OC VI i 307.

7. AT to E. Stoffels, Paris, 11 January 1836, OC (B) VI 430–31. 雅尔丹说，伯爵夫人没有参加教堂婚礼 (Jardin, *Tocqueville*, 229)。

8. See marriage contract, article 4, Saint-Lô: AT 378; AT to Henry Reeve, Cherbourg, 17 April 1836, OC VI i 29; Senior, *Journal*, 18 August 1850. See also H. Reeve, 'Introductory Notice', I, xiii–xiv, 尽管里夫弄混了图拉维尔和托克维尔。

9. F. Furet, 'De Tocqueville and the problem of the French Revolution', 153–5. 我抓住这个最早的机会说，这篇必不可少的论文包含了托克维尔尚未出版的《旧制度与大革命》中最睿智和最有说服力的看法。

10. 托克维尔的许多账单保存在圣洛。奇怪的是，相比于其他许多文件，这些账单似乎把我们跟托克维尔拉得更近。

11. Jardin, *Tocqueville*, 231; Hervé de Tocqueville, *Mémoires*.

12. D. W. Brogan, 204.

13. AT to GB, Tocqueville, 5 October 1828, OC VIII i 49; to Reeve, Tocqueville, 10 June 1837, VI i 39; to Corcelle, 10 June 1837, XV 77–8; to Royer-Collard, Tocqueville, 29 June 1837, XI 34; to Corcelle, Tocqueville, 25 June 1838, XI i 100; to Édouard de Tocqueville, Tocqueville, 10 July 1838, OC XIV 200.

14. Reeve to his mother, Tocqueville, 20 August 1844, Laughton, I, 167–8; Senior, *Journal*, 11 August 1861.

15. See OC II i 31–66. 密尔亲自翻译了这篇文章，并于1836年4月，将它发表在已变成《伦敦与威斯敏斯特评论》(*London and Westminster Review*) 的杂志上。

16. AT to Kergorlay, Tocqueville, 5 July 1838, OC XIII ii 35; to Kergorlay, Nacqueville, 9 October 1838, ibid., 47; Rédier, 124–5.

17. AT to Kergorlay, Baden, 5 August 1836, OC XIII i 387.

18. E. Stoffels to AT, Metz, 16 July 1836, Yale: Beinecke, CI c.

19. AT to E. Stoffels, Berne, 24 July 1836, OC (B) V 431–5; see also LC 352–5.

20. Rémusat, IV, 44–5.

21. AT to Kergorlay, Baden, 5 August 1836, OC XIII i 387; to GB, Interlaken, 8 September 1836, ibid. 164; to Royer-Collard, 25 August 1836, OC XI 18–19; 'Notes sur Machiavel', Baden, 1 August 1836, OC XVI 541–50; 'Analyse de Platon', [August 1836], ibid, 555–7 (这一卷的编辑 Françoise Mélonio 把这份文件的日期标为"1836—1837?"，但对我而言，它明显是在 Baden 那几周).

22. AT, 'Remarques sur l'histoire Suisse', Berne, 15 August 1836, OC V ii 175–7.

23. AT to GB, Mareil, 22 September 1836, OC VI i 167; AT, 'A MM. les Electeurs des Cantons de Beaumont et des Pieux', [October 1836], OC X 729–30.

24. AT to Louis-Mathieu, comte Molé, Paris, August 1835, OC (B) VII 136; to Reeve, Cherbourg, 17 April 1836, OC VI i 29; to J. S. Mill, Paris, 10 April 1836, ibid; 309; to Louis Bouchitté, Baugy, 26 May 1836, OC (B) VI 149.

25. Schleifer, 24; AT to GB, Baugy, 16 October 1836, OC VI i 171; to J. S. Mill, 19 November 1836, VI i 314; to Reeve, 21 November 1836, ibid., 35; to GB, [3 December] 1836, VIII i 176.

26. GB to AT, 13 January 1837, OC VIII i 178; DA (Pléiade edition) , 1163–4.

27. GB to AT, 15 January 1838, OC VIII i 275; AT to Paul Clamorgan, Baugy, 12 January 1838, X 89–90; Hervé de Tocqueville to AT, 17 January 1838, Yale: Beinecke CVI: see also OC III 238–49 ('De l'honneur aux États-Unis et dans les sociétés démocratiques'), DA (Pléiade) I 1150–53.

28. AT to Kergorlay, Tocqueville, 5 July 1838, OC XIII ii 35; Kergorlay to AT, 16 August 1836, ibid. 396–7.

29. AT to GB, Baugy, 18 January 1838, OC VIII i 279.

30. AT to Kergorlay, Tocqueville, 4 September 1837, OC XIII i 472; Kergorlay to AT, 6 [February] 1838, ibid. ii 14–18.

31. Kergorlay to AT, 2 March 1838, ibid. 19–24.

32. AT to Kergorlay, Baugy, 2 March 1838, ibid., 28.

33. AT to Corcelle, Baugy, 19 March 1838, OC XV i 97; to GB, Tocqueville, 8 July 1838, OC VIII i 310; to Édouard de Tocqueville, Tocqueville, 10 July 1838, OC XIV 199–200; to GB, Tocqueville, 19 October 1838, 5 November 1838, OC VIII i 321, 325–7.

34. AT to Corcelle, Tocqueville, 20 December 1838, OC XV i 106–7; to GB, [Paris], Thursday morning, [31 January 1839], OC VIII i 337.

35. ibid., 337–8.

36. Fumaroli, 735, 750.

37. AT to GB, 31 January 1839, OC VIII i 337.

38. AT to GB, [Paris], Friday morning, [1 February 1839], ibid., 338–9.

39. Reeve, 'Introductory Notice', xxiv; Senior, *Journal*, 17 August 1850.

40. GB to AT, 7 October 1837, OC VIII i 239; AT, 'Deux lettres sur l'Algérie', III i 129–53.

41. AT, *Souvenirs*, OC XI 106.

42. Pouthas, 25.

43. Rémusat, IV, 45.

44. Royer-Collard to AT, 15 June 1837, OC XI 32–3.

45. AT to Molé, Tocqueville, 12 September 1837, OC (B) VI 73–5.

46. Molé to AT, 14 September 1837, ibid., 75–8.

47. Senior, *Journal*, 18 August 1861. 西尼尔把这件事的时间弄错了——把1837年写成了1835年。

48. AT to Molé, 18 September 1837, LC 390–93.

49. S ee GB to AT, Paris, [22 September 1837], OC VI i 280–88.

50. AT to Molé, Tocqueville, 23 September 1837, OC (B) VIII 79–80, LC 393 n.181.

51. Jardin, *Tocqueville*, 292.

52. AT to GB, Tocqueville, 12 November 1837, OC VIII i 262; to Hervé de Tocqueville, 30 October 1837, OC XIV 198.

53. AT to GB, Tocqueville, 12 November 1837, OC VI i 262–4.

54. AT to GB, Baugy, 22 April 1838, ibid., 291–2.

55. Guizot, IV, 288.

56. Jardin and Tudesq, 125.

57. See Senior, *Journal*, 18 August 1861; AT to Corcelle, Tocqueville, 20 December 1838, OC XV i 105.

58. See OC III ii 51 n.3.

59. AT, ['Allocution à la suite de son élection le 2 mars 1839'], OC III ii 56–7. AT to E. Stoffels, Valognes, 7 March 1839, OC (B) V 439.

第十五章　书写民主（1839—1840）

1. Sainte-Beuve, *Causeries du lundi*, XI, 459.

2. AT to Édouard de Tocqueville, 11 March 1839, OC XIV 205; AT to E. Stoffels, Valognes, 7 March 1839, OC (B) V 440.

3. See Saint-Lô, 'Vie courante et voyages', AT 365–6.

4. AT to Corcelle, Tocqueville, 10 March 1839, OC XV i 125.

5. AT, 'Rapport fait au nom de la commission chargée d'examiner la proposition de M. de Tracy, relative aux esclaves de colonies,' OC III i 41–78.

6. AT to Édouard de Tocqueville, 3 July 1859, OC XIV 209; Marcel, 315 n.1, Chateaubriand to AT, 7 July 1839.

7. AT to Corcelle, Tocqueville, 19 October 1839, OC XV i 139.

8. Alphonse de Lamartine, speech in the Chamber of Deputies, 10 January 1839. 我用的是 Whitehouse 的叙述，II, 62-5。

9. AT to Léon Faucher, Tocqueville, 1 September 1839, OC XI 85; to Corcelle, [Tocqueville, 4 September 1839], OC XI i 134–5.

10. Royer-Collard to AT, 28 October 1839, OC XI 89.

11. AT to GB, Tocqueville, 23 October 1839, OC XIII i 390; AT to Royer-Collard, Tocqueville, 21 October 1839, OC XI 86; AT to J. S. Mill, 11, rue de Castellane, Paris, 14 November 1839, OC VI i 326–7; Reeve to AT, 22 February 1840, ibid., 54–5.

12. AT to Mill, 14 November 1839, OC VI: 326–7.

13. See Schleifer, 26.

14. AT to Reeve, 2 March 1838, OC VI i 42.

15. OC I ii 11–15.

16. ibid., 53.

17. ibid., 57.

18. AT, 'Second mémoire sur le paupérisme', OC XVI 148–57.

19. OC I ii 313–14.

20. ibid., 313.

21. Rédier, 45–9. Rédier 给出的日期是 1841 年 11 月。

22. OC I ii 277–8.

23. ibid., 173–5.

24. Jules Michelet to AT, 27 April 1840, Saint-Lô: AT 1979.

25. OC I ii 258.

26. ibid., 307.

27. ibid., 336–7.

28. ibid., 104.

29. *Esprit des lois*, book II, ch. 4.

30. See AT to Lord Radnor, London, May 1835, OC VI iii 38–43.

31. OC I ii 328.

32. Isaiah Berlin, 'Two Concepts of Liberty'.

33. OC I ii 258–69.

34. ibid., 105–6.

35. ibid., 109–11.

36. ibid., 112.

37. ibid., 310.

38. ibid., 7. 托克维尔一直计划将"告读者"加进去，并在 1836 年起草了一篇。对于他的
    初稿以及后来的修改，参见 Pléiade 版，1084-6。

39. OC I ii 8.

40. See AT to Kergorlay, 10 November 1836, OC XVIII i 418; Schleifer, 25–6. Eduardo Nolla
    在他那版《民主》（*Démocratie*）中似乎展示了凯戈尔莱对民主制的抱负一章有最为
    显著的影响，见 Nolla (ed.), *De la démocratie en Amérique* (Paris: Vrin, 1990), II, 203。

41. OC I ii 149, 319.

42. ibid., 29.

43. ibid., 27–30.

44. ibid., 35–8.

45. ibid., 201 n.1.

46. ibid., 200–205, ch. VII: 'Influence of Democracy on the Family'.

47. ibid., 206.

48. ibid., 207–8.

49. ibid., 219.

50. ibid., 214.

51. ibid., 213.

52. ibid., 209.

53. ibid., 210–11.

54. ibid., 212 n.1.

55. ibid., 215–16; Jardin, *Tocqueville*, 249.

56. OC I ii 339.

57. Mélonio, 66. 本书是一本研究托克维尔的著作在其本国的接受情况不可或缺的著作。
    Crook（166-98）出色地讨论了《论美国的民主》在英国的流行情况。奇怪的是，虽

然近 50 年来，美国有关亚历克西·德·托克维尔的专著大量涌现，却似乎还没有相应的有关他在美国的接受情况的研究。Phillips Bradley 在他的那个版本中就这个主题写了几页内容，参见 *Democracy in America* (2 vols., New York: Knopf, 1945), I xl–lii。

58. Mélonio, 70.

59. AT to Sylvestre de Sacy, [1840], Jardin, 272–3: 我自己翻译了这份文献。

60. Ampère to AT, 24 September 1840, OC XI 136–44. 这首诗出版于 1840 年 9 月 20 日的《巴黎杂志》(*Revue de Paris*)，但删去了讽刺托克维尔"诚实"的选民的部分。他们正用漫长的宴会和"古老的盛情"摧毁着托克维尔的消化系统。

61. AT to J. S. Mill, Paris, 3 May 1840, Mill to AT, 11 May 1840, OC VI i 327–9.

62. Mill, 'De Tocqueville on Democracy in America [II]'; Crook, 176–86, 对密尔和托克维尔的讨论尤为透彻。

第十六章 议员生涯（1839—1847）

1. Senior, *Journal*, 20 May 1848, JFI, I 110.

2. *Souvenirs*, OC XI 86, LC 800.

3. Rémusat, III, 262–3; AT to Marie, December 1841, OC XIV 444. 要考察这一差别，可比较托克维尔 1840 年 11 月 30 日的论东方问题的演讲 (OC III ii 288–301) 以及 1842 年 5 月 20 日论搜寻权的演讲 (ibid., 325–33)。

4. AT to Marie, [Paris, 19 August 1842], OC XIV 471.

5. Custine, 426–7; Rémusat, IV 44–5.

6. Senior, *Journal*, 21 August 1850.

7. OC XII 103, LC 815–16.

8. Senior, *Journal*, 21 August 1850; OC XII 102, LC 815.

9. Kergorlay to AT, 27 July and August 1840, OC XIII ii 72–5.

10. AT to Odilon Barrot, 16 September 1842.

11. Jardin, *Tocqueville*, 388.

12. ibid., 391. 雅尔丹对《商务报》(*Commerce*) 这段事 (388–96) 叙述得非常透彻细致，令人钦佩。

13. GB to Chambolle, 5 December 1844, OC VIII 546–7; AT to GB, 9 December 1844, ibid., 548–50.

14. AT to GB, 13 or 20 December 1844, ibid., 555.

15. AT to Royer-Collard, Tocqueville, 15 August 1840, OC XI 89–90.

16. Rémusat, IV, 12–4.

17. AT to Paul Clamorgan, Paris, 17 December 1841, OC X 203–4. 这里我们看到克拉摩根有种发言人的角色：人们希望他确保托克维尔的陈述得到充分的公开传播。

18. AT to Corcelle, Tocqueville, 14 July 1842, OC XV i 156.

19. AT, 'Allocution de Tocqueville après l'élection du 9 juillet 1842', OC II ii 77; 'Notes pour un Discours', ibid., 208.

20. Rémusat, IV, 14.

21. AT to J.-F. Hervieu, [Paris], 8 January 1842, OC X 208.

22. Guizot to AT, 26 April 1842, Saint Lô: AT 1064; Guizot, 'Reply to Lacordaire', 24 January 1861, OC XVI 332–45.

23. 对此的精彩讨论，见 Johnson, 83-7 ；亦见 Siedentop,passim，不过我并不完全同意 Siedentop 博士的观点。

24. Bury and Tombs, 79.

25. AT, 'Premier Discours sur la question d'Orient,' 20 July 1839, OC III ii 265.

26. AT, 'Second Discours sur la question d'Orient,' 30 November 1840, OC III ii 288–301.

27. AT to J. S. Mill, Paris, 18 December 1840, OC VI i 331.

28. J. S. Mill to AT, 9 August 1842, OC VI i 337; Henry Reeve to C. C. Greville, Christmas Day 1841, Laughton, i, 143; Nassau Senior to AT, 27 February 1841, OC VI ii 91.

29. GB, 'Notice sur Alexis de Tocqueville', OC (B) V 65.

30. OC XII 45–6, LC 762. 对托克维尔的政治计划，最好的讨论应该是 Dreseher, *Dilemmas*；同样有价值，但没那么全面的是 Drolet。

31. OC XII 30–31, LC 750–51.

32. OC XII 31–4, LC 751–4.

33. Collingham 对七月革命带来的政治变迁有清楚而丰富的讨论。

34. AT, 'Discussion de l'adresse', *Séance du 18 Janvier 1842*, OC III ii 201; AT to Clamorgan, Paris, 14 March 1842, OC X 216 and n.2.

35. AT to Kergorlay, Tocqueville, 25 October 1842, OC XII ii 108–9.

36. Karl Marx, *The Class Struggles in France 1848 to 1850* (Moscow, 1968), 28.

37. Drescher, *Dilemmas*, 对七月王朝时期社会改革的诸多阻碍的讨论颇令人钦佩。

38. AT to Marie, Paris, 8–9 August 1842, OC XIV 463–4.

39. Rédier, 124.

40. AT to Sophie Swetchine, Tocqueville, 11 February 1857, OC XV ii 309.

41. Kergorlay to Marie, 7 March 1841, OC XIII ii 81.

42. AT to Kergorlay, [Tocqueville], 27 September 1843, ibid., 121.

43. 信息来自 Françoise Mélonio。

44. AT to Marie, Algiers, 9 May 1841, OC XIV 418–19; OC V ii 191.

45. OC V ii 216–17.

46. OC III i 294 and nn.1, 2.

47. Thucydides, *Peloponnesian War*, tr. Rex Warner (London, Penguin, 1954), book II, 132.

48. AT, 'Rapport fait sur le Projet de Loi relative aux Crédits Extraordinaires demandés

pour l'Algérie', 24 May 1847, OC III i 329.

49. 对这个问题最好的讨论是 Richter，他的讨论对我有极高的参考价值。同样有价值的是 André Jardin，"Tocqueville et l'Algérie"。优点是，这两篇文章都是在法国于阿尔及利亚战争失败之际写的。

50. See AT, 'Travail sur l'Algérie (Octobre 1841)', OC III i 213–14.

51. H. d'Ideville, *Memoirs of Marshal Bugeaud*, tr. Charlotte M. Yonge (London, 1884), II, 19–23.

52. AT to Marie, Toulon, 12 June 1841, OC XIV 435.

53. AT to Marie, Algiers, 22 May 1841, ibid., 425; GB, 'Notice', 25; AT to Marie, Montaganem, 17 May 1841, OC XIV 424–5.

54. AT to Marie, Algiers, 22–4 May 1841, OC XIV 429.

55. AT to Marie, Toulon, 12 June 1841, OC XIV 435; AT to Marie, Marseille, 13 June 1841, ibid., 437; AT to Marie, Avignon, 14 June 1841, ibid., 439.

56. AT to Marie, Paris, 21 June 1841, ibid., 440.

57. Quoted in Fumaroli, 740.

58. Dorothée de Dino, iii, 122.

59. OC XVI 231–2 n.1, 引用了一份托克维尔自己写的 1842 年 1 月 8 日与 Royer-Collard 谈话的备忘录。

60. AT, 'Discours,' 21 April 1842, OC XVI 251–69.

61. Dino, II, 316.

62. ibid., III, 133.

第十七章　二月革命（1848）

1. From AT's speech on his entry to the Académie Française, 21 April 1842, (OC XVI 255).

2. Guillemin, 53.

3. 这一切见 OC XVI 288–303, 22 July 1847。

4. AT to GB, [?17] July 1847, OC VI i 605; OC XI 34.

5. Whitehouse, *Lamartine* II, 174.

6. Howarth, 307.

7. OC XII 35; Johnson, 192.

8. AT to Nassau Senior, Tocqueville, 25 August 1847, OC VI ii 99; AT to Corcelle, Tocqueville, 29 September 1847, OC XI i 239.

9. AT to Corcelle, Tocqueville, 27 August 1847, OC XV 234–6; AT to GB, 23 August 1847, OC VIII i 608; GB to AT, 30 August 1847, ibid., 612; Whitehouse, II, 465.

10. AT to Prosper Enfantin, [Tocqueville], 10 November 1847, LC 591–2. LC 的编者指出，这封信能流传下来，是因为托克维尔书稿中夹了草稿。

11. 托克维尔从来没有提到蒲鲁东，但我认为他不可能没有读过蒲鲁东的《什么是所有权？》（*What is Property?*），他在演讲中攻击的也是蒲鲁东的学说；AT to Gobineau, Tocqueville, 5 September 1843, OC IX 46-7, 提到了圣西蒙派。

12. Letter to Paul Ackermann, quoted in Woodcock, *Proudhon*, 58.

13. *De la célébration du dimanche*, quoted in Woodcock, *Anarchism*, 112-3.

14. 蒲鲁东受托克维尔的影响已经不是秘密了：见 Mayer, 147-8; Lambetti, 206 n.91; Mélonio, 41-2, 222-3; 但就我所知，这个问题还没有得到充分的考察和说明。

15. Quoted in Lefebvre, 50.

16. See OC XII 96.

17. OC III ii 731-44: 'Note'; 'Question financière'; 'De la classe moyenne et du peuple'; ['Fragments pour une politique sociale'].

18. OC III ii 736-7, 740-41. 读过《论美国的民主》的人也许记得，1835 年托克维尔曾认为，基于不同原则的大政党时代已经结束。

19. OC III ii 743-4.

20. OC XII 43; Guizot, VIII, 534.

21. Collingham, 401.

22. OC XII 32-3.

23. OC III ii 745-58.

24. OC XII 41.

25. ibid., 43.

26. Duveau, 5.

27. OC XII 51.

28. ibid., 53.

29. Guizot, VIII, 589.

30. OC XII 57.

31. 博蒙写了 2 月 24 日的回忆录，现藏于耶鲁大学拜内克图书馆。这篇回忆十分生动，是托克维尔的《回忆录》的很好补充，应当出版。

32. OC XII 61.

33. ibid., 65-6.

34. ibid., 68.

35. GB, '24 February'.

36. ibid.; OC XII 68-9. 这几篇独立的回忆相互印证了这一点。

37. OC XII 69-70.

38. ibid., 70.

39. ibid., 77-8. 比若当然在场，但讨厌他的托克维尔或是没有看到这位元帅，或是记不得他们是不是碰见过。他一直都否认比若的在场。见 Senior, *Journal*, 27 October 1849;

Bugeaud, II 305-6。

40. OC XII 86-9; 125-6.

41. AT to Bouchitté, Paris, 1 May 1848, OC (B) VII 235-6.

42. Amann, 939.

第十八章 六月起义（1848）

1. OC XII 150.

2. Falloux, I, 270; OC XII 90.

3. AT to Clamorgan, [Paris], 25 and 27 February 1848, OC X 444-7.

4. OC I i xliv.

5. Mélonio, 67.

6. OC XII 93, 95; Woodcock, *Proudhon*, 118.

7. Sand, 8.

8. AT to Clamorgan, Paris, 11 March 1848, OC X 453.

9. AT to Clamorgan, Paris, 7 March 1848, ibid., 450.

10. AT to MT, [Valognes, 14 March 1848], OC XIV 507.

11. AT to MT, Tocqueville, 20 March 1848, ibid., 515.

12. AT to MT, Sunday, 26 March 1848, ibid., 523; AT, [*Circulaire électorale*], OC III iii 39-42.

13. AT to MT, Tocqueville, 20 March 1848, OC XIV 516.

14. AT, 'Banquet populaire de Cherbourg', 19 March 1848, OC III iii 43-6; AT to Marie, 20 March 1848, OC XIV 517; OC XII 111-2: 他声称记不得自己说了什么。他把自己的成功归结于即兴发挥："因为我们常说，演讲是做给别人听的，不是读的。"

15. OC XII 114; Loménie, 421.

16. AT to Clamorgan, 2 May 1848, OC X 459-60.

17. OC XII 177.

18. AT to Clamorgan [Paris, 7 April 1848], OC X 456.

19. OC III ii 757.

20. OC XII 115; AT to Senior, Paris, 10 April 1848, OC VI ii 101.

21. AT to GB, Tocqueville, 22 April 1848, OC VIII ii 12-13.

22. AT to Clamorgan, [Paris] 2 May 1848, OC X 460; AT to Mathilde de Kergorlay, April–May 1848, OC XIII ii 220.

23. Blanc, 417.

24. OC XII 149-50; see also James Pope-Hennessy, *Monckton Milnes: the Years of Promise, 1809—1851* (London, 1949), 283-5.

25. See Senior, *Journal*, 16 May 1848 (conversation with AT), 20 May 1848 (conversation with GB) ; Guillemin, 333-52; Agaulhon, 52-3, 似乎支持了 Guillemin 的论文。

26. Senior, *Journal*, 16 May 1848.

27. Guillemin, 336; Blanc, 391–2.

28. Senior, ibid., 19 May 1848.

29. OC XII 141; Blanc, 391–7; Quenthin-Bauchart, 11–18.

30. Senior, ibid., 16 May 1848; OC XI 135–7, 141.

31. OC XII 140 n.1.

32. ibid., 184. 委员会纪要，见 OC III iii 55–158。

33. OC XII 180.

34. ibid., 184, 191; see Max Farrand (ed.), *The Records of the Federal Convention of 1787*, new edn., 4 vols. (Yale, 1966), passim.

35. OC XII 180, 185.

36. ibid. 189–90.

37. OC XII 189.

38. ibid., 180.

39. Senior, *Journal*, 20 May 1853: see CTG I 184–7; OC XII 180–82.

40. OC XII 189.

41. ibid., 173–4.

42. ibid., 171.

43. Falloux, I, 331–2, 334.

44. ibid., 335–6; Quentin-Bauchart, 29–30; de Luna, 136; Guillemin, 381 n.

45. De Luna, 136–7.

46. OC XII 156. 我们不清楚在这个段落中，托克维尔指的是不是路易·勃朗 5 月 15 日为自己辩护的演讲，抑或是 5 月 31 日法官向议会请求处决他时的演讲 (Blanc, 400, 404)；他无罪开释是在 6 月 3 日；William Fortescue, *Alphonse de Lamartine* (London and New York, 1983), 184–5。

47. OC XII 156.

48. AT to Marie, [National Assembly], 24 and 25 June 1848, OC XIV 541–2; AT to Clamorgan, 24 June 1848, OC X 468–9.

49. AT to Z. Gallemand, 25 June 1848, OC X 470.

50. Jardin, *Tocqueville*, 416; Alexander Herzen, *My Life and Thoughts*, tr. Constance Garnett (London, 1924), III, 23–4.

51. OC XII 219; LC 929 n.15.

第十九章　书写回忆（1848—1851）

1. Arthur de Gobineau to AT, 8 September 1843, OC IX 56.

2. AT to Eugène Stoffels, Paris, 21 July 1848, LC 635.

3. OC XII 86–7.

4. Duguit and Monnier, 234 ('Constitution du 4 novembre 1848').

5. OC III iii 167 n.2.

6. ibid., 172.

7. ibid., 180.

8. ibid., 215.

9. ibid., 221–2. 安德烈·雅尔丹建议对法语文本作一个小改动 (p.221: "intérêts" 改为 "instincts"): 我采纳了他的意见。

10. AT to GB, [Paris], 27 August 1848, OC VIII ii 32.

11. AT to GB, Paris, 24 September 1848, ibid. 53; to Clamorgan, Paris, 17 October 1848, OC X 484; de Luna, 405 n.17.

12. Ancelot, 156; AT to GB, [Paris, 23 October] 1848, OC VIII ii 76.

13. De Luna, 373.

14. AT to GB, [23 October] 1848, OC VIII ii 76.

15. De Luna, 382, 391; AT to GB, Paris, 8 December 1848, OC VIII ii 117. 西塞罗在公元前 43 年曾这样评价屋大维: "Laudandum, ornandum, tollendum", Anthony Everitt 将它翻译成: "这个年轻人必会得到赞扬、荣誉和激励" (Cicero, 301)。几个月后, 屋大维抛弃了西塞罗, 西塞罗被政敌所杀。

16. AT to GB, Paris, 27 October 1848, OC VIII ii 80; Rémusat, 374–6.

17. AT to Clamorgan, Paris, 22 January 1849, OC X 504; to GB, Bonn, 11 May 1849, OC VIII ii 128.

18. See, for example, AT to P.-M. Dudouy, [Paris, April 1849], OC X 528.

19. AT to George Grote, Paris, 27 February 1849, OC VI iii 117–19; AT, 'Projet de circulaire électorale', May 1849, OC III iii 257–61.

20. AF to J.-F. Hervieu, 19 January 1849, OC X 502; to Clamorgan, Paris, 16 March 1849, ibid. 519; Jardin, 'Introduction', OC III iii 24.

21. 他至少用了一本笔记本记录了他的德国见闻 (见 OC XII 280), 但轶失了。

22. See Rivet to AT, OC XII 280–81, n.2; Barrot, II, 274; Dansette, 277.

23. Benjamin Disraeli, Coningsby (1844), ch. VI.

24. OC XII 199–206; Senior, Journal, 27 July 1849 (CCT I 65–6): 西尼尔从 1848 年国外游历时开始记日记, 这个习惯一直延续终生。他的日记对于研究托克维尔的最后十年有巨大价值; Falloux, I, 467-80。

25. Senior, Journal, 17 April 1858, CCT II 193; 23 October 1849, CCT I 69–70; OC XII 234–6.

26. 对类似问题, 见 OC XI 244-6, 和 Jardin, Tocqueville, 444-6。

27. See Senior, Journal, 17 February 1851 (CCT i 231–2) and Jardin, Tocqueville, 438.

28. Senior, Journal, 31 March 1852 (CTG I 53).

29. AT to GB, Paris, 12 October 1849, OC VIII ii 200.

30. 例如，参见此时托克维尔致科尔塞勒和博蒙的书信，多处提及。

31. Senior, *Journal*, 29 January 1851 (CCT I 195).

32. Falloux, I, 557.

33. Corley, 87.

34. AT to Corcelle, Paris, 2 November 1849, OC XI ii 14; Jardin, *Tocqueville*, 449–50.

35. AT to GB, Paris, 4 November 1849, OC VIII ii 232.

36. ibid., 233.

37. GB to AT, 4 January 1850, OC VIII ii 263; AT to Reeve, Paris, 15 November 1849, OC VI i 109; AT to Denise de Blic, Paris, 10 November 1849, OC XIV 252.

38. AT to Corcelle, 1 August 1850, OC XV ii 28; Jardin, *Tocqueville*, 451; AT to Reeve, Paris, March 1850, OC VI i 112; AT to K. de Circourt, 31 March and 5 April 1850; Senior, *Journal* 14 May 1850 (CCT I 80). 有关医生前后不一的诊断，见 AT to E. Stoffels, Paris, 28 April 1850, OC(B) V 460, 和 AT to Mathilde de Kergorlay, 9 Oetober 1850, OC XIII ii 228。Anne P. Kerr 认为，虽然危机的爆发是在 3 月，托克维尔很有可能在 2 月的时候便有身体不适。她的观点颇有道理 (OC XVIII 31 n.6)。

39. GB, 'Notice sur Alexis de Tocqueville', OC (B) V 112; Senior, *Journal*, May 1850, *passim* (CCT I 73–94).

40. AT to Corcelle, Tocqueville, 7 June 1850, OC XV ii 23.

41. AT to GB, Tocqueville, 14 June 1850, OC VIII ii 274–6.

42. OC XII 29.

43. ibid., 61–2.

44. AT to Ampère, Tocqueville, 26 July 1850, OC XI 187; Senior, *Journal*, August 1850 (CCT I 99–144); AT to Clamorgan, 17 September 1850 (two letters) and 28 October 1850, OC X 546–50.

45. Senior, *Journal*, 26 August 1850 (CC T I 141).

46. AT to Clamorgan, Tocqueville, 9 July 1850, OC X 545; OC XII 267–76.

47. AT to Corcelle, Dijon, 1 November 1850, OC XV ii 34; AT to GB, Naples, 24 November 1850, OC VII ii 326–7.

48. AT to Corcelle, Naples, 28 November 1850; AT to Armand Dufaure, Sorrento, 22 December 1850, LC 705–7; AT to GB, Naples, 24 December 1850, OC VIII ii 328.

49. Senior, *Journal*, 11 December 1850 (not in CCT); 25 January 1851 (CCT I 178–82); AT to GB, Sorrento, 26 February 1851, OC VIII ii 377–8; Ampère, 'Appendice', OC XI 444.

50. Senior, *Journal*, December 1850–February 1851, *passim* (CCT I 178–243).

51. AT to Kergorlay, Sorrento, 15 December 1850, OC XIII ii 229–34.

52. Senior, *Journal*, 13 December 1850 (JFI ii 6).

53. Kergorlay to AT, 19 January 1851, OC XIII ii 234–8; AT, 'Sorrente, Décembre 1850–Napoléon', OC II ii 301.

54. 托克维尔在手稿的封面记道，这是在索伦托期间，从 11 月到 3 月"断断续续"写出来的。这肯定是个笔误，因为他到索伦托的时候是 12 月。而 12 月 15 日致凯戈尔莱的信明确表明他没有立即开始写作。

55. OC XII 177–8. 事实上，战斗停息的一周后的 1848 年 7 月 4 日，夏多布里昂便与世长辞。托克维尔用不精确性强化了修辞效果。

56. OC XII 83–4; Senior, *Journal*, 19 August 1850 (CCT I 112–14).

57. OC XII 87.

58. ibid., 86.

59. 一个例外是 AT to Harriet Grote, Tocqueville, [25] June 1850, OC VI iii 135。在这封信中，托克维尔以对历史变迁的整体反思的形式，提出了这个相同的看法。这封信成文比《回忆录》的这段话早五六个月，表明他对自己的看法的坚定态度，也证明了他在《回忆录》中所说的并非即兴之笔。

60. OC XII 96–7.

61. ibid., 179.

第二十章 十二月份（1851—1852）

1. Senior, *Journal*, 10 April 1857 (CCT II 158).

2. AT to Hervé de Tocqueville, Paris, 1 December 1851, OC XIV 266.

3. AT to Marie, [Saint-Lô, 4 September 1851], ibid., 563.

4. OC XII 212; see also AT to Senior, Versailles, 27 July 1851, OC VI ii 133.

5. See OC I ii 273–6 and 322–7, 'Quelle espèce de despotisme les nations démocratiques ont à craindre'.

6. See Bury and Toombs, 120–23.

7. Dansette, 321–2.

8. AT to GB, Versailles, 14 September 1851, OC VIII ii 407, 对人民恐惧未知事物的评论，他刚在芒什的省议会中发现了这一点。

9. See Duguit and Monnier 246: 'Constitution du 4 Novembre 1848, chapitre XI'.

10. Senior, *Journal*, 8, 14 and 18 May 1851 (CCT I 249–56; 18 May conversation misdated); Bury and Toombs, 124.

11. See Morny to Mme de Flahaut, 23 February 1851, Kerry, 86; AT, 'Conversation que j'ai eue avec le Président de la République le 15 mai 1851', OC III iii 422; OC XII 211.

12. OC II iii 421–2. 安德烈·雅尔丹质疑了这些评价的真诚性，认为它们很像卡韦尼亚克将军的夸夸其谈，但它与当时他的其他言行都是一致的。例如，就在会面前一天，他告诉纳索·西尼尔，称如果总统试图不经议会同意而修宪，"他最后会到万塞讷去"。

13. AT, 'Note sur le Projet de Révision (Mai 1851)', OC III iii 417–19.

14. AT, 'Procès-verbaux de la commission chargée d'examiner les propositions relatives à révision de la constitution...', OC III iii 423–4.

15. AT, 'Rapport fait par M. de Tocqueville, au nom de la Commission...' OC III iii 433–53. 托克维尔所读报告的这部分约 5000 词长。

16. Karl Marx, *The Eighteenth Brumaire of Louis Bonaparte* (Moscow: Books for Socialism, n.d.), 101; Dansette, 324.

17. Senior, Journal, 18 May 1851 (CCT I 255, misdated); OC III iii 436, 441–2.

18. AT to Clamorgan, [Paris], 28 June 1851, OC X 555; Karl Marx and Friedrich Engels, *Manifesto of the Communist Party*, (London: Penguin, 1967), 82; Marx, *Brumaire*, 113.

19. Walter Bagehot, IV, 31–2; AT to Marie, Valognes, [23 August 1851], OC XIV 554–5; AT to Gobineau, [Versailles], 6 August 1851, OC IX 190.

20. AT, 'Rapport', OC III iii 448; Marx, *Brumaire*, 102.

21. See Southern, 'Liberty', 112–16.

22. AT, 'Intervention dans la discussion sur la révision de la constitution au Conseil-Général, 28 août 1851', OC X 718; Henrik Ibsen, *Pillars of the Community*.

23. AT to Clamorgan, Versailles, 27 September 1851, OC X 558; to Marie, [Saint-Lô, 31 August 1851], OC XIV 559.

24. Simpson, 121.

25. Rémusat, III, 483; AT to Mrs Grote, [8 December 1851], OC VI i 125: 这封信中夹着另一封信，to the editor of *The Times* (see pp. 521).

26. Senior, *Journal*, 31 December 1851 (CCT II 9–10).

27. OC XIV 565–6.

28. Rémusat, III 484–5.

29. ibid., 489; AT, to the editor of *The Times*, published 11 December 1851 (MLR II 176–92. 法语原版已遗失，但有从英译回译法语的版本，*Oeuvres complètes*, VI i 119–29); OC XIV 271 n.3; Jardin, *Tocqueville*, 467.

30. Maurice Aguilhon, 143–44; Corley, 107–8; René Arnaud, 113–21.

31. MLR II 190.

32. AT to Édouard de Tocqueville, [7 December 1851], OC XIV 271–2. 爱德华写信请他不要莽撞——就像 1830 年埃尔韦所做的那样 (pp. 126)。

33. AT, 'A Messieurs les Électeurs du Canton de Montebourg', 29 April 1852, OC X 725–6; AT to GB, Paris, 1 May 1852, OC VII iii 44–5.

34. See AT to Rémusat, 22 March 1852, LC 1030–36.

第二十一章 书写历史（1852—1855）

1. AT to HT, Tocqueville, 24 July 1852, OC XIV 283.

2. AT to GB, Paris, 1 February 1852, OC VIII iii 18–21; AT to E. Lieber, Tocqueville, 4 August 1852, OC VII 143–5; Senior, *Journal*, 17 May 1853 (CCT II 36–9).

3. See GB to AT, 9 March 1852, OC VIII iii 32–5.

4. AT to GB, Paris, 7 March 1852, 22 April, OC VIII iii 32, 41.

5. AT, 'Discours prononcé à la séance publique annuelle de l'Académie des Sciences Morales et Politiques du 3 Avril 1852...' OC XVI 229–42. See GB to AT, 1 April 1852, OC VIII iii 36. 没有发表的段落最终在博蒙编辑的托克维尔著作集末尾出版，见 OC(B) IX 643–5。手稿遗失。See also AT to Mrs Phillimore, 20 June 1852, OC VI iii 148, and n.2.

6. OC XVI 231.

7. ibid., 233.

8. AT to Mrs Grote, Paris, 3 April 1853, OC VI iii 145–6; to GB, Paris, 7 April 1852, OC VIII iii 39; to GB, Paris, 22 April 1852, ibid. 40.

9. AT to Marie, Paris, [1 May 1852], OC XIV 573.

10. GB to AT, 11 June [1852], OC VIII iii 49; AT to GB, Tocqueville, 15 June 1852, ibid. 51.

11. AT to Mathilde de Kergorlay, Tocqueville, 20 July 1852, OC XIII ii 241–2.

12. AT to Mme de Circourt, Tocqueville, 18 September 1852, OC XVIII 85.

13. AT to Kergorlay, Tocqueville, 22 July 1852, OC XIII ii 244; AT, 'Comment la nation en cessant d'être républicain était restée révolutionnaire', OC II ii 292. 托克维尔匆忙中错引了 Fiévée，后者其实说的是他回香槟退隐。

14. AT to GB, [Tocqueville], 24 August 1852, OC VIII iii 71.

15. OC II ii 271, 276.

16. AT to Kergorlay, Tocqueville, 22 July 1852, OC XIII ii 244–5.

17. Kergorlay to AT, 2 August 1852, ibid. 246–8; AT to Z. Gallemand, [Tocqueville, 20 August 1852], OC X 566; ibid. 568 n.2, 569 n.1; OC II ii 293–8.

18. AT to Kergorlay, Tocqueville, 22 July 1852, OC XIII ii 243; to Édouard de Tocqueville, [Tocqueville], 17 September 1852, OC XIV 285; AT to Freslon, Tocqueville, 7 September 1852, LC 1052–3.

19. Ampère to Marie, 14 October 1852, OC XI 213; AT to Senior, Paris, 13 November 1852, OC VI ii 155; to Corcelle, Paris, 21 November 1852, 17 November 1852, 1 January 1853, OC XV ii 62, 65, 68.

20. AT to GB, Paris, 24 January 1853, OC VIII iii 83–4; to Hippolyte, end of December 1852, OC XIV 88; to GB, Paris, 24 January 1853, OC VIII iii 85; see Senior, *Journal*, 23 December 1851, and after that the 'Correspondance Anglaise' *passim* (OC VI i–iii).

21. See AT to La Rive, Paris, 20 March 1853, OC VII 329–30; La Rive to AT, 26 March 1853,

ibid., 330 n.3; AT to La Rive, [Paris], 29 March 1853, ibid., 330–1.

22. AT to C. von Bunsen, Paris, 2 January 1853, OC VII 328–9; Bunsen to AT, 21 April 1853, cited in ibid., 329 n.4; *L'Ancien Régime et la Révolution: fragments et notes inédites*, OC II ii 243–65; AT to Bunsen, Paris, 23 May 1853, OC VII 332–3.

23. OC II ii 15; AT to GB, Paris, 23 March 1853, OC VIII iii 95–6.

24. AT to GB, Paris, 2 May 1853, ibid., 118; GB to AT, 9 February 1853, ibid., 87.

25. AT to GB, [Paris], 8 April 1853, ibid., 102; GB to AT, 19 April 1853, ibid., 111.

26. AT to GB, Les Trésorières, 4 June 1853, ibid., 128–9; 15 June, ibid., 131–2.

27. Senior, *Journal*, 9 May 1853 (CCT ii 36); Charles de Grandmaison, 'Alexis de Tocqueville en Touraine: préparation du livre sur l'Ancien Régime juin 1853–avril 1854, notes et souvenirs intimes' (Paris, 1893),.

28. 这里对托克维尔在图尔档案馆的叙述，完全参考了 Grandmaison,*passim*。

29. OC II i 115, 152, 156.

30. Grandmaison, 5.

31. AT to Freslon, Saint-Cyr near Tours, 9 June 1853, OC (B) VI 207–8; *L'Ancien Régime et la Révolution*, 'Avant-propos', OC II I 70–71.

32. AT to Kergorlay, Saint-Cyr, 28 July 1853, OC XIII ii 256; AT to Mme de Circourt, Saint-Cyr, 2 September 1853, OC XVIII 103.

33. AT to GB, Saint-Cyr, 27 October 1853, OC VIII iii 160; 16 February 1854, ibid., 188–9.

34. 有关戈比诺的思想，我参考了 Biddiss；J.-J. Chevallier's introduction to OC IX; John Lukacs (ed. and tr.), *Tocqueville: 'The European Revolution' and Correspondence with Gobineau* (Garden City, NY, 1959), especially 179–87.

35. Chevallier, OC IX 18; AT to GB, Saint-Cyr, 3 November 1853, OC VI iii 164; to Gobineau, Saint-Cyr, 17 November 1853, OC IX 203.

36. AT to Freslon, Saint-Cyr, 23 September 1853, OC (B) VI 233–4; AT to Kergorlay, [Saint-Cyr], 19 October 1853, OC XIII ii 268; to Rivet, Saint-Cyr, 23 October 1853 OC (B) VI 235–6; to GB, Saint-Cyr, 3 November 1853, OC VIII iii 164–5; to Freslon, Saint-Cyr, 3 November 1853, OC (B) VI 238; to Ampère, Saint-Cyr, 18 November 1853, OC XI 227; to Mrs Grote, Saint-Cyr, 22 November 1853, OC VI iii 161–2.

37. 对于接下去的内容，以及这章很多其他地方，我都参考了 Robert T. Gannett Jr 非常有价值的著作《解密托克维尔》(*Tocqueville Unveiled*)。

38. Mrs Grote, 'Notes relating to St. Cyr', CCT II 48; Senior, *Journal*, 1 June 1860 (CGT II 351); AT, 'Nécrologie de M. Le Peletier d'Aunay', [6 April 1855], OC XVI 413–19.

39. AT to Hubert de Tocqueville, Saint-Cyr, 7 March 1854, OC XIV 295.

40. Gannett, 61–77, 尤为透彻地阐明了托克维尔如何把柏克作为对手和（暗中的）榜样。

41. AT, *Ancien Régime*, title of chapter 2, Book 1, OC II I 83–6; ibid., chapter 5, Book 1, 95–6,

此处，托克维尔迫切想让读者理解他，所以重复了他前四章的主要观点。

42. AT to GB, Paris, 33, place de la Ville-l'Évêque, 17 March 1856, OC VIII iii 379.

43. AT to Theodore Sedgwick, Bonn, 17 July 1854, OC VII 156; to GB, Saint-Cyr, 27 May 1854, OC VIII iii 216.

44. AT to Ampère, Saint-Cyr, 31 March 1854, OC XI 236–7; OC XII 249;

45. D. A. Smith, 'A Conversation with Tocqueville, 1854', *Tocqueville Review*, vol. 10 (1989–90), 239–43, 改写了 1854 年 8 月 7 日 George Cornewall Lewis 日记的开头。

46. AT to Ampère, Bonn, 21 June 1854, 5 and 21 August, OC XI 245–52, *passim*.

47. AT to Adolphe de Circourt, Wildbad, 1 September 1854, OC XVIII 199; to Ampère, Wildbad, 6 September 1854, OC XI 254; to George Cornewall Lewis, Wildbad, 19 September 1854, OC VI iii 170; OC II I 265–6.

48. AT to Corcelle, Clairoix par Compiègne (Oise), 2 October 1854, OC XV ii 120; to GB, Clairoix, 1 October 1854, OC VIII iii 240; to Corcelle, Clairoix, 23 October 1854, OC XV ii 122.

49. AT to Corcelle, Clairoix, 23 October 1854, OC XV ii 122; to GB, Clairoix, 26 October 1854, OC VIII iii 244–6.

50. 本段的信息几乎都出自 Gannett, 138–41, 212–13, nn.25–48。

51. AT to Circourt, Compiègne, 26 January 1855, OC XVIII 234; to Ampère, Tuesday, [16? 23? January] 1855, OC XI 271; to Corcelle, 13 February 1855, OC XV ii 136; to GB, Compiègne, 8 March 1855, ibid. 281.

52. OC VIII iii 262 n.1.

第二十二章　书写革命（1855—1856）

1. AT to Circourt, Tocqueville, 8 November 1855, OC XVIII 282.

2. AT to GB, Paris, 23 April 1855, OC VIII iii 303; 25 May, ibid., 315; AT to Marie, [Paris, 26 May 1855], OC XIV 585; [27 May 1855], ibid., 586–7; AT to Madeleine [27 May 1855], ibid., 587.

3. GB to AT, 18 January 1855, OC VIII iii 319–20; AT to GB, Beaufossé 20 June 1855, ibid., 320–22; AT to Ampère, Tocqueville, 4 July 1855, OC XI 287.

4. AT to GB, Tocqueville, 1 July 1855, OC VIII iii 324; AT to Senior, Tocqueville, 30 June 1855, CCT II 124.

5. AT to Ampère, Tocqueville, 12 July 1855, OC XI 289; to Corcelle, Tocqueville, 6 July 1855, OC XV ii 138; to Senior, Tocqueville, 25 July 1855, OC VI ii 182–3.

6. AT to Corcelle, Tocqueville, 4 August 1855, OC XI ii 143; ARP 1060; AT to GB, Tocqueville, 28 August 1855, OC VIII iii 336–7; to HT, Tocqueville, 25 November 1855, OC XIV 318; to Circourt, Tocqueville, 4 September 1855, OC XVIII 259; to Corcelle,

Tocqueville, 16 October 1855 and 3 November 1855, OC XI ii 152, 153; to Ampère, Tocqueville, 27 December 1855, OC XI 304; to Circourt, Tocqueville, 2 January 1856, OC XVI 297; to Hubert de Tocqueville, Tocqueville, 3 January 1856, OC XIV 322; to GB, Tocqueville, 7 January 1856, OC VIII iii 359; to Ampère, Tocqueville, 1 February 1856, OC XI 308.

7. See OC XIII ii, 1853–6, passim; Kergorlay, 'Essai littéraire sur Alexis de Tocqueville', *Le Correspondant*, April 1861, OC XIII ii 351–67; and, especially, Kergorlay to AT, 7 July and 22 August 1856, 298–307.

8. Herr, 107–19.

9. AT, *L'Ancien Régime et la Révolution*, OC II i 69; AT to Senior, Saint-Cyr, 2 July 1853, OC VI ii 162; Thiers, I, v; Senior, *Journal*, 19 August 1850 (CCT I 112).

10. Mélonio, 97–107; AT to Mrs Austin, Tocqueville, 29 August 1856, OC VI i 192.

11. OC II i 69, 71. See Herr, 114–17, for an interesting Bonapartist view of the *Ancien Régime*.

12. Hazareesingh, 13–14; Jones.

13. AT to HT, [Tocqueville, 5 November 1855], OC XIV 314.

14. Gannett, 143–4.

15. OC II i 75–6.

16. ibid., 75.

17. ibid., 249.

18. AT to GB, Paris, 22 February 1856, OC VIII iii 374.

19. OC II i 73–4; Senior, *Journal*, 10 April 1854 (CCT II 83).

20. OC I i 6; Montesquieu, *De l'esprit des lois*, Book II, chapter 4; OC II i 220.

21. OC II i 166.

22. Furet, in Furet and Ozouf.

23. Senior, *Journal*, 22 May 1850 (CCT I 92–3). 这段对话非常有趣，因为它体现出托克维尔在很早的时候就有了《旧制度》中的那些观点，以及这些观点又是如何与他对社会主义的恐惧紧密联系的："社会主义与共产主义都是相同情感的逻辑推演。"

24. OC II i 150.

25. ibid., 148.

26. OC II i 106.

27. Doyle, 1–43.

28. OC II i 184–5, 230.

29. ibid., 144–5.

30. 关于 *intendants*，参见 ibid., Book 2, *passim*（特别是作者的注释）。

31. ibid., 193.

32. ibid., 245.

33. ibid., 248.

34. ibid., 217.

35. ibid., 250.

36. AT to Ampère, Paris, 17 February 1856, OC XI 309.

37. Ampère to AT, 16 February 1856, ibid., 309; AT to GB, Paris, 17 February 1856, 6 and 17 March 1856, OC VIII iii 370, 375, 379; Reeve to AT, 4 March 1856, OC VI i 165.

38. All this from Loménie, 425.

39. AT to Reeve, Tocqueville, 25 January 1856, OC VI i 157; Senior, *Journal*, 18 May 1856 (CCT II 132–3, misdated); AT to Mme Swetchine, Tocqueville, 7 January 1856, OC XV ii 269; AT to Marie, [Paris], February 1856, OC XIV 594; AT and GB, correspondence, February–June 1856, *passim*, OC VIII 370–412.

第二十三章　退隐城堡（1856—1858）

1. AT to Kergorlay, 21 September 1856, OC XI ii 315.

2. AT to HT, 28 May 1856, OC XIV 324–5; to Mme Swetchine, 12 June 1856, OC XV ii 273; to Kergorlay, 12 June 1856, OC XIII ii 296.

3. AT to Edward Vernon Childe, Paris, [?18] June 1856, OC VII 170.

4. See OC XIV, *Correspondance familiale,*' *Table de destinaires*. 埃尔韦的书是 *Histoire philosophique du règne de Louis XV* (1847) 和 *Coup d'oeil sur le règne de Louis XVI* (1850). 书的节选译为英文已在 Palmer 出版。

5. AT to Corcelle, [Paris], 18 June 1856, OC XV ii 162–3. 我们大体应当按照字面意思理解托克维尔对他父亲的虔诚的强调。但它也说明埃尔韦的形象这么多年来发生了显著转变。

6. AT to Corcelle, ibid., 163; to Mme Swetchine, Tocqueville, 1 July 1856, ibid., 275.

7. AT to Reeve, Paris, 14 June 1856, OC VI i 183.

8. GB to AT, 25 January 1856, OC VIII iii 417; AT to GB, Tocqueville, 5 September 1856, ibid., 432.

9. AT to Kergorlay, [September] 1856, OC XIII ii 312; to GB, 27 March 1857, OC VIII iii 469.

10. AT to GB, 27 March 1857, OC VIII iii 469; to Mme Swetchine, 22 July 1856, OC XV ii 281; Léon Plée, *Le Siècle*, 18, 19, 21 and 27 July 1856: see LC 1185; AT to Plée, Tocqueville, 31 July 1856, ibid., 1186; to Ampère, Tocqueville, 21 October 1856, OC XI 351; to Corcelle, Tocqueville, 13 November 1856, OC XV ii 184.

11. Senior, *Journal*, 8 May 1857; Guizot to AT, 30 June 1856 (Saint-Lô: AT 1668). 在这封信中，基佐首先描述了他将在 1861 年法兰西学术院致辞上所要细讲的观点。

12. Mélonio, 100.

13. GB to AT, 19 November 1856, OC VIII iii 449.

14. Kergorlay to AT, 7 July 1856, OC XIII ii 298–9; 22 August 1856, ibid., 305; Mme Swetchine to AT, 13 August 1856, OC XV ii 287; AT to Kergorlay, Tocqueville, 22 and 28 August 1856, OC XIII 305, 308–9; Kergorlay to AT, 1 September 1856, ibid., 311. 凯尔戈莱润色的列表，见 OC II i 325–33。

15. AT to Gobineau, Tocqueville, 30 July 1856, OC IX 265–9.

16. Gobineau to AT, 29 November 1856, ibid., 269–75.

17. AT to Gobineau, Tocqueville, 24 January 1857, ibid., 277–8; to Mme Swetchine, Tocqueville, 11 February 1857, OC XV ii 313–16.

18. AT to Gobineau, Tocqueville, 24 January 1857, OC IX 280–1.

19. Gobineau to AT, 20 May 1857, ibid., 281.

20. Harriet Grote to AT, 14 November 1856, Saint-Lô: AT 1648 (wrongly catalogued as from George Grote); J. S. Mill to AT, 15 December 1856, and AT to Mill, [Tocqueville], 19 December 1856, OC VI i 349–51.

21. AT to Kergorlay, Tocqueville, 28 August 1856, OC XIII ii 307–8.

22. AT to Mme Swetchine, Tocqueville, 11 February 1857, OC 0000000.

23. Senior, *Journal*, April–May 1857 (CCT II 157–87); AT to GB, Tocqueville, 10 October 1856, OC VIII iii 440; 6 April 1857, ibid., 478.

24. Monckton Milnes, 'Alexis de Tocqueville', *Quarterly Review*, vol. 110 (1861), 527; AT to Marie, [Paris, 26 May 1855], OC XIV 584, and n. 4.

25. AT to Corcelle, Tocqueville, 11 October 1856, OC XV ii 178; AT, 'Idée originaire, sentiment général et primitif du sujet', OC II ii 29; *Tâtonnements* (Nov. et Déc. 56), ibid., 173–4.

26. Drescher, *Tocqueville and England*, 191–2. 本节的主要材料是 1857 年 6 月 19 日到 7 月 17 日期间托克维尔致玛丽的书信，OC XIV 596–626（编辑标错了 7 月 17 日信的日期，p. 625）；George Ticknor 日记；the Hatherton diary；数封与英国朋友往来的书信，OC VI，全三卷；以及圣洛所藏英国寄来的各种书信。

27. AT to Mme de Pisieux, Tocqueville, 21 September 1857, LC 1263.

28. AT to Marie, London, 20 [June 1857], OC XIV 598; [London, 2 July 1857], ibid., 613–14; Teddesley, 11 July 1857, ibid., 620–21; [Coleshill], Thursday, [16 July 1857], 624; to Radnor, Tocqueville, 19 August 1857, OC VI iii 265–6; diary of Lord Hatherton, 13 July 1857, Staffordshire Record Office D 260/M/F/5/26/72.

29. Brodhurst, 138.

30. AT to Marie, London, 1 July 1857, OC XIV 611; AT to Panizzi, Coleshill, 17 July 1857, OC VI iii 247–8; to Clarendon, [Tocqueville], 21 July 1857, ibid., 250–51; to W. Noel Sainsbury, [Tocqueville, 19 August 1857], ibid., 267–8; AT–Reeve letters, OC VI i 232–45 *passim*.

31. AT to Marie, [London, 21–2 June 1857], OC XIV 599–601; Ticknor, Ticknor to W. H. Prescott, London, July 13 1857, II, 366.

32. Hatherton diary, 25 June 1857; AT to Marie, 20 June 1857, OC XIV 598; [25 June 1857], ibid., 605; Ticknor, II, 366., 是托克维尔对麦考莱的描述有一个很有趣的印证，还有 362-5, 讲述托克维尔在伦敦的经历；Lord Stanley, 'Breakfast with De Tocqueville 6 July 1857', Derby MSS Liverpool Record Office 920 DER 46/2。有关托克维尔晚年与美国人的关系，见 Hugh Brogan, "Alexis de Tocqueville and the Coming of the American Civil War", 91-112。

33. 托克维尔对亲王感情洋溢的评价，以及阿尔伯特对其赞美谦虚而怀疑的反应，见 OC VI i 353。

34. AT to Marie, [London], 2 July 1857, OC XIV 614.

35. Hatherton diary, 25 June 1857.

36. AT to Marie, [London], 3 July 1857, OC XIV 615–16; J. M. Mottley to AT, 1 July 1857, Saint-Lô: AT 2061 (misdated in the catalogue); to AT, 7 July 1857, Saint-Lô: AT 2061 (misdated in the catalogue); to AT, 7 July 1857, Saint-Lô: AT 2063; AT to Marie [London], 10 July 1857, OC XIV 618–19; J. M. Mottley to AT, 22 July and 18 August 1857, Saint-Lô: AT 2064–5; bill to AT from Messrs. Lenny & Co., 10 August 1857, for a 'new Single Body Pony Basket Phaeton, with driving Seat in front for One, painted Blue', Saint-Lô: AT 366. 托克维尔 9 月份从美国巴林斯银行取了一笔钱，购买了这部车。

37. AT to Reeve, Tocqueville, 2 August 1857, OC VI i 228–9.

38. AT to Ampère, Tocqueville, 21 November 1857, OC XI 395–7; Loménie to Ampère, 15 September 1857, ibid., 390–91, n.1.

39. Loménie, 420–21.

40. AT to Mme de Pisieux, Tocqueville, 21 September 1857, OC (B) VII 462.

41. AT to GB, Tocqueville, 2 January 1858, OC VIII iii 527; Kergorlay to AT, 15 March 1858, OC XIII ii 334.

42. AT to Freslon, Tocqueville, 12 January 1858, OC (B) VII 478.

43. AT to Mme de Pisieux, Tocqueville, 24 July 1855, OC (B) VII 369–70; to Mme de Grancey, Tocqueville, 15 November 1857, ibid., 466–7; Grosclaude, 776–7.

44. AT, "Idée originaire"。"我要时常重读，保证思想的高速运转，1856"。日期写在手稿上，两位编辑 André Jardin (OC II ii 29) 和 Françoise Mélonio (ARP 1130) 都没有提出质疑；否则我不太容易接受这个日期。

45. AT to Hubert de Tocqueville, Tocqueville, 7 February 1858, OC (B) VII 481–3.

46. AT to Reeve, [Tocqueville], 22 September 1857, OC VI i 236.

47. AT to Hatherton, Tocqueville, 6 March 1858, OC VI iii 289–90; to Reeve, Tocqueville, 30 January 1858, OC VI i 254–5. 两代人之后，E. M. Forster 的评价提醒了我，大英帝国

是史上第一个单纯因为没有礼貌而瓦解的帝国。

48. AT to Marie, Sunday morning, [April 1858], OC XIV 637. 在给妻子的信中，托克维尔很少乃至从不写明日期，因此编辑总是会在这个问题上出错。具体说来，OC XIV 整理的 1858 年 4 月的书信在我看来就可能并不确切（所以我没有参考），但要提出其他令人信服的说法也有困难。

49. ibid., 639.

50. Senior, *Journal*, 20 April 1858. I have lightly edited this passage for readability.

51. AT to Marie, [Paris], Thursday morning, [?14 April 1858], OC XIV 633（第 XIV 卷的编辑指出的这个日期似乎是对的）; AT to Marie, Sunday morning, 18 [April, 1858], ibid., 638; to Marie, Wednesday morning, [April 1858; Jardin 和 Benoît 认为是 5 月 5 日，但当时亚历克西已回到了托克维尔], ibid., 647.

52. AT to GB, Tocqueville, 21 May 1858, OC VIII iii 570; AT, 'Rapport sur un ouvrage de M. Th. Sedgwick', OC XVI 243–7; AT to GB, Tocqueville, 17 June 1858, OC VIII iii 576.

53. GB to AT, 19 June 1858, OC VIII iii 578; AT to Mme de Circourt, Tocqueville, 23 June 1858, OC XVIII 478; to Senior, Tocqueville, 30 June 1858, OC VI ii 213 (CCT II 211); to GB, Tocqueville, 4 July 1858, OC VIII iii 583.

54. AT to GB, [Tocqueville], Thursday, 12 August 1858, OC VIII iii 593; to Ampère, Tocqueville, 30 August 1858, OC XI 409; to Freslon, 8 July 1858, OC (B) VI 444; Milnes to his wife, 10 August 1858, and to Marie de Tocqueville, 25 May 1859, OC VI iii 300 n.1.

55. AT to Hubert de Tocqueville, Tocqueville, 9 September 1858; to Marie, Paris, Monday, [13 September 1858], OC XIV 652 and n.2; to Marie, Paris, September–October 1858, OC XIV 654–62 *passim*.

56. AT to Édouard de Tocqueville, [Paris], monday morning, [18 October 1858], OC XIV 355; to Marie, [Paris], Friday morning, [?1 October 1858], ibid., 657; to Marie, [Paris], Monday morning, [4 October 1858], ibid., 662.

57. AT to Marie, [Paris], Wednesday morning, [6 October 1858], ibid., 667.

58. AT to Ampère, Paris, 6 October 1858, OC XI 411; to GB, Paris, 23 October 1858, OC VIII iii 600.

59. AT to Freslon, Paris, 11 October 1858, OC (B) VI 459.

60. AT to Marie, [Paris], Wednesday morning, [6 October 1857], OC XIV 667; to GB, Paris, 23 October 1858, OC VIII iii 600.

第二十四章　戛纳辞世（1858—1859）

1. AT to Charles Stoffels, 22 October 1831; see p. 00.

2. AT to Édouard de Tocqueville, Aix [en Provence], 1 November 1858, and Cannes, 6 November 1858, OC XIV 356–7; to GB, Cannes, 11 November 1858, OC VI iii 603; to

Adolphe de Circourt, Cannes, 8 November 1858, OC XVIII 502.

3. AT to Édouard, Cannes, 13 November 1858, OC XIV 358. 冬天时奥古斯特回来了，但病得厉害，帮不上忙。

4. AT to Édouard, ibid.; Hippolyte de Tocqueville to Émilie, Cannes, 17 November 1858, Saint-Lô: AT 317; AT to GB, Cannes, 11 November 1858, OC VIII iii 604–5.

5. Lukacs, 157–8. 这是第一篇考证托克维尔临终的文章，对我写作起了巨大帮助。

6. AT to Corcelle, Cannes, 22 November 1858, OC XV ii 234; to GB, Cannes, 23 November 1858, OC VIII iii 607–07; to Eugénie de Grancey, Cannes, 27 December 1858, LC 1327; to GB, Cannes, 24 December 1858, OC VIII iii 611.

7. AT to GB, Cannes, 24 December 1858, OC VIII iii 611; AT to Kergorlay, Cannes, 29 November 1858, OC XIII ii 343–4; Kergorlay to AT, 25 December 1858, ibid., 345–6.

8. AT to GB, Cannes 3, 7 and 24 December 1858, OC VIII iii 607–13; to Ampère, Cannes, 5 December 1858, OC XI 415.

9. GB to AT, 23 June 1858, OC VIII iii 582–3; AT to Corcelle, [Tocqueville], 21 September 1858, OC XV ii 227–8; ibid., 228–43 passim; AT to GB, Tocqueville, 4 July 1858, OC VIII iii 584.

10. AT to Senior, Cannes, 12 December 1858, CCT II 216; to Circourt, Cannes, 19 December 1858, OC XVIII 513; to Ampère, Cannes, 30 December 1858, OC XI 417–18; Hippolyte to Édouard, 18 November 1858, Saint-Lô: AT 318. 托克维尔的档案也藏有塞夫医生 11 月末写给爱德华的一封信的两个版本。塞夫想要让爱德华放心，但他传递的信息是令人沮丧的 (Saint-Lô: AT 319, 320)。

11. AT to Émilie de Tocqueville, Cannes, 23 February 1859, OC XIV 366; GB to Clémentine, 21 January 1859, Yale: Beinecke（博蒙复述了爱德华告诉他的事）; Lukacs, 166, 引用了修女们准备的文档。这些文档显然是为了帮助拉科代尔在法兰西学术院接替托克维尔时写"颂词"用的。1861 年 1 月 24 日他做了欢迎演讲。

12. Lukacs, 168; Baunard, 349–52. 加布里埃尔修道院长在事件不久后将自己与托克维尔的往来都讲述给了 Baunard，后者立即记录了下来。修女的报告中有一些无足轻重的矛盾之处。我一直假设神父对自己的经历有准确的描述，修女们也是如此；这样，他们的证言也就调和一致了。

13. Lukacs, 166; AT to Edward Lee Childe, Cannes, 8 February 1859, OC VII 246; to Lanjuinais, Cannes, February 1859, LC 1328; to GB, Cannes, 15 February 1859, OC VIII iii 614–15; to Corcelle, Cannes, 5 February 1859, OC XV ii 240.

14. AT to Corcelle, 9 February 1859, OC XV ii 240; to Édouard de Tocqueville, Cannes, [6 February and 27 February 1859, OC XIV 364, 367; to Freslon, Cannes, 23 February 1859, LC 1329.

15. AT to John Stuart Mill, Cannes, 9 February 1859, OC VI i 351–2.

16. AT to Édouard, 6 February 1859, OC XIV 364; to Édouard, Thursday morning, [Cannes, 17 February 1859], OC XIV 365–6; to GB, [Cannes], 3 February 1859, OC VIII iii 613–14; to Kergorlay, Cannes, 5 February 1859, OC XIII ii 346–7; to Émilie de Tocqueville, Cannes, 23 February 1859, OC XIV 366–7; to GB, Cannes, 15 February 1859, OC XIV 366–7.

17. AT to Ampère, Cannes, 3 March 1859, OC XI 419–21; AT to GB, Cannes, 4 March 1859, OC VIII iii 615–16.

18. Marie to Clémentine de Beaumont, Cannes, 4 March 1859, Yale: Beinecke, CI b; Lukacs, 158.

19. Lukacs, 166–7; Baunard, 349–52.

20. GB to Clémentine, 12 March 1859, Yale: Beinecke, DIV r. 而在戛纳期间，博蒙每天给妻子写信，有时候一天两次。所以，托克维尔的病就有了每日非常详细的记录。它们藏在耶鲁大学，读起来令人难过。拜内克图书馆还藏有 5 幅蒙弗勒里别墅及其周边的画，是博蒙在戛纳时所作。

21. GB to Clémentine, 21 March 1859, Yale: Beinecke.

22. Jardin, *Tocqueville*, 531.

23. GB to Clémentine, 4 April 1859 (two letters), Yale: Beinecke; GB to AT, La Chartre-surle-Loir (Sarthe), 13 April 1859, OC VI iii 616–19; GB to Clémentine, [Paris], 16 April 1859, ibid., 619 n.9, original at Yale: Beinecke.

24. AT to Ampère, Cannes, 9 April 1859, OC XI 423–44.

25. See OC IX 13–14 n.5; Jardin, *Tocqueville*, 529. 这一重要陈述似乎在玛丽的坚持下被删去了。她绝对不想全世界都知道自己婚姻的内情。

26. Édouard de Tocqueville, 'Les Derniers Moments d'Alexis de Tocqueville', 21 July 1866, *La France*; Lukacs, 169–70.

27. Lukacs, 167, 167–8, n.36.

28. 主要的难题在于调和各个线索的不同观点：修女、博蒙、爱德华、加布里埃尔修道院长，还有医生。但仔细读来我们发现，他们的看法实质上没有冲突，他们对于这几周里的事件不仅没有争议，而且对于这些事件的重要性，也都持相同看法。剩下的问题就是，如何利用这些相互没有印证的陈述了：例如，迪庞卢在托克维尔的房间里主持了弥撒，还有托克维尔与博蒙讨论了弥撒后领圣餐的事。由于博蒙最晚 4 月 5 日离开戛纳，而托克维尔领圣餐是在 6 日，这个说法就难以解释了，除非托克维尔给博蒙写过信，但目前已经遗失。

29. OC IX 13–14 n.5; Jardin, *Tocqueville*, 529.

30. Jardin, *Tocqueville*, 532.

31. Ampère to AT, 30 March 1859, OC XI 422–3; Jardin, *Tocqueville*, 531–2.

尾声

1. See Loménie, 428.

2. Jardin, *Tocqueville*, 533.

3. Marie to R. Monckton Milnes, Tocqueville, 1 June (1859), Tritiny College, Cambridge: Milnes papers.

4. Mélonio, 113, 241, n.5; *The Times*, 11 April 1859.

5. Sainte-Beuve, *Causeries du lundi*, 93–121.

6. See Mélonio, 120–2.

7. 'Discouse de M. Lacordaire pregnant place au siège de M. de Tocqueville', 24 January 1861, OC XVI 326.

8. Réponse de M. Guizot, ibid., 332–45; Sainte-Beuve, *Causeries*, 127–9.

9. See Mélonio, 116; Hugh Brogen, 'Tocqueville and the Coming of the American Civil War', 108–9.

10. Senoir, *Journal*, 12–20, August 1861(CCT II 220–80). 为了可读性做了编辑。

11. 改写自《愤世嫉俗》（*Le Misanthrope*），Act I, scene 2: "Pour les trouver ainsi, vous avez vos raison"，这句话托克维尔在《回忆录》中引用错误，见 OC XII 83。

参考文献

I. 缩写

脚注和尾注使用到的缩写见下表。书中提到的书籍和档案的具体细节，参见本参考文献 II、III 部分。

ARP	Alexis de Tocqueville, *L'Ancien Régime*, Pléiade edition.
AT	Alexis de Tocqueville.
CC T	Nassau W. Senior, *Correspondence and Conversations with Alexis de Tocqueville.*
DA	Alexis de Tocqueville, De la démocratie en Amérique.
CTG	Nassau W. Senior, *Conversations with M. Thiers, M. Guizot, etc.*
GB	Gustave de Beaumont.
HT	Hervé de Tocqueville.
JFI	Nassau W. Senior, *Journals kept in France and Italy.*
LA	Gustave de Beaumont, *Lettres d'Amérique.*
LC	Alexis de Tocqueville, *Lettres Choisies.*
MLR	*Memoir, Letters, and Remains of Alexis de Tocqueville.*
OC	*Oeuvres complètes d'Alexis de Tocqueville.*
OC (B)	*Oeuvres et correspondance d'Alexis de Tocqueville*, edited by Gustave de Beaumont.
Saint-Lô	Saint-Lô, Manche, Departmental Archives, papers of Alexis de Tocqueville.
Senior, *Journal*	N assau W. Senior, manuscript journal, National Library of Wales.
SP	Alexis de Tocqueville, *Système pénitentiaire.*
Yale: Beinecke	Tocqueville–Beaumont MS collection, Beinecke Library, Yale University.
Yale: Stirling	Rare Books Room, Stirling Library, Yale University.

II. 印刷物和手稿形式的一手史料

研究托克维尔生平和著作，最有价值的史料无疑是 1951 年起陆续出版的托克维尔

《著作、文章和书信集》(*Oeuvres, papiers et correspondances*, OC)。不过，到 2006 年，这套书尚未出完：托克维尔的《日常通信》(*correspondence générale*) 还有最后三卷未出；而现有的几卷又是良莠不齐；但整体上讲，这套书是纪念托克维尔的宏伟丰碑。没有它，近三十年来托克维尔研究就不可能如此蓬勃兴盛。这套书的组成如下：

OC I.　　　　*De la démocratie en Amérique*, 2 vols. (Paris, 1951), edited by J. R. Mayer, with an introduction by Harold Laski. Revised edition 1960.

OC II.　　　　*L'Ancien Régime et la Révolution*, 2 vols. (Paris, 1951) : vol. 1 edited by J. P. Mayer; vol. 2, *Fragments et notes inédites sur la Révolution*, edited by André Jardin, with an introduction by Georges Lefebvre.

OC II.　　　　*Écrits et discours politiques*, 3 vols. (Paris, 1962, 1985, 1990), edited by André Jardin: vol. 1 introduced by J.-J. Chevallier and André Jardin, vols. 2 and 3 by André Jardin.

OC IV.　　　　*Écrits sur le système pénitentiaire en France et à l'étranger*, 2 vols. (Paris, 1984), edited by Michelle Perrot.

OC V i.　　　　*Voyages en Sicile et aux Etats-Unis* (Paris, 1957), edited by J. P. Mayer.

OC V ii.　　　　*Voyages en Angleterre, Irlande, Suisse et Algérie* (Paris, 1958), edited by J. P. Mayer and André Jardin.

OC VI　　　　*Correspondance anglaise*, 3 vols: vol. I, *correspondance avec Henry Reeve et John Stuart Mill* (Paris, 1954), edited by M. P. Mayer and Gustave Rudier; with an introduction by J.P. Mayer; vol. II, *Correspondance et conversations d'Alexis de Tocqueville et Nassau William Senior* (Paris, 1991), edited by Hugh Brogan and Anne R. Kerr, translated by B. M. Wicks-Boisson, with a preface by Eric Roll and an introduction by Hugh Brogan; vol. II, (Paris, 2003), edited by Anne R. Kerr.

OC VI　　　　*Correspondance étrangère: Amérique, Europe continentale* (Paris, 1986), edited by Françoise Mélonio, Lise Queffélec and Anthony Pleasance.

OC VI　　　　*Correspondance d'Alexis de Tocqueville et de Gustave de Beaumont*, 3 vols. (Paris, 1967), edited by André Jardin.

OC IX　　　　*Correspondance d'Alexis de Tocqueville et d'Arthur de Gobineau* (Paris, 1959), edited by M. Degros, with an introduction by J.-J. Chevallier.

OC X　　　　*Correspondance et écrits locaux* (Paris, 1995), edited by Lise Queffélec-Dumasy, with a Preface by André-Jean Tudesq.

OC XI　　　　*Correspondance d'Alexis de Tocqueville avec P.-P. Royer-Collard et avec J.-J. Ampère* (Paris, 1970), edited by André Jardin.

OC XI　　　　*Souvenirs* (Paris, 1964), edited by Luc Monnier.

OC XI   *Correspondance d'Alexis de Tocqueville et de Louis de Kergorlay*, 2 vols. (Paris, 1977), edited by André Jardin, with an introduction and notes by Jean-Alain Lesourd.

OC XIV   *Correspondance familiale* (Paris, 1998), edited by Jean-Louis Benoît and André Jardin, with a preface by Jean-Louis Benoît.

OC XV   *Correspondance d'Alexis de Tocqueville et de Francisque de Corcelle; Correspondance d'Alexis de Tocqueville et de Madame Swetchine*, 2 vols. (Paris, 1983), edited by Pierre Gibert.

OC XVI   *Mélanges* (Paris, 1989) edited by Françoise Mélonio.

OC XVI   *Correspondance générale*, 3 vols. (not yet published).

OC XVI   *Correspondance d'Alexis de Tocqueville avec Adolphe de Circourt et avec Madame de Circourt* (Paris, 1983), edited by Anne R. Kerr.

    OC 的缺憾意味着学者们仍时常要参考 OC（B）：博蒙编辑的 *Oeuvres complètes d'Alexis de Tocqueville, 9 vols.*（Paris, 1861—1866）。这几卷当中最有用的——其实在今天看来应该说是唯一有用的几卷——是五六七三卷，尤其是卷五，包含了博蒙写的小传，是有关托克维尔的第一篇传记。弗朗索瓦兹·梅洛尼奥和罗伦斯·葛莱克编辑的《书信选》（*Lettres choisies*, LC）（Paris: gallimard, 2003）填补了 OC 的另外一些缺口。它也包含了《回忆录》的最新版。《论美国的民主》最好的版本是埃德瓦尔多·诺拉（Eduardo Nolla）的两卷本（Paris: Vrin, 1990）。Bibliothèque de la Pléiade（Paris: gallimard, 1991—2004）出版的三卷本托克维尔选集（安德烈·雅尔丹，弗朗索瓦兹·梅洛尼奥等编）有目前《旧制度与大革命》最好的版本。整体而言，这个选集虽然没有收录书信和监狱方面的文本，仍不失为市面上了解托克维尔著作最便捷的途径。

    虽然托克维尔的著作大量出版，学术研究仍旧需要回到手稿史料上来。幸运的是，这些手稿大多藏在两个档案里：拜内克图书馆（Beinecke Library）的托克维尔—博蒙档案集，以及芒什省圣洛的芒什省档案馆保管的托克维尔手稿（微缩胶卷形式查阅）。拜内克的藏书集中于作为《民主》作者的托克维尔（它收藏了托克维尔撰写此书时的工作手稿）；托克维尔手稿对于研究他的政治生涯尤有价值。不过除此之外，两个档案馆都还藏有其他宝贝。拜内克图书馆拥有大量古斯塔夫·德·博蒙的未出版手稿，对于托克维尔研究者，以及研究 19 世纪法国和爱尔兰的历史学家而言都有很高的价值；在圣洛我们可以看到埃尔韦·德·托克维尔回忆录的手稿。Vanessa Gendrin 已经制作了托克维尔文献的目录（université de haute-Alsace, 2002），这个目录作为主要几个藏有托克维尔文献的地方的向导而极具价值。

    档案研究从没有终点。但我还想补充一下，我也在威尔士国立图书馆查询了纳索·西尼尔《日记》（*Journal*）的手稿；在斯塔福德郡公共档案局查询了哈瑟顿 MSS；在剑桥三一学院图书馆查阅了蒙克顿·米尔恩斯的手稿。注释中还提到了另外几个藏书地点。

III. 其他印刷作品

考虑到读者的便利，下面列出的全都是这部传记中引用过的书和文章：我没有提及撰写本书过程中查阅过的所有书籍，以及对我影响较小的那些；我更无意尝试做一个全面的托克维尔研究书目。

必须说明的是，尽管这些著作大多是二手资料，但有的却含有其他地方没有的文献：例如维吉妮·安瑟洛的回忆录。

Adams, Herbert B., *Jared Sparks and Alexis de Tocqueville* (Baltimore, 1898)

Aiguilhon, Maurice, *The Republican Experiment 1848–1852*, tr. Janet Lloyd (Cambridge, 1983)

Allison, John M. S., *Malesherbes: defender and reformer of the French monarchy, 1721–94* (Yale, 1938)

Amann, Peter, 'The Changing Outlines of 1848', *American Historical Review*, July 1963, 939

Ancelot, Virginie, *Un Salon de Paris 1824 à 1864* (Paris, 1866)

Arnaud, René, *Le 2 décembre* (Paris, 1967)

Bagehot, Walter, 'Letters on the French Coup d'État of 1851', *Collected Works* (London, 1968), ed. Norman St John Stevas, vol. IV

Barrot, Odilon, *Mémoires posthumes*, 2 vols. (Paris, 1875)

Baundard, Louis, *La Foi et ses victoires*, 2 vols. (Paris, 1882 and 1884)

Beaumont, Gustave de, *Marie, ou l'esclavage aux États-Unis*, 4th edn (Paris, 1840)

— *L'Irlande* (Paris, 1839)

Berthier de Sauvigny, G., *La Restauration*, new edn (Paris, 1955)

Biddiss, Michael D. (ed.), *Gobineau: Selected Political Writings* (London, 1970)

Blanc, Louis, *1848: historical revelations presented to Lord Normanby* (London, 1858)

Boigne, Comtesse de, *Memoirs*, 4 vols. (London, 1907–12), tr. Charles Nicoullaud

Bowen, Marjorie, *The Scandal of Sophie Dawes* (London, 1937)

Brodhurst, Audrey C., 'The French Revolution Collections in the British Library', *British Library Journal*, vol. 2., no. 2, autumn 1976

Brogan, D. W., 'Tocqueville', *French Personalities and Problems* (London, 1946)

Brogan, Hugh, 'Tocqueville and the American Presidency', *Journal of American Studies*, XV, 3, December 1981, 357–75

— 'Alexis de Tocqueville and the Coming of the American Civil War', *Americana: essays in memory of Marcus Cunliffe*, ed. John White and Brian Holden Reid (Hull, 1998), 91–112

Bugeaud, Marshal Thomas-Robert, *Memoirs*, ed. H. d'Ideville, tr. and abridged by Charlotte M. Yonge, 2 vols. (London 1884)

Bury, J. R. T., and Toombs, R. R., *Thiers: a political life* (London, 1986)

Chateaubriand, François-René de, *De Buonaparte et des Bourbons, Oeuvres complètes*, vol. VII (Paris, n.d.)

— *Voyages en Amérique* (Paris, Bibliothèque de la Pléiade, 1969)

Mémoires d'outretTombe, ed. Jean-Paul Clément (Paris, 1997)

Chaussinand-Nogaret, Guy, *The French Nobility in the Eighteenth Century: from feudalism to enlightenment*, tr. William Doyle (Cambridge, 1985)

Chevalier, Louis, *Le Choléra: la première épidémie du XIXᵉ Siècle* (La Roche-sur-Yon, 1958)

Chevalier, Michel, *Lettres sur l'Amérique du Nord* (Paris, 1836)

Cobb, Richard, *Promenades* (Oxford, 1980)

Collingham, H. A. C., *The July Monarchy: a political history of France 1830—1848* (London and New York, 1988)

Corley, T. A. B., *Democratic Despot* (London, 1961)

Crook, David Paul, *American Democracy in English Politics 1815—1850* (Oxford, 1965)

Custine, Astolphe de, *Lettres à Varnhagen d'Ense* (Brussels, 1870)

Dansette, Adrien, *Louis-Napoléon à la conquête du pouvoir* (Paris, 1961)

De Luna, F. A., *The French Republic under Cavaignac* (Oxford 1969)

Dino, Dorothée, duchesse de, *Memoirs*, ed. and tr. Princesse Radziwill (New York and London, 1909), 4 vols.

Doyle, William, *The Oxford History of the French Revolution* (Oxford, 1989)

Drescher, Seymour, *Tocqueville and England* (Harvard, 1964)

—*Dilemmas of Democracy: Tocqueville and modernization* (University of Pittsburgh, 1968)

Drolet, Michael, *Tocqueville, Democracy and Social Reform* (London, 2003)

Duguit, Léon, and Monnier, Henry (eds.), *Les Constitutions et les principales lois politiques de la France depuis 1789* (Paris, 1925)

Duveau, Georges, *1848: the making of a revolution*, tr. Anne Carter, with an introduction by George Rudé (London, 1967)

Everitt, Anthony, *Cicero* (London, 2001)

Falloux, Alfred, comte de, *Mémoires d'un royaliste* (Paris, 1888)

Ford, Franklin L., *Robe and Sword: the regrouping of the French aristocracy* (Harvard, 1962)

Foucault, Michel, *Discipline and Punish* (London, 1979)

Fumaroli, Marc, *Chateaubriand: poésie et terreur* (Paris, 2003)

Furet, François, 'De Tocqueville and the problem of the French Revolution', *Interpreting the French Revolution*, tr. Elburg Foster (Cambridge, 1981)

—'Tocqueville', in F. Furet and Mona Ozouf, *A Critical Dictionary of the French Revolution*, tr. Alan S. Kahan, 2 vols. (Chicago, 1998 and 2001)

Gannett, Robert T., Jr., *Tocqueville Unveiled: the historian and his sources for 'The Old Régime and the Revolution'* (Chicago, 2003)

Gobineau, Arthur de, *Selected Political Writings*, ed. Michael D. Biddiss (London, 1970)

Goldstein, Doris S., *Trial of Faith: religion and politics in Tocqueville's thought* (New York/Oxford/Amsterdam, 1975)

Grosclaude, Pierre, *Malesherbes, temoin et interprète de son temps* (Paris, 1962)

Guillemin, Henri, *La Première Résurrection de la République* (Paris, 1967)

Guizot, François, *Mémoires pour server à l'histoire de mon temps*, 8 vols. (Paris 1858–64)

Hall, Basil, *Travels in North America in the Years 1827 and 1828* (Edinburgh, 1828: photographic reprint, Graz, 1965)

Hampson, Norman, *The Terror in the French Revolution* (London, 1981)

Hazareesingh, Sudhir, *The Legend of Napoleon* (London 2004)

— *The Saint-Napoléon: celebrations of sovereignty in nineteenth-century France* (Harvard, 2004)

Herr, Richard, *Tocqueville and the Old Régime* (Princeton, 1962)

Himmelfarb, Gertrude, *The Idea of Poverty* (New York, 1984)

Howarth, T. E. B., *Citizen-King: the life of Louis-Philippe, King of the French* (London, 1961)

Ignatieff, Michael, *A Just Measure of Pain: the penitentiary in the Industrial Revolution 1750—1850* (London 1978)

Jardin, André, 'Tocqueville et l'Algérie', *Revue des travaux de l'Académie des Sciences Morales et Politiques*, 4ᵉ série, 1962 (1ᵉʳ semester)

— *Tocqueville: a biography*, tr. Lydia Davis and Robert Hemenway (London 1988)

Jardin, André, and Tudesq, André-Jean, *Restoration and Reaction 1815—1848* (Cambridge, 1983)

Johnson, Douglas, *Guizot: aspects of French history 1787—1874* (London, 1963)

Jones, Peter, *Liberty and Locality in Revolutionary France: six villages compared, 1760—1820* (Cambridge, 2003)

Jordan, David P., *The King's Trial* (Berkeley, 1979)

Kerry, Earl of, *The Secret of the Coup d'État* (London, 1924)

Lacordaire, Dominique, and Guizot, François, *Discours de réception à l'Académie Francaise et réponse*, OC XVI 312–345 (Paris, 1989)

Lambetti, Jean-Claude, *Tocqueville et les deux démocraties* (Paris, 1983)

Laughton, J. K. (ed.), *Memoirs of the Life and Correspondence of Henry Reeve*, 2 vols. (London, 1898)

Leberruyer, Pierre, *Alexis de Tocqueville* (Saint-Lô, n.d.)

Lefebvre, Georges, *The Coming of the French Revolution*, tr. R. R. Palmer (New York 1957)

Lehmann, A. G., *Sainte-Beuve: a portrait of the critic, 1804—1842* (Oxford, 1962)

Lévy, S. Leon, *Nassau Senior: the prophet of modern capitalism* (Boston, 1943)

Lewis, W. David, *From Newgate to Dannemora: the rise of the penitentiary in New York, 1796—1848* (New York, 1965)

Loménie, Louis de, 'Publicistes modernes de la France: Alexis de Tocqueville', *Revue des deux mondes*, tome 21, seconde période (1 mai 1859), 402–28

Lukacs, John, 'The Last Days of Alexis de Tocqueville', *Catholic Historical Review*, vol. L, no. 2, July 1964, 157–8

Mansel, Philip, *Paris between Two Empires* (London, 2001)

Marcel, R. Pierre, *Essai Politique sur Alexis de Tocqueville* (Paris, 1910)

Mayer, J. P., *Prophet of the Mass Age: a study of Alexis de Tocqueville* (London, 1939)

Mélonio, Françoise, *Tocqueville and the French*, tr. Beth G. Raps (University of Virginia, 1998)

Mill, John Stuart, 'De Tocqueville on Democracy in America', *London Review*, October 1835;
— *Collected Works* (University of Toronto, 1977), XVIII, 47–90
— 'De Tocqueville on Democracy in America [II]', *Edinburgh Review*, October 1840; in *Collected Works* XVIII 153–204.
— *Earlier Letters 1817—1848*, ed. Francis E. Mineka, 4 vols. (Toronto, 1963)

Morris, R. J., *Cholera 1832: the social response to an epidemic* (London, 1976)

Packe, Michael St. John, *The Life of John Stuart Mill* (London, 1954)

Painter, George D., *Chateaubriand, a Biography*: volume one, *The Longed-For Tempests* (London, 1977)

Palmer, R. R., *The Two Tocquevilles: father and son* (Princeton, 1987)

Pessen, Edward, 'Tocqueville', *Tocqueville Review*, 1982, IV I 5–22.

Pierson, George W., *Tocqueville and Beaumont in America* (New York, 1938)

Pilbeam, Pamela, *The 1830 Revolution in France* (Basingstoke, 1991)

Pinkney, David H., *The French Revolution of 1830* (Princeton, 1972)

Pouthas, Charles H., 'A. de Tocqueville, Représentant de la Manche (1837–1851)', *Alexis de Tocqueville: Livre du Centenaire 1859—1959* (Paris, 1960)

Ratcliffe, D. J., *The Politics of Long Division: the birth of the second party system in Ohio, 1818—1828*(Columbus, Ohio, 2000)

Rédier, Antoine, *Comme Disait M. de Tocqueville ...* (Paris, 1925)

Reeve, Henry, 'Introductory Notice', *Democracy in America*, 4th edn., 2 vols. (London, 1875)
— *Memoirs of the Life and Correspondence of Henry Reeve*, ed. J. K. Laughton, 2 vols. (London, 1898)

Rémond, René, *Les États-Unis devant l'opinion française, 1815—1852*, 2 vols. (Paris, 1962)

— *The Right Wing in France: from 1815 to De Gaulle* (Philadelphia, 1966)

Rémusat, Charles de, *Mémoires de ma vie*, ed. Charles H. Pouthas, 4 vols. (Paris, 1962)

Richardson, Nicholas, *The French Prefectoral Corps 1814—1830* (Cambridge, 1966)

Richter, Melvin, 'Tocqueville on Algeria', *Review of Politics*, vol. 25, no. 3, July 1963, 362–98

Ross, Janet, *Three Generations of Englishwomen* (London, 1888)

Sainte-Beuve, C.-A., 'Alexis de Tocqueville: De la démocratie en Amérique', *Le Temps*, 7 April 1835, reprinted in *Premiers lundis* (nouvelle edition, Paris, 1894), II 277–90

— 'Alexis de Tocqueville', *Causeries du lundi* (4th edn, Paris, n.d.), XV 93–129

— 'Notes et pensées', *Causeries du lundi*, XI 459

Sand, George, *Souvenirs de 1848* (Paris, 1850)

Schleifer, James T., *The Making of Tocqueville's 'Democracy in America'* (Chapel Hill, 1980)

Siedentop, Larry, *Tocqueville* (Oxford, 1994)

Simon, G. A., *Histoire généalogique des Clerel, seigneurs de Rampan, Tocqueville, etc.* (1066—1954) (Caen, 1954)

Simpson, F. A., *Louis Napoleon and the Recovery of France* (London, 1951 edn)

Southern, R. W, *The Making of the Middle Ages* (London, Grey Arrow edn, 1959)

Stone, Lawrence and Jeanne C. F., *An Open Elite? England, 1540—1880* (Oxford, 1984)

Taylor, George R., *The Transportation Revolution* (New York, 1951)

Thiers, Louis-Adolphe, *History of the Consulate and Empire of France*, tr. D. F. Campbell and John Stebbing (London, 1893), vol. 1

Ticknor, George, *Life, Letters, and Journals*, 2 vols. (London, 1876)

Tocqueville, Édouard de, 'Lettre sur les derniers moments d'Alexis de Tocqueville', *La France*, 14 juillet 1866.

Tocqueville, Hervé de, *Histoire philosophique du règne de Louis XV* (Paris, 1847)

— *Coup d'oeil sur le règne de Louis XVI* (Paris, 1850)

White, Richard, *The Middle Ground: Indians, empires and republics in the Great Lakes region 1650—1815* (Cambridge, 1991)

Whitehouse, H. Remsen, *The Life of Lamartine*, 2 vols. (London, 1918)

Woodcock, George, *Proudhon* (London, 1956)

— *Anarchism* (Cleveland and New York, 1962)

致谢

近年来，看到我如此关注托克维尔，我的一些朋友们便询问我是否喜欢托克维尔。我感到这个问题难以回答，但是我深思熟虑之后的答案是——托克维尔乃是我相识最久也是最亲密的朋友之一（我认识他已将近五十年了），而且即便我以朋友的特权坦承其弱点，在我看来还没有人做得比他更好。与此同时，我也不想一锤定音。关于其生活与作品的争论不会停止：二者都是永不枯竭的话题，而且也不会有盖棺定论式的传记。

我发觉，去感谢这些年来对我有或多或少帮助的个人与机构，就是在概述本人的思想自传。1958 年左右，当我在剑桥大学圣约翰学院（St John's College, Cambridge）做历史专业本科生期间，我开始研究托克维尔，在随后的十六年中（差不多从那时起），从那里获得了我所要求的所有鼓励与帮助；尤其是 1963 年春，我被选为研究员（A 类职称）。为了赢得选拔，我提交了两到三章托克维尔传记的初稿（这其中的两三句话还保留在目前的这部作品中）；我的想法是把研究员生涯致力于完成这部传记的工作中去。最终，我做到了；我希望现在的院长与研究员们会认为，它最终证明了他们的前任对我这些年的信心是合理的。

当我的父亲，爵士丹尼斯·布罗根（Sir Denis Brogan）教授发现我对托克维尔十分感兴趣后，就把他珍贵收藏中的（托克维尔著作的）早期版本和研究著作转交给了我，这些书的价值始终是无可估量的；但我对他的缅怀和感谢远不止因为这些，我从未想过要把这本书献给其他任何人。我多么希望他能活着读到这本书。在其所处年代，作为美国和法国的阐释者，他是托克维尔真正的继承人。

1962 年，我获得了哈克尼斯奖学金（Harkness Fellowship），在很大程度上，这要归功我当时雇主的推荐，他们是《经济学人》（*Economist*）的编辑唐纳德·泰尔曼（Donald Tyerman）和其外语编辑约翰·米奇利（John Midgley）。我以哈克尼斯研究员的身份前往美国，主要目的当然是去了解这个国家，但我也很渴望提升作为托克维尔研究者的资格，我仍然很感激《经济学人》和英联邦基金（Commonwealth Fund）给了我这个机会。布鲁金斯学会（Brookings Institution）是我的第一个落脚点，我在那儿研究了美国的民主；之后我去了耶鲁大学，那里关于托克维尔的馆藏丰富，我在斯特林和拜内克图书馆（Sterling and Beinecke Libraries）（在我居住耶鲁期间，拜内克第一次对外开放）工作得十分愉快，直到1964年4月。我在耶鲁得到了很好的照顾。西利曼学院（Silliman College）给了我极好的食宿条件；那一代人中最出色的托克维尔研究者乔治·W. 皮尔逊（George W. Pierson）指导了我的研究；我的朋友玛乔丽·温（Marjorie Wynne），以及其他拜内克图书馆的工作人员都给了我尽可能的帮助。

在安德烈·雅尔丹（André Jardin）访问拜内克时，皮尔逊教授把我引荐给他；雅尔丹先生也很平易近人，我愿意将之后几年的成绩都归功于他。当我返回英国时，皮尔逊让我认识了 J. P. 迈耶（J. P. Mayer），他当时是《托克维尔全集》（Oeuvres complètes）的总主编。这次会面对我而言是极其幸运的，因为迈耶需要人手整理纳索·西尼尔（Nassau Senior）与托克维尔之间的通信和对话；他把这个工作交给了我，并且最终安妮·P. 克尔（Anne P. Kerr）与我共同编辑；如果没有她一丝不苟的治学态度，我怀疑自己不能满意地完成这项任务（不论是她还是迈耶，还有我，都对西尼尔材料的最终出版形式感到不满，但那不是我们的错）。

1970年左右，丰塔纳／柯林斯出版社（Fontana/Collins）找到我，他们建议我为当时著名的"现代大师系列丛书"（Modern Masters series）写一本关于托克维尔的简短著作。我愉快地答应了，因为我认为有必要出版一些关于托克维尔研究的初步报告。这本书于1973年出版，但不属于现代大师系列：尽管丛书的编辑最终出版了一本关于卡尔·马克思（Karl Marx）的书，但他不太愿意将一位19世纪的思想家归属到这个范畴。但是以我的标准而言，这本小书销售业绩还不错，而且如我所愿地让我全神贯注。对于现在的这本书而言，可以视那本书为一次有价值的彩排。

1974年，我从剑桥迁移到科尔切斯特（Colchester），来到新建的埃塞克斯大学（University of Essex）及其尤新的历史系，我在那儿一直工作至今，常常能得到所需的鼓励和帮助（通常是以进修假期和研究基金的形式）。但对于一位托克维尔传记的作者而言，这个时代是艰难的：除了那些为《托克维尔全集》工作的学者之外，家庭档案馆仍然不对研究者开放，而且除了偶尔的一些材料外，我几乎什么都得不到（还有一次偶然的耶鲁回访）。我转向了其他工作，但从未放弃我的托克维尔研究计划；最终我感到时代不再站在我这边。2000 年时，我已然决定，如果我的著作想要完成的话（我累积了一大堆初稿），就不得不开始写作了；而那时我从弗朗索瓦兹·梅洛尼奥（Françoise Mélonio）处得知，在圣洛的芒什省档案馆（Archives Départmentales of the Manche, at Saint-Lô），关于托克维尔家族的资料已向研究者开放。准入许可证不可或缺，但我从埃鲁维尔的盖伊伯爵（M. le comte Guy d'Hérouville）那里迅速而友善地得到了它。我去了圣洛两次，而且英国国家学术院（British Academy）慷慨地给予我最后一次拜访耶鲁大学的机会，我待了有一个月。我非常感谢这种帮助，也必须感谢之后的推荐人道格拉斯·约翰逊教授（Professor Douglas Johnson）和杰弗里·克罗西克教授（Professor Geoffrey Crossick）。如从前一样，我在耶鲁得到慷慨的接待，而且到圣洛的两次出行也非常愉快（尤其是我所居住的旅馆自诩为托克维尔饭店）。我非常感谢吉勒·德西雷·迪·戈塞先生（M. Gilles Désiré Dit Gosset）以及他在档案馆的同事。

2003 年以来是最为艰辛的。假如结果证明那么多人对我的诸多帮助是正确的话，那么或许也证明那么多朋友和同事对我的信任也是正确的。这份名单上的很多人已经逝世：除了那些已经提到过的人，我必须再加上哈利·欣斯利爵士（Sir Harry Hinsley），当我还是个本科生时，他教会了我很多东西，我后来走上学术道路，他的影响比其他任何人都要大。

在健在的人中，热拉尔迪纳·德·贝利（Geraldine de Berly）和法官吉姆·费伊（Judge Jim Fahey）让我得以调研纽约的奥本州立监狱（Auburn State Penitentiary）。皮特·查普曼博士（Dr Peter Chapman）时刻准备着对托克维尔的弱点给出建议。威廉·多伊尔（William Doyle）和道格拉斯·约翰逊（Douglas Johnson）对我寄给他们评论的一些章节给出建议。感谢塞拉·勒叙厄尔（Shelia Le Sueur）的研究，关于玛丽（Marie）生平的一些重要细节得以澄清。我也必须感谢这几十年来给予我帮助和鼓励的那些人，他们是迈克尔·比迪斯（Michal Biddiss）、帕特里克·布罗根（Patrick Brogan）、乔塞特·布罗根（Josette Brogan）、西摩·德雷舍（Seymour Drescher）、米夏埃尔·德罗莱（Michael Drolet）、小约翰·B. 福克斯（John B. Fox Jr）、雪利·哈泽德（Shirley Hazzard）、尼克·乔尔（Nick Joll）、尼古拉斯·乔利（Nicholas Jolley）、杰里米·科里科勒（Jeremy Krikler）、海因茨·卢巴兹（Heinz Lubasz）、罗杰·梅坦姆（Roger Mettam）、芒罗·普赖斯（Munroe Price）、卢西·里亚尔（Lucy Riall）、梅尔文·里克特（Melvin Richter）、小亚瑟·施莱辛格（Arthur Schlesinger Jr）、詹姆斯·T. 施莱佛（James T. Schleifer）、拉里·西登多普（Larry Siedentop）、吉尔·斯坦伯格（Jill Steinberg）、乔纳森·斯坦伯格（Jonathan Steinberg），后来还有格雷厄姆·斯托里（Graham Storey）、安德烈·塔尔尼奥（André Tarniou）、J. R. 文森特（J. R. Vincent）、斯塔福德郡档案局（the Staffordshire Record Office），以及德文档案局（the Devon Record Office）的保管员贾尼丝·L. 伍德（Janice L. Wood）。

有三个人对我的影响不可估量：安妮·R. 克尔（Anne R.Kerr），她总是能给我提出建议并跟我讨论托克维尔，而且她对 19 世纪法国史的博闻广识让我受益匪浅；约翰·卢卡斯（John Lukacs）阅读了我给耶鲁大学出版社的手稿，写出了一长串精彩的评论与建议；还有休·塔洛克（Hugh Tulloch），他亦是如此，并且这些年来只要帮得上忙，他便乐于参加任何有关托克维尔的研究计划：例如，访问瑟堡（Cherbourg）、梅斯（Metz）、贡比涅（Compiègne）、索伦托（Sorrento），还有巴黎、巴黎、巴黎。我对这三位致以真挚的谢意。

最后，我必须感谢我的出版商皮特·卡森（Peter Carson），还有排版编辑马克·汉兹利（Mark Handsley）。我和我的书要归功于他们敏锐的洞察力。如果在他们的艰辛工作之余仍有瑕疵，他们不应受到指责。那首先是作者的错误，而且如果到最后仍然存在错误的话，那仍然要归咎于作者。

休·布罗根

威文霍（Wivenhoe），2006 年 7 月 29 日

索引

（索引页码为原书页码，即中译本页边码）

A

Abbaye-aux-Bois, Paris 森林修道院，巴黎 287, 288

Abd-el-Kadr 阿卜杜·卡迪尔 401

Abolitionism 废奴主义 154, 187, 341

Absolutism 绝对主义 116

Académie des Inscriptions 法兰西文学院 369

Académie des Sciences Morales et Politiques 法兰西人文院 142, 224, 225, 324n, 341, 403, 528-9, 592, 613

Académie Française 法兰西学术院 28, 140, 346, 385, 402, 403, 408-9, 529, 591, 631, 642, 681n.11, 684n.11

Adams, Henry 亨利·亚当斯 376

Adams, John Quincy 约翰·昆西·亚当斯 184, 187, 201, 267

Address to the Throne 御前呈文 338

adultery 通奸 364-5

African-Americans 非裔美国人 186-7, 195, 196

see also slavery 亦见"奴隶制"

Agrigentum, Sicily 阿格里真托，西西里 72

agronomy 农学 302

Aide-toi, le Ciel t'Aidera ('God helps those who help themselves') 天助自助者 91, 118

Aix-en-Provence 普罗旺斯艾克斯 619

Alabama 阿拉巴马州 205, 206

Albany, New York 奥尔巴尼，纽约 159-63, 178, 184

Albany Regency 奥尔巴尼摄政团 152, 160

Albert, Prince Consort 康索特·阿尔伯特亲王 603

Alexander the Great 亚历山大大帝 210

Alexander I, Tsar of Russia 俄国沙皇亚历山大一世 22, 34, 35

Algeria 阿尔及利亚 330, 390, 525, 611

    Kergorlay in 凯尔戈莱在～ 111, 119

    Kergorlay wants AT to invest 凯尔戈莱希望托克维尔投资 255

    AT in 托克维尔在～ 397-402, 403, 423, 538

Algiers 阿尔及尔 119, 397, 403

Ali, Mehemet, Pasha of Egypt 埃及帕夏穆罕默德·阿里 351, 386, 387, 389, 479

Allegheny Mountains 阿勒格尼山脉 199

Allgemeine Zeitung 《汇报》 587

Amalfi 阿玛菲 493

Amann, Peter 彼得·阿曼 429

America 美国；美洲

    Chateaubriand visits 夏多布里昂游览～ 11-2, 138

    AT's visit to 托克维尔游览～ 31, 98, 137, 148-78, 179-213, 244, 245

    AT's letters from 托克维尔从～寄回的信件 25, 151n, 156-9, 161-4, 167, 175, 176, 179, 194, 197-8, 199, 206, 211-2, 213, 231, 239

    AT on 托克维尔论～ 85-6, 137, 184-5, 253-82

    democracy *see* democracy 见"民主"

    Chateaubriand's vision of 夏多布里昂对美洲的洞察 139

    cotton industry 棉纺工业 153-4

    and liberty 美洲与自由 154, 163, 272, 274n, 322

    inheritance laws 继承法 157, 158, 183, 293, 362

    prostitution 卖淫 158

    Fourth of July 美国独立纪念日 159, 161-2

    religion 宗教 162-3, 234, 291

    native Americans 美洲土著 168-74, 203, 204, 205

    legal system 法律制度 195

    race 种族 197, 198, 234, 262n, 268, 272, 291, 292, 355n

    tariff issue 关税问题 198, 208, 209

    middle class 中产阶级 201, 251

    Westward movement 西进运动 201

    Congress 国会 209

    Federalism 联邦主义 234, 268

    economie growth 经济增长 234

    political parties 政党 265

    freedom of association 结社自由 266

    corruption 腐败 266-7

    AT's prediction 托克维尔的预言 274n

    and women's rights 女权 278

    Irish migration to 美国的爱尔兰移民 361

    young American and French women compared 美国与法国年轻女子的对比 363-4

settler society in the American South 美国南部的移民社会 400

electoral college 总统选举团 511

see also United States 亦见 "美国"

American Civil War 美国内战 202n 265, 642

American War of Independence (American Révolution) (1775—1783) 美国独立战争（美国革命）（1775—1783 年）161, 170, 386

Amiens 亚眠 57, 58

Ampère, Jean-Jacques 让－雅克·安培 288, 289, 343, 489, 494, 553, 581, 608, 617, 624

　　and the *Démocratie* 与《论美国的民主》369-70, 372

　　in 1848 在 1848 年 427-8

　　visits AT 拜访托克维尔 537, 545, 552, 559

　　platonic attachment to Mme Louise Guillemin 对路易兹·吉耶曼的柏拉图之恋 606

　　AT's letters to him from Cannes 托克维尔从戛纳写给他的信 628, 637, 638

　　travels to Cannes 638 戛纳之行

　　arrives too late for AT 到得太迟 640

　　comforts and helps Marie 安慰和帮助玛丽 640

　　discussion on *Misanthrope* at Tocqueville 在托克维尔家讨论《愤世嫉俗》643-4

Ancelot, J. A. J·A· 安瑟洛 257n

Ancelot, Virginie 维尔日妮·安瑟洛 100, 257, 289, 304, 471

ancien régime 旧制度 229, 249, 284, 330, 436, 456, 530, 535, 537, 541, 542, 544, 551, 561, 562

　　important part in shaping AT 塑造托克维尔的重要部分 1

　　　　AT's first publication on 托克维尔关于～的第一份出版物 4

　　Louis XVIII and 路易十八与～ 39

　　and Restoration's aggressive religious policy 与复辟王朝侵略性的宗教政策 54

　　Hervé's researches 埃尔韦的研究 324-5

　　hatred of 对～的仇视 353

　　dominated by the aristocracy 受贵族主导的 391

　　and the new order 与新秩序 391

　　last phase of ～的最后阶段 543

　　a creator of modem French society 现代法国社会的创造者 561

　　and centralization 与集权 564

　　fatal flaw of ～的殖民缺陷 565

　　and England 与英国 599

Andral, Dr Gabriel 加布里埃尔·昂德拉尔博士 485, 486, 538, 616, 617, 633

Angers (Maine-et-Loire) 昂热（曼恩－卢瓦尔省）39, 41, 42

Anglo-French *entente cordiale* 英法友好条约 399

Angoulême, Louis, duc d' (Dauphin) 路易·昂古莱姆公爵（法国王太子）34, 77, 111, 124, 129, 142

Angoulême, Marie-Thérèse, duchesse d'(Dauphine) 玛丽－泰雷兹·昂古莱姆公爵夫人（法国王太子妃）38, 77

Anjou 安茹省 40

anti-aristocratism 反贵族主义 353

anti-clericalism 反教权主义 55, 65, 233, 276, 353, 638

Anti-Corn Law League 反谷物法联盟 410

Antonelli, Cardinal 枢机主教安东内利 481

Aquinas, St Thomas 圣托马斯·阿奎那 345

Arabs 阿拉伯人 611

Arago, François 弗朗索瓦·阿拉戈 442

Archives Nationales 国家档案馆 528, 556

Argout, comte d' 阿尔古伯爵 217

Argyll, duchess of 阿盖尔公爵夫人 604

Aristocracy 贵族；贵族制

　　English 英国的 ～247, 248, 249, 252n, 349, 600

　　and democracy 与民主（民主制）266-7, 346, 355, 369, 573

　　Irish 爱尔兰的 ～307

　　European 欧洲的 ～349, 350-1

　　manners 礼节 350

　　finance 财政 394

　　French, *see also* noblesse 法国，亦见 "贵族阶级"

　　'loss of our aristocracy' "我们贵族制度的丧失" 569, 570

　　Guizot's comments on the *Ancien Régime* 基佐对《旧制度》的评价 589-90

Aristotle 亚里士多德 345

Arkansas 阿肯色州 204, 205

armies, Allied 反法联盟军队 34, 35

army, French 法国军队

　　plunders and ravages the countryside (1814) 掠夺和破坏乡村（1814）34n

　　retreat of 撤退 35

　　during the Hundred Days 在百日王朝期间 40

　　elimination as an independent political power 不再是一支独立的政治力量 41

　　in Algeria 在阿尔及利亚 119

　　in July Révolution 在七月革命期间 122-3, 124, 129, 130

　　AT wants to reduce size of 托克维尔希望裁军 319

　　Kergorlay on the state of the army 凯尔戈莱评论军队情况 324

　　in February Revolution 在二月革命期间 423-4, 441, 457, 463n

　　in December, 1851 在 1851 年 12 月 517, 518

Arnold, Matthew: 'Dover Beach' 马修·阿诺德:《多佛海滩》54

Arsenal, Paris 兵工厂,巴黎 124

artisan class 手工业者阶级 578

Artois, comte d' see Charles X 阿图瓦伯爵,见"查理十世"

Assemblies, French national 法国国民议会

 Constituent (1848) 制宪大会(1848)439

 Convention 国民公会 16–7, 19, 27, 207, 261, 376, 469

 Corps Legislatif (first Empire) 立法会议(第一帝国)33, 38

 Five Hundred 五百人院 376

 Legislative (1849—1851) 立法院(1849—1851)473, 482–3, 484, 487, 504–5

 Marx on 马克思论 ~511–2

 refuses to repeal the 31 May law 拒绝废除五月三十一日法令 517

 defiance during the coup d'état 政变期间的挑战 518, 520

 and the workers of Paris 与巴黎工人 521

 élections (1852) 选举(1852)505

 National (1789—1792) see National Assembly 见"国民议会"

 of Notables 显贵的 ~ 570

 see also Chamber of Deputies; Chamber of Peers 见"下议院";"贵族院"

association, freedom of 结社自由 266, 274, 276, 394, 512–513

Athenaeum Club, London 雅典娜俱乐部,伦敦 605

Athens, ancient 古希腊 322

Auguste (valet) 奥古斯特(仆从)598, 617, 620

Augustine, St 圣奥古斯丁 546

Augustus, Emperor (Octavian) 奥古斯都大帝(屋大维)472, 567, 674n, 15

Aumale, duc d' 奥马勒公爵 219

Aumont, Amélie d' 阿梅莉·德·奥蒙 95, 650n.41

Aumont, Sldonle d' 西多妮·德·奥蒙 95, 98

Aunay, Mme d' (née Maleslierben) 奥奈夫人(马勒塞布家族)11

Aunay, Suzanne-Guillemette Le Peletier d' (née de Rosanbo) 苏珊-吉耶梅特·勒佩勒捷·德·奥奈(罗桑博家族)11, 14, 17, 18

Austerlitz, battle of (1805) 奥斯特里茨之战(1805)387

Austin, Sarah 萨拉·奥斯汀 313

Australia, penal colonies in 澳大利亚的罪犯流放地 222

Austria 奥地利 387, 481

 upheavals in (1848) ~ 的起义(1848)441

 challenged for control of Lombardy 对伦巴第的控制受到冲击 480

 and French attack on Rome 与法国对罗马的攻击 481–2

Auvergne 奥弗涅 573–4

B

Babeuf, 'Gracchus' 巴贝夫,"格拉古" 27

Bacon, Francis 弗朗西斯·培根 345, 346

Baden, Switzerland 巴登,瑞士 321

Bagehot, Walter 沃尔特·白芝浩 333, 514

Ballanche, Pierre-Simon 皮埃尔-西蒙·巴朗什 288, 289

Baltimore, Maryland 巴尔的摩,马里兰州 196, 197, 268

Balzac, Honoré de 奥诺雷·德·巴尔扎克 154, 295

Bank of the United States 第二合众国银行 200, 210

Banque de France, Paris 法兰西银行,巴黎 124, 440

banquets campaign 宴会运动 417, 418, 421, 435–6

Bar-sur-Aube 奥布河畔巴尔 79

Barbaroux, Charles 夏尔·巴尔巴鲁 26

Barbès, Armand 阿尔芒·巴尔贝 341, 447, 448

Barère, Bertrand 贝朗特·巴雷尔 26n

Barrot, Odilon 奥迪隆·巴罗 337, 379, 394, 411, 415, 417, 421, 424–7, 472, 473, 477, 478, 482, 484, 491, 527

Barrot ministries 巴罗内阁 477, 479, 480, 483, 513

Bastille, the see Prisons 巴士底狱,见"监狱"

Bath 巴斯 250

Baudin, Dr Alphonse 阿尔方斯·博丹博士 521

Baugy, near Compiègne 贡比涅附近的博吉 302, 311, 312, 313, 318, 322, 323, 324

Baunard, Louis 路易·博纳尔 684n.12

Beauharnais, Hortense de 奥尔唐斯·德·博阿尔内 417n

Beauharnais, Viceroy Eugène de 总督欧仁·德·博阿尔内 481

Beaumarchais, Pierre-Augustin de 皮埃尔-奥古斯丁·德·博马舍 581n

Beaumont, Alix de 阿历克斯·德·博蒙 527, 528

Beaumont, Armand de 阿尔芒·德·博蒙 79

Beaumont, Clémentine de 克莱芒蒂娜·德·博蒙 318, 324, 528, 550, 615, 629

 discussion of Misanthrope at Tocqueville 在托克维尔家讨论《愤世嫉俗》643–4

Beaumont, Gustave de 古斯塔夫·德·博蒙 94, 96, 97, 136, 290, 313, 476, 491, 537, 587, 615, 624

 family background 家庭背景 79

 on AT's proposed visit to England 评论托克维尔提议的英国之旅 63–4

 on AT 评论托克维尔 65, 67, 130–31, 150, 254, 390

 on AT's works 评论托克维尔的作品 69, 70

 friendship with AT 与托克维尔的友谊 79–82, 87, 105–6, 107, 155, 220, 381, 443–4

 judicial career 法官生涯 79–80, 188

 attends Guizot's historical lectures 参加基佐的历史

讲座 90, 92

visits Guizot with AT 与托克维尔一起拜访基佐 117

and oath to Louis-Philippe 向路易－菲利普宣誓 133, 142

agrees to acompany AT to America 同意陪托克维尔 去美国 140-1

preparations for the trip 为旅行做准备 146-7

American visit 美国之旅 31, 147, 148-78, 179-213, 230

dismissed from his post as substitut in Paris 在巴黎 辞去代理检察长职位 218-20, 222

and the duchesse de Berry 与德·贝里公爵夫人 236

and AT's visit to England (1833) 与托克维尔游览英 国（1833）246-7

proposed new magazine 策划新杂志 246-7, 252, 255

and the *Démocratie* 与《论美国的民主》258, 280, 282, 323, 324, 325, 328

appearance 外貌 280

journey to Britain and Ireland 英国与爱尔兰之旅 296-311

visits Scodand 游览苏格兰 311

second visit to Ireland (1837) 第二次游览爱尔兰 （1837）309

attends AT's wedding 参加托克维尔的婚礼 311

marriage 婚姻 318, 320n, 380

Legion of Honour offer 获得法国荣誉勋章 333

defeated in 1837 and 1839 elections 在 1837 和 1839 年的选举中落败 336, 340-1

AT's response to his advice 托克维尔对他的建议的 回应 359

polidcal career 政治生涯 378, 379

and *Le Siècle* 与《世纪报》379, 380

breach with AT 与托克维尔决裂 380-81

in Algeria 在阿尔及利亚 397, 401

elected to the Sciences Politiques 入选文学院 403

and French scandals of 1847 与 1847 年法国丑闻 412, 413

and the 'dynastie Left' 与"王朝左派" 417

during the 1848 Révolution 1848 年革命期间 422-6

on constitutional committee 在宪法委员会 451, 454, 457

and AT's serious illness 与托克维尔病重 486

imprisoned during the *coup d'état* 政变期间受关押 520, 521

loss of his parliamentary career 议会生涯失败 528, 530

AT visits 托克维尔拜访 531, 557

finds a house for AT and Marie 为托克维尔和玛丽 找房子 541

and AT's stay in Saint-Cyr 与托克维尔在圣西尔期 间 545, 550

and *Ancien Régime* 与《旧制度与大革命》581, 590

farm and family responsibilities 农庄与家庭责任 608

and AT's last months in Cannes 与托克维尔在戛纳 的最后几月 622, 626, 628-38

'Notice' of Tocqueville (1860) 托克维尔的讣告 （1860）637, 641

edits AT's work 编辑托克维尔的作品 66, 225, 641-2

discussion of *Misanthrope* at Tocqueville 在托克维 尔家讨论《愤世嫉俗》643

death(1866) 逝世 527

works 作品

Du système pénitentiaire 《论美国的监狱制 度及其对法国的应用》223, 225-34, 260, 261, 295

L'Irlande 《爱尔兰》309, 324, 328, 329, 345

Marie, ou l'esclavage aux Etats-Unis 《玛 丽，或美国的奴隶制》225, 234, 254, 262n, 278-9, 284, 294-6, 308-9, 344-5

'Note on the Penitentiary System' (with AT) 《监狱制度笔记》（与托克维尔合 作）143, 144, 147

Beaumont, Jules (Gustave's brother) 朱尔·博蒙（古斯塔 夫的兄弟）202

Beaumont, comte Jules (Gustave's father) 朱尔·博蒙伯爵 （古斯塔夫的父亲）79, 222 Beaumont-la-Chartre (Sarthe) 博蒙拉沙特尔（萨特省）79, 211, 215, 528, 531, 545, 557, 608, 661n.9

Beaumont family 博蒙家族 279

Beauvais 博韦 42

Bedeau, General Marie-Alphonse 玛丽－阿尔方斯·贝多将 军 423, 424, 516

Bedford hotel, rue de l'Arcade, Paris 巴黎阿卡德大街，贝 德福德酒店 612

Begin, Mme Francois *see* Malye, Rosalie 弗朗索瓦·贝然夫 人，见"罗莎莉·马利耶"

Belam, Mrs Elizabeth，伊丽莎白·贝拉姆夫人 96-9, 240-1, 242, 311, 531, 557

Belgiojoso, Princess Christine Trivulzio de 克里斯蒂娜·特 里武尔齐奥·德·贝尔吉欧加索公爵夫人 464

Belgium 比利时 409

communal self-government 市镇自治 116

Delescluze's attack on 德莱克吕兹的攻击 441

Belisle family 贝丽丝尔家族 597

Belloc, Hilaire 伊莱尔·贝洛克 1

Beloff, Max 马克斯·贝洛夫 383n

Bentham, Jeremy 杰里米·边沁 228, 230

Béranger, Jean-Pierre de 让－皮埃尔·德·贝朗热 214

Berlin, French embassy 柏林，法国大使馆 610

Berlin, Isaiah 以赛亚·伯林 277, 334

Bernadotte, Jean-Baptiste (King Charles XIV of Sweden) 让－巴蒂斯特·贝纳多特（瑞典国王查理十四）34

Bernard of Clairvaux 克莱尔沃的贝尔纳 230n

Berne, Switzerland 伯尔尼，瑞士 319, 321

French embassy 法国大使馆 484

Berry 贝里 445

Berry, Marie-Caroline, duchesse de 玛丽－卡罗琳·德·贝里公爵夫人 128, 217-8, 221, 223, 235-7, 238, 383

Berryer, Pierre-Antoine 皮埃尔－安托万·贝里耶 110, 224n, 359, 465, 518

Bertin, Louis-François 路易－弗朗索瓦·贝尔坦 104

Besançon，贝桑松 90

Béthisy, Mlle de 贝西小姐 17

Bibliothèque Nationale (previously Bibliothèque Impériale), Paris 法国国家图书馆（前帝国图书馆），巴黎 528, 542, 607, 612

bicameralism 两院制 453, 435

Birette (agent at Tocqueville) 比雷特（托克维尔的官员）536

Birmingham 伯明翰 306

Bismarck, Otto von 奥托·冯·俾斯麦 442

Blaize, Candide 康迪德·布莱兹 97, 141

Blanc, Louis 路易·勃朗 413, 441, 444, 448, 449, 461, 464
    1848: Historical Révélations《1848年：历史的启示》432n

Blanchet, Madeleine 马德莱娜·布朗谢 408

Blangy, Mme de 布朗日夫人 48

Blanqui, Auguste 奥古斯特·布朗基 341, 447

Blaye (Gironde) 布莱（纪龙德省）236

Blic, Denise de 德尼兹·德·布里克 613

Blosseville, Ernest, marquis de 埃内斯特·布罗塞维尔伯爵 194, 222

bocage 法国西部庄园 40, 41n, 79, 218, 439

Boccaccio, Giovanni 乔万尼·薄伽丘 392

Boigne, Adele, comtesse de 阿代勒·布瓦涅伯爵夫人 33-4, 33, 122, 123, 123, 128

Bois de Boulogne, Paris 布洛涅森林，巴黎 617

Bolsheviks 布尔什维克 230

Bon Sens, Le《良知报》293-4

Bonaparte dynasty 波拿巴王朝 33, 324, 364, 633
    Elisa 埃莉萨 22
    Eugénie (née de Montijo) 欧瑞尼亚·德·蒙蒂乔 538
    Jérôme 热罗姆 518
    Joséphine 约瑟芬 20
    Louis, king of Holland 路易，荷兰国王 22
    Louis Napoléon (Napoléon III) 路易·拿破仑（拿破仑三世）118, 264, 357, 416n, 436n, 451n, 453-4, 455, 474, 477, 513
        failed *coups d'état* (1836 and 1840) 政变失败 131, 336, 357
        takes his seat after winning by -élection 递补选举获胜当选 446
        elected president 当选总统 471-2
        takes office 就职 472-3
        and the Constitution 与宪法 475
        and the National Assembly 在国民议会 382 3, 383, pt 504-5
        AT visits at the Elysée 托克维尔在爱丽舍宫拜访 ~ 483-4
        AT on 托克维尔论 ~500, 502, 503, 552, 567
        AT décides to support him, on condition 托克维尔决定有条件支持他 506
        legal re-election issue 合法再度参选问题 506, 507, 514-5
        consolidates his regime 巩固他的政权 525-6
        coup d'état 政变 331, 332, 507, 508, 510, 517-8, 527
        marriage 婚姻 538-9
        becomes emperor 成为皇帝 525
        decides to bring the Institut to heel 决定将法兰西学院踩在脚下 556
        new order 新秩序 561
        democratic despot 开明专制 569
        warned not to take French submission for granted 受警告不要以为法国人的屈服理所应当 580
        taste for military adventures 渴望军事冒险 590
        liberal/Catholic alliance against his Italian policy 反对其意大利政策的自由主义／天主教同盟 642

Napoléon (Napoléon I) 拿破仑（拿破仑一世）70, 72, 89, 103, 222, 226, 229, 242, 244, 256, 281, 290, 32on, 386, 387, 399, 4o6, 455, 463, 481, 494, 532, 536, 544, 567
    as First Consul 作为第一执政 20
    conformity to his slightest wish 曲意逢迎 22
    angered by Chateaubriand 被夏多布里昂激怒 28
    weakened Napoleonic régime 削弱拿破仑一世的统治 31-2
    invasion of Russia (1812) 入侵俄国（1812），31, 32
    character 性格 32
    refuses to relent 拒绝让步 32
    leaves Paris open to invaders (1814) 放任巴黎

城门大开地被入侵 33

abdication 退位 37

Hundred Days 百日王朝 40-1, 288

final disappearance 销声匿迹 41, 96

compared with Charlemagne 与查理曼的比较 92

and Louis-Philippe 与路易-菲利普 131

and jury system 与陪审团制度 207

as clan leader 作为宗族领袖 207

Napoleonic dictatorship 拿破仑一世的独裁统治 271, 357

nude statue by Canova 卡诺瓦塑造的裸体雕像 277n

'continental system' 大陆封锁 319

body brought to the Invalides 遗体进入荣军院 354, 405-6

influence on AT 对托克维尔的影响 400

AT on 托克维尔论 ~404, 496-7, 533, 562, 609

Napoléon (Napoléon II) 拿破仑（拿破仑二世）131, 264

Bonapartism, Bonapartists 波拿巴主义，波拿巴主义者 131, 264, 269, 353 33 389, 471, 503-4, 523, 526, 534, 564, 641

Bonn 波恩 476, 552

Bonnel (copyist) 博耐尔（抄写员）652n.8

Bono, Madame 波诺夫人 600

Bordeaux 波尔多 34

Bordeaux, duc de see Chambord 波尔多公爵，见"尚博尔"

Borgia, Caesar 切萨雷·波吉亚 344

Bossuet 博絮埃 400

Boston 波士顿 179-88, 191, 195, 117, 145

House of Reformation 狱所改造 188, 227

Prison Discipline Society 监狱规则协会 143

Bouchitté, Louis 路易·布希泰 314

Boulainvilliers, Henri de 亨利·德·布兰维尔 89

Boulogne-sur-mer 滨海布洛涅 96, 304, 310

Bourbon dynasty 波旁王朝 34, 41, 91, 113, 126, 130, 209, 264, 269, 281, 359, 502, 524

Hervé's loyalty to 埃尔韦对其的忠诚 22, 26, 41, 129

death of Armand de Chateaubriand 阿尔芒·德·夏多布里昂之死 28

and the Chevaliers de la Foi 信仰骑士团 32

attempts to emulate Louis XIV 模仿路易十四的尝试 77

Radnor on the Bourbons' fall 拉德诺论波旁王朝的垮台 114

and the Liberals 及自由主义者 118

Boinvilliers on 布安维利耶论 ~118

in the 1830 Révolution 在 1830 年革命（七月革命）期间 124, 127

wrecked by Charles X 被查理十世所毁 130

and AT's oath to Louis-Philippe 与托克维尔对路易-菲利普的宣誓 132-3

and Orleanist experiment 与奥尔良主义者的尝试 140

and prison reform 与监狱改革 263

legitimist nobles retire to châteaux after the fall 波旁王朝垮台后，正统派贵族隐退至城堡 315

AT's guilt at abandoning the Bourbons 托克维尔在放弃波旁王朝时的内疚 389

in Spain 在西班牙 409

see also Henri IV, Louis XIV etc. 亦见"亨利四世"，"路易十四"等

bourgeoisie 资产阶级，资本家 116, 252n, 391, 393, 511, 514, 578

Industrial 工业 ~394

petty 小 ~394

some shot during the 1851 coup d'état 1851 年政变期间的一些枪击 521-2

Bourmont, Marshal Louis de Ghaisne de 马歇尔·路易·德·加斯那·德·博蒙 111

Bourse, Paris 股票交易所，巴黎 122, 123

Bowring, John 约翰·鲍林 247, 284

Braudel, Fernand 费尔南·布罗代尔 576

bread prices 面包价格 103, 407

breakfasts 早餐 602-3

Bretonneau, Dr Pierre 皮埃尔·布勒托诺医生 541, 614

Bricqueville, Armand, comte de 阿尔芒·布里克维尔伯爵 87, 330, 436

Brienne, Loménie de 罗梅尼·德·布里耶那 581n

Britain 英国（不列颠）

response to the fall of Napoléon 对拿破仑倒台的反应 96

attitude to Americans 对美国人的态度 151

and slavery 与奴隶制 187, 342

prestige in France 在法国的声望 242

monarchy 君主制 242-3, 353n, 409

industrialization 工业化 243, 300

class system 等级制度 297, 298-9

constitution 宪政 299

liberalism 自由主义 371

constitutional monarchy 君主立宪制 375

and Mehemet Ali 与穆罕默德·阿里 386

electorate 选民 409

naval dominance 海军霸权 436

caucus politics 党团政治 512

ability to work with Louis Napoléon 与路易·拿破仑

合作的能力 539

Crimeun Wur mixmanugenu-nt 553

see also England 亦见 "英国"

British Association for the Advancement of Science 英国科学进步协会 310-1

British Empire 大英帝国 244, 387, 399, 453, 682n.47

British Museum, London 伦敦大英博物馆 598, 599

Croker collection of French revolutionary material 克罗克尔的法国大革命的馆藏 601

Brittany 布列塔尼 41

Brogan, Denis 丹尼斯·布罗根 157

The French Nation《法兰西民族》52n

Broglie, Albertine, duchesse de 阿尔贝蒂娜·德·布罗伊公爵夫人 289

Broglie, Victor, duc de 维克多·德·布罗伊公爵 465, 506, 508, 509, 519, 517

Brougham, Henry, Lord 亨利·布鲁厄姆勋爵 244, 297, 304, 632, 640

Brumaire XVIII *coup d'état* (1799) 雾月十八日政变 261, 391, 532, 533, 534, 547, 607, 641

Brummell, George Bryan (Beau) 乔治·布莱恩(·博·)布吕梅尔 96

Brussels 布鲁塞尔 8, 471

Bryce, James: *American Commonwealth* 詹姆斯·布莱斯:《美利坚共和国》259, 513

Buckingham Palace 白金汉宫 603

Buffalo, New York, 布法罗，纽约 168-9, 172, 175

Bugeaud de la Piconnerie, Marshal Thomas-Robert, duc d'Isly 比若公爵 398n, 399-400, 401, 424, 425, 427, 672n.39

Bulwer, Edward Lytton- (later Lord Lytton) 爱德华·利顿·布尔沃 (后来的利顿勋爵) 245n, 247

Bunsen, Christian von 克里斯琴·冯·本森 540

'Burgraves', the 477, 483, 504, 506

see also Molé, Comte; Thiers, Adolphe 亦见 "莫莱伯爵"，"阿道夫·梯也尔"

Burke, Edmund 埃德蒙·伯克 549, 678n.40

Burlington Bar 伯灵顿沙洲 199

Buzençais (Indre) 比藏赛 (安德尔省) 407-8

Byron, Ada 埃达·拜伦 304

Byron, George Gordon, Lord 乔治·戈登·拜伦勋爵 304

Don Juan《唐璜》76

C

Cabet, Etienne: *Voyage en Icarie* 413 艾蒂安·卡贝《伊卡利亚游记》

Cabyles 卡比尔人 611

Caen 卡昂 42, 98

cahiers de doléances (petitions of grievances) 陈情书 10, 230

Calabria, Italy 卡拉布里亚，意大利 74

Calais 加莱 215

Calvados 卡尔瓦多斯 108

Calvinists 加尔文主义者 546

Cambacérès, Jean Jacques-Régis de, Duke of Parma 让·雅克-雷吉斯·德·康巴塞雷斯，帕尔马公爵 28n

Cambreleng, Churchill C. 丘吉尔·C.康布勒朗 160

Camp Eddis, Algeria 埃迪斯军营，阿尔及利亚 401

Campan, Madame 康庞夫人 621

Canada 加拿大 175, 176-8, 180, 193

Canandaigua, New York 卡南代瓜 167, 168, 183

Cannes 戛纳

AT hires a house in 托克维尔在 ~ 租房子 617

AT and Marie travel to(1858) 托克维尔与玛丽到 ~ 旅行 (1858) 617-8, 619, 620

AT's last months spent at 托克维尔在 ~ 渡过生命的最后几个月 619-39

AT dies in 托克维尔在 ~ 逝世 639

funeral service in 在 ~ 的葬礼 640

Canova, Antonio 安东尼奥·卡诺瓦 277

capital punishment 死刑 440

Capri 卡普里岛 70-1

Carbonaro conspiracies (1820s) 烧炭党密谋 (1820 年代) 295n

Carlo Alberto (Sardinian steamer) 卡洛·阿尔贝托号 (撒丁蒸汽船) 217, 218, 223, 237n

Carlyle, Thomas 托马斯·卡莱尔 445, 601

carrière ouverte aux talents, la (equal access doctrine) 天生我材必有用 (机会均等论) 107

Cartesianism 笛卡尔主义 347, 360, 361

Castellane, Mme de 德·卡斯特拉内夫人 289

Castlereagh, Robert Stewart, Lord 罗伯特·斯图亚特·卡斯尔雷勋爵 34

Catania, Sicily 卡塔尼亚，西西里 73

Catholic Church 天主教教堂 276, 586

and Falloux 与法卢 473

AT's réconciliation to 托克维尔与 ~ 的和解 625-6, 637

see also Church, the 亦见 "教会"

Catholic Freemasonry 天主教共济会 55

Catholic priests 天主教教士 174

Catholic revival 天主教复兴 52

Catholicism 天主教 249, 549

of the Tocqueville family 托克维尔家族的 ~ 5-6

Jesuit tradition 耶稣会传统 5

AT and 托克维尔与 ~ 55, 162, 163, 327, 359, 361

in Canada 在加拿大 177-8

Marie converts to 玛丽改宗 ~ 296

in the United States 在美国 361

and Pope's temporal power 与教皇的世俗权力 480

Mrs Belam converts to 贝拉姆夫人改宗 ~ 557

Catholics 天主教徒 506, 559n, 642

    Irish 爱尔兰的 ~307, 308, 309

Cato, the younger 小加图 232

caucus politics 党团政治 512

Caussidière, Marc 马克·科西迪埃 475

Cavaignac, General 卡韦尼亚克将军 458, 462, 463, 466, 470–4, 476, 477, 497, 506, 518, 537n, 676n.12

Cavaignac government 卡韦尼亚克政府 470

Cavour, Camillo Benso, conte di 卡米洛·奔索·迪·加富尔伯爵 300

Cayenne, French Guinea 卡宴，法属几内亚 525

centralization 中央集权 116, 194, 259, 268, 303, 307, 347, 348, 351, 356, 357, 443, 456, 506n, 564, 565, 571, 579

Centre-Left 中左派 341

Chabrol, comte de 沙布罗尔伯爵 105, 112, 114

Chabrol, Ernest de 埃内斯特·德·沙布罗尔 51, 98, 105, 106, 107, 125, 142, 144, 214, 239, 240

Chadwick, Edwin 埃德温·查德威克 247, 301

Chamarande 沙马朗德 531, 557, 598, 611

Chamber of Deputies 下议院 68, 78, 103–4, 108, 109, 110, 113, 120, 236, 242, 294, 320, 324, 329, 330, 332, 333, 336, 337, 338, 424. 434, 448, 479- 517

    AT's *début* 托克维尔的首秀 341

    AT's first speech 托克维尔第一次演讲 342, 387

    AT in 托克维尔在 ~ 346, 375–9, 381–93, 416

    AT's speech prophesying revolution 托克维尔的演讲预示革命 419–20, 430, 431, 440

    Guizot announces dismissal of government 基佐宣布解散政府 422

    crowd floods into the Chamber 人群涌入下议院 426

    Lamartine proclaims a Republic 拉马丁宣布成立共和国 426–7

    dispersal of the Chamber 驱散下议院 427

Chamber of Peers 贵族院 38, 81, 82, 86, 109, 129, 133, 139, 236, 238, 319, 570–1

Chamberlain, Joseph 约瑟夫·张伯伦 513

Chambert, M. (of Buzençais) (比藏赛的) 尚贝尔 407

Chambert, Mme 尚贝尔夫人 408

Chambolle (editor of *Le Siècle*) 商博勒 (《世纪报》编辑) 380

Chambord, Henri Charles d'Artois, comte de ('Henri V') 亨利·夏尔·德·阿图瓦·尚博尔伯爵 ("亨利五世") 129, 135, 217, 237n, 505, 509, 524

Chambre Introuvable 无双议会 44

Chambrun, Adolphe de 623–4, 637 阿道夫·德·尚布兰

Champagne 香槟 574

Champâtreux, Mme de 尚普拉特赫夫人 216–17

Champlain, Lake 尚普兰湖 178

Changarnier, General 尚嘉尼耶将军 505, 518

Chantilly, château of 尚蒂伊城堡 219

Charlemagne, Emperor 查理曼皇帝 90, 92

Charles I, King 查理一世 10

Charles X, King of France (previously comte d'Artois) 法王查理十世 (前阿图瓦伯爵) 103, 104, 131, 183, 207, 164, 411, 419, 455,

    and Hervé 与埃尔韦 647n.22

    under virtual house arrest 实际上被软禁 34

    greeted with delight as enters Paris 进入巴黎时受到欢迎 37

    becomes King 成为国王 77

    at Saint-Cloud 在圣克卢 77

    and the Martignac ministry 与马蒂亚克政府 86

    incursions on the chambers 侵犯议院 90

    and the noblesse 与贵族 98

    and the 1830 Révolution 与 1830 年革命 108

    interprétation of the Charter 解释宪章 108–9

    unable to accept the nineteenth century 不能接受 19 世纪 109

    'haughty' speech in the Chamber of Deputies 在下议院的"傲慢"演讲 109–10

    AT on 托克维尔论 ~113, 503

    obstinate folly of 其冥顽不灵 114, 130, 570

    failed *coup d'état* 政变失败 119–21, 264, 392n

    signs the ordonnances 签署敕令 120

    out hunting before the 1830 Révolution 在 1830 年革命前外出狩猎 111

    dissolves the National Guard 解散国民自卫军 123

    urged to withdraw the ordonnances 急于撤销敕令 124

    abdication 退位 125, 217

    Thiery's proclamation 梯也尔的公告 125

    goes into permanent exile 进入永久流亡 126–9

    fatal complacency 致命的满足 411

Charleston 查尔斯顿 198, 205

Charruau, Dr 沙吕奥医生 616

Charter (1814) 1814 年宪章 90, 108–11, 113, 115, 117–8, 126

    revised (1830) 1830 年修订 126

Chase, Salmon P. 萨蒙·P. 蔡司 200

Chassériau, Théodore 西奥多·沙瑟里奥 521n

Chateaubriand, Aline de 阿琳·德·夏多布里昂 11, 14, 16

Chateaubriand, Armand de 阿尔芒·德·夏多布里昂 28

Chateaubriand, Céleste, vicomtesse de 塞莱斯特·德·夏多布里昂子爵夫人 29, 33n

Chateaubriand, Christian de 克里斯蒂安·德·夏多布里昂 14, 20, 21, 46, 70n, 169

Chateaubriand, François-René de 弗朗索瓦－勒内·德·夏多布里昂 12, 26, 70, 91, 187, 243, 258, 400, 413, 478,

567, 609

the greatest French writer of his generation 同代人中最伟大的法国作家 11

launches the Romande âge 开启浪漫主义时代 12

a décisive influence on AT 对托克维尔有至关重要的影响 11, 68, 159, 328

and Malesherbes 与马勒塞布 11, 12, 363

visits America 游览美洲 11-2, 140, 146, 199

marriage 婚姻 12

joins the army of the emigration 加入流亡军队 12

correspondence with Rosanbo 与罗桑博的通信 15

gains fame as an author 赢得作家的声誉 22

resigns from a diplomatic post 辞去外交官职务 22

buys the Vallée-aux-Loups 买下狼谷 27-8

visits Jerusalem 游览耶路撒冷 28

suppression of his journal 禁止其杂志 28

and death of cousin Armand 与表弟阿尔芒之死 28

on AT as a child 评论童年托克维尔 29-30, 287

promises Hervé a préfecture 允若埃尔韦地方长官之职 42

briefly foreign minister 短期外交大臣 76

expedition to Spain (1823) 远征西班牙（1823 年）82

resigns as ambassador to Rome 辞去驻罗马大师之职 104

speech savagely attacks the ministers 激烈批评大臣的演讲 109

character 性格 109, 137

speech in support of duc de Bordeaux 支持波尔多公爵的演讲 129, 139-40

opinions on America 关于美洲的看法 137-9

inadequate description of Niagara Falls 对尼亚加拉大瀑布言犹未尽的描述 176

and legitimists' conspiracy 与正统派的密谋 217

imprisoned briefly 短期监 224n

and the duchesse de Berry 与贝里公爵夫人 236

and the Démocratie 与《论美国的民主》285-7, 328

and Juliette Récamier 与朱丽叶·雷卡米耶 285, 287

popularity 名望 290

visits AT 访问托克维尔 328-9

congratulates AT on his maiden speech 祝贺托克维尔的初次演讲 342

death 死亡 497-8, 675n.55

works 作品

    Atala《阿达拉》139

    De Buonaparte et des Bourbons《波拿巴与波旁》32, 33, 34, 35

    Génie du Christianisme《基督教真谛》22, 29

    Mémoires d'outre-tombe《墓畔回忆录》328,

    490

    Memoirs《回忆录》288

    Moïse《摩西》28—9

    Les Natchez《纳切兹人》138

    Voyage en Amérique《美洲游记》138, 139, 185

Chateaubriand, Jean-Baptiste, comte de 让－巴蒂斯特·夏多布里昂伯爵 11, 12, 14, 16

Chateaubriand, Colonel Louis de 科洛内尔·路易·德·夏多布里昂 14, 20, 21, 128-9, 281, 618, 640

Chateaubriand, Mme de (née de Rosanbo) 夏多布里昂夫人（罗桑博家族）11, 16

Chateaubriand family 夏多布里昂家族 16, 18n, 578

Chauvelin, marquis de 肖夫兰侯爵 217

Chénier, Marie-Joseph 玛丽－约瑟夫·谢尼埃 28n

Cherbourg 瑟堡 40, 86, 87, 112, 126, 127n, 128, 129, 241, 242, 314, 330, 311, 334, 336, 381, 383, 411, 436, 438, 503, 606

    academy 学术协会 294, 301, 302

    naval base: grand review 海军基地：大阅兵（1858）614-5

    railway 铁路 390, 523, 614

Cherokee Indians 切罗基印第安人 204

Chesapeake Bay 切萨皮克湾 206

Chevalier, J.-J. J.-J. 舍瓦利耶 546

Chevalier, Louis 路易·舍瓦利耶 232

Chevalier, Michel 米歇尔·舍瓦利耶 138, 413

    Lettres sur l'Amérique《美国书简集》295

Chevaliers de la Foi 信仰骑士团 32, 34-5

Chickasaw Indians 奇卡索印第安人 203, 204

Childe, Edward 爱德华·柴尔德 623

Childe, Edward V. 爱德华·V. 柴尔德 539

Childe, Florence 弗洛伦斯柴尔德 539

Childe, Mrs 柴尔德夫人 100, 539, 585

Chippewa Indians 齐佩瓦印第安人 174

Choctaw Indians 乔克托印第安人 204, 205

Choiseul-Praslin, duc de 舒瓦瑟尔－普拉兰公爵 412-3

Choiseul-Praslin, duchesse de (née Sébastiani) 舒瓦瑟尔－普拉兰公爵夫人（本姓塞巴斯蒂亚尼）412, 413

choiera 霍乱 197-8, 212, 215-6, 217, 223, 329, 473, 551, 553

Christianity 基督教 52, 139, 223, 292, 361, 594

Church, the 教会

    under attack from philosophers of the Enlightenment 受到启蒙哲人的攻击 5

    tries to suppress the *Encyclopédie* 试图镇压《百科全书》10

    'constitutional' Church set up by National Assembly 由国民议会建立的合宪教派 14

    attacked by the Révolution 受到革命攻击 535, 549

AT's attitude towards 托克维尔对～的态度 52, 352-3

efforts to recapture a privileged position 夺回特权地位的努力 55

AT wrestles with problem of Church and faith 托克维尔苦苦挣扎于教会与信仰问题 56 Le Sueur's hope of reconciling AT to the Church 勒叙厄尔让托克维尔与教会和好如初的愿望 147

and State 与政权 174, 234, 292, 504n

more potent and durable than old nobility 比旧贵族更有力、持久 353

clergy elected in the 1848 Constituent Assembly 1848 年制宪会议当选的神职人员 438

and secularism 与世俗主义 470

importance as an issue in the Révolution 作为一革命事件的重要性 578

Church of England 英格兰教会 247, 493

Cicero 西塞罗 67, 232, 472, 674n.15

Cincinnati 辛辛那提 199, 200, 202, 397

Cincinnatus 辛辛纳图斯 513

Circourt, Mme de 希尔库尔夫人 532, 549

City of London: by-election 伦敦城：递补选举 244-5

civil code 民法典 240, 623

civil rights revolution 民权革命 354

Civita Vecchia 奇维塔韦基亚 480, 492

Clairoux (Oise) 克莱鲁瓦（瓦兹省）416, 553, 584, 585

Clamorgan, Paul 保罗·克拉摩根 331-2, 430, 431, 434, 436, 437-8, 462, 476, 491, 523

Clarendon, Lord 克拉伦登勋爵 601, 607

class war 阶级战争 216, 300

Classicism, Classicists 古典主义，古典主义者 65, 68

Claudius, Emperor 克劳狄乌斯皇帝 281

Clay, Henry (of Kentucky) 肯塔基州的亨利·克莱 186n

Clay, Mr (of Georgia) 佐治亚州的克莱先生 186, 187-8

Clemenceau, Georges 乔治·克列孟梭 85

Clemens, Miss (on the Superior) （在苏必利尔号上的）克莱门斯小姐 173, 176

Clérel family 克勒雷尔家族 1-2

Clovis I, King of the Franks 法兰克国王，克洛维一世 90

Cobb, Richard 理查德·科布 99

Cobden, Richard 理查德·柯布登 410

Coblenz, Germany 科布伦茨，德国 104, 112

Code Napoléon 拿破仑法典 366

Cold War 冷战 274n

Coleshill, Wiltshire 科尔希尔，威尔特郡 599, 600

Collège d'Harcourt, Paris 阿尔古初中，巴黎 6-7

College of Arms, London 英国纹章院，伦敦 353n

Collège Royale (now the Lycée Fabert), Metz 罗亚尔初中

（现为法贝尔公立高中），梅斯 43-4, 47, 49n, 68

Collin, André 安德烈·科兰 616

colonization 殖民化 196, 400

Columbia, South Carolina 哥伦比亚，南卡罗来纳州 208

Colwells (Colwell's), New York 科尔韦尔，纽约 159

Combourg 贡堡 29

Commerce, Le《商务报》379-80, 479n

Committee of General Security 安全总委员会 15

Committee for Public Safety 公共安全委员会 364

Common Agricultural Policy 共同农业 302

commoners see Third Estate 平民见第三等级

Commune of Paris 巴黎公社 428

communism, collapse of 公社的崩溃 354

Comte, Auguste 奥古斯特·孔德 372n

Concert of Europe 欧洲协同体 337

Condé, prince de 孔代亲王 219

Condorcet, Marie Jean Antoine Nicolas Caritat, marquis de 马里·让·安托万·尼古拉·卡里塔·孔多塞侯爵 11

Confederate States 邦联州 263

Congregation 圣会 34-5, 114

Connecticut 康涅狄格州 192, 227

conscription 征兵 32-3

Conseil d'Etat 法国行政法院 91, 140

conseil-généraux (departmental councils) 省议会 322, 412, 435, 489-90 515-6, 523, 602

conservatism, conservatives 保守主义，保守主义者 368, 445, 447-8, 466, 476-7, 506

conservative party 保守党 348, 411

Conservative party (Britain) 保守党（英国）603

Considérant, Victor 维克多·孔西代朗 452, 464

Constantinople (Istanbul) 君士坦丁堡（伊斯坦布尔）460

Constituent Assembly (1848) 制宪会议（1848 年）142, 229, 230, 430-1, 598, 609

AT elected 托克维尔当选 433-8

opening of (4 May 1848) 的召开（1848 年 5 月 4 日）439, 443

invaded by the crowd on 15 May 5 月 15 日受人群侵入 446-50

Polish petition presented 进呈波兰人动议 448

and the constitution 与宪法 433, 457, 471

victory in June Days 在六月起义中的胜利 462

Louis Napoleon takes his oath of office 路易·拿破仑宣誓就职 472-3

cling to power 紧握权力 473

refuses to dissolve until the last minute membership 直到最后一刻拒绝解散 473

proposed new Assembly 提议新的大会 508-9

Gobineau on 戈比诺论～ 593

constitutional convention 制宪会议 (1787) 451

Constitutionnel《宪章报》121, 224

Consulate (1799—1804) 执政府（1799—1804）33, 533, 536, 541

Cooper, Fenimore 费尼莫尔·库珀 137, 139, 169, 143, 295

Corcelle, C-FP ('Francisque') Tircuy de 弗朗西斯克·德·科尔塞勒 293, 316, 320n, 389, 397, 399, 401, 412, 423, 482, 484, 492, 584, 591, 622, 623, 624, 626, 627, 636, 638

Corcelle, Marthe de 马尔特·德·科尔塞勒 623-4, 627, 637

Corcelle family 科尔塞勒家族 613

Cordeliers 激进派 266n

Cormenin, Louis de 路易·德·科尔默南 431, 433, 462

corporal punishment 肉体刑罚 187, 656n.14

Corps Législatif 立法会议 33, 38

corruption 腐败 266-7, 303, 321, 330, 393, 394, 410, 412, 419, 454

Cossacks 哥萨克军队 35

Côte-d'Or 黄金海岸 42

Cotentin, the 科唐坦半岛 86, 93, 118, 141, 281, 294, 314, 315, 317 322, 330, 382, 383, 412, 443, 487, 490, 514, 536, 546, 559, 575, 587, 595, 600, 608, 613, 619, 640

Council of Geneva 日内瓦委员会 231

Cour des Aides 援助法院 9

Courrier de France《法国邮报》232

Courrier français, Le《法兰西通讯》284

Courtais, General 库尔泰将军 448, 449

Courvoisier, M. de 德·库瓦西耶先生 103, 112, 114

Cousin, Victor 维克多·库赞 383, 476

Coutances 库唐斯 86

Couthon, Georges 乔治·库东 18

Coventry 考文垂 303

Crawford, William 威廉·克劳福德 243

Creek Indians 克里克印第安人 204

crime rate 犯罪率 192

Crimean War 克里米亚战争 274n, 539, 533, 583, 604

Crown, the, Third Estate's alliance with 第三等级与王权的联合 116

Croydon, Surrey 苏蕾·克罗伊登 606

Cumberland River 坎伯兰河 202

Cumnor Place, near Abingdon 阿宾登附近的库姆纳广场 230

Custine, marquis de 屈斯蒂纳侯爵 289

　Letters from Russia《俄国来信》289

D

Dalmassy (AT's colleague in Versailles) 达尔马西（托克维尔在凡尔赛的同事）176

Damas, Elisabeth-Charlotte de (AT's cousin) 伊丽莎白－夏洛特·德·达马斯（托克维尔的表妹）20

Damas, Maxence de 马克桑斯·德·达马斯 133

Damas-Cruz, Comte Étienne de 艾蒂安·德·达马斯－克吕伯爵 2, 20

Damas-Cruz, Louis de 路易·德·达马斯－克吕 8

Damas-Cruz family 达马斯－克吕家族 3, 5-8, 20, 38

Danton, Georges 乔治·丹东 207

Daumier, Honoré 奥诺雷·杜米埃 84

Dauphin see Angouleme, Louis, duc d' 法国王太子，见"路易·昂古莱姆公爵"

Dauphine see Angouleme Marie-Therese, duchesse d' 法国王太子妃，见"玛丽－泰雷兹·昂古莱姆公爵夫人"

David, Jacques-Louis 277, 347 雅克－路易·大卫

decentralization 分权 234, 247, 268, 303, 322, 358, 414

Declaration of Saint Ouen《圣旺宣言》38

Delacroix, Eugène: *Liberty Leading the Peuple* 欧仁·德拉克洛瓦：《自由引导人民》354

Delescluze, Louis Charles 441 Delille, Abbé 德利尔神父 27

democracy 民主制，民主 283-4, 286, 303, 340, 348, 350, 523, 537, 569

　　American 美国的 ~ 137, 154, 159, 178, 181, 182, 183, 185, 186, 193, 200, 234, 253, 261, 262, 263, 265, 268-9, 272, 273, 291, 292, 293, 351, 436, 469, 561, 568n

　　French 法国的 ~ 141, 159, 186, 262-3, 268-9, 291, 351

　　and aristocracy 与贵族制 266-7, 346, 355, 369, 573

　　European 欧洲的 ~ 291

　　Kergorlay on 凯尔戈莱论 ~ 326

　　the *Démocratie* of 1840's criticism 1840 年《民主》的批评 349

　　AT imprisoned by his définition 托克维尔受定义束缚 351

　　and 'equality' 与"自由" 352

　　AT's ideal 托克维尔的理想 ~ 382

　　as depicted in the *Ancien Régime*《旧制度》中所描述的 ~ 589

democratic centralism 民主集中制 512

democratic despotism 开明专制 356, 526

democratic family 民主家庭 361-3

Democratie party (US) 民主党（美国）160

democratic revolution 民主革命 275, 300, 352

Demosthenes 德摩斯梯尼 67, 68

Denmark 丹麦 409

depression 萧条 (1839) 367

Derby, Earl of 德比伯爵 603

Descartes, René 勒内·笛卡尔 50, 52, 345, 347

despotism 专制统治 281, 326, 523, 552, 565, 570, 594

determinism 决定论 546

Detroit, Michigan 底特律，密歇根州 169–70, 175

Dickens, Charles 查尔斯·狄更斯 154, 231, 235

dictatorship 独裁 271, 357, 435, 466, 525, 534, 564, 572

Dijon 第戎 42, 504, 619

Dino, duchesse de 德·迪诺公爵夫人 289, 406

Directory (1795) 督政府 (1795) 207, 446, 453, 534–5

Disraeli, Benjamin 本杰明·迪斯雷利 477, 604

doctrinaires 空论派 91, 293

Doyle, William: Oxford History of the French Revolution 威廉·多伊尔:《牛津法国大革命史》576–7

Drake, Dr 德雷克医生 200

Drescher, Seymour 西摩·德雷谢尔 599

Dublin 都柏林 307, 310–1

Dubosc, François 弗朗索瓦·迪博斯克 536

Duchâtel, comte 迪沙泰尔伯爵 390, 410, 421

Dufaure, Armand 阿尔芒·迪福尔 389, 415, 416, 417, 420, 422, 423, 477, 478, 483, 506, 527

Duffy (orator) 达菲 (演说者) 245–6

Dujardin-Beaumetz, Dr Thadée 塔代·迪·雅尔丹－博梅医生 636–7, 638–9, 685n.28

Dulwich, London 德威，伦敦 605

Dumas, Alexandre 亚历山大·仲马 56n

    Le Chevalier de Moulin Rouge《红屋骑士》427

Dupanloup, Monsignor Félix Antoine Philibert, Bishop of Orléans 奥尔良主教迪庞卢 630–31, 639, 685n.28

Duras, duchesse de 德·迪拉斯公爵夫人 29

Duveau, Georges 乔治·迪沃 421

Duvergier d'Hauranne, Prosper 普洛斯珀·迪韦吉耶·德·奥拉那 527, 587

E

East River 东河 150

Eastern question 东方问题 386, 406

Écho français, L'《法国回声》294

École Polytechnique, Paris 理工学院，巴黎 61, 123

Economists 经济学家 577

Edinburgh Review《爱丁堡评论》370

Edward III, King of England 爱德华三世，英格兰国王 88

Edwards, Miss (American on board Le Havre) 爱德华小姐 (勒阿弗尔号上的美国人) 149

egalitarianism 平等主义 86

Egypt 埃及 351, 352，386, 388, 494

Elba 厄尔巴岛 40, 288

electoral fraud 选举欺诈 410

Elisabeth, Madame (Louis XVI's sister) 伊丽莎白夫人 (路易十六的妹妹) 14

Elysée, Paris 爱丽舍，巴黎 475, 483, 485, 507

emancipation 解放 188, 342

émigration joyeuse 快乐移民 8

émigrés 流亡者 16, 18n, 22, 28, 535

    compensation to former émigrés 给前流亡者的补偿 82

    lawsuits brought by former émigrés 前流亡者引起的诉讼 84

    the great question of the day 当代的重大问题 89–90

    Talleyrand on 塔列朗论 ~ 119—20

    and the ancien régime 与《旧制度》530

émigrés de l'intérieur 国内移民 157

Encyclopaedia Americana《美国百科全书》186

Encyclopédie《百科全书》10

Enfantin, Prosper 普洛斯珀·昂方坦 413

Engels, Friedrich 弗里德里希·恩格斯 252n, 307, 392

Enghien, duc d' 昂吉安公爵 22

England 英国

    AT proposes to visit (1824) 托克维尔打算去英国旅行 (1824 年) 63–4

    AT's long-term interest in 托克维尔对英国的长期兴趣 87–8

    AT's curiosity about 托克维尔对英国的好奇 199

    jury system 陪审团制度 206–7

    AT's first visit (1833) 托克维尔第一次英国之旅 (1833 年) 241–52, 254

    religion 宗教 247

    decentralization 地方分权 247, 303

    aristocracy 贵族制 247, 248, 249, 252, 300

    inheritance 继承制 248, 251

    pauperism 贫困 251

    AT concludes that there will be no revolution 托克维尔推断将不会有革命 251–2, 299

    landed property issue 土地所有权问题 300–1

    French/English radicals compared 法国与英国激进派的比较 303–4

    and Switzerland 与瑞士 322

    AT's second visit (1857) 托克维尔的第二次英国之旅 (1857) 598–606

    and the ancien régime 与旧制度 599

    see also Britain 亦见 "大不列颠"

Enlightenment 启蒙运动 5, 579

entail 限定继承 157, 159, 183

equality 平等 89, 352, 353, 354, 353n, 363, 367, 414, 455, 469, 567, 569, 572, 577, 583, 590

Erie, Lake 伊利湖 169

Estates-General 三级会议 414, 611

    convened (1789) 召开 10, 348

    and Malesherbes 与马勒塞布 11

    Louis XVI's clash with 路易十六与 ~ 的冲突 121

Etna, Mount 埃特纳火山 73–4

Étretat, Upper Normandy 上诺曼底的埃特勒塔 242

Eugène (AT's valet) 欧仁 (托克维尔的仆人) 491, 520, 521

Everett, Alexander 亚历山大·埃弗里特 182

Executive Committee 行政委员会 442, 455, 457, 458, 460, 461, 462

F

Falloux, Frédéric-Alfred-Pierre, comte de 弗雷德里克-阿尔弗雷德-皮埃尔，法卢伯爵 459, 460–61, 473, 478, 482

fascism 法西斯主义 354, 595

Faucher, Léon 莱昂·福谢 284, 289, 293

Feast of Concord (21 May, 1848) 协和宴会（1848 年 5 月 21 日）459

February Révolution (1848) 二月革命（1848 年）85n, 100, 276, 497

    AT on its nature and causes 托克维尔论其性质与原因 498–9

    Beaumont's view of its cause 博蒙论其成因 375

    AT's speech prophesies revolution 托克维尔的演讲预示革命 419–20

    proposed Paris banquet 巴黎宴会的提议 418, 421

    series of government miscalculations 一系列政府误算 422

    government dismissed 政府解散 422

    King's reliance on the National Guard 国王依靠国民自卫军 422

    and Bugeaud's appointment 与比若的上任 425

    Provisional Government formed 组建临时政府 427, 440

    Chamber of Deputies dispersed 下议院被驱散 427

    a comparatively bloodless revolt 相对没有流血的叛乱 429

    legitimists feel freed by 正统派觉得受～解放 438

    opening of Constituent Assembly 制宪会议的召开 439, 443

    too sudden and too swift 太突然和太迅速 440

    plight of the workers 工人的困境 441–2

    Executive Committee succeeds Provisional Government 行政委员会接替临时政府 442

    Assembly invaded on 15 May 大会 5 月 15 日遭到侵入 446–50

    June Days 六月起义 365, 438, 439, 455, 457–64

    national workshops issue 国家工场问题 444, 457, 459–62

    constitutional committee 宪法委员会 451–7, 459, 467, 471n, 497

    AT particular dislike of 托克维尔尤其厌恶 469

    Louis Napoléon takes his oath of office 路易·拿破仑宣誓就职 472–3

    legislative elections (1849) 立法选举（1849）476–7

    effect on AT 对托克维尔的影响 488

    and socialism 与社会主义 499, 523

    presidential coup (2 December) 总统政变（12 月 2 日）502–3, 517–22

federalism 联邦主义 234, 248, 268, 506n

Federalist 《联邦党人文集》68, 511

Federalists 联邦党人 157, 181, 200

Fehrenbacher, Don E : *The Slaveholding Republic* 唐·E. 费伦巴赫尔：《蓄奴共和国》273n

feminist movement 女权主义运动 354

Fenélon, François 560 Ferdinand I, King of the Two Sicilies 75n 费迪南一世，两西西里国王

Ferdinand II, King of the Two Sicilies (King Bomba) 费迪南二世，两西西里国王（庞巴国王）492

Ferdinand VII, King of Spain 费迪南七世，西班牙国王 81

Fermanville 费曼维尔 615

Feuchères, baron de 弗歇尔男爵 219

Feuchères, Sophie Dawes, baronne de 索菲·道斯·弗歇尔男爵夫人 219

feudalism 封建制 93–4, 177

Fielding, Henry 亨利·菲尔丁 67

Fifth Republic 第五共和国 455

First Empire 第一帝国 610

First Estate see Church, the 第一等级，见教士

Five Hundred 五百人院 376

Flagg, Azariah C. 阿扎赖亚·C. 弗拉格 160

Flahaut, comte de 弗拉奥伯爵 416n, 518

Flint River (now Flint) 弗林特河 171, 172

Florence, medieval 中世纪的佛罗伦萨 321, 322

Fontainebleau 枫丹白露 37

Fontanes, marquise de 丰塔纳侯爵夫人 28

Fontenelle, Bernard le Bovier de 贝尔纳·勒·波维埃·德·丰特内勒 345

food riots 食品骚乱 354

Foreign Office (Britain) 外交部（英国）601

Forestier-Boinvilliers, E. -E. E.-E. 福雷斯捷-布安维利耶 118

Forster, E. M. 福斯特 682n.47

Fort Gratiot 格拉希厄特堡 174

Fort Malden, Ontario, Canada 莫尔登堡，安大略省，加拿大 169

Fosseuse, château de (Oise) 瓦兹省的福瑟斯堡 30, 241, 284, 325, 535, 608

Foucault, Michel 米歇尔·福柯 228–9

    Discipline and Punish 《规训与惩罚》228

Fouquet, Superintendent Nicolas 财政总监尼古拉·富凯 266

Fouquier-Tinville, Antoien Quentin 安托万·昆廷·富基耶·坦维尔 15

Fourier, François 413 Fourth of July 独立纪念日 159, 161–2

Fourthof July (steamboat) 独立号（蒸汽船）199

France 法国

three estates 三个等级 5

population 人口 5

fall of the Bastille 推翻巴士底狱 8

weakness in the body politic 政治体的弱点 26–7

Napoleonic France as a police state 拿破仑一世的法国：警察国家 27

Allies enter Paris 进入巴黎的反法同盟军 35

greatest moment of the Restoration 复辟王朝最伟大的时刻 38

Hundred Days 百日王朝 40–1, 44, 91, 131, 209

cheaper to live in than England 生活成本低于英国 96

quarrel with the Dey of Algiers 与阿尔及利亚总督的争吵 111

rural incendiarism 乡村纵火 119

Charles X signs the ordonnances 查理十世签署敕令 120

constitution 宪政 82, 120, 451–7, 473, 475, 481, 482 487, 506, 514, 515

Revolution of 1830 breaks out 1830 年革命的爆发 119

New era of instability aller the Révolution 大革命后的动荡新时代 130

constitutional question 合宪问题 130

three wars with Germany 与德国的三次战争 130

cholera pandemic in 霍乱大流行 115 16, 217

Système pénitentiaire on conditions in 法国国情下的《刑罚制度》233

Britain's prestige in 英国在法国的声望 242

accepts a Tocquevillean republic 接受一种托克维尔式的共和 269

liberty 自由 272, 292, 499

and women's rights 与女权 278

and Christianity 与基督教 292

La France profonde《深层法兰西》302, 590

French/English radicals compared 法国与英国激进派的比较 303–4

secret ballot System 秘密投票制度 305

communes 自治城市；公社 319

domination by révolution/memory of révolution 被革命／革命记忆主宰 325

re-established as a leading member of the Concert of Europe 重新成为欧洲协调机制的领袖成员 337

young American/French women compared 比较年轻美国／法国女性 363–4

economic problems 经济问题 367, 407, 434, 440, 441, 517

and constitutional monarchy 与宪政君主制 375

regarded as a perpetual threat to peace 被视为和平的长久威胁 387

not strong enough to fight a war without allies 未强大到可以孤立无援地作战 388–9

nationalism 民族主义 400, 472

electorate 选区 410

first presidential election in her history 史上首次总统选举 471–2

Louis Napoléon takes his oath of office 路易·拿破仑宣誓就职 472–3

constitutional revision proposed 提议修宪 503, 506–10, 514–8

caucus politics 党团政治 512

investment 投资 525

arrests and transportations 逮捕与流放 525

censorship 审查 525–6

France nouvelle, La《新法兰西》232

Franche-Comté 弗朗什－孔泰 32

Franco-Austrian war (1859) 法奥战争（1859）632, 641

Franco-Prussian war 普法战争 440

Franklin, Benjamin 本杰明·富兰克林 267

fraternity 博爱 353

free soil ideology 自由土地思想 201–2n

French Révolution 法国大革命 3, 11, 33, 140, 248, 386, 495, 544, 548, 551, 609

causes 原因 51, 85, 540, 542, 549, 578–9, 609

influence on AT 对托克维尔的影响 1

fall of the Bastille 推翻巴士底狱 8, 121, 142, 439, 540

Tuileries attacked 杜伊勒里宫受攻 8–9

September Massacres 九月大屠杀 9, 17

Malesherbes and Chateaubriand's alarm 马勒塞布与夏多布里昂的警示 11

Reign of Terror 恐怖统治 16, 24

Law of 22 Prairial 牧月二十二日法令 16–7

Feast of th Supreme Being (8 June 1794) 至上崇拜节（1794 年 6 月 8 日）17

the worst winter (1794—1795) 最糟糕的冬天（1794—1795 年）19

profiteers 倒买倒卖 20

its first martyr 其最早的殉道者 27

master of Paris as master of France 巴黎之主，即法国之主 34

appalling upheaval of 可怕的剧变 55

AT's attitude towards 托克维尔对大革命的态度 84, 85

death of Guizot's father 基佐父亲之死 91

Guizot on 基佐论 ~ 93, 384

and the *ordonnances* 与敕令 121

Jacobin dictatorship 雅各宾独裁统治 261

excesses of ~ 之过度 271

creation of notables 新封贵族 275

AT on 托克维尔论 ~ 354, 392, 405, 428–9, 513–4, 529, 532, 535

a furious accelerator of modem French society 现代法国社会的强力加速器 561

noblesse replaced by a new ruling elite 贵族为新的统治精英取代 573

significance of ~ 的重要性 590

French Revolutionary Wars 法国革命战争 267, 400

Frenchman's Island, New York 法国人岛，纽约 165–6

Frénilly, baron de 弗雷尼伊男爵 39

Freslon, Alexandre 亚历山大·弗雷斯隆 537, 587

Freslon, Pierre 皮埃尔·弗雷斯隆 615

Fronde Resistance (1648—1652) 投石党抵抗 (1648—1652) 570

Fulton, Robert 罗伯特·富尔顿 157

Fumaroli, Marc 马可·福马罗利 328

Furet, François 弗朗索瓦·弗雷 315, 572–3

G

Gabriel, Abbé 加布里埃尔修道院长 626, 631, 637–8, 684n.12, 685n.28

Gaeta, Naples 加埃塔，那不勒斯 480

Gallemand, Zacharie 扎查理·嘉勒芒 536

Gallerande (Mme de Sarcé's château) 加莱昂德（萨尔塞夫人的城堡）279

gamins (urchins) 流浪儿 457n

Gannett, Robert 罗伯特·甘尼特 566

Gap 加普 222

Garde des Sceaux 司法大臣 188, 197, 220

Garde Mobile 机动卫队 457

Garibaldi, Giuseppe 朱塞佩·加里波第 75, 480, 481

Garrison, William Lloyd 威廉·劳埃德·加里森 187

Gascony 加斯科尼 32

Gazette de France 《法国公报》 291–2

Gazette de Normandie 《诺曼底公报》232

Galette du Midi 《南方公报》222

Geneva 日内瓦 91, 222, 539

Genoa 热那亚 491

Georgia 佐治亚州 205

Gérard, Marshal 瑞拉尔元帅 425

Germany 德国 404, 540

AT travels in 托克维尔在 ~ 旅行 20, 476, 551–2

Kergorlay visits 凯尔戈莱旅行 99

three wars with France 与法国的三次战争 130

unification of ~ 的统一 551

and Gobineau's *Essai* 与戈比诺的《论文》593

Napoleonic regime's attitude to 拿破仑政权对 ~ 的态度 610

Gertrude, Soeur 热特吕德修女 621, 630, 638

Geyl, Pieter: *Napoleon For and Against* 彼得·盖尔:《拿破仑的是与非》533n

Ghent 根特 42

Gibbon, Edward: *Auiobwgraphy* 爱德华·吉本:《自传》70, 627

Girardin, Émile de 埃米尔·德·吉拉尔丹 507

Gladstone, William Ewart 威廉·艾瓦特·格拉斯顿 492, 604

Gobineau, Arthur de 阿瑟·德·戈比诺 414, 465, 479, 545–6, 592–5

Essay un the Inequality of the Human Races 《论人种的不平等》545, 592, 593, 594

Gordon, Lucie Duff 吕西·杜夫·戈登 587

Gosport 戈斯波特 96

Gosselin, Charles 夏尔·戈瑟兰 257, 280, 290, 294, 296, 328, 367, 431, 587

Gossin, Pierre 皮埃尔·戈桑 615, 616

Grancey, Mme de 格朗西夫人 314, 609

Grand Trianon, Versailles 大特里亚农宫，凡尔赛 77

grande bourgeoisie 大资产阶级 392

Grandmaison, Charles de 夏尔·德·格朗麦宗 542–3, 566, 601

grands notables 大显贵 465, 526, 564

Gray, Francis C. 弗朗西斯·C.格雷 186, 194

Gray (Haute-Saône) 格雷（上索恩省）106

Great Famine (1845—1848) 大饥荒（1845—1848 年）308, 407

Great Reform Bill/Act 1832 年英国议会改革法案／法令 242, 244, 409–10

Great War (1914—1918) 世界大战（1914—1918）400

Green Bay 格林贝 170

Greenough, Horatio 霍雷肖·格里诺 277

Greg, W. R. W·R. 格雷格 615

Grenoble 格勒诺布尔 222

Grote, George, MP 下院议员乔治·格罗特 305, 595, 604

Grote, Harriet 哈丽雅特·格罗特 100, 305, 522, 540n, 545

Grote family 格罗特家族 602, 604

Guermarquer, M. (maire of Lannion) 盖马尔凯先生（拉尼永的镇长）41

Guermarquer, Mme 盖马尔凯夫人 416, 554, 585, 616

Guernsey 根西岛 242

Guerry, André-Michel 安德烈－米歇尔·盖里 247, 545

Guilbert, Aristide 阿里斯蒂德·吉贝尔 411

Guildhall, London 市政厅，伦敦 244, 245

Guillemin, Mme Luise 路易兹·吉耶曼夫人 606

Guizot, François 弗朗索瓦·基佐 104, 105, 118, 140, 143, 181, 187, 275, 285, 345, 387, 397, 416, 425, 440, 443, 456, 466, 475, 587, 643

 on Kergorlay's father 论凯尔戈兰的父亲 44

 his celebrated historical lectures 其著名的历史讲座 90–4, 108, 115–7, 269

 and Aide-toi, le Ciel t'Aidera 天助自助者 91

 temporary ban on his lectures 针对其讲座的临时禁令 91–2

 profoundly conservative 极端保守 109

 AT and Beaumont visit 托克维尔与博蒙拜访 117, 118

 petition in the 1830 Révolution 1830 年革命时的请愿 123, 124

 purges administrative and judicial corps 整肃行政与司法机构 132

 Marx learns from 马克思向基佐学习 276n

 leader of the 'party of résistance' 抵抗派领袖 332

 and 'the coalition' 与 "联合政府" 337

 memoirs 回忆 337–8, 527

 French ambassador in London 法国驻伦敦大使 370

 oratory 演讲术 377

 AT opposes 托克维尔反对 379, 394

 AT's attitude to 托克维尔对 ~ 的态度 384

 views and interests 观点与兴趣 384–5

 and the Démocratie 与《民主》 385

 and AT's Académie reception speech 与托克维尔的欢迎演讲 385, 406

 alienation from AT 与托克维尔疏远 385–6, 390

 character 性格 385, 418

 foreign minister 外交部长 389, 418, 478

 pays légal 合法选民 391, 412, 417, 507

 his followers 其追随者 393, 415

 formulates le système Guizot 论述《基佐体系》 410

 fatal complacency 致命的满足 411

 one of the greatest French parliamentarians 法国最伟大的议会政治家之一 411

 and Speech from the Throne 王位演讲 419

 announces dismissal of the government 宣布解散政府 422

 in exile 流亡 472

 Sciences Politiques re-opened by 人文院由 ~ 重启 529

 1861 address to the Académie Française 1861 年致法兰西学术院演讲 681n.11

 on the Ancien Régime 论《旧制度》 589–90

 Sainte-Beuve's comments 圣伯夫的评论 642

 Mémoires pour servir à l'histoire de mon temps 《为当代史提供的回忆录》491n

Guizot ministry 基佐内阁 389, 424

H

Hall, Basil 巴兹尔·霍尔 154, 155, 157, 164

Hamilton, Alexander 亚历山大·汉密尔顿 452

Hamilton, Thomas: Men and Manners im America 托马斯·汉密尔顿:《美国人民与风俗》295

Hampson, Norman 诺曼·汉普森 17

Hampstead, London 汉普斯特德，伦敦 298

Hartford, Connecticut 哈特福德，康涅狄格州 188–9

Harvard Universiry 哈佛大学 184

 AT receives an honorary degree 托克维尔获得荣誉学位 181

Hatherton, Edward John Littleton, Lord 哈瑟顿勋爵 600–1, 602, 605, 607

Haussmann, Baron Georges 423n 拜伦·乔治·豪斯曼

Havin, Commissioner Léonor-Joseph 莱奥诺尔-约瑟夫·阿文专员 431, 435, 436, 474, 588

Havre, Le (ship) 勒阿弗尔号（船名）147, 148, 150, 212, 211

Hazareesingh, Sudhir 苏蒂尔·哈扎里辛格 564–5

 The Legend of Napoleon《拿破仑的传说》533n

Hegel, Georg Wilhelm Friedrich 格奥尔格·威廉·弗里德里希·黑格尔 476

Heine, Heinrich 海因里希·海涅 70

Henri III, King of France 法国国王亨利三世 90

Henri IV, King of France 法国国王亨利五世 264

'Henri V' see Chambord 亨利五世，见 "尚博尔"

Henrion (protégé of Comte Hervé) 昂里翁（受埃尔韦伯爵庇护之人）57, 134–5, 652n.8

Herr, Richard 理查德·赫尔 561

Herzen, Alexander 亚历山大·赫尔岑 463–4

'History Hut', near Slough 史庐，斯劳附近 602

hobereaux (rural squireens) 乡绅 5

Holland, communal self-government 市镇自治，荷兰 116

Holland, Lord 霍兰勋爵 297

Holy Alliance 神圣同盟 131

Homer 荷马 288

Horace 贺拉斯 67

Horseshoe Falls 马蹄型瀑布 176

Hôtel de Rosanbo, Paris 罗桑博酒店，巴黎 19

Hôtel de Ville, Paris 市政厅，巴黎 18, 122, 124, 125, 427, 440, 448, 462, 540

Hôtel du Louvre, Valogues 卢浮酒店，瓦洛涅 338–9

Houseof Commons 下议院 244, 376, 388, 448

House of Lords 上议院 243–4, 291, 388, 571

House of Representative 众议院 160, 244

Houston, Sam 萨姆·休斯顿 105

Howard, John 约翰·霍华德 230

Hüber, Aloysius 艾洛依休斯·于贝 448

Hudson River 哈德孙河 154, 156, 159

Hudson valley, USA 哈德孙河谷，美国 155, 157

Hugo, Victor 维克多·雨果 407, 460, 477

    Notre-Dame de Paris《巴黎圣母院》248-9

Hugues l'Capet', King of France 法国国王于格·卡佩一世 94

Hundred Days 百日王朝 40-41, 44, 91, 131, 209, 218, 288

Hungary, upheavals in (1848) 匈牙利，1848 年起义 441

I

Ibsen, Henrik 亨里克·易卜生 516

imperialism 帝国主义 610

India 印度 386, 399, 610, 611

Indian Mutiny 印度哗变 604, 610

Indian Removal Act (1830) 印第安人迁移法 (1830 年) 204

Indian Territory 印第安人保留地 204

individualism 个人主义 355, 356

industrial revolution 工业革命 154, 243, 307, 498-9

industrialization 工业化 300, 302, 442, 443, 525

inheritance 遗产 157, 158, 183, 248, 251, 293, 362-3

Institut de France 法兰西学院 28, 324n, 556, 637, 640, 642

Invalides, Paris 荣军院，巴黎 354, 406

Ireland 爱尔兰

    AT in 托克维尔在爱尔兰 307-11, 313, 400, 578

    AT's writing about 托克维尔写爱尔兰 75, 296

    Great Famine (1845—1848) 大饥荒 (1845—1848 年) 308, 407

Irish migration to America 爱尔兰人移民美洲 361

Irish Poor Law Commission 爱尔兰济贫法委员会 307

Iroquois Indians 易洛魁印第安人 172

Italy 意大利

    AT and Édouard visit 托克维尔与爱德华游览 ~ 66, 69-70

    Édouard honeymoons in 爱德华在 ~ 度蜜月 103, 109

    communal self-government 市镇自治 116

    upheavals in (1848) 1848 年在 ~ 的起义 441, 480-2

    AT and Marie visit 托克维尔与玛丽前往 ~ 490, 491-5, 502

J

Jackson, Andrew 136, 152, 160, 181, 201n, 208, 209-10, 262, 267, 274, 483 安德鲁·杰克逊

Jackson administration 杰克逊政府 160

Jacksonian America 杰克逊时期的美国 158, 224, 296

Jacobin Club 雅各宾俱乐部 534

Jacobins 雅各宾派 14, 27, 261, 266n, 357, 534, 565

Jacobites 詹姆斯二世党人 222

jacquerie (1848) 农民起义 (1848) 443

Jacques (AT's valet) 雅克 (托克维尔的男仆) 313

Jansenists 詹森派 5-6, 51, 546

Jardin, André 安德烈·雅尔丹 23, 24, 30, 42, 51, 52, 56, 57, 67, 77, 79, 80, 86, 89, 92n, 137, 158, 237n, 24on, 315, 335, 365, 463, 555, 6o7n, 636, 638, 652n.8

Jérusalem 耶路撒冷 28

Jesuits 耶稣会士 5, 51, 114

Jews: Malesherbes recommends citizenship 犹太人：马勒塞布建议予其公民权 10

John, King 国王约翰 90

Johnson, Professor Douglas 道格拉斯·约翰逊教授 90, 411

Johnson, Samuel 塞缪尔·约翰逊 88, 179

    Letter to Lord Chesterfield《致查斯特菲尔德勋爵》409n

Joinville, Prince de 德·茹安维尔亲王 505, 506

Jones, Peter 彼得·琼斯 564

Joseph II, Emperor of Austria 约瑟夫二世，奥地利国王 267

Journal des débats《辩论报》104, 121, 137, 296, 368, 584

July Monarchy (1830—1848) 七月王朝 (1830—1848 年) 109, 219, 229, 230, 233, 238, 264, 269, 276, 278, 292, 321, 322n, 329, 331, 336, 337, 338n, 384, 386, 389, 409, 414, 420, 426, 428, 433, 438, 460, 465, 507n, 524, 525, 527, 643

July Révolution (1830) 七月革命 (1830 年) 173, 219, 264, 276, 283, 292, 357, 371, 417, 428

    causes 起因 55, 103

    blind folly of Charles X and Polignac 盲目愚蠢的查理十世和波利亚克 108

    Beaumont's memoir 博蒙的回忆 650n.41

    AT's explanation 托克维尔的解释 113-4

    start of 开端 119, 122-3

    Charles X's failed coup d'état 查理十世失败的政变 119-21, 264

    revolutionary committees formed 革命委员会成立 123

    barricades built 搭建街垒 123, 124

    duc d'Orléans accepts the lieutenancy-general of France 奥尔良公爵成为法国摄政 125

    Orléans enthroned as Louis-Philippe 奥尔良公爵加冕为路易－菲利普 126, 128, 135

    Charles X goes into permanent exile 查理十世进入永久流亡 126, 127

    gives a slight impulse to reform politics 对革新政治兴趣索然 143

    class antipathy 阶级反感 216

    and the Church 与教会 352-3

demonstrates the power of newspapers 展现报纸的
威力 379

democratic liberties introduced 引入民主自由权 394

and le système Guizot 与基佐制度 410

June Days (June 22–6, 1848) l 六月起义（1848 年 6 月 22—
26 日）438, 439, 455, 457–64, 465, 467, 497, 514, 521

jury System 陪审团制度 206–7, 319

juste milieu ('the happy medium'; supporters of Louis-
Philippe) 中间派（"快乐的中间派"；路易－菲利
普的支持者）289, 406, 442

K

Kant, Immanuel 伊曼纽尔·康德 277

Kemble, Francis 弗朗西斯·肯布尔 245

Kenilworth Castle 凯尼尔沃思城堡 249, 250

Kent, James 詹姆斯·肯特 158

Kentucky 肯塔基州 201, 202n

Kerdrel, Vincent Audren de 樊尚·奥德朗·德·凯德雷尔
519

Kergorlay, comte de (Louis' father) 德·凯尔戈莱伯爵（路
易的父亲）44, 133, 158, 217, 218, 237, 238, 241, 378,
585, 586n

Kergorlay, Louis de (AT's cousin) 路易·德·凯尔戈莱（托
克维尔的表弟）97, 147, 154, 159, 176, 310, 323,
334, 382, 384, 496, 537, 545, 587, 608, 641, 642

and Mme de Tocqueville 与托克维尔夫人 24

friendship with AT 与托克维尔的友谊 30, 44–7,
237, 241, 325

quarrels with Le Sueur over AT's future 就托克维尔
的未来与勒叙尔神父争吵 47–8

wants AT to join him in the army 希望托克维尔随
他从军 48, 58

and AT's duel announcement 与托克维尔的决斗公
告 56

on love 论爱情 57–8

and AT's first love 与托克维尔的初恋 59 61, 95

attends artillery school in Metz 进入梅斯的炮兵学
校 60–1

proposed trip to England with AT 计划与托克维尔
同游英国 105, 106

AT on 托克维尔论 ~ 81

visits Germany 游历德国 99

misogyny 厌女症 100, 240, 325

walking tour of Switzerland with AT 与托克维尔徒
步游历瑞士 105, 106

sent to Algeria 被派往阿尔及利亚 111

indiscrétion 言行轻率 118

describes his first battle 描述他的第一场战斗 119

decision to resign his commission 辞去其任命的决

定 133–4

and Henrion 与昂里翁 652n.8

jailed after 'Henri V' incident 在"亨利五世"事件
后被囚禁 217–8, 221–2, 235

AT tries to help him 托克维尔设法相助 223–4, 226,
235, 383

comment after reading Système Pénitentiaire 阅读
《监狱制度》后的评论 232

and AT's support for the duchesse de Berry 与托克
维尔对贝里公爵夫人的支持 236

freed after trial 237–8 审后被释

and the Démocratie 与《论美国的民主》280, 284,
325, 668n.40

opposition to AT's marriage 反对托克维尔的婚姻
310, 312–13

attends AT's wedding 参加托克维尔的婚礼 311

on the state of the French army 论法国军队的状况
324

two remarkable letters 两封引人注目的信件 325–7,
351n

AT's response to his advice 托克维尔对他的建议的
反应 359

and AT's difficulties in the Chamber 与托克维尔在
议院的困境 378–9

and AT's marriage problems 与托克维尔的婚姻问
题 395, 396, 397

his marriage 他的婚姻 444, 494

and Revue provinciale 与《外省杂志》479n

and archival research 与档案研究 535—6

and the Ancien Régime 与《旧制度》560—61, 568,
591–2

family problems 家庭问题 622, 628

summoned to Cannes 受召至戛纳 637

at AT's death 在托克维尔去世时 639

Kergorlay, Mathilde de 马蒂尔德·德·凯尔戈莱 444, 622

Kergorlay, Mme de (Louis' mother) 凯尔戈莱夫人（路易
的母亲）100, 217, 241

related to the Tocquevilles 与托克维尔家族相关 44

and AT's proposed visit to England 与托克维尔计
划去英国的旅行 64

relationship with AT 与托克维尔的关系 44

on the choiera pandémie 关于霍乱大流行 197

Kergorlay family 凯尔戈莱家族 44

Kilkenny 基尔肯尼 309

King's Guard 国王卫队 8, 38–9

Knickerbocker families 荷兰裔纽约人 157

L

La Bruyère, Jean de 让·德·拉布吕耶尔 345

La Fayette, George Washington de 乔治·华盛顿·德·拉法耶特 527-8

La Fayette, General Gilbert du Motier, marquis de 拉法耶特侯爵，吉尔伯特·德·莫捷将军 8, 118, 125-6, 131, 140-41, 146, 153, 231, 318, 32on, 380, 420

Memoirs (ed. C. -F. -P. Corcelle and C. de Rémusat) 《回忆录》(C. F .P. 科尔塞勒与 C. 德·雷穆沙) 293n

La Fayette, Madame de 德·拉法耶特夫人 8

La Fayette, Oscar de 奥斯卡·德·拉法耶特 425

La Rive, Auguste de 奥古斯特·德·拉里夫 539

Lacordaire, Jean-Baptiste-Henri, 让-巴蒂斯特-亨利·拉科代尔 345, 438, 450, 642, 684n.11

Lacuée de Cessac, Jean-Gérard 让-瑞拉尔·拉居埃·德·塞萨克 402, 404, 406, 536

Lafitte, Jacques 雅克·拉菲特 124

Lagden sisters 拉格登姊妹女 597-8

Lamarque,General Jean Maximilien 让·马克西米利安·拉马克将军 223

Lamartine, Alphonse de 阿方斯·德·拉马丁 67, 290, 342-3, 411, 418, 426-7, 428, 441, 445, 446, 447, 457, 460, 461, 464, 465, 470-3, 527, 588-9

History of the Girondins《吉伦特党人史》85n, 413, 427

Lamartine, Mme de 拉马丁夫人 597

Lammenais, Hughes Félicité Robert de 拉梅耐 52, 292, 452, 456

Lamoignon family 拉穆瓦尼翁家族 9, 44, 515

Lamoricière, General 拉莫里埃将军 425, 475, 484, 526

land-tax 土地税 444

Languedoc 朗格多克 582

Lanjuinais, Victor 维克多·朗瑞奈 389, 423, 477, 527, 559

Lannion, Brittany 拉尼永，布列塔尼 41, 42, 416

Lansdowne, Lord 兰斯当勋爵 297, 602

Larive (actor) 拉里夫（演员）17

Latrobe, Benjamin 本杰明·拉特罗布 196

Latrobe, Mr (son of Benjamin Latrobe) 拉特罗布先生（本杰明·拉特罗布之子）196

Lausanne 洛桑 222

Laval, duc de 拉瓦尔公爵 288

Laville de Miremont, Alexandre de 亚历山大·德·拉维尔·德·米尔蒙 233

Le Havre 勒阿弗尔 147, 212

Le Marois, Polydor 波利多尔·勒马鲁瓦 330, 331, 335, 336, 338

Le Peletier d'Aunay, Charles 夏尔·勒佩勒捷·德·奥奈 14

Le Peletier d'Aunay, Félix 费利克斯·勒佩勒捷·德·奥奈 27, 77, 78, 143, 178, 188, 216, 322, 548

Le Peletier d'Aunay family 勒佩勒捷·德·奥奈家族 515

Le Sueur, Abbé Louis 路易·勒叙厄尔神父 9, 24, 35, 43, 49, 63, 298, 361

Hervé's tutor 埃尔韦的导师 7, 30

character 性格 7

and the Tocquevilles' liberation 与托克维尔家族的释放 18

AT's birth 托克维尔的出生 21n

on Louise's irritability 论路易·凯尔戈莱的易怒 24

AT's tutor 托克维尔的导师 30, 31, 42, 44, 51, 647n.16

his nickname ('Bébé) 其昵称（贝贝）30

Mme de Tocqueville's domestic chaplain 托克维尔夫人的家庭牧师 44

and AT's education in Metz 与托克维尔在梅斯的教育 45, 46, 47

tries to keep the Tocqueville family together 试图保持托克维尔家族的团结 45

on Mme de Tocqueville 论托克维尔夫人 46

quarrels with Kergorlay over AT's future 就托克维尔的未来与凯尔戈莱争吵 47-8

upset at AT's apostasy 因托克维尔的叛教而苦恼 54

and Jardin 与雅尔丹 56

exercises in the Tuileries gardens 在杜伊勒里宫花园锻炼 111

death 死亡 30, 179-80, 240, 586

Le Sueur, Sheila 塞拉·勒叙厄尔 96

Le Tissier, Mme 勒蒂西耶夫人 289

Ledru-Rollin, Alexandre-Auguste 亚历山大-奥古斯特·勒德鲁-罗兰 435, 441, 445, 447, 465, 471, 473, 481, 518

Lee, Robert E. 罗伯特·E. 李 539

Lefebvre, Georges 乔治·勒菲弗尔 572n

Left, the 左派 26, 223, 264, 321, 332, 333, 368, 378, 393, 447, 450, 461, 464, 465, 467-8, 506, 526

'dynastic Left' 王朝左派 379, 417, 431n, 436 n, 465-6

republican 共和 ~ 417

see also 'the Mountain' 亦见"山岳派"

Legion of Honour 法国荣誉勋章 333, 382, 489

Legislative Assembly 立法会议 473

legitimism, legitimists 正统主义，正统派 108, 217, 222, 224, 256, 237, 238, 263, 264, 268, 269, 281, 282, 292, 300, 313, 321, 330, 336, 337, 358, 359, 378, 380, 392, 438, 443, 465, 473, 478, 504, 505, 509, 524, 570, 584

legitimist party 正统主义者 219, 254

Leipzig 莱比锡 32

Lemercier, Népomucène 内波米塞娜·勒梅西埃 69

Lesourd, Jean-Alain 让-阿兰·勒苏尔 596n

lettres de cachet 国王密札 10

Lévy, Michel 米歇尔·列维 381, 382, 387, 388, 641

Lewis, George Cornewall 乔治·康沃尔·刘易斯 551-2

Lewis, Lady Theresa (née Villiers) 特蕾莎·刘易斯女士（本姓维里埃）551, 552, 603

Liberal party (Britain) 自由党（英国）513

liberalism 自由主义 140, 278, 371, 524, 553

liberals 自由主义者 359, 411, 477, 642

the first (Doctrinaires) 第一代（空论派）91

first great victory 第一次大胜 91

rising strength of 正在兴起的力量 109

Villèlist and Polignac newspapers mocked by 维莱派和波利尼亚克报纸被其嘲笑 112

invited to form a government 受邀组建政府 117

professed loyalty to the King and Charter 公开承认对国王和宪章的忠诚 118

and the 1830 élections 与 1830 年选举 119, 121

in the 1830 Révolution 在 1830 年革命中 124, 123

and the Démocratie 与《论美国的民主》292-3

July Monarchy as liberals' last chance 七月王朝作为自由主义者的最后机会 389

Liberator《解放者》187

Liberia 利比亚 196

liberté d'enseignement 教育自由 504n

liberty 自由 89, 207, 208, 237, 252, 266, 272, 292, 304, 320, 322, 326, 348, 354, 367, 368, 372, 375-6, 405, 406, 436, 443, 455, 475, 492, 499, 512, 515, 522, 526-7, 533, 547, 562, 563, 566, 567, 579, 580, 582-3, 590, 593-4, 603

Lieber, Francis 利伯·弗朗西斯 186

Lincoln, Abraham 亚伯拉罕·林肯 200, 623-4

Lingard, John 约翰·林加德 273

History of England《英国史》87, 88, 93

Lippitt, Francis J. 弗朗西斯·J. 利皮特 253-6

Liverpool 利物浦 306

Livingston, Edward 爱德华·利文斯顿 267

Livingston, Mr 利文斯顿先生 157, 158, 164, 183

Livingston family 利文斯顿家族 156

local government 地方政府 307

loi Falloux 法卢法 504

Loire région 卢瓦尔区 34

Loire River 卢瓦尔河 40, 542

Loire valley 卢瓦尔河谷 541

Lombardy 伦巴第 480

Loménie, Louis de 路易·德·罗梅尼 581, 582-3, 606-7

London 伦敦 63, 64, 108, 212, 306, 468

AT in 托克维尔在 ~243-8, 251, 297-8, 303, 304-5, 599, 601-5

Beaumont as ambassador in 博蒙作为大使在 ~ 471

London and Westminster Review《伦敦和威斯敏斯特评论》330

London Review《伦敦评论》290, 303, 304

Long Island Sound 长岛海湾 150

Longford Castle, near Salisbury 索尔兹伯里附近的朗福德城堡 248, 250

Lorraine 洛林 32

Louis IX, Saint, King of France 圣路易，法国国王路易九世 115

Louis XI, King of France 法国国王路易十一 542

Louis XIV, King of France (the Sun King) 法国国王路易十四（太阳王）3, 6n, 15, 77, 110, 115, 258, 264, 287, 400, 570

Louis XV, King of France 法国国王路易十五 10, 15, 109, 571

Louis XVI, King of France 法国国王路易十六 109-10, 236, 414, 571

out hunting before the French Révolution 大革命前外出打猎 122

forced to disband the National Guard 被迫解散国民自卫军 8

recalls the parlements 重开高等法院 10

and Malesherbes 与马勒塞布 10, 12-3, 22

execution 依法处决 13, 27

reverenced in death 尊严的死亡 14

Tocqueville family anecdote 托克维尔家族轶事 25-6

failure of 失败 90

Louis XVIII, King of France 法国国王路易十八 133, 478, 505

and De Buonaparte 与《波拿巴》35

issues Déclaration of Saint-Ouen 颁布《圣旺宣言》38

Charter of his subjects' rights 其臣民权利的宪章 38

and the ancien régime 与旧制度 39

gives Malesherbes family a private audience 私人接见马勒塞布家族 39-40

appearance 外貌 39

in Ghent 在根特 42

death 死亡 65

Louis-Philippe I, King of the French 法国国王路易－菲利普 118, 158, 209, 219, 281, 379, 388, 409, 455, 564

as duc d'Orléans 作为奥尔良公爵 109, 124, 125-6

takes the throne 登基 126, 128, 135

AT takes the oath of loyalty 托克维尔宣誓效忠 127, 366

and Chateaubriand's last political speech 与夏多布里昂的最后一次政治演讲 139-40

courage during 1832 rising 1832 年起义中的勇气 223

assassination attempts on 暗杀 ~ 的企图 224, 410

press laws 出版法 262

AT on 托克维尔论 ~ 264, 391

pacific policy 和平政策 329, 441

attempted coup by Louis Napoléon 路易·拿破仑尝试政变 336

AT's attitude to 托克维尔对 ~ 的态度 389, 564

poses as the Citizen-King 平民国王的姿态 393

Anglo–French *entente cordiale* 英法友好条约 399

fatal complacency 致命的满足 411

weaknesses 弱点 418–9

fall of 倒台 276, 424, 425, 429, 497, 524

Louis Napoléon seizes his private fortune 路易拿破仑没收其私人财产 526

Louisiana 路易斯安那州 205

Louisville, Kentucky 路易斯维尔，肯塔基州 202

Louisville (steamboat) 路易斯维尔号（蒸汽船）204–5

Louvre, Paris 卢浮宫，巴黎 40, 124

Lucas, Charles 查尔斯·卢卡斯 146–7, 231, 234

    Du système pénitentiaire en Europe et aux Etats-Unis 《欧洲和美国的监狱制度》142

Lukacs, John 约翰·卢卡克斯 637–8

Lynds, Elam 伊拉姆·林德斯 165, 166, 167, 227, 655n.39

Lyon 里昂 211, 222, 619

M

Macaulay, Thomas Babington, 1st Baron 托马斯·巴宾顿·麦考莱，初代男爵 497, 602–3

    History of England 《英国史》562, 602

    Lays of Ancient Rome 《古罗马抒情诗》556

Machiavelli, Niccolo 尼可罗·马基雅维利

    Discorsi 《李维史论》321, 345

    History of Florence 《佛罗伦萨史》321

    The Prince 《君主论》344

Mclean, Mr Justice 麦克莱恩法官先生 200

Macmahon, Marie de 玛丽·德·麦克马洪 311

Macomb, Miss (on the *Superior*) （苏必利尔号上的）麦库姆小姐 173

Mâcon 马贡 418

Madame Bovary (Flaubert) 包法利夫人（福楼拜）634

Madeleine (AT's servant in Versailles) 马德莱娜（托克维尔在凡尔赛的仆人）83–4, 99

Madeleine, Eglise de la, Paris 马德莱娜教堂，巴黎 640

Madison, James 詹姆斯·麦迪逊 198, 205, 451, 452

Magna Carta 大宪章 90

Maine-et-Loire 曼恩－卢瓦尔省 39, 40, 42

Maistre, Joseph de 约瑟夫·德·迈斯特 560

Malesherbes, Chrétien-Guillaume Lamoignon de 克雷蒂安－纪尧姆·拉穆瓦尼翁·德·马勒塞布 80, 134, 140, 236, 321, 345, 371, 609

Académie reception speech (1773) 学术院欢迎演讲 (1773) 403

director of the Librairie 出版业主管 10

First President of the Cour des Aides 援助法院院长 9, 10

passion for botany 对植物学的热情 10, 12

advises Louis XVI 谏言路易十六 10

and Chateaubriand 与夏多布里昂 11, 12, 363

Louis XVI's trial 路易十六的审判 12–3

and Hervé 与埃尔韦 13

determined to stay in France 决定留在巴黎 14–5

imprisoned and executed 监禁与处决 16, 91

Malesherbes, Oreléannais 马勒塞布，奥尔良 13, 14, 16, 20

Malesherbes family 马勒塞布家族 18n, 20, 39–40

Malet, General Claude François de 马莱将军 31

Malye, Amélie 阿梅莉·马利耶 59n, 61, 62

Malye, Rosalie (later Mme François Bergin) 罗莎莉·马利耶（后来的弗朗索瓦·贝尔然夫人）37–62, 65, 95, 596

Mamers (Sarthe) 马梅尔（萨尔特省）378

Manche 芒什省 118–9, 331, 353, 390, 431, 435, 436n, 437, 438, 439n, 474, 476, 503, 507n, 515, 523, 536 Manchester 曼彻斯特 306

Manhattan, New York 曼哈顿，纽约 130, 131

Mann, Thomas: *The Magic Mountain* 托马斯·曼：《魔山》102

Mansfield Park (Austen) 《曼斯菲尔德庄园》（奥斯汀）96

Mareil 马雷 322

Marie, Alexandre 亚历山大·玛丽 461–2

Marie Antoinette 玛丽·安托瓦妮特 14, 621n

Marie Louise, Empress (daughter of Francis 1 of Austria) 玛丽·路易斯女皇（奥地利的弗兰茨一世之女）34

Marie-Amélie, Queen 405 Marmont, Marshal 马歇尔·马尔蒙 121–4, 463

Marrast, Armand 阿尔芒·马拉斯特 471

marriage 婚姻 9, 364–6

Marsala, Sicily 马尔萨拉，西西里 75

'Marseillaise' 《马赛曲》17, 173, 430

Marseille 马赛 218, 221–2, 441

Martignac, Jean-Baptiste de 让－巴普蒂斯特·德·马蒂尼亚克 86 Martignac miniitry 马蒂尼亚克政府 91–2, 103

Marx, Karl 卡尔·马克思 252n, 432, 442, 510, 511–2, 514, 576, 601n

    Communist Manifest0 (with Engels) 《共产党宣言》（与恩格斯合作）276n, 392, 394, 488

    The Class Struggles in France 《法兰西阶级斗争》394, 440

Marxism 马克思主义 94, 413

Maryland 马里兰州 196

Mascara, Algeria 马斯卡拉，阿尔及利亚 401

Massachusetts 马萨诸塞州 180, 184, 186

Massillon, Jean Baptiste 让·巴蒂斯特·马西永 345, 560

Maure, Dr 莫尔医生 620, 621, 632, 634, 636,

Mayo, County 梅奥郡 308

Mazureau, Étienne 艾蒂安·马聚洛 31, 203

Mazzini, Giuseppe 朱塞佩·马志尼 480

Mélonio, Françoise 弗朗索瓦兹·梅洛尼奥 88-9, 642

    Tocqueville et les Français《托克维尔与法国人》
368

Melun, vicomte Armand de 阿尔芒·德·默伦子爵 463

Memphis, Tennessee 孟菲斯，田纳西州 202, 203-4

Ménil, Le, estate, Cotentin 莱默尼庄园，科唐坦 141

Mercure de France《法国信使》28

Mérimée, Prosper 普洛斯珀·梅里美 539, 597-8

Metternich, Klemens Wenzel von 梅特涅 34, 262

Metz 梅斯 42-3, 46-7, 48, 31, 37-62, 65, 95, 319, 342

    artillery school 炮兵学校 61

Michelet, Jules 米什莱 90, 330, 497, 362

Michigan 密歇根州 201

Michilimackinac 麦基诺 170, 173, 174

Middle Ages 中世纪 116, 349

'middle class' 中产阶级 201, 251, 391, 392, 412, 578

Middle Ground 中沙洲 170, 172, 175

Midi 法国南部 323

Mignet, François 弗朗索瓦·米涅 223, 343, 581, 587

Mill, Harriet 哈利耶特·密尔 6o4n, 627

Mill, John Stuart 约翰·斯图亚特·密尔 294, 307, 314, 318,
    349, 604

    and the *Démocratie* 与《论美国的民主》290-91,
        294, 303, 323, 344, 370-2

    character 性格 291, 303

    first meeting with AT 与托克维尔第一次会面 303,
        664n.52

    launches the *London Review* 创办《伦敦评论》303

    distressed by AT 受托克维尔打击 388

    and the *Ancient Régime* 与《旧制度》395-6

    Liberty《论自由》627

Milton, John 约翰·弥尔顿 203, 248

Miot, Comte 米约伯爵 635

Mirabeau, Honoré Riqueti, comte de 米拉波伯爵 420, 581n

Mississippi River 密西西比河 198, 201, 202, 203, 205, 511

Mobile, Alabama 莫比尔，阿拉巴马州 205

moderates 温和派 447-8

moeurs, les (habits and customs) 风俗（习惯与风俗）266,
    269-70, 271, 313n, 363

Mohl, Mme 莫尔夫人 100

Molé, Comte 莫莱伯爵 27, 77, 216, 289, 296, 322, 332-5,
    337-8, 341, 385, 405, 406, 422, 423, 443, 465, 473,
    642

Molé minlitry 莫莱政府 342

Molière 莫里哀 490

    Les Fourberies de Scapin《斯卡班的诡计》375

    Misanthrope《愤世嫉俗》643-4

Monckton Milnes, Richard 理查德·蒙克顿·米尔恩斯 445,
    597, 602, 615, 616, 640

Moniteur《箴言报》120, 121, 218, 219-20, 424, 468, 474

monotheism 一神论 360

Montaigne 蒙田 345

Montalembert, Charles de 夏尔·德·蒙塔朗贝尔 506, 509,
    526, 624

Montalivet, Camille Bachasson, comte de 卡米耶·贝桑松·德·蒙
    塔利韦 143, 335, 338

Montboissier, Marie de (née Malesherbes) 玛丽·德·蒙特布
    瓦谢（马勒塞布家族）11, 14, 16, 20, 646n.12

Montbrison (*chef-lieu* of the Loire) 蒙布里松（卢瓦尔省
    省会）235

Montesquieu, Charles de Secondât, baron de 孟德斯鸠 67,
    69, 80, 89, 285, 345, 352, 515, 529, 560, 592

    Esprit des lois《论法的精神》570

Montfleury, Villa, Cannes 蒙弗勒里别墅，戛纳 620, 626,
    636, 684n.20

Montpensier, duc de 蒙庞西耶公爵 425n

Montreal 蒙特利尔 177

Moore, Tom 汤姆·摩尔 97

Morny, Charles-Auguste de 夏尔－奥古斯特·德·莫尔尼
    416, 507, 510, 517, 518, 520, 526

Moscow, retreat from (1812) 从莫斯科撤退（1812年）32

Moselle district 摩泽尔教区 42

Moselle River 摩泽尔河 43

Mostaganem, Algeria 穆斯塔加奈姆，阿尔及利亚 401

Mottley, Commander Joseph 约瑟夫·莫特利指挥官 603-6

Mottley, Mrs (AT's mother-in-law) 莫特利夫人（托克维尔
    的岳母）603

Mottley family 莫特利家族 96, 241

Mougin, M. (rhetoric teacher) 穆然先生（修辞老师）63-6,
    84, 88

Mountain,the,Montagnards 山岳派 433, 476, 505, 511, 521,
    593

Mulgrave, Lord 马尔格雷夫勋爵 307

Mullon, Father 米隆神父 174

Municipal Commission 市政委员会 125

N

Nacqueville, château of 纳克维尔城堡 119, 150, 311, 316,
    318, 322, 330, 516, 597

Nantes 南特 41, 233

Naples 那不勒斯 21, 70, 460, 484, 598

AT and Marie in 托克维尔与玛丽在～ 492–3

constitution 宪法 112

revolution in 革命 440–1, 480

Napoléon Bonaparte *see under* Bonaparte dynasty 拿破仑·波拿巴，见"波拿巴王朝"

Napoléon III *see under* Bonaparte dynasty 拿破仑三世，见"波拿巴王朝"

Napoleonic Empire 拿破仑一世帝国 33

Napoleonic wars 拿破仑战争 400

Nashville, Tennessee 纳什维尔，田纳西州 202

National, Le《国民报》114n, 121, 122, 232, 294, 427, 471n

National Archives, Kew, Richmond, Surrey 国家档案馆 601

National Assembly 国民大会 434, 432–3, 479, 480

creation of 成立 121

Malesherbes' recommendation 马勒塞布推荐 10

sets up the 'constitutional' Church 建立"合宪"教会 14

National Convention 国民公会 207, 261, 376, 469

Law of 22 Prairial 牧月二十二日法令 16–7

nobles temporarily banned from Paris 贵族们暂时禁止进入巴黎 19

the vote to execute Louis XVI 路易十六处决投票 17

National Guard 国民自卫军 8, 125, 127, 141, 223, 256, 341, 422, 423, 425, 427, 432, 444, 447–50, 457, 463n, 518

national workshops (*ateliers nationaux*) 国家工场 444, 457, 459–63

nationalism 民族主义 354, 387, 388, 389, 400, 455– 6, 472, 479, 583

Nations, battle of the (Leipzig, 1813) 国家之战（莱比锡，1813 年）32

Neo-Roman concepts (Skinner) 新罗马观念（斯金纳）277

Nero, Emperor 尼禄，皇帝 609

Netherlands 荷兰 409

New England 新英格兰 178, 182, 193, 200, 260, 269

New France colony 新法兰西殖民地 170, 177

New Orleans 新奥尔良 31, 198, 204, 205

New Orleans, battle of 新奥尔良之战 170

New Orleans Bar 新奥尔良沙洲 31

New York 纽约 149, 150–54, 156–9, 160, 180, 188, 189, 212, 234

Newport, Rhode Island 新港，罗德岛 150

Niagara Falls 尼亚加拉大瀑布 168, 175, 176

Nice 尼斯 21, 628, 629, 630, 636

Nicholas I, Tsar 沙皇尼古拉一世 131, 551

Nicholas II, Tsar of Russia 俄国沙皇尼古拉二世 120

Nîmes 尼姆 91

Noailles, M. de 诺瓦耶先生 288

noblesse 贵族阶级

pre-revolutionary 革命前 4, 349

Tocquevilles in middle rank of Norman noblesse 托克维尔家族处于诺曼贵族的中间等级 3

privileges 特权 3–4, 5, 10, 85

destruction of noble way of life 贵族生活方式的毁灭 4

effect on AT's attitudes 对托克维尔态度的影响 4

attitudes of the greatest nobles 大贵族的态度 5

rural squireens (hobereaux) 乡绅 5

ruin of Louis XVI's noblesse 路易十六贵族阶级的毁灭 26

persecution for being noble 作为贵族而受迫害 26

and the Restoration 与复辟王朝 68

Hervé's view on 埃尔韦的观点 68

and a cherished myth 与一个受珍视的神话 89

the post-revolutionary nobility 后革命贵族 98–9

idea of a renewed *noblesse* 重建的贵族阶级的想法 117

and primogeniture 与长子继承权 157

and historical change 与历史变迁 351

struggle with the Third Estate 与第三等级的斗争 392

see also aristocracy 亦见"贵族制"

noblesse de Cour (nobility of the Court) 宫廷贵族 3, 4

noblesse de robe (nobility of the robe) 穿袍贵族 4, 9, 78, 89, 352

noblesse d'epée (nobility of the sword) 佩剑贵族 4, 78

noblesse oblige 贵族义务 23

Nolla, Eduardo 爱德华多·诺拉 668n.40

Normandy I, 诺曼底一世 33, 83, 86, 87, 90, 118, 294, 331, 434, 486, 490, 575, 584

North American Review《北美评论》181

North Carolina 北卡罗来纳州 203

North-West Passage 西北走廊 12

Norway 挪威 409

notables 显贵

governing class of ～ 统治阶级 5, 273, 302, 391

bourgeois 资产阶级 329

and property in land 与土地所有权 414

Notre-Dame, Paris 巴黎圣母院，巴黎 124

Novara, battle of 诺瓦拉战役 480

nullification movement 否认原则运动 210

O

Oath of the Tennis-Court (1789) 网球场宣誓（1789 年）121, 420

Ohio 俄亥俄州 200, 201, 202n

Ohio (steamboat) 俄亥俄号（蒸汽船）169

Ohio River 俄亥俄河 198, 199, 202

Oklahoma 俄克拉荷马州 204

Oliveri, Sicily 奥利韦里，西西里 72

Ollivier, Émile 奥利维耶·埃米尔 441

Ollivier family 奥利维耶家族 216

Oneida Indians 奥奈达印第安人 168

Oneida, Lake, New York 奥奈达湖，纽约 165

Orczy, Baroness 奥希兹女男爵 217n

ordonnances 敕令 120–21, 122, 124, 125, 126, 133, 134

Orglandes, Camille d' 卡米尔·德·奥尔格朗代 281, 311, 313

Orglandes, comte d' 奥尔格朗代伯爵 41

Orleanist government 奥尔良派政府 233, 333, 348, 394

Orleanist party 奥尔良派 234

Orleanists, Orleanism 奥尔良主义者，奥尔良主义 131–2, 133, 140, 209, 211n, 236, 269, 281, 366, 389, 412, 463, 473, 504, 510, 526

Orléans, duc d' (later King Louis-Philippe I) 奥尔良公爵（后来的国王路易–菲利普）109, 124, 125–5, 333, 337

Orleans, duchesse d' 奥尔良公爵夫人 426

Orleans, House of 奥尔良家族 26, 505, 524

Orleans princes 奥尔良诸亲王 456, 526

Orleans seizures 逮捕奥尔良派 526

Ossory, Bishop of 奥索里主教 308

Oudinot, General 乌迪诺将军 427, 480, 482

Owen, Robert 罗伯特·欧文 413

Oxford 牛津 248–9

P

pacifism 和平主义 189

Paestum 帕埃斯图姆 493

Pagnerre (publisher) 帕涅雷（出版商）431

Painter, George D. 乔治·D. 佩因特 12

Palais Bourbon, Paris 波旁宫，巴黎 376, 423, 426, 447, 448, 518

Palais du Luxembourg, Paris 卢森堡宫，巴黎 139, 441

Palais-Royal, Paris 罗亚尔宫，巴黎 121, 123, 125, 425

Palermo, Sicily 巴勒莫，西西里 72

Palmer, Charles, MP 众议员查尔斯·帕尔默 149, 131

Palmerston, Lord 帕默斯顿勋爵 388, 602

Panizzi, Anthony 安东尼·帕尼兹 601

papacy 教皇 292, 480–82

Paris 巴黎 306, 396–7

    salons 沙龙 5

    Hervé educated in 埃尔韦受教于 ~ 6, 8

    fall of the Bastille 推翻巴士底狱 8, 121, 142, 439, 540

    Tuileries attacked 杜伊勒里宫受攻 8–9

    Bondy Section 邦迪区 15

    nobles ordered to leave 贵族受命离开 19

    starvation followed by dysentery 痢疾过后的饥荒 19

    AT born in 托克维尔出生 21

    Tocquevilles spend winters in 托克维尔家族在 ~ 过冬 23, 30

    Malet attempts to seize 马莱试图围城 31

    Chateaubriand's response to new attitudes 夏多布里昂对新态度的回应 33–4

    refugees pour into (1814) 难民涌入（1814 年）34

    Napoleon leaves the capital open to invaders 拿破仑放任首都被入侵 34

    master of Paris as master of France 巴黎之主，即法国之主 34

    Allied army enters 盟军进入 ~ 35

    AT stays with his mother while studying law 在学习法律期间，托克维尔与母亲同住 58, 65

    role of the people in the 1830 Revolution 人民在 1830 年革命中的角色 114, 122, 123, 130

    Parisians' taste for revolution revived 巴黎人民对革命复兴的喜好 130

    choiera pandemic in 霍乱大流行 215–6, 223

    1832 rising 1832 年起义 223

    massacre of the rue Transnonain (1834) 特兰斯诺南街屠杀（1834）425

    and the Démocratie 与《论美国的民主》285

    AT repeatedly moves house 托克维尔再三搬家 312n

    AT's view on 托克维尔对 ~ 的看法 323, 597

    elections in 10th arrondissement (1837) 第 10 区的选举（1837 年）330

    Blanqui and Barbès' unsuccessful insurrection 布朗基和巴尔贝失败的起义 341

    ascendancy of 之上升 357

    AT's candidacy to the Académie Français 托克维尔候选法兰西学术院 402, 403

    banquets campaign 宴会竞选 418, 421

    on the day of Louis-Philippe's abdication 在路易–菲利普退位之日 422–7

    quiet on first day of the new order 在新秩序的第一天保持沉默 431–2

    'right to work' demand 要求"工作权" 441, 467

    rapid industrialization and population increase 迅速工业化与人口增长 442, 498–9

    June Days 六月起义 438, 439, 455, 457–64, 465

    State of siege 围城状态 475

    expensive 物价昂贵 530

    archives 档案 537, 540–1, 556, 612, 613

Paris, Archbishop of 巴黎大主教 458

Paris, comte de 巴黎伯爵 426

Paris, Treaty of (1763)《巴黎和约》（1763 年）175, 177

parlements 高等法院 10, 15, 27, 78, 570, 571

    struggles with the King 与国王斗争 51

    recalled by Louis XVI 路易十六重开 10

party of order 秩序党 442, 487, 512, 514, 519

Pascal, Biaise 布莱兹·帕斯卡尔 69, 327, 340, 345, 360, 400, 490, 559, 560, 592

    AT's admiration for 托克维尔对 ~ 的钦佩 5–6, 52, 625

Pataille, M. 帕塔耶先生 221, 222

patriotism 爱国主义 132, 178, 209, 270, 339, 400, 553, 561, 572, 590, 598

patronage 赞助 484

Paul I, Emperor of Russia 俄罗斯帝国皇帝保罗一世 267

pauperism 贫困 251, 294, 301–2, 347

pays d'état 选民区 582

pays légal 合法选民 392, 412, 417, 517

pays réel 真实选民 417

peasantry 农民 3–4, 315, 355, 394, 439, 443, 535, 558–9, 575, 576, 590

Pelligrino, Monte 佩莱格里诺山 72

penal code 刑法典 143

Pennsylvania 宾夕法尼亚州 193, 195, 199

Pericles 伯里克利 399, 513

Périer, Casimir 卡齐米尔·佩里耶 109, 216, 329, 332

Perrot, Mme 佩罗夫人 144n, 218, 224, 225–6

Persigny, Jean-Gilbert-Victor Fialin, duc de 贝尔西尼公爵 611

Pessen, Edward 爱德华·佩森 295

Peter the Great 彼得大帝 210

Philadelphia 费城 188, 189–91, 195, 197, 201, 208, 228, 231, 268, 451, 452

philanthropists 慈善家 231, 232, 347

Philippe le Bel (Philip IV), King of France 美男子菲利，法国国王菲利四世 94, 115, 571, 593

Philippeville, Algeria (now Skika) 菲利普维尔，阿尔及利亚（今斯基卡）398

philosophes 启蒙哲人 6, 10, 85, 147, 230

Physiocrats 重农学派 577n

Picpus graveyard, Paris 皮克布墓园，巴黎 585

Piedmont 皮埃蒙特 480

Pierson, George 乔治·皮尔逊 107, 146, 158, 206, 215, 652n.8

Pilbeam, Pamela 帕梅拉·皮尔比姆 135

Pinkney, David 大卫·平克尼 120

Pisieux, Mme de (AT's cousin) 德·碧西鄂夫人（托克维尔的表姐）241, 243, 609

Pitt, William, the Younger 小威廉·皮特 89

Pittsburgh 匹兹堡 198, 199

Pius VII, Pope 教皇庇护七世 22

Pius IX, Pope 教皇庇护九世 480, 481, 482, 642

Plantagenets 金雀花王朝 90

Plato 柏拉图 232, 321, 345, 451

    Laws《法律篇》321

    Republic《理想国》346

Plée, Léon 莱昂·普雷 588

Plutarch 普鲁塔克 337, 343n, 345

Poinsett, Joel 乔尔·波因塞特 201, 208–9, 259

Poland 波兰 447, 448

Poles 波兰人 245, 441

Polignac, Jules Armand, prince de 朱尔·阿尔芒·波利尼亚克亲王 104, 108, 110, 113, 119, 121–5, 411, 419

Polignac ministry 波利尼亚克政府 103, 133

Polignac newspaper 波利尼亚克报纸 112

political science 政治科学 529–30

Pompeii 庞培 248, 493

Pont-Neuf, Paris 新桥，巴黎 123

Pontiac 庞蒂亚克 171

Poor Law《济贫法》247, 250–1, 294, 301, 302, 416

Poor Law Amendment Act (1834)《济贫法修正案》（1834 年）301, 303

population 人口 5, 302, 576

Portsmouth 朴茨茅斯 96, 606

Potomac river 波托马克河 209

Pouthas, Charles H. 夏尔·H.布萨 331

Pradt, Abbé de 普拉特神父 34

Prairie du Chien 普雷里申 175

Presbyterians 长老会教徒 174

President (steamboat) 总统号（蒸汽船）150

press, freedom of the 出版自由 394, 522, 624

    abolition of (France) 废除 ~ (法国) 120, 121

    AT on 托克维尔论 ~ 265–6, 319, 354

Price, Roger: *The French Second Republic* 罗杰·普莱斯:《法兰西第二共和国》392n

primogeniture 长子继承权 157, 159, 183, 362

Prison Discipline Society, Boston 监狱规则协会，波士顿 143

prison reform 监狱改革 142–5, 146, 263, 394, 410, 449n, 476

prisons 监狱

    Abu Ghraib, Iraq 阿布格莱布，伊拉克 166

    American archive lost 丢失的美国监狱档案 224

    Auburn penitentiary, New York state 奥本监狱，纽约州 156, 159, 165, 166–7, 192, 221, 225

    'Auburn System' "奥本制度" 156, 167, 188, 189, 190

    bagnes 苦役监狱 218–21

    Bastille 巴士底狱 123

    fall of (1789) 推翻巴士底狱 8, 121, 142, 439

    Blaye 布莱 236

the *cachot* 地牢 230

Charlestown penitentiary 查尔斯敦监狱 188

Clairvaux 克莱尔沃 23on

during the cholera pandemic 在霍乱大流行期间 216n

Eastern State Penitentiary (Cherry Hill) 东州教养所（樱桃山监狱）189–91, 192, 225, 231

in Geneva 在日内瓦 222

Guantanamo, Cuba 关塔那摩，古巴 166

House of Reformation, Boston 狱所改造，波士顿 188, 227

House of Refuge detention centre, New York 收容所拘留营，纽约 157

in Lausanne 在洛桑 222

maisons centrales 中央监狱 221, 233

maisons de refuge 收容所 223, 226, 227, 234

Mazas 马扎斯 520, 521

Mont-Valerien 瓦勒里昂山 520, 521

in Paris 在巴黎 223

Poissy *centre nationale* 普瓦西的国家中央监狱 143, 144

Port-Libre 自由港 17, 18, 77

Richmond, Virginia 里奇蒙德，弗吉尼亚州 196

Saint-Pélagie 圣佩拉吉 143n

Sing-Sing 辛辛 154, 155–6, 165, 166, 167, 191, 220, 225, 655n.39

Toulon *bagne* (convict prison) 土伦监狱（徒刑监狱）218–21

Versailles *maison d'arrêt* (remand prison) 凡尔赛拘留所（还押监狱）143

Vincennes 万塞讷 520, 521

Walnut Street prison, Philadelphia 胡桃街监狱，费城 189, 191

Wethersfield penitentiary, Hartford 韦瑟斯菲尔德监狱，哈特福德 188–9

Prix Monthyon 蒙蒂永奖章 224, 247

'progressive conservatives' 进步的保守主义者 418

property 财产，所有权

landed 土地财产 300–1

rights of private 私有财产权 348

Proudhon's debt to AT 蒲鲁东受托克维尔的影响 414, 671n.14

AT's views on 托克维尔对 ~ 的看法 415

great achievement of the French Revolution 法国大革命的巨大成就 468–9

prostitution 卖淫 158, 365

protectionism 保护主义 383

Protestantism, Protestants 新教，新教徒 10, 99, 152, 162–3, 178, 186, 296, 307, 309, 361, 364, 527

Proudhon, Pierre-Joseph 皮埃尔－约瑟夫·蒲鲁东 365, 414, 432, 447, 467

What is Property?《什么是所有权？》414, 671n.11

Proust, Marcel 马塞尔·普鲁斯特 560

Provence 普罗旺斯 218

Provisional Government 临时政府

names announced by Lamartine 拉马丁宣布名单 427

set up in the Hôtel de Ville 在市政厅成立 427, 440

decrees universal male suffrage 男性普选权法令 435

abolishes representation by *arrondissement* 废除各区代表制 435

sweeping reforms decreed or attempted 颁布或尝试彻底改革 440

lack of understanding of distressed workers 对沮丧的工人缺乏理解 442

Prussia 普鲁士 387

upheavals in (1848) ~ 的动荡（1848 年）441

Q

Quadruple Alliance 四国同盟 387

Quai d'Orsay, Paris 奥赛码头 518, 519

Quakers 189, 190, 195, 230, 231 贵格会教徒

Queen's College, Oxford 牛津王后学院 249

Quénault, H.-A. H.-A. 克诺 330

Quincy, Josiah 乔塞亚·昆西 184

Quintilian 昆提良 67

Quotidienne, La《每日新闻》236, 238

R

race 种族 197, 198, 234, 262n, 268, 272, 291, 292, 295, 355n, 594

racial segregation 种族隔离 195

Racine, Jean 让－拉辛 67, 400

Athalie《阿达莉》69

Radnor, Lord 拉德纳勋爵 114, 248, 250, 251, 284, 297, 301, 599–600

Railway Act (1842) 1842 年铁路法 382

Rambouillet 朗布依埃 122

Raphael 拉斐尔 347

Raspail, François-Vincent 弗朗索瓦－樊尚·拉斯帕伊 447, 448, 471

Ratcliffe, Donald 唐纳德·拉特克利夫 200

Récamier, Juliette 朱丽叶·雷卡米耶 29, 100, 285, 287–8, 289, 328–9, 343n, 369, 581n, 606

Rédier, Antoine 安托万·勒迪耶 24, 97, 98, 137, 395, 602n

Reds 红色分子

and the *liste* System 与候选名单制度 511

the Red threat 红色恐怖 515

subversion 颠覆 512

widespread fear of 1852 elections 1852 年选举的大

规模恐慌 505

Reeve, Henry 亨利·里夫 298, 313, 317, 323, 324, 343, 344, 345, 522, 581, 587, 610

Reeve family 里夫家族 604

Reform Club, London 改革俱乐部，伦敦 605n

Reformation 宗教改革 578

Réforme newspaper《改革报》427n

Reign of Terror 恐怖统治 16, 24, 385, 469, 570, 585

religion 宗教

    AT on 托克维尔论~ 53, 360–61, 549

    see also Catholicism; Christianity；Church, the Protestantism, Protestants 亦见"天主教"；"基督教"；"教会"，"新教"，"新教徒"

Rémond, René 勒内·雷蒙 136, 137, 139, 168

Rémusat, Charles de 夏尔·德·雷米萨 293n, 320–21, 332, 376, 382, 385, 409, 423, 478, 518, 520, 526, 538, 566n

Rennes 雷恩 41

republican party 共和党 254

republicanism, republicans 共和主义，共和党人 118, 131, 158, 186, 269, 2706, 337, 353 , 359, 368, 389, 418, 432n, 435, 436n, 449, 455, 465

Republicans 共和派 477, 504, 506, 509

    Cavaignac wants to unite them 卡韦尼亚克希望团结他们 470

    refusal to co-operate with Louis Napoleon 拒绝与路易·拿破仑合作 473

    and Garibaldi 与加里波第 481

    and constitutional revision 与宪法修订 510

    and the Assembly's claim to control the army 与大会对军队控制权的声明 517

Restoration 复辟 28, 34, 35, 38, 40, 42, 49, 52, 54, 58, 66, 68, 82, 91, 103, 114, 131, 135, 136, 138, 139, 142, 206, 229, 230, 242, 263, 264, 276, 281, 288, 357, 387, 404, 409, 505, 570

Retz, Cardinal de 雷斯枢机主教 490

Revans, John 约翰·雷文斯 307

Revolution (1830) see July Revolution 革命（1830 年）见七月革命

Revolution (1848) see February Revolution 革命（1848 年）见二月革命

revolutionary clubs 革命俱乐部 266n

revolutionary party 革命党 348

Revolutionary Tribunal 革命法庭 15, 16, 20

Revue provinciale《外省杂志》479n

Revues des deux mondes《两个世界杂志》293, 368, 566n

Richardson, Samuel: *Sir Charles Grandison* 塞缪尔·理查德森：《查尔斯·格兰迪森爵士》67

Richelieu, Cardinal de 红衣主教黎塞留 266, 570

Right, the 权利 223, 293n, 321, 368, 465, 468, 473, 506, 507,

515, 526

Rivet, Jean-Charles 让－查理，里韦 377, 389, 476, 491, 308, 381

Robespierre, Maximilien de 马克西米利安·德·罗伯斯庇尔 13, 18, 37, 207, 229, 376, 392, 468

Robsart, Amy 埃米·罗布萨特 250

Roebuck, John, MP 下院议员约翰·罗巴克 303

Rohan, Louis de 路易·德·罗昂 219

Rohan family 罗昂家族 219

Roman republic 117, 480 罗马共和国

Romanticism, Romantics 浪漫主义，浪漫派 170

    launch of 开启 12

    Romantics vs. Classicists 浪漫派对古典派 65, 68

    history in the Romantic Age 浪漫时代的历史 84

    AT's Romanticism 托克维尔的浪漫主义 176, 205, 249, 342, 353

    England as a chief source 英国作为主策源地 243

Rome 罗马 69, 70, 480–81, 492, 617

    Pius IX driven from the city 庇护九世被驱逐出城 480

    French attack on 法国人对~的攻击 481–2

    Castle of St Angelo 圣安吉洛城堡 481–2

    government of the city handed back to the Pope 市政府回到教皇手中 482

Romorantin (a deputy) 罗莫郎丹（议员）378

Ronsin, Abbé 龙桑神父 46

Roosevelt, Franklin 富兰克林·罗斯福 470

Rosanbo, Louis de 路易·德·罗桑博 14, 26, 41, 77, 128, 281, 311

    in prison 监禁 17

    petitions Empress Josephine 向约瑟芬皇后请愿 20

    settles near Verneuil 在韦尔讷伊附近定居 24

    made a *pair de* France 成为法国重臣 58

    a member of the Congregation 成为省会成员 54–5

    affirms his loyalty to the fallen dynasty 对覆灭王朝表忠心 134

    death of his daughter 其女之死 314

Rosanbo, President Louis de 路易·德·罗桑博院长 11, 15, 16, 27, 182, 571

Rosanbo, Mme de (Louis' wife) 德·罗桑博夫人（路易之妻）24, 128

Rosanbo, Mme de (née Malesherbes) 德·罗桑博夫人（本姓马勒塞布）11, 16

Rosanbo family 罗桑博家族 14, 18n, 20, 578, 585

Rosanbo mansion, Paris 罗桑博宅邸，巴黎 15

Rossi, Pellegrino 佩莱格里诺·罗西 293, 368

Rossini, Gioacchino 焦阿基诺·罗西尼 174

roturier (commoner) families 平民家庭 5

Rouge et le Noir, Le (Stendhal)《红与黑》（司汤达）114

Rousseau, Jean-Jacques 让－雅克·卢梭 6, 7, 8, 10, 52, 67, 69, 345, 363, 560, 592

    The Social Contract《社会契约论》229, 277 Royal Navy 96, 462, 605

royalism 保皇主义

    revival of ~ 的复兴 32

    royalist leaders in the Maine-et-Loire 曼恩－卢瓦尔省的保皇派领袖们 40

Royer-Collard, Pierre Paul 皮埃尔－保罗·鲁瓦耶－科拉尔 91, 109, 110, 285, 289, 333, 344, 370, 376, 382, 404, 406, 536, 615-6

Russell, Lord John 约翰·拉塞尔勋爵 615

Russia 俄国 329, 387, 404

    French invasion of (1812) 法国入侵（1812 年）31, 32

    constitution (1905) 宪法（1905 年）120

    Bolsheviks seize control 布尔什维克取得控制 230

    AT's prediction 托克维尔的预测 274n

S

Sacy, Sylvestre de 西尔韦斯特·德·萨西 368

Saginaw 萨吉诺 170, 171, 172

St Helena 圣赫勒拿 354, 405

St Lawrence River 圣劳伦斯河 177

St Petersburg 圣彼得堡 484

St Thomas d'Aquin church, Paris 圣托马斯·阿奎那教堂，巴黎 311

Saint-Calais (Sarthe) 圣加莱（萨尔特省）341

Saint-Cloud 圣克卢 77, 98, 123, 124, 126, 184

Saint-Cyr, near Tours 圣西尔，近图尔 541-2, 545, 547, 550

    military academy 陆军军官学校 58

Saint-Evremond, Charles de 夏尔·德·圣埃夫勒蒙 345

Saint-Fargeau, Louis Michel Le Peletier de 路易·米歇尔·勒佩勒捷·德·圣法尔若 27, 142, 229-30

Saint-Fargeau, Mme de 圣法尔若夫人 42

Saint-Germain-en-Laye 圣日耳曼昂莱 102-3, 126, 216, 217, 223, 462

Saint-Just, Louis-Antoine de 圣茹斯特 26

Saint-Lô 圣洛 128, 390, 489, 516, 542, 602

Saint-Mandé, near Paris 圣芒代，巴黎附近 19

Saint-Pierre-Eglise 圣皮埃尔－埃格利斯 48, 437

Saint-Simon, duc de 圣西蒙公爵 490

Saint-Sim0nians 圣西蒙派 364, 413

Saint-Thomas-d'Aquin, Paris 圣托马斯－阿奎那，巴黎 217

Sainte-Beuve, Charles Augustin 夏尔·奥古斯丁·圣伯夫 66- 7, 171, 288, 289, 291, 641, 642

    'Notes et pensées'《笔记与思考》340

    Port-Royal 罗亚尔港 51

Salisbury, Wiltshire 索尔兹伯里，威尔特郡 250

Salisbury Sessions 索尔兹伯里法庭 301

Saltpetrière, La, gunpowder stores, Paris 萨尔特佩提埃赫，军火商店，巴黎 124

Salvandy, Narcisse-Achille de 萨尔旺迪 293

San Jacinto, battle of (1836) 圣哈辛托战役（1836 年）205

Sand, George 乔治·桑 67, 100, 433, 445-6

Sandy Bridge 沙桥 203

sans-culottes 无套裤汉 16

Saragossa, siege of (1808) 萨拉戈萨之围（1808）463

Saratoga Springs 萨拉托加大捷 159

Sarcé, Mme de (Beaumont's sister) 萨尔塞夫人（博蒙的妹妹）279

Sarthe 萨尔特省 146, 253, 258

Sault Sainte-Marie 苏圣玛丽 170, 173

Sauzet, Paul 保罗·索泽 424, 426

Savannah 萨凡纳 198

Say, Jean-Baptiste 让－巴蒂斯特·萨伊 90

    Cours d'économie politique《政治经济学概论》150

Schermerhorn, Peter 皮特·舍默霍恩 149, 151, 153, 157, 274

Schermerhorn family 舍默霍恩家族 149, 151

Schleifer, Dr James 詹姆斯·施莱佛博士 255, 256

Scotland 苏格兰 311

Scott, Sir Walter 沃尔特·司各特爵士 67, 243, 250, 269, 295

scrutin de liste System 候选名单制度 510, 511, 512

Sébastiani, Marshal 塞巴斯蒂亚尼元帅 412

Second Empire 第二帝国 23, 229, 527, 567, 581, 588, 590, 605, 631

Second Estate *see noblesse* 第二等级，见贵族阶级

Second Republic 第二共和国 266n, 463, 470, 527, 551

    AT's manifesto for 托克维尔为之写的宣言 431

    constitution 宪法 451-7

    AT's draft of an election manifesto 托克维尔起草竞选宣言 474-5

    and free association 与自由结社 512-13

    censorship 审查 525-6

secret ballot 秘密投票 305

secularism 世俗主义 470

Sedgwick, Theodore, III 西奥多·塞奇威克三世 255, 256, 613

Segesta, Sicily 塞杰斯塔，西西里 72

Seine River 塞纳河 33, 463n

Seine-et-Oise 塞纳－瓦兹省 42, 76, 77, 78, 143, 144

Selinus, Sicily 塞利努斯，西西里 72

Semeur, Le (journal)《传播者》（报纸）292

Seminole Indians 塞米诺尔印第安人 204

Senate 参议院 38

Senior, Minnie 米妮·西尼尔 493, 612

discussion on *Misanthrope* at Tocqueville 在托克维尔讨论《愤世嫉俗》643-4

Senior, Mrs 西尼尔夫人 493, 612

Senior, Nassau William 纳索·威廉·西尼尔 67, 250, 284, 302, 303, 307, 412, 445, 454, 478, 489, 490, 498, 571, 597, 602, 624

    AT meets 托克维尔相识 247

    distinguished economist 杰出的经济学家 247n

    friendship with AT 与托克维尔的友谊 247, 645n.6

    on *Marie* 论《玛丽》295

    on property 论贫困 300

    assists AT with *Mémoire sur le paupérisme* 帮助托克维尔写《论贫困》301

    on Tocqueville 论托克维尔 317

    and AT's electoral campaign of 1837 与托克维尔 1837 年的选举活动 334

    on AT's health 谈托克维尔的身体状况 341

    and slavery 与奴隶制 342

    comments on AT's nationalist speech 评论托克维尔的民族主义演讲 388

    and the Constituent Assembly layout 制宪会议的设计 448

    and AT's serious illness 与托克维尔的重病 486

    in Italy 在意大利 493, 495

    journal 日记 494, 674n.24

    legal re-election issue 合法再当选问题 507

    and the *Ancien Régime* 与《旧制度》583-4, 589

    and the duchess of Argyll 与阿盖尔公爵夫人 604

    talks with AT in Paris 在巴黎与托克维尔交谈 612-3

    discussion of *Misanthrope* at Tocqueville 在托克维尔讨论《愤世嫉俗》643-4

Senior family 西尼尔家族 604

Senozan, Mme de 塞诺藏夫人 18n, 21, 29

Sepoy rising (1857) 西帕依起义 611

September press laws (1835) 九月出版法（1385 年）379, 394, 410, 417

serfdom 农奴制 195

Sérurier, Baron 塞吕里耶男爵 209, 234

Sevastopol 塞瓦斯托波尔 553

Sève, Dr 塞夫医生 620, 621, 684n.10

Seven Years War 七年战争 2, 386

Sévigné, Mme de (Marie de Rabutin-Chantal) 塞维涅夫人 345, 350

Shakers 震颤派教徒 162

Shakespeare, William: *Henry V* 威廉·莎士比亚:《亨利五世》203

Sicily 西西里 243

    AT and Edouard visit 托克维尔与爱德华游览 66, 69, 72-4, 85, 578

revolution suppressed in ~ 的革命受镇压 480

Siècle, Le《世纪报》379, 380

Siedentop, Larry 拉里·西登多普 92n

Siéyès, Abbé Emmanuel Joseph 西哀士神父 114

    Qu'est-ce le Tiers Etat?《第三等级是什么?》264n

Simpson, F. A. 辛普森 517

Sioux Indians 苏族印第安人 174

Sismondi, Sismonde de 西斯蒙德·德·西斯蒙第 231

Skinner, Quentin 昆廷·斯金纳 277

slavery 奴隶制 117, 154, 187, 189, 195-8, 234, 244, 262n, 273, 274n, 295, 321, 360, 367, 394, 410, 452, 568, 656n.14, 657n.40

    AT established as an abolitionist 托克维尔成为坚定的废奴主义者 341, 383

    AT's to the Chamber 托克维尔的 ~ 对下议院 341-2, 343

Sligo, Marquis of 斯莱戈侯爵 308

Smith, John Jay 约翰·杰伊·史密斯 195

Smith, Joseph 约瑟夫·史密斯 360

Smith, Sydney 悉尼·史密斯 131

Smollett, Tobias: *Histoty of England from the Revolution to the Death of George II* 托比亚斯·斯摩莱特:《从光荣革命到乔治二世驾崩的英国史》394-4

socialism 社会主义 368, 432, 435, 455, 467

    Bismarck and 俾斯麦与 ~ 442

    AT's socialist readings 托克维尔阅读社会主义著作 413, 415

    and the *ancien régime* 与旧制度 468

    AT's fear of 托克维尔对 ~ 的恐惧 680n.23

    AT on 托克维尔论 ~ 499, 523

Société Académique de Cherbourg 瑟堡学术协会 294

Société d'économie charitable 慈善经济协会 463n

Soltyk, Prince 索尔迪克亲王 539

Somme, the 索姆省 57

Sorbonne, Paris 索邦，巴黎 90, 91, 108

Sorrento, Italy 索伦托，意大利 493, 497, 500, 502, 506, 675n.54

Soult, Marshal Nicolas 米歇尔·尼古拉·苏尔特 34n, 341, 387, 418

Soult-Guizot ministry 苏尔特—基佐内阁 388, 399, 410-1

South Carolina 南卡罗来纳州 208

Southampton 南安普顿 242

Soyer, Alexis 托克维尔·索瓦耶 605

Spain 西班牙

    Chateaubriand's expedition (1823) 夏多布里昂的远征（1823 年）82

    Bourbons in 波旁家族在 ~ 409

Sparks, Jared 贾里德·斯帕克斯 146n, 181-2, 193, 194, 213, 259. 656n.7

Spencer, John 约翰·斯潘塞 167-8

Spencer, Mary 玛丽·斯潘塞 167-8

Staël, Mme de 斯塔尔夫人 22, 258, 287, 289, 567

Stanhope, Lord 斯坦诺普勋爵 602

Stanley, Lord 斯坦利勋爵 603

State, the 国家

　Church and 教会与 174, 234, 292, 504n

　landed property issue 土地所有权问题 300

　AT's anxiety about 托克维尔对～的担忧 354

　rise of the modem State 现代国家的兴起 357

　Marx on 马克思论～ 394, 511

　and the Revolution 与法国大革命 549

State Papers Office, London 国家文书局，伦敦 601

Stein, Gertrude 热特吕德·斯坦 557n

Stendhal 司汤达 295

Stoffels, Charles 夏尔·斯托菲尔 50, 52, 145, 215, 257

Stoffels, Eugène 欧仁·斯托菲尔 50, 54, 57, 58, 134, 238, 334, 466, 641

　friendship with AT 与托克维尔的友谊 47

　and AT's first love 与托克维尔的初恋 59, 61, 62

　friendship with Kergorlay 与凯尔戈莱的友谊 61

　on the Démocratie 论《论美国的民主》284

　AT visits with Marie 托克维尔与玛丽一起拜访 62, 319

　marriage 婚姻 319

　Advises AT 建议托克维尔 319-20

　dies of tuberculosis 死于肺结核 61, 537

Stoffels family 斯托菲尔家族 649n.10

Stone, Lawrence 劳伦斯·斯通 660n.19

Strasbourg 斯特拉斯堡 319

Stromboli, Italy 斯特龙博利岛，意大利 74

Stuart de Rothesay, Lady 斯图亚特·德·罗思赛女士 241

suffrage 'law of 31 May' 5 月 31 日选举法 507, 508, 517

Sunderland: cholera in 桑德兰：霍乱流行 212

Superior, Lake 苏必尔尔湖 173, 176

Superior (pleasure-steamer) 苏必尔号（愉悦—蒸汽船）173, 174

Supreme Court (US) 最高法院（美国）260

Sweden 瑞典 409

Swetchine, General Nicholas 尼古拉·斯威特切尼将军 559n

Swetchine, Mme Sophie (née Soimonova) 索菲·斯威特切尼夫人（索伊莫诺瓦家族）49, 51, 55, 100, 559, 587, 588, 591, 594, 596, 625

Swiss Guards 瑞士卫兵 9, 124, 126

Switzerland 瑞士 14

　AT and Kergorlay's walking tour 托克维尔与凯尔戈莱的徒步旅行 105, 106

　rebel Poles exiled to 反抗的波兰人流亡至～ 245

　constitution 宪法 345

German refugees in 德国难民在～ 480

Syracuse 叙拉古 451

Syracuse, New York 锡拉丘兹，纽约 163, 165, 166

Syria 叙利亚 386, 388

T

Tacitus 塔西佗 67, 70, 288, 609

Tackdempt, Algeria 塔克但普特，阿尔及利亚 401

Talleyrand-Périgord, Charles Maurice, prince de 塔列朗亲王 22, 40, 114, 120, 125, 264, 267, 289, 416n, 478, 494

Tammany Hall 坦慕尼协会 152

Tappan brothers 塔潘兄弟 154

tariff question 关税问题 198, 208, 209

Taschereau, Jules 朱尔·塔什罗 330, 607

taxation 税金

　gabelle (salt tax) 盐税 3

　taille (general tax) 国税 3

Taylor, A. J. P.: The Struggle for Mastery in Europe 泰勒：《称霸欧洲的斗争》551n

Taylor, George R. 乔治·R. 泰勒 138

Teddesley, Staffordshire 特德斯利，斯塔福德郡 600, 601

Temps, Le《时间报》122, 291

Tennessee 田纳西州 201, 202-4, 298, 341

Teviotdale 蒂维厄特河谷 317

Théâtre Français, Paris 法国大剧院，巴黎 17

Théophile, Soeur 西奥菲尔修女 621, 625, 630

Thierry, Amédée 阿米蒂·蒂埃里 90

Thierry, Augustin 奥古斯丁·梯也里 89

Thiers, Adolphe 阿道夫·梯也尔 86, 114n, 121, 122, 125, 235-6, 294, 320n, 321, 324, 329, 337, 338, 377, 379, 381, 384, 385, 387, 404, 411, 415, 417, 424, 425, 443, 456, 465, 467, 472, 473, 481-2, 483, 495, 497, 504, 506, 518, 526, 533, 537, 571, 620

　Histoire de la Révolution《大革命史》84-5, 93

　History of the Consulate and Empire《执政府与帝国的历史》495n, 498, 562

Thiers government 梯也尔政府 387

Third Estate 第三等级

　rich roturier families 富有的平民家庭 5

　and the notables 与贵族 5

　rise of 兴起 115-6

　Guizot's view 基佐的观点 392

　struggle with the Second Estate 与第二等级的斗争 392

Third Republic 第三共和国 484, 527, 563

Thomson, Miss (on the Superior) 汤姆森小姐（在苏必利尔号上）173

Throop, Governor Enos 州长伊诺斯·思鲁普 152, 160

Tiberius, Emperor 提比略皇帝 281

Times, The《泰晤士报》522, 641

Tocqueville, Alexandrine, vicomtesse de (née Ollivier; AT's sister-in-law) 亚历山德里娜，托克维尔子爵夫人（奥利维耶家族，托克维尔的二嫂）310

  Édouard's rich wife 爱德华富有的妻子 99

  honeymoon in Italy 在意大利度蜜月 109

  at Baugy 在博吉 312

  character 性格 318

  relationship with Marie 与玛丽的关系 318

  AT on 托克维尔论 ~ 488–9

  moves into villa Montfleury with Édouard 与爱德华搬入蒙弗勒里别墅 636

Tocqueville, Alexis Charles-Henri-Maurice Clérel, de 亚历克西·德·托克维尔

  birth (29 July 1805) 出生（1805 年 7 月 29 日）21

  earliest recorded memory 最早的有记载回忆 25–6

  childhood 童年 27, 29–31

  education 教育 30, 31, 42–9, 51, 68, 84, 647n.16

  lifelong opposition to military dictatorship and Bonapartes 终身反对军事独裁和波拿巴 33

  in Paris at its surrender 巴黎投降时，身在巴黎 35–6

  friendship with Louis de Kergorlay 与路易·德·凯尔戈莱的友谊 30, 44–7, 237, 241, 325

  relationship with his father 与父亲的关系 48–9, 104

  Swetchine letter 斯威特切尼信件 49–53, 55

  health 健康 50, 90, 106–7, 153n, 203, 206, 297–8, 311, 317, 324, 340–1, 366, 377, 392, 400–1, 402, 429, 436–7, 473–4, 485–6, 489, 490, 504n, 537–41, 544, 550, 554, 557, 558, 559, 605, 611, 613, 614, 616–8, 620–2, 624–5, 626, 629–32, 634–6

  becomes a deist 成为自然神教信仰者 52, 55

  struggles with Church/faith and politics/history problems 挣扎于教会／信仰和政治／历史问题 56

  rumour of a child born to him 私生子传言 56

  appearance 外貌 56, 255–6, 279n, 288, 289, 543

  duel announcement 决斗宣言 56–7, 381

  first falls in love (Rosalie Malye) 初恋（罗莎莉·马利耶）57–62, 596

  studies law 学习法律 58, 65, 66

  first encounters literary studies 首次邂逅文学学习 65

  visits Italy and Sicily with Édouard 与爱德华游览意大利与西西里 66, 69–75

  his reading 其阅读 66–7

  influences on 对 ~ 的影响 1, 11, 68, 139, 328, 385

  juge-auditeur/juge suppléant 见习法官／候补法官

    75, 78–9, 80, 104–5, 220

  friendship with Beaumont 与博蒙的友谊 79–82, 87, 105–6, 107, 155, 220, 381, 443–4

  lives in Versailles with Beaumont 与博蒙住在凡尔赛 82–4

  attends Guizot's historical lectures 参加基佐的历史讲座 90–4, 108

  meets Mary Mottley 认识玛丽·莫特利 95–6

  need for mothering and companionship 需要照顾与陪伴 97

  in no position to marry Marie 无法与玛丽结婚 98, 99

  attitude to Frenchwomen 对法国女性的态度 99–100

  relationship with Marie 与玛丽德关系 100–1, 279

  career checked 职业生涯受阻 105, 106, 108, 132

  walking tour of Swizerland 徒步旅行瑞士 105, 106

  visits Guizot 拜访基佐 117, 118

  electioneering with his father 与父亲共同参选 118–9

  in the July Revolution 在七月革命中 126–7

  deeply affected by the events 深受大事件的影响 119–30

  oath to Louis-Philippe 向路易－菲利普宣誓 132–3, 142, 220, 366

  furious with Henrion 对昂里翁表示盛怒 134–5

  decision to visit United States 决定游览美国 135–41

  preparations for the journey 为旅行做准备 146–7

  the American visit (1831—1832) 美国之旅（1831—1832 年）31, 98, 148–78, 179–213, 230, 239, 341

  his Romanticism 其浪漫主义 176, 205, 249

  grief at Le Sueur's death 伤情于勒叙厄尔神父之死 179–80

  decides not to continue as a *juge suppléant* 决定不再做候补法官 211, 223

  visits Kergorlay in prison 探望狱中的凯尔戈莱 218, 221–2

  tries to help Kergorlay 试图帮助凯尔戈莱 223–4, 226, 235, 237–8

  and the duchesse de Berry 与贝里公爵夫人 236

  becomes resolved to marry Marie 决心娶玛丽 239–40

  visits England 英国之旅 241–52, 254

  need for solitude and silence while working 工作时需要独居与安静 254

  working method 工作方法 257

  and reception of the *Démocratie* of 1835 与 1835 年版《论美国的民主》的接受 281–2, 283–94

  at Mme Récamier's salon 与雷卡米耶夫人的沙龙 287–8

  popularity 名望 289

impending marriage 临近的婚礼 296–7, 302

journey to England and Ireland 英国与爱尔兰之旅 296–311, 313

landed property issue 土地所有权问题 300

Marie's reception into the Church 玛丽入教 304

warned against the marriage 反对婚礼的警告 310

marries Marie 娶玛丽 240, 311

honeymoon at Baugy 在博吉度蜜月 312, 313

and his mother's death 与其母亲之死 314, 366

bequeathed Tourlaville 遗赠图拉维尔 314–7, 330–1

rejects the title of *comte* 放弃伯爵头衔 315

tour of Switzerland 瑞士之旅 318–22

Stoffels comments on AT's programme 斯托菲尔对托克维尔计划的评论 319–20

unsuccessful quest for an electoral seat (1837) 选举失败（1837 年）324, 330–6

Legion of Honour offer 受颁法国荣誉勋章 333, 389

elected to the Chamber of Deputies (1839) 选举入下议院（1839 年）338–9

and reception of the 1840 *Démocratie* 与 1840 年版《民主》的接受 368–72

as a Deputy 担任议员 375–9, 381–93

unsuccessful newspaper (*Le Commerce*) 不成功的办报（《商务报》）379–80

breach with Beaumont 与博蒙决裂 380–81

elected to the Académie Française 入选法兰西学术院 385, 403

alienation from Guizot 与基佐疏远 385–6, 390

marriage problems 婚姻问题 395–7, 402–3

in Algeria 在阿尔及利亚 397–402

Académie speeches 学术院演讲 403–5, 408–9

on the day of Louis-Philippe's abdication 在路易－菲利普退位当日 421–9

elected to the Constituent Assembly 入选制宪大会 433–8

on constitutional committee 论宪法委员会 451–7, 643

preparations during June Days 六月起义期间的准备 462

major speeches of autumn 1848 1848 年秋天的主要演讲 467–70

drafts an election manifesto 起草竞选宣言 474–5

foreign minister 外交部长 464, 477, 478–85, 500, 517

member of the *conseil-général* 省议会成员 476, 490, 515–6, 523, 602

serious illness 重病 485–6, 614

in Italy 在意大利 490, 491–5, 502

last parliamentary performance (a report) 最后的议会表现（一份报告）509–14

failure as a politician 从政失败 513

brief imprisonment during the *coup d'état* 政变期间被短暂收监 518–21

political career at an end 政治生涯结束 522, 523

his account of the *coup* is printed in *The Times* 他讲述的政变在《泰晤士报》发表 522

presidential address t0 the Académie 学术院主席演讲 528–30

déménagement 迁居 530–1

in Germany 在德国 551–2

writing style 写作风格 560–1

on his father's death 论其父亲的去世 30, 585–7

success of the *Ancien Régime* 《旧制度》的成功 587–8

last published writing 最后的出版物 613–4

journey to Cannes 戛纳之行 617–8, 619, 620

grateful to his friends and brothers for concern and help 感激兄弟朋友们的关心和帮助 622

reconciliation to the Catholic Church 与天主教会和解 625–6, 637

showdown with Marie 与玛丽摊牌 628

pleading letter to Beaumont 致博蒙的辩解信 628–9

Beaumont tries to make him understand what Marie is enduring 博蒙试图让他明白玛丽所忍受的处境 634–5

receives communion 领圣餐 52–3, 637–8

death (16 April 1859) 去世 527, 639

funeral 葬礼 640

character 性格

ambition 雄心 78, 332, 348, 375, 403, 560

brilliant conversation 精彩的对话 543, 603

charm 魅力 289, 543, 603

creativity 创造力 528

determination 决心 56

energy 精力 56, 64, 296, 298

enthusiasm 热情 64

good at forming friendships 善交朋友 81

highly strung 神经过敏 80

idealism 理想主义 375, 516

impatience 急躁 23

inflexible moral principles 僵化的道德原则 378, 382

intolerant of mediocrity 不能容忍平庸 377–8

kindness 友好 543

passion and commitment 激情与投入 572

patrician manners 贵族礼仪 56

pessimism 悲观主义 386, 501

practicality 务实 509

shyness 害羞 479

temper 脾气 56, 80, 319, 379, 428

volatility 反复无常 395

winning tongue 善辩 56

works 作品

L'Ancien Régime et la Révolution (The Old Régime and the Révolution)《旧制度与大革命》3, 10-1, 26, 30, 58n, 86, 115, 176, 252, 318, 326n, 351n, 403n, 405, 488, 499, 501, 543, 544, 548-50, 552-5, 559-84, 587-93, 595-6, 598, 603, 607, 608, 634n, 642, 665n.9, 680n.23

De la Démocratie en Amérique (Democracy in America)《论美国的民主》475, 488, 5o1, 504, 562, 568-73, 589, 591, 613, 642

Vol.1 (1835) 第一卷（1835 年）29, 86, 94, 137, 138, 139, 157, 160, 164n, 165, 168, 182, 197, 234, 252, 253-82, 283-7, 289-96, 298, 300, 303, 319, 320, 327, 328, 330, 344, 345, 346, 352, 355n, 357, 358, 359, 414, 491, 511, 527, 543, 549, 587-8

Vol.2 (1840) 第二卷（1840 年）66, 225, 255, 259, 265, 296, 318, 319, 323-5, 328-9, 336, 339, 342-72, 561

Discours sur le progrès des arts dans la Grèce [missing prize-winning essay]《论希腊艺术的进步》[遗失的获奖论文] 48

Du système pénitentiaire aux Etats-Unis et de son application en France (On the Pentitentiary System in the United States and Its Application to France) (with Gustave de Beaumont)《论美国的监狱制度及其对法国的应用》（与古斯塔夫·德·博蒙合作）166, 223, 224-34, 235, 241, 243, 254, 260, 261, 263, 285, 295, 301, 312, 582

'Etat social et politique de la France avant et depuis 1789'《1789 年前后法国社会政治状况》318

'How Aristocracy can form both one of the Best and one of the Worst of all Governments'《贵族制如何既能形成最好的政府之一又能形成最糟的政府之一》309

'Last Impressions of England'《对英国的最后印象》251-2

Mémoire sur le paupérisme《论贫困》301-2

'My Instinct, My Opinions'《我的直觉，我的意见》348, 349

'Note on the Penitentiary System' (with Beaumont)《监狱制度笔记》（与博蒙）143, 144, 147

Oeuvres complètes d'Alexis de Tocqueville ed. Marie de Tocqueville and Gustave de Beaumont《托克维尔全集》，玛丽·德·托克维尔与古斯塔夫·德·博蒙编辑 225, 259, 399n, 548, 582, 641-2

'Quinze jours dans le désert'《荒野两周》138, 171, 225, 309, 365, 641

Souvenirs《回忆录》331, 377-8, 390-3, 405, 413n, 416, 426, 430, 436, 438-9, 451, 452, 456, 458, 461, 467, 475n, 484, 487-91, 494, 496-501, 508, 516-17, 532, 534, 551, 569, 642, 672n.31, 675n.59, 685n.11

'Truth, 1830'《真理，1830 年》117-8

Voyage au Lac Oneida《奥奈达湖之旅》171

Voyage en Sicile《西西里游记》69-75, 88, 171

Tocqueville, Bernard, comte de (AT's paternal grandfather) 贝尔纳·托克维尔伯爵（托克维尔的父系祖父）2-4, 6, 316

Tocqueville, Catherine-Antoinette de (née Damas- Crux; AT's paternal grandmother) 卡特琳·安托瓦妮特·托克维尔（达马斯·克吕家族；托克维尔父系祖母）2, 6, 7

Tocqueville, château de, Cotentin 托克维尔城堡，科唐坦半岛 2-5, 20, 137, 241-2, 315-7, 324, 331, 342, 343, 431, 434, 486, 532, 536, 541, 551, 555, 557-60, 585, 597, 600-1, 606, 608, 611, 613, 614, 616, 643

Tocqueville, church 托克维尔教堂 3, 606-7, 640

Tocqueville, Edouard Clérel, vicomte de (AT's brother) 爱德华·德·托克维尔（托克维尔的二哥）47, 78, 133, 151, 489, 523, 616, 626

birth (1800) 出生（1800 年）21

in Italy 在意大利 21

health 健康 21, 45-6, 74

character 性格 31

given a dappled horse 获得斑点马 36

military career 军人生涯 38, 45-6, 68

education 教育 39n

visits Italy and Sicily with AT 与托克维尔游览意大利和西西里 66, 69-75

rich wife 富有的妻子 99

honeymoon in Italy 在意大利度蜜月 103, 109

lives the life of a rich country gentleman 过着富有的

乡绅生活 129

his château at Baugy 其在博吉的城堡 302, 312, 318

views on agronomy 农学观点 302, 312, 664n.51

advises against AT marrying Marie 反对托克维尔娶玛丽的意见 310

AT's response to his advice 托克维尔对他的意见的回应 359

and protectionism 与保护主义 383

painful dispute with AT 与托克维尔痛苦的争论 538

stays at Nice 在尼斯居住 628, 629, 636

moves into villa Montfleury 搬至蒙弗勒里别墅 636

and AT's communion 与托克维尔的圣餐礼 637, 638

Travels in Switzerland《瑞士之旅》63

Tocqueville, Emilie, comtesse de (née Evrard de Belisle de
Saint-Rémy; AT's sister-in-law) 埃米莉·德·托克维尔伯爵夫人（埃夫拉尔·德·贝利莱斯·德·圣雷米；托克维尔的大嫂）87, 106, 150, 614n, 628

marries Hippolyte 嫁给伊波利特 86

at Nacqueville 在纳克维尔 119, 311

character 性格 318

relationship with Marie 与玛丽的关系 318, 597

Tocqueville, Hervé Louis François Bonaventure Clérel, comte
de (AT's father) 埃尔韦·德·托克维尔伯爵（托克维尔的父亲）217, 238, 313, 489, 559

birth (1772) 出生（1772 年）6

relationship with his father 与父亲的关系 6

education 教育 6–7, 8

taught by Le Sueur 受教于勒叙厄尔 7, 30

character 性格 8, 13, 14, 20, 23, 25, 32, 39, 82

enlists in King's Guard 加入国王禁卫军 8, 39n

deserts the army of emigration 离开流亡军队 12

marries Louise (1793) 娶路易丝（1793 年）9, 13–4, 646n.12

and Malesherbes 与马勒塞布 13

imprisoned 监禁 16, 17, 18, 230

helps his family 帮助其家庭 20

his children 其孩子 20–21

in Italy 在意大利 21

maire of Verneuil 韦尔讷伊市长 22–3, 24, 32, 33

unpublished memoirs 未出版的回忆录 23, 29, 645n.4

on Chateaubriand 论夏多布里昂 28–9

tries to sabotage the conscription process 试图破坏征兵进程 32–3

escorts comte d'Artois into Paris 护卫阿图瓦伯爵进入巴黎 37

civil administration career 文官生涯 39, 40, 42, 54, 57, 58, 76, 82, 144, 194

aims to make the Vendée a Bourbon redoubt 试图使旺代成为波旁堡垒 41

an Ultra 一个激进分子 44

and AT's education in Metz 与托克维尔在梅斯的教育 44, 46–7

relationship with AT 与托克维尔的关系 48–9, 104

and AT's apostasy 与托克维尔的叛教 54

ambition 雄心 55

gentleman of the bed-chamber 寝宫男侍 77

a member of the Chamber of Peers 贵族院成员 81

and Marie Mottley 与玛丽·莫特利 98

electioneering with AT 与托克维尔共同参选 118–9

and the July Revolution 与七月革命 126

takes refuge with Edouard's in-laws (1830) 与爱德华的姻亲共同避难（1830 年）126

supports the duc de Bordeaux 支持波尔多公爵 129

decides that his political career is over 认定其政治生涯已经终结 129

and oath of allegiance to Louis-Philippe 与向路易－菲利普效忠的誓言 133

centralization issue 集权问题 194

and the duchesse de Berry 与贝里公爵夫人 236

belief in strong national government 相信强国家政府 268

and Tourlaville 与图拉维尔 315–6

conspicuous legitimism 明显的正统主义 330

lives with Mme Guermarquer 与盖马尔凯生活 416

religiosity 宗教性 680n.5

his Paris flat (place de la Madeleine) 他的巴黎公寓 530–1, 554

visits AT 拜访托克维尔 545

AT, Marie and Ampère visit 托克维尔、玛丽和安培访问 553

health 健康 555

AT on 托克维尔论 ~ 555

death 死亡 25, 30, 584, 585–7, 597

AT's inheritance 托克维尔的遗产 606

Tocqueville, Hippolyte de (AT's brother) 伊波利特·德·托克维尔（托克维尔的大哥）87, 95, 176

birth (1797) 出生（1797 年）20–1

character 性格 31, 597

given a dappled horse 获得斑点马 36

escorts comte d'Artois into Paris 护卫阿图瓦伯爵进入巴黎 37

military career 军人生涯 38, 45, 68

marriage to Emilie 娶埃米莉 86, 597

AT visits him 托克维尔拜访他 106, 516

tries to get on Bourmont's staff 试图加入布尔蒙将军的军队 111

at Nacqueville 在纳克维尔 119, 311

oath to Louis-Philippe 向路易－菲利普宣誓效忠

129, 133

resigns his commission 辞去其任命 129

publishes *Lettres aux Normands* 出版《致诺曼底人信札》236

and Tourlaville 与图拉维尔 316

extravagance 奢侈 318

conspicuous legitimism 明显的正统主义 330

visits Algeria 前往阿尔及利亚 397, 401

erratic political course angers AT 奇怪的政治路线令托克维尔愤怒 538

joins AT in Cannes and is indispensable to him 与托克维尔在戛纳团聚对他而言绝对必要 620, 623, 624

praised by AT 受托克维尔称赞 628

returns home 回家 628, 629

summoned to Cannes 被叫到戛纳 637

Tocqueville, Baron Hubert de (AT's nephew and godson) 于贝尔·德·托克维尔男爵（托克维尔的侄子和代子）9, 58, 523, 610, 637, 638

Tocqueville, Louise-Madeleine, comtesse de (née Le Peletier de Rosanbo; AT's mother) 路易丝-马德琳娜·德·托克维尔夫人（勒佩勒捷·德·罗桑博家族；托克维尔的母亲）6

family background 家族背景 9

marries Hervé (1793) 嫁给埃尔韦（1793 年）9, 13–4

health 健康 14, 19, 21, 24, 25, 36, 42, 107, 240, 313

in prison 监禁 16, 18, 24

singing 唱歌 19n, 25

her children 其孩子 20–1, 24–5

her wish for a daughter 想生女儿的愿望 21, 24

character 性格 24

visits Lannion 游览拉尼永 41

refuses to live in a prefecture 拒绝住在地方辖区 41, 76

in Metz 在梅斯 43

Le Sueur acts as her domestic chaplain 勒叙厄尔当她的家庭牧师 44

gives AT a gold watch 给托克维尔一块金表 48

religion as a central concern 视宗教为核心问题 54

AT stays with her while studying law 托克维尔学习法律时与母亲同住 58, 65

on bad terms with Emilie 与埃米莉相处不悦 87

AT's letters to her 托克维尔给她的信件 119

takes refuge with Édouard's in-laws (1830) 与爱德华的姻亲共同避难 126

death (1836) 死亡（1836 年）313–4, 366

Tocqueville, Marie de (née Mottley; AT's wife) 玛丽·德·托克维尔（莫特利家族；托克维尔的妻子）1–2, 126, 223, 238, 251, 314

background 背景 96, 462

moves from Portsmouth to France 从朴茨茅斯到法国 96–97

appearance 外貌 97

character 性格 97, 98, 343, 395, 550, 560, 596–7, 640

meets AT 认识托克维尔 95–6

relationship with AT 与托克维尔的关系 100–1, 279

and AT's American trip 与托克维尔的美国之旅 141–2, 149, 296

and the choiera pandemic 与霍乱大流行 198, 212

AT becomes resolved to marry her 托克维尔决心娶她 239–40

AT visits after working on the *Démocratie* 在写作《论美国的民主》时，托克维尔看望母亲 255

insists on marriage 坚持婚姻 296

Catholic convert 转信天主教 296, 304

loss of her letters 她丢失的信件 309–10

marries AT 嫁给托克维尔 311

and Tourlaville 与图拉维尔 316, 317

health 健康 317, 319, 321, 323, 324, 474, 476, 485, 486, 490, 493, 516, 538, 541, 550–53, 557, 558, 560, 607, 615, 616, 620, 621–2, 625, 628, 629, 630, 633, 641

relations with Alexandrine 与亚历山德里娜的关系 318

relations with Emilie 与埃米莉的关系 318, 597

an excellent manager 善于理财 318

in Switzerland 在瑞士 318–9, 321

and AT's views on marriage 与托克维尔对婚姻的看法 365–6

marital problems 婚姻问题 395, 396, 402–3

family deaths 族人去世 395–396

collapses at Bonn 在波恩崩溃 476

aware of the frailty of the cabinet 意识到内阁的脆弱性 478

visits Italy with AT 与托克维尔去意大利 490, 491–3

distressed by AT's imprisonment 因托克维尔被关押而感到沮丧 521

déménagement 迁居 530–1

and AT's learning of German 与托克维尔学德语 544

and the *Ancien Régime* 与《旧制度》559, 581

and Rosalie Malye 与罗莎莉·马利耶 596

visits her aunt at Chamarande 在沙马朗德见姨妈 598

and the Indian Mutiny 与印度暴乱 610

showdown with AT 与托克维尔摊牌 628

letter to Clémentine de Beaumont 致克莱芒蒂娜·德·博

蒙的信 629–30

　Beaumont's observations on her 博蒙对她的观察 633–4

　Beaumont fears she will collapse 博蒙担心她会崩溃 635

　and AT's confession 与托克维尔的告解 637, 685n.25

　at AT's death 在托克维尔去世时 639

　commissions Beaumont to edit AT's work 委托博蒙编辑托克维尔的著作 641

　destruction of letters 破坏书信 641

　discussion on *Misanthrope* at Tocqueville 在托克维尔讨论《愤世嫉俗》643–4

　death (1864) 去世 641

Tocqueville, Normandy 托克维尔，诺曼底 6, 643

Tocqueville family 托克维尔家族 16, 22, 208, 212–3, 236, 363, 571

　firm commitment to the King 坚定地忠于国王 2, 68

　alliance with the Damas family 与达马斯家族联合 2–3

　military tradition 军人传统 3

　Catholicism 天主教 5–6

　imprisoned 监禁 16

　freed 释放 18

　at Saint-Mandé 在圣芒代 19

　return to Malesherbes 回马勒塞布 20

　winters spent in Paris 在巴黎过冬 23, 30

　and Marie 与玛丽 310

　at AT's wedding 在托克维尔的婚礼上 311

　archives 档案 578

'Tocquevillian Myth', The 托克维尔谜题 364, 572

Tories 托利党 291, 299, 477

totalitarians 极权主义者 277

Toul 图勒 43

Toulon 土伦 89, 218, 219, 397, 619

Toulouse 图卢兹 4n

Tourlaville château, near Cherbourg 图拉维尔城堡，在瑟堡附近 314–5, 316, 330–1

Tours 图尔 542–5, 550, 590, 598, 614

　Hôtel de l'Univers 宇宙酒店 545

Trafalgar, battle of 特拉法加尔之战 539

transportation 交通 222

Trésorières, Les, Saint-Cyr, near Tours 特雷索里耶 541–2, 550

tricolour flag 三色旗 123, 124, 125

Troja, Carlo 卡尔洛·特罗亚 495

Trollope, Mrs Frances 弗朗西斯·特罗洛普夫人 154

Tudesq, A.-J.: *Les Grands Notables* 图德斯克：《大显贵》439n

Tuileries, Paris 杜伊勒里宫，巴黎 34, 39, 98, 104, 122, 124, 217, 423, 424, 425, 463

Tuileries gardens, Paris 杜伊勒里宫花园，巴黎 111, 125

Tulloch, Dr Hugh 修·塔洛克博士 513n

Turgot, Anne Robert Jacques, Baron de Laune 杜尔哥，劳内男爵 10

Turkey 土耳其 460, 480

Turner, F.J. F.J. 特纳 138

Tyler, President John 约翰·泰勒总统 167

typhus 伤寒 33

U

Ultra party 激进派 82

Ultras 激进人士 44, 79, 82, 93, 103, 109, 115, 119, 141, 183, 392n

Uncle Tom's Cabin (Stowe)《汤姆叔叔的小屋》（斯托）295

unemployment 失业 302, 353, 441, 442, 444, 459, 460, 467

Unitarianism 一神教 163, 361

United States 美国

　and the Roman republic 与罗马共和国 117

　and a reprsentative monarchy 与代议制君主制 117

　constitution 宪政 125, 160, 185, 431, 451–4, 506

　duc d'Orléans lives in (1796—1798) 奥尔良公爵生活在～（1796—1798）125

　AT decides to visit 托克维尔决定游览～135–6

　AT's earliest writing on 托克维尔最早关于～的写作 137

　prison System 监狱制度 143, 151, 154–6, 159–63, 166–7, 188, 234

　Federalists 联邦党人 157

　foreign policy 外交政策 267

　civil rights movement 民权运动 354

　Catholicism in 天主教在～361

　Electorate 选民 410

　and Gobineau's *Essai* 与戈比诺的《论文》594

　AT gives in a talk in London 托克维尔在伦敦演讲 603

　see also America 亦见"美国"

universal suffrage 普选权 410, 435, 440, 487, 507, 569

Université 大学 380

Utopia 乌托邦 263, 277, 352, 574, 600

Utopianism 乌托邦主义 277

V

Val de Saire 塞尔河谷 331

Valenciennes 瓦朗谢讷 553

Valérie, Soeur 瓦莱丽修女 621, 638

Vallée-aux-Loups 狼谷 27–8, 33

Valmy, battle of (1792) 瓦尔米之战 387

Valognes, Cotentin 瓦洛涅，科唐坦半岛 4, 95, 128, 329, 330, 334, 336, 338, 341, 382, 390, 393, 431n, 437, 438, 514, 536, 557-8, 643

Van Buren, Martin 马丁·范布伦 160, 201

Varennes, Madame de 瓦雷纳夫人 604

Varennes, royal family's flight to (1791) 王室逃亡瓦雷纳 (1791 年) 8

Vatican 梵蒂冈 104

Vendée 旺代省 33, 176, 439, 655n.62

Venice 威尼斯 480

Venin, M. (of Buzançais) 韦南（比藏赛的）408

Verdun 凡尔登 43

Verlaine, Paul 保罗·魏尔兰 43

Verneuil-sur-Seine 塞纳河畔韦尔讷伊 22, 24, 27, 33, 287
château of 韦尔讷伊城堡 21, 22, 23, 26, 28, 29, 31, 42, 55, 77, 316

Verona 维罗纳 70

Versailles 凡尔赛 3, 10, 75, 76, 77, 80, 82, 95-9, 105, 108, 119, 123, 126-7, 142, 176, 184, 211, 212, 330, 462, 508, 516

Vesuvius, Mount 维苏威火山 70, 73, 493

Vexin regiment 韦克辛军团 8

Victoria, Queen 维多利亚女王 614

Vieillard, Narcisse 纳西斯·维埃亚尔 436, 521

Vienna : Beaumont at the embassy 维也纳：博蒙在大使馆 485

Vienna, Congress of (1814) 维也纳会议（1814 年）40

Vigny, Alfred de 阿尔弗雷德·德·维尼 539

Villèle, Joseph, comte de 约瑟·维莱伯爵 82, 91, 138

Villèle ministry 维莱政府 76, 82

Villèlist newspaper 维莱派报纸 112

Villemain, Abel 阿贝尔·维尔曼 385

Villeneuve-Bargemont, Alban de 奥尔本·德·维尔纽夫－巴尔热蒙 301, 302

Villers-Cotterets (Aisne) 维莱科特雷（埃纳省）56n

Vincennes, Paris 樊尚，巴黎 33

Virginia 弗吉尼亚州 269

Virginia Plan 弗吉尼亚计划 451

virtue 美德 277

Vivien, Auguste 奥古斯特·维维安 454

Voltaire 伏尔泰 7, 52, 67, 497, 560, 592

Voyage au Lac Oneida (a sentimental novel)《奥奈达湖之旅》（一本感伤的小说）136

W

Wagner, Richard 理查德·瓦格纳 593

Walker, Mr (American lawyer) 沃克先生（美国律师）200, 201, 202n

Walpole, Sir Robert 罗伯特·沃尔波尔爵士 266

War of 1812 1812 年战争 157, 168

Wars of Religion (1562–1598) 宗教战争（1562—1598）570

Warwick 沃里克 249

Warwick Castle 沃里克城堡 249, 250

Washington 华盛顿 198, 205, 208, 209-12, 234, 244
French embassy 法国大使馆 623

White House 白宫 209

Washington, George 乔治·华盛顿 181, 267
Farewell Address 告别演说 267, 451
statue by Greenough 格里诺所塑雕像 277

Waterloo, battle of (1815) 滑铁卢战役（1815 年）42, 104, 169, 244, 288, 386, 399, 480, 539

Welles, Mr (of house of refuge, Boston) 韦尔斯先生（波士顿收容所）227-8

Wellington, Arthur Wellesley, 1st Duke of 阿瑟·韦尔斯利，第一代威灵顿公爵 32, 34, 41, 244, 245

Westport, Kentucky 西点，肯塔基州 202

Westward movement 西进运动 201

Weymouth 韦茅斯 242

Whately, Richard, archbishop of Dublin 理查德·惠特利，都柏林大主教 247

Whigs 辉格党 248, 291, 298, 299, 477, 603-4

White, Richard 理查德·怀特 170

Wildbad, Black Forest 维尔德巴特，黑森林 552

William I, King (William the Conqueror) 英王威廉一世（征服者威廉）1

William III, King 英王威廉三世 243

William IV, King 英王威廉四世 193

Wilson, James 詹姆士·威尔逊 452

Wiltshire 威尔特郡 578

Wollstonecraft, Mary: *Rights of Women* 玛丽·沃斯通克拉夫特:《女性的权利》278

women, education of 女性的教育 363-4, 365

Wood, Sir Charles 查尔斯·伍德爵士 605, 606

working men's savings banks 工人的储蓄银行 302, 347, 348

Württemberg, duchy of 符腾堡公国 552

Y

Yonkers, New York 扬克斯，纽约 159

Z

Zeldin, Theodore 西奥多·泽尔丁 361

图书在版编目（CIP）数据

托克维尔传：革命时代的民主先知 /（英）休·布罗根著；盛仁杰，董子云译. —杭州：浙江大学出版社，2017.5

书名原文：Alexis de Tocqueville: Prophet of Democracy in the Age of Revolution

ISBN 978-7-308-16745-1

I.①托… Ⅱ.①休… ②盛… ③董… Ⅲ.①托克维尔（Alexis-Charles-Henri Clérel de Tocqueville 1805-1859）—传记 Ⅳ.①K835.655.1

中国版本图书馆CIP数据核字（2017）第045924号

托克维尔传：革命时代的民主先知

[英] 休·布罗根 著　盛仁杰 董子云 译

责任编辑	王志毅	
装帧设计	王小阳	
出版发行	浙江大学出版社	
	（杭州天目山路148号 邮政编码310007）	
	（网址：http://www.zjupress.com）	
制　作	北京大观世纪文化传媒有限公司	
印　刷	北京中科印刷有限公司	
开　本	710mm×1000mm　1/16	
印　张	40	
字　数	672千	
版 印 次	2017年5月第1版　2023年2月第3次印刷	
书　号	ISBN 978-7-308-16745-1	
定　价	108.00元